DIREITO COMERCIAL E DO MERCADO

DIREITO COMERCIAL E DO MERCADO

2ª EDIÇÃO • 2018

Paulo Olavo Cunha
Doutor em Direito
Professor da Faculdade de Direito da
Universidade Católica Portuguesa (Lisboa)
Advogado (Vieira de Almeida & Associados)

ALMEDINA

DIREITO COMERCIAL E DO MERCADO

AUTOR
Paulo Olavo Cunha

EDITOR
EDIÇÕES ALMEDINA, S.A.
Rua Fernandes Tomás, nºs 76-80
3000-167 Coimbra
Tel.: 239 851 904 · Fax: 239 851 901
www.almedina.net · editora@almedina.net

DESIGN DE CAPA
FBA.

PRÉ-IMPRESSÃO
EDIÇÕES ALMEDINA, SA

IMPRESSÃO E ACABAMENTO
PAPELMUNDE

Novembro, 2018

DEPÓSITO LEGAL
448604/18

ALMEDINA | GRUPOALMEDINA

BIBLIOTECA NACIONAL DE PORTUGAL – CATALOGAÇÃO NA PUBLICAÇÃO

CUNHA, Paulo Olavo, 1961-

Direito comercial e do mercado. – 2ª ed
ISBN 978-972-40-7738-3

CDU 347

O comerciante não tem personalidade, tem comércio; a sua personalidade deve estar subordinada, como comerciante, ao seu comércio; e o seu comércio está fatalmente subordinado ao seu mercado (...)

Fernando Pessoa[1]

[1] Retomamos a citação de Fernando Pessoa, que extraímos de «A essência do comércio», *Revista de Comércio e Contabilidade*, vol. I, Lisboa, 1926 (transcrito na *Essência do Comércio*, Editorial Nova Ática, Lisboa, s/d, mas dep. legal de 2006), e que reproduzimos, pela primeira vez, nas nossas *Lições de Direito Comercial*, Almedina, Coimbra, 2010, de que o presente livro constitui uma nova edição reformulada e atualizada.

NOTA PRÉVIA

Este livro destina-se a todos os juristas que partilhem o meu interesse pelas ciências jurídico-mercantis e, em especial, serve de base ao estudo de Direito Comercial, curso do 7º semestre da licenciatura em Direito conferida pela Faculdade de Direito da Universidade Católica Portuguesa (Escola de Lisboa).

Tendo na sua origem as minhas *Lições de Direito Comercial*, publicadas em dezembro de 2010 – e fruto da regência da disciplina durante quatro anos letivos (2007/08 a 2010/11) –, e integrando também excertos do meu livro de *Direito Empresarial para Economistas e Gestores*, publicado inicialmente em 2014 e que conheceria uma 2ª edição (atualizada) em (março de) 2016, escrito para os meus alunos da *Católica Lisbon School of Business and Economics* (Faculdade de Ciências Económicas e Empresariais) e para todos os economistas e gestores que se interessam por questões jurídicas, o presente texto ultrapassa seguramente o que anteriormente escrevi, atrevendo-se a deslocar definitivamente (na minha perspetiva, claro) o estudo dos temas clássicos de Direito Comercial para o domínio, mais vasto, do Direito do Mercado. Contudo, retomando muito do que anteriormente escrevi, não deixa de constituir verdadeiramente uma 2ª edição das *Lições de Direito Comercial* (há muito esgotadas), ainda que reestruturada (com a abertura na matéria da Concorrência e Propriedade Industrial, após a Introdução), ampliada – com a análise, apesar de sucinta, de novos contratos, como o *swap* (nº 18.4.3) e o alojamento local (nº 28.2.5.2), e novos números, como os dedicados aos Consumidores (14) e aos Meios de pagamento (32) – e atualizada, em especial no que respeita à legislação e (muita) bibliografia, entretanto publicadas. Por isso, e por uma razão de coerência e correção, não obstante a alteração do título (que pode não ser definitiva, esclareça-se), este livro constitui uma nova edição; e não uma obra nova.

Isso não significa menor consideração pelos temas que tradicionalmente ocupam a cadeira de Direito Comercial, que estudei, pela primeira vez, em 1981/82 (no 3º ano do curso) e que, desde então, lecionei por diversas vezes, nas Faculdades de Direito da Universidade Católica Portuguesa e da Universidade de Lisboa – sob a orientação, respetivamente, de Paulo Sendin e de José de Oliveira Ascensão e inspirado pelo ensino de grandes comercialistas do século XX, como José Gabriel Pinto Coelho, António Ferrer Correia, Fernando Olavo e Vasco da Gama Lobo Xavier –, mas o reconhecimento de que a abordagem do fenómeno inerente às relações económicas em sociedade, que envolvam entidades profissionais, não se pode continuar a estudar e equacionar pela perspetiva (única) dos agentes produtores, distribuidores e prestadores de bens e serviços, mas deve abranger também as respetivas contrapartes negociais e, se necessário for, todos quantos possam ser atingidos por efeitos resultantes da intervenção dos profissionais no mercado.

Destinando-se, primariamente, a alunos da licenciatura, pretende-se que este *manual* seja acessível a todos os meus leitores, despertando-lhes o interesse por uma matéria que, correspondendo, porventura, a mais do que um ramo do Direito, tem uma relevância fundamental na compreensão da dimensão jurídica da economia no século XXI.

Last but not least, agradeço ao meu amigo e colega Rui Pinto Duarte as sugestões que, em tempo útil, me deu e que permitiram melhorar a qualidade do texto*. As imperfeições que subsistem são naturalmente da minha exclusiva responsabilidade. Podendo, entre elas, encontrar-se imprecisões relativas às fontes citadas, sugere-se ao leitor que proceda à respetiva confirmação, se a mesma se revelar essencial.

Como sempre, todas as dúvidas e questões podem ser encaminhadas para os meus emails pessoais (poc@lisboa.ucp.pt e poc@vda.pt).

Lisboa, outubro de 2018

PAULO OLAVO CUNHA

* Exprimo também o meu agradecimento à equipa da Almedina – capitaneada pela Dr.ª Paula Mendes e que integrou, entre outros, o João Pedro e a Senhora D. Rosa Baptista –, pelo trabalho de paginação, impressão e edição, e à Helena, minha assistente pessoal, pela verificação da vigência de alguns diplomas.

PLANO DO CURSO

SUMÁRIO

INTRODUÇÃO
Do Direito Comercial ao Direito do Mercado

1. A atividade comercial e o comércio como objeto do Direito Comercial
2. Evolução histórica do Direito Comercial
3. A questão da (subsistência da) autonomia do Direito Comercial e os efeitos da crise global
4. Fontes
5. A noção de atos de comércio e os modernos contratos comerciais

CAPÍTULO I – **Concorrência e Propriedade Industrial**

6. O mercado e a defesa da concorrência
7. A propriedade intelectual

CAPÍTULO II – **Empresa e estabelecimento comercial**

8. A empresa comercial
9. O estabelecimento comercial

CAPÍTULO III – **Sujeitos do Direito Comercial**

CAPÍTULO IV – **Contratos comerciais**

CAPÍTULO V – **Instrumentos comerciais e financeiros**

ABREVIATURAS E SIGLAS

I) LEGISLAÇÃO (E REGULAMENTOS) E JURISPRUDÊNCIA

AcRelCoimbra – Acórdão do Tribunal da Relação de Coimbra
AcRelÉvora – Acórdão do Tribunal da Relação de Évora
AcRelGuimarães – Acórdão da Relação de Guimarães
AcRelLisboa – Acórdão do Tribunal da Relação de Lisboa
AcRelPorto – Acórdão do Tribunal da Relação do Porto
AcSTJ – Acórdão do Supremo Tribunal de Justiça
AktG – *Aktiengesetz* (Lei das sociedades por ações, alemã, 1965)
CC – Código Civil (português, 1966)[2]
CCom – Código Comercial (português, 1888)
CCoop – Código Cooperativo (português, 2015)
CCP – Código dos Contratos Públicos (português, 2008)
CIRE – Código da Insolvência e da Recuperação da Empresa (português, 2004)
CNot – Código do Notariado (português, 1995)
CP – Código Penal (português, 1982)
CPC – Código de Processo Civil (português, 2013)
CPEREF – Código do Processo de Recuperação de Empresas e da Falência (revogado)
CPI – Código da Propriedade Industrial (português, 2003)
CPP – Código de Processo Penal (português, 1987)
CRCiv – Código do Registo Civil (português, 1995)
CRCom – Código do Registo Comercial (português, 1986)

[2] Na red. da Lei nº 64/2018, de 29 de outubro. Refira-se que a Lei nº 49/2018, de 14 de agosto – que também alterou o CC (e outros diplomas), no que respeita ao maior acompanhado –, apenas entra em vigor em 10 de fevereiro de 2019 (cfr. art. 25º, nº 1).

CRP – Constituição da República Portuguesa (1976)[3]
CSC – Código das Sociedades Comerciais (português, 1986)
CT – Código do Trabalho (português, 2009)
CUP – Convenção da União de Paris (Tratado Internacional, 1993)
CVM – Código dos Valores Mobiliários (português, 1999)
EGP – Estatuto do Gestor Público (aprov. pelo Decreto-Lei nº 71/2007, de 27 de março, na red. do Decreto-Lei nº 8/2012, de 18 de janeiro)
LAV – Lei da Arbitragem Voluntária (aprov. pela L 63/2011, de 14 de dezembro)
LC – Lei da Concorrência (Lei nº 19/2012, de 8 de maio)
LCCG – Lei das Cláusulas Contratuais Gerais (Decreto-Lei nº 446/85, de 25 outubro)
LCS – Lei do Contrato de Seguro (aprov. pelo Decreto-Lei nº 72/2008, de 16 de abril)
LDC – Lei de Defesa do Consumidor (Lei nº 24/96, de 31 de julho)
LOFTJ – Leis de Organização e Funcionamento dos Tribunais Judiciais (Lei nº 3/99, de 13 de janeiro, e Lei nº 52/2008, de 28 de agosto), revogadas pela LOSJ
LOSJ – Lei de Organização do Sistema Judiciário (Lei nº 62/2013, de 26 de agosto)
LSQ – Lei das Sociedades por Quotas (Lei de 11 de abril de 1901, revogada pelo DL 262/86)
LUCh – Lei Uniforme sobre o (ou relativa ao) Cheque (1931)
LULL – Lei Uniforme relativa às Letras e Livranças (1930)
PER – Processo Especial de Revitalização (aprov. pela L 16/2012)
RCBE – Registo Central do Beneficiário Efetivo (regime aprov. pela L 89/2017, de 21 de agosto)
RegSE – Regulamento (CE) nº 2157/2001, do Conselho, de 8 de outubro, sobre a Sociedade Anónima Europeia
RERE – Regime Extrajudicial de Recuperação de Empresas (L 8/2018, de 2 de março)
RGIC – Regime Geral das Instituições de Crédito e Sociedades Financeiras (aprovado pelo Decreto-Lei nº 298/92, de 31 de dezembro)
RJAEL – Regime Jurídico da Atividade Empresarial Local (Lei nº 50/2012, de 31 de agosto)
RJASR – Regime Jurídico de Acesso e Exercício da Atividade Seguradora e Resseguradora (aprov. pela Lei nº 147/2015, de 9 de setembro)
RJSPE – Regime Jurídico do Sector Público Empresarial (Decreto-Lei nº 133/2013, de 3 de outubro)

[3] Texto resultante da 7ª revisão constitucional, aprovada pela Lei Constitucional nº 1/2005, de 12 de agosto.

RPAD	– Regime Jurídico dos Procedimentos Administrativos de Dissolução e de Liquidação de Entidades Comerciais (aprov. pelo nº 3 do art. 1º do DL 76-A/2006, de 29 de março).
TFUE	– Tratado sobre o Funcionamento da União Europeia
TUE	– Tratado da União Europeia

II) DOCUMENTOS, EDITORAS, LIVROS, RECOLHAS DE JURISPRUDÊNCIA E REVISTAS

AAFDL	– Associação Académica da Faculdade de Direito de Lisboa
AB Instantia	– Revista do Instituto do Conhecimento AB
BFDUC	– Boletim da Faculdade de Direito da Universidade de Coimbra
BMJ	– Boletim do Ministério da Justiça
CJ	– Coletânea de Jurisprudência
CJ/AcSTJ	– Coletânea de Jurisprudência / Acórdãos do Supremo Tribunal de Justiça
CadCTF	– Cadernos de Ciência e Técnica Fiscal
CDP	– Cadernos de Direito Privado
CadMVM	– Cadernos do Mercado de Valores Mobiliários (presentemente em edição *on-line*)
CDP	– Cadernos de Direito Privado
CLR	– Católica Law Review
DJ	– Direito e Justiça (Revista da Faculdade de Direito da UCP)
DR	– Diário da República
DSR	– Direito das Sociedades em Revista
IBN	– International Bar News (London, UK)
JOCE	– Jornal Oficial das Comunidades Europeias
JO(EU)	– Jornal Oficial (da União Europeia)
PUC	– Publicações Universidade Católica
RB	– Revista da Banca
RCEJ	– Revista de Ciências Empresariais e Jurídicas (ISCAP)
RDC	– Revista de Direito Civil
RDCom	– Revista de Direito Comercial (www.revistadedireitocomercial.com)
RDE	– Revista de Direito e Economia (Coimbra, Portugal)
RDES	– Revista de Direito e Estudos Sociais
RDI	– Revista de Direito Intelectual
RDS	– Revista de Direito das Sociedades
RFDC	– Revista da Faculdade de Direito da Universidade de Coimbra
RFDL	– Revista da Faculdade de Direito da Universidade de Lisboa
RFDUP	– Revista da Faculdade de Direito da Universidade do Porto
RIAC	– Revista Internacional de Arbitragem e Conciliação
RLJ	– Revista de Legislação e de Jurisprudência

ROA – Revista da Ordem dos Advogados
RPCC – Revista Portuguesa de Ciência Criminal
RSI – Revista de Scientia Ivridica
SI – Scientia Iuridica (Braga, Portugal)
Themis – Revista da Faculdade de Direito da UNL
UCE – Universidade Católica Editora

III) INSTITUIÇÕES E ENTIDADES (DIVERSAS)

AAFDL – Associação Académica da Faculdade de Direito de Lisboa
ACE – Agrupamento Complementar de Empresas
AdC – Autoridade da Concorrência
AEIE – Agrupamento Europeu de Interesse Económico
BdP – Banco de Portugal
CCI – Câmara de Comércio Internacional (de Paris)
CMVM – Comissão do Mercado de Valores Mobiliários
EIRL – Estabelecimento (Mercantil) Individual de Responsabilidade Limitada
FDL – Faculdade de Direito da Universidade de Lisboa
IDET – Instituto de Direito das Empresas e do Trabalho
INA – Instituto Nacional de Administração
INPI – Instituto Nacional de Propriedade Industrial
ISP – Instituto de Seguros de Portugal
RNPC – Registo Nacional de Pessoas Coletivas
ROC – Revisor Oficial de Contas
SA – Sociedade(s) Anónima
SGPS – Sociedade(s) Gestora(s) de Participações Sociais
SIBS – Sistema Interbancário de Serviços
SPQ – Sociedade(s) por Quotas
STJ – Supremo Tribunal de Justiça (português)
UCP ou **UC** – Universidade Católica Portuguesa
UNIDROIT – Instituto Internacional para a Unificação do Direito Privado
UNL – Universidade Nova de Lisboa

IV) OUTRAS

AA.VV. – Autores vários
Abs. – *Absatz (alínea)*
Ac – Acórdão
al.(s) – alínea(s)
alt. – alterado(a)

Anm. – Anmerkung (nota)
anot.(s) – anotação (anotações)
aprov. – aprovado(a)
art.(s) – artigo(s)
art. cit. – artigo citado
ATM – *Automated Teller Machine(s)* (Caixa automática)
atual. – atualização (ou atualizado)
Cap. (ou cap.) – Capítulo
cfr. – confronte(se), confrontar
cit. – citado, citação
col.(s) – coluna(s)
colab. – colaboração
coord. – coordenação, coordenado
DL – Decreto-Lei
DR – Diário da República
Decl. – Declaração
dir. – dirigido(a)
ed. – edição
Edit. – Editor(a)(es)
edit. – editado(a)
EFT – *Electronic Fund Transfer* (Transferência eletrónica)
est. cit. – estudo citado
et al. – *et alterum* (e outros)
fasc. – fascículo
ibid. – *ibidem*
JO – Jornal Oficial da União Europeia
L – Lei
nº(s) – número(s)
ob. cit. – obra citada
org. – organizado(a)
p. (pp.) – página(s)
p. ex. – por exemplo
PIN – *Personal Identification Number* (Número de identificação pessoal)
Polic(s). – Policopiado(s) (a, as)
Port. – Portaria
POS – *Point of sale*
PPP – Parceria Público-Privada
Proc. – Processo (em regra, judicial)
publ. – publicado (a)
red. – redação
Reg. – Regulamento
reimp. – reimpressão
Rel. orig. – Relatório original

Retif. – Retificação
retif. – retificado
rev. (revs.) – revisão (revisões) / revista
Rn. – *Randnummer(n)* (número de margem)
s/d – sem data
seg.(s) – seguinte(s)
Sent. – Sentença
sep. – separata
Supl. – Suplemento
t.(s) – tomo(s)
tb. – também
Tit. (ou tít.) – Título
trad. – tradução
ult. – última(o)
vs. – *versus*
vd. – vide
v.g. – *verbi gratia*
vol(s) – volume(s)

BIBLIOGRAFIA GERAL BÁSICA

São diversos os manuais e as obras gerais portugueses de Direito Comercial recentes, sendo de salientar, sem prejuízo de referências pontuais em nota de rodapé[4], os seguintes:

ABREU, JORGE MANUEL COUTINHO DE – *Curso de Direito Comercial*, vol. I (*Introdução, Atos de comércio, Comerciantes, Empresa, Sinais distintivos*), 11ª ed., Almedina, Coimbra, 2018.

ANTUNES, JOSÉ AUGUSTO ENGRÁCIA – *Direito dos Contratos Comerciais*, Almedina, Coimbra, 2009.

CORDEIRO, ANTÓNIO MENEZES – *Direito Comercial*, 4ª ed., Almedina, Coimbra, 2016.

CORREIA, MIGUEL J. A. PUPO – *Direito Comercial. Direito da Empresa*, 14ª ed. (com a colab. de António José Tomás e Octávio Castelo Paulo), Ediforum, Lisboa, 2018.

GOMES, FÁTIMA – *Direito Comercial. Noções Gerais e Regimes Complementares*, 2ª ed., Universidade Católica Editora, Lisboa, 2017.

RAMOS, MARIA ELISABETE – *Direito Comercial e das Sociedades*, Almedina, Coimbra, 2018.

SANTOS, FILIPE CASSIANO DOS – *Direito Comercial Português*, vol. I, *Dos actos de comércio às empresas: o regime dos contratos e mecanismos comerciais no Direito Português*, Coimbra Editora, Coimbra, 2007.

VASCONCELOS, PEDRO PAIS DE – *Direito Comercial*, vol. I – *Parte Geral, Contratos Mercantis, Títulos de Crédito*, Almedina, Coimbra, 2011.

[4] Para além da Bibliografia Geral de apoio mais relevante, constituída por textos (livros) nacionais atualizados, e de outra bibliografia nacional, que mencionamos também acima, fazemos ao longo do livro múltiplas referências bibliográficas pontuais e específicas para obras nacionais. Dispensamo-nos de remeter para as obras gerais (recomendadas), embora tal possa acontecer pontualmente.
No que se refere a bibliografia estrangeira, procedemos a uma indicação pontual meramente exemplificativa ao longo do texto.

Para além destes livros, todos publicados no presente século (mais especificamente na última dúzia de anos), justifica-se referir os autores nacionais com obras anteriores que indicamos (também) por ordem alfabética (do último nome): José de Oliveira Ascensão, *Direito Comercial*, vols. I *(Institutos Gerais)* e III (Títulos de Crédito), Lições Policopiadas, Lisboa, 1998/99 e 1992, José Gabriel Pinto Coelho, *Lições de Direito Comercial*, vols. I [*Introdução. As relações jurídico-comerciais. Elementos da relação jurídico--comercial*, 3ª ed. (autor), 1957 (1ª ed. de 1946)], II [*As Letras*, 1ª parte, Fasc. I (*Conceito e regime jurídico*), ed. autor, 1955, Fasc. II (*Regime jurídico e saque*), 2ª ed. (autor), 1964, Fasc. III (*Do aceite*), 2ª ed. (autor), 1954, Fasc. IV (*Do endosso*), 2ª ed. (autor), 1955, Fasc. V (*Do aval*), 3ª ed. (autor), 1965, Fasc. VI – *Do vencimento. Do pagamento*, 2ª ed., 1961, Supl. – *Pagamento por intervenção. Direito de regresso. Protesto. Prescrição*, 2ª ed. (autor), 1962], e III [*Obrigações Mercantis*, Fasc. I (*Obrigações Mercantis em Geral. Obrigações Mercantis em Especial – Sociedades Comerciais*), ed. Carlos Ernesto Martins Souto, Lisboa, 1946, Fasc. II (*Sociedades Comerciais* – cont.), ed. autor, Lisboa, 1952], Lisboa, 1946/1965, António Ferrer Correia, *Lições de Direito Comercial* (Policopiadas), vols. I (Parte Geral), 1973, e III (Letra de Câmbio), 1975[5], Fernando Olavo, *Direito Comercial*, vol. I, 2ª ed., e vol. II, 2ª Parte, 2ª ed., Coimbra Editora, 1978, Paulo Sendin, *Lições de Direito Comercial*, vol. I, *Parte Geral, Empresas e Empresários*, Centro de Publicações da UCP, 1995/96, publicadas em diversos volumes em vários anos letivos. Utilizamos também como referência as *Lições de Direito Comercial e de Direito da Economia* (Policopiadas), vols. I e II, Lisboa, 1979/1980, e Vasco da Gama Lobo Xavier, *Direito Comercial* (Sumários Policopiados das Lições), Coimbra, 1977-78.

[5] Existe um *Reprint* organizado em 1994, pela Lex que, num único volume, sob o título *Lições de Direito Comercial*, engloba os três volumes de lições policopiadas.

MODO DE CITAÇÃO

1. As referências a diplomas legais sem expressa menção da fonte reportam-se à legislação principal que, para o efeito e a propósito, constituir o enquadramento da matéria, salvo se do contexto da citação resultar claramente solução diversa.
   Na falta de qualquer referência deve entender-se que as disposições legais se reportam ao Código Comercial.

2. Na Bibliografia citada, no final, os autores – com exceção dos espanhóis (citados pelo apelido que corresponde ao nome paterno) – são enunciados por ordem alfabética do último nome, em conformidade com a sistematização que é feita da matéria.

3. No Índice de Jurisprudência, as decisões judiciais são acompanhadas da identificação do respetivo relator ou autor e da menção sintética da matéria objeto de apreciação.

4. Os textos legais são normalmente citados em itálico (por vezes dispensando as aspas), tal como a jurisprudência. Os termos (palavras e expressões) que sejam objeto de adaptação são introduzidos em letra normal. A doutrina, quando reproduzida, é citada entre aspas retas, em letra normal.

5. A citação de autores em notas de rodapé – sem preocupação de exaustão, e a título essencialmente exemplificativo e informativo – faz-se de acordo com a fórmula prevista para cada um deles (na Bibliografia final), sendo os mesmos indicados por ordem alfabética do último nome (salvo se forem autores espanhóis) ou considerando a data das respetivas publicações, exceto se resultar do próprio texto diferente critério. Quando uma referência bibliográfica for citada mais do que uma vez, a partir da segunda citação, a mesma omitirá a editora e o local de edição/publicação, sendo feita referência apenas ao ano de edição e, quando o livro tiver diversas edições, ao respetivo número.

6. Não constitui preocupação deste manual proceder a citações indiscriminadas, indicando-se, na Bibliografia Geral Básica que antecede estas referências as obras generalistas, manuais e lições recomendados e recorrendo-se a citações pontuais destas obras e de comentários, monografias e estudos em notas de rodapé. No final, procederemos também à indicação da bibliografia nacional e estrangeira citada ao longo do texto, bem como de alguma jurisprudência.

7. O presente texto tomou em consideração elementos conhecidos (legislação, jurisprudência e doutrina nacionais) até ao mês de setembro de 2018.

Lisboa, outubro de 2018

Introdução
Do Direito Comercial ao Direito do Mercado

Nesta parte introdutória, começaremos por caracterizar o Direito Comercial, como um ramo dedicado à identificação, qualificação e regime jurídico específico de certos sujeitos de Direito e aos respetivos negócios e operações no mercado em que atuam e também às regras que devem disciplinar o seu relacionamento com todos aqueles que com eles interagem e aos quais são destinados os bens e serviços produzidos e distribuídos pelas pessoas jurídicas que são sujeitos de Direito Comercial.

O **Direito Comercial** regula os atos e as atividades jurídico-mercantis, abrangendo no seu objeto, para além do comércio (em sentido económico, de intermediação entre a oferta e a procura), a indústria e os serviços.

Mas o ramo do Direito que se autonomizou do Direito Privado Comum ou Direito Civil – o Direito Comercial, que respeitava aos sujeitos, atos e atividades jurídico-mercantis – vem, em nossa opinião, a integrar-se num ramo mais vasto resultado da globalização das relações económicas: o Direito do Mercado, que assume clara preponderância no século XXI, não desprezando naturalmente regras que têm uma origem juscivilística, mas que deixaram de estar reservadas e confinadas a um espaço jurídico limitado e a relações características e exclusivas de um mundo que no passado existia à margem do mercado.

Por outras palavras, as relações jurídico-privadas de natureza civil que eram absolutamente dominantes num passado já longínquo vieram a ceder espaço à crescente complexidade das relações no plano de um mercado em crescimento, fruto da globalização propiciada pelo desenvolvimento das comunicações.

Os instrumentos jurídicos deixam de ser privados de um ramo tradicional e dominante – como (ainda) é o Direito Civil, por ser comum a todas as pessoas singulares (e abranger pessoas coletivas com interesses altruísticos) –, para se generalizarem no espaço económico e social em que se encontram e cruzam os interesses dos produtores e distribuidores com os próprios dos consumidores, em razão dos quais aqueles existem. Paralelamente, a crescente sofisticação do mercado tem imposto redobrada atenção à tutela daqueles que, de entre todos os sujeitos do mercado, são seguramente o elo mais fraco. Foi precisamente para compensar um desequilíbrio natural entre os participantes no mercado que o Direito vem a introduzir limitações à autonomia privada dos sujeitos de Direito Comercial, sujeitando os mais relevantes para a economia a uma regulação cada vez mais apertada, e a proporcionar aos consumidores um complexo normativo que lhes permita beneficiar de proteção específica no relacionamento com as suas contrapartes contratuais.

Ao longo deste livro, que se sistematiza nesta Introdução, na qual procuraremos demonstrar como o Direito Comercial evoluiu paulatinamente para um Direito do Mercado, e em cinco capítulos – Direito da Concorrência e Propriedade Industrial (I), Empresa e Estabelecimento (II), Sujeitos de Direito Comercial (III), Contratos Comerciais (IV), Instrumentos Financeiros, Títulos de Crédito e Valores Mobiliários (V) – percorreremos as matérias que consideramos mais relevantes para a compreensão da sociedade e da dinâmica do mercado em que vivemos.

1. A atividade comercial e o comércio como objeto do Direito Comercial

1.1. A noção de Direito Comercial e sua evolução para o Direito do Mercado[6]

Na Introdução ao Estudo do Direito e no Direito Civil fala-se tradicionalmente em Direito Comercial como ramo do Direito, a propósito da clássica distinção entre Direito Público e Direito Privado, e, em particular, confrontando-o com o Direito Privado Comum, formado pelas normas que regem as relações e as situações (absolutas) da generalidade das pessoas, tendo em conta que se está a considerar o Direito no seu sentido objetivo, logo numa perspetiva essencialmente normativa. Direito objetivo como conjunto de regras que não tem de ter necessariamente como fonte a lei e que disciplinam uma pluralidade de situações jurídicas num determinado lugar e num certo momento, atendendo designadamente a um objeto delimitado e específico. Esse objeto é obviamente o **comércio**.

Para além de procurar definir o âmbito deste complexo normativo, importa saber se é, ou não, justificável delimitar o conceito de Direito Comercial e se este corresponde a uma realidade substancial com autonomia dogmática e científica.

Vimos, em disciplinas jurídicas precedentes, a propósito da confrontação deste ramo do Direito – e partindo do pressuposto que existe e se justifica –, que é um ramo especial relativamente ao Direito Civil, ou seja, num plano puramente relacional, o Direito Comercial seria um ramo especial relativamente ao Direito Civil porque se caracteriza por ter regras específicas que impõem uma disciplina diferente da que é característica e comum das relações ou situações jurídicas que tipicamente se desenvolvem entre os particulares ou que os envolvem.

Mas mesmo no âmbito do Direito Comercial, como iremos ver, descortinamos, relativamente a uma *parte geral*, formada pelas regras aplicáveis à generalidade das situações jurídico-mercantis, *partes especiais*

[6] Seguimos de muito perto as nossas *Lições de Direito Comercial*, Almedina, Coimbra, 2010, pp. 1-3 e 5-8 – que constituem uma primeira edição deste livro –, e o nosso *Direito Empresarial para Economistas e Gestores*, 2ª ed., Almedina, Coimbra, 2016, pp. 121-126.

compostas por normas que, em função do respetivo objeto, respeitam a determinados aspetos particulares da atividade económica. Exemplificando: encontramos, dentro do Direito Comercial, o Direito *especial* das Sociedades Comerciais e, no âmbito deste, regras especificamente aplicáveis a certas sociedades, como é o caso das instituições de crédito e sociedades financeiras, sujeitas a normas e soluções próprias diferentes das aplicáveis à sociedade comercial comum.

Avançando uma **noção** de Direito Comercial, diremos que este regula a atividade dos sujeitos económicos mais relevantes no mercado: os comerciantes, ou seja, empresários mercantis em nome individual ou organizados em sociedades comerciais, que se caracterizam essencialmente pela profissionalidade dos seus atos. Em paralelo com estas realidades outras entidades ou pessoas coletivas são sujeitos de Direito Comercial, tais como as cooperativas e os agrupamentos complementares de empresas, ao mesmo tempo que nele também cabem e se desenvolvem entidades não personalizadas, mas dotadas de autonomia patrimonial e financeira, como os organismos de investimento coletivo (vulgo, fundos).

O Direito Comercial não abrange, tradicionalmente, os sujeitos que exercem outras profissões – liberais (advogados, médicos, engenheiros, arquitetos)[7] ou manuais (pedreiros, marceneiros, eletricistas, canalizadores, entre outros) –, nem os empresários civis, designadamente agrícolas ou que correspondam a pequenas indústrias familiares, exceto se organizados sob a forma de sociedade comercial. Isto é, o Direito Comercial não é suposto tratar destas realidades, embora acabe por o fazer se as empresas a que as mesmas correspondem adotam a forma de sociedade comercial. Nesse caso, veremos que a forma (comercial) se sobrepõe à substância (civil).

A lei comercial (o Código Comercial) exclui expressamente do âmbito do comércio (em sentido lato, incluindo jurídico) a agricultura, os

[7] Note-se que esta afirmação é aplicável sem restrições aos casos em que os sujeitos exercem a atividade individual ou associadamente sem organização empresarial. Quando as sociedades de advogados atingem grande dimensão (com mais de uma centena de profissionais), como sucede com algumas das que atuam no nosso mercado, a sua dimensão empresarial é indiscutível, encontrando-se hoje autorizadas a adotarem forma de sociedade comercial (cfr. art. 4º, nº 1 da Lei das Sociedades Profissionais – Lei nº 53/2015, de 11 de junho – e art. 213º, nº 1 do Estatuto da Ordem dos Advogados, aprovado pela Lei nº 145/2015, de 9 de setembro). O seu *capital* continua, porém, a consistir e a basear-se na respetiva clientela.

ofícios mecânicos diretamente exercidos (a chamada pequena empresa) e a atividade literária, bem como as atividades que lhes sejam acessórias, tais como empresas de transformação acessórias de empresas agrícolas (*i. e.*, delas primordialmente dependentes) (cfr. art. 230º, § 1º do Código Comercial[8]) e a edição de obras próprias (art. 230º, § 3º).

Mas o Direito Comercial trata também dos negócios que instrumentalizam a atividade económica dos comerciantes e de todos aqueles que com estes se relacionam, no exercício dessa atividade, e ainda de certos negócios que, por serem típicos da vida mercantil, estão sujeitos a um regime próprio, independentemente da qualidade dos respetivos sujeitos e da intensidade (repetida ou esporádica) com que são praticados.

O Direito Comercial inspira o seu nome no sector de atividade que pretende regular – o comércio –, dentro do qual distinguimos dois estádios: o comércio por grosso e o comércio a retalho. Mas, desde há muito, este ramo veio absorvendo a realidade básica de outros aspetos da vida económica, como diversos serviços e a indústria.

No conceito de **Direito Comercial**, para além da identificação e regulação de sujeitos específicos – os chamados comerciantes (individuais e sociedades comerciais) – cuja intervenção no mercado se caracteriza pela profissionalidade da sua atuação ou da sua qualificação legal, cabem as regras que regulam os atos e as atividades jurídico-mercantis.

Encontramos, pois, no ainda atual Direito Comercial diversos sectores que, podendo ser objeto de análise autónoma, não deixam frequentemente de se sobrepor e entrecruzar. Numa sistematização necessariamente subjetiva, enunciaríamos os seguintes:

a) **Sujeitos** do Direito Comercial: empresas e empresários mercantis (comerciantes – individuais e sociedade comerciais – e outros);
b) **Contratos comerciais**: a generalidade dos atos jurídicos celebrados entre os sujeitos de Direito Comercial e, nalguns casos, entre estes e os consumidores. É neste sector que assume especial relevância o regime comercial (em face do regime do Direito Civil);

[8] Reportam-se ao Código Comercial português de 1888 (ainda) vigente todas as disposições legais que não forem especialmente referenciadas, salvo se do contexto resultar tratar-se de diferente fonte. Chama-se a atenção para o facto de, no texto oficial (do Código), não constarem epígrafes, pelo que, sendo prática dos compiladores identificarem os preceitos legais poderá haver divergências entre as diversas edições (de Código Comercial) disponíveis.

c) **Títulos de crédito** e **valores mobiliários** essencialmente padronizados (ações, obrigações e instrumentos financeiros equiparados), transacionáveis no mercado organizado;
d) **Atos e operações de mercado**, neles englobando a tutela direta da concorrência e os direitos privativos da propriedade industrial, bem como os organismos de investimento coletivo (fundos);
e) **Outros** ramos possíveis (que se autonomizaram, entretanto dos sectores *a), b) e c)*): Direito Marítimo, Direito Bancário, Sistemas de Pagamentos e Direito dos Seguros.

O estudo aprofundado de todas as matérias que, tendo tido origem no estrito plano do Direito Comercial, dele se autonomizaram, tendo adquirido uma importância inquestionável a que não é alheio o respetivo peso económico, faz-se hoje em diferentes sedes e justifica, na prática, a existência das disciplinas correspondentes, com maior ou menor extensão.

O Direito Comercial é, hoje, um conceito em mutação, evoluindo claramente para um **Direito do Mercado**[9], caracterizado por, um lado,

[9] Trata-se de aspeto que reconhecíamos já na nossa dissertação de doutoramento, *Cheque e Convenção de Cheque*, Almedina, Coimbra, 2009 (mas concluída em 2008) (e sublinhado nas nossas *Lições* cit., pp. 6-7), quando afirmávamos – na respetiva Introdução, que passamos a reproduzir parcialmente – que no «*início do século XXI julgamos que talvez não tenha sentido continuar a falar de Direito Comercial – independentemente da perspectiva ou orientação que configure este ramo do Direito, partindo do estudo dos respectivos sujeitos para a análise do regime das operações comerciais ou centrando imediata e directamente a atenção nestas e qualificando os intervenientes habituais na vida mercantil como entidades comerciais*» (p. 1) e acrescentávamos que o «*mundo negocial já não se esgota seguramente no Direito Civil e no Direito Comercial, como durante séculos aconteceu. A generalização das transacções comerciais e a multiplicação dos agentes económicos, por um lado, e a prática crescente de actos tradicionalmente comerciais por parte de particulares, por outro, facilitada pelo vertiginoso desenvolvimento das comunicações, a que acresce a intervenção estadual nesse domínio – ainda que indirecta (concretizada através de empresas de natureza privada e sujeitas a regras jurídicas de Direito Privado) – suscita a questão, pertinente, sobre a consideração de um novo grande ramo da ciência jurídica – o Direito do Mercado –, no qual entroncariam as matérias classicamente estudadas no Direito Comercial e todas as que resultaram da generalização das suas práticas ou de novos negócios e da necessidade de uma crescente disciplina pública dos mesmos*» (pp. 1-2). E arriscámos, então – de forma que ainda consideramos válida –, delimitar o objeto deste novo grande ramo do Direito. Escrevemos: «*O Direito do Mercado estudaria os agentes económicos em geral – entre os quais, naturalmente, as Sociedades Comerciais – e, a par dos Contratos Comerciais, os Valores Mobiliários e os Títulos de Crédito. O seu âmbito seria balizado por normas regulatórias, de carácter geral – integrantes do Direito da Concorrência, em sentido lato (isto é, incluindo regras de Propriedade Industrial, de repressão da*

pela qualidade dos agentes económicos intervenientes (produtores, intermediários e prestadores de serviços), os quais se qualificam essencialmente pela complexidade crescente das respetivas organizações (dos modelos como se apresentam no mercado para exercer a respetiva atividade), e, por outro lado, pela natureza das operações económicas, predominantemente estandardizadas, e submetidas a uma mesma regulamentação, independentemente dos respetivos intervenientes (operações com valores mobiliários em geral, isoladas ou em mercado regulamentado – títulos de crédito, ações, obrigações e instrumentos financeiros equiparados –, direitos privativos da propriedade industrial), a qual tutela especificamente a operação em causa e, em geral e simultaneamente, assegura a sã concorrência entre os diversos agentes económicos, salvaguardando naturalmente os interesses dos consumidores[10].

concorrência desleal e de defesa da concorrência) – e com diferentes incidências sectoriais» (*ibid.*, p. 2, nota 23).

Escrevendo posteriormente, e aproximando o Direito Comercial do Direito Empresarial, Ricardo Costa, «O direito comercial português: direito misto, autónomo e basicamente empresarial», AA.VV., *Para Jorge Leite. Escritos Jurídicos*, vol. II, Coimbra Editora, Coimbra, 2014 (pp. 121-146), em especial pp. 141-146.

Sobre a definição e o conceito de mercado, em especial no Direito da Concorrência, vd. Miguel Sousa Ferro, *A definição de Mercados Relevantes no Direito Europeu e Português da Concorrência,* Almedina, Coimbra, 2015, pp. 19-20 e 247-250.

Antecipando a ligação do Direito Comercial ao mercado, Paulo M. Sendin, «Sistemas de direito comercial a partir do séc. XIX», *DJ*, vol. XII, t. 1, 1998, pp. 145-208, em especial 145-147, mas acabando por qualificá-lo como direito de empresa (*ibid.*, pp. 193-208).

Considerando que o Direito Comercial «é também o direito do mercado», Pedro Pais de Vasconcelos, «Direito Comercial – necessidade e utilidade de uma revista», *RDCom*, nº 1, 2017 (www.revistadedireitocomercial.com, 2017-03-01, pp. 1-32), pp. 29-31.

Esta conceção está longe de ser pacífica, sobretudo no plano internacional. Assim, os autores franceses, de que constitui exemplo Dominique Legeais, *Droit Commercial et des affaires*, 23ª ed., Sirey, Paris, 2016, tendem para considerar que o Direito Comercial evoluiu para o Direito dos Negócios ("*Droit des Affaires*") (pp. 4-5), embora este autor também reconheça que o Direito Comercial é um direito dos mercados (pp. 5-6).

[10] Por isso, não deve surpreender que, tornando-se realidade autónoma, este novo (grande) ramo do Direito (do Mercado) abrangerá também, e naturalmente, os próprios consumidores, a cujos interesses estenderá a sua vasta tutela, nos termos que hoje são conhecidos e que se concretizam numa já clara diferenciação entre os regimes aplicáveis aos negócios que os envolvem e aos negócios que se restringem aos sujeitos comerciais e entidades profissionais.

Por sua vez, a globalização do mercado[11] coloca novos desafios à regulação de relações crescentemente transnacionais, conduzindo ao aparecimento de novas formas de autorregulação de interesses, com origem convencional, que gradualmente se vão afirmando na disciplina das relações do comércio internacional, fazendo renascer práticas que durante mais de um século cederam terreno ao rigor das normas jurídicas nacionais. Contudo, em paralelo com a aceitação de novas regras especialmente adequadas a regular situações jurídicas privadas plurilocalizadas, sente-se a necessidade de uma supervisão ampla e multidisciplinar, também internacional, do desempenho dos agentes económicos em mercados cada vez mais alargados.

Trata-se de matéria a que, pela sua importância, regressaremos, a propósito das fontes do Direito Comercial.

1.2. **O objeto do Direito Comercial**

Caracterizemos agora o objeto do Direito Comercial – o comércio – com a finalidade de delimitar o conjunto de regras que se lhe aplicam, que não têm de se consubstanciar necessariamente em leis, mas corresponder à expressão de um dever ser que se impõe efetivamente num dado lugar e num certo momento.

1.2.1. *Comércio em sentido económico e comércio em sentido jurídico*

Em sentido económico, o **comércio** consiste numa atividade de intermediação, que tem origem na troca de mercadorias (*commutatio mercium*). E este significado etimológico veio a sofrer, ao longo dos tempos, uma evolução notável e um desenvolvimento acentuado, proporcionado pela criação e divulgação da moeda. O comércio passa a configurar-se como atividade de compra de bens para obter um ganho com a respetiva revenda. É a atividade de (inter)mediação entre a oferta e a procura, no

[11] Cfr. Ricardo Alonso Soto, «Globalización y Derecho Comercial», AA.VV., *Internacionalização do Direito no Novo Século*, org. por Jorge de Figueiredo Dias, Universidade de Coimbra, Coimbra Editora, 2009, pp. 145-161, e Francesco Galgano, «As novas exigências da grande empresa no dealbar do século XXI», AAVV, *Nos 20 anos do Código das Sociedades Comerciais. Homenagem aos Profs. Doutores A. Ferrer Correia, Orlando de Carvalho e Vasco Lobo Xavier*, vol. I – *Congresso Empresas e Sociedades*, Coimbra Editora, 2007, pp. 33-48.

plano das compras e vendas por grosso e a nível do retalho – os quais se confundem amiúde na atualidade, reconduzindo-se à moderna ideia de distribuição –, ou seja, consiste na mediação entre a produção e o consumo, com a finalidade de obter um **lucro**.

Ora, o sentido dominante da época liberal, de que ainda é fruto o Código Comercial, é o sentido económico e comum (da palavra), reconduzindo-se à mediação entre a produção e o consumo, com o fito de obter um ganho. Nesses termos, o comércio era a atividade que, exercida profissionalmente, como meio habitual de vida, qualifica(va), no quadro desse nosso diploma (art. 13º, nº 1 do CCom), o comerciante-pessoa singular.

Não se pense, contudo, que do Código Comercial português ressalta apenas uma noção económica de comércio, só essa importando ao nosso sistema. Não!

Juridicamente, o comércio é a atividade objeto do Direito Comercial.

Por isso, vamos ter de construir esta noção, tomando por referência o respetivo enquadramento legal, nomeadamente o disposto no Código Comercial e em legislação avulsa mercantil.

Nesses termos, e como veremos, o **comércio**[12] abrange todos os atos qualificados como tais (atos de comércio, objetivos e subjetivos) – e que, tradicionalmente, correspondem ao comércio em sentido económico –, bem como as atividades mercantis a que se refere o artigo 230º, nomeadamente parte da indústria extrativa (atividade mineira), a indústria transformadora e a prestação de serviços (que não se reconduza ao exercício de uma profissão liberal, de forma autónoma e isolada); mas já não os atos formalmente comerciais, como, por exemplo, atos de natureza cambiária, tal como a simples subscrição de uma letra (de câmbio) ou de um cheque, ou característicos do Direito da Propriedade Industrial.

Por seu turno, e como vimos, o Código Comercial afasta do domínio do comércio as atividades económicas primárias (agricultura e atividades fabris dela instrumentais), o exercício direto da atividade económica sob a forma de pequena empresa ou empresa de base familiar e inicia-

[12] Cfr. o nosso artigo «Comércio – DIR», AA.VV., *Enciclopédia Verbo*, Edição Século XXI, Verbo, Lisboa / São Paulo, 1998, vol. 7, cols. 551-558, e as nossas *Lições de Direito Comercial*, 2010, pp. 3-5.
Sobre os sentidos da noção de comércio, vd. também FÁTIMA GOMES, *Direito Comercial. Noções Gerais e Regimes Complementares*, 2ª ed., Universidade Católica Editora, Lisboa, 2017, pp. 27-28.

tivas pessoais que, noutras circunstâncias dirigidas fundamentalmente para o mercado, se qualificariam, sem dificuldade, como mercantis.

Não existe, assim, uma coincidência absoluta entre a realidade económico-social e a que é objeto do Direito Mercantil, que compreende também outros serviços e a própria indústria.

1.2.2. *O artigo 1º do Código Comercial*

Da leitura e análise do primeiro preceito do nosso Código Comercial[13] retira-se que a inclinação do nosso legislador (finais do século XIX, recorda-se) era, essencialmente, objetivista, encontrando-se então claramente influenciada pelo Código de Comércio francês de 1807, que, como os demais diplomas que lhe foram contemporâneos, assumia uma matriz predominantemente objetivista (e igualitária) na sequência da Revolução (francesa) de 1789.

O artigo 1º do segundo (e ainda atual) Código Comercial português pretendeu tornar claro que este diploma se aplicaria a todos os atos e contratos mercantis, não sendo exclusivo de uma classe profissional. Esta inclinação encontra-se, porém, mitigada pela qualificação direta de certas entidades como comerciantes (caso das sociedades comerciais – art. 13º, nº 2), pelo reconhecimento da comercialidade da generalidade dos contratos por estes celebrados (art. 2º, II parte) e, sobretudo, pela qualificação como comerciais de todas as atividades empresariais de carácter económico, em que, na produção de bens e prestação de serviços para o mercado, é, especialmente, relevante o risco do capital.

1.3. Qualificação e regime de Direito Comercial

A matéria de Direito Comercial pode ser delimitada por uma de duas diferentes conceções.

A primeira consiste em saber quais os atos que são característicos da atividade comercial e, em função destes atos, ver se lhes aplica o regime especial. Trata-se de uma **conceção** nitidamente objetiva de Direito Comercial. Dir-se-á que estes atos (ou factos) que implicam a

[13] Artigo 1º: «*A lei comercial rege os actos de comércio sejam ou não comerciantes as pessoas que neles intervêm*».

existência de determinadas regras são comerciais independentemente de quem os praticar.

A outra conceção reconduz-se à identificação prévia dos sujeitos que se movem no âmbito de uma certa atividade e à subsequente procura dos atos que são característicos e que, em regra, são praticados por eles. Está aqui patente uma **conceção subjetiva** de Direito Comercial.

A predominância de um destes entendimentos varia de país para país, consoante a força histórica que tiver sido dominante, mas nenhuma pode nem deve descurar a outra.

2. Evolução histórica do Direito Comercial

2.1. Contexto mundial (ou europeu)[14]

2.1.1. *Primórdios do Direito Mercantil*

Desconhece-se exatamente quando terão surgido as primeiras regras que disciplinam a atividade jurídico-mercantil, mas a generalidade dos autores reporta-as ao ambiente da antiga Babilónia (Mesopotâmia) e ao Código de Hamurabi[15].

[14] Sobre a evolução histórica do Direito Comercial no contexto europeu, vd. as obras de AAVV., *Research Handbook on the History of Corporate and Company Law*, edit. por Harwell Wells, Edward Elgar, Cheltenham, U.K./Northampton, MA, USA, 2018, em especial pp. 65-118, de Francesco Galgano, *História do Direito Comercial*, tradução da edição italiana de 1980, Signo, Lisboa, s/d., em especial pp. 21-103 e115-135, de Carlos Petit, *Historia del Derecho Mercantil*, Marcial Pons, Madrid, 2016, pp. 25-143 – embora com parte substancial dedicada à evolução do Direito Comercial em Espanha –, de Uwe Wesel, *Geschichte des Rechts in Europa*, C.H.Beck, München, 2010, pp. 269-271, 387-390 e 504-508, e o estudo de Evaristo Mendes, «Breve introdução histórica ao direito comercial português», *Revista de Direito Comercial* (www.revistadedireitocomercial.com, 2018-05-03), 2018 (pp. 700-760), pp. 700-722. Com referência às melhores fontes históricas do Direito Comercial (p. 28), mas traçando uma excelente panorâmica da evolução histórica deste ramo até ao Direito Económico, na era da globalização, Louis Vogel, *Traité de droit des affaires* (Tratado Ripert/Roblot), t. 1, *Du droit commercial au droit économique*, 20ª ed., LGDJ, Paris, 2016, pp. 28-44.

[15] Nesse sentido, na literatura geral, cfr. Miguel J. A. Pupo Correia, *Direito Comercial. Direito da Empresa*, 14ª ed. (com a colab. de António José Tomás e Octávio Castelo Paulo), Ediforum, Lisboa, 2018, p. 15. Imputando as primeiras regras de Direito Comercial a diversos locais, incluindo a Mesopotâmia, e considerando – ao arrepio de relevantes historiadores

No contexto europeu, o Direito Comercial radica nos contratos de câmbios que se formaram na Idade Média, e em que uma determinada pessoa procedia a um pagamento numa determinada moeda num certo local e outra pessoa, beneficiária desse pagamento, viria a receber em diferente local noutra moeda a quantia correspondente. É na Idade Média (*circa* do séc. XII), nas cidades italianas, que encontramos a primeira referência segura a este ramo como conjunto autónomo de normas reguladoras da atividade comercial[16].

Nessa época existiam uma série de fatores envolventes que constituíam entraves e limitações ao comércio, como o conhecemos hoje, e que dificultavam o que atualmente é extremamente simples. Por exemplo, a usura não era de todo admissível e tão pouco eram os juros – e, em geral, a exploração do capital –, pelo que não era possível considerá-los (enquanto tais), o que presentemente é absolutamente normal.

Inicialmente, o Direito Comercial desenvolveu-se quando as pessoas começaram a fazer transações em espaços geográficos afastados daqueles em que estavam situadas.

Os pagamentos das mercadorias transportadas, adquiridas em locais diferentes daqueles em que eram consumidas, se se continuassem a fazer em moldes tradicionais – em contado – envolviam riscos significativos pela dificuldade de acessos e pelos assaltos frequentes. Começou então a proceder-se a uma forma documentária de pagamentos, mais simples, e que estimulava a circulação de bens. A letra de câmbio constituiu a primeira materialização deste fenómeno, viabilizando pagamentos à distância e permitindo diferir a sua efetivação.

O desenvolvimento económico ocorrido na época medieval esteve particularmente associado às transações efetuadas por via marítima, sendo especialmente relevantes as que ocorreram com as cidades-Estado italianas, em especial Veneza e Génova.

Não deve constituir surpresa, por isso, que um dos sectores deste ramo do Direito que maior desenvolvimento tenha registado na época tenha sido o respeitante à atividade náutica. Nesta linha, o Direito Marí-

– «que todo o Direito romano, designadamente no campo das obrigações e dos contratos, era Direito comercial», ANTÓNIO MENEZES CORDEIRO, *Direito Comercial*, 4ª ed., Almedina, Coimbra, 2016, pp. 47-51, em especial p. 50.

[16] Nesse sentido, na literatura geral, cfr. JORGE MANUEL COUTINHO DE ABREU, *Curso de Direito Comercial*, vol. I (*Introdução, Atos de comércio, Comerciantes, Empresas, Sinais distintivos*), 11ª ed., Almedina, Coimbra, 2018, p. 31, estribado em grandes comercialistas estrangeiros.

timo encontra-se na origem do contrato de comenda e do tipo societário que lhe veio a corresponder: a sociedade em comandita.

Com efeito, no século XII, o contrato de comenda veio permitir que aqueles que temiam a censura da Igreja relativamente ao exercício de atividades de natureza especulativa, como sucede com o comércio, de fim totalmente lucrativo, pudessem participar em atividades económicas mercantis sob forma dissimulada. Surgiu então a sociedade em comandita, que se caracteriza por agrupar dois tipos de sócios: o comanditário, que investe um determinado montante, e que limita a sua responsabilidade ao capital que subscreve, e o comanditado que assume a direção efetiva da sociedade e a responsabilidade ilimitada pela sua atividade. Estas sociedades conheceriam um período áureo na fase inicial dos descobrimentos, permitindo conjugar os esforços financeiros do investidor capitalista (que pretendia permanecer oculto) com o envolvimento pessoal e direto de quem se dispunha a dar a cara e assumir responsabilidade ilimitada por uma empresa (no sentido dinâmico do termo) mercantil.

Mas as mais antigas sociedades comerciais terão sido, certamente, as sociedades simples correspondentes às atuais sociedades em nome coletivo, que se caracterizavam por constituir o resultado da agregação de esforços de duas ou mais pessoas na prossecução de uma atividade económica com natureza comercial. Subjacente a estas sociedades estava a lógica de que a "união faz a força" – em especial em época de parcos recursos –, potenciando as participações dos diversos agentes que agregava num fim comum e unitário.

No entanto, o florescimento da atividade económica transatlântica viria a revelar a insuficiência das formas de organização mercantil referidas, que, a partir do século XVII, cederiam o papel de atores principais às companhias das Índias, verdadeiros embriões das modernas sociedades anónimas.

A conjugação de vontades de dois ou três sujeitos passou a não bastar para financiar as expedições comerciais com países asiáticos ou do novo mundo, que justificavam a constituição de verdadeiras frotas, que requeriam a aglutinação de capitais em montantes particularmente significativos. Nestas novas organizações, inicialmente sujeitas a autorização do poder central, a pessoa dos sócios esbatia-se perante a necessidade da concentração de capitais avultados indispensáveis para financiar a atividade comercial que as novas organizações se propunham prosseguir.

2.1.2. *Direito Comercial como Direito de classe*

Paralelamente, os séculos XV e XVI correspondem à época histórica em que se desenvolvem especialmente as corporações, ainda que estas não tenham assumido um significado especial.

O Direito Comercial autonomiza-se, historicamente, como Direito dos comerciantes, aplicando-se consequentemente aos seus negócios; surge como um Direito de classe que define um estatuto próprio dos comerciantes[17]. A figura do comerciante envolve a ideia de sistematização dos seus negócios que formam uma atividade.

A partir do século XVII, o Direito Comercial objetiva-se com a criação da figura do comerciante acidental – indivíduo que realiza negócios ocasionais.

2.1.3. *A Revolução Francesa e o movimento codificador subsequente: a objetivação do Direito Comercial*

Mas a objetivação do Direito Comercial acentua-se com a Revolução Francesa (1789) que, colocando em causa o Direito Comercial como Direito de classe, consagra como principal fonte a lei. Surge, assim, impulsionado por diversas falências escandalosas de banqueiros, que na época ocorreram, o *Code de Commerce* (1807)[18], lei orgânica e sistematizada da matéria comercial, que reafirma o princípio da liberdade de comércio e de indústria (que havia sido acolhido com a extinção das corporações, por Decreto de 1791) e estrutura o Direito Mercantil, com base na teoria dos atos de comércio (perspetiva desintegrada e pulverizada do exercício do comércio como atividade profissional)[19]. É sujeito *ao* Direito Mercantil aquele que pratica atos de comércio, independentemente da sua qualidade (de comerciante).

[17] Datam desta época as *Ordonnances du Commerce* (de 1673) *et de la Marine* (de 1681), elaboradas por Savary, seguindo a orientação e as instruções de Colbert, razão pela qual são também conhecidas como Ordenanças de Colbert. Cfr. António Menezes Cordeiro, *Direito Comercial*, 4ª ed., 2016, pp. 53-54.

[18] Sobre este importante código, vd. António Menezes Cordeiro, *Direito Comercial*, 4ª ed., 2016, pp. 54-59 e 61.

[19] Sobre esta matéria, cfr. Paulo Sendin, *Lições de Direito Comercial*, vol. I, *Parte Geral, Empresas e Empresários*, Centro de Publicações da UCP, 1995/96, pp. 21-23.

Esta vertente objetivista não mais largaria o Direito francês e foi transposta para todos os ordenamentos europeus que, ao longo do século XIX, aderiram às ideias francófonas, como sucedeu, aliás, com o Direito Comercial português no Código de 1888.

2.1.4. *O Código Comercial alemão de 1897 (HGB) e o retorno às origens*[20]

O *Handelsgesetzbuch* (HGB), ou Código Comercial (alemão)[21] – que não constituiu o primeiro diploma do género na Alemanha[22] – marca o ponto de viragem para a re-subjectivação do Direito Comercial.

Com efeito, centra a qualificação da matéria comercial na pessoa do comerciante (*der Kaufmann*) e, impondo a matrícula deste junto do Registo Comercial[23], reconhece que esta qualidade assumida (de sujeito de Direito Mercantil) justifica um regime próprio e autónomo do regime de Direito Civil[24].

Doravante, o Direito Comercial irá desenvolver-se na tensão entre agentes económicos sujeitos a um regime específico (para o melhor e o pior, acrescente-se) – os empresários mercantis – e o reconhecimento de contratos (comerciais) que, sendo habitualmente praticados por

[20] Ainda que a propósito da sociedade anónima, cfr. o estudo de António Menezes Cordeiro, «Da perda de metade do capital das sociedades comerciais», *ROA*, ano 56, t. I, 1996 (pp. 157-177), em especial pp. 160-165.

[21] Sobre os diplomas que, na Alemanha, o precederam, cfr. António Menezes Cordeiro, *Direito Comercial,* 4ª ed., 2016, pp. 61-65.

[22] Com efeito, sucedeu ao *Allgemeines Handelsgesetzbuch* de 1861, que foi também aplicável à Áustria, e que surgiu na esteira da *Allgemeines deutsche Wechselordnung* (Lei cambiária alemã), de 1848, que, em 1861, com a introdução de diversas modificações, passaria a ser apenas a *Wechselordnung*.

[23] Sobre a situação atual do registo comercial (*Haldelsregister*), cfr. Georg Bitter / Florian Schumacher, *Handelsrecht,* 3ª ed., Franz Vahlen, München, 2018, pp. 24-35, Hans Brox / / Martin Henssler, *Handelsrecht,* 22ª ed., C. H. Bech, München, 2016, pp. 36-47 (em especial pp. 36-42), Peter Jung, *Handelsrecht,* 11ª ed., C. H. Beck, München, 2016, pp. 57-76 (em especial pp. 57-64), Eugen Kluzinger, *Grundzüge des Handelsrecht,* 14ª ed., Franz Vahlen, München, 2011, pp. 160-166, e Tobias Lettl, *Handelsrecht,* 4ª ed., C. H. Bech, München, 2018, pp. 33-47 (em especial pp. 33-37), Thomas Tegen / Adolf Reul / Andreas Heidinger / Jens Tersteegen, *Unternehmensrecht,* Franz Vahlen, München, 2009, pp. 41-53 (em especial pp. 41-46), Marc-Philippe Weller / Jens Prütting, *Handels- und Gesellschaftsrecht,* 9ª ed., Franz Vahlen, München, 2016, pp. 18-36 (em especial pp. 18-23).

[24] Sobre este entendimento que está longe de ser pacífico na doutrina germânica, cfr. Peter Jung, *Handelsrecht,* 11ª ed., 2016, pp. 1-4, em especial p. 2.

estes, têm também um regime específico que deverá ser aplicável a todos aqueles que os celebrarem, independentemente da sua natureza.

2.1.5. *A fragmentação do Direito Comercial e a generalização dos negócios jurídico-mercantis*

No século XX, assistimos, por um lado, à generalização a todos os sujeitos de negócios jurídicos e instrumentos que, até então, eram privativos do Direito Comercial e que se autonomizam – como sucedeu inicialmente com certos títulos de crédito, como as letras e cheques – e à fragmentação de diversas matérias que adquiriram relevo próprio e que, tendo uma origem e uma matriz comum com o Direito Comercial, se distinguem deste, a ponto de terem Códigos próprios. Referimo-nos ao Direito dos Valores Mobiliários, caracterizado por inúmeras regras injuntivas, que tutelam interesses públicos e da generalidade, aos Direitos Bancário e Segurador, que concentram não apenas atores (*players*) particularmente relevantes da economia (em particular pelo lado da oferta) – sujeitos a um controlo externo crescentemente sofisticado –, como agregam negócios particularmente complexos que requerem uma supervisão adequada e profissional, ao Direito Marítimo e ainda ao Direito da Propriedade Industrial, que disciplina os direitos privativos da propriedade industrial, em especial as invenções e as marcas, que constituem elementos de monopólio que o mercado reconhece aos seus agentes económicos produtores e prestadores de serviços.

O final do século XX, em particular as últimas duas décadas, assistiu a um progresso social vertiginoso – facilitado pelo acréscimo e a potenciação do crédito, que viria a perder correspondência com o mundo real, e que explica a crise económica global de 2007-08 –, a que se viria a associar um desenvolvimento notável de novos instrumentos jurídicos para acompanharem a crescente multiplicidade de transações.

No novo mercado, de acesso generalizado e cada vez mais alargado, os consumidores vieram a ocupar um papel também central, obrigando a repensar as fronteiras do Direito Civil e do Direito Comercial e a equacionar o seu alargamento, para um verdadeiro **Direito do Mercado**; e não reconduzindo a tutela dos seus interesses ao Direito Civil do qual se autonomizou pela sua massificação.

Esta constatação não obsta a que consideremos, à semelhança de outros autores, o Direito dos Consumidor como um ramo autónomo.

Simplesmente, paralelamente se dilui e reconduz, como outros ramos autónomos, ao Direito do Mercado.

2.1.6. *A crise da economia mundial espoletada pelo* subprime

A crise da economia mundial, espoletada pelo *subprime* – fenómeno ocorrido em 2007 – obrigou a rever a disciplina das relações económicas e comerciais, em especial no que respeita à sua regulação e supervisão do desempenho futuro dos agentes que concedem crédito e que contribuíram há uma década para a "bolha da economia", que conduziu diversos agentes económicos, alguns deles universalmente conhecidos, como a *Lehmann Brothers*, à insolvência.

Recorde-se que o *subprime* teve, na sua origem, o crédito hipotecário que era indiscriminadamente concedido no mercado norte-americano e o "empacotamento" que as instituições financeiras fizeram desses créditos sob a forma de produtos estruturados que colocaram a nível planetário, contaminando todos os mercados.

Acresce que, para além de sobrevalorização dos bens hipotecados, os mesmos deixaram de ter mercado, vendo progressivamente reduzido o seu valor, num cenário de inúmeros incumprimentos, pelo que deixaram de ser aptos a constituir uma garantia válida do crédito que asseguravam.

Com o fim dessa bolha especulativa, os mercados entraram numa profunda crise da qual estão a recuperar, após a economia ter, numa primeira fase, sofrido um forte ajustamento no que respeita à conjugação da oferta (que se manteve) com a procura (que sofreu uma redução muito significativa).

Foi num cenário de profunda crise – certamente uma das maiores de que há memória – que os mercados procuraram, e conseguiram, reagir, fortemente sustentados nos apoios que os diversos Estados concederam à economia.

Nesse contexto não surpreende que as relações económicas tivessem sido repensadas e que a concessão de crédito, que até 2008 havia sido manifestamente excessiva, tivesse sofrido naturais e óbvias limitações e passasse a estar sujeita a um controlo muito mais rigoroso do que anteriormente, arrefecendo e dificultando significativamente a manutenção do ritmo de desenvolvimento a que o mundo vinha a assistir.

No entanto, e como previmos oportunamente[25], os agentes económicos revelaram capacidade de adaptação e de reação à conjuntura desfavorável com que se depararam, tendo o progresso tecnológico, que se revela imparável, em especial no domínio das comunicações, contribuído para reequacionar as relações de troca e para o desenvolvimento dos mercados; e, com estes, das normas que os disciplinam.

2.2. **Direito Comercial português**

Vejamos agora como evoluiu este ramo do Direito em Portugal[26].

2.2.1. ***Período inicial: da nacionalidade às Ordenações Afonsinas***

Até ao século XIII, eram conhecidas disposições esparsas dos Direitos romano, visigótico e canónico que recaíam sobre o comércio, o qual se regulava sobretudo pelos usos e costumes, então observados. A regulação do comércio incidia sobretudo sobre as *pescarias*[27].

A partir de 1211 surgem leis gerais portuguesas que regulam aspetos característicos da vida mercantil, nomeadamente:

- Lei dos arrojos (que proibia a ocupação dos objetos lançados à costa);
- Lei de D. Afonso III que tutelou transações nas feiras e mercados;
- Leis marítimas de D. Dinis;
- Leis de D. Afonso IV sobre fretamento e carga de navios;
- Leis de D. Fernando sobre bolsas marítimas e registo de navios. O último rei da 1ª dinastia criou leis protecionistas, proibindo o comércio de mercadorias estrangeiras.

[25] Nas nossas *Lições*, de 2010, p. 15.

[26] Vd. a dissertação de doutoramento de João António Bahia de Almeida Garrett, *A (des)codificação do Direito Comercial português. Contributo para a reflexão prévia a uma necessária reforma legislativa*, Inédito, Universidade de Coimbra, 2016, em especial pp. 205-233, e limitado ao período que se inicia com a codificação (a partir do século XIX), o estudo de Evaristo Mendes, «Breve introdução histórica ao direito comercial português», 2018, pp. 700-760, em especial pp. 722-751.

[27] Innocencio de Sousa Duarte, *Diccionario de Direito Commercial*, Empreza Litteraria de Lisboa, 1880, p. 5.

2.2.2. *Segunda fase: das Ordenações Afonsinas à Lei da Boa Razão*[28]

Nas Ordenações Afonsinas – que constituem a primeira sistematização de leis do Reino – são objeto de regulação: a falência (quebra dos comerciantes), o comércio externo e marítimo e o contrato de câmbio.

Nesta época, surgem também alguns regimentos corporativos de reduzida importância.

Diversamente do que se possa pensar, os descobrimentos não implicaram incremento da legislação.

Nesta fase alargada – de reduzida evolução do Direito Mercantil no nosso País –, há ainda que assinalar as leis de D. Sebastião, de 1564 e 1570, que dispunham, respetivamente, sobre a compra de mercadorias a crédito e sobre a proibição dos juros ou câmbio de dinheiro, e a criação do chamado Tribunal do Consulado[29], instituído durante a regência de D. Henrique, para dirimir questões mercantis, dotado de um regimento próprio (criado por D. Filipe I, em 1594) e também de preceitos de Direito substantivo (relativos, nomeadamente, à matrícula do comerciante, seguro marítimo, falência, câmbio e corretagem).

Finalmente, por alvará de 13 de novembro de 1756 seria criada a *Conservatoria do commercio.*

2.2.3. *O iluminismo: da Lei de 18 de agosto de 1769 até ao Código Comercial de 1833*

Numa terceira fase, aparecem as grandes Companhias pombalinas, precursoras das modernas sociedades anónimas. Cite-se, como exemplos, a Companhia Geral do Grão-Pará e Maranhão e a Companhia Geral da Agricultura das Vinhas do Alto Douro.

A Lei da Boa Razão, de 18 de agosto de 1769, determinava que nos casos omissos se deveriam aplicar as leis económicas, mercantis e marítimas das nações civilizadas.

[28] Cfr. Amílcar da Costa P. Mesquita, «O Direito Comercial até à Lei da Boa Razão no quadro económico português», AA.VV., *Nos 20 anos do Código das Sociedades Comerciais. Homenagem aos Profs. Doutores A. Ferrer Correia, Orlando de Carvalho e Vasco Lobo Xavier*, vol. II – *Vária*, Coimbra Editora, Coimbra, 2007, pp. 189-201.

[29] Seria abolido por alvará de 13 de fevereiro de 1602 e substituído, no ano seguinte, pelo *Juizo da índia, Mina, e ouvidoria da alfandega.* Neste sentido, I. de Sousa Duarte, *Diccionario de Direito Commercial*, cit., 1880, p. 6.

Nesta fase – em que preponderavam usos e costumes[30] – seria criada, em 1775, a *Junta do commercio*, elevada a tribunal em 1788.

2.2.4. *O Código Comercial de 1833*[31]

O primeiro Código Comercial português escapou à influência do *Code de Commerce*, dominante na época, visto ter resultado de um projeto assinado por um exilado em Londres, José Ferreira Borges, o qual reconheceu expressamente[32] a influência que os demais Códigos e legislações comerciais europeus haviam tido no seu projeto. Aprovado por um Decreto de 18 de setembro de 1833, o Código entraria em vigor em (14 de janeiro de) 1834.

Regulando minuciosamente os principais institutos mercantis e o processo comercial, o Código Ferreira Borges[33] constituía um repositório de noções doutrinais e de explicações, bem como de preceitos de Direito Civil, estruturando-se em duas partes: a primeira dedicada ao Comércio Terrestre – sistematizada em três livros [I – Das pessoas (do Comércio), II – Das obrigações comerciais, III – Das ações comerciais e organização do foro mercantil e das quebras] – e a segunda sobre o Comércio Marítimo.

São desta época as leis de 1833 sobre marcas industriais e comerciais (Lei de 4 de junho e Decreto de 23 de outubro), surgindo mais tarde a lei de 1867 sobre sociedades anónimas (22 de junho)[34].

[30] Cfr. I. de Sousa Duarte, *Diccionario de Direito Commercial*, cit., 1880, p. 7.

[31] Sobre a evolução do Direito Comercial Português no século XIX, e em especial sobre a substituição do Código Ferreira Borges pelo Código de Veiga Beirão, vd. a obra de Luís Bigotte Chorão, *A comercialística portuguesa e o ensino universitário do Direito Comercial no século XIX*, Cosmos, Lisboa, 1998, pp. 71-77.
Fazemos uma referência sintética à elaboração, conclusão e aprovação do Código de 1888 no nosso livro *Cheque e Convenção de Cheque*, cit., 2009, nota 172 (p. 53).

[32] Em carta que escreveu ao então rei de Portugal, D. Pedro IV, quando entregou o projeto de Código e que transcrevemos em *Cheque e Convenção de Cheque*, cit., 2009, nota 167 (p. 50).

[33] Quarenta e seis anos depois da sua promulgação – reconhecendo que muitas das suas regras haviam, entretanto, sido alteradas por leis avulsas –, I. de Sousa Duarte, não escamoteando os defeitos que o Código certamente tinha, refere-se-lhe de forma muita elogiosa, considerando «*ter elle salvado do cahos o nosso antigo direito Commercial, e havel-o levantado por um systema uniforme ao par do dos paizes mais civilizados*» (*Diccionario de Direito Commercial*, cit., 1880, p. 8).

[34] Sobre este último diploma, vd. o estudo de António Menezes Cordeiro, «A *Lei das Sociedades Anonymas* de 22 de junho de 1867: século e meio de progresso», *ROA*, ano 77, vols. I/II, 2017 (pp. 11-28), em especial pp. 22-28.

2.2.5. *O Código atual (1888)*

Com o aproximar do final do século XIX, começou a germinar a ideia de substituição do Código Comercial, tendo a mesma vindo a ocorrer sob a égide do então Ministro (dos Negócios Eclesiásticos e) da Justiça Francisco Veiga Beirão.

O Código sistematizava-se inicialmente em quatro livros[35] – «*Do Comércio em Geral*», «*Dos Contratos Especiais do Comércio*», «*Do Comércio Marítimo*» e «*Das Falências*» –, cada um deles dividido em títulos e estes, por sua vez, em capítulos e secções. Os preceitos não tinham – nem têm – epígrafe, diversamente do que pensa a generalidade dos utilizadores, baseados no facto de as compilações de legislação comercial apresentarem epígrafes, criadas pelos diversos compiladores que procuraram identificar todos os artigos que dele fazem parte.

Tendo nascido com a vocação de abarcar a totalidade da matéria comercial, existente e que, no futuro, viesse a surgir (cfr., nesse sentido o nº 4º da Carta de Lei de 28 de junho de 1888, que o aprovou), o Código – que representa o diploma com essa natureza há mais tempo vigente, e consequentemente mais antigo, no ordenamento jurídico português e o único que subsiste desde o século XIX – viria a ser profundamente amputado durante a sua (já) muito longa vigência. Com efeito, perdeu algumas das suas matérias para diplomas autónomos, como sucedeu primeiramente, em 1889, com os artigos 692º a 749º (Livro Quarto), relativos à Falência, expressamente revogados pelo Código das Falências (aprovado pelo Decreto de 26 de julho de 1889)[36], em seguida com as

[35] O Código, que beneficiava do apoio de um Código Civil organizado (o Código de Seabra, de 1867), era confessadamente inspirado nos Códigos Comerciais italiano (de 31 de Outubro de 1882) e espanhol (de 22 de Agosto de 1885), como referimos no nosso *Cheque e Convenção de Cheque* cit., 2009, p. 55, com apoio no «Relatorio que precedeu a proposta de lei para a approvação do código commercial portuguez, apresentada á câmara dos deputados pelo ministro dos negócios ecclesiasticos e de justiça na sessão de 17 de Maio de 1867», *in* AA.VV, *Appendice ao Código Commercial Portuguez* (approvado pela Carta de Lei de 28 de Junho de 1888), 3ª ed., Imprensa da Universidade, Coimbra, 1906, p. 10.

[36] A matéria deste diploma viria a ser incorporada no Código de Processo Comercial (promulgado pelo Decreto de 14 de dezembro de 1905) que, por sua vez, viria a ser revogado pelo Decreto nº 29637, de 28 de maio de 1939 (art. 3º), que aprovou o Código de Processo Civil. No entanto, assinale-se que a jurisdição comercial havia sido extinta pelo Decreto nº 21.694, de 29 de setembro de 1932 (art. 1º), integrando-se os juízos comerciais nos tribunais (ou juízos) comuns, sem prejuízo de se ter mantido a autonomia do processo comercial até à

Letras, Livranças e Cheques (artigos 278º a 343º) – matéria que passaria a ser regulada pelas respetivas Leis Uniformes de Genebra, de 1930 e 1931 –, mais tarde com as cooperativas (artigos 207º a 223º), com as sociedades comerciais (artigos 104º a 206º) e com as bolsas e corretores (arts. 64º a 92º), substituídos pelos Códigos Cooperativo[37], das Sociedades Comerciais (aprovado pelo Decreto-Lei nº 262/86, de 2 de setembro)[38] e do Mercado de Valores Mobiliários (aprovado pelo Decreto-Lei nº 142-A/91, de 10 de abril)[39], com diversos contratos comerciais (sendo o último o contrato de seguro[40]) e com inúmeras normas de Direito Marítimo[41]. Paralelamente, alguns institutos comer-

entrada em vigor do CPC de 1939. Sobre esta questão, vd. Paulo Cunha, *Lições de Processo Civil e Comercial* (ao 3º ano da FDUL, pelos alunos Afonso N. de Quina Ribeiro e Francisco R. de Almeida Eusébio), 1935/36, pp. 8-11.

Em 1993, os artigos 1135º a 1352º do CPC, de 1961, seriam substituídos pelo Código dos Processos Especiais de Recuperação da Empresa e da Falência, aprovado pelo Decreto-Lei nº 132/93, de 23 de abril, o qual foi substituído em 2004 pelo Código da Insolvência e Recuperação de Empresas (CIRE), aprovado pelo Decreto-Lei nº 53/2004, de 18 de março.

[37] Em 1980, aprovado pelo Decreto-Lei nº 454/80, de 9 de outubro, que seria revogado pela Lei nº 51/96, de 7 de setembro (cfr. art. 94º, nº 1) – vigente entre 1 de janeiro de 1997 (cfr. art. 94º, nº 2 do CCoop de 1996) e 29 de setembro de 2015 (cfr. art. 122º, nº 2 da L 119/2015, de 31 de agosto) –, e, entretanto, substituído pelo atual Código de 2015, aprovado pelo Lei nº 119/2015, de 31 de agosto.

Sobre o Código Cooperativo vigente, vd. AA.VV., *Comentário ao Código Cooperativo*, coord. por Deolinda Meira e Maria Elisabete Ramos, Almedina, Coimbra, 2018 (no prelo).

[38] Vigente desde 1 de novembro de 1986. Este diploma engloba, para além da matéria do Código Comercial, as regras referentes às sociedades por quotas, que até então constavam da Lei de 11 de abril de 1901, a legislação societária extravagante, como era o caso do Decreto--Lei nº 49 831, de 15 de novembro de 1969, entre outros (cfr. art. 3º do DL 262/86).

[39] Este foi, entretanto, substituído pelo atual Código dos Valores Mobiliários (2000), aprovado pelo Decreto-Lei nº 486/99, de 13 de novembro, resultando a atual redação (vigente desde 1 de agosto de 2018) da Lei nº 35/2018, de 20 de julho (que procedeu à respetiva republicação).

[40] Os artigos 425º a 462º foram revogados, em 1 de janeiro de 2009, pelo Decreto-Lei nº 72/2008, de 16 de abril, que aprovou a nova lei do contrato de seguro.

[41] As disposições de Direito Marítimo – constantes do Livro Terceiro («*Do comércio marítimo*»), que inicialmente se espraiavam do art. 485º ao art. 675º, isto é, ao longo de quase duzentos artigos, e são hoje pouco mais do que uma centena – começaram a ser revogadas nos anos oitenta, desde o DL nº 349/86, de 17 de outubro (Contrato de Transporte de Passageiros por Mar), passando pelo DL nº 352/86, de 21 de outubro (Contrato de Transporte de Mercadorias por Mar), e pelo DL nº 191/87, de 29 de abril (Contrato de Fretamento) até ao final dos anos noventa, como aconteceu com os DL nº 201/98 (Estatuto Legal do Navio),

ciais que não eram conhecidos no século XIX, ou não se encontravam dogmaticamente autonomizados, não seriam regulados no Código Comercial, constando de legislação avulsa, casos do contrato de agência (aprovado pelo Decreto-Lei nº 178/86, de 3 de julho, ainda vigente), da mediação e angariação imobiliária (Lei nº 15/2013, de 8 de fevereiro, que substituiu o DL nº 211/2004, de 20 de agosto, que, por sua vez, substituíra o Decreto-Lei nº 77/99, de 16 de março), ou mantendo-se como negócios atípicos – não regulados na lei –, caso da concessão comercial.

Em suma, quase no final do segundo decénio do século XXI, o Código – aprovado num ambiente económico-social totalmente diferente, em que o comércio individual prevalecia sob as formas de organização coletiva –, com a redação que lhe foi dada pelo art. 1º do Decreto-Lei nº 8/2009, de 7 de janeiro (que alterou o art. 578º), subsiste, não se sabe por quanto tempo mais, embora despojado de muitas das matérias que regulava inicialmente.

2.2.6. *O futuro do Direito Comercial*

Na viragem do milénio tem sentido questionar se o Direito Comercial se mantém como um ramo especial do Direito (Privado) e, em caso afirmativo, em que termos e o que justifica a sua subsistência.

2.2.6.1. *O Direito Comercial como o Direito do Crédito*

Importa recordar que deste ramo se têm autonomizado inúmeras regras e inclusivamente dele têm nascido novos ramos do Direito. A sua fundamentação inicial – como conjunto de regras exclusivas de uma classe

202/98 (Responsabilidade do Proprietário do Navio e de outros), e 203/98, todos de 10 de julho (Salvação Marítima), e DL nº 384/99, de 23 de setembro (Tripulação do Navio).
Ao mesmo tempo, outras matérias, que anteriormente não constavam do Código Comercial, iam sendo disciplinadas por legislação extravagante, como sucedeu com as atividades dos Transportes Marítimos (regulada pelo DL nº 196/98, de 10 de julho) e com Embarcações de Tráfego Local (DL nº 197/98, de 10 de julho), com o Contrato de Reboque Marítimo (DL nº 431/86, de 30 de dezembro), com a Remoção de Navios ou Destroços (DL nº 64/2005, de 15 de março), com o Transporte Marítimo (de passageiros e mercadorias) na Cabotagem Nacional (DL nº 7/2006, de 4 de janeiro, que substituiu o DL nº 194/98, de 10 de julho), e com os Agentes de Navegação (DL nº 76/89, de 3 de março, red. do DL nº 148/91, de 12 de abril).

(a dos mercadores) – veio a sofrer ajustamentos, ao longo da história, como vimos, passando pela objetivação de muitas das suas normas e pela generalização destas aos negócios de todos os cidadãos. Paralelamente, o enorme progresso económico e social verificado desde a segunda metade do século XX tem feito as pessoas em geral, pelo menos dos países ocidentais, participar na atividade mercantil, ainda que as mais das vezes na qualidade específica de consumidores.

Podemos, por isso, concluir que o Direito Comercial se alargou com naturalidade a todos os agentes que atuam no mercado, não se limitando aos que exercem a sua atividade como produtores, ou intermediários entre a oferta e a procura, mas estendendo-se aos consumidores e encontrando-se, por isso, a evoluir aceleradamente para um Direito de Mercado.

Entretanto – e, porventura, enquanto não atinge um estádio de maturação que conduza à fundada autonomização de um novo ramo, complexo normativo de regras com características distintivas das demais –, não se cinge a um conjunto de normas sem sentido. Cremos que é um verdadeiro Direito do Crédito, tutelando as situações que envolvem os agentes económicos e em que estes recorrem ao **crédito**[42] para dinamizar a sua capacidade negocial e ampliar o volume dos seus negócios.

A sua razão de ser continua a residir na tutela do crédito que só é verdadeiramente eficaz se este for particularmente protegido.

Predomina a ideia força de que o crédito gera crédito, e a falta deste, na sequência da crise económica global de 2007/2008 –, evidenciou à saciedade a sua relevância no mundo atual e as consequências perversas

[42] O **crédito** – como adiante veremos (cfr., *infra*, nº 3.3), em conceito que retomamos do nosso livro *Cheque e Convenção de Cheque*, cit., 2009, nota 31 (p. 5) – consiste na troca de uma prestação presente por uma prestação futura, ou seja, correspondendo ao diferimento temporal de uma contraprestação ou de uma contrapartida, constitui uma operação que permite ao beneficiário dispor no presente de bens (ou serviços) cujo valor apenas terá de satisfazer, a título de contrapartida, a prazo, ainda que o diferimento possa implicar um sacrifício superior ao benefício que se obtém de imediato, o que, sendo contingente e relativo, não tem necessariamente de ocorrer. Essencial é que haja *confiança* do credor no devedor.
Sobre a noção de crédito, vd., por todos, José Simões Patrício, *Direito do crédito. Introdução*, Lex, Lisboa, 1994, pp. 15-18, e Paula Ponces Camanho, *Do contrato de depósito bancário*, Almedina, Coimbra, 1998, pp. 20-24.

que podem resultar de uma concessão descontrolada, por ser excessiva ou por ser demasiadamente parcimoniosa.

2.2.6.2. *A exclusão e autonomização do Direito Marítimo, pela sua especificidade, e a sua integração no Direito do Mercado, conjuntamente com os demais ramos que (também) se autonomizaram*

Do ramo do Direito Comercial temos de autonomizar certas regras que classicamente o integravam.

Antes de mais, afigura-se-nos que o **Direito Marítimo** deve ser – pela sua especificidade e, nomeadamente, por se tratar de um ramo que envolve situações jurídicas públicas e privadas e outras que estão plurilocalizadas – claramente separado, tal como deverá acontecer com outras normas que visam essencialmente disciplinar aspetos relacionados com o transporte (de pessoas e bens), como sucede com o **Direito Aeronáutico**. Este caracteriza-se essencialmente por ser formado por um conjunto de regras específicas que disciplinam o transporte aéreo de pessoas e mercadorias. É com referência a esta vertente que englobamos, por interpretação extensiva, as companhias de aviação nas empresas transportadoras enunciadas no art. 230º e qualificadas como comerciais (cfr. nº 7). Em qualquer destes dois ramos assumem também especial relevância as normas que regulam os seguros que garantem os transportes por tais vias.

Por sua vez, os **Direitos Bancário** e **Segurador** que regulam atividades económicas específicas que se caracterizam por ter um particular relevo na economia e que impõem aos seus principais agentes regras muito rigorosas abrangem hoje uma pluralidade de disposições, que vão desde a regulação dessas atividades e sua supervisão, passam pelos negócios que no seu âmbito se podem realizar, até serem, no presente, objeto de abordagem independente, constituindo, pela pluralidade e particularismo das suas soluções, ramos autónomos.

No final do século XX, também o **Direito dos Valores Mobiliários**, como um conjunto de regras que disciplina instrumentos específicos e as respetivas operações, adquiriu autonomia, passando a distinguir-se com clareza dos complexos normativos a que anteriormente tais instrumentos se acolhiam. Da sua consideração, em separado dos sujeitos que estavam na base da sua emissão, da sua aptidão para integrar transações massificadas a realizar no mercado aberto de capitais e da regulação de que crescentemente careciam surgiu um novo ramo de Direito, integrado por princípios e regras de Direito Privado (Comercial) e simultaneamente de natureza pública – considerando que os interesses envolvidos não se cingiam aos emitentes particulares, mas eram também os da generalidade dos investidores – que nos países de tradição anglo-saxónica, em especial nos Estados Unidos da América, há muito estava afirmado: *Securities Law*.

Por último, impõe-se fazer uma referência ao **Direito** (da Propriedade) **Industrial**, em especial aos elementos de monopólio que permitem aos agentes económicos distinguir a sua intervenção no mercado. Temos em mente as invenções (e patentes) e os sinais distintivos de comércio que, conjuntamente, formam os direitos privativos da propriedade industrial. Trata-se de normas que, na atualidade, são transversais a toda a atividade económica e que relevam não apenas para os produtores (que tutelam pelo reconhecimento de um uso exclusivo), mas para todos os que intervêm na economia, incluindo os próprios consumidores – dado o seu carácter distintivo –, no seu papel de clientes de bens por aqueles gerados.

Em suma, se o Direito Comercial caminha a passos largos para se diluir no mais vasto Direito do Mercado, não nos parece excessivo concluir que os ramos que, entretanto, dele se autonomizaram – designadamente o Direito Bancário, o Direito dos Seguros, o Direito dos Valores Mobiliários e o Direito (da Propriedade) Industrial – se integram (já) no Direito do Mercado.

3. A questão da (subsistência da) autonomia do Direito Comercial

3.1. **Caracterização**

Vejamos agora se as regras que caracterizam o Direito Comercial constituem justificação para manter a sua autonomia, como ramo jurídico.

3.1.1. ***Delimitação da questão; espécies de autonomia***

Falar na autonomia de Direito Comercial significa questionar se tem sentido considerar a existência deste ramo de Direito relativamente aos demais ou se, diversamente, as suas regras deveriam dissolver-se noutro ramo já existente, visto que as suas especificidades não justificariam considerá-lo à parte desse outro ramo.

A consideração desta realidade (autonomia) pode fazer-se em diversos planos, desde o(s) instrumento(s) em que se contêm as regras (autonomia formal), passando pelo estudo, ensino e análise da matéria em separado (autonomia didática) e acabando no reconhecimento (ou não) de que estamos perante situações jurídicas que não são assimiláveis, nem enquadráveis noutras regras ou conjuntos de regras preexistentes (**autonomia substancial**).

Embora tivéssemos deixado antever, a propósito do conceito, a nossa posição, importa agora equacionar, uma a uma, as diversas vertentes do problema.

3.1.2. *Autonomia formal*

A autonomia formal manifesta-se na existência de um instrumento autónomo e específico – o Código Comercial –, diversamente do que sucede, por exemplo, no ordenamento jurídico italiano, onde a matéria comercial é disciplinada no Código Civil (de 1942), que procedeu à unificação do Direito Privado.

A diferenciação de regimes está patente no confronto de regras legais que recaem sobre a mesma matéria, como sucede, por exemplo, com o contrato de compra e venda. Nesse sentido, veja-se o art. 463º do Código Comercial e o art. 874º do Código Civil.

Noutros casos, a especificidade pode ser assegurada por uma única norma, suficiente para impor um desvio substancial ao regime legal geral, que serve de base (legal) e complemento ao regime do negócio comercial. Tal é o que acontece com a fiança mercantil, regulada no art. 101º do Código Comercial e complementada pelo disposto no Código Civil (arts. 627º a 654º).

3.1.3. *Autonomia substancial*

O que realmente pode fundamentar a autonomia não é o tipo de atos, mas o tipo de sujeitos que, pela prática habitual massificada de certos atos, vão justificar que à sua atividade profissional (geral) sejam aplicáveis regras próprias (específicas), diferentes das que são características do Direito Civil[43].

Hoje, faz sentido alargar a certo tipo de atos, pela frequência da sua prática, as regras originariamente criadas para disciplinar relações entre comerciantes.

Recorrendo a essas regras, conseguiremos realizar uma tutela mais efetiva dos **negócios do mercado** e, desse modo, assegurar que o crédito indispensável ao seu adequado funcionamento não desapareça, não comprometendo o seu normal desenvolvimento.

Há, como demonstraremos adiante (nº 3.4), um conjunto de princípios e de normas que justificam que se respeite a autonomia deste ramo jurídico, tais como a proteção do crédito e a maior tutela do credor, a simplicidade de formas e a presunção de remuneração das atividades mercantis. Acresce que as diversas matérias que integram o programa deste curso são, por si só, uma justificação adequada para a subsistência, por agora, deste ramo jurídico, ainda que, gradualmente, os seus sujeitos tenham vindo a conhecer um alargamento que, em última análise – no patamar de uma evolução lógica da vida económica e social –, deverá também englobar aqueles em função dos quais os produtores e intermediários se movimentam: os clientes (incluindo os que sejam meramente consumidores).

[43] Sublinhando o que qualifica de «diferença material entre o Direito Comercial e o Direito Civil», PEDRO PAIS DE VASCONCELOS, «Direito Comercial – necessidade e utilidade de uma revista», cit., 2017, pp. 14-27.
Alguns autores tendem a ver o Direito Comercial como o «prolongamento lógico de múltiplas conceções civis» – como sucede com ANTÓNIO MENEZES CORDEIRO (*Direito Comercial*, 4ª ed., 2016, p. 42) – ou como um domínio cujos institutos se limitam a refletir regras gerais de Direito Civil, caso de CLAUS-WILHELM CANARIS, *Handelsrecht*, 24ª ed., C. H. Beck, München, 2006, pp. 7 e 10-11.
Reconhecendo a autonomia do Direito Comercial, apesar de estudar o contrato de seguro no plano do Direito Civil, MARGARIDA LIMA REGO, *Contrato de Seguro e Terceiros. Estudo de Direito Civil*, Wolters Kluwer / Coimbra Editora, Coimbra, 2010, p. 3.
Considerando os esforços feitos no Brasil, tendentes à unificação do respetivo Direito privado, vd. JOSÉ CARLOS MOREIRA ALVES, «A unificação do Direito privado brasileiro», *RDC*, ano 0, 2015 (pp. 9-22), pp. 19-22.

3.1.4. *Autonomia didática*

Vejamos agora se, no século XXI, ainda tem sentido professar a disciplina de Direito Comercial. Por outras palavras, justifica-se que a Academia ainda albergue este ramo como uma disciplina autónoma no seu curso de licenciatura?[44]

Cremos que sim, mas, acrescente-se, expandindo o seu âmbito e reconhecendo a sua evolução para um Direito (mais vasto) do Mercado.

O Direito Comercial constitui o conjunto de normas que disciplinam os atos e atividades mercantis e a intervenção dos seus sujeitos no mercado.

Tais atos, na sua quase totalidade com natureza contratual[45], obedecem a um objetivo específico e comum: o da tutela do crédito subjacente à sua prática; e a proteção do crédito, como veremos adiante (3.3), tem na sua base os interesses próprios deste ramo que são tutelados pelos seus princípios.

Não obstante pelo menos uma Faculdade portuguesa[46] ter prescindido do ensino deste ramo – admitimos que por razões meramente conjunturais que se tornaram entretanto estruturais, com manifesto prejuízo dos respetivos discentes –, cremos que o mesmo está plenamente justificado pela autonomia substancial evidenciada e pela matéria objeto do presente curso, do qual resulta um aspeto que nada tem a ver com o ensino do regime jurídico aplicável aos sujeitos de Direito Comercial, em especial às Sociedades: o da qualificação da matéria mercantil e do regime aplicável aos atos que caracterizam a atividade dos comerciantes ou empresários comerciais (ou sujeitos de Direito), ainda quando envolvam também (meros) consumidores. Como se verá, a contrat(ualiz)ação

[44] Respondendo a esta questão afirmativamente e propugnando a autonomia didática do Direito Comercial, não obstante a unificação formal do Direito Privado, em torno do Código Civil de 2002, FÁBIO ULHOA COELHO, *Manual de Direito Comercial. Direito de Empresa*, 26ª ed., Saraiva, São Paulo, 2014, pp. 46-48.

[45] Não cremos que os ilícitos (extracontratuais) sejam fonte de um regime de responsabilidade autónomo do regime geral da responsabilidade civil. Sobre a qualificação destes atos (ilícitos dolosos ou culposos) como "atos de comércio" (subjetivos), por poderem ser praticados no exercício da atividade profissional do comerciante, vd. FERNANDO OLAVO, *Direito Comercial*, vol. I, 2ª ed., 1978, pp. 82-85.

[46] Trata-se da Faculdade de Direito da Universidade Nova (de Lisboa), cujo Plano Curricular não engloba a disciplina, limitando-se, na matéria comercial (I ciclo), às disciplinas de Direito das Sociedades e Contratos Civis e Comerciais.

comercial pressupõe, relativamente aos contratos civis, um conjunto de regras próprias e diferente.

Apenas acrescentamos agora que o Direito Comercial deve ser hoje, no final da segunda década do século XXI, Direito Mercantil, na aceção ampla deste termo, isto é, mais do que um ramo específico de certos sujeitos e das operações, como era classicamente perspetivado, tornando-se um complexo normativo que, para além dos mesmos, abrange também a vertente da procura e a sua tutela específica.

3.2. **A posição de Oliveira Ascensão; apreciação crítica**

Os juscivilistas – entendidos como tais os cultores do Direito Civil – tendem, em geral, para esbater a relevância dos ramos que se autonomizaram do Direito Civil, procurando justificar a recusa da sua autonomia científica – e, alguns, até didática – com base na pretensa indiferenciação de regimes jurídicos e na generalização de atos e operações a todas as pessoas.

Enquadra-se nesta linha de pensamento, entre nós, o nosso ilustre professor José de Oliveira Ascensão[47], para quem, se a nível dos *atos* não há necessidade de regras para atos de comércio diferentes da regra geral dos atos civis, então os contratos especiais de comércio não requerem autonomia (pelo menos formal). Ainda segundo este autor, a ideia de autonomia deveria ser colocada a propósito da ideia de empresa. E não devíamos distinguir a empresa civil da empresa comercial. A sociedade tem sentido como forma jurídica de empresa e a sociedade regulada no Código Civil é a sociedade que assenta numa empresa.

Ora, a autonomia justifica-se na existência de princípios gerais que sejam comuns a um ramo do Direito e nós pensamos que eles subsistem no Direito Comercial moderno, que ocupará um espaço próprio num ordenamento mais vasto, o Direito do Crédito ou mesmo o Direito do Mercado.

A crescente fragmentação do Direito Comercial, do qual se afastam as matérias dos Títulos de Crédito e das Operações de Bolsa e conexas,

[47] Cujo pensamento – expresso nas suas lições de *Direito Comercial*, vol. I, *Institutos Gerais*, Lisboa, 1998/99, em especial pp. 165-185 – procuramos sintetizar. Sublinhe-se que as considerações tecidas por Oliveira Ascensão, em desfavor da autonomia do Direito Comercial, são feitas *de jure condendo* (cfr., *ob. cit.*, p. 172).

por respeitarem a atos atinentes a qualquer pessoa, da Propriedade Industrial e Direito da Concorrência e o próprio Direito Marítimo, que tende a ser um ramo autónomo, dado que o comércio marítimo constitui matéria especialíssima, acentua o claro retorno ao subjetivismo. Esta tendência pode ser confirmada pela eventual (re)criação da jurisdição mercantil[48] e do inerente processo.

Há, pois, regras que separam os princípios que caracterizam os atos comerciais – e o regime comercial em geral – dos princípios respeitantes aos atos civis. Exige-o a tutela do crédito.

3.3. **Fundamento: a tutela do crédito**

A ideia básica que está subjacente a este grande subsector da ciência jurídica é, pois, a proteção que deve ser dispensada ao crédito. É a tutela do crédito e os interesses que lhe são inerentes que vêm justificar que haja um conjunto de princípios e de regras apenas para o Direito Comercial e que de modo algum se devem estender ao Direito Civil.

O **crédito**, consistindo na troca de uma prestação presente por uma prestação futura, ou seja, traduzindo o diferimento temporal de uma contraprestação ou uma contrapartida, constitui uma operação que permite ao beneficiário dispor no presente de bens (ou serviços) cujo valor apenas terá de satisfazer, a título de contrapartida, no futuro, ainda que o diferimento possa implicar um sacrifício superior ao benefício que se obtém de imediato, o que, sendo contingente e relativo, não tem necessariamente de ocorrer[49].

Quando se fala no crédito tem-se em mente a sua concessão e circulação, em cuja base podemos distinguir quatro diferentes interesses que correspondem a quatro princípios do Direito Comercial.

Antes de os analisarmos, evidenciemos que se o crédito é a mola propulsora da atividade comercial e da economia e dinamizadora do funcionamento do mercado, a sua tutela beneficia não apenas os sujeitos de Direito Comercial, mas todos aqueles que se movimentam nesse espaço, englobando, por isso, os consumidores. Se estes são sujeitos de Direito

[48] Não devemos confundir com esta a existência de tribunais (ou juízos) de competência especializada. Sobre este tema, cfr., *infra*, nº 17.3.2.

[49] Reproduzimos o conceito que avançamos na nossa dissertação de doutoramento, *Cheque e Convenção de Cheque*, Almedina, Coimbra, 2009, p. 5, nota 31.

Civil – na lógica de que cabe a este ramo a disciplina dos seus interesses –, então deveremos concluir, e aceitar, que o Direito Mercantil ou do Mercado expande o Direito Comercial e invade o Direito Civil, arrastando para um ambiente diferente as pessoas comuns e a sua relacionação (jurídica) com os sujeitos de Direito Comercial.

3.4. Os princípios do Direito Comercial

3.4.1. *Celeridade (e simplicidade de formas e de fórmulas)*

A celeridade ou rapidez impõe que haja uma simplicidade de formas e de fórmulas, relativamente às regras próprias do Direito Civil ou do Direito comum.

Essa simplicidade deve caracterizar a exteriorização da vontade e as formalidades que se devem adotar e que continuam a exteriorização da vontade, isto é, toda uma sequência de atos que é indispensável praticar para obter um determinado fim.

Exemplo paradigmático é o do *empréstimo*.

Se estamos a pensar no crédito a ideia que lhe deve estar associada é a da sua utilização, ou seja, a possibilidade de uma determinada pessoa fruir de uma certa porção de capital durante um certo período de tempo, sendo que decorrido o mesmo, deverá devolver esse capital, eventualmente acrescido de juros, se o empréstimo for remunerado.

Reconhecendo a ordem jurídica simplicidade de formas neste tipo de contrato, mais facilmente se empresta ou se concede crédito, como é evidente.

A necessidade de crédito não é compatível com o formalismo característico do mesmo tipo de contrato no Direito Civil – o mútuo (arts. 1142º e segs. do CC) –, o qual impõe que acima de determinados montantes o empréstimo deva revestir forma escrita, de documento particular (autenticado) e de escritura pública, quando for superior, respetivamente, a € 2 500 e € 25 000 (cfr. art. 1143º do CC, red. do DL nº 116/2008, de 4 de julho, vigente desde 1 de janeiro de 2009).

Esse pesado formalismo é incompatível com as necessidades quotidianas dos comerciantes, nomeadamente para sinalizar as suas encomendas.

Por isso, se verifica uma simplicidade de fórmulas no Direito Comercial, não dependendo o empréstimo de forma especial (cfr. art. 396º do CCom), uma vez que admite todo o género de prova, independentemente do seu valor, o que quer dizer que em nenhuma circunstância tem de revestir forma escrita para ser válido.

3.4.2. *(Facilidade de) Prova*

A facilidade do crédito tem a ver com a prova do ato, a qual está intimamente ligada à ideia de simplicidade de forma.

A prova tem de ser aligeirada nos negócios mercantis, pois quanto mais o for, mais fácil será o acesso ao crédito e mais facilmente será este concedido. Por isso, encontramos nas normas de Direito Mercantil inúmeros exemplos de simplicidade de formas. Exemplifique-se, por exemplo, com o disposto em matéria de penhor – sujeito a simples forma escrita, quando sendo celebrado entre comerciantes se destine a produzir efeitos perante terceiros (cfr. art. 400º)[50] –, para não referir já o empréstimo mercantil que, *entre comerciantes, admite* qualquer prova, sendo suficiente o mútuo consenso (cfr. art. 396º).

3.4.3. *Garantia: solidariedade*

É neste princípio, também inerente à tutela do crédito, que vai radicar a maior diferença hoje existente entre o Direito Comercial e o Direito Civil. Traduz-se na solidariedade a que estão obrigados os devedores comerciais, diversamente do que sucede com os civis.

Assim, no regime jurídico aplicável às obrigações civis plurais, cada um dos devedores, na falta de convenção especial, é responsável por uma quota-parte da obrigação idêntica à dos demais codevedores. Se a obrigação global for de 1000 e os devedores forem quatro cada um só responde por um quarto (*i.e.*, 250), resultando em desfavor do credor a insolvência de um ou mais dos devedores.

[50] Sobre esta garantia, vd. a dissertação de mestrado de Hugo Ramos Alves, *Do Penhor*, Almedina, Coimbra, 2010, em especial pp. 101-104, Luís Manuel Teles de Menezes Leitão, *Garantias das Obrigações*, 5ª ed., Almedina, Coimbra, 2016, pp. 197-198, Pedro Romano Martinez / Pedro Fuzeta da Ponte, *Garantias de cumprimento*, 5ª ed., Almedina, Coimbra, 2006, pp. 177-179, e L. Miguel Pestana de Vasconcelos, *Direito das Garantias*, 2ª ed., Almedina, Coimbra, 2013, pp. 277-284.

Se a obrigação for comercial, cada codevedor pode ser chamado a satisfazê-la na íntegra, podendo procurar reaver dos demais, em via de regresso, a parte que lhes caberia. No exemplo prefigurado, o credor pode exigir a totalidade do seu crédito (1000) a um dos devedores – em regra, o mais solvente –, ficando aquele que pagar com o direito de solicitar a cada um dos demais a sua quota-parte (250) na dívida.

3.4.4. *Segurança e boa fé*

Trata-se de um princípio que pode parecer paradoxal, porque à primeira vista parece incompatível com a facilidade de prova e, eventualmente, com a celeridade.

As relações da vida comercial são reguladas pela boa-fé (subjetiva). É no domínio do Direito Comercial que encontramos com maior desenvolvimento uma tutela específica da boa fé, como regra geral de conduta, no sentido de que não é indiferente o conhecimento ou o desconhecimento que as pessoas possam ter no âmbito das relações comerciais de natureza mercantil. Isto resulta de duas disposições muito importantes que são os arts. 16º e 17º da LULL, a que voltaremos adiante.

Entretanto, adiante-se apenas que, num dos casos (cfr. art. 16º II da LULL), a lei tem a necessidade de legitimar o portador de um título de crédito (letra de câmbio), desde que ele justifique a sua posição de detentor (da letra) por uma cadeia ininterrupta de endossos apostos no título, mesmo que, no decurso da respetiva circulação, tenha ocorrido um desapossamento.

Na outra situação (cfr. art. 17º da LULL), a lei impede o devedor de uma letra de invocar exceções pessoais de não cumprimento perante o beneficiário do título de crédito que não se encontre em relação imediata com ele e que não tinha adquirido o título com a intenção de o subtrair ao plano das relações imediatas.

3.5. **A regulação** (com autonomia) **dos contratos comerciais pelo Código Comercial;** *remissão*

Os contratos comerciais encontram-se especialmente regulados no Código Comercial, enquanto atos de comércio, sendo também objeto de regulamentação extravagante, como veremos adiante.

São inúmeros exemplos que a lei comercial (vigente) nos proporciona, desde o mandato (cfr. arts. 231º a 265º) e comissão (cfr. arts. 266º a 277º), passando pelas operações bancárias, em geral (cfr. arts. 362º a 365º), a conta-corrente (cfr. arts. 344º a 350º), o transporte (cfr. arts. 366º a 393º), o empréstimo (cfr. arts. 394º a 396º), a fiança mercantil (cfr. art. 101º), o penhor (cfr. arts. 397º a 402º), o depósito (403º a 424º), o reporte (cfr. arts. 477º a 479º) e acabando na compra e venda (cfr. arts. 463º a 476º), na troca (cfr. art. 480º) e no aluguer (cfr. arts. 481º a 482º).

Muitos negócios jurídicos autonomizaram-se, entretanto, casos dos contratos de sociedade comercial (hoje regulados no Código das Sociedades Comerciais) e de seguro (regulado pela Lei do Contrato de Seguro, aprovada pelo Decreto-Lei nº 72/2008, de 16 de abril, e vigente desde 1 de janeiro de 2009), bem como das operações de bolsa (reguladas no Código dos Valores Mobiliários).

Por fim, muitos negócios jurídicos tipicamente mercantis nunca chegaram a ser regulados no Código Comercial. Temos em mente os contratos de distribuição (agência, concessão comercial e *franchising*) e de telecomunicações.

3.6. O impacto do fenómeno da globalização da economia na disciplina do Direito Comercial (interno)

O desenvolvimento das relações económicas internacionais, verificado com intensidade crescente depois da II Guerra Mundial, com a criação de espaços comerciais transnacionais, veio justificar a especial atenção que os Estados passaram a dedicar à aproximação das respetivas legislações e normas nacionais, para facilitar o incremento das transações, num primeiro momento, transfronteiriças e, posteriormente, a realizar entre agentes económicos de diferente nacionalidade num espaço económico alargado como é o da União Europeia.

Surgiram, por isso, regras tendentes a uniformizar o Direito e a aproximar as diversas legislações nacionais.

3.7. O Direito Comercial Internacional; *remissão*

Entre outras questões que se prendem com a plurilocalização dos negócios mercantis encontra-se a de saber se existe um ramo autónomo que aborde essas matérias, ao qual chamaríamos Direito Comercial Internacional, por ser composto por regras que recaem sobre situações com conexão com mais de uma ordem jurídica e que são disciplinadas por um mesmo corpo de normas.

Esta questão – que voltaremos a abordar adiante, a propósito das fontes de direito (cfr., *infra*, nº 4.2) – tem sido objeto de diversos trabalhos, entre os quais destacaríamos os relatórios elaborados por Maria Helena Brito[51] e por Luís de Lima Pinheiro[52].

4. Fontes[53]

4.1. Direito interno

Relativamente às fontes de direito, a nossa posição de base aproxima-se do entendimento de Oliveira Ascensão[54], para quem nenhuma fonte de direito está legitimada para subordinar o valor e o alcance de outras fontes de direito; o que significa que o facto de poder decorrer da lei uma limitação, por exemplo ao valor do costume, não é fundamento suficiente para se considerar que o costume é uma fonte subordinada à lei.

4.1.1. *As fontes*

As normas de Direito Comercial promanam de fontes de diversa natureza. Quando abordamos este fenómeno procuramos identificar os modos de formação e revelação das regras que disciplinam a matéria

[51] *Direito do Comércio Internacional*, Almedina, Coimbra, 2004. No que se refere ao conceito, cfr., em especial, pp. 50-58 e 70-73.

[52] *Direito Comercial Internacional*, Almedina, Coimbra, 2005. Sobre o conceito, vd., em especial pp. 15-23.

[53] Cfr. Jorge Coutinho de Abreu, *Curso de Direito Comercial* I, 11ª ed., 2018, pp. 55-58, Carlos Ferreira de Almeida, *Contratos I – Conceito. Fontes. Formação*, 6ª ed., Almedina, Coimbra, 2017 (reimp. 2018), pp. 41-83, José Augusto Engrácia Antunes, *Direito dos Contratos Comerciais*, Almedina, Coimbra, 2009, pp. 53-66 (anteriormente em *Contratos Comerciais. Noções Fundamentais*, Direito e Justiça, volume especial, 2007, pp. 30-40), e Filipe Cassiano dos Santos, *Direito Comercial Português*, vol. I – *Dos actos de comércio às empresas: o regime dos contratos e mecanismos comerciais no Direito Português*, Coimbra Editora, Coimbra, 2007, pp. 55-60.

[54] Cfr. *O Direito. Introdução e Teoria Geral*, 13ª ed., Almedina, Coimbra, 2005, pp. 264-283.

mercantil. De entre as fontes, salientamos, em seguida, a lei e o costume (incluindo as práticas internacionais), mas não ignoramos aquelas que são reveladoras do Direito existente, como a jurisprudência[55] e a doutrina[56].

4.1.1.1. *A lei: Código Comercial, outros Códigos e legislação extravagante; interpretação*

No século XXI, com natural predominância temos as regras de fonte legislativa, hoje dispersas por diversos Códigos e inúmeras leis avulsas.

De entre os primeiros, importa salientar os seguintes[57]:

- Código Comercial (1888)[58];
- Código das Sociedades Comerciais (1986)[59];
- Código do Registo Comercial (1986)[60];

[55] Não constituindo as decisões judiciais precedentes a ter de observar – como sucede no Direito anglo-saxónico –, a **jurisprudência** assume natural destaque quando o STJ elabora Acórdãos Uniformizadores, que, não sendo vinculativos, condicionam substancialmente a aplicação do Direito pelos tribunais. Sobre os Acórdãos Uniformizadores de Jurisprudência mais relevantes publicados entre 2013 e 2017, vd. FÁTIMA GOMES, *Direito Comercial*, 2ª ed., 2017, pp. 41-43.

[56] A **doutrina** é formada pelas opiniões dos jurisconsultos mais conceituados, que citamos ao longo do nosso curso, a propósito da interpretação que fazem das demais fontes (em especial da lei) e do Direito aplicável, em geral.

[57] A lista não pretende ser exaustiva, não englobando, por exemplo, o Código da Publicidade (Decreto-Lei nº 330/90, de 23 de outubro, na red. do DL 66/2015, de 29 de abril).

[58] Aprovado pela Carta de Lei de 28 de junho de 1888 e vigente desde 1 de janeiro de 1889. Foi objeto de inúmeras modificações que se traduziram essencialmente na deslocalização de diversas matérias para Códigos autónomos e diplomas avulsos. As suas últimas alterações foram introduzidas pelo DL 72/2008, de 16 de abril (que aprovou a LCS e revogou os arts. 425º a 462) e pelo DL 8/2009, de 7 de janeiro (que alterou o art. 578º, sobre a *graduação das dívidas com privilégio sobre o navio*).

[59] Aprovado pelo DL 262/86, de 2 de setembro, e vigente desde 1 de novembro de 1986. A sua redação atual resultou da Lei nº 79/2017, de 30 de junho, tendo sido, entretanto, objeto de inúmeras alterações, recenseadas no nosso livro de *Direito das Sociedades Comerciais*, 6ª ed., cit., 2016 (até setembro de 2016), pp. 22-28.

[60] Aprovado pelo DL 403/86, de 3 de dezembro, e alterado por diversas vezes. Vigente desde 1 de janeiro de 1987. A sua redação atual foi estabelecida pela Lei nº 89/2017, de 21 de agosto (que aprovou o Registo Central do Beneficiário Efetivo).
Sobre o instituto do registo comercial, vd., por todos, JOSÉ ENGRÁCIA ANTUNES, «O Registo Comercial», *ROA*, ano 77, vols. I/II, 2017, pp. 303-368, em especial pp. 303-306 e 309-310.

- Código dos Valores Mobiliários (1999)[61];
- Código da Propriedade Industrial (2003)[62];
- Código da Insolvência e da Recuperação de Empresas (2004)[63].

No que respeita a legislação mercantil avulsa, são diversos os diplomas que merecem a nossa atenção. Cite-se, a título de exemplo[64], alguns deles:

- Lei nº 4/73, de 4 de junho, e Decreto-Lei nº 430/73, de 25 de agosto, respetivamente na red. do DL 76-A/2006, de 29 de março, e do DL 323/2001, de 17 de dezembro (Agrupamentos Complementares de Empresas);
- Decreto-Lei nº 231/81, de 28 de julho (contratos de consórcio e de associação em participação);
- Decreto-Lei nº 178/86, de 3 de julho (na red. do DL 118/93, de 13 de abril) (contrato de agência), vigente desde 2 de agosto de 1986;
- Decreto-Lei nº 248/86, de 25 de agosto (EIRL) (red. do DL 8/2007, de 17 de janeiro)
- Decreto-Lei nº 495/88, de 30 de dezembro (Sociedades Gestoras de Participações Sociais) (red. L 109-B/2001, de 27 de dezembro);

[61] Aprovado pelo DL 486/99, de 13 de novembro, e alterado muitas vezes. Vigente desde 1 de março de 2000, com algumas exceções: cfr. art. 5º do DL 486/99. A sua red. atual foi fixada pela Lei nº 35/2018, de 20 de julho (que procedeu à respetiva republicação).
[62] Aprovado pelo DL 36/2003, de 5 de março, e substancialmente modificado pelo DL 143/2008, de 25 de julho. Vigente desde 1 de julho de 2003. A redação atual foi estabelecida pela L 83/2017, de 18 de agosto.
[63] Aprovado pelo DL 53/2004, de 18 de março. Vigente desde 15 de setembro de 2004, isto é, «*180 dias após a data da sua publicação*» (art. 13º do DL 53/2004). A atual redação resultou da Lei nº 8/2018, de 2 de março, que revogou o nº 2 do art. 16º do CIRE (art. 36º, nº 2, *alínea a)*).
[64] Aos diplomas que enunciamos acrescem outros, designadamente os que regulam os contratos bancários, adiante referidos (cfr., *supra*, nº 27), a empresa "na hora" (DL 111/2005, de 8 de julho, red. do DL 33/2011, de 7 de março), a sucursal "na hora" (DL 73/2008, de 16 de abril, red. do DL 209/2012, de 19 de setembro), a constituição das sociedades *on-line* (DL 125/2006, de 29 de junho, na red. do DL 209/2012, de 19 de setembro, e Port. 657-C/2006, de 29 de junho) e as publicações obrigatórias na Internet (Port. 590-A/2005, de 14 de julho, red. da Port. 358/2015, de 14 de outubro).
Saliente-se ainda que diversos negócios, apesar de socialmente típicos, se mantêm como legalmente atípicos, caso do contrato de *franchising*.

- Decreto-Lei nº 298/92, de 31 de dezembro (na red. da L 35/2018, de 20 de julho) (Regime Geral das Instituições de crédito e sociedades financeiras), vigente desde 1 de janeiro de 1993[65];
- Decreto-Lei nº 149/95, de 24 de junho (red. do DL 30/2008, de 25 de fevereiro) (contrato de *leasing* ou de locação financeira);
- Decreto-Lei nº 171/95, de 18 de julho (sociedades e contrato de *factoring* ou de cessão de bens) (red. DL 186/2002, de 21 de agosto);
- Decreto-Lei nº 2/2005, de 4 de janeiro (red. DL 76-A/2006, de 29 de março) (Sociedades Anónimas Europeias), vigente desde 5 de janeiro de 2005, mas sem expressão no nosso País;
- Decreto-Lei nº 144/2006, de 31 de julho (red. da L 147/2015, de 9 de setembro) (mediação de seguros);
- Decreto-Lei nº 72/2008, de 16 de abril (contrato de seguro), vigente desde 1 de janeiro de 2009;
- Lei nº 15/2013, de 28 de fevereiro (mediação imobiliária), vigente desde 1 de março de 2013 (art. 45º, nº 1);
- Lei nº 18/2015, de 4 de março (Sociedades de Capital de Risco), vigente desde 4 de abril de 2015 (art. 5º, nº 1); e
- Lei nº 62/2017, de 1 de agosto, sobre a paridade nos órgãos de administração e de fiscalização das entidades do sector público estadual e das sociedades cotadas[66].

A estes diplomas acrescem outros, reguladores de atos que presentemente apenas são formalmente comerciais, casos das Leis Uniformes de Genebra, relativas às Letras e Livranças[67] e ao Cheque[68].

Por fim, podemos enquadrar também nas fontes relevantes do Direito Comercial a Lei da Concorrência (Lei nº 19/2012, de 8 de maio) e o

[65] Sobre estas sociedades especiais, cfr. a lista constante do nosso *Direito das Sociedades Comerciais*, 6ª ed. cit., 2016, pp. 12-15.

[66] Outros diplomas, não sendo exclusivo dos agentes económicos que se encontram no lado da oferta, podem reconduzir-se a legislação mercantil extravagante com relevo para tais sujeitos. Tal é o caso da Lei nº 89/2017, de 21 de agosto (que aprovou o regime jurídico do RCBE) e da Portaria nº 233/2018, de 21 agosto (que regulamentou esse regime).

[67] Aprovada pela Convenção Internacional de Genebra de 7 de junho de 1930, recebida pelo Decreto nº 23721 de 29 de março de 1934, e ratificada em 9 de junho de 1934, pela Carta de 10 de maio de 1934, publ. em 21 de junho de 1934.

[68] Aprovada pela Convenção Internacional de Genebra de 19 de março de 1931, recebida pelo Decreto nº 23721, de 29 de março de 1934, e ratificada em 9 de junho de 1934, pela Carta de 10 de maio de 1934, publ. em 21 de junho de 1934.

diploma que estabelece a proibição de práticas restritivas da concorrência (Decreto-Lei nº 166/2013, de 7 de dezembro).

Se não temos dúvidas de que os negócios especialmente regulados no Código Comercial são contratos comerciais, já o mesmo não sucede relativamente aos negócios cuja disciplina legal consta de legislação extravagante e que são, frequentemente aplicáveis a negócios civis e comerciais, sem qualquer distinção.

As regras legais que têm vindo a ser criadas nos últimos anos constituem já expressão de que começa a fazer mais sentido falar hoje de um Direito do Mercado, o qual não só regula as transações entre comerciantes ou empresários mercantis, como todas as que são estabelecidas pelos sujeitos do Direito Comercial com consumidores e se aplica ainda residualmente aos negócios entre particulares (não comerciantes).

No que respeita à interpretação das fontes de Direito Comercial, refira-se que a lei comercial não estabelece regra específica, limitando-se a conter uma regra sobre integração de lacunas (cfr., *infra*, nº 4.1.2). Assim sendo, os princípios constantes do nosso Código Civil (cfr. arts. 9º e 10º) são, nesta matéria, inteiramente válidos e aplicáveis.

4.1.1.2 *O costume e os usos comerciais*[69]

O Direito Comercial não é formado apenas por regras de fonte legislativa, é composto também por usos sociais próprios, que lhe conferem uma feição constantemente adaptada à vida quotidiana, à evolução das instituições e ao progresso tecnológico. Tais usos, quando revestem conteúdo normativo, correspondem a uma forma de costume (observância constante e uniforme de uma regra de conduta acompanhada da convicção da sua obrigatoriedade) e ocupam um papel particularmente relevante neste ramo do Direito por confronto com o que sucede nos demais.

Os **usos comerciais** são práticas reiteradamente adotadas numa determinada atividade económica, numa certa região, em especial nas relações contratuais entre as empresas e a sua clientela, constituindo

[69] Seguimos de muito perto a nossa dissertação de doutoramento citada, *Cheque e Convenção de Cheque*, 2009, pp. 419-441, aproveitando algumas passagens, que adaptamos aos usos comerciais (cfr. pp. 419-425), uma vez que a nossa investigação dedicava especial atenção aos **usos bancários**, isto é, às práticas (repetidamente) adotadas na atividade bancária, numa certa região, em especial nas relações contratuais, tendencialmente duradouras, entre os bancos e a sua clientela (p. 421).

fonte relevante dos negócios jurídicos mercantis celebrados por esses agentes, sendo o seu valor jurídico, mesmo para aqueles que recusam ao costume o papel de fonte imediata do Direito[70], inegável, e reconhecido pelo artigo 3º, nº 1 do Código Civil, segundo o qual *«os usos que não forem contrários aos princípios da boa fé são juridicamente atendíveis quando a lei o determinar»*.

Mas os usos são juridicamente relevantes por sua própria autoridade, e não por força da lei ou do contrato. E tal é o que sucede com os chamados "*usos da praça*", que são, em geral, também usos comerciais, se constituírem prática habitual dos comerciantes (na aceção de agentes económicos de uma certa atividade mercantil) no exercício do respetivo comércio, cuja juridicidade radica na convicção de que, na atividade comercial que se desenvolve naquele lugar, o comportamento devido é o que é imposto pelos usos, de que resulta[71]. E esses usos, originados na atuação das empresas comerciais de um determinado sector de atividade, para responderem às necessidades de regulação suscitadas pelas novas operações, adquirem relevância na caracterização de múltiplos aspetos da relação negocial dessas empresas. Sendo aceites pelas respetivas contrapartes contratuais, em especial pelos clientes, formam-se com base em costumes supletivos e permissivos, alicerçados na convicção de que são juridicamente vigentes[72], e podem ser pontualmente afastados pelas partes.

Importa salientar que os usos, para assumirem relevância e eficácia social, devem ser adotados por todos os sujeitos envolvidos numa certa

[70] Como Augusto de Athayde, *Curso de Direito Bancário*, vol. I, Coimbra Editora, Coimbra, 1999, p. 47, José Maria Pires, *Direito Bancário*, 2º vol., *As operações bancárias*, Rei dos Livros, Lisboa, s/d (mas depósito legal de 1995), pp. 32-34, e em *Elucidário de Direito Bancário*, Coimbra Editora, Coimbra, 2002, pp. 41-42, e J. M. Gameiro Lopes, *Introdução ao Direito Bancário*, Vislis, Lisboa, 2000, pp. 78-80, em especial p. 80.
Diversamente, desferindo uma crítica pertinente à doutrina que considera ter uma «atitude contrastante quanto ao lugar ocupado pelo costume e pelos usos no conjunto das fontes de direito» que «começa por não ser coerente, porque a lei ora é desconsiderada ora é invocada como fonte legítima para estabelecer o elenco das demais fontes de direito», e concluindo pela admissibilidade de «costumes supletivos e permissivos» – que corresponderão a «usos normativos» –, ao lado de «costumes imperativos», Carlos Ferreira de Almeida, *Contratos I*, 6ª ed., 2017, pp. 72-75 (em especial pp. 74, de onde é retirada a citação, e 75).

[71] Seguimos de perto as lições de Diogo Freitas do Amaral, *Manual de Introdução ao Direito*, Almedina, Coimbra, 2004, pp.521-523, em especial pp. 522-523.

[72] Cfr. Carlos Ferreira de Almeida, *Contratos I*, 6ª ed., 2017, p. 75.

atividade económica, e não apenas por aqueles que se encontram numa das suas vertentes. Não são, assim, de ponderar práticas das empresas comerciais que não sejam reconhecidas pelas respetivas contrapartes contratuais – os seus clientes –, mas tão só aquelas que sejam por ambos comummente observadas e reconhecidas como produtoras de efeitos prático-jurídicos.

Não obstante o valor jurídico dos usos ser aceite pelo próprio Código Civil, sobre os usos que carecem de reconhecimento legal prevalecem aqueles que, por serem plenamente aceites e absorvidos por *todos* quantos os praticam e dos mesmos são destinatários, se impõem (pela sua eficácia social), constituindo fonte autónoma e imediata de direito.

Por isso, recusamos a subjugação do costume e dos usos, qualquer que seja a sua natureza, à lei – fonte escrita, geral e abstrata de normas –, admitindo que, se esta tem natural e óbvia preponderância no mundo atual e em especial nos ordenamentos continentais, as práticas que são reiteradamente adotadas com a convicção de que devem ser observadas, com maiores desenvolvimentos nalgumas áreas do Direito, também vinculam os sujeitos e entidades que participam na atividade social e económica[73].

Resulta desta nossa posição que concordamos com a posição de base seguida, no Direito português, por Oliveira Ascensão[74], que considera ser «*o costume a fonte privilegiada do direito*»[75], rejeitando a sua subordinação a uma fonte normativa de igual valor: a lei.

Valendo o costume pela convicção social de que uma dada norma de conduta deve ser observada, é de admitir que as práticas sociais atuadas e aceites por categorias profissionais, mais ou menos vastas, de determi-

[73] Neste sentido, vd. também o nosso *Direito Empresarial*, 2ª ed., 2016, pp. 54-56.

[74] *O Direito. Introdução e Teoria Geral*, 13ª ed., cit., 2005, pp. 264-283 (cfr., em especial pp. 264, 272-274). Recusando igualmente a submissão do costume à lei, na determinação do valor das diversas fontes de direito, para além dos já citados Freitas do Amaral e Ferreira de Almeida, os precocemente desaparecidos João de Castro Mendes, *Introdução ao Estudo do Direito*, Danúbio, Lisboa, 1984, quando contrapunha o valor do costume como fonte de direito «do ponto de vista da lei» a um «ponto de vista imparcial» (pp. 129-130), e João Baptista Machado, *Introdução ao Direito e ao Discurso Legitimador*, Almedina, Coimbra, 1983, pp. 159 e 161-162.

[75] *Ibid.*, p. 264. No entanto, este autor conclui no sentido de que os usos comerciais «não constituem, em geral, fonte de Direito» [*Direito Comercial*, vol. I, *Institutos Gerais* (Lições Policopiadas), Lisboa, 1998/99, pp. 30-31].

nados agentes sirvam para caracterizar juridicamente uma relação de natureza comercial, pelo menos enquanto a lei não impuser diferente solução, nomeadamente proibindo-as ou cominando certos efeitos quando as mesmas forem seguidas.

Como acima referimos, essencial para que os usos prevaleçam, alinhados a par de regras legais e convencionais, é que os mesmos sejam, habitualmente, respeitados por todos a quantos se apliquem, adquirindo desse modo caráter normativo das condutas (comissivas ou omissivas) dos sujeitos envolvidos. E os usos comerciais não fogem à regra. Observados pelos intervenientes na atividade mercantil, os usos são uma fonte relevante do Direito aplicável aos negócios jurídico-comerciais, devendo ser ponderados sempre que, no silêncio da lei – e mesmo em derrogação de regras supletivas –, as partes não tiverem acordado diferentemente. Afastada parece estar a vigência de usos comerciais contrários a regras imperativas, que se destinam frequentemente a proteger os interesses da parte fraca do contrato e que, nessa medida, refletem a consagração legal da rejeição dos usos pelos clientes.

Mas, no domínio específico do Direito Comercial, a sua efetividade não pode ser unilateralmente imposta pelos empresários mercantis aos seus clientes. A prática, para ser juridicamente relevante, deve ser seguida por todos os protagonistas dos negócios bancários, ainda que sugerida por uns (os profissionais da atividade), se limite a ser aceite pelos outros (os clientes e consumidores dos serviços prestados pelos profissionais). Só desse modo, verificada a necessária reciprocidade, os usos revestirão a adequada eficácia social – ou «*vigência*», no entendimento de FERREIRA DE ALMEIDA[76] –, perfilando-se como fonte imediata das normas que regulam a atividade bancária em geral e as operações bancárias em particular, a par da lei e da vontade das partes.

[76] *Contratos I*, 6ª ed., 2017, pp. 72-75. Este ilustre professor (*ibid.*, em especial p. 74) – em análise que, como justamente assinala, coincide com a de FREITAS DO AMARAL, *Manual de Introdução ao Direito*, cit., 2004, pp. 520-523, embora com diferente desenvolvimento – contrapõe os usos ao costume precisamente com base no critério de determinante que lhes está subjacente: o da vigência dos usos *versus* «a convicção da comunidade que pratica» o costume. Desse modo, são também fonte de direito, ao lado dos costumes imperativos, os usos normativos formados pelos costumes dispositivos (de origem supletiva e permissiva). E esclarece que nem todos os usos – ou práticas reiteradas – são costumes. Os usos só têm a natureza de costumes se o conjunto dos destinatários do comando normativo coincidir com a «comunidade das pessoas que a praticam com a convicção de vigência jurídica» (*ibid.*, p. 66).

4.1.2. *As lacunas: lacunas intencionais e integração*

Desenvolvendo-se no âmbito da autonomia da vontade, os negócios mercantis formam-se espontaneamente, no âmbito da liberdade de que gozam os seus intervenientes, e surgem invariavelmente antes da sua regulação técnico-jurídica, que é construída em função da aceitação que a nova estrutura contratual obtém.

Por isso, é frequente o tecido normativo apresentar-se lacunoso. Para além das omissões que carecem de regulamentação involuntárias, outras são intencionais, isto é, o legislador, embora tenha conhecimento que em determinada área de atividade económica se está a desenvolver uma determinada prática negocial prefere aguardar pela respetiva sedimentação, antes de proceder à sua regulação.

Em qualquer circunstância, estamos perante lacunas que importa integrar. E, nesta matéria, o Código Comercial apenas contém uma regra que prevê o modo de o fazer: o art. 3º. Segundo esta disposição legal, importa preencher a lacuna com recurso à analogia das situações previstas no Código. Se tal não for possível, haverá que recorrer ao Direito Civil.

Como é que se deverá ler esta regra no presente, decorridos que são mais de cento e vinte anos sobre a sua redação?

Seguramente, à luz dos princípios gerais do Direito português aplicáveis a esta matéria, com a adaptação do conteúdo normativo do referido art. 3º.

As lacunas devem ser integradas recorrendo-se à analogia com as normas de Direito Comercial que constam do Código ou de legislação avulsa mercantil; subsidiariamente recorre-se à aplicação do Direito Civil e também de outras normas do ordenamento jurídico que regulem as situações jurídicas que envolvem agentes económicos e negócios mercantis.

Não sendo a lacuna integrável por essa via, por não existir caso análogo, então deveremos preenchê-la casuisticamente com recurso à solução que decorreria de *norma que o próprio interprete criaria* se tivesse *de legislar dentro do espírito do sistema* (art. 10º, nº 2 do CC).

4.2. Fontes internacionais[77]

Mas o Direito Comercial é também sustentado por fontes de origem externa que, nalguns casos, são expressamente transpostas para a nossa ordem jurídica – como sucede com Diretivas Comunitárias, com o Direito uniforme ou outras regras convencionais objeto de Tratados internacionais –; noutros, aplicam-se diretamente, como acontece com os regulamentos comunitários, e outras fontes ainda têm uma base consuetudinária universal.

4.2.1. *Convenções internacionais e Direito uniforme*

A aproximação das soluções legais de diversos ordenamentos e o recurso a instrumentos jurídicos que atravessam diversos espaços nacionais, conduziu os Estados a celebrarem acordos internacionais sobre normas a aplicar uniformemente em todos eles (ainda que com possíveis reservas relativamente a algumas normas).

De um plano inicialmente recomendatório passou-se para Direito uniforme, que os Estados contratantes, se comprometeram a receber nos seus diplomas internos.

Foi neste ambiente que surgiram, assim, por exemplo, as Leis Uniformes relativas às Letras e Livranças (1930), primeiro, e relativa ao Cheque, mais tarde (1931), a que nos referiremos adiante (nº 30.3.2.1).

4.2.2. *Direito da União Europeia*

Entretanto, com a integração europeia, muitas das normas de Direito Comunitário passaram a ter aplicação direta no nosso País – caso dos Regulamentos – ou, não o tendo, passaram a dever estar sujeitas a transposição, o que ocorre com as Diretivas, cujas regras integram diplomas nacionais

São diversos os diplomas que disciplinam, direta e imediatamente, matérias comerciais, nomeadamente no domínio dos contratos de distribuição.

[77] Cfr. Maria Helena Brito, *Direito do Comércio Internacional*, cit., 2004, em especial pp. 63-65 e 75-123, e Luís de Lima Pinheiro, *Direito Comercial Internacional*, cit., 2005, em especial pp. 15-23.

4.2.3. Lex mercatoria[78]

Por último, importa abordar, uma fonte que, num ramo com a dinâmica do Direito Comercial, mantém uma relevância significativa e uma autonomia assinalável: a *lex mercatoria*, isto é, o conjunto de princípios e regras específicos aplicáveis ao comércio internacional e que promanam da autorregulação, sendo permanentemente criadas pelos próprios destinatários.

Abrangidas por esta designação – que remonta ao mais remoto comércio, nomeadamente ao que ocorria na Antiguidade, em especial por via marítima, e no mar Mediterrâneo – encontram-se as várias fontes que formam a *lex mercatoria*[79], importando distinguir as que são primárias das demais.

De entre as primeiras, assumem especial relevo:

(i) As práticas e usos profissionais vigentes numa área de atividade económica;
(ii) Os códigos deontológicos (ou de ética ou conduta), eventualmente existentes;
(iii) As regras relativas a transações comerciais; e
(iv) As cláusulas contratuais e modelos contratuais publicados pela CCI e outras organizações de índole corporativa.

As fontes secundárias são formadas, como no plano do Direito interno, pelos contributos da jurisprudência e da doutrina. Na primeira, assumem especial relevância as decisões arbitrais. No que respeita à doutrina, esta exprime-se no plano dos chamados princípios UNIDROIT (vd., *infra*, nº 18.5.2), que são relativos aos contratos internacionais, como a compra e venda.

[78] Sobre esta matéria, cfr. Carlos Ferreira de Almeida, *Contratos I*, 6ª ed., 2017, pp. 78-79, Maria Helena Brito, *Direito do Comércio Internacional*, cit., 2004, em especial pp. 111-123, e, mais desenvolvidamente, Antoine Kassis, *Théorie Générale des usages du commerce*, LGDJ, Paris, 1984, pp. 269-424, em especial pp. 272-274, 307-309, 391-408, 416-424, e, na doutrina nacional, Dário Moura Vicente, *Da arbitragem comercial internacional. Direito aplicável ao mérito da causa*, Coimbra Editora, Coimbra, 1990, pp. 134-220, em especial pp. 135-146, 156-178, 180-190.
No plano internacional, vd. Roy Goode, *Goode on Commercial Law*, 5ª ed., edit. e rev. por Ewan McKendrick, Penguin Books, U.K., 2016, pp. 3-6.

[79] Seguimos de perto Carlos Ferreira de Almeida, *Contratos I*, 6ª ed., 2017, pp. 78-79.

5. A noção de atos de comércio e os modernos contratos comerciais[80]

Os negócios jurídico-mercantis, e em especial os contratos comerciais, enquadram-se nos atos de comércio a que se refere o Código Comercial português, logo no seu art. 1º, como vimos.

5.1. O sistema dos atos de comércio: o artigo 2º do Código Comercial. Enquadramento da questão da qualificação dos atos jurídicos mercantis[81]

O Código Comercial não avança uma definição de ato de comércio, nem parece possível um conceito unitário, com base nas suas normas.

A expressão **atos de comércio** abrange, para além dos negócios jurídicos (em que avultam os contratos), os atos jurídicos simples e os factos ilícitos, geradores de responsabilidade extracontratual.

O **artigo 2º** do Código Comercial é uma norma qualificadora do Direito Comercial.

A **primeira parte** («*Serão considerados actos de comércio todos aqueles que se acharem especialmente regulados neste Código*») refere-se aos atos de comércio objetivos – aqueles que são comerciais, independentemente do sujeito que os pratica – e a **segunda parte** diz-nos o que se entende por atos de comércio subjetivos: os atos praticados por comerciante são comerciais, exceto se forem de natureza exclusivamente civil, ou se se mostrar que o ato não é comercial, ou seja, se resultar do ato que ele não é acessório da atividade mercantil do comerciante que o praticou; isto porque a lei parte do pressuposto de que todos os atos do comerciante são acessórios da sua atividade profissional.

A qualificação dos atos de comércio em razão da sua autoria – isto é, ser comerciante aquele que os pratica – só faz sentido relativamente ao

[80] Cfr. J. Coutinho de Abreu, *Curso de Direito Comercial*, vol. I, 11ª ed. 2018, pp. 67-112, José Engrácia Antunes, «O regime jurídico dos actos de comércio», *Themis*, ano IX, nº 17, 2009 (pp. 19-60), Fátima Gomes, *Direito Comercial*, 2ª ed., 2017, pp. 46-61, Evaristo Mendes, *Sumários de Direito Comercial* (Policopiados), AAFDL, Lisboa, 1991/1992 (inc.), pp. 27-85, Maria Elisabete Ramos, *Direito Comercial e das Sociedades*, Almedina, Coimbra, 2018, pp. 25-34, e Filipe Cassiano dos Santos, *Direito Comercial Português*, vol. I, cit., 2007, pp. 60-91, 95-103.

[81] Seguimos, de muito perto, o nosso livro de *Direito Empresarial*, 2ª ed., 2016, pp. 128-131.

empresário individual, visto que os atos das sociedades comerciais são mercantis por definição.

A ideia da lei comercial é a de que a maioria dos atos jurídicos praticados por um comerciante (individual) se enquadra na sua atividade profissional, isto é, no exercício da atividade mercantil.

No que respeita aos **atos objetivos**, estão fundamentalmente em causa os contratos regulados no Código Comercial, com especialização ou com autonomia relativamente aos contratos civis – como acontece, por exemplo e respetivamente, com

- a **compra e venda** (arts. 463º a 476º do CCom *versus* arts. 874º a 939º do CC),
- o **mandato** (arts. 231º a 265º do CCom *versus* arts. 1157º a 1179º do CC),
- o **empréstimo** ou mútuo (arts. 394º a 396º do CCom *versus* arts. 1142º a 1151º do CC),
- o **depósito** (arts. 408º a 424º do CCom *versus* arts. 1185º a 1206º do CC),
- a **fiança** (art. 101º do CCom *versus* 627º a 654º do CC) e
- o **penhor** (arts. 397º a 402º do CCom *versus* arts. 666º a 685º), por um lado,
  e com
- a **conta corrente** (arts. 344º a 350º do CCom) e
- o **reporte** (arts. 477º a 479º do CCom), por outro –

e na legislação extravagante publicada posteriormente, casos das
- **operações de bolsa** (cfr. arts. 321º a 343º do CVM).

Em acréscimo aos atos objetivos de comércio, também se enquadram nos atos dos comerciantes (individuais) todos os atos que eles praticam quotidianamente e que não são de natureza exclusivamente civil – casos dos atos pessoais (casamento, perfilhação, adoção, testamento) e de certos atos patrimoniais, como a doação (arts. 940º a 979º do CC) e o comodato (arts. 1129º a 1141º do CC) –, sempre que não resulte, no momento da celebração do ato "o contrário", isto é, sempre que o ato não evidencie que não tem nada que ver com a atividade do comerciante. Desenvolveremos adiante (nº 5.5) esta matéria, apesar de a mesma ter vindo a decrescer de importância, não apenas pela qualificação legal que a lei tem vindo a operar relativamente a certas matérias, mas pela da substância (comercial) pela forma do ato.

5.2. O conceito de comerciante: o art. 13º, nº 1, do Código Comercial[82]

Comerciante é aquele que faz do exercício do comércio profissão, isto é, a pessoa que se dedica habitualmente, como meio de vida, à prática de atos de comércio (absolutos), nomeadamente de compra para revenda (cfr. art. 13º, nº 1)[83].

A essas pessoas acrescem aquelas que se propõem exercer uma atividade mercantil (nos termos do art. 230º) e as empresas coletivas, organizadas sob a forma de sociedades comerciais, só pelo simples facto de existirem, ou seja, de se constituírem como tais (art. 13º, nº 2); e também, em certas circunstâncias, as cooperativas e empresas públicas.

O âmbito e alcance do artigo 13º, em especial do seu número 1, é muito reduzido, porquanto os comerciantes (ou empresários) individuais – isto é, os sujeitos de Direito Comercial que não estão organizados sob forma societária – são, hoje, em número proporcionalmente menor do que o eram, no século XIX, relativamente às sociedades comerciais, não apresentando o respetivo volume de negócios a expressão que já teve na economia portuguesa.

A diminuição relativa do comerciante individual conduzirá a um gradual esbatimento da relevância da qualificação da matéria comercial, uma vez que os respetivos sujeitos passam a sê-lo por definição – e não por efeito da atividade profissional que exercem –, encontrando-se regulados por regras próprias.

5.3. Os atos preparatórios da atividade comercial; uma primeira abordagem do art. 230º[84]

5.3.1. *O regime jurídico aplicável aos atos preparatórios da atividade mercantil*

Nos casos em que a empresa reveste a forma de sociedade comercial e se apresenta no mercado como mercantil podemos concluir que todos os seus atos correspondem ao exercício da atividade que corresponde ao

[82] Seguimos, de muito perto, o nosso *Direito Empresarial*, 2ª ed., 2016, pp. 131-132.

[83] Cfr. o nosso artigo na *Enciclopédia Verbo*, Edição Século XXI, Verbo, Lisboa / São Paulo, 1998, vol. 7, cols. 550-551.

[84] Seguimos, de muito perto, o nosso *Direito Empresarial*, 2ª ed., 2016, pp. 132-134.

seu objeto e que são praticados no âmbito da sua capacidade. Nesses casos as empresas absorvem os atos preparatórios.

Relativamente aos sujeitos de Direito Comercial que se caracterizam em função dos atos que se praticam de forma habitual subsiste por explicar a natureza dos atos preparatórios da respetiva atividade. Tais atos são comerciais por se enquadrarem na respetiva atividade comercial por efeito do disposto no artigo 230º do Código Comercial.

5.3.2. *Âmbito e relevância desta disposição legal*[85]

Importa também averiguar se o artigo 230º qualifica determinadas empresas como comerciais, ou se, diversamente e em coerência com o sistema que o legislador terá querido consagrar, o seu alcance objetivo é fundamentalmente o de determinar as empresas como atos de comércio.

A atividade empresarial exercida nos termos do artigo 230º terá uma relevância específica se considerarmos que a noção de ato de comércio compreende outras duas substancialmente distintas:

- a de ato isoladamente considerado;
- a de atividade.

Com efeito, há atuações que só têm significado na medida em que se integrem num conjunto de atos que visem obter o mesmo efeito económico. Assim, quando a lei apenas prevê a atividade (caso do art. 230º, mas não apenas) quer significar que o ato isoladamente praticado não preenche os requisitos de comercialidade; logo não é comercial, visto não ser uma prática massificada de atuação. Os atos previstos no artigo 230º para serem comerciais devem ser reiteradamente praticados com intuito especulativo, utilizando para tanto uma organização.

Concluindo, podemos afirmar que o artigo 230º não se limita a qualificar determinadas empresas como comerciais. O seu alcance objetivo é fundamentalmente o de determinar as empresas como atos de comércio.

[85] Cfr. Paulo Olavo Cunha, *Direito das Sociedades Comerciais*, 6ª ed., Almedina, Coimbra, 2016, notas 19 e 20 (p. 9).

5.3.3. *O artigo 230º como norma qualificadora autónoma da matéria mercantil*

Para os defensores da chamada Teoria Jurídica da Empresa não há apenas uma norma qualificadora no nosso Direito Comercial, mas sim duas: as dos artigos 2º (I Parte) e 230º do Código Comercial.

O artigo 2º, I Parte, consagra atos de comércio objetivos. O alcance desta norma é muito reduzido, pois trata-se aí apenas de atos (contratos) isolados, que não se inserem (necessariamente) numa atividade profissional; isto é, podem ser praticados por qualquer sujeito.

O artigo 230º é uma norma qualificadora autónoma referida às empresas comerciais. Em parte alguma do nosso Código se diz que a empresa é um ato de comércio (um contrato comercial). Ao qualificar as empresas comerciais, o artigo 230º qualifica simultaneamente o empresário – há uma subjetivação da empresa. Diz-se que, sendo a empresa comercial, o empresário também o é. Mas, para se ser comerciante, ao abrigo do artigo 230º, não é necessário que se pratique um ato (se celebre um contrato), basta que se *proponha* o exercício de uma atividade empresarial, pois isso já é exercício da prática do comércio. E, como veremos (cfr., *infra*, nº 8.3.2), é neste aspeto que reside a contribuição desta regra quando foi aprovada e integrada no Código.

O simples facto de a empresa (de base singular) ser comercial quando se propõe a prática de atos de comércio reconduz ao Direito Comercial os atos de organização (de constituição e de instalação) da empresa que, de outro modo não seriam qualificáveis como comerciais, visto serem praticados antes do início da atividade comercial propriamente dita. Quando o empresário individual se encontra a montar o seu estabelecimento, desde a identificação do espaço adequado, à celebração do contrato para a respetiva utilização, passando pelas obras de adaptação necessárias e intervenção no plano de decoração, contratação dos mandatários comerciais (gerente de loja e auxiliares) e realização das primeiras encomendas de mercadoria, os contratos que celebra já são mercantis, apesar de o seu autor não ser (ainda) comerciante, por efeito do artigo 13º, por não se encontrar a exercer a atividade comercial.

5.4. Atos de comércio objetivos: o artigo 2º, I parte do Código Comercial[86]

Entre os atos de comércio que se encontram especialmente regulados no Código Comercial e em legislação avulsa mercantil, correspondendo a negócios (jurídico-mercantis) com regime jurídico específico, é possível distinguir três diferentes categorias.

5.4.1. *Atos de comércio absolutos*

À cabeça dos atos de comércio objetivos, temos os **atos absolutos**, ou seja, aqueles que são comerciais por natureza, isto é, os negócios jurídicos que têm por objeto o comércio como atividade de intermediação entre a oferta e a procura, com a finalidade a obtenção de um ganho. Por isso, estes atos também são conhecidos por "intencionais".

Enquadram-se nesta categoria os seguintes atos e atividades, que podemos sistematizar em subgrupos:

A) Atos de **intermediação** – compra e venda comercial (art. 463º), isto é, a compra para revenda, a troca (art. 480º), o aluguer (art. 481º), a conta corrente (art. 344º) e o reporte (art. 477º).

B) Atos **industriais**, tais como fabricação (indústria transformadora, em geral) (art. 230º, nº 1), edição (art. 230º, nº 5), construção e obras (públicas e privadas)[87] (art. 230º, nº 6).

C) Atividades ou operações **financeiras**, como as operações de banco (arts. 362º a 365º e RGIC) e outras.

D) Atividades **aleatórias**, como o seguro (objeto da atual LCS, aprovada pelo DL 72/2008, de 16 de abril).

E) **Prestação de serviços**, a que se reconduzem o agenciamento (art. 230º, nº 3), a promoção de espetáculos públicos art. 230º, nº 4) e o transporte (arts. 230º, nº 7, incluindo a aviação, por interpretação extensiva, e 366º).

[86] Replicamos a nota 235 e reproduzimos parcialmente a nota 236 do nosso *Direito Empresarial*, 2ª ed., 2016 (pp. 129-130).

[87] Reconduzimos esta atividade, enquanto tal, aos atos industriais, embora a mesma também se pudesse enquadrar nas atividades de prestação de serviços, dado consubstanciar a realização do contrato de empreitada.

A relevância destes atos reside no facto de revestirem caráter mercantil, em qualquer circunstância e independentemente da qualidade de quem os pratica ou da existência de outro ato que, com eles, se relacione.

5.4.2. *Atos objetivos por acessoriedade objetiva*

Num segundo grupo, identificamos os atos objetivos que se caracterizam por terem uma conexão com um outro ato de comércio, designadamente com um ato absoluto. Designamo-los por **atos objetivos por acessoriedade objetiva**.

Nesta categoria é ainda possível estabelecer dois subgrupos se autonomizarmos os atos que são instrumentais (que constituem garantia daqueles de que são acessórios) dos demais[88].

Assim, nos atos instrumentais, englobamos a fiança (art. 101º) e o penhor (art. 397º), e nos outros incluímos o mandato (art. 231º), a comissão (art. 266º), o empréstimo (art. 394º) e o depósito (art. 403º).

5.4.3. *Atos objetivos por acessoriedade subjetiva*

Finalmente, há alguns contratos que são mercantis se forem celebrados por sujeitos de Direito Comercial. Dizemos que eles são **objetivos por acessoriedade subjetiva**.

Temos em mente o transporte (art. 366º, parcialmente revogado, no tocante ao transporte rodoviário de mercadorias, pelo Decreto-Lei nº 239/2003, de 4 de outubro)[89].

5.4.4. *Âmbito; interpretação extensiva e analogia*

Na qualificação dos atos de comércio poderemos recorrer seguramente à interpretação extensiva, pressupondo que o negócio cuja natureza se pretende determinar também não se encontra especialmente regulado em legislação extravagante (de carácter mercantil) – como sucede, por

[88] Anteriormente também o seguro (cfr. art. 425º, II parte do CCom, na redação vigente até 31 de dezembro de 2008).

[89] A acessoriedade subjetiva também se verificava no contrato de seguro, numa disposição legal que cessou a sua vigência em 31 de dezembro de 2008 (art. 425º, I parte).

exemplo, com o trespasse de estabelecimento ou com o arrendamento comercial[90] –, casos em que será imediatamente comercial.

Nos casos em que o Código e a legislação avulsa são omissos, afigura-se de recusar o recurso à analogia, por ser incompatível com a certeza que se pretende na qualificação do ato ou do sujeito. A analogia *iuris* é de recusar.

5.5. Atos de comércio subjetivos (art. 2º, II parte do CCom) e respetivos requisitos objetivos[91]

São atos de comércio todos os contratos e obrigações dos comerciantes:

A. «*que não forem de natureza exclusivamente civil*»,
B. «*se o contrário (do próprio ato) não resultar*».

Vimos já que a maior parte dos atos dos comerciantes são praticados no exercício da sua atividade profissional. Contudo, há atos que, pela sua essência, nunca podem ter natureza comercial. Já lhes fizemos uma breve referência (cfr., *supra*, nº 5.1). São eles, pela positiva, atos de natureza fundamentalmente pessoal – tais como o casamento, a perfilhação, a adoção e o testamento – e, pela negativa, atos com conteúdo patrimonial que não sejam suscetíveis de constituir objeto de regulamentação comercial, não integrando «um género de que uma espécie» está regulada em legislação mercantil, nem correspondam ao «núcleo característico das actividades» comerciais»[92]. Enquadram-se nestes atos que não visam o lucro, não constituindo uma espécie de um género regulável no Código Comercial ou em legislação mercantil avulsa, todos aqueles que sejam, na sua pureza, gratuitos, ainda que revistam conteúdo patri-

[90] Repare-se que na época em que o Código foi aprovado este ato não era do domínio comum. E, por essa razão, também não o era a compra de imóveis para locar, pelo que não se encontrava regulada no Código, que se limitava a qualificar a compra de imóveis para revender (art. 463º, nº 4) e de móveis para aluguer (cfr. art. 463º, nº 1). Contudo, decorridas umas décadas, não repugnava sujeitar ao regime comercial este tipo negocial, fazendo inicialmente – isto é, antes da respetiva regulamentação em legislação avulsa – primeiramente com recurso à analogia *legis*.

[91] Seguimos o nosso livro de *Direito Empresarial*, 2ª ed. cit., 2016, notas 237 e 238 (p. 131).

[92] Neste sentido, Fernando Olavo, *Direito Comercial*, vol. I, 2ª ed., cit., 1978, pp. 85-90, em especial p. 90.

monial, como o comodato (arts. 1129º a 1141º do CC) e a doação (arts. 940º a 979º do CC).

Importa, a este propósito, advertir que não se trata de qualquer doação, uma vez que há pequenas doações que se integram na atividade comercial, como as ofertas (periódicas) de brindes[93], que servem os intentos dos comerciantes, tal como são comerciais os atos de mecenato[94], por determinação da lei. Em qualquer destas situações o ato é interessado, uma vez que gera, para o seu autor, uma vantagem, ainda que não seja imediata.

Por sua vez, na dúvida – e desde que não tenha natureza exclusivamente civil –, o ato será qualificado como ato de comércio. Isto é, se da sua prática não resultar – para um destinatário normal – que não foi praticado no exercício do comércio do comerciante, será considerado como tendo sido realizado nesse âmbito. Ainda por outras palavras, o ato só não será comercial se, da sua prática, resultar a sua finalidade, *maxime* que nada tem a ver com o exercício do comércio do seu autor (e se qualifica, pois, como não comercial ou civil).

Ainda a propósito destes atos (subjetivos de comércio), podemos hoje concluir que a forma do negócio (compra e venda de géneros alimentares por pessoa singular faturada à sua empresa individual, ainda que os bens se destinem a consumo, *v.g.*) se sobrepõe e qualifica a respetiva substância (como mercantil).

Em suma, são atos de comércio subjetivos, para além dos atos de uma pessoa coletiva qualificada como sujeito de Direito Comercial, todos aqueles que forem praticados por comerciantes individuais, que sejam legalmente qualificados como tais ou que, podendo ter cabimento no Código Comercial (ou na legislação comercial), não se demonstrou, no momento da sua prática, serem alheios à atividade profissional do comerciante. Aliás, ainda que seja evidente que estamos perante um ato (de compra e venda) para consumo pessoal – cuja comercialidade é expressamente excluída pelo nosso Código Comercial (cfr. art. 464º, nº 1) –, se a formalização do mesmo implicar a sua qualificação como ato de comércio, o ato passa a estar sujeito ao regime comercial.

[93] Sobre a doação promocional, vd. Carlos Ferreira de Almeida, *Contratos III. Contratos de liberalidade, de cooperação e de risco*, 2ª ed., Almedina, Coimbra, 2013, pp. 49-53.

[94] Sobre o mecenato, vd. Carlos Ferreira de Almeida, *Contratos* III, 2ª ed., 2013, pp. 46-49.

5.6. Atos de comércio puros e mistos e regime dos atos de comércio mistos: o artigo 99º do Código Comercial[95]

No que respeita aos atos bilaterais, ou contratos – isto é, aqueles que produzam efeitos diferenciados, regulando unitariamente interesses distintos –, levanta-se um problema de regime aplicável, sempre que forem comerciais relativamente a uma das partes e não o forem quanto à outra.

Com efeito, não se afigura possível aplicar ao mesmo ato – apesar de se qualificar como comercial relativamente a um sujeito (aquele que participa profissionalmente) e civil ou não comercial em relação ao outro (o que intervém pontualmente à margem de uma atividade profissional mercantil ou de um ato com essa natureza) dois regimes jurídicos diferentes e eventualmente contraditórios.

A questão consiste, pois, em saber que regime aplicar a esses atos: o civil (que consta do Código Civil), o (da lei) comercial ou outro regime?

Exemplificando: um particular adquire um automóvel num *stand* (cfr. art. 464º, nº 1). *Quid juris? Isto é, esse negócio é regulado pela lei comercial ou pelo Código Civil?*

Estamos perante um ato comercial relativamente ao titular do estabelecimento comercial (*stand*) – quer este seja uma sociedade comercial (com objeto adequado ao efeito), quer se trate de um empresário individual que tenha adquirido a viatura para revenda –, mas civil no que respeita ao adquirente, que compra o automóvel para utilização pessoal e particular (cfr. art. 464º, 1º, do CCom).

Não fazendo sentido que o mesmo ato se encontre sujeito a um regime jurídico relativamente a uma das partes e a diferente regime quanto à outra parte, encontramos uma solução no art. 99º do Código Comercial que unificou o regime aplicável aos atos mistos, estendendo o regime mercantil aos particulares que, enquanto consumidores, celebrem negócios com os comerciantes. Assim, um negócio que só seja comercial por uma das suas partes – por exemplo, pelo lado do comerciante que vende uma fração autónoma para habitação a um particular –, mas civil pela outra parte, pelo lado do particular que compra a dita fração (vd. art. 463º, 4º do CCom), é um negócio misto e regido inteiramente pelo Direito Comercial.

[95] Reproduzimos o nosso *Direito Empresarial*, 2ª ed., 2016, pp. 134-135.

5.7. **Os atos formalmente comerciais**[96]

Os atos formalmente comerciais são aqueles que, tendo sido regulados inicialmente como típicos dos comerciantes, se autonomizaram, generalizando-se a todos os sujeitos, casos paradigmáticos dos atos cambiários (que paralelamente se autonomizaram formalmente, sendo objeto de regulamentação própria e especial, em separado do Código Comercial, onde foram originariamente regulados[97]), das operações de bolsa e de outros valores mobiliários e dos atos característicos do Direito da propriedade industrial.

5.8. **A rejeição da chamada *teoria do acessório***[98]

Para além dos atos previstos no artigo 2º, alguns autores defendiam que haveria uma terceira categoria de atos que, não sendo abrangidos nem pela I, nem pela II parte dessa disposição legal, seriam comerciais se se encontrassem em íntima conexão com um ato abrangido na I ou II partes desse mesmo preceito.

Constituía exemplo clássico deste tipo de atos, o transporte de bens para revenda (por não comerciante), que – não sendo um ato objetivo de comércio (por não ser realizado por empresas comercial) seria um ato conexo com o artigo 463º, nº 1, visto tratar-se de um ato necessário à concretização do ato de revenda.

Afigura-se-nos ser de rejeitar essa categoria de atos (acessórios), que ampliaria injustificadamente os atos de não comerciantes sujeitos ao regime comercial, por mais do que um razão. Com efeito, para além de a teoria do acessório não definir precisamente em que é que consiste a *conexão* relevante, aceitar a sua consagração seria equivalente a recorrer à analogia (para atribuir natureza comercial a determinado ato), o que não é admissível.

[96] Replicamos parcialmente a nota 236 do nosso *Direito Empresarial*, 2ª ed. cit., 2016 (p. 131).

[97] Nesse sentido, cfr. Título VI do Livro II do Código Comercial, arts. 278º a 343º, entretanto revogados.
Não se ignora que subsistem (se encontram vigentes) disposições legais aplicáveis aos atos cambiários, como por exemplo os artigos 483º e 484º.

[98] Seguimos parcialmente a nota 236 do nosso livro de *Direito Empresarial*, 2ª ed. cit., 2016 (pp. 130-131).

5.9. **Os contratos comerciais;** *remissão.*

A concluir esta introdução, impõe-se uma chamada de atenção para os atos de comércio mais significativos e claramente dominantes e para os quais já fizemos uma chamada de atenção: os contratos comerciais. É essencialmente essa categoria que a lei pretende qualificar e sujeitar ao regime jurídico-mercantil. Analisaremos as suas características gerais e far-lhes-emos uma referência conceptual mais à frente (cfr., *infra*, cap. IV, nº 18).

Capítulo I
Concorrência e propriedade industrial

6. O mercado e a defesa da concorrência[99]

Produzindo e distribuindo bens e prestando serviços no âmbito do mercado, em razão do qual existem, os sujeitos de Direito Comercial devem atuar de forma correta e construtiva, evitando prejudicar os interesses das suas contrapartes negociais, na maior parte dos casos, os consumidores, e contribuindo, dessa forma, decisivamente para o desenvolvimento económico.

[99] Vd. Miguel Moura e Silva, *Direito da Concorrência*, AAFDL Editora, Lisboa, 2018, em especial pp. 29-42 e 124-152 (sobre os fundamentos da defesa da concorrência), entre outras citadas adiante.
Cfr. Miguel Pupo Correia, *Direito Comercial. Direito da Empresa*, 14ª ed., 2018, pp. 403-412, Luís S. Cabral Moncada, *Direito Económico*, 7ª ed., Almedina, Coimbra, 2018, pp. 436-443 e 511-526.
Embora anterior à atual lei da concorrência, vd. José Paulo Fernandes Mariano Pego, *O Controlo dos Oligopólios pelo Direito Comunitário da Concorrência. A posição dominante colectiva*, Almedina, Coimbra, 2007, pp. 22-39.
Noutros ordenamentos estrangeiros, vd., em **Espanha**, Manuel Broseta Pont / Fernando Martínez Sanz, *Manual de Derecho Mercantil*, vol. I, 23ª ed., Tecnos, Madrid, 2016, pp. 172-201, Fernando Sánchez Calero / Juan Sánchez Calero Guilarte, *Instituciones de Derecho Mercantil I*, 21ª ed., Thomson/Aranzadi, Navarra, 2016, pp. 103-132, em **Itália**, AA.VV., *Manuale di Diritto Commerciale*, 13ª ed., org. por Vincenzo Buonocore, G. Giappichelli, Torino, 2016, pp. 125-138 (por Federico Martorano).

6.1. **O mercado e a concorrência**

O mercado forma-se pela intervenção dos seus agentes, designadamente dos produtores de bens e respetivos distribuidores e dos prestadores de serviços, existindo em função da procura desses bens e serviços, representada pelos consumidores.

Ao participarem no processo económico, os sujeitos podem fazê-lo individualmente ou de forma concertada com outros agentes, concorrendo com aqueles que prosseguem atividades idênticas ou sucedâneas. Uma vez que a sua força relativa é diferente, importa ao Direito acautelar que a intervenção no mercado se processe de modo equilibrado e são, sem pôr em causa a existência de concorrentes que visem satisfazer idênticas necessidades, por um lado, e evitando que os fornecedores se conluiem com a finalidade de obter um retorno pelos bens produzidos ou pelos serviços prestados manifestamente superior ao respetivo valor intrínseco, em nítido desfavor daqueles que necessitam desses bens, por outro lado.

Ora, para que a reunião da oferta e da procura, no mercado, ocorra harmoniosamente, o modo de participação no processo produtivo deve ser objeto de regulação – geral e sectorial – que discipline a intervenção individual ou concertada dos diversos agentes, de modo a preservar os equilíbrios indispensáveis ao bom e regular funcionamento dos mercados e a proteger, em especial, os agentes mais débeis. Essa regulação é primariamente assegurada por normas criadas para o efeito, de âmbito nacional e supranacional, cuja aplicação depende dos mercados envolvidos, sob a vigilância e supervisão de entidades constituídas com essa finalidade – as autoridades da concorrência e os reguladores sectoriais –, e, em caso de incumprimento das regras estabelecidas, pela intervenção destas entidades e, sempre que necessário, dos tribunais.

6.2. **A disciplina da concorrência: interesses envolvidos**

As leis da concorrência regulam práticas individuais – dizendo quais é que são proibidas – e práticas concertadas, procurando evitar os efeitos nefastos das mesmas para o funcionamento da economia.

O relevo que a intervenção dos agentes económicos tem depende do mercado em que se verifica.

Se atuarem num plano internacional, as respetivas práticas devem ser objeto de regulação supranacional. Por isso, há que considerar também o Tratado de Roma ou Tratado sobre o Funcionamento da União Europeia. Haverá, pois, nesta matéria, que ponderar regras da União Europeia – designadamente os arts. 101º a 109º do TFUE[100] –, a par da legislação nacional existente.

Ao regular a concorrência no mercado, que pretende aberto, a lei protege diretamente todos os agentes do mercado – desde os produtores, disciplinando o fabrico de bens, passando pelos distribuidores, cuja intervenção regula, até à proteção dos interesses dos consumidores e adquirentes dos bens e serviços produzidos e prestados –, e reflexamente tutela o próprio mercado, que se desenvolve, num plano cada vez mais globalizado, graças às regras que disciplinam o seu funcionamento. Por isso, ao regularem a concorrência, os legisladores nacional e comunitário estão a estimular o crescimento ordenado e organizado do mercado, com respeito por todos os seus participantes.

6.3. **Práticas individuais (proibidas)**[101]

O Direito português regula as práticas individuais dos agentes económicos[102] no mercado nacional, procurando impedir e censurando as que forem restritivas da concorrência num diploma autónomo – o Decreto-Lei

[100] O TFUE é composto por 358 artigos e foi revisto pela última vez em Lisboa (cfr. art. 2º do Tratado de Lisboa), tendo então adotado a sua atual designação, em substituição da originária (Tratado que institui a Comunidade Europeia).

[101] Cfr. Adalberto Costa, *As práticas individuais restritivas do comércio*, Vida Económica, Porto, 2014, em especial pp. 19-43, 48-51 e 54-58, Miguel Sousa Ferro, *O novo regime das práticas restritivas do comércio*, Associação Académica da Faculdade de Direito de Lisboa, 2014, em especial pp. 10-12, 19-62, e Miguel Gorjão-Henriques, *Lei das Práticas Restritivas do Comércio: Comentário* (com a colaboração de José Lobo Moutinho), Almedina, Coimbra, 2014, em especial pp. 5-8 e 25-80.
No quadro da legislação anterior, vd. José Augusto Engrácia Antunes, *Contratos Comerciais. Noções Fundamentais*, DJ, vol. especial, 2007, pp. 155-158.

[102] Diversamente do que sucedia no regime anterior, este decreto-lei não caracteriza a categoria de **agentes económicos** (anteriormente, «*todos aqueles que se movimentam no mercado, desde os produtores e os fabricantes, os prestadores de serviços, os comerciantes, passando por todos os que promovem a exploração comercial ou industrial e incluindo os próprios consumidores*»).

nº 166/2013, de 27 de dezembro[103] –, que estabelece as regras que esses atores devem observar e identifica as práticas individuais que considera serem anticoncorrenciais[104], excluindo do seu âmbito de aplicação as transações *sujeitas a regulação sectorial*, de que constituem exemplos os sectores *financeiro, postal, dos transportes, comunicações eletrónicas e energia* (cfr. art. 2º, nº 2, *alínea b)*).

À semelhança do anterior regime jurídico, podemos sistematizar o novo diploma em três grandes núcleos:

- Um referente aos preços e condições de venda, rejeitando aqueles que forem discriminatórios (cfr. arts. 3º e 4º);
- Outro relativo às práticas restritivas (proibidas) (cfr. arts. 3º, 5º, 6º e 7º); e
- Um terceiro respeitante às sanções e medidas cautelares (cfr. arts. 9º a 11º e 8º).

No que respeita aos **preços e condições de venda**, impõe-se distinguir, no diploma em apreço, as obrigações e as limitações que são estabelecidas aos agentes económicos e que são essencialmente as seguintes:

- O dever que os agentes económicos têm de fixar **tabelas** de preços e **condições de venda** (cfr. art. 4º).
- A **proibição de práticas discriminatórias** (cfr. art. 3º) ou abusivas (cfr. art. 7º).
- A inadmissibilidade da **venda com prejuízo** e de recusa de venda ou similar (cfr. arts. 5º e 6º).

Considerando a previsão de que os preços e as condições de venda estão sujeitos a determinadas regras e o estatuto que caracteriza a

[103] Este, entrando em vigor em 25 de fevereiro de 2014 (cfr. art. 21º, nº 1), substituiu o Decreto-Lei nº 370/93, de 29 de outubro (então na red. do DL 10/2003, de 18 de janeiro) (cfr. art. 20º, *alínea a)*).

[104] Paralelamente, outros diplomas visam regular a intervenção dos diversos agentes no mercado de concorrência, como sucede com o DL 70/2007, de 26 de março, sobre as práticas comerciais com redução de preço com a finalidade de escoamento de existências, aumento do volume de vendas ou de promoção de um produto não comercializado anteriormente (art. 1º), que ocorrem nas vendas a retalho praticadas nos estabelecimentos comerciais (e na oferta de serviços) (art. 2º).

intervenção individual dos agentes no mercado, não surpreende que o Decreto-Lei nº 166/2013, de 27 de dezembro, qualifique expressamente como **proibidas** as práticas individuais que

- sejam **discriminatórias** e abusivas, no que se refere aos preços e condições de venda (cfr. arts. 3º, nº 1 e 7º);
- consistam em **vendas com prejuízo** (cfr. art. 5º); ou
- se traduzam na **recusa de venda** ou similar, isto é, na realização da venda condicionada à aquisição de outro bem ou serviço (cfr. art. 6º, nºs 1 e 2).

Estabelecendo obrigações e proibindo determinados comportamentos, o Decreto-Lei nº 166/2013, de 27 de dezembro, por um lado, sanciona tais condutas, prevendo aquelas – que qualifica como contraordenações (cfr. art. 9º) e – que são suscetíveis de serem punidas com reações desfavoráveis, que assumem a forma de coimas (cfr. art. 10º), nalguns casos exorbitantes; por outro lado, e paralelamente, estabelece medidas cautelares que se destinam a impedir as situações de infração (cfr. art. 5º).

6.4. **Práticas concertadas (coletivas)**[105]

Para além das práticas individuais que podem ser restritivas da concorrência, as empresas podem concertar-se com o intuito de controlar a concorrência, desvirtuando-a.

Para prevenir e evitar esses comportamentos, e também para os sancionar, quando os mesmos se tornam uma realidade, existe legislação autónoma, cuja versão mais recente foi aprovada em 2012.

[105] Sobre esta matéria, vd. AA.VV., *Comentário Conimbricense* à *Lei da Concorrência* (coord. por Manuel Lopes Porto, José Luís da Cruz Vilaça, Carolina Cunha, Miguel Gorjão-Henriques, Gonçalo Anastácio, e dir. por Miguel Gorjão-Henriques), Almedina, Coimbra, 2013, AA.VV., *Lei da Concorrência Anotada. Lei nº 19/2012, de 8 de maio*, coord. Carlos Botelho Moniz, Almedina, Coimbra, 2016, Maria Manuel Leitão Marques, «A intervenção do Estado na Economia», AA.VV., *Manual de Introdução ao Direito. Saber Direito para entender o Mercado*, 2ª ed., Almedina, Coimbra, 2017 (pp. 211-264), pp. 236-264, Luís Cabral de Moncada, *Direito Económico*, 7ª ed. cit., 2018, pp. 517-524, João Calvão da Silva, *Banca, Bolsa e Seguros. Direito Europeu e Português*, Tomo I – *Parte Geral*, 5ª ed., Almedina, Coimbra, 2017, pp. 371-461, e Miguel Moura e Silva, *Direito da Concorrência*, cit., 2018, pp. 234-236.

6.4.1. *A lei da concorrência*

A concorrência dos agentes económicos no mercado português é atualmente disciplinada pela **Lei nº 19/2012, de 8 de maio (LC)**[106], que, após um primeiro capítulo sobre *a promoção e a defesa da concorrência* – no qual inclui algumas disposições gerais, designadamente sobre o seu *âmbito de aplicação* objetivo e espacial (art. 2º), a *noção de empresa* (art. 3º) e a referência à *Autoridade da Concorrência* (art. 5º), cujos poderes são agora claramente reforçados (cfr. arts. 13º a 35º, no cap. II, em especial arts. 18º a 20º) –, enuncia e caracteriza, sem alterações substanciais relativamente à legislação anterior (Lei nº 18/2003, de 11 de junho)[107], as *práticas restritivas da concorrência* (cap. II[108], em especial arts. 9º a 12º), que agrupa em três tipos diferentes:

- Os acordos, as práticas concertadas e as decisões de associações de empresas (arts. 9º e 10º),

[106] *Lei da Concorrência ou Regime Jurídico da Concorrência* (cfr. art. 1º), a que se reportam todas as disposições legais que, neste número (6), não são especialmente referenciadas. Vigente na nossa ordem jurídica desde 8 de julho de 2012, isto é, «*60 dias após a sua publicação*» (cfr. art. 101º), substituiu a Lei nº 18/2003, de 11 de junho.
Sobre a atual lei da concorrência, e para além dos autores citados na nota anterior, vd. ADALBERTO COSTA, *O novo regime jurídico da concorrência*, Vida Económica, Porto, 2014, apesar do escasso desenvolvimento das respetivas anotações, que nalguns casos parecem reportar-se à anterior Lei da Concorrência (L 18/2003, de 11 de junho) (cfr. p. 19, anot. 2), tal como os *apontamentos* constantes das páginas 189-220 (cfr., por exemplo, pp. 192 e 208).

[107] Sobre as práticas concertadas no quadro do anterior regime legal – que apresentava três núcleos claramente diferenciados (as práticas restritivas proibidas, a concentração de empresas e respetivo controlo, e os órgãos) –, vd., com inegável interesse, pela complexidade que reveste, o relatório de LUÍS DOMINGOS SILVA MORAIS, *Direito da Concorrência – Perspectivas do seu Ensino*, Almedina, Coimbra, 2009, em especial pp. 238-271, e também – numa escolha necessariamente subjetiva de entre diversos autores que se debruçaram sobre o tema – CAROLINA CUNHA, *Controlo das Concentrações de Empresas (Direito Comunitário e Direito português)*, Almedina, Coimbra, 2005, pp. 192-202, SOFIA OLIVEIRA PAIS, «O controlo das concentrações de empresas na Lei nº 18/2003», AA.VV., *Concorrência – Estudos*, coord. de António Goucha Soares e Maria Manuel Leitão Marques, Almedina, Coimbra, 2006 (pp. 71-101), pp. 78-98, ANTÓNIO CARLOS SANTOS / MARIA EDUARDA GONÇALVES / MARIA MANUEL LEITÃO MARQUES, *Direito Económico*, 6ª ed., Almedina, Coimbra, 2011, pp. 292-293, 298-301, 309-310, 313-315, 324-325, e JOSÉ LUÍS DA CRUZ VILAÇA, «Introdução à nova legislação da concorrência», AA.VV., *Concorrência – Estudos*, cit., 2006 (pp. 13-44), pp. 33-44. Nós fazíamo-lo, resumidamente, nas nossas *Lições de Direito Comercial*, 2010, pp. 330-332.

[108] Este capítulo contém uma secção (II) sobre (*o*) *processo sancionatório relativo a práticas restritivas* (arts. 13º a 35º), que referiremos no texto, pela sua relevância.

- O abuso de posição dominante (art. 11º), e
- O abuso de dependência económica (art. 12º).

Este capítulo (II) conclui com o regime sancionatório dessas práticas (secção II, arts. 13º a 35º), ao qual acresce um núcleo autónomo da lei – porque aplicável também a outras situações – sobre as *infrações e sanções* em matéria de concorrência (cfr. cap. VII, arts. 67º a 93º).

Para além das práticas restritivas e do regime sancionatório aplicável, encontramos no diploma um outro conjunto de normas claramente diferenciado. Referimo-nos ao capítulo III, sobre a concentração de empresas (e respetivo controlo, incluindo o processo sancionatório específico) (arts. 36º a 59º).

A estas regras importa ainda acrescentar a referência isolada aos *auxílios públicos* (anteriormente designados auxílios de Estado) (art. 65º), e a competências genéricas e regulares da Autoridade da Concorrência, à margem do processo sancionatório (arts. 60º a 64º).

No que respeita ao seu **âmbito de aplicação,** a lei da concorrência abrange a atividade económica, enquanto exercício permanente ou ocasional, nos sectores privado, público (também entre empresas públicas) e cooperativo, em todo o território nacional[109], sendo aplicável às práticas restritivas e às operações de defesa da concorrência neste praticadas ou *que neste tenham ou possam ter efeitos* (art. 2º).

6.4.2. *Práticas concertadas (proibidas)*

Os atos e comportamentos que a lei condena, e proíbe, podem revestir a forma de acordos, decisões de associações de empresas ou serem (intencionalmente) concertados.

A lei enuncia exemplificativamente os acordos *que tenham por objeto ou por efeito impedir, falsear ou restringir de forma sensível a concorrência no todo ou em parte do território nacional* (art. 9º, nº 1, *alíneas a)* a *e)*), e que são os seguintes:

(i) Acordos de fixação de preços,
(ii) Acordos de repartição de mercados,

[109] Ao passo que o Direito da União Europeia se aplica às práticas que afetam o comércio intercomunitário.

(iii) Acordos de limitação ou controlo da produção e distribuição,
(iv) Acordos que subordinam a celebração de contratos à conclusão de outros negócios (independentes), e
(v) Acordos que apliquem, na comercialização, *condições desiguais no caso de prestações equivalentes.*

Verificando-se uma prática proibida, o ato ou acordo em que a mesma se consubstancia ou a que se refere é nulo (art. 9º, nº 2).

Paralelamente, a lei admite algumas **práticas (restritivas)**, desde que **justificadas** (art. 10º), incluindo nestas os *acordos que contribuam para melhorar a produção ou a distribuição* (de bens e serviços) *ou para promover o desenvolvimento técnico ou económico*, contanto que os utilizadores dos bens e serviços venham a beneficiar de uma parte equitativa do benefício daí resultante, os acordos se limitem a impor às empresas restrições imprescindíveis para lograr esses fins e não proporcionem a eliminação da concorrência.

6.4.3. *Posição dominante abusiva*[110]

O diploma que disciplina a concorrência no mercado, na linha das leis que o antecederam, pretende também evitar que, detendo uma ou mais empresas uma posição de supremacia no respetivo mercado, essa posição seja abusiva, distorcendo as condições normais que se deveriam verificar no seu funcionamento e, por isso, proíbe a exploração abusiva de uma posição dominante (cfr. art. 11º, nº 1), enunciando situações que reconduz a condutas abusivas (cfr. art. 11º, nº 2) e que, consideradas no âmbito dos acordos restritivos da concorrência, configurariam práticas restritivas (ilícitas). Assim, os exemplos legalmente contemplados (no art. 11º, nº 2) reconduzem-se às práticas restritivas acima (nº 6.4.2) enunciadas, mas impostas agora como efeito do abuso de uma posição dominante no mercado.

Assumem **posição dominante** no mercado as empresas que – por si só ou concertadas com outras – não têm concorrência significativa ou são preponderantes em face dos concorrentes ou de terceiros, no sector de atividade em que intervêm.

[110] Cfr. Calvão da Silva, *Banca, Bolsa e Seguros*, 5ª ed., 2017, pp. 438-449, e Miguel Moura e Silva, *Direito da Concorrência*, cit., 2018, pp. 873-901.

A posição dominante deve aferir-se em função do mercado relevante em que as empresas exercem a sua atividade, no que se refere ao local geográfico e aos bens e serviços transacionados[111], estando em causa o mercado nacional ou uma *parte substancial* do mesmo (art. 11º, nº 1, *in* fine).

Importa, por fim, esclarecer que a **posição dominante**, embora possa envolver concertação[112], é resultado de uma situação que, em si mesma, não é ilícita[113], mas que será de afastar se for objeto de abuso.

6.4.4. *Dependência económica abusiva*[114]

Uma terceira categoria de práticas restritivas da concorrência a evitar traduz-se na **dependência económica abusiva**, que consiste na exploração excessiva e inadequada por uma ou mais empresas em relação a outra (fornecedora ou cliente), que com ela(s) se relaciona e que dela(s) é dependente, *por não dispor de alternativa equivalente* no mercado em que se integra (cfr. art. 12º, nº 1).

Considera-se que *uma empresa não dispõe de alternativa equivalente* se *o fornecimento do bem ou serviço em causa for assegurado por um número restrito de empresas* e se não conseguir obter, *por parte de outros parceiros comerciais, num prazo razoável*, condições idênticas às que vinha beneficiando junto da empresa relacionada (cfr. art. 12º, nº 3).

A possibilidade de a empresa dependente se poder libertar da subordinação em que se encontra é, pois, fator determinante para podermos concluir pela inexistência de abuso de dependência económica. Esta situação não é, pois, meramente psicológica, mas fáctica.

À semelhante do que acontece com o abuso de posição dominante, também é abusiva a adoção de práticas restritivas (cfr. art. 12º, nº 2, *alínea a)*).

[111] Neste sentido, AA.VV., *Lei da Concorrência Anotada* / MLGTS, 2016, pp. 112-115 (anot. ao art. 11º, pp. 109-131).

[112] Por isso, a **posição dominante** pode ser **abusiva** independentemente de concertação. É abusiva, designadamente se se verifica a cláusula geral (art. 11º, nº 1) ou se conduz a práticas restritivas (art. 11º, nº 2, *alíneas a)* a *d)*).

[113] Nesse sentido, vd. a anot. de Gonçalo Anastácio ao art. 11º da LC, AA.VV., *Lei da Concorrência – Comentário Conimbricense*, 2013 (pp. 123-163), p. 135.

[114] Cfr. Calvão da Silva, *Banca, Bolsa e Seguros*, 5ª ed., 2017, pp. 449-452.

6.4.5. *Auxílios públicos*[115]

A lei da concorrência deixou de proibir os auxílios de Estado – anteriormente vedados ao abrigo do art. 13º, nº 1 da Lei nº 18/2003, de 11 de junho[116], e que são proibidos pelo Tratado sobre o Funcionamento da União Europeia (cfr. art. 107º, nº 1) –, para se limitar a estabelecer que os **auxílios públicos**, concedidos pelo Estado ou por qualquer ente público, «*não devem restringir, distorcer ou afetar de forma sensível a concorrência*» (art. 65º, nº 1)[117].

O auxílio de Estado, que a Lei da Concorrência pretende impedir, sob qualquer forma, implica um custo financeiro para o Estado, traduzido numa despesa por este suportada ou no não recebimento de receitas, e, simultaneamente, uma vantagem económica que o respetivo beneficiário, escolhido seletivamente (por se tratar de uma determinada empresa, sector da economia ou região), não obteria em condições de normal funcionamento do mercado[118].

O quadro legal aplicável aos auxílios públicos ultrapassa o Direito puramente interno – visto não ser lógico exigir ao Estado que reconheça estar a prestar um auxílio indevido, e consequentemente deixar de o fazer –, para se situar no contexto da União Europeia, cabendo à Comissão proceder «*ao exame permanente dos regimes de auxílio existentes*» nos Estados da União Europeia e verificar se o auxílio prestado é compatível com o mercado interno e se não «*está a ser aplicado de forma abusiva*» (cfr. art. 108º, nºs 1 e 2 do TFUE)[119].

[115] Cfr. Calvão da Silva, *Banca, Bolsa e Seguros*, 5ª ed., 2017, pp. 452-456, em especial, focando o enquadramento dos auxílios de Estado na crise financeira global, pp. 456-461, e Miguel Moura e Silva, *Direito da Concorrência*, cit., 2018, pp. 241-242.

[116] E dos quais eram afastadas as indemnizações compensatórias, *concedidas como contrapartida da prestação de um serviço público* (art. 13º, nº 3 da L 18/2003).

[117] Sobre o âmbito e alcance desta regra, e designadamente sobre a substituição da expressão "auxílios de Estado" por "auxílios públicos", vd. a anot. de Manuel Lopes Porto, João Nogueira de Almeida e Ana Rita Andrade ao art. 65º da LC, AA.VV., *Lei da Concorrência – Comentário Conimbricense*, 2013 (pp. 635-651), em especial pp. 637-638, bem como AA.VV., *Lei da Concorrência Anotada* / MLGTS, 2016, pp. 624-625 (anot. ao art. 65º, pp. 623-643).

[118] Seguimos de perto a anot. cit. de Manuel Lopes Porto *et. al.* ao art. 65º da LC, AA.VV., *Lei da Concorrência – Comentário Conimbricense*, 2013 (pp. 635-651), em especial pp. 639-646.

[119] Foi isso que a Comissão fez em 2013 ao viabilizar os planos de recapitalização dos bancos nacionais, designadamente do Banco Comercial Português, S.A., e do Banco BPI, S.A. Sobre esses planos, vd. o estudo que resultou da nossa comunicação ao II Congresso das

Verificando-se que o auxílio introduz distorções ilegítimas no mercado (interno), a Comissão conclui «*que o Estado deve suprimir ou modificar esse auxílio*» em prazo a *fixar* por ela (cfr. art. 108º, nº 2, primeiro parágrafo *in fine* do TFUE). A aplicação prática deste comando pode suscitar particulares dificuldades, sobretudo se o ato em que se materializou o auxílio do Estado não for reversível por determinação deste, seguindo uma instrução da Comissão ou uma decisão do Tribunal de Justiça da União Europeia.

6.5. **Concentração de empresas**[120]

6.5.1. ***Relevância e implicações***

A concentração de empresas – que, nos termos da lei da concorrência, ocorre quando, por efeito da fusão de empresas ou da aquisição do controlo da totalidade ou de parte do capital ou dos ativos de uma ou várias empresas por quem já seja titular de uma das envolvidas, «*se verifique uma mudança duradoura do controlo sobre a totalidade ou parte de uma empresa*» (cfr. art. 36º, nº 1) – implica a obrigação de notificar a Autoridade da Concorrência (cfr. art. 37º).

Vamos focar essencialmente dois preceitos: os artigos 36º e 37º da LC[121].

Sociedades Comerciais em Revista, sobre «Os novos direitos especiais: as ações especiais», publicado em AA.VV., *II Congresso Direito das Sociedades em Revista*, Almedina, Coimbra, 2012 (pp. 111-146), pp. 136-141.

[120] Vd. AA.VV., *Lei da Concorrência Anotada* / MLGTS, 2016, pp. 350-398 (anots. aos art. 36º e 37º), as anotações de Carolina Cunha ao art. 36º e de Miguel Gorjão-Henriques e Ana João Vide ao art. 37º da LC, AA.VV., *Lei da Concorrência – Comentário Conimbricense*, 2013, pp. 398-407 e 408-423, Calvão da Silva, *Banca, Bolsa e Seguros,* 5ª ed., 2017, pp. 463-465, 468-470, 475-476, 479-483, 485-488, 496-501 e 505-508, e Miguel Moura e Silva, *Direito da Concorrência*, cit., 2018, pp. 237 e 1316-1322.

No quadro do regime legal anterior, vd. Carolina Cunha, *Controlo das Concentrações de Empresas,* cit., 2005, pp. 192-235 e 239-242, Margarida Rosado da Fonseca / Luís Nascimento Ferreira, *O procedimento de controlo das operações de concentração de empresas em Portugal,* Almedina, Coimbra, 2009, com inúmeros exemplos reais, pp. 36-133, Sofia Oliveira Pais, «O controlo das concentrações de empresas na Lei nº 18/2003», cit., 2006 (pp. 71-101), pp. 78-98, e as nossas *Lições de Direito Comercial,* 2010, pp. 332-334.

[121] Vd., com desenvolvimento substancial, as anotações referidas na nota anterior.

6.5.2. *Atos relevantes de concentração*

O artigo 36º estabelece que são atos relevantes de concentração:

a) A **fusão** de (duas ou mais) **empresas**, anteriormente independentes (cfr. nº 1, *alínea a)*);
b) O **controlo de empresas** por uma ou mais pessoas (singulares ou coletivas) que (já) controlem uma empresa (ou mais) (cfr. nº 1, *alínea b)* e nº 3);
c) A aquisição, direta ou indireta, do controlo de uma empresa ou de partes (cfr. nº 1, *alínea b)* e nº 3).

O *controlo decorre de qualquer ato* que, *independentemente da* sua *forma*, isolado ou conjunto (com outras empresas), permite uma *influência determinante* noutras empresas (cfr. nº 3).

Constituem exemplos de situações em que haja influência determinante:

- A aquisição de capital (todo ou parte) (cfr. *alínea a)*);
- O controlo do ativo líquido (direito de propriedade, uso ou fruição) (cfr. *alínea b)*); e
- Ação preponderante nos órgãos da empresa (composição, deliberações), por efeito de direitos ou contratos (cfr. *alínea c)*).

No entanto, nem todos os atos que acabámos de enunciar se enquadram na noção de concentração de empresas de forma a podermos concluir que estão sujeitos à notificação prévia à Autoridade da Concorrência cominada pelo art. 37º.

Com efeito, se a lei pretende prevenir todos os atos que conduzam a uma concentração de empresas, ainda que inadvertidamente – para evitar os efeitos menos positivos que possam resultar do estreitamento do mercado –, compreende-se que alguns atos de concentração realizados em circunstâncias especiais não estão sujeitos às mesmas exigências.

Assim, não são considerados atos de controlo – e, logo, não constituem concentração de empresas (art. 36º, nº 4) para efeitos da Lei da Concorrência – os seguintes atos:

- A recuperação de empresas ou *a aquisição de participações ou de ativos pelo administrador da insolvência* (cfr. *alínea a)*);

- A aquisição de participações com meras funções de garantia (cfr. *alínea b)*);
- A aquisição temporária de participações por instituições de crédito, sociedades financeiras ou companhias seguradoras (cfr. *alínea c)*);
- O pagamento de créditos.

6.5.3. *Caracterização*

Ocorre uma ***concentração relevante no mercado*** quando a quota, resultante da operação, é igual ou superior a 50% (art. 37º, nº 1, *alínea a)*) ou a 30%, mas inferior a 50%, neste caso desde que o volume de negócios de, pelo menos, duas empresas envolvidas seja de 5 milhões de euros (art. 37º, nº 1, *alínea b)*), ou, independentemente da quota resultante da operação, o volume de negócios[122] das empresas envolvidas seja superior a 100 milhões de euros (art. 37º, nº 1, *alínea c)*). Este último critério conduz invariavelmente as operações das grandes empresas à obrigatoriedade de notificação, ainda que estejam em causa aquisições simples.

A empresa relevante para a concentração é a empresa em sentido amplo (cfr. art. 3º) e existem estruturas de dependência empresarial que são essenciais para calcular a *quota de mercado e* o *volume de negócios de cada empresa*.

Por sua vez, o critério de dependência (art. 39º, nº 1) determina-se:

- pela detenção de mais de metade do capital ou dos votos da dependente (*alínea b)* (i) e (ii));
- pela possibilidade de designar os membros da administração ou do órgão de fiscalização da mesma (*alínea b)* (iii)); ou
- pelo poder de gerir os negócios da empresa dependente (*alínea b)* (iv)).

6.5.4. *Dever de notificação prévia*

A lei impõe o dever de notificação prévia à Autoridade da Concorrência dos atos de concentração, para apreciação por parte desta (art. 37º, nº 1), determinando a ineficácia desses atos (de concentração) se ocorrer incumprimento (desse dever) (cfr. art. 40º, nº 6).

[122] Sobre o cálculo da quota de mercado e do volume de negócios, vd. art. 39º da LC.

Efetuada a notificação prévia, a Autoridade da Concorrência deverá adotar um de três comportamentos possíveis:

(i) Autoriza a operação, por considerá-la adequada às regras existentes e insuscetível de *criar entraves significativos à concorrência efetiva* no nosso mercado (cfr. art. 41º, nº 3);
(ii) Rejeita a operação, concluindo que a mesma é gravemente lesiva dos interesses públicos e do normal funcionamento do mercado, podendo quiçá conduzir à *criação* ou *reforço de uma posição dominante* (cfr. art. 41º, nº 4); ou
(iii) Admite a operação, mas condiciona a sua luz verde a adoção de certas medidas (remédios) que, em sua opinião, são indispensáveis para assegurar o normal funcionamento do mercado (cfr. art. 41º, nº 5).

6.5.5. *Proibição de concentração; exceções*

A lei admite que possam ser previamente avaliadas pela Autoridade da Concorrência certas práticas proibidas e admite como justificadas (pelo art. 10º) práticas proibidas, desde que se enquadrem num regulamento comunitário (cfr. art. 10º, nº 3).

6.6. A defesa da concorrência

6.6.1. *Tutela da concorrência*

A defesa da concorrência está a cargo da Autoridade da Concorrência, que, para o efeito, dispõe de poderes sancionatórios de supervisão e de regulamentação (cfr. art. 5º da LC).

A Autoridade da Concorrência exerce os seus poderes sancionatórios, em defesa da concorrência sempre que estiverem em causa práticas restritivas – por serem *concertadas*, por traduzirem o *abuso de posição dominante* ou de *dependência económica* (cfr. arts. 9º, 11º e 12º da LC) – e quando as normas comunitárias sobre as práticas restritivas e o abuso de posição dominante (constantes, respetivamente, dos arts. 101º e 102º do TFUE) forem postas em causa, originando a *abertura de processo de contraordenação* (cfr. art. 7º, nº 2 da LC).

6.6.2. *Processo sancionatório relativo a práticas restritivas (da concorrência)*[123]

Os artigos 13º a 35º regulam o processo sancionatório, desde os atos que conduzem à sua instauração (arts. 15º e 16º), primeiramente sobre a forma de inquérito.

Numa fase inicial, a Autoridade da Concorrência procede à *abertura do inquérito* (art. 17º), exerce os seus poderes de *inquirição, busca e apreensão* (arts. 18º a 20º), e de eventual *transação* (arts. 22º e 23º), e conclui com uma *decisão* sobre o *inquérito* (art. 24º), que pode redundar no fim do processo – por simples arquivamento (cfr. art. 24º, nº 3, *alínea b)*), por arquivamento sob *condições* (cfr. art. 24º, nº 3, *alínea d)*) ou *por decisão condenatória, em procedimento de transação* (cfr. art. 24º, nº 3, *alínea c)*) – ou no *início da instrução* (cfr. art. 24º, nº 3, *alínea a)*), regulada nos arts. 25º a 35º).

6.6.3. *Contraordenações, coimas e recursos*[124]

No capítulo VII, sobre as *infrações e sanções* em matéria de concorrência, encontramos um conjunto de normas que qualificam as infrações ao Regime Jurídico da Concorrência como contraordenações (cfr. arts. 67º e 68º), estabelecendo as coimas aplicáveis (art. 69º), a sua *dispensa* ou redução [art. 70º e cap. VIII (arts. 75º a 82º)] e as possíveis *sanções acessórias* (art. 71º), bem como *sanções pecuniárias compulsórias* (cfr. art. 72º). O capítulo encerra como uma norma sobre a *responsabilidade* pelas contraordenações (art. 73º) – que, em certas circunstâncias pode ser extensível aos gestores (*titulares dos órgãos de administração das pessoas coletivas*) (cfr. art. 73º, nº 6) – e a previsão da *prescrição* do respetivo procedimento (art. 74º).

Das decisões proferidas pela Autoridade da Concorrência cabe recurso – em regra, com efeito meramente devolutivo (cfr. art. 84º, nºs 4 e 5) – para o Tribunal da Concorrência, Regulação e Supervisão[125] (art.

[123] Vd. Miguel Moura e Silva, *Direito da Concorrência*, cit., 2018, pp. 380-400 e 403-425.

[124] Vd. Miguel Moura e Silva, *Direito da Concorrência*, cit., 2018, pp. 438-446 e 451-459.

[125] Este foi instalado em Santarém (cfr. art. 83º, nºs 3, *alínea b)*, e 4, e Anexo III da Lei de Organização do Sistema Judiciário), com significativa polémica, numa medida demagógica que não surpreende nos responsáveis pela *justiça* portuguesa, obrigando a deslocalizar juízes, funcionários, advogados e arguidos.

84º, em especial, nº 3), e das decisões deste «*cabe recurso para o tribunal da relação competente, que decide em última instância*» (art. 89º, nº 1).

A concluir, refira-se que o regime geral do ilícito de mera ordenação social (aprovado pelo Decreto-Lei nº 433/82, de 27 de outubro) aplica-se subsidiariamente aos processos sancionatórios, bem como à interposição, tramitação e julgamento dos recursos das decisões da Autoridade da Concorrência.

7. A propriedade industrial[126]

7.1. Relevância e enquadramento da matéria

O mercado da concorrência envolve um paradoxo. Por um lado, implica a liberdade constituição de empresa e de produção de bens e serviços e; por outro, alicerça-se em monopólios, que são os direitos privativos da propriedade industrial, que se agrupam em duas grandes categorias: as invenções e os sinais individualizadores ou distintivos (de produtos ou serviços)[127].

[126] Bibliografia: J. Coutinho de Abreu, *Curso de Direito Comercial*, vol. I, 11ª ed., 2018, pp. 361-419, Maria Miguel Carvalho, «Os direitos privativos industriais», AA.VV., *Questões de Direito Comercial no Brasil e em Portugal* (coord. Fábio Ulhoa Coelho e Maria de Fátima Ribeiro), Saraiva, São Paulo, 2014, pp. 137-170, Miguel Pupo Correia, *Direito Comercial*, 14ª ed., 2018, pp. 320-402, Luís Couto Gonçalves, *Manual de Direito Industrial*, 6ª ed., Almedina, Coimbra, 2015, Carlos Olavo, *Propriedade Industrial*, vol. I – *Sinais distintivos do comércio. Concorrência desleal*, 2ª ed., Almedina, Coimbra, 2005, e Pedro Sousa e Silva, *Direito Industrial. Noções Fundamentais*, Coimbra Editora, Coimbra, 2011.
Fazem-se algumas referências pontuais a este tema ao longo do curso, com especial incidência na matéria das invenções e das marcas, a propósito do "estabelecimento" e dos "contratos de licença" (vd., *infra*, nºs 9.6 e 24.4.1).
No contexto atual, em que o Direito Comercial (lecionado na Faculdade de Direito da Universidade Católica) se encontra reduzido a cerca de 24 aulas de 75 minutos cada, correspondendo a 36 aulas clássicas (de 50 minutos), esta matéria não é suscetível de desenvolvimento, nem de problematização, encontrando-se limitada à lecionação de algumas noções elementares que, pela sua relevância dogmática, não prescindimos de enunciar ainda que telegraficamente.

[127] Reconhecendo que é precisamente através da função identificadora (de bens ou serviços) e distintiva da marca que esta permite distinguir um produto dos demais no mercado de concorrência, o **AcRelLisboa de 8 fev 2018** (António Santos) / Proc. nº 70/17.2YHLSB.L1-6, *www.dgsi.pt*.

A natureza dos direitos privativos radica, pois, na lealdade na concorrência. Os direitos privativos envolvem interesses públicos [daí os ilícitos penais (cfr. arts. 321º a 329º do Código da Propriedade Industrial[128]) estabelecidos para a respetiva violação grave], de empresários e dos consumidores[129] e a sua tutela (dos direitos privativos) exige registo.

Há uma unidade do Direito da Propriedade Industrial que justifica que, em certas circunstâncias, o direito privativo esteja bem formado, mas exista uma razão para a sua recusa (cfr. arts. 73º, 137º, 161º, 197º, 239º e 304º-Iº do CPI)[130].

Por sua vez, a **concorrência desleal** verifica-se em muitos casos de violação de direitos privativos, mas pode ocorrer independentemente daquela (cfr. art. 317º)[131]. E a "concorrência" a que nos referimos agora não se confunde com a concorrência cuja tutela é essencial para assegurar o normal funcionamento do mercado[132] – e que analisámos anteriormente (*supra*, nºs 6.3 e 6.4.2) –, em que se pretende prevenir e evitar as chamadas práticas (individuais e coletivas) restritivas de comércio, nem tão pouco com a proibição da concorrência imposta aos gestores das sociedades comerciais, relativamente à atividade exercida pelas sociedades por eles administradas (cfr. arts. 180º, 254º e 398º do CSC). Neste último caso, em que a lei societária proíbe a concorrência ilícita dos gerentes

[128] O atual Código da Propriedade Industrial (**CPI**) foi aprovado pelo DL 36/2003, de 5 de março (substituiu o Código de 1995, que havia sido aprovado pelo Decreto-Lei nº 16/95, de 24 de janeiro, e entrou em vigor em 1 de julho de 2003. Tendo sido substancialmente alterado pelo Decreto-Lei nº 143/2008, de 25 de julho, a sua redação atual resulta da Lei nº 83/2017, de 18 de agosto (cfr. art. 187º). Reportam-se a este diploma todas as disposições legais citadas por referência a **CPI** e todas as que forem citadas sem referência neste número (7).

[129] O consumidor recorde-se é a razão final do mercado, tal como o aluno (o estudante) é da Universidade.

[130] Estas regras substituíram o disposto no art. 24º, nº 1, *alínea d)*, revogado pelo DL 143/2008, de 25 de julho. Nesse sentido, AA.VV., *Código da Propriedade Industrial Anotado* (coord. geral António Campinos e coord. científica de Luís Couto Gonçalves), 2ª ed., Almedina, Coimbra, 2015, p. 126.

Os artigos citados neste número (7) sem indicação de fonte reportam-se ao Código da Propriedade Industrial, na redação do DL 143/2008, de 25 de julho, e da L 52/2008, de 28 de agosto.

[131] Vd. Carlos Olavo, *Propriedade Industrial*, 2005, pp. 32-35.

[132] Sobre a interação do Direito da Propriedade Industrial com a disciplina da Concorrência, no plano europeu, vd. Pedro Sousa e Silva, *Direito Industrial*, 2011, pp. 383-392.

e administradores de sociedades comerciais verifica-se uma situação de exclusão da concorrência[133].

A **concorrência é desleal** quando, perante a situação concreta do sector de atividade em que o agente económico se movimenta, não é admissível um ato que noutras circunstâncias seria lícito, por ser contrário aos usos e práticas honestas do sector da atividade económica em que se insere. Na concorrência desleal está, pois, em causa a concorrência num sector de atividade económica, que se deve caracterizar por usos e práticas honestas e pela boa fé dos agentes económicos intervenientes, em termos de as respetivas ações serem conformes com os usos do comércio a que respeitam.

O Direito da Propriedade Industrial assegura, pois, uma convergência de interesses, simultaneamente patrimoniais e pessoais (do empresário) – que implicam a exclusividade – e gerais da economia (e, consequentemente, dos consumidores), que impõem uma concorrência efetiva e leal ou o regular funcionamento do mercado.

Finalmente, como veremos, a produção económica implica o uso e a transmissibilidade dos direitos privativos e a concessão de licenças.

7.2. **Função social e âmbito da propriedade industrial**

A função económica do direito privativo é a de conceder um monopólio ao respetivo titular (facto que é indiscutível nas invenções) e através do mesmo assegurar a lealdade de concorrência no mercado (cfr. art. 1º). Na tutela da propriedade industrial é necessária a exploração económica do bem que é objeto do direito privativo. Os sujeitos do mercado não podem deter, no seu *portfolio*, invenções e marcas que não comercializem apenas para impedir terceiros de o fazerem. O âmbito da propriedade industrial (art. 2º) não é, pois, o mesmo do Direito Comercial, visto que nela é obrigatória a exploração económica; é seguramente mais vasto, no sentido de que se reconhece uma função útil ao Direito da Propriedade Industrial. Este respeita à produção económica no mer-

[133] Neste sentido, Carlos Olavo, *Propriedade Industrial*, 2005, pp. 253-255, em especial p. 254. Trata-se, contudo, de limitações que recaem sobre o desempenho de funções de gestores societários. Sobre as mesmas, vd. o nosso estudo, «Limitações à atividade concorrente de gestores de sociedades comerciais», AA.VV., *IV Congresso Direito das Sociedades em Revista*, Almedina, 2016, pp. 139-151 (existe sep.), em especial pp. 144-147.

cado de concorrência e o direito de monopólio do uso de direitos privativos não é concedido no interesse exclusivo do empresário, mas sim do mercado em que deve ser explorado, o que justifica e implica o seu uso obrigatório.

7.3. O regime jurídico dos direitos privativos da propriedade industrial

Vamos dedicar a nossa, necessariamente escassa, atenção a três direitos privativos diferentes – as invenções, as marcas e os (nomes de) domínios da Internet –, pela relevância que hoje têm no mercado.

7.3.1. *Invenções*

As **invenções** consistem em produtos novos ou em processos novos de fazer um produto já conhecido (cfr. arts. 51º e 55º)[134].

O registo das invenções designa-se por **patente** (cfr. arts. 51º e segs.). Esta *confere* ao seu titular *o direito exclusivo de explorar a invenção em qualquer parte do território português* (art. 101º, nº 1)[135].

Constituem exemplos de invenções os equipamentos e as máquinas em geral (desde o telefone, o transístor e a televisão, passando pelo gira-discos, o gravador, o leitor de CD's, eletrodomésticos e fotocopiadoras

[134] Note-se que nem todas as invenções podem ser patenteadas. A lei estabelece limitações à patenteabilidade de certas descobertas (cfr. art. 53º). Tal sucede, nomeadamente, com «*os processos de clonagem de seres humanos* (cfr. art. 53º, nº 2, *alínea a)*).
Por isso, certas descobertas não são, juridicamente, consideradas invenções. Cfr. Couto Gonçalves, *Manual de Direito Industrial*, 6ª ed., 2015, pp. 43-53.
Por sua vez, *as invenções* que sejam *suscetíveis de aplicação industrial podem ser protegidas como* ***modelos de utilidade*** (cfr. art. 117º). Sobre a alteração a que o regime jurídico dos modelos de utilidade foi objeto com o CPI de 2003, vd. AA.VV., *Código da Propriedade Industrial Anotado*, 2ª ed. cit., 2015, pp. 288-291. Sobre este direito privativo, vd. também Couto Gonçalves, *Manual de Direito Industrial*, 6ª ed., 2015, pp. 347-353, e Pedro Sousa e Silva, *Direito Industrial*, 2011, pp. 83-96.
Sobre a noção de invenção, vd. Couto Gonçalves, *Manual de Direito Industrial*, 6ª ed., 2015, pp. 39-41, e Pedro Sousa e Silva, *Direito Industrial*, 2011, pp. 43-44.
[135] Cfr. Couto Gonçalves, *Manual de Direito Industrial*, 6ª ed. cit., 2015, pp. 89-97 e 105-106. Considerando ser a patente – e não a invenção – o "primeiro direito da propriedade industrial", Manuel António Pita, *Curso Elementar de Direito Comercial*, 4ª edição, Áreas Editora, Lisboa, 2018, pp. 263-269, em especial p. 263.

e terminando nos computadores, impressoras e instrumentos de telecomunicações) e os medicamentos. Em todos estes casos, à realidade material a que a invenção conduz, corresponde uma patente (de produto). Mas o processo que conduz à criação de um novo produto, como sucessão de atos aptos a conseguir uma realidade nova também é uma invenção[136].

Têm direito à patente o inventor ou os seus sucessores (cfr. art. 58º, nº 1), pertencendo esse direito à empresa no âmbito da qual a descoberta foi efetuada se esta tiver sido feita *durante a execução de contrato de trabalho* no qual *a atividade inventiva* estivesse *prevista* (cfr. art. 59º, nº 1).

A lei estabelece três requisitos de patenteabilidade da invenção: a novidade, a atividade inventiva e a suscetibilidade de aplicação industrial (cfr. art. 55º)[137].

A patente pode ser utilizada por pessoa diferente do respetivo titular, através de um contrato de licença[138]. Por isso, um medicamento (ou qualquer outra invenção) pode ser, num determinado espaço jurídico, explorado por quem não seja o titular do respetivo registo de propriedade industrial (patente).

Por sua vez, importa salientar que a lei impõe a exploração económica da invenção, para que a mesma possa ser socialmente aproveitada (cfr. art. 106º), impondo em certos casos a licença obrigatória sobre uma patente (cfr. arts. 107º e 108º).

No entanto, o Código da Propriedade Industrial estabelece o prazo findo o qual a patente se considera extinta[139], limitando a duração da patente ao prazo de vinte anos (cfr. art. 99º), decorrido o qual a realidade patenteada cai no domínio comum.

[136] Sobre as categorias de patentes (patente de produto e patente de processo), a que se refere o art. 51º, nº 2, vd. Couto Gonçalves, *Manual de Direito Industrial*, 6ª ed., 2015, p. 43.

[137] Sobre estes requisitos, a que se refere o art. 55º, nos seus três números, vd. Couto Gonçalves, *Manual de Direito Industrial*, 6ª ed., 2015, pp. 63-69, Pedro Sousa e Silva, *Direito Industrial*, 2011, pp. 52-59, e AA.VV., *Código da Propriedade Industrial*, 2010, pp. 200-209.

[138] Cfr. Couto Gonçalves, *Manual de Direito Industrial*, 6ª ed., 2015, pp. 114-117.

[139] «*Os direitos de propriedade industrial caducam quando tiver expirado o seu prazo de duração*» (art. 37º, nº 1, *alínea a)*)

7.3.2. **Marcas**[140]

7.3.2.1. *Conceito*[141]

A **marca** é um sinal ou conjunto de sinais suscetíveis de representação gráfica, adequados a distinguir os produtos ou serviços de uma empresa dos de outras empresas.

Por ***representação gráfica***, entende a lei (cfr. art. 222º) o *uso de palavras (incluindo nomes de pessoas), desenhos, letras, números, sons, a forma do produto ou da respetiva embalagem*, sempre que forem aptos a diferenciar produtos ou serviços de uma empresa, relativamente às outras que se movimentem no mercado.

A marca pode também incluir *frases publicitárias* com *caráter distintivo* (cfr. art. 222º, nº 2).

Como veremos adiante, estes conceitos não são estanques, sendo admissível que, a curto prazo, se reconheço a idoneidade de outros elementos para distinguir os bens no mercado em que são objeto de transação ou, pelo menos, para reforçar o caráter distintivo de elementos gráficos (já registados).

Ao diferenciar um produto, permitindo que o mercado o associe a uma determinada qualidade, a marca está a conferir-lhe um valor indiscutível, constituindo frequentemente fator decisivo de escolha dos consumidores. A marca é, pois, um instrumento de recolha (fidelização) de clientela (no mercado), que permite – normalmente pelo registo, como iremos ver – uma tutela relativa para produtos concorrentes, que são os que são relativamente confundíveis.

Individualizando um produto, a marca dá a conhecer a sua imagem. Ora, nesse processo, assume especial relevância a publicidade, precisamente porque a imagem se divulga e expande por essa via.

[140] Cfr. também, para além da bibliografia já indicada, Américo da Silva Carvalho, *Direito de Marcas*, Coimbra Editora, Coimbra, 2004 – com uma sistematização complexa –, em especial pp. 23-29, Manuel António Pita, *Curso Elementar de Direito Comercial*, 4ª ed., 2018, pp. 277-285, e Dário Moura Vicente, *A Tutela Internacional da Propriedade Intelectual*, Almedina, Coimbra, 2008, pp. 63-72.
Sobre a evolução histórica das marcas, vd. a dissertação doutoral de Manuel Couceiro Nogueira Serens, *A Monopolização da Concorrência e a (Re-) Emergência da Tutela da Marca*, Almedina, Coimbra, 2007, pp. 589-683.

[141] Cfr. Carlos Olavo, *Propriedade Industrial*, 2005, pp. 71-90.

Os agentes económicos estão, por isso, especialmente interessados em alargar a tutela deste sinal individualizador de bens e serviços, procurando novos elementos de diferenciação e novos meios de identificar os seus produtos (e serviços). Tal é evidente, embora no plano internacional, no caso Christian Louboutin *versus* Yves Saint Laurent (YSL), ocorrido em Nova Iorque[142], com base em ação proposta pela Louboutin – que havia obtido o registo da utilização da cor encarnada (lacada) nas solas de sapatos que comercializa – para impedir a YSL de comercializar sapatos que tivessem o encarnado como cor (única)[143]. O que importa retirar do caso[144] é que na base da pretensão judicial apresentada estava

[142] Descrito e analisado por Joana Quinteira Mota, «As marcas não tradicionais, um novo paradigma no Direito da Propriedade Industrial. A jurisprudência recente: O caso Christian Louboutin vs Yves Saint Laurent», *Actualidad Jurídica*, Uría Menéndez, nº 34, 2013 (pp. 140-145), pp. 143-144.

[143] Sobre marcas monocolores, Pedro Sousa e Silva, *Direito Industrial*, 2011, pp. 130-132, embora escrevendo antes do caso a que fazemos referência.

[144] O caso conta-se em breves palavras, recorrendo ao interessante estudo citado de Joana Mota (pp. 143-144), no qual está desenvolvido. Os sapatos Louboutin caracterizam-se pela cor (encarnada) de parte da sua sola. O fabricante dos mesmos conseguiu que o registo reconhecesse como sinal individualizador dessa marca precisamente a sola lacada a cor encarnada (sob a designação "*Red Sole*"). Ora, acontece que a dada altura a YSL quis produzir sapatos monocromáticos de várias cores, entre elas o encarnado, como aliás já o havia feito no passado (antes do registo da marca "Loubotin" com as características apontadas). Louboutin pretendeu impedir a comercialização desses sapatos e requereu no Tribunal de Nova Iorque (*United States District Court for the Southern District of New York*) uma providência cautelar com essa finalidade, tendo este recusado a sua pretensão. Em apelo dessa decisão, o tribunal de recurso (*United States Court of Appeals for the Second Circuit*) viria a dar razão à Loubotin, reconhecendo-lhe o direito ao uso exclusivo, em sapatos de senhora, de solas lacadas de encarnado, por tal ser também sinónimo da sua identificação no mercado, isto é, da sua marca (registada, "Christian Louboutin"), o que significa que o consumidor médio de sapatos de alta gama associa esse *sinal*, que não é um mero detalhe, ao seu criador e fabricante, distinguindo-o – também por isso dos demais produtores de sapatos femininos. No entanto, diga-se que, ao fazê-lo, não impediu a YSL de comercializar os sapatos na forma pretendida (monocromática e de cor encarnada), porque entendeu que a mesma – por ser inerente à totalidade dos sapatos – não era confundível com a cor da sola, característica da marca "Christian Louboutin".

Em conclusão, o tribunal norte-americano concedeu tutela jurídica à marca Christian Louboutin, relativa à identificação do produto (sapatos femininos) diferenciado, pelo uso de solas lacadas a encarnado, quando as mesmas contrastassem com a cor da parte restante do sapato – que reconheceu ter um *significado secundário* suficientemente distintivo junto dos consumidores (e constituir hoje uma marca de grande prestígio) – e ao mesmo tempo considerou que não havia perigo de confusão (junto do público consumidor) entre esse sinal

o registo de uma marca ("Louboutin") em função da cor (encarnada) de parte da sola dos sapatos de senhora, de modo que o uso dessa cor (nos termos registados) constitui direito exclusivo do titular dessa marca[145]. Os sinais distintivos, pelo menos no Direito e jurisprudência norte-americanos, não têm de se reconduzir a elementos meramente gráficos, fonéticos ou figurativos.

Contudo, mesmo à margem de bens que se reconduzam a uma mesma categoria, a deficiente utilização de uma marca para produtos diversos, pode prejudicar o seu valor e atratividade. Pense-se no que sucederia, por exemplo, se fossem comercializados os "Pesticidas Chanel" ou os "Limpa WC Dior".

Veremos, adiante (nº 7.3.2.3), que a marca recolhe proteção para além do registo.

7.3.2.2. *A revisão do conceito legal de marca*

Para além da regulação constante do CPI, a marca é objeto de um regulamento europeu – o Regulamento (CE) nº 207/2009, de 26 de fevereiro de 2009 (JO L 78 de 24.3.2009, p. 1) do Conselho sobre a marca da União Europeia (na red. do Reg. 2015/2424 do Parlamento Europeu e do Conselho, de 16 de dezembro de 2015, JO L 341/21)[146], anteriormente marca comunitária – e da Diretiva nº 2015/2436 do Parlamento Europeu e do Conselho, de 16 de dezembro de 2015[147], a qual deve ser

(distintivo) e a cor (única e vermelha) dos sapatos que uma marca concorrente (a YSL) pretendia comercializar, porque a sola lacada a encarnado só seria suficientemente distintiva se contrastasse com outra cor (do sapato) e não quando fosse da mesma cor de todo o sapato.

[145] É o chamado *secondary meaning* (ou segundo sentido) da marca – que constitui uma exceção à regra que veda a apropriação de elementos banais –, que Couto Gonçalves explica com clareza no seu *Manual de Direito Industrial*, 6ª ed., 2015, pp. 219-223, isto é, a possibilidade de *conversão de um sinal* que *originariamente* estaria *privado de capacidade distintiva* (a cor vermelha lacada) *num sinal distintivo de* um produto (ou serviço) (os sapatos femininos), *reconhecido como tal* no mercado (*ibid.* p. 214). No caso exemplificado, trata-se do segundo sinal distintivo da marca "Christian Loubotin". O primeiro, claro está, é a própria designação (nome do titular da marca, no caso).

Cfr. também Américo da Silva Carvalho, *Direito de Marcas*, cit., 2004, pp. 256-279, em especial pp. 271-274, e Pedro Sousa e Silva, *Direito Industrial*, 2011, pp. 156-157.

[146] Sobre este regulamento, vd. Maria Miguel Carvalho, «O novo regime jurídico da marca da união europeia», *RDI*, nº 01, 2017 (pp. 149-173), em especial pp. 155-168.

[147] Sobre «A nova Diretiva europeia sobre marcas e a sua transposição para a ordem jurídica portuguesa», vd. o estudo de Maria Miguel Carvalho, *RDI*, nº 02, 2017, pp. 89-122, em especial pp. 95-105.

transposta até 15 de janeiro de 2019, com base na qual se discute presentemente o conceito legal de marca, «as novas formas de constituição da marca e a respetiva proteção legal e judicial»[148].

Entre outros aspetos, está na ordem do dia a possibilidade de reconhecer como sinais distintivos do comércio as marcas tridimensionais[149] e realidades sensoriais, percetíveis pelos sentidos, mas que não têm representação gráfica, tais como as marcas sonoras, olfativas, gustativas[150], que permitem diferenciar produtos e serviços pelo som, odor e sabor.

7.3.2.3. *Proteção da marca; registo e tutela de facto*

De forma idêntica ao que acontece com as invenções, a marca encontra tutela no **registo**, embora conheça também exceções. Nestas enquadram-se, positivamente, os casos de tutela de facto de marca anteriormente existente, mas não registada (pelo menos numa determinada classe de bens); e, negativamente, a marca anterior (registada) que não teve *uso sério durante*, pelo menos, *cinco anos* (cfr. art. 269º, nº 1).

Importa salientar que a marca registada (anterior) tem proteção:

- No plano do consumidor médio (que não deve incorrer em confusão ou erro) (cfr. arts. 239º e 245º), incluindo a nível de invólucro (cfr. art. 240º);
- Relativamente a produtos concorrentes (iguais ou semelhantes) e na mesma classe (cfr. art. 245º).

A semelhança a evitar, no conjunto, deve ser gráfica, fonética ou figurativa. Exemplo clássico é o que opôs a marca "Aspirina" (da Bayer!) à designação (tentada) de *Aspirin*.

Encontrando-se registada uma marca, para produtos de uma mesma classe, não é possível obter o reconhecimento público da mesma designação, pelo que o pedido de registo deverá ser recusado.

[148] Fornecendo esta informação, Manuel Durães Rocha, «Marcas sensoriais», *AB Instantia*, Ano V, nº 7, 2017 (pp. 113-117), p. 113.

[149] Vd. João Veiga Gomes, «As marcas não tradicionais e a nova Diretiva», *AB Instantia*, Ano III, nº 5, 2015, pp. 165-166 e 173-174.

[150] Sobre estas marcas, vd. João Veiga Gomes, «As marcas não tradicionais e a nova Diretiva», cit., 2015, pp. 164 e 166-172, e Manuel Durães Rocha, «Marcas sensoriais», cit., 2017, pp. 113-115.

Mas a marca beneficia também de uma tutela de facto, isto é, de uma tutela que não se alicerça, nem depende exclusivamente do seu registo prévio.

Com efeito, podemos falar de uma **tutela de facto** da marca baseada na Convenção da União de Paris (cfr. *infra*, nº 7.5.2) – designadamente na relação que se estabelece com a tutela da firma (cfr. art. 8º; caso *Corte Inglês*[151]) – e exprime-se na marca notória, na marca de (grande) prestígio e na marca de facto.

Começando por esta última, refira-se que a **marca de facto** (ou marca livre) é aquela que é efetivamente utilizada antes de ser registada, valendo durante seis meses, independentemente de registo. A lei concede ao seu utilizador um *direito de prioridade para efetuar o registo* (cfr. art. 227º, nº 1). Pode acontecer que um fabricante lance um produto para o mercado, atribuindo-lhe uma designação para o diferenciar dos já existentes (registados) na mesma classe, e só proceda ao registo depois de ver como o mercado reage a esse (novo) produto. Neste caso, ele beneficia do prazo de seis meses contado desde o início da comercialização do produto para promover o registo, com prioridade relativamente a outros pedidos (de registo) feitos nesse espaço temporal, isto é, independentemente de ter sido, entretanto, apresentado pedido de marca idêntica para produto concorrente.

A **marca notória** é tutelada para produtos concorrentes (cfr. art. 241º). Isto é, o sistema concede proteção à marca não registada se for conhecida da generalidade dos consumidores de produtos da classe a que respeita (exs.: *amortecedores Koni, relógios Hublot*). A tutela da marca notória, para além da classe a que respeita, ocorre a nível da concorrência desleal que evita o abuso da marca notória (exs.: *bicicletas Swatch* ou *lâminas de barbear Siemens*).

Por sua vez, **marca de** (grande) **prestígio**[152] é aquela que, pela sua reputação e notoriedade geral, se afirma para além da classe a que

[151] Vd. M. Oehen Mendes, *Da protecção do nome comercial estrangeiro em Portugal. A propósito do Ac. STJ de 11 de Dezembro de 1979 («El Corte Inglés»)*, Almedina, Coimbra, 1982, em especial pp. 29-39 e 47-59.

[152] Tradicionalmente falava-se em marca de grande prestígio. Presentemente, o CPI apenas se refere a "marca de prestígio". Sobre a respetiva noção, vd. Américo da Silva Carvalho, *Direito de Marcas*, cit., 2004, pp. 359-378 e 384-393, Maria Miguel Carvalho, «Ser ou não ser marca de prestígio – Eis a questão (Anot. ao Acórdão do Tribunal da Relação de Lisboa

respeitam os produtos que diferencia. Trata-se de uma marca com grande notoriedade no mercado que reveste atração significativa junto do público (incluindo o que não corresponder aos respetivos consumidores) (cfr. art. 242º)[153]. O que a caracteriza não é a excecional qualidade dos produtos que diferencia no mercado, mas o enorme significado que tem junto daqueles que se situam no lado da procura, incluindo os consumidores que não dispõem de condições para adquirir os produtos que ela identifica. Constituem exemplos, entre inúmeros, os seguintes: *Samsung, Siemens, Philips, Chanel, Dior, BMW, Ferrari, Mercedes, Porsche, Nestlé*. A tutela desta marca justifica-se pela função económica relevante que pode resultar prejudicada pelo seu uso indevido por terceiros.

7.3.3. *Os (nomes de) domínios de Internet*[154]

Aos dois direitos privativos acima caracterizados, devemos agora acrescentar um novo direito privativo com importância crescente: os domínios de Internet. Estes não são, aliás, privativos do comércio, mas são utilizados pelos sujeitos de Direito Comercial, para além de inúmeras outras entidades.

O *domínio* corresponde a um endereço informático de Internet, ao qual podem estar ligados diversas caixas de correio eletrónico, contri-

sw 29.4.2014, Apelação 584/06)», *CDP* nº 47, 2014, pp. 56-65 (em especial pp. 59-65), pp. 60-63, Couto Gonçalves, *Manual de Direito Industrial*, 6ª ed., 2015, pp. 267-274, e Pedro Sousa e Silva, *Direito Industrial*, 2011, pp. 192-211, em especial pp. 199-203.

Preferindo a expressão "marca célebre", Luís Couto Gonçalves, *Função distintiva da marca*, Almedina, Coimbra, 1999, pp. 124-125, nota 238. Nesta obra, vd. também pp. 166-176.

Caracterizando as marcas notórias e as marcas de prestígio, para equacionar a denominação de origem de prestígio, Alberto Ribeiro de Almeida, *A Autonomia Jurídica da Denominação de Origem. Uma perspectiva transnacional. Uma garantia de qualidade*, Wolters Kluwer / Coimbra Editora, Coimbra, 2010, pp. 1250-1255 e 1302-1307.

[153] Neste sentido, também Américo da Silva Carvalho, *Direito de Marcas*, cit., 2004, pp. 359-378 e 384-393, Maria Miguel Carvalho, «Ser ou não ser marca de prestígio – Eis a questão (Anot. ao Acórdão do Tribunal da Relação de Lisboa de 29.4.2014, Apelação 584/06)», *CDP* nº 47, 2014, pp. 56-65 (em especial pp. 59-65), pp. 60-63, Couto Gonçalves, *Manual de Direito Industrial*, 6ª ed., 2015, pp. 267-274, *Função distintiva da marca*, cit., 1999, p. 168, e Pedro Sousa e Silva, *Direito Industrial*, 2011, pp. 192-211, em especial pp. 199-203.

[154] Sobre este sinal individualizador, vd. Alexandre Libório Dias Pereira, *Direito Comercial das Empresas. Apontamentos Teórico-Práticos*, 2ª ed., Editorial Juruá, Lisboa, 2015, pp. 88-92, e Dário Moura Vicente, *A Tutela Internacional da Propriedade Intelectual*, cit., 2008, pp. 178-184.

buindo para identificar no mercado a entidade que do mesmo é titular. No entanto, ainda não foi reconhecido como um sinal distintivo do comércio ou como um direito privativo da propriedade industrial, o que não significa que não desempenhe uma função identificadora e distintiva característica desses direitos.

7.3.4. *Outros direitos privativos da propriedade industrial*

Para além das invenções e das marcas existem outros direitos privativos, como o logótipo (arts. 304º-A a 304º-S), as recompensas (arts. 271º-281º) e as denominações de origem (arts. 305º a 315º), entre outros[155].

O **logótipo**[156] é um sinal distintivo do comércio, composto por *um sinal ou conjunto de sinais suscetíveis de representação gráfica*, formado por *elementos nominativos, figurativos* ou ambos combinados (cfr. art. 304º-A, nº 1), que identifica e diferencia a empresa com base num símbolo ou no respetivo estabelecimento. Assim, é exemplo de logótipo o nome "*El Corte Inglès*".

As **recompensas**[157] são os sinais distintivos atribuídos a determinados produtos em certas circunstâncias pela excelência da respetiva

[155] Por exemplo, não fazemos referência no texto aos **desenhos ou modelos** de produtos (anteriormente designados desenhos ou modelos industriais), que, pela sua aparência, sejam suscetíveis de «proporcionar sensação estética ao consumidor» (Couto Gonçalves, *Manual de Direito Industrial*, 6ª ed., 2015, p. 129), em razão das características que apresentam [designadamente das suas «*linhas, contornos, cores, forma, textura ou materiais*» (cfr. art. 173º)]. Cfr. AA.VV., *Código da Propriedade Industrial Anotado*, 2ª ed. cit., 2015, pp. 317-319 (anot. ao art. 173º). Sobre este direito privativo, vd. Couto Gonçalves, *ibid.*, pp. 129-157, e Pedro Sousa e Silva, *Direito Industrial*, 2011, pp. 97-118.
Se o desenho ou modelo tiver valor artístico, para além da proteção do Direito Industrial, pode beneficiar de proteção que lhe é proporcionada pelo Direito de Autor. Sobre essa possibilidade, vd. Couto Gonçalves, *Manual de Direito Industrial*, 6ª ed., 2015, pp. 129 e 148-152.
Pode discutir-se também a proteção que as designações de **domínio** (de Internet) devem merecer, no plano da propriedade industrial, designadamente se não tem mais sentido fazê-lo noutro nível, como o referente às firmas em geral.
Sobre os nomes de domínio, vd. Pedro Sousa e Silva, *Direito Industrial*, 2011, pp. 306-311.

[156] Sobre este direito privativo, vd. Alberto Ribeiro de Almeida, «Logótipos (ou das imperfeições de um legislador)», *RDI*, nº 2, 2017, pp. 37-59, Couto Gonçalves, *Manual de Direito Industrial*, 6ª ed., 2015, pp. 354-358, e Pedro Sousa e Silva, *Direito Industrial*, 2011, pp. 243-255.

[157] Cfr. Pedro Sousa e Silva, *Direito Industrial*, 2011, pp. 303-306.

qualidade, que permitem distinguir esses bens de produtos de classes idênticas. Podem consistir em *condecorações de mérito*, *medalhas* ou *prémios* obtidos em concursos, exposições ou feiras nacionais ou internacionais (como as recompensas frequentemente atribuídas a vinhos e cervejas), os *atestados de análise* emitidos por serviços credenciados, tais como a certificação de qualidade, e os *títulos de fornecedor de* determinadas *entidades*, tais como o Chefe de Estado (p. ex., "fornecedor da Presidência da República") (cfr. art. 271º). Todos os sinais enunciados têm como elemento comum a evidência da qualidade do produto distinguido.

Finalmente, as **denominações de origem**[158] consistem no nome de *uma região* ou de *um local determinado* (e excecionalmente de um País) para *designar ou identificar* um produto (cfr. art. 305º, nº 1)[159]. Trata-se do reconhecimento de que o local do qual o produto é originário é suficientemente relevante para o identificar e distinguir de produtos semelhantes (cfr. art. 305º). Exemplificando, vinho do Porto, bordados da Madeira, queijo da Serra ou de Azeitão.

7.4. A concorrência desleal[160]

Existe **concorrência desleal**, independentemente da violação de direitos privativos da propriedade industrial (cfr. arts. 73º, nº 3, 137º, nº 3, 161º, nº 3, 197º, nº 5, 239º, nº 1, *alínea e*), e 304º-I, nº 1, *alínea i*)), se um

[158] Sobre este direito privativo, vd. Alberto Ribeiro de Almeida, *A Autonomia Jurídica da Denominação de Origem*, cit., 2010 – com uma desenvolvidíssima parte histórica (pp. 15-658) –, em especial pp. 659-668, Couto Gonçalves, *Manual de Direito Industrial*, 6ª ed., 2015, pp. 358-364, e Pedro Sousa e Silva, *Direito Industrial*, 2011, pp. 279-302.

[159] Sobre a diferença entre denominação de origem e **indicação geográfica**, vd. AA.VV., *Código da Propriedade Industrial Anotado*, 2ª ed. cit., 2015, pp. 486-488 (anot. ao art. 305º), e Pedro Sousa e Silva, *Direito Industrial*, 2011, pp. 280-283.

[160] Vd., de entre os autores que escreveram no quadro do atual CPI, e Couto Gonçalves, *Manual de Direito Industrial*, 6ª ed., 2015, pp. 367-393, Carlos Olavo, *Propriedade Industrial*, 2005, pp. 245-253, 259-291 e 295-299, Pedro Sousa e Silva, *Direito Industrial*, 2011, pp. 315-342.

Anteriormente, vd. José de Oliveira Ascensão, *Concorrência Desleal*, Almedina, Coimbra, 2002, em especial pp. 109-128, 129-149, 151-165, 219-242 e 411-545.

No ordenamento jurídico espanhol, com muito interesse, vd. Francisco Vicent Chuliá, *Introducción al Derecho Mercantil*, vol. II, 23ª ed., Tirant lo Blanch, Valência, 2012, pp. 1296-1315, em especial pp. 1305-1311.

agente económico praticar um ato de concorrência, contrário às normas e usos honestos de qualquer ramo de atividade (cfr. art. 317º).

Na noção de concorrência desleal cabem atos de confusão (ex.: uso de uma marca alheia antes da concessão do respetivo registo), descrédito, apropriação e de desorganização de um outro agente (perturbação do seu normal funcionamento).

Só em sentido amplíssimo é que se pode afirmar existir concorrência desleal entre *toda* e *qualquer* atividade económica.

A atividade económica deve ser idêntica ou afim. O critério para determinar a identidade ou afinidade é o de tipo de necessidade que os bens visam satisfazer: relação de substituição e de complementaridade. Há, por isso, que procurar o mesmo tipo de clientela[161].

Com a repressão da concorrência desleal procura-se assegurar o regular funcionamento do mercado, sancionando condutas e posicionamentos essencialmente individuais que se revelem prejudiciais ao desenvolvimento do comércio e ao são e leal relacionamento dos agentes económicos que são concorrentes, ainda que não sejam (necessariamente) prejudicados. Nessa medida, o reconhecimento da necessidade de reagir contra a concorrência desleal precede a defesa da concorrência – que sanciona atos e comportamentos padronizados – e justifica-se para além dela[162], impondo deveres de conduta a quem intervém no mercado pelo lado da oferta (produtores, distribuidores e prestadores de bens e serviços).

Exemplifique-se.

Imagine-se que a sociedade «Pénopedal – Comercialização de Veículos de Duas Rodas, Lda.», com sede em Sangalhos, obteve no Instituto Nacional da Propriedade Industrial, para os velocípedes que fabrica, o registo da marca «*Siemens*» (já protegido em diversas classes de bens).

Pelo menos duas questões se colocam a este propósito:

A primeira consiste em saber se a decisão do INPI pode ser atacada com fundamento em violação de um direito privativo da propriedade industrial.

[161] Sobre o critério para a definição de atividade concorrente, ainda que num contexto diferente, Paulo Olavo Cunha, «Limitações à atividade concorrente de gestores de sociedades comerciais», cit., 2016, pp. 146-147.

[162] Sobre esta questão, vd. o estudo de Evaristo Mendes, «Direito da concorrência desleal e direito da concorrência», AA.VV., *Concorrência desleal*, Almedina, Coimbra, 1997, pp. 87-98.

Admitimos que não, embora a *Siemens* possa reagir por ser uma marca de prestígio. A verdade é que a marca em causa não é necessariamente afetada. As bicicletas podem ser de muita qualidade e a marca pode beneficiar da respetiva publicidade. No entanto, pode existir concorrência desleal, pelo aproveitamento obtido com a divulgação (publicidade) dessa marca de eletrodomésticos e produtos eletrónicos, entre outros.

A segunda questão respeita à eventual reação de uma outra empresa fabricante de bicicletas contra esse registo ou contra a venda das bicicletas «*Siemens*». Caso tal seja possível, importa apurar o fundamento.

A utilização do nome *Siemens* confunde o consumidor e constitui um ato de apropriação censurável (cfr. art. 317º, nº 1, *alínea d)*). Para além disso, prejudica outros fabricantes de bicicletas, pois a marca em questão beneficia da publicidade do material habitualmente produzido e comercializado pela *Siemens*.

À argumentação exposta, acresce ainda o facto de que a utilização indevida dessa marca, ainda que em produtos diferentes, poderia prejudicar o próprio fabricante da marca *Siemens*, provocando a depreciação desta.

7.5. **O alargamento da tutela dos direitos privativos (por via internacional)**

A concluir procuremos situar a tutela da propriedade industrial no plano supranacional, tendo em conta que o mercado hoje é global.

7.5.1. ***A proteção dos direitos privativos no plano internacional***

A proteção dos direitos privativos de propriedade industrial faz-se também por recursos a regras de largo espectro, criadas no contexto internacional, para tutelar determinadas situações específicas. Foi precisamente no domínio destas regras (de propriedade industrial) que primeiro se fizeram sentir os efeitos da globalização da economia pela necessidade de proteger os direitos privativos além-fronteiras.

Se os bens e serviços circulam no mercado internacional, justifica-se que a proteção de que os mesmos necessitam e beneficiam os acompanhe. Extravasando o espaço jurídico nacional, as regras que eventualmente sejam criadas para proteger tais direitos devem resultar do acordo dos diversos Estados interessados nessa tutela, materializado em convenções de caráter internacional.

Limitemo-nos a fazer-lhes uma referência brevíssima.

7.5.2. *A Convenção da União de Paris*[163]

A equiparação da regulamentação da propriedade industrial prosseguida por tratados internacionais teve a sua origem na **Convenção da União de Paris** (1883).

A CUP estabeleceu dois princípios fundamentais:

- O princípio da *tutela mínima* (internacional)[164], segundo o qual a proteção se faz diretamente nos países membros, independentemente de os agentes económicos terem estabelecimento num certo país (ex. art. 8º).
- O princípio da *equiparação* (art. 3º), que estende a tutela aos empresários que não sendo nacionais de um país (dos subscritores) da União (de Paris) neste tenham um estabelecimento.

7.5.3. *Outros Acordos e tutela comunitária*

No plano internacional é possível identificar outros acordos com relevância. Limitemo-nos a enunciá-los:

a) o **Acordo de Madrid** (de 11 de abril de 1891) e o **Protocolo do Acordo de Madrid** (de 27 de junho de 1899, mas em vigor apenas desde 1 de dezembro de 1995) relativos ao Registo Internacional de Marcas[165];

[163] Vd. Dário Moura Vicente, *A Tutela Internacional da Propriedade Intelectual*, cit., 2008, pp. 138-141.

[164] Sobre este princípio e sobre as possíveis interpretações do art. 8º, Oehen Mendes, *Da protecção do nome comercial estrangeiro em Portugal*, cit., 1982, pp. 12-15, 29-39 e 49-50, e Fernando Olavo, *O nome comercial e o artigo 8º da convenção da União de Paris*, sep. da *CJ*, t. V, 1984, pp. 19-22, ambos criticando a posição de José Gabriel Pinto Coelho.

[165] Cfr. Couto Gonçalves, *Manual de Direito Industrial*, 6ª ed., 2015, pp. 341-344, Pedro Sousa e Silva, *Direito Industrial*, 2011, pp. 231-233, e Dário Moura Vicente, *A Tutela Internacional da Propriedade Intelectual*, cit., 2008, pp. 141-144.

b) o Tratado de Cooperação em matéria de **patentes** (celebrado em Washington em 19 de junho de 1970 e em vigor desde 24 de novembro de 1992) (cfr. art. 90º do CPI)[166];
c) o **Acordo TRIPS**/ADPIC (de 15 de abril de 1994), sobre Aspetos dos Direitos da Propriedade Intelectual relacionados com o Comércio (em vigor desde 1 de janeiro de 1996)[167];
d) a **Marca da União Europeia** [inicialmente designada por marca c omunitária e objeto do Regulamento do Conselho nº 40/94, 20 de dezembro 1993, entretanto substituído pelo Reg. (CE) nº 207/2009, de 26 de fevereiro de 2009[168], atualmente na red. do Reg. 2015/2424 do Parlamento Europeu e do Conselho, de 16 de dezembro de 2015)] (cfr. art. 247º do CPI)[169]; e
e) a **Convenção (de Munique) sobre a Patente Europeia** (de 5 de dezembro de 1973; em vigor, em Portugal, desde 1 de janeiro de 1992)[170].

[166] Cfr. Pedro Sousa e Silva, *Direito Industrial*, 2011, pp. 66-67.
[167] Cfr. Patrícia Akester, *Direito de Autor em Portugal, nos PALOP, na União Europeia e nos Tratados Internacionais*, cit., 2013, pp. 405-412 e 675-687 (texto do Acordo), Carlos Olavo, *Propriedade Industrial*, 2005, pp. 63-64, e Dário Moura Vicente, *A Tutela Internacional da Propriedade Intelectual*, cit., 2008, pp. 150-152.
[168] JO nº L 78, de 24 de março de 2009.
[169] Cfr. Couto Gonçalves, *Manual de Direito Industrial*, 6ª ed., 2015, pp. 337-341, e Pedro Sousa e Silva, *Direito Industrial*, 2011, pp. 227-231.
[170] Cfr. Pedro Sousa e Silva, *Direito Industrial*, 2011, pp. 64-66, e Dário Moura Vicente, *A Tutela Internacional da Propriedade Intelectual*, cit., 2008, pp. 148-150.

Capítulo II
Empresa e estabelecimento comercial

As entidades e organizações que atuam em função de um mercado crescentemente global, a que se dirigem, como produtoras, distribuidoras ou prestadoras de bens e serviços, encontram-se estruturadas de forma habitualmente estável e duradoura. Mas com os sujeitos de Direito Comercial e do Mercado não se confundem realidades que lhes são próximas e que constituem estruturas de organização da respetiva atividade. Temos em perspetiva duas figuras jurídicas distintas que se impõe caracterizar sucintamente – a empresa e o estabelecimento comercial – e que constituem referências incontornáveis no mercado.

A **empresa comercial** constitui o substrato do sujeito de Direito Comercial cuja atividade é necessariamente empresarial, mas não se confunde com as pessoas que lhe conferem organização, como superestruturas com relevo e autonomia jurídicos, qualquer que seja a sua natureza, isto é, quer sejam pessoas singulares – comerciantes ou empresários individuais –, quer sejam pessoas coletivas, em regra, sociedades comerciais.

Posicionando-se estas pessoas jurídicas de forma estruturada, estável e autónoma, mas com substrato empresarial, justifica-se que, no (e para o) exercício da sua atividade, disponham de uma organização sólida, articulada e equilibrada de fatores produtivos, a partir da qual intervêm no mercado em que se enquadram e em razão do qual foram criadas.

O **estabelecimento comercial**, por sua vez, constitui a referência espacial da atividade do sujeito de Direito Comercial, que presentemente já não se confina necessariamente a um local físico, geograficamente determinado, mas vai muito para além dele, podendo configurar natureza puramente cibernética e correspondendo, em certos casos, exclusivamente a um *website* (sítio da internet), como acontece, nomeadamente, com a *Amazon*.

Mas se a empresa comercial se confunde amiúde com a sociedade que lhe dá forma jurídica; esta, por vezes, não se distingue do estabelecimento em que opera através da empresa, pela coincidência das respetivas designações, isto é, da sua firma (enquanto sujeito de Direito Comercial) e nome do estabelecimento, atualmente genericamente conhecido por logótipo. Exemplificando, *Continente* é a empresa de distribuição alimentar, a forma jurídica (de sociedade anónima) de que aquela é substrato e o nome do estabelecimento onde esta promove e realiza a sua atividade mercantil.

Assim, o estabelecimento comercial constitui uma das vertentes da empresa; a outra, como também veremos adiante, consubstancia a pessoa do empresário que configura o sujeito do Direito Comercial que é, por sua vez, um dos mais relevantes sujeitos do (Direito do) Mercado; e classicamente o que merecia destaque e um regime jurídico específicos.

8. A empresa comercial[171]

8.1. A empresa (em geral)

Em sentido amplo ou lato, a **empresa** é a organização autónoma e intencional de meios (humanos e materiais) apta à realização de uma finalidade útil.

[171] Seguimos de perto o nosso livro de *Direito Empresarial*, 2ª ed. cit., 2016, pp. 135-152, que reproduzia, nesta matéria, as nossas *Lições* cit., 2010 (pp. 53-80), que o precederam cronologicamente, inspiradas no relatório que elaborámos, no âmbito do Seminário de Direito Comercial do curso de Mestrado em Ciências Jurídicas no ano de 1984/85, sob a regência do Prof. Doutor José de Oliveira Ascensão, com o título *A Empresa (Relação com os sujeitos do Direito Comercial)*; e que nunca foi objeto de publicação. Algumas notas das nossas publicações (desde o *Direito das Sociedades Comerciais*, presentemente na 6ª ed., 2016, passando pelas *Lições de Direito Comercial*, de 2010, até ao *Direito Empresarial*, na 2ª ed., de 2016, colhem nesse relatório remota inspiração.

Num sentido mais específico e económico, a **empresa** é uma organização produtiva ou mediadora de riqueza, que exerce de forma estável, a sua atividade (económica) em função do mercado a que se dirige.

Paradoxalmente, não há um conceito jurídico uniforme de empresa[172]. Dizemos paradoxalmente porque, em regra, cabe ao Direito regular, com a maior precisão possível, a vida social, conceptualizando as realidades que desta fazem parte e nas quais se inclui a **empresa**, pois o Direito Comercial justifica-se em função de um mercado de concorrência, aspeto que caracteriza precisamente a empresa: a produção de bens e serviços para o mercado.

Uma primeira dificuldade com que deparamos consiste em adiantar uma definição jurídica de empresa; escolho subsequente reside em definir um estatuto jurídico para a empresa.

São alguns ramos do Direito que, isoladamente, se ocupam da ideia de empresa, fazendo realçar compreensivelmente os fatores que em cada um deles mais e melhor a caracterizam.

O **Direito do Trabalho** acentua, naturalmente, a vertente institucional da empresa, reduzindo-a a uma organização estável de fatores produtivos com uma determinada finalidade, entre os quais se destacam as pessoas, que se encontram vinculadas por contratos de trabalho[173].

Na bibliografia geral, vd. J. Coutinho de Abreu, *Curso de Direito Comercial*, vol. I, 11ª ed., 2018, pp. 205-255 e 295-296, e Maria Elisabete Ramos, *Direito Comercial e das Sociedades*, Almedina, Coimbra, 2018, pp. 109-116 e 125-126.

[172] Sobre a dificuldade em encontrar um conceito jurídico unitário de empresa, vd. a dissertação de doutoramento de Jorge Coutinho de Abreu, *Da empresarialidade (As empresas no Direito)*, Almedina, Coimbra, 1996, em especial pp. 281-308. A questão já havia sido abordada com razoável desenvolvimento por Orlando de Carvalho, na sua dissertação (também de doutoramento) *Critério e estrutura do estabelecimento comercial*, Atlântida Editora, Coimbra, 1967, na nota 52, pp. 96-104.

[173] Para esse sentido aponta claramente Monteiro Fernandes («uma organização de meios estável predisposta para a realização de certo fim útil pelo seu titular, o qual, mediante contratos de trabalho, emprega outras pessoas na realização desse fim»), «A empresa – Perspectiva jurídica», *in Enciclopédia PÓLIS*, vol. II, 1984 (cols. 928-934), col. 928. Do mesmo autor, mas com maior desenvolvimento, vd. as lições de *Direito do Trabalho*, 18ª ed., Almedina, Coimbra, 2017, pp. 378-381, em especial p. 380.

Referindo que o recurso à noção de empresa – de que o Código do Trabalho avança quatro tipos (microempresa, pequena empresa, média empresa e grande empresa) (cfr. art. 91º) – resolveu o problema da «configuração do empregador», Pedro Romano Martinez, *Direito do Trabalho*, 6ª ed., Almedina, Coimbra, 2013, p. 136.

Dois elementos se salientam: a ideia do fator trabalho e a estabilidade que lhe deve estar associada. No que respeita ao prisma laboral, a relevância da empresa manifesta-se, fundamentalmente, no facto de ser suporte da tutela da continuidade do emprego e na estabilidade da posição sócio profissional do trabalhador que a integra (cfr. art. 285º do Código do Trabalho)[174]. Percebe-se aqui uma certa forma de objetivação da empresa, a qual será, neste ramo, de certo modo, sinónima de estabelecimento, isto é, a empresa confunde-se com o estabelecimento comercial (ou fabril) no qual o trabalhador desenvolve a sua atividade ao abrigo de um contrato específico (de trabalho subordinado) celebrado com o empresário, titular do estabelecimento.

No campo do **Direito Fiscal** nenhum texto legal define a empresa.

No **contexto jurídico-comercial**, a relevância da figura reside no facto de se tratar de realidade suscetível de se constituir como sujeito autónomo de Direito. A este propósito, chame-se a atenção para o art. 5º do Código da Insolvência e da Recuperação de Empresas (CIRE), onde se procura conceptualizar, de modo extremamente simplificado, a empresa com base num critério de unidade institucional: «(...) *considera-se empresa toda a organização de capital e de trabalho destinada ao exercício de qualquer atividade económica*»[175] / [176].

Sublinhando o relevo económico da *empresa laboral*, enquanto unidade económica produtiva e salientando «a diferença de perspectiva do direito do trabalho e do direito comercial perante o fenómeno da empresa», Maria do Rosário Palma Ramalho, *Grupos Empresariais e Societários. Incidências laborais*, Almedina, Coimbra, 2008, pp. 30-32.
Sobre este tema, vd. também João Leal Amado, «Microempresa e Direito do Trabalho: o dilema dimensional», AA.VV., *Nos 20 anos do Código das Sociedades Comerciais. Homenagem aos Profs. Doutores A. Ferrer Correia, Orlando de Carvalho e Vasco Lobo Xavier*, vol. I – *Congresso Empresas e Sociedades*, Coimbra Editora, Coimbra, 2007, pp. 399-414, e Bernardo da Gama Lobo Xavier, *Manual de Direito do Trabalho*, 3ª ed. (com a colab. de P. Furtado Martins, A. Nunes de Carvalho, Joana Vasconcelos e Tatiana Guerra de Almeida), Rei dos Livros, Lisboa, 2018, pp. 85-96, em especial pp. 91-96.

[174] De um momento inicial, em que a preocupação do trabalhador se resumia a procurar preservar a subsistência da relação laboral – que toma como referência o estabelecimento em que o trabalho é prestado –, passamos para o quadro atual (introduzido pelo Decreto-Lei nº 14/2018, de 19 de março), que corresponde à penúltima alteração do CT, em que o trabalhador se pode opor à transmissão do seu vínculo laboral com o estabelecimento (cfr. art. 286º-A do CT aditado pelo referido DL).

[175] Anteriormente, a noção contida no art. 2º do Código dos Processos Especiais de Recuperação da Empresa e de Falência era um pouco mais complexa: «*Considera-se empresa, para o efeito do disposto no presente diploma, toda a organização dos factores de produção destinada ao exercício*

No âmbito do Direito da Concorrência encontramos, no art. 3º da Lei nº 19/2012, de 8 de maio[177], um conceito de empresa que, para efeitos da LC, reconduz a esta realidade «*qualquer entidade que exerça uma atividade económica que consista na oferta de bens ou serviços num determinado mercado, independentemente do seu estatuto jurídico e do seu modo de funcionamento*» (nº 1). Por sua vez, o nº 2 da mesma disposição legal integra numa «*única empresa o conjunto de empresas que, embora juridicamente distintas, constituem uma unidade económica ou mantêm entre si laços de interdependência decorrentes, nomeadamente, de uma participação maioritária no capital* ou nos direitos de voto, *da possibilidade de designar* a maioria *dos membros dos órgãos de administração ou de fiscalização* ou *do poder de gerir os respetivos negócios*» (nº 2, *alíneas a)* a *d)*)[178].

Como veremos, a compreensão da **empresa**, designadamente do papel que ocupa e desempenha no Direito Comercial português, passa pela perspetiva que se perfilhe acerca das realidades que visa tutelar.

de qualquer actividade agrícola, comercial ou industrial ou de prestação de serviços». Em anotação a essa disposição legal, Carvalho Fernandes e João Labareda (*Código dos Processos Especiais de Recuperação da Empresa e de Falência Anotado*, 3ª ed., Quid Juris? Sociedade Editora, Lisboa, 1999, pp. 65-67) pronunciavam-se contra a possibilidade de sujeição ao processo de recuperação de realidades económicas organizadas sob forma empresarial, que não fossem dotadas de personalidade jurídica, questão que consideram agora ter perdido interesse, uma vez que a perspetiva institucional de empresa terá cedido lugar a uma noção objetivista (a empresa «como objecto de direitos por parte do empresário»). Cfr. Luís A. Carvalho Fernandes e João Labareda, *Código da Insolvência e da Recuperação de Empresas Anotado*, 2ª ed., Quid Juris? Sociedade Editora, Lisboa, 2008, p. 83.
Em anotação ao Código da Insolvência e da Recuperação de Empresas atual, Luís A. Carvalho Fernandes e João Labareda, *Código da Insolvência e da Recuperação de Empresas Anotado*, 3ª ed. (póstuma a Carvalho Fernandes), Quid Juris, Lisboa, 2015, concluem ser a noção legal de empresa, para além de «eminentemente pragmática», «válida apenas no âmbito do *Código*» (p. 97).

[176] Esta noção é muito próxima da propugnada por Fábio Ulhoa Coelho, *Manual de Direito Comercial*, 26ª ed., 2014, pp. 32-33, para quem «*empresa* é uma atividade; a de produção ou circulação de bens ou serviços» (pp. 32-33). A esta noção adere, com entusiasmo, Tomazette, *Curso de Direito Empresarial, vol. 1*, 6ª ed., 2014, pp. 38-42, em especial p. 38.

[177] Vd. AA.VV., *Lei da Concorrência Anotada* / MLGTS, 2016, pp. 31-35 (anot. ao art. 3º), a anotação de Jorge M. Coutinho de Abreu ao art. 3º, AA.VV., *Lei da Concorrência – Comentário Conimbricense*, 2013, pp. 33-38, e Miguel Moura e Silva, *Direito da Concorrência*, cit., 2018, pp. 243-250.

[178] Cfr. AA.VV., *Lei da Concorrência – Comentário Conimbricense*, cit., 2013, art. 3º, anot. por Jorge M. Antunes, pp. 33-38.

A empresa não é uma realidade primária, e muito menos um sujeito (autónomo) de Direito Mercantil, para aqueles que, ainda, sigam a Teoria dos Atos de Comércio na sua forma clássica, que reconhece como sujeitos deste ramo do Direito única e fundamentalmente o comerciante em nome individual e as sociedades comercias, representando a empresa um desenvolvimento dos atos e atividades que tais sujeitos podem praticar.

Para quem adira incondicionalmente à Teoria Jurídica da Empresa, a empresa é o cerne ou a referência do Direito Comercial e a sua razão de ser; principal realidade a tutelar, ainda que enquanto substrato necessário de entidades personificadas que lhe conferem forma jurídica autónoma – visto ser inultrapassável o facto de não dispor de personalidade jurídica –, sendo o comerciante, desde logo, e antes de mais, um empresário individual. A empresa é a entidade que se propõe o exercício do comércio; revela-se pela sua constituição, que comunica a terceiros a qualidade profissional do comerciante, e pelo exercício da sua atividade (económica), isto é, pelo seu funcionamento.

Como demonstraremos, embora próximos da Teoria Jurídica da Empresa – que no nosso País teve como expoente máximo Paulo Sendin –, na interpretação que fazemos do art. 230º do CCom, não podemos deixar de considerar que o mesmo, de um ponto de vista objetivo, para além da qualificação que promove desta realidade, permite abranger na matéria comercial realidades que, por outra via, dificilmente lá encontrariam lugar.

8.2. **Tentativa de construção de um conceito jurídico (de empresa)**

Juridicamente a noção de empresa não é unívoca, mas polifacetada. Julgamos não ser possível abranger numa única definição todas as relações supostas por esta realidade.

Tradicionalmente são quatro os perfis que se recortam de empresa[179].

[179] Referimo-nos aos perfis traçados por ASQUINI («Profili dell' Impresa», *Rivista di Diritto Commerciale*, 1943) e enunciados por FERNANDO OLAVO no seu estudo sobre *A empresa e o estabelecimento comercial*, Lisboa, 1963, pp. 10-11.
Recorrendo também aos mesmos perfis, MARLON TOMAZETTE, *Curso de Direito Empresarial, vol. 1 – Teoria Geral e Direito Societário*, 6ª ed., Atlas, S. Paulo, 2014, pp. 37-38.

8.2.1. *Conceção subjetiva (de empresa)*

Na **conceção subjetiva** – a empresa confunde-se com o empresário; releva o interesse deste sujeito (pessoa singular ou coletiva), centro de imputação jurídica que está em causa. Há identificação da empresa com o sujeito de Direito, ente singular (empresário individual) ou coletivo (sociedade).

Quando se diz que a empresa se confunde com a pessoa do empresário, quer significar-se que ela se identifica com a pessoa daquele que entrou com o capital e que assume todos os riscos da atividade, quer se trate de um comerciante individual (empresa singular), quer se trate de uma sociedade (empresa coletiva). A empresa é a pessoa (singular ou coletiva) que exerce uma atividade económica de produção ou mediação de bens ou serviços para o mercado.

8.2.2. *Sentido objetivo (de empresa)*

Em **sentido objetivo,** a empresa reporta-se à atividade económica exercida pelo empresário[180].

A empresa é uma atividade económica[181] planeada (organizada), exercida profissionalmente, isto é, de forma sistematizada e com caráter de estabilidade, com a finalidade de produção de bens e serviços para o mercado[182].

[180] Este é o sentido que resulta do art. 2082 do Código Civil Italiano.
Identificando o sentido objetivo com o patrimonial e a empresa com o estabelecimento (comercial ou industrial) e designando por funcional aquele que classicamente é identificado como objetivo, Catarina Serra, *Direito comercial. Noções fundamentais,* Coimbra Editora, Coimbra, 2009, p. 19.

[181] Caráter distintivo das atividades puramente artísticas e intelectuais.

[182] Cfr., entre outros, Giuseppe Ferri, *Le società*, 3ª ed., UTET, Torino, 1987, pp. 60-64, e *Diritto Commerciale*, 15ª ed. (a cargo de G. Angelici e G.B. Ferri), UTET, Milanofiori Assago, 2016, pp. 17-23, Kübler/Assmann, *Gesellschaftsrecht*, 6ª ed., C. F. Müller, Heidelberg, 2006, pp. 39-42, Raiser/Weil, *Recht der Kapitalgesellschaften*, 6ª ed., Vahlen, München, 2015, pp. 16-19, Uría/Menéndez, *Curso de Derecho Mercantil I*, 2ª ed., Civitas, Madrid, 2006, pp. 69-113.

8.2.3. *Relevo patrimonial (da empresa)*

O **aspeto material** ou patrimonial da empresa reconduz esta realidade a um conjunto de bens ou direitos: ao estabelecimento, criado pelo empresário. Nesta aceção, a empresa congrega a diversidade dos elementos materiais que concorrem para a produção.

Para Ferrer Correia[183], estabelecimento comercial é, em sentido lato, sinónimo de empresa[184]; é o «mesmo que complexo da organização comercial do comerciante»: o seu negócio em movimento ou apto para entrar em movimento. Tal organização versa sobre um conjunto de bens de diversa natureza: coisas corpóreas e incorpóreas. O estabelecimento é também uma organização de serviços ou de pessoas (e aqui inclui-se a atividade do empresário e o trabalho dos empregados).

8.2.4. *Perspetiva institucional*

Numa lógica essencialmente **institucional**, a empresa é uma organização de pessoas, que em diversas posições hierárquicas prosseguem uma atividade económica: uma comunidade de trabalho[185].

O empresário e os seus colaboradores formam um "núcleo social", cujo interesse transcende o do empresário que controla a empresa; esta caracteriza-se pela sua permanência temporal, pelo seu caráter duradouro e pela sustentabilidade que deve revestir.

8.2.5. *Crítica dos diversos significados da empresa*

Todas as perspetivas equacionadas sugerem-nos aspetos meramente parciais da empresa; por isso, nenhuma é completa[186]. Diremos que são

[183] *Lições de Direito Comercial*, vol. I (Polic.), Coimbra, 1973, pp. 201-252, e também em «Reivindicação do estabelecimento comercial como unidade jurídica», *in Estudos Jurídicos II – Direito Civil e Comercial. Direito Criminal*, Atlântida, Coimbra, 1969, pp. 255-276.

[184] Vd. Orlando de Carvalho, *Critério e estrutura do estabelecimento comercial*, cit., 1967, p. 8, nota 3, e Pinto Coelho, *Lições de Direito Comercial*, 1º vol., 3ª ed., Lisboa, 1957, p. 82.

[185] Qualificando como corporativo este sentido jurídico e reconduzindo ao "sentido institucional" a empresa como instituição, Catarina Serra, *Direito comercial*, cit., 2009, p. 19.

[186] Para além das quatro teses enunciadas, que se configuram tradicionalmente, a empresa pode ser entendida como o conjunto de bens e direitos (estabelecimento) afetos à atividade económica do empresário (Não é apenas o aspeto material que se salienta aqui). Reco-

os perfis ou visões possíveis, prismas pelos quais esta realidade pode ser encarada, mas que não a esgotam[187].

Tentaremos, em seguida, esboçar uma ideia mais completa de empresa, independentemente de qualquer contexto legal.

Recorde-se que dissemos já ser a empresa uma organização produtiva ou mediadora de riqueza que exerce, de forma estável, a sua atividade económica em função do mercado a que se dirige.

8.2.6. *Conceito de empresa; posição adotada*[188]

A empresa é uma organização dinâmica que não se diferencia do empresário seu titular, nem do estabelecimento que dela faz parte integrante (e que se pode considerar como o seu aspeto estático).

A nosso ver, a **noção jurídica de empresa**[189] conjuga dois fatores:

a) Um, **pessoal**, no qual, para além do trabalho de uma comunidade de pessoas que, na direção e na produção, asseguram o seu funcionamento, releva a conceção própria do empresário na sua estruturação, ou seja, na organização dos diferentes fatores produtivos de modo a integrá-los numa mesma finalidade funcional; e

lhendo elementos de atualidade, relativamente às orientações tradicionais, Pinto Furtado, *Curso de Direito das Sociedades*, 5ª ed., Almedina, Coimbra, 2004, pp. 355-366.

[187] Perspetiva interessante – defendida, por exemplo, por Oliveira Ascensão no decurso de uma sessão de mestrado, que orientou (no longínquo ano letivo de 1984/85), e em que se expusemos e se debateu o tema em análise (19 de janeiro de 1985) – é a que resulta da conjugação dos perfis institucional, objetivo e material da empresa, numa mesma noção. Esta ideia, se, por um lado, procura obviar aos inconvenientes da ambiguidade do termo "organização", por outro lado, considera a atividade como sendo (equivalente) a própria empresa, e não como seu objeto; certamente, por influência do disposto nos vários números do art. 230º do CCom (que qualifica determinadas atividades como comerciais) e, no que toca à empresa coletiva, atendendo igualmente ao disposto, relativamente à sociedade, no art. 980º do CC, que prevê "algo de estabilizado". Nesta perspetiva a empresa será, juridicamente, não só uma instituição de pessoas e de coisas dispostas organizadamente – o que pressupõe um carácter estável e permanente –, mas fundamentalmente a atividade que ela desenvolve, ou seja, a empresa deve ser entendida como função económica desempenhada por uma instituição organizada de pessoas e de coisas.

[188] Seguimos de perto o nosso livro de *Direito das Sociedades Comerciais*, 6ª ed. cit., 2016, pp. 6-7 (nota 14), embora com maior desenvolvimento.

[189] Os autores alemães são, de um modo geral, muito claros em considerar estar em causa uma congregação de meios humanos e materiais. Nesse sentido, e entre outros, vd. Brox / / Henssler, *Handelsrecht*, 22ª ed., 2016, p. 72, Jung, *Handelsrecht*, 11ª ed., 2016, pp. 109-110.

b) Outro, **patrimonial**, constituído por todos os bens e elementos com valor económico (bens imóveis e móveis, direitos, situações jurídicas e elementos imateriais) unificados (conjugados) pela função unitária a que estão adstritos.

Assim sendo, a atividade económica é já objeto da empresa (é já um seu desenvolvimento); consiste no funcionamento desta.

Se fosse necessário invocar uma disposição legal para justificar esta noção apriorística diríamos que o artigo 230º apenas exige como requisito de comercialidade da empresa a sua constituição (*propuserem*) e não o seu funcionamento (que resulta do exercício das várias atividades nele enumeradas).

O relevo da empresa, nesta perspetiva, resulta de uma sua qualidade: o **aviamento**, que explicita que a empresa é algo mais que a simples soma dos seus componentes; é, desde logo, expressão unitária da sua unidade.

A estruturação da empresa confere ao seu todo organizado um maior valor do que aquele que resultaria da adição dos seus elementos isoladamente considerados. Esta qualidade pode decompor-se:

- Por um lado, numa *perspetiva objetiva*, o aviamento é o maior valor patrimonial obtido pela organização funcional dos fatores que integram o estabelecimento. A tendência de reduzir a empresa ao estabelecimento compreende-se pelo maior valor deste que necessita de tutela, além de ter sido este que primeiramente foi tutelado pelo direito, designadamente quanto ao relevo do seu maior valor no trespasse e na venda.
- Por outro lado, releva também o aviamento *subjetivo* – o maior valor da estrutura humana da empresa –, que resulta fundamentalmente da atividade empresarial, ou seja, da personalização da empresa e das qualidades do empresário, nomeadamente da sua capacidade organizativa, dos seus conhecimentos, das suas ideias (porventura inovadoras) e, eventualmente, de determinados segredos.

8.3. Análise do artigo 230º do Código Comercial e seu significado[190]

8.3.1. *Doutrina nacional anterior a 2000*[191]

Vejamos como a nossa doutrina clássica aborda o art. 230º. Vamos procurar sistematizá-la, numa ótica necessariamente subjetiva.

8.3.1.1. *Enquadramento*

Esboçado que ficou o conceito jurídico de empresa, importa apurar qual o significado do art. 230º, que qualifica determinadas empresas como comerciais.

Nesta sede, a posição dos diversos autores varia consoante a perspetiva que tenham acerca dos interesses que o Direito Comercial visa tutelar. Como veremos, para os juristas que se enquadram na Teoria dos Atos de Comércio, o art. 230º não será nunca uma norma qualificadora autónoma. Para aqueles que perspetivam o Direito Comercial como Direito da Empresa[192], a empresa comercial caracterizada no artigo 230º não é um ato de comércio; é autónoma e qualificadora do sector mercantil (das empresas).

8.3.1.2. *O art. 230º do CCom e as atividades objetivamente comerciais*

Fernando Olavo[193] entende que o art. 230º emprega a «*expressão empresa em sentido subjectivo, reportando-se ao empresário. Mas* (...) – acrescenta

[190] Cfr. Paulo Olavo Cunha, *Direito das Sociedades Comerciais*, 6ª ed. cit., 2016, pp. 7-8 (nota 16).

[191] Pronunciando-se também no século XX, Miguel Pupo Correia, *Direito Comercial*, presentemente na14ª ed., 2018, pp. 41-50 e 434-437, mas sem alterações de pensamento – considerando o art. 230º uma *norma qualificadora* (p. 435)] –, e Remédio Marques, *Direito Comercial*, Reproset, Coimbra, 1995, pp. 294-299, 306-314, 323-336, o qual, entretanto, mantendo-se na docência universitária, abraçou outros ramos de Direito.

[192] Caso do primeiro regente desta disciplina na Universidade Católica, Paulo Sendin, há quase quatro décadas. Vd. *Lições de Direito Comercial e de Direito da Economia* (Policopiadas), vol. I, Lisboa, 1979/1980, pp. 211-219. No mesmo sentido, e do mesmo autor, vd. também *Artigo 230, Código Comercial e Teoria Jurídica da Empresa Mercantil*, Coimbra, 1989, sep. do número especial do *BFDC – Estudos em Homenagem ao Prof. Doutor António de Arruda Ferrer Correia – 1984*, pp. 146-155.

[193] *Direito Comercial*, vol. I, 2ª ed., Coimbra Editora, Coimbra, 1978, pp. 88-89, e *A empresa e o estabelecimento comercial* cit., 1963, pp. 13-16.

– *o art. 230º (...) vem a caracterizar as empresas pelo seu objecto, por aquilo que o empresário há-de exercer (e que vem indicado nos vários números do art. 230º, cada um dos quais se refere a uma actividade)*» (*itálico nosso*, para identificar as palavras do autor). A ideia é a de que o art. 230º se destina primordialmente a declarar objetivamente comerciais as atividades que enumera e, secundariamente, a qualificar como mercantis as empresas que as exercem e que são, por isso, comerciantes.

A enumeração das empresas mercantis nesse artigo é taxativa.

Anteriormente, no início do século XX, GUILHERME MOREIRA[194], recusando a analogia quanto à qualificação mercantil dos atos de comércio, aceita a interpretação extensiva que aplica à determinação dos atos de comércio objetivos a propósito das empresas do art. 230º (que contém uma enumeração taxativa). Com base nesta disposição legal, GUILHERME MOREIRA esboça uma noção de empresa comercial: «*série mais ou menos complexa de actos que, sendo de diversa natureza, representando os vários elementos que se reúnem para a exploração (...), são todos comerciais pelo seu conjunto objectivamente considerado*» (*itálico* reproduz o original).

Na linha de Guilherme Moreira, mas também no primeiro quartel do século passado, e por isso muito antes de Fernando Olavo, BARBOSA DE MAGALHÃES[195] considera que «*as empresas (art. 230º do Código Comercial) são actos comerciais objectivos*», referindo, mais à frente, que o artigo 230º estabelece a comercialidade subjetiva das empresas, declarando comerciantes aquelas que nele estão enumeradas.

Já no último quartel do século XX, CARLOS OLAVO[196] adotou uma posição mais conservadora que a do seu pai, rejeitando a autonomia do art. 230º relativamente ao art. 2º. Entendia este autor que a colocação sistemática daquele preceito, bem como a circunstância de definir objetivamente atividades como comerciais – sem embargo de nele se definirem as empresas como pessoas – levavam-no a considerá-lo como uma explicitação do art. 2º. Para Carlos Olavo, o art. 230º consagraria tipos de atuações comerciais (atuações massificadas ou reiteradas), mas não

[194] *Apontamentos de Direito Comercial* (coligidos por Alberto Menano), França Amado, Coimbra, 1919, pp. 75-87 (vd., em especial, pp. 76-78).

[195] *Direito Comercial* (Lições coligidas por Palma Carlos), J. Rodrigues & C.ª, Editores, Lisboa, 1924, pp. 87 e 165-166.

[196] *Lições de Direito Comercial* (Policopiadas e incompletas), Lisboa, 1981, pp. 46-49 (vd., em especial, 48-49).

os únicos. A analogia desta norma seria de recusar, uma vez que a sua aceitação significaria retirar conteúdo útil aos arts. 362º e 425º do Código Comercial[197], que (também) pressupunham atividades empresariais (respetivamente, bancária e seguradora).

Por sua vez, para BRITO CORREIA[198] – contemporâneo de Carlos Olavo, na docência de Direito Comercial na Faculdade de Direito de Lisboa, após a Revolução de 1974 –, a expressão empresa é utilizada no Código Comercial, no art. 230º, com o significado de pessoa (singular ou coletiva) que exerce (ou que se propõe exercer) uma atividade (série de atos) e que é comercial, quando essa atividade tiver certas características aí indicadas. O art. 230º enumera taxativamente «*actos de comércio objectivos, que têm de específico não serem actos isolados, mas actividades*».

8.3.1.3. *A qualificação do comerciante pela prática de atividades empresariais*

Pronunciando-se no início do último quartel do século XX, VASCO DA GAMA LOBO XAVIER[199] considerava que o legislador, ao prescrever a comercialidade das empresas enumeradas no artigo 230º, quis «*qualificar como acto de comércio todo e qualquer dos actos (...) praticados pelo titular da empresa na exploração desta. Tratar-se-ia de actos de comércio objectivos, à luz da primeira parte do art. 2º, pois enquanto se inserem no exercício de algumas das empresas indicadas no art. 230º, estão de alguma maneira especialmente regulados no código*» (*itálico* nosso, para destacar as expressões utilizadas pelo autor)[200]. E acrescentava que o relevo do art. 230º é o de que o titular da empresa, que pratica esses atos, deve ser considerado comerciante.

VASCO LOBO XAVIER[201] defendia o recurso à analogia do art. 230º, mas analogia *legis*, ou seja, na opinião do ilustre mestre – precocemente desaparecido –, a regulamentação dos casos omissos deveria ser feita com base na sua analogia com a hipótese resolvida numa precisa solução normativa.

[197] Este último, entretanto, revogado pela Lei do Contrato de Seguro.

[198] *Direito Comercial*, 1º vol. (texto policopiados), AAFDL, Lisboa, 1987/88, pp. 213-216, e, especial p. 214.

[199] *Direito Comercial*, Sumários (Policopiados), Coimbra, 1977/78, pp. 38-46 (vd., em especial, pp. 40-42).

[200] VASCO DA GAMA LOBO XAVIER, *Direito Comercial*, cit., 1977/78, p. 41.

[201] *Direito Comercial* cit., 1977/78, pp. 56-65 (vd., em especial, p. 58).

Cremos poder reconduzir a esta orientação o pensamento de José de Oliveira Ascensão[202], para quem o art. 230º qualifica como comerciais certas categorias de empresários, que são considerados comerciantes *«pelas atividades a que se dedicam»*[203].

A abordagem do ilustre professor a esta realidade é compatível – e coerente – com a sua visão institucionalista.

8.3.1.4. *A qualificação das empresas como comerciais e a ampliação dos atos de comércio*

António Ferrer Correia[204] entendia que no artigo 230º *«vêm enumeradas as empresas que o legislador considerou comerciais»* e que seriam de considerar atos de comércio.

Quando a interpretação extensiva não for suficiente para *«fundamentar as soluções desejadas (...) deverá recorrer-se à própria analogia, atribuindo aos juízos de valor subjacentes à norma todo o seu possível alcance, em face das novas realidades da vida económico-social.»*

A posição do ilustre mestre de Coimbra seguia-se à que a Cunha Gonçalves[205] havia manifestado no início do século XX. Para este comentador do Código Comercial, o art. 230º considerava comerciantes as empresas singulares ou coletivas que tivessem por fim uma atividade que nele estivesse enumerada. Mas *«é a circunstância de tais actos serem praticados por uma empreza* (...) *que influi na concessão da qualidade de comerciante às referidas empresas»*. Os atos do comerciante, que exerce uma empresa singular ou coletiva (art. 230º), são comerciais segundo o artigo 2º, II Parte. Se os atos são mercantis, por serem praticados por uma empresa, não resultando a comercialidade desta, consequentemente, da simples natureza dos atos praticados», é porque a *«empreza é um acto de comércio, embora unilateral»*. Assim, *«as emprezas* (...) *se objectivamente ou como organismos são comerciais, subjectivamente são comerciantes, isto é, equiparadas (<u>haver-se-hão</u>) aos comerciantes em nome individual e às sociedades comerciais»* (*itálico* nosso, reproduzindo a ortografia do autor).

[202] Oliveira Ascensão, *Direito Comercial*, I, cit., 1998/99, pp. 121-164, em especial, pp. 137-148 e 154-158.

[203] Oliveira Ascensão, *Direito Comercial*, I, cit., 1998/99, p. 154.

[204] *Lições de Direito Comercial* cit., I, 1973, pp. 76-82 (vd., em especial, p. 78-79).

[205] *Comentário ao Código Comercial Português*, vol. I, Empreza Editora J.B., Lisboa, 1914, pp. 76 e 583-623 (em especial pp. 584-587).

Na opinião de CUNHA GONÇALVES[206] a enumeração do artigo 230º é exemplificativa.

8.3.1.5. *As empresas como sujeitos de Direito Comercial antes da sua constituição como tais*

Para JOSÉ TAVARES[207], o Código Comercial considera «*as empresas sob o aspecto subjectivo das pessoas jurídicas que se propuserem praticar os actos de comércio enumerados no art. 230º*», reconduzindo o significado de empresa ao empresário: «*pessoa jurídica, singular ou colectiva, que se propõe exercer os actos que constituem (...) a emprêsa*».

JOSÉ TAVARES realça o significado da expressão "propuserem" para concluir que, para a empresa (empresário) ser comerciante, é suficiente que ela se proponha praticar os atos compreendidos na enumeração do artigo 230º, não sendo consequentemente necessário o exercício profissional dos mesmos (como exige o artigo 13º). O artigo 230º atribui a «*qualidade de comerciante às emprêsas que enumera (com carácter exemplificativo) só pelo facto da sua constituição*».

JOSÉ TAVARES[208] distingue as empresas de atos especialmente regulados no Código Comercial – art. 2º, I Parte (que adquiririam a qualidade de comerciante nos termos do art. 13º, sempre que do comércio façam profissão, ou desde que se constituam sob a forma de sociedade comercial) – das empresas subjetivas, ou de atos não especialmente regulados no Código (comerciantes pelo art. 230º e pela II Parte do art. 2º).

8.3.1.6. *A Teoria Jurídica da Empresa*

Segundo PAULO SENDIN[209], a empresa comercial caracterizada no artigo 230º é autónoma e qualificadora do sector mercantil (das empresas).

[206] *Comentário* cit., 1914, pp. 620-623.

[207] *Sociedades e Empresas Comerciais,* Coimbra, 1924, pp. 726-781 (vd., em especial, pp. 730, 735-737 e 780).

[208] *Sociedades e Empresas Comerciais,* cit., 1924, pp. 699, nota 1, e 781-789 (em especial pp. 781-782).

[209] *Lições de Direito Comercial e de Direito da Economia,* vol. I, cit., 1979/1980, pp. 211-239, e *Artigo 230, Código Comercial e Teoria Jurídica da Empresa Mercantil,* cit., 1989, pp. 147-151.
Sintetizando desenvolvidamente a posição de Paulo Sendin – a que aderimos no essencial, mas com algumas particularidades –, EVARISTO MENDES, «Modelo económico constitucional

O artigo 230º será o único caso que nos surge num título autónomo do Livro II do Código Comercial: o Título IV. É o argumento da posição sistemática, que se apoia igualmente no facto do *Code de Commerce* ter (tido) a sua norma qualificadora (o art. 632) no Livro da Jurisdição Comercial.

Na leitura deste autor, «*(e)m conexão com o art. 230º, que qualifica as empresas comerciais, com igual efeito para o seu sujeito, encontra-se o sentido devido do art. 13º*»[210]. Comerciante, individual ou coletivo, é o empresário mercantil, aquele que exerce profissionalmente o comércio em sentido jurídico, ou seja, a empresa comercial (art. 230º). Comércio, do ponto de vista jurídico, é organização económica mercantil (atividades mediadora, de manufatura, industrial e de prestação de serviços) a forma de revelar o seu exercício estará, desde logo, em a empresa "propor-se" a prática de uma atividade económica (empresarial) prevista no artigo 230º.

São também comerciais, por força do art. 2º, II Parte, os negócios do comerciante, ou seja, os negócios que o empresário mercantil pratica no exercício do seu objeto – arts. 230º e 13º.

O art. 230º não é, na opinião de PAULO SENDIN, um preceito taxativo na enumeração das empresas comerciais. Esta conclusão apoia-se no corpo inicial deste artigo e resulta forçosamente das normas de exclusão do carácter comercial das empresas referidas nos seus parágrafos (§§).

O art. 230º, como norma qualificadora autónoma, deve ser interpretado «*muito para além da analogia*». As suas funções são:

1º- Determinar quais as empresas que são comerciais.
2º- Excluir o carácter comercial das empresas agrícolas, das empresas acessórias às empresas agrícolas e das pequenas empresas (§ 1º).

Se uma empresa reúne as características jurídicas que, segundo o art. 230º, a fundamentam como comercial, ela tem essa qualificação, não obstante não constar da enumeração; ou seja, é necessário que se trate

e Direito comercial», AA.VV., *Estudos em Memória do Professor Doutor Paulo M. Sendin*, Universidade Católica Editora, Lisboa, 2012 (pp. 167-251), pp. 204-207 e 209-210.

[210] PAULO SENDIN, *Lições de Direito Comercial e de Direito da Economia*, vol. I, cit., 1979/1980, p. 213.

de uma atividade económica de produção de bens e serviços para o mercado; que seja exercida profissionalmente (com carácter estável) e que envolva o risco do (empresário quanto ao) capital.

8.3.2. *Doutrina portuguesa atual (séc. XXI)*

As linhas marcantes que conduziram às diferentes interpretações desta realidade – e que acima expusemos sinteticamente – seriam seguidas pela doutrina do presente século, que aderiu e desenvolveu entendimentos anteriores sobre o art. 230º[211].

8.3.2.1. *Coutinho de Abreu*[212]

Na esteira da Escola de Coimbra, personificada por Ferrer Correia e Vasco da Gama Lobo Xavier, embora aproximando-se mais de Ferrer Correia, Jorge Coutinho de Abreu – o atual catedrático da Faculdade de Direito da Universidade de Coimbra, e há muito responsável pela lecionação do Direito Comercial na mesma, que se doutorou precisamente com uma tese sobre a Empresarialidade[213] –, perspetiva «*as empresas do art. 230º como conjuntos ou série de actos (actividades) objectivamente comerciais enquadrados organizatoriamente (actos praticados no quadro de organizações de meios pessoais e/ou reais)*», considerando que «*todos os atos praticados na exploração dessas organizações empresariais*» são também atos de

[211] Não pretendemos esgotar a doutrina portuguesa do século XXI, mas apenas referenciar alguns autores, numa escolha necessariamente subjetiva.
Para além dos mencionados no texto e daqueles que continuam a reeditar as suas posições, como Miguel Pupo Correia, *Direito Comercial*, 14ª ed., 2018, pp. 41-50 e 434-437, justifica-se referir também Ricardo Costa, «O direito comercial português: direito misto, autónomo e basicamente empresarial», cit., 2014, que nesta matéria se associa à Escola (tradicional) de Coimbra, que identifica com Guilherme Moreira (?!), considerando que o art. 230º delimita as empresas que são qualificadas como comerciais em função da «*actividade que explorem*» (p. 123), e os meus colegas de Universidade Fátima Gomes, *Direito Comercial*, 2ª ed., 2017 – seguindo a teoria jurídica da empresa (pp. 46-47 e 27-28 e 73-77) –, atualmente juíza conselheira do Supremo Tribunal de Justiça, e Evaristo Mendes, no seu excelente estudo sobre «Modelo económico constitucional e Direito comercial», cit., 2012, pp. 192-195 e 249-250, o qual também se encontra muito próximo de Paulo Sendin, de quem, como nós, foi assistente.

[212] Coutinho de Abreu, *Da empresarialidade* cit., 1996, pp. 27-36, em especial, p. 30, e *Curso de Direito Comercial*, vol. I, 11ª ed., 2018, pp. 84-89, em especial pp. 334-336, pp. 84-89.

[213] *Da empresarialidade (As empresas no Direito)*, publ. pela Almedina, Coimbra, 1996.

comércio (objetivos)[214], subordinados que se encontram à norma delimitadora da matéria mercantil constante do art. 1º.

8.3.2.2. *Menezes Cordeiro*[215]

Depois de sistematizar a doutrina, que agrupa em duas linhas de orientação (às quais acrescenta as *«opiniões mistas ou conciliadoras»*[216], que consideram que o art. 230º enuncia as empresas comerciais, por qualificar como tais as respetivas atividades) – os que entendem estar em causa conjuntos de atos que formam uma atividade e os que perspetivam a empresa como uma organização que desenvolve tais atividades –, António Menezes Cordeiro adere à linha de interpretação da empresa-atividade[217].

8.3.2.3. *Cassiano dos Santos*[218]

Para Filipe Cassiano dos Santos – que faz uma análise desenvolvida do art. 230º[219] –, «a empresa é uma estrutura complexa (de pessoas, bens e direitos), fruto *«da ideia organizatória e estratégia definidas pelo empresário»*, que *«desenvolve uma atividade»*, concretizada num processo económico produtivo, que envolve o risco do *capital* mobilizado e se materializa com *autonomia funcional* e *financeira*, numa *entidade própria*, ainda que não seja, por si só, juridicamente independente[220]. Na leitura deste nosso colega de Coimbra[221], o art. 230º tem dois significados: um *primário* (ou *imediato*) – que se traduz na qualificação das empresas nele enunciadas (e nas que forem análogas) como comerciais, porque *exercem (ou se pro-*

[214] Coutinho de Abreu, *Da empresarialidade* cit., 1996, pp. 30-31, e *Curso de Direito Comercial*, vol. I, 11ª ed., 2018, p. 87.

[215] António Menezes Cordeiro, *Direito Comercial*, 4ª ed., 2016, pp. 216-221.

[216] António Menezes Cordeiro, *Direito Comercial*, 4ª ed., 2016, p. 218.

[217] António Menezes Cordeiro, *Direito Comercial*, 4ª ed., 2016, pp. 220-221.

[218] Filipe Cassiano dos Santos, *Direito Comercial Português*, vol. I, cit., 2007, pp. 33-44 e 77-95, cujo pensamento é objeto de uma excelente síntese de Evaristo Mendes, «Modelo económico constitucional e Direito Comercial», cit., 2012, pp. 203-204, nota 63.

[219] Reduzindo aparentemente a pequena empresa ao artesanato, que considera não ter caráter empresarial (Filipe Cassiano dos Santos, *Direito Comercial Português*, vol. I, 2007, pp. 38-39 e p. 77).

[220] Filipe Cassiano dos Santos, *Direito Comercial Português*, vol. I, 2007, pp. 41-42.

[221] Objeto da crítica de Coutinho de Abreu, *Curso de Direito Comercial*, vol. I, 11ª ed., 2018, pp. 88-89.

põem exercer) as actividades nele *enumeradas* – e um *secundário* (ou *mediato*), que consiste em qualificar como objetivamente comerciais os atos referentes à atividade de tais empresas, nos quais se incluem os que delas forem constitutivos e organizativos, acabando por concluir que *o art. 230º se harmoniza com os arts. 2º e 13º*, qualificando (com autonomia) a empresa e considerando os atos por esta praticados como comerciais por *conjugação com o art. 2º, I parte*[222].

8.3.2.4. *Pais de Vasconcelos*[223]

Finalmente PEDRO PAIS DE VASCONCELOS, catedrático jubilado da Faculdade de Direito da Universidade de Lisboa, considera que o art. 230º, visando a qualificação de empresas como comerciais, estabelece os requisitos de comercialidade das mesmas, considerando que, nas empresas coletivas, a que se refere o proémio, estão quaisquer entidades personificadas, desde que agrupadas, concluindo que a norma em causa «*contém uma série de índices de qualificação de empresas como comerciais*»[224], propondo-se «*trabalhar o artigo 230º com o método tipológico*», uma vez que em seu entender a regra «*contém uma série tipológica de atividades tipicamente mercantis*»[225].

8.3.3. ***Posição adotada***[226]

Importa perguntar agora o seguinte: das opiniões, que acabamos de passar em revista, o que é que resulta de positivo na determinação do **significado do artigo 230º**?

8.3.3.1. *Âmbito e alcance do art. 230º*

Por um lado, constata-se que o art. 230º ampliou os atos de comércio, pois nele não estão previstas todas as empresas, mas apenas as que não

[222] FILIPE CASSIANO DOS SANTOS, *Direito Comercial Português*, vol. I, 2007, pp. 79-84 e 84-91, em especial pp. 79, 86 e 89-90.

[223] PEDRO PAIS DE VASCONCELOS, *Direito Comercial*, Almedina, Coimbra, vol. I, 2011, pp. 76-77 e 78-96, em especial pp. 77 e 78.

[224] PEDRO PAIS DE VASCONCELOS, *Direito Comercial*, vol. I, 2011, p. 80.

[225] PEDRO PAIS DE VASCONCELOS, *Direito Comercial*, vol. I, 2011, p. 82.

[226] Procuramos tornar mais clara a nossa posição, cuja parte substancial consta das notas 16 e 17 (pp. 7-8) do *Direito das Sociedades Comerciais*, 6ª ed., 2018.

resultavam já de atos de comércio objetivos previstos no Código Comercial (ou em legislação comercial avulsa).

Por outro lado, o art. 230º ao qualificar determinadas empresas como comerciais parece acentuar os aspetos subjetivo e objetivo da empresa, que decorrem respetivamente da referência expressa a "pessoas singulares ou coletivas que se propuserem" e do facto da qualificação comercial das várias empresas ser feita pelas atividades que têm em vista realizar.

Visitemos agora as diversas atividades enunciadas no art. 230º e, ainda a olhar apenas para os diversos números da norma qualificadora, ponderemos que outras matérias – que não se encontram nele previstas, nem são por ele excluídas – seria razoável reconduzir ao seu âmbito de aplicação.

Os n°s 1 e 2 abrangem apenas prestações de coisas e os n°s 3 a 7 referem-se a prestações de facto.

Vejamos agora as **atividades** que estão abrangidas pelos vários números do **artigo 230º**:

O **nº 1** reporta-se à atividade transformadora; à «indústria propriamente dita»[227]. Nesta previsão cabe a atividade fabril, permitindo integrar na noção de comércio em sentido jurídico o setor secundário da economia. Assim, todas as empresas industriais são comerciais para efeitos do art. 2º, quer produzam artigos de vestuário e tintas para impressoras ou procedam à montagem de automóveis, quer fabriquem as máquinas em que são feitos tais produtos, as próprias impressoras ou as peças a serem incorporadas na montagem.

No **nº 2** compreende-se toda a atividade fornecedora de coisas, bens e serviços, que não se reconduza a prestações de facto[228]. Não está necessariamente em causa a distribuição, embora a mesma esteja abrangida. Na letra da norma cabe a distribuição seletiva.

O **nº 3** refere-se à agenciação, que consiste na prática de atos materiais em nome de outrem. Tal é o que acontece com todos os negócios em que o empresário se propõe transacionar bens que são produzidos por terceiro.

Esta regra não abrange as profissões cuja atividade é pessoal.

[227] CUNHA GONÇALVES, *Comentário* cit., vol. I, 1914, p. 587.

[228] No sentido de que «não se abrangem nesta disposição imóveis», CUNHA GONÇALVES, *Comentário* cit., vol. I, 1914, p. 597. Opinião contrária era a de ADRIANO ANTHERO, *Comentário ao Código Comercial Portuguez*, vol. I, Porto, 1913, p. 453.

O **nº 4** é relativo à promoção de espetáculos públicos: teatros, concertos, cinema, desportos.

O **nº 5** qualifica a atividade editorial.

Tendo em mente os livros, abrange, por interpretação extensiva, toda a indústria discográfica, cinematográfica, de radiodifusão, de teledifusão (incluindo televisão por cabo) e informática[229].

O **nº 6** prevê a empreitada, desde que os materiais utilizados sejam fornecidos pelo empreiteiro[230]. Interpretada extensivamente, esta disposição abrange a edificação, construção ou reparação de quaisquer imóveis. As empresas de construção civil enquadram-se nesta norma, da qual resulta, com clareza, que o risco do capital (investido) caracteriza a empresa comercial.

O **nº 7** reporta-se à atividade transportadora, abrangendo, naturalmente, o transporte aéreo[231], que não era previsível aquando da publicação do Código. Na sua previsão enquadra-se a atividade das empresas transportadoras, em geral, e inerentemente a sua qualificação como mercantis.

A empresa não é, nos temos do art. 230º, um ato de comércio. No entanto, nada impede que a *atividade* (que se traduz numa prática reiterada de atos) empresarial possa envolver a prática de atos de comércio objetivos, designadamente a "compra e venda" (como sucede a propósito do nº 5).

Concluindo, o art. 230º do CCom permite basicamente duas interpretações sobre a ***empresa***: uma subjetiva e outra objetiva (no sentido de atividade).

8.3.3.2. *A exclusão da comercialidade de certas empresas*

Mas o art. 230º termina com três parágrafos finais, depois da enumeração das atividades comerciais, os quais – no estilo das leis da época em

[229] Como veremos adiante, o § 3º desta norma exclui a comercialidade do sujeito que se dispuser a editar as suas próprias obras.

[230] Opinião diferente é a de Cunha Gonçalves, para quem «a empresa não é comercial por exercer uma empreitada com fornecimento de materiais. (...) A aplicação deste nº 6 está dependente apenas da existência de uma empresa cujo objeto seja edificar ou construir» (*Comentário* cit., vol. I, 1914. p. 615).

[231] Também nesta previsão legal caberá o transporte espacial, se vier a ser uma realidade antes da revogação do CCom.

que foi aprovado (final do século XIX) – excecionam as regras constantes do seu corpo (composto por proémio e números ordinais).

Se analisarmos tais exceções, constantes dos três parágrafos (§§), e as confrontarmos com o disposto nos números que os precedem – cujo conteúdo sintetizámos acima –, concluímos que a empresa comercial se caracteriza pelo risco de capital que o empresário assume; isto significa que, na organização da empresa comercial, tem papel de relevo o fator capital, o qual se destaca no risco da atividade da empresa.

Vejamos o que nos dizem esses três parágrafos e como devem ser entendidos.

Dos §§ 1º e 2º extrai-se que as empresas agrícolas, as empresas que lhes são acessórias – isto é, que são delas maioritariamente dependentes – e as pequenas empresas não são comerciais no nosso Direito positivo.

A razão de ser da exclusão (legal) da comercialidade da **empresa agrícola**[232] e da **empresa acessória** reside no facto de a sua força produtiva dominante ser a terra (riscos naturais).

Empresa **acessória** da (empresa) agrícola é aquela que manufatura produtos da terra (exploração agrícola), e só dela, a que está adstrita dentro de um critério de normalidade. É necessário que essa exploração seja acessória (secundária), porque senão o risco do empreendimento total continua a ser o risco do fator terra.

Todas as explorações da terra que se dediquem à atividade agropecuária e à comercialização dos produtos cultivados são agrícolas. Por vezes, a sua dimensão justifica que seja edificada uma instalação fabril que se destine a proceder à transformação dos bens produzidos (qualquer que seja a natureza destes) ou simplesmente à sua apresentação para colocação no mercado. Se a instalação adjacente à empresa agrícola depender substancialmente do êxito desta – e não de diversas empresas agrícolas –, compreende-se que o risco da empresa agrícola é o seu risco.

Por isso, o § 1º desqualifica a empresa acessória (da empresa agrícola), ainda que a mesma seja industrial e, objetivamente considerada (isto é, enquanto tal), coubesse no nº 1 do art. 230º.

[232] Classicamente a exclusão da sua comercialidade justificava-se pelo facto de os riscos inerentes à sua exploração serem predominantemente naturais. Hoje, com a modernização e sofisticação da agricultura temos muitas dúvidas que, pela simples aplicação do critério subjacente à qualificação da empresa comercial – o risco do capital – pudéssemos chegar sempre à mesma conclusão.

Assim, qualquer exploração agropecuária é uma empresa civil (ou não comercial), enquadrando-se nesse contexto, e exemplificando, a produção de uvas, frutas e hortícolas, incluindo olival, bem como são acessórias dessas empresas – porque estão delas dependentes – as adegas ou fábricas que tiverem por finalidade produzir os produtos dessa propriedade, qualquer que seja a sua forma final, designadamente transformados ou simplesmente acondicionados.

Por sua vez, a exclusão do regime comercial da **pequena empresa** baseia-se na preponderância do fator trabalho, em detrimento do risco do capital.

A qualificação da pequena empresa, que pode existir em qualquer sector económico, depende, em grande parte, da organização económica que lhe confere o empresário.

O nosso Código, ao falar nos casos práticos da "pequena empresa", utiliza um critério delimitador: o exercício direto da atividade empresarial.

Constituem exemplos de pequenas empresas as pequenas oficinas, as bancas de jornais, revistas, livros e outros produtos, nas quais trabalha um casal ou uma família e um ou dois amigos. A empresa está essencialmente dependente da saúde daqueles que nela trabalham.

Finalmente, o § 3º exclui a comercialidade da empresa daquele que se limita a editar as suas próprias obras. O raciocínio é análogo ao da pequena empresa: encontrando-se a empresa essencialmente dependente da produção (à época) literária do empresário, se este cessasse a sua atividade intelectual a empresa parava. A sobreposição do risco do fator trabalho ao fator capital desenha-se com nitidez neste preceito, sobretudo na época em que foi criado.

O que dizer de tudo isto?

Tal como afirmámos na abertura deste livro, a interpretação atualista do Código e a evolução e o progresso económico sociais têm provocado substanciais alterações na compreensão do Direito relativamente ao modo como era entendido contemporaneamente à entrada em vigor deste diploma.

Por isso, se as profissões autónomas (advocacia, medicina, engenharia, arquitetura) podem, em certas circunstâncias – nomeadamente quando são organizadas empresarialmente em estruturas com um risco do capital significativo (ainda que o mesmo se configure essencialmente pela clientela) –, configurar verdadeiras empresas comerciais, também as empresas agrícolas que se encontram sustentadas em investimentos muito significativos são atualmente empresas mercantis[233], uma vez que o risco do capital passa a sobrepor-se ao fator terra.

Por sua vez, e como veremos adiante (nº 8.3.3.4), nas demais empresas excluídas do Direito Comercial, a forma adotada qualifica a sua substância como mercantil.

8.3.3.3. *Interpretação do art. 230º*

Da exclusão, expressa, do carácter comercial destas empresas (referidas no §§ do art. 230º), há quem retire um argumento que fundamenta o recurso à analogia dos factos referidos nos vários números do art. 230º.

Se nada no Código veda o recurso à analogia na qualificação da empresa comercial, também não deve colher o argumento segundo o qual a expressa exclusão da comercialidade de determinadas matérias justificaria o recurso à analogia relativamente a todas as outras.

Não se invoca a certeza e a segurança do Direito, mas pergunta-se: então qual o significado dos vários números do artigo 230º? E de outras disposições que também preveem atividades (como o art. 362º)?

Também se diz, em favor da analogia, que esta é necessária no domínio das empresas, visto tratar-se de um sector onde a técnica moderna fez surgir várias formas de atividade ainda inexistentes ou de escasso relevo na época em que o Código Comercial foi publicado (1888).

Esta contrariedade é superada, em nosso entender, pela interpretação objetiva e atualista da lei.

A analogia, na perspetiva da Teoria da Empresa, poderia *a priori* parecer aceitável, pela autonomia que esta teoria reconhece ao art. 230º, como forma de qualificação do sujeito como comerciante, e tendo sempre em conta as características jurídicas da empresa comercial que resultam dos seus vários números.

Não podemos, contudo, ir tão longe – e aqui divergimos da Teoria Jurídica da Empresa, tal como era construída por Paulo Sendin –, porque aceitar a analogia equivaleria a reduzir o conteúdo do art. 2º, II Parte aos atos acessórios do comerciante não empresário.

[233] De qualquer modo, em termos de regime jurídico, passam a estar sujeitas ao regime comercial (CSC) todas as empresas que, constituindo-se como sociedade civil, adotem a forma de sociedade comercial (cfr. art. 1º, nº 4 do CSC).

A possibilidade de existirem determinadas atividades que revistam a forma empresarial e que não "caibam" no art. 230º, mesmo recorrendo à interpretação extensiva, nem se adequem a outras disposições que preveem igualmente atividades – casos do art. 362º, que se reporta às operações de banco (exercício profissional e organizado de funções de crédito), e, anteriormente, do art. 425º[234], que qualificava o contrato de seguro e as empresas seguradoras –, nem sejam como tais legalmente qualificadas (em legislação avulsa), traduz-se num problema de qualificação *de jure constituendo*.

O art. 230º só é suscetível de interpretação extensiva, porque também prevê, sob a forma de atividade, atos de comércio que não estão previstos isoladamente, quer em disposições do Código Comercial, quer em legislação avulsa.

8.3.3.4. *Síntese conclusiva*

Afigura-se incontornável que o art. 230º, por um lado, pretende afastar do mundo empresarial mercantil determinadas categorias de empresas, embora nalguns casos suscite naturais dúvidas sobre a bondade da sua aplicação aplicada ao mundo atual; as quais são prontamente ultrapassáveis pela escolha de um regime que seja comercial e que, na prática, subverte a exclusão pretendida.

De entre as várias atividades mercantis que constituem os vários números do art. 230º, a mais esclarecedora é, sem dúvida, a que consta do nº 6, que qualidade a atividade de empreitada, como vimos (nº 8.3.3.1). Com efeito, por um lado, qualifica como comercial uma empresa (no sentido de atividade) ou, o que é o mesmo, uma "empreitada" (material); por outro lado, faz depender essa qualificação da prevalência do risco do capital a que está sujeito (adstrito) o empresário – por contraposição ao risco do fator trabalho, característico da empreitada de lavor – no exercício da sua atividade (mercantil)[235].

[234] Esta disposição legal cessou a sua vigência em 31 de dezembro de 2008, revogada pelo diploma preambular do Regime Jurídico do Contrato de Seguro: o Decreto-Lei nº 72/2008, de 26 de abril (cfr. art. 6º, nº 2, *alínea a)*).

[235] A empreitada é comercial se o empreiteiro «*exerce* realmente uma empresa» (Adriano Anthero, *Comentário ao Código Comercial Portuguez*, vol. I, cit., 1913, p. 437) nos termos do nº 6; isto é, se ele assume o *risco* dos materiais que utiliza na atividade para que foi contratado (construção ou reparação de qualquer imóvel) (*itálicos nossos*).

Resulta, pois, desta disposição legal que a empresa comercial se caracteriza, essencialmente, pelo risco do capital. Este fator distintivo, absolutamente relevante no século XIX, veio a perder relevo até aos nossos dias e, no século XXI, assiste-se à modificação total da estrutura económica, acompanhada de uma clara predominância da forma sobre a substância, o que significa que a comercialidade da empresa e da respetiva atividade passou a depender fundamentalmente da opção do próprio empresário que, pela forma dos seus atos – frequentemente motivada por razões acessórias à sua própria atividade, como seja a procura de eficiência fiscal (tributária) –, qualifica automaticamente os seus atos. Noutros casos, a simples opção pela forma de sociedade comercial reconduz, por definição, ao regime mercantil todos os atos e contratos que essa entidade venha a praticar e celebrar.

8.4. A relevância da empresa como sujeito do Direito (Comercial) português; o substrato empresarial das sociedades comerciais[236]

8.4.1. *Empresa mercantil e sociedade comercial*

Deixámos para o fim a questão da relacionação da empresa com os sujeitos do Direito Comercial, *maxime* com a sociedade comercial.

O art. 230º qualifica a empresa, na sua totalidade, como sujeito do Direito comercial. Qualifica-se, como comercial, um **sujeito** (o empresário[237]), que se proponha exercer uma determinada atividade.

A relevância dessa qualificação faz-se sentir não apenas no caso da empresa individual, que bastará ao seu titular propor-se uma atividade, sem necessidade de exercer o comércio por profissão (art. 13º, nº 1), mas também no caso das sociedades. Assim, uma sociedade será comercial sempre que se proponha a realização de uma atividade (económica) empresarial, nos termos do artigo 230º, com fins lucrativos (art. 980º do Código Civil).

[236] Recorremos à nota 20 (p. 9) das nossas lições de *Direito das Sociedades Comerciais*, 6ª ed. cit., 2016.

[237] Mas não unicamente, pois a sua qualificação como comerciante já resultaria da equiparação ao art. 13º.

Pelo art. 230º – tal como por efeito do disposto no art. 13º, nº 2 do CCom –, a sociedade comercial é sujeito de Direito Comercial quando está constituída (mediante contrato e matrícula), não sendo necessária a prática efetiva de atos de comércio.

O ato de constituição da sociedade envolve:

- A definição da atividade da empresa societária e das entradas de cada um dos sócios, e
- A delimitação do capital sobre o qual incide o risco da atividade desenvolvida (o qual é cada vez mais mitigado nas sociedades de pessoas, incluindo as sociedades por quotas).

Trata-se de um ato que está a constituir, desde logo, a própria empresa (organização interna, atividade, património).

Não obstante, será difícil, senão impossível, sustentar a autonomia da empresa em termos de lhe ser reconhecida personalidade jurídica. Ela (quando coletiva) apenas terá relevância sob a *forma* de sociedade comercial[238].

A empresa comercial (coletiva) constitui-se, pela inscrição no Registo Comercial, após outorga do contrato, em regra, por documento particular, com reconhecimento presencial das assinaturas[239] (cfr. arts. 5º e 7º do Código das Sociedades Comerciais), no tipo de:

- Sociedade em nome coletivo;
- Sociedade em comandita;
- Sociedade por quotas; ou
- Sociedade anónima.

[238] Para ADRIANO ANTHERO (*Comentário ao Código Comercial Portuguez*, vol. I, cit., 1913, p. 425) as empresas coletivas assumem a forma jurídica das sociedades. A expressão empresa coletiva significaria o mesmo que pessoa jurídica-sociedade; por isso, a empresa quando for coletiva terá de obedecer aos preceitos das sociedades mercantis.

Segundo JOSÉ TAVARES, «*as empresas colectivas, para terem existência jurídica no domínio do código commercial, devem constituir-se sob qualquer das formas das sociedades comerciais...*» (*Sociedades e Empresas Comerciais*, cit., 1924, p. 730).

[239] Excetuam-se as sociedades constituídas com bens em espécie cuja transmissão implique a observância de uma forma *mais solene*, como sucede com as entradas constituídas por (bens) imóveis. Nessa circunstância, aplica-se à constituição a forma requerida para a transmissão dos bens que constituem as entradas, *maxime* escritura pública (cfr. art. 7º, nº 1, *in fine* do CSC).

A empresa ganha, pois, especial relevo como substrato de uma sociedade comercial. Esta constitui-se, propondo-se o exercício de uma atividade (nos termos do art. 230º do CCom), de forma organizada e com carácter de estabilidade, em que predomine o risco do capital[240]; em suma, a sociedade comercial constitui e exerce uma empresa.

Mas a empresa, *a se*, «não é legalmente titular de um património próprio, não é credora nem devedora dos seus clientes e fornecedores»[241].

Não se encontra, pois, um meio de atribuir personalidade jurídica às empresas (comerciais) enquanto realidades autónomas e independentes. Não cremos que se possa ir a ponto de integrá-las (forçadamente) no número 1 do artigo 13º, exceção feita às empresas individuais. Com efeito, em nossa opinião, essa disposição abrange apenas as pessoas físicas.

Nestes termos, e atendendo à sua crescente relevância, é de admitir, *de jure constituendo* a qualificação da empresa como sujeito personalizado do Direito Comercial[242].

O Código das Sociedades Comerciais não reconhece a autonomia da realidade empresarial. Para além da sociedade, limita-se a consagrar, como sujeito de Direito Comercial (mas sem personalidade jurídica[243]),

[240] A ideia central e caracterizadora das sociedades comerciais é a do risco do capital, em função da sua *atividade* económica, que pode ser direta ou acompanhar a atividade de outras sociedades. A atividade empresarial mercantil não tem necessariamente que ser uma atividade (económica) direta, de modo a abranger – se o caso das sociedades-*holding* (hoje denominadas SGPS) – aquelas que têm apenas participações sociais (*maxime* ações) de outras sociedades.

[241] Houin/Pédamon, *Droit Commercial – Actes de commerce et commerçants. Activité commerciale et concurrence*, 7ª ed., Dalloz, Paris, 1980, p. 314.

[242] Note-se que, já no final da década de 70 (do século passado), Carlos Ferreira de Almeida considerava que «a empresa aguarda a sua hora de personalização, que parece inevitável e de fecundos resultados» [*Direito Económico*, vol. I (Lições policopiadas), Lisboa, 1979, pp. 323-374, em especial pp. 366-374].

[243] Por razões que não cabe aqui explicar, a "representação permanente" de sociedade estrangeira ou sucursal não tem personalidade jurídica, sendo uma extensão da sociedade que a institui e que, consequentemente, assume responsabilidade pela sua atividade, não obstante à mesma poder ser especialmente afeto um património próprio. Para mais desenvolvimentos, vd. as nossas lições citadas (*Direito das Sociedades Comerciais*, 6ª ed., 2016, pp. 131-135). Diversamente, o Projeto de Código das Sociedades acolhia, com idêntica finalidade, a figura do "estabelecimento de responsabilidade *limitada*" (art. 4º). A mudança de opinião do legislador é mais um argumento, para além do sistemático, a confirmar o que atrás se disse sobre a responsabilidade da sociedade estrangeira pelas dívidas da sucursal.

a representação permanente (vulgo sucursal) de sociedade estrangeira em Portugal (cfr. art. 4º), a qual deve ser formalmente instituída e registada por sociedade que, não tendo a respetiva sede estatutária situada em Portugal, deseje exercer a sua atividade no nosso País, por um período superior a um ano (cfr. também art. 10º, *alínea c)* do Código do Registo Comercial).

Podemos concluir, afirmando que a empresa (comercial) é o substrato necessário da sociedade comercial, que, por sua vez, é a forma jurídica da empresa comercial, em regra coletiva. Deste modo, não se diga que pode haver sociedades sem empresa, casos da sociedade ocasional e da sociedade oculta, que analisaremos em seguida.

8.4.2. *A sociedade ocasional*

A **sociedade ocasional** – aquela que teria por objeto praticar um ato de comércio isoladamente considerado, celebrar um único contrato – não é comercial se não se constituir como tal e se não se propuser, nos termos do art. 230º, a prática de uma atividade (prática reiterada de atos)[244] / [245].

Com a sociedade ocasional nunca se confundiu a **sociedade de um só negócio**, que tem por objeto uma única atividade, que se reconduz a um só negócio jurídico (caso paradigmático da sociedade que se constitui para adjudicar uma obra e explorar a respetiva concessão, como a Lusoponte, S.A., que construiu e explora a Ponte Vasco da Gama, sobre o Rio Tejo).

Também não se configuram, por impossibilidade lógica, empresas mercantis ocasionais.

Hoje, cremos que a questão não se coloca nos mesmos moldes, apesar de o legislador ter optado por caracterizar a sociedade comercial pelo seu *objeto* (e não pela *forma*, como resultava do Projeto de Código das Sociedades). Com efeito, há uma nítida diferença entre a redação do

Curiosamente, a sucursal tem, no Direito português, personalidade tributária, sendo sujeito passivo de imposto e podendo inclusivamente contabilizar como custos, desde que demonstrados, serviços prestados pela sociedade estrangeira.

[244] «Atividade não significa ato, mas uma série de atos coordenáveis entre si em atenção a uma finalidade comum» (Tullio Ascarelli, *Lezioni di Diritto Commmerciale – Introduzione*, Milano, 1955, p. 102).

[245] A questão perdeu, em nosso entender, atualidade com a alteração da lei comercial, pela entrada em vigor do CSC, em 1986.

art. 104º, 1º do CCom e o disposto no art. 1º, nºs 2 e 3 do CSC, que considera como comerciais as sociedades «*que tenham por objeto a prática de atos de comércio*»[246] (e não de um ou mais atos).

A lei impõe também que (na organização da respetiva atividade, acrescentamos nós) a sociedade comercial adote um dos tipos legais (cfr. disposições citadas), o que implica, no contexto atual da lei portuguesa, um formalismo acrescido, uma vez que o registo assume carácter constitutivo. Assim, ainda que se concluísse não ter sido a sociedade ocasional inequivocamente afastada pelo objeto (social), ela é, na prática, inviabilizada pela (exigência de) forma (registo comercial constitutivo).

8.4.3. *A sociedade oculta*

Relativamente à **sociedade oculta**[247], está-lhe subjacente uma empresa, só que não releva externamente; a sua atividade externa processa-se apenas em nome de um dos sócios – o "testa de ferro" –, isto é, a atividade é exclusivamente imputável a um dos sócios, pelo que a empresa coletiva não assume a responsabilidade patrimonial perante terceiros, inerente ao risco próprio do seu capital[248].

A empresa coletiva é titular do capital do empreendimento, assume o risco e beneficia dos resultados, mas a sua atividade externa faz-se apenas em nome de um "testa de ferro" (que não tem de ser necessariamente sócio) – mero instrumento dessa empresa oculta –, que é, por isso, o sujeito responsável por essa atividade.

A sociedade oculta tem-se como juridicamente inexistente; não devendo ser reconhecida como comerciante, isto é, sujeito de Direito Comercial.

[246] Como a lei (nos nºs 2 e 3 do art. 1º do CSC) reporta a caracterização da sociedade à «prática de *atos* de comércio» usando o plural, poder-se-iam suscitar dúvidas sobre a exigibilidade da prática de *atos de comércio* (plural). Julga-se que a formulação do texto legal corresponde ao propósito de ultrapassar a querela doutrinária.

[247] Fala-se em sociedade oculta quando estamos perante uma realidade que reúne, ainda que só em parte, os requisitos do conceito de sociedade, designadamente quando há contribuições dos "sócios" para a formação de um fundo comum.

[248] Na sociedade oculta os sócios intencionalmente «não manifestam a terceiros a existência da sociedade, donde se segue que exteriormente (...) tudo se passaria como se o sócio agisse em nome e no interesse próprio, admitindo-se mesmo que o agente nem sequer seja sócio» (Raúl Ventura, *Associação à quota*, C.E.F. da DGCI, Lisboa, 1968, p. 27).

A qualidade de comerciante de uma sociedade impõe que, para efeitos externos (face a terceiros), se tenha atividade empresarial como a do seu objeto social, o que aqui não acontece. Só o sujeito (individual) que praticou a atividade empresarial é comerciante (empresário individual)[249].

9. O estabelecimento comercial[250]

Analisada a empresa, perspetivada sob pontos de vista pessoal e patrimonial, considerada nas suas vertentes estática e dinâmica, vamos agora estudar o significado objetivo ou material em que se concretiza.

9.1. Conceito

Na linguagem comum, estabelecimento comercial é sinónimo de armazém ou loja aberta ao público pelo comerciante. É nesta aceção que o termo é utilizado no art. 263º, § único do CCom.

A lei refere-se ao estabelecimento comercial, para designar a totalidade ou parte das coisas corpóreas afetadas ao desempenho da atividade mercantil do comerciante[251].

Em sentido técnico, podemos acolher a ideia de que o estabelecimento comercial é o conjunto de bens (no sentido material do termo) e serviços que são organizados pelo comerciante (empresário) para o exercício da respetiva atividade mercantil (empresarial).

[249] Trata-se da situação oposta à da **sociedade aparente**, em que, na realidade, um determinado indivíduo pretende exclusivamente limitar a sua responsabilidade, sob a aparência de uma sociedade comercial que não se configure como unipessoal. A sociedade constituída nestes termos é frequentemente objeto do fenómeno da desconsideração (da personalidade *coletiva*).

[250] Cfr., para além das obras gerais citadas (Bibliografia Geral Básica, *supra*), Oliveira Ascensão, «Estabelecimento Comercial e Estabelecimento Individual de Responsabilidade Limitada», *in* AA.VV., *Novas Perspectivas do Direito Comercial*, Almedina, Coimbra, 1988, pp. 33-56 (cfr., em especial, pp. 35-36, pp. 43-56), Orlando de Carvalho, *Critério e estrutura do estabelecimento comercial*, Atlântida Editora, Coimbra, 1967, Fernando Olavo, *A empresa e o estabelecimento comercial*, Lisboa, 1963, pp. 19-38, e V. G. Lobo Xavier, «Estabelecimento Comercial», *in PÓLIS*, vol. 2, Verbo, Lisboa / São Paulo, 1984, cols. 1121-1126.

[251] Cfr., nesse sentido, a redação originária do art. 425º do Código Comercial, revogado em 1 de janeiro de 2009, pelo Decreto-Lei nº 72/2008, de 16 de abril (art. 6º, nº 2, alínea *a*)).

Sobreleva o aspeto objetivo da empresa – organização de meios materiais (bens) e humanos (serviços) –, em detrimento da essencialidade de um local fixo e permanente. Como regra, cada comerciante tem um estabelecimento, embora possa ter mais.

O desenvolvimento das comunicações e a *Internet* vêm pôr em crise este conceito secular, uma vez que o empresário do século XXI pode comerciar (intermediar) exclusivamente através da *Internet*. Nessa circunstância, o seu *estabelecimento* – isto é, a sua montra, através da qual dá a conhecer ao público consumidor os bens que comercializa – corresponderá a uma loja virtual.

Em qualquer caso, há que evitar confundir o estabelecimento com o património do comerciante, sendo certo que aquele faz parte integrante deste.

9.2. **Caracterização (composição)**

Não encontramos na lei portuguesa uma disposição que enumere, de forma completa, os elementos do estabelecimento. Correspondendo esta realidade a um conjunto integrado de bens e serviços organizados para o exercício da atividade comercial do empresário, seu titular, podemos analisar separadamente os seus elementos corpóreos e os incorpóreos.

9.2.1. ***Elementos corpóreos***

Os **elementos corpóreos** correspondem aos bens materiais que integram o estabelecimento, designadamente bens imóveis (onde se situam as instalações do comerciante) e móveis, desde os bens de equipamento que integram o imobilizado (tais como máquinas e aparelhos), passando por objetos simples e utensílios e pelas matérias-primas ou produtos finais produzidos até à própria *caixa*, onde se guarda o fundo de maneio e, eventualmente, o dinheiro que constitua receita do estabelecimento.

9.2.2. ***Elementos incorpóreos***

Nos **elementos incorpóreos** do estabelecimento avultam os direitos, desde a propriedade (ou usufruto) ou locação, sob a forma de arrendamento (cfr. arts. 1109º e 1112º do CC) ou financeira (vd., *infra*, nº 28.2.6) – se se tratar de um espaço físico – ou constituição de um domínio na

Internet, aos créditos sobre clientes e dívidas a fornecedores, empréstimos e financiamentos[252] e acabando nos direitos privativos da propriedade industrial, *maxime* no logótipo[253] (cfr. arts. 304º-A e 304º-P, nº 2 do CPI).

O **aviamento** (maior valor) não é elemento do estabelecimento, mas um seu atributo; reconduz-se a uma aptidão funcional. Um dos seus índices mais fiáveis é a **clientela**, que não é, no mercado concorrencial, objeto de um Direito subjetivo, mas quando muito constitui uma expectativa.

A perfeição e eficiência da organização do estabelecimento são sinónimas de clientela, cujo aumento se faz, por via de regra, à custa de clientela alheia[254].

9.3. **Natureza jurídica**

O estabelecimento comercial é uma realidade jurídica complexa integrada por inúmeros bens (corpóreos e incorpóreos) e por direitos – nomeadamente os que resultam das relações jurídicas duradouras que o seu titular estabelece com terceiros (fornecedores, credores e clientes), com referência à sua exploração – que não se reconduzem, nem se identificam com uma categoria jurídica pré-definida.

Num certo sentido, é uma universalidade de facto, mas noutro é também uma universalidade de direitos, que acompanham as suas vicissitudes, *maxime* a sua transmissão.

9.4. **Transmissão**[255]

A vicissitude que se traduz na transmissão do estabelecimento evidencia a realidade unitária que está em jogo e que agrega diversos bens e situa-

[252] Não obstante serem assumidos pelo titular do estabelecimento, que frequentemente constitui garantia do bom cumprimento do financiamento. Também os direitos emergentes de contratos individuais de trabalho são encabeçados pelo empresário (cfr. art. 318º do Código do Trabalho).

[253] Anteriormente, no nome ou insígnia do estabelecimento. A própria marca, no atual contexto legal, reporta-se à empresa (e não já ao estabelecimento). Nesse sentido, cfr. arts. 222º e segs. do CPI, em especial arts. 222º, nº 1 *in fine* e 225º.

[254] Excluem-se, naturalmente, novos bens e serviços, assim como os novos clientes.

[255] Sobre os efeitos, cfr. **AcSTJ de 30 abr 1996** (Aragão Seia), *CJ/AcSTJ*, ano IV, 1996, t. II, pp. 42-43.

ções jurídicas, que agregadas representam um valor superior à simples soma das partes.

9.4.1. *Trespasse*[256]

O **trespasse** designa a transmissão do estabelecimento comercial ou industrial, a qual pode resultar de diversos negócios típicos (como a compra e venda, a troca, a doação) e também da própria herança e da partilha de sócios.

O titular do estabelecimento pode transmiti-lo, na sua globalidade (unidade funcional), obtendo assim um valor superior à simples soma das partes – realizando, consequentemente, o trespasse –, ou optar por separar os elementos que o compõem, fragmentando-o e transmiti-los isoladamente, na sua unidade (funcional); mas não podendo dispor do direito ao arrendamento do local (cfr. art. 1112º do CC), se for esse o caso, nem do respetivo nome e insígnia (cfr. art. 304º-P, nº 2 do CPI)[257].

[256] Cf. Coutinho de Abreu, *Curso de Direito Comercial*, vol. I, 11ª ed., 2018, pp. 297-325, Fátima Gomes, *Direito Comercial*, 2ª ed., 2017, pp. 190-191 e 198-198-199, Ana Afonso, «A empresa e o estabelecimento comercial», AA.VV., *Questões de Direito Comercial no Brasil e em Portugal*, Saraiva, São Paulo, 2014 (pp. 67-103), pp. 87-97 e 98-101, António Menezes Cordeiro, *Leis do Arrendamento Urbano Anotadas*, coord. António Menezes Cordeiro, Almedina, Coimbra, 2014, pp. 372-384, Fernando de Gravato Morais, *Novo Regime do Arrendamento Comercial*, 3ª ed., Almedina, Coimbra, 2011, pp. 342-351 e 48-50, Alexandre Dias Pereira, *Direito Comercial das Empresas*, 2ª ed., 2015, pp. 66-73, Manuel António Pita, *Curso Elementar de Direito Comercial*, 4ª ed., 2018, pp. 293-295, Maria Elisabete Ramos, *Direito Comercial e das Sociedades*, 2018, pp. 126-129, e Paulo Ramirez, *Direito Comercial*, Almedina, Coimbra, 2017, pp. 155-161 (encontrando-se desatualizada a p. 158).
Vd. também Ricardo Costa, «O Novo Regime do Arrendamento Urbano e os negócios sobre a empresa», AA.VV., *Nos 20 anos do Código das Sociedades Comerciais*, vol. I, cit., 2007 (pp. 479-523), em especial pp. 485-496, e Urbano Dias, «Transmissão do arrendamento por morte e em vida», *O Direito*, ano 140º, II, 2008 (pp. 333-347), pp. 341-347.
Analisando a obrigação implícita de não concorrência, M. Nogueira Serens, *Das obrigações de não concorrência na negociação definitiva da empresa*, Almedina, Coimbra, 2017, pp. 5-22.

[257] A propriedade da marca é transmissível, independentemente do estabelecimento, se isso não puder induzir o público em erro (cfr. art. 262º, nº 1 do CPI). Também os *registos de logótipo* são, em regra, transmissíveis, isto é, salvo na situação em que a lei não o permite (cfr. art. 304º-P, nº 2), a sua transmissão pode ocorrer sempre que *não for suscetível de induzir o consumidor em erro ou confusão* (cfr. art. 304º-P, nº 1, red. do DL 143/2008, de 25 de julho). Note-se que esta nova regra do CPI, diferentemente da relativa à marca, refere-se a *consumidor*, e não a público.

O maior valor desta figura autónoma reside precisamente na viabilização da transmissão dos contratos que a caracterizam, eventualmente contra a vontade da contraparte negocial, como pode suceder no arrendamento com o senhorio (cfr. art. 1112º, nº 1, *alínea a)*)[258]. Por isso, podemos afirmar que esta forma de transmissão não suscita especiais dificuldades se o estabelecimento estiver localizado em imóvel próprio. Nessa circunstância, envolvendo o trespasse a propriedade do imóvel, o mesmo tem de se efetuar por escritura pública (cfr. art. 875º).

Se o estabelecimento estiver situado em imóvel arrendado, o trespasse tem de revestir a forma escrita e ser comunicado ao senhorio (cfr. art. 1112º, nº 3), o que deve acontecer com antecedência, se o senhorio dispuser de preferência (cfr. art. 1112º, nº 4 do CC).

No entanto, importa referir que o legislador concedeu recentemente ao trabalhador o direito de se opor à transmissão da posição do empregador no seu contrato de trabalho, em caso de transmissão do estabelecimento (cfr. art. 286º-A, nº 1 do CT, na red. da L 14/2018, de 19 de março)[259].

O trespasse é um ato de transmissão global e a título definitivo, e este aspeto distingue-o da chamada cessão de exploração do estabelecimento comercial, que abordaremos em seguida.

[258] Importa salientar que a lei reconhece ao senhorio do estabelecimento comercial o direito de preferência em caso de trespasse (por venda ou dação em cumprimento), se as partes não tiverem convencionado diversamente (cfr. art. 1112º, nº 4 do CC). Tratando-se de uma solução controversa, a mesma pode não suscitar tecnicamente qualquer problema, visto que o senhorio assume o estabelecimento, tornando-se empresário comercial; não se limitando a recuperar o uso e fruição do imóvel arrendado. No entanto, tal nem sempre é possível, porque o senhorio pode não dispor da qualificação necessária para ser titular do estabelecimento – se este for uma agência bancária, por exemplo –, ou porque o contrato de exploração da marca associada ao estabelecimento e aos bens nele comercializados contenha uma limitação a essa preferência (por quem não é empresário). Nessas situações, e na omissão da lei, é preferível excluir contratualmente o direito de preferência.

[259] A doutrina é ainda muito escassa. Vd. João Leal Amado, «Transmissão da empresa e contrato de trabalho: algumas notas sobre o regime jurídico do direito de oposição», *RLJ*, ano 147º, nºs 4010 (pp. 290-300), 2018, em especial pp. 293-299.

9.4.2. *Cessão da exploração*[260]

Diversamente do trespasse, a **cessão de exploração** consiste na transferência temporária e onerosa, em que o cedente conserva a titularidade do estabelecimento, limitando-se a permitir que o cessionário o explore (cfr. art. 1109º do CC). Trata-se de uma verdadeira locação do estabelecimento (vd., *infra*, noutro contexto, nº 28.2.4), correspondendo à cedência do (gozo) do estabelecimento como um todo e pressupondo, desse modo, que o mesmo já se encontre devidamente constituído e apto a funcionar.

Esta cedência provisória não carece do consentimento do senhorio do local arrendado em que está instalado o estabelecimento, mas deve ser-lhe comunicada no prazo de um mês (cfr. art. 1109º, nº 2 do CC). Se o estabelecimento estiver situado em imóvel próprio, a cessão da respetiva exploração não tem qualquer efeito quanto ao imóvel, cujo gozo e fruição é cedido como parte do estabelecimento.

Exemplificando, imagine-se que Alberto é o inquilino de em espaço dedicado à restauração e que, tendo exercido a atividade de exploração do restaurante durante vários anos, pretende agora ceder a um jovem chefe (cozinheiro) essa exploração, propondo-se receber uma contrapartida financeira variável (eventualmente indexada à receita de exploração) por essa cedência temporária, digamos que, pelo prazo de três anos. Neste caso, e quando o estabelecimento se localizar em imóvel arrendado, essencial é que a cessão de exploração respeite a duração do contrato de arrendamento (e demais condições). Findo o prazo da cessão, o cedente recupera a plena posse e exploração do estabelecimento de que é titular.

[260] Cf. Coutinho de Abreu, *Curso de Direito Comercial*, vol. I, 11ª ed., 2018, pp. 326-336, Ana Afonso, «A empresa e o estabelecimento comercial», cit., 2014, pp. 97-98 e 101, António Menezes Cordeiro, *Leis do Arrendamento Urbano Anotadas*, 2014, pp. 355-359, Fernando de Gravato Morais, *Novo Regime do Arrendamento Comercial*, 3ª ed., 2011, pp. 351-354 e 51-53, Alexandre Dias Pereira, *Direito Comercial das Empresas*, 2ª ed., 2015, pp. 73-78, Maria Elisabete Ramos, *Direito Comercial e das Sociedades*, 2018, pp. 129-130 e 135, e Paulo Ramirez, *Direito Comercial*, 2017, p. 162, e Maria Elisabete Ramos, *Direito Comercial e das Sociedades*, 2018, pp. 129-130.

9.5. O estabelecimento comercial como garantia

O estabelecimento comercial pode ser integrado por uma série de elementos – corpóreos e incorpóreos –, compreendendo, como vimos, situações jurídicas de diversa natureza e tomando ainda hoje maioritariamente como referência um espaço físico.

Ora, a natureza jurídica do vínculo que explica o uso e fruição do local onde o estabelecimento se situa é determinante para apurar a forma como o estabelecimento, como unidade jurídica autónoma, pode constituir garantia de obrigações. Assim, se o estabelecimento se situar em local arrendado, envolvendo imprescindivelmente entre os ativos o contrato de arrendamento comercial, o estabelecimento pode constituir uma garantia real sob a forma de **penhor**. Se o imóvel em que se exercer a atividade mercantil pertencer ao titular do estabelecimento, então a forma adequada é a da **hipoteca**, porque a garantia terá necessariamente de abranger também esse imóvel.

9.6. Substituição do nome e insígnia do estabelecimento comercial pelo logótipo

O **nome** (**do estabelecimento**) era a designação (o vocábulo ou vocábulos) pela qual o estabelecimento[261] era classicamente identificado, ao passo que a **insígnia** era um sinal externo composto por figuras ou desenhos (simples ou combinados com vocábulos), devendo o conjunto apresentar uma configuração específica, enquanto elemento distintivo e característico.

O atual Código da Propriedade Industrial (2003) estrutura este direito privativo, tradicionalmente autónomo, sob uma única *modalidade de direitos da propriedade industrial* (os logótipos) (cfr. o Preâmbulo do

[261] O atual Código da Propriedade Industrial, na sua versão inicial (2003), estruturava o direito privativo, com base no estabelecimento, mesmo que este não fosse comercial, referindo-se então a nome e insígnia do **estabelecimento** *tout court* (e não já, do estabelecimento *comercial*) (cfr. arts. 282º e 283º, entretanto revogados). À semelhança do que acontece hoje com o logótipo, o nome e a insígnia não podiam ser transferidos sem o próprio estabelecimento, efetuando-se a transmissão da propriedade de tais sinais com as formalidades legais que eram exigidas para a transmissão do estabelecimento de que tais sinais eram acessórios (cfr. arts. 297º e 285º, nº 1, *alínea a)* do CPI, na versão original, revogados pelo DL 143/2008, de 25 de julho).

DL 143/2008, de 25 de julho). Por isso, a lei atualmente deixa de falar em nome e insígnia do **estabelecimento** (*tout court*), como fazia anteriormente para mencionar apenas os **logótipos** (cfr. arts. 304º-A a 304º-S do CPI), apesar de admitir que transitoriamente – durante a vigência do registo e até à primeira renovação – o titular possa usar no nome ou na insígnia (ainda não convertidos em logótipos) as designações "Nome Registado" («N.R.») ou "Insígnia Registada" («I.R.») (cfr. arts. 13º e 10º a 12º do DL 143/2008).

Importa reter que o logótipo quando seja utilizado num estabelecimento não pode ser transferido sem o próprio estabelecimento (ou parte dele) (cfr. art. 304º-P, nº 2 do CPI). Do mesmo modo, a transmissão do estabelecimento, salvo se diversamente previsto, implica a transmissão do logótipo que o caracterize (cfr. art. 304º-P, nº 3).

9.7. O Estabelecimento (mercantil) Individual de Responsabilidade Limitada; *remissão*

O Estabelecimento individual de responsabilidade limitada não se confunde com o estabelecimento comercial, embora possa coincidir materialmente com este. Procederemos à sua análise adiante (cfr., *supra*, nº 11).

9.8. Empresa e estabelecimento; confronto

Aqui chegados, estamos em condições de concluir que a empresa é mais do que o estabelecimento, ainda que este integre os trabalhadores; engloba-o, mas caracteriza-se também pela vertente subjetiva que se traduz essencialmente na projeção da intervenção do empresário na constituição e direção da organização dos fatores de produção.

No entanto, nenhuma destas realidades é personificada. Ambas constituem o substrato de um sujeito de Direito Comercial.

Veremos, em seguida, quem são os sujeitos de Direito Comercial e adicionalmente aqueles que nos permitem estender esta realidade para o mercado em que se integra e dissolve; e em razão dos quais, como já vimos (no cap. I) e veremos (no cap. III), existem normas de proteção.

Capítulo III
Sujeitos do Direito Comercial e do Mercado

10. O acesso à atividade comercial. Pessoas singulares

O acesso à atividade mercantil faz-se, desde logo, por intermédio das pessoas físicas que foram os primeiros empresários.

Recorde-se que o Direito recusou, durante muito tempo, a personificação de entidades diversas e nomeadamente de organizações de pessoas e bens, pelo que não surpreende que a abordagem da matéria se deva iniciar pelas pessoas físicas.

10.1. A aquisição da qualidade de comerciante (individual)[262] e as proibições para comerciar

10.1.1. *O conceito de comerciante: o artigo 13º, número 1 do Código Comercial*

Vimos já que, no quadro do Código Comercial vigente, **comerciante** é aquele que faz do exercício do comércio profissão, a pessoa que se dedica

[262] Entre os diversos autores citados na bibliografia, vd. (por ordem alfabética do último nome): Coutinho de Abreu, *Curso de Direito Comercial*, vol. I, 11ª ed., 2018, pp. 113-122, José Engrácia Antunes, «O estatuto jurídico de comerciante», *Colecção Estudos Instituto do Conhecimento AB*, Nº 4 – Estudos comemorativos dos 20 anos da Abreu Advogados, Almedina/

habitualmente, como meio de vida, à celebração de contratos comerciais, designadamente o de compra para revenda.

Reconduzimos também a esta categoria (de comerciantes) as pessoas que se propõem exercer uma atividade mercantil (nos termos do disposto no art. 230º) e as empresas coletivas e outras entidades, organizadas sob a forma de sociedades comerciais, só pelo simples facto de se constituírem como tais (cfr. art. 13º, nº 2). Não integrando propriamente a categoria dos comerciantes, tendo em conta a sua natureza e fins, mas encontrando-se subsidiariamente sujeitas ao regime jurídico das sociedades comerciais, podemos associar as empresas públicas e as cooperativas.

Comerciante é, assim, sinónimo de sujeito de Direito Comercial, qualidade relevante na qualificação da matéria mercantil, em especial de atos de comércio (subjetivos), e que justifica, para além de um estatuto próprio, a sujeição à aplicação do regime comercial, mesmo quando se esteja perante um ato misto (comercial para um sujeito e civil para o outro), desde que a intervenção seja profissional (cfr. art. 99º)[263].

10.1.2. *Capacidade e profissionalidade do exercício do comércio*

Só quem tem capacidade de exercício – isto é, apenas quem pode atuar pessoal e livremente – pode ser comerciante, visto que a aquisição e conservação desta qualidade depende da prática habitual e profissional de atos de comércio, isto é, da celebração de contratos comerciais. Por esta razão, os menores, embora possam suceder na titularidade de

/Abreu Advogados, Coimbra, 2015 (pp. 413-442), pp. 413-415, José de Oliveira Ascensão, *Direito Comercial*, vol. I – *Institutos Gerais*, Lisboa, 1998/99, pp. 207-257, Pinto Coelho, *Lições de Direito Comercial*, vol. I, cit., 1957, pp 160-222, António Menezes Cordeiro, *Direito Comercial*, 4ª ed., 2016, pp. 256-261 e 265-277, Ferrer Correia, *Lições de Direito Comercial*, vol. I (Parte Geral), cit., 1973, pp. 121-142, Pupo Correia, *Direito Comercial*, 14ª ed., 2018, pp. 79-84 e 103-111, Pinto Furtado, *Disposições Gerais do Código Comercial*, Almedina, Coimbra, 1984, pp. 61-88, Remédio Marques, *Direito Comercial*, Reproset, Coimbra, 1995, pp. 303-430, Fernando Olavo, *Direito Comercial*, vol. I, 2ª ed., e vol. II, 2ª Parte, 2ª ed., Coimbra Editora, Coimbra, 1978, pp. 231-259, Maria Elisabete Ramos, *Direito Comercial e das Sociedades*, 2018, pp. 73-80, e Filipe Cassiano dos Santos, *Direito Comercial Português*, vol. I, cit., 2007, pp. 103-116.

[263] Cfr. o nosso artigo na *Enciclopédia Verbo*, Edição Século XXI, Verbo, Lisboa / São Paulo, 1998, vol. 7, cols. 550-551, em especial 550.

um estabelecimento comercial – porque têm uma capacidade de gozo genérica –, não são comerciantes.

A profissionalidade é também requisito para a qualificação do comerciante, uma vez que a aquisição desta depende da celebração quotidiana e em massa de contratos comerciais, como atividade principal e tendencialmente predominante do sujeito; o que explica que certos profissionais não possam acumular a sua atividade profissional com a atividade comercial.

10.1.3. *As proibições para comerciar; caracterização*

A lei estabelece proibições para comerciar (arts. 14º e 17º), para além de outras restrições em matéria de concorrência, designadamente a propósito de sociedades comerciais (cfr. arts. 254º e 378º do CSC). Assim, não podem exercer a atividade comercial:

1º – Todos aqueles que se encontrarem legalmente impedidos de o fazer, por serem objeto de uma proibição genérica, como, por exemplo, os juízes e os militares;
2º – As associações que não tenham por objeto interesses materiais, como um clube desportivo, por exemplo;
3º – O Estado, as Autarquias, as Misericórdias e as instituições de beneficência em geral.

Algumas limitações – como as indicadas em primeiro lugar – são consequência da impossibilidade de acumulação de certas profissões com o exercício (também profissional) do comércio, em atenção à exclusividade que as primeiras devem representar no contexto da vida dos sujeitos; outras resultam do objeto e fins de certas entidades, os quais não são compatíveis com a prossecução do lucro que caracteriza a atividade dos comerciantes.

Saliente-se que as proibições para comerciar não são incapacidades, fundamentalmente por duas razões: por um lado, a sua inobservância não importa a inutilização do ato jurídico praticado, isto é, a consequência da infração não é a invalidade do ato, porque a mesma poderia ser indevidamente prejudicial para a contraparte; por outro lado, uma incapacidade supõe deficiências naturais do incapaz, sendo estruturada com vista à sua proteção, o que não sucede na presente situação.

Acresce que não há incapacidades de Direito Comercial que sejam genericamente diferentes de incapacidades de Direito Civil.

Por sua vez, a **insolvência** continua[264] a não implicar uma específica limitação à capacidade de comerciar. Não obstante, a declaração de insolvência tem por efeito privar o insolvente da administração e do poder de disposição de bens (presentes ou futuros) *integrantes da massa insolvente* (cfr. art. 81º, nº 1 do CIRE).

10.2. **Os comerciantes e as empresas comerciais individuais;** *remissão*

O comerciante, tal como se configura tradicionalmente (e se encontra previsto no art. 13º, nº 1), identifica-se com o empresário individual, o que significa que equivale presentemente à empresa que gere.

Diversamente do que se poderia pensar, a empresa individual ainda é dominante no tecido económico-social português em números absolutos. Contudo, o seu peso económico, em termos de volume de negócios, representa hoje menos de 5% do total da economia[265], o que evidencia um claro declínio desta forma de organização produtiva. Estamos em crer que, nos tempos mais próximos, a facilidade que as pessoas singulares têm de prosseguir a atividade comercial sob o modelo de sociedade unipessoal e a necessidade de se agruparem em empresas mais robustas para enfrentar os desafios de um mercado cada vez mais global contribuirão para acentuar essa tendência.

[264] A falência, no âmbito do anterior Código do Processo de Recuperação de Empresas e da Falência (1992), já não implicava uma específica limitação à capacidade de comerciar. A declaração de falência tinha por efeito privar o falido da administração e do poder de disposição de bens presentes ou futuros (cfr. art. 147º do CPREF). Quanto às limitações para o exercício do comércio: art. 148º. No entanto, vd. nº 2 (O falido-pessoa singular podia ser excecionalmente autorizado).
O Código da Insolvência (2004) eliminou a designação "falência" e adota o termo uniforme *insolvência*, sem distinção dos sujeitos a que se aplica e das situações que caracteriza. Para maior desenvolvimento, vd., *infra*, nº 16.

[265] Já era assim há dez anos, visto que apenas dispomos de dados referentes a 2008, revelados nas nossas *Lições* cit., 2010, p. 83 (nota 171).

10.3. O regime da responsabilidade pelas dívidas contraídas pelo cônjuge comerciante[266]

Importa agora estudar uma situação relativamente à qual a qualificação do sujeito é essencial, apesar de, como iremos ver, também o ser a prévia qualificação do *ato* (da matéria mercantil).

Esta matéria era classicamente lecionada a propósito do regime específico dos atos e obrigações comerciais[267].

10.3.1. *Responsabilidade pelas dívidas contraídas pelo cônjuge comeciante*

10.3.1.1. *Importância prática*

A regra geral e básica nesta matéria (das dívidas dos cônjuges) é a de que «*qualquer dos cônjuges tem legitimidade para contrair dívidas, sem necessidade do consentimento do outro*» (art. 1690º do Código Civil). O seu alcance prático reside na determinação dos bens que respondem por cada uma das dívidas, bem como nas consequências do pagamento de uma dívida contraída por pessoa casada à custa de bens diferentes daqueles que devessem responder pelo seu cumprimento.

São questões cuja resposta compete ao Direito Civil (Direito da Família), para onde se remete.

No que ao Direito Comercial respeita, há que averiguar se a responsabilidade (conjugal) por uma dívida contraída por uma única pessoa (necessariamente singular) se modifica em razão da sua qualidade de

[266] Cfr. o estudo de Pinto Furtado, «Dívidas comerciais ou dos comerciantes e executoriedade por dívidas dos cônjuges», *O Direito*, anos 106º-119º, 1974/1987, pp. 35-73 (existe sep.), e Coutinho de Abreu, *Curso de Direito Comercial*, vol. I, 11ª ed., 2018, pp. 201-203.

[267] Antes da alteração da redação do art. 1696º, nº 1 do Código Civil [por efeito do art. 4º, nº 1 do DL 329-A/95, de 12 de dezembro, que entrou em vigor em 1 de janeiro de 1997 (L 28/96, de 2 de agosto, art. 5º)] que esvaziou de sentido o art. 10º do Código Comercial, visto que a finalidade ou efeito útil deste consistia precisamente no afastamento da moratória na execução da meação dos bens comuns do casal pelas dívidas da responsabilidade exclusiva de um dos cônjuges.
Hoje, há quem aborde esta temática a propósito do estatuto dos comerciantes, caso de Coutinho de Abreu, *Curso de Direito Comercial*, vol. I, 11ª ed., 2018, pp. 201-203.
Cremos que o regime das dívidas comerciais do cônjuge comerciante não é uma questão de *estatuto*, mas mero efeito do regime jurídico aplicável a certos comerciantes (os casados no regime de comunhão); o qual pode, aliás, para situações idênticas ter soluções diferentes.

comerciante ou se, independentemente desta, pelas circunstâncias em que a dívida é contraída, a mesma fica sujeita a um regime jurídico específico.

Para já, e antes de mais, há que distinguir dois tipos de dívidas.

10.3.1.2. *Espécies de dívidas*

Quanto à sua qualificação, podemos distinguir as dívidas que responsabilizam ambos os cônjuges das dívidas que apenas responsabilizam um deles.

Se estabelecêssemos um paralelo com os princípios gerais do Direito das Obrigações, concluiríamos que:

- As dívidas contraídas (conjuntamente) pelos dois cônjuges (que pressupõem a necessária intervenção de ambos) seriam "comunicáveis" – e, seriam, em Direito Civil, em regra, conjuntas (*i.e.*, cada um responderia por metade da dívida).
- As dívidas contraídas por um só dos cônjuges seriam próprias (e apenas o cônjuge devedor responderia pela dívida contraída).

A regra de que as dívidas contraídas por um só dos cônjuges são próprias comporta numerosas e assinaláveis exceções.

Procuremos então saber se a qualidade de *sujeito* (ou do próprio ato) é relevante para a qualificação da dívida, num primeiro momento, e para influir na afetação dos bens que respondem por essa dívida, num segundo momento. Por outras palavras, vejamos se o Código Comercial, tendo em consideração a natureza da dívida e, eventualmente, do sujeito que a contraiu, estabelece um regime mais favorável para o credor[268].

Muito brevemente refira-se que uma coisa é a qualificação de uma dívida (como própria ou comum[269]); outra consiste em determinar os bens

[268] Não se ignora que, dadas as limitações de tempo disponível, o estudo desta matéria pressupõe o respetivo enquadramento dogmático em sede própria de Direito da Família (no plano do curso de Direito).

[269] *A priori* é preferível responsabilizar *ambos*. A única exceção a esta regra prende-se com as dívidas que responsabilizem apenas o cônjuge contraente casado em separação de bens, se o seu património próprio for muito superior aos bens próprios do outro cônjuge, situação em que, para o credor, poderá constituir melhor opção responsabilizar exclusivamente o (contraente) devedor, visto que pelas dívidas comuns (isto é, da responsabilidade de ambos) os bens próprios respondem conjuntamente.

que irão responder pela sua satisfação, uma vez que se encontre apurada a respetiva responsabilidade.

Ora, entre as dívidas que, contraídas apenas por um, responsabilizam ambos os cônjuges (cfr. art. 1691º do CC) contam-se as dívidas contraídas por qualquer deles no **exercício do comércio** (cfr. *alínea d)* do nº 1 do último artigo citado), desde que não sejam casados no regime de separação de bens ou desde que não se prove que não foram contraídas em proveito comum do casal.

10.3.2. *O artigo 15º do Código Comercial: as dívidas comerciais do cônjuge comerciante*

10.3.2.1. *A presunção*

Dispõe o artigo 15º do Código Comercial que «*as dívidas comerciais do cônjuge comerciante presumem-se contraídas no exercício do seu comércio*».

Este preceito legal – reminiscência de um sistema económico alicerçado nos indivíduos (pessoas singulares), que as formas mais recentes e evoluídas de personificação têm vindo gradualmente a conduzir à extinção – visa a proteção das relações que os comerciantes (empresários individuais) estabelecem com os seus fornecedores; sendo favorável ao credor, mas facilitando secundariamente, por essa razão, o crédito concedido ao devedor.

Só se aplica quando não haja consentimento expresso do outro cônjuge, porque nesse caso a dívida comercial responsabiliza de imediato ambos os cônjuges.

Trata-se de uma regra que, não tendo autonomia normativa, visa estabelecer uma presunção de comunicabilidade e tem por efeito útil a aplicação do disposto no art. 1691º, nº 1, *alínea d)* do Código Civil. Por essa razão também não se aplica ao cônjuge comerciante casado no regime de separação de bens, visto que o disposto na *alínea d)* do nº 1 do art. 1691º só se aplica aos casados num regime de comunhão de bens (adquiridos ou total).

10.3.2.2. *O artigo 1691º, número 1, alínea d) do Código Civil*

O art. 15º do Código Comercial não tem sentido se for isoladamente considerado, devendo ser articulado com o art. 1691º, nº 1, *alínea d)* do

Código Civil que, em matéria de responsabilidade por dívidas dos cônjuges introduz uma derrogação ao regime regra do Direito das Obrigações, segundo o qual cada devedor só é responsável pelas dívidas por si contraídas.

O relevo do casamento, e da comunhão de vida dele resultante, impõe, como vimos, que em certos casos dívidas contraídas por apenas um dos cônjuges sejam da responsabilidade de ambos, respondendo pela sua satisfação os bens comuns. Entre essas dívidas enquadram-se «*as dívidas contraídas por qualquer dos cônjuges no exercício do comércio, salvo se se provar que não foram contraídas em proveito comum do casal, ou se vigorar entre os cônjuges o regime de separação de bens*» (art. 1691º, nº 1, *alínea d)* do Código Civil).

O regime estabelecido no preceito acima transcrito é uma manifestação da tutela do comércio e representa um alargamento do âmbito da garantia patrimonial concedida aos credores.

A razão de ser é simples: o comércio deve, em princípio, considerar-se exercido para lucro e proveito dos dois cônjuges, se casados em comunhão. E, assim sendo, é razoável que os encargos contraídos para a perceção desses rendimentos sejam da responsabilidade de ambos os cônjuges.

No entanto, a admissibilidade da prova de que a dívida contraída no exercício do comércio não o foi em proveito comum do casal traduz a sobreposição do interesse do cônjuge que não contraiu a dívida ao interesse do credor.

No regime de separação de bens não há distinção entre as dívidas resultantes da atividade comercial e as resultantes de outra atividade profissional. Os rendimentos do comércio são, neste regime matrimonial, bens próprios do cônjuge comerciante.

10.3.2.3. *Conceito de dívida comercial*

Vejamos agora quais as dívidas que se enquadram no artigo 15º do Código Comercial.

São dívidas comerciais as dívidas resultantes de atos de comércio, *maxime* de contratos comerciais.

Coloca-se o problema de saber se a dívida deve decorrer de um ato reiterado (atividade profissional) ou se pode resultar de um ato isoladamente considerado.

Esta dúvida tem sentido porque a dívida comercial não tem de ser forçosamente contraída no exercício do comércio (do devedor). Um comerciante pode praticar atos comerciais, objetivos ou subjetivos, cuja realização pode não corresponder ao exercício do (seu) comércio. Tal acontecerá, por exemplo, com um comerciante de calçado que resolva adquirir um prédio urbano para revenda e que fique devedor de parte do respetivo preço.

A presunção do art. 15º faz todo o sentido, uma vez que o cônjuge do devedor a pode elidir, evitando a imediata aplicação do disposto no art. 1696º, nº 1, *alínea d)* do Código Civil.

Mas, em princípio, as dívidas comerciais devem considerar-se contraídas no exercício do comércio, cujo exercício profissional a lei quer tutelar. E a razão de ser desta exigência é o reforço do crédito concedido ao comerciante.

10.3.2.4. *Dívidas consubstanciadas em títulos de créditos*

Se a dívida resultar do não pagamento pontual de um título de crédito, não será só por essa razão comercial. Contudo, sendo a subscrição cambiária efetuada por um comerciante será sempre um ato subjetivamente comercial, por força da II parte do art. 2º do CCom, desde que dessa subscrição não resulte o contrário, isto é, que a subscrição não era comercial, porque nada tinha a ver com a atividade do comerciante.

Por isso, em regra, as dívidas emergentes do aceite de uma letra, da subscrição de uma livrança ou do saque de um cheque desde que tais atos sejam praticados por um empresário mercantil serão, em princípio, comerciais.

10.3.2.5. *Conclusão*

A conjugação do disposto no art. 15º do Código Comercial com a norma da *alínea d)* do nº 1 do art. 1691º do Código Civil permite articular as duas presunções que estabelecem o regime regra das dívidas contraídas pelo cônjuge comerciante: as dívidas comerciais do cônjuge comerciante casado em regime de comunhão de bens presumem-se contraídas no exercício da sua atividade comercial e, sendo contraídas no exercício da mesma, presumem-se contraídas em proveito comum do casal.

Qualquer das duas presunções é elidível.

No plano das dívidas comerciais dos cônjuges (comerciantes), o art. 15º constitui um resquício de um regime específico – que contou no passado com outra regra, já extinta (o art. 10º) – que tende a desaparecer por ser exclusivamente aplicável a empresários individuais casados num dos regimes de comunhão de bens.

10.4. Comunhão e transmissão de empresas comerciais[270]

Uma determinada empresa mercantil pode ser detida por mais de uma pessoa simultaneamente. Tratando-se de uma empresa individual haverá que analisar qual o regime aplicável a uma situação de comunhão de bens por parte do seu titular reconhecido (e inscrito) como empresário mercantil. Sendo coletiva, e assumindo a forma jurídica societária, é natural que a mesma seja participada simultaneamente por diversas pessoas. Nalguns casos existe um grupo de empresas, mas que reveste um caráter familiar, por pertencerem, direta ou indiretamente, a pessoas que descendem de um ascendente comum.

10.4.1. *Situações de comunhão*

A situação de comunhão respeita às empresas detidas por casados, as quais encontrando-se tituladas no nome de um único cônjuge e sendo por ele economicamente exploradas são propriedade de ambos por força do regime de comunhão geral ou de bens adquiridos.

Ora, pertencendo a empresa comercial a um comerciante casado, se for *bem comum do casal*, por efeito do respetivo regime de bens, então pode discutir-se se o cônjuge que não tiver a sua direção efetiva é também comerciante.

Importa referir que os (dois) cônjuges são ambos comerciantes no caso em que administrem indistintamente a empresa. Contudo, nesta circunstância haverá que ponderar se não estamos perante uma "verda-

[270] Referindo-se a estas situações, embora com uma visão não inteiramente coincidente com a nossa, Coutinho de Abreu, *Curso de Direito Comercial*, 11ª ed., 2018, pp. 162-163.
Sobre esta matéria, vd. Rita Lobo Xavier, *Sucessão familiar na empresa: a empresa familiar como objeto da sucessão* mortis causa, Universidade Católica Editora, Porto, 2017, em especial pp. 17-20, 31-38 e 61-75.

deira" sociedade irregular, se tal gestão for exercida intencional e conscientemente por ambos.

Se um dos cônjuges se limitar à prática de (alguns) atos auxiliares não cremos que o mesmo fique automaticamente qualificado como comerciante, uma vez que não atua profissionalmente, não intervindo de forma habitual no exercício do comércio, e limitando-se a colaborar pontualmente ou a ajudar o outro. Quando muito poderá ponderar-se a atribuição da qualidade de "comerciante ocasional" e discutir os efeitos da mesma.

Para adquirir a *qualidade* de "comerciante" importa, pois, assumir uma prática habitual de atos e contratos comerciais.

10.4.2. *A sucessão nas empresas comerciais singulares*

Ocorrendo a *sucessão* de um comerciante ou empresário mercantil, e (já) não se encontrando a herança jacente (isto é, por aceitar), mas não tendo havido ainda lugar à partilha, a qualificação de comerciante e os respetivos efeitos – em termos de regime jurídico aplicável – são imputados à empresa e, consequentemente, aos seus titulares: todos os herdeiros; e não apenas o cabeça-de-casal. Naturalmente, que tal qualificação ficará pendente da partilha que vier a ser efetuada, da atribuição dos estabelecimentos existentes e da continuação da atividade comercial.

10.4.3. *A antecipação da sucessão: o protocolo familiar nas empresas e nos grupos familiares*

Atingindo uma determinada empresa comercial (ou conjunto de empresas comerciais) uma certa dimensão coloca-se naturalmente a questão da sucessão da sua titularidade, qualquer que seja a forma que a mesma revista: empresa individual em nome próprio, sociedade unipessoal, sociedade familiar ou grupo de empresas dominado por uma única pessoa. Trata-se, pois, de matéria que não respeita apenas a pessoas singulares, embora faça sentido abordá-la a este propósito pelo pendor individualista que se reconhece nos grupos familiares.

Existem hoje meios, instrumentos e processos que permitem acautelar uma transição geracional relativamente pacífica nas empresas comerciais de base familiar.

O instrumento adequado é o **protocolo familiar**[271], pelo qual os membros da família do empresário acordam na continuidade da empresa e na sua transição geracional, procurando identificar de, entre eles, o(s) mais apto(s) para assegurar no futuro a respetiva direção e gestão.

O protocolo familiar corresponde (ao corolário e) à materialização de um processo negocial – por vezes, longo –, que requer frequentemente a intervenção dos membros mais relevantes da família, assessorados por técnicos e consultores especializados, com a finalidade de assegurar a unidade da empresa familiar, após a sucessão, e o respeito pela decisão de transmissão e pela nova (ou futura) gestão. Este instrumento permitirá evitar a natural dispersão dos ativos que integram as empresas familiares (incluindo, naturalmente, aquelas que têm já substrato societário) ou a sua venda precipitada, contribuindo, pela formação ou reforço de um núcleo coeso, para a conservação da unidade da empresa e da família e do centro de decisão no seio desta.

Nesse processo podemos identificar oito **fases** distintas[272] que vamos sumariamente enunciar e caracterizar:

A **primeira** respeita à consciencialização, isto é, à assimilação da ideia de que a celebração de um instrumento com esta natureza era conveniente à subsistência e eventual desenvolvimento da empresa.

A **segunda** fase coincide com o início da vertente jurídico-societária, fiscal e financeira implicando a recolha de dados, nomeadamente de toda a informação pertinente, incluindo o levantamento dos bens que integram a empresa.

Em seguida, numa **terceira** fase, passa-se para a avaliação do património empresarial (familiar, incluindo todos os bens e participações).

[271] Este instrumento é também utilizável no âmbito das sociedades comerciais e da sucessão dos respetivos empresários, pelo que as fases inerentes à sua criação serão também válidas para as empresas familiares organizadas sob forma societária.
Sobre a *Family Governance* que deve estar subjacente a este instrumento, vd. Rita Lobo Xavier, *Sucessão familiar na empresa*, cit., 2017, pp. 67-71, que se pronuncia também sobre o desenvolvimento do protocolo familiar (pp. 72-75), dedicando alguma atenção aos ordenamentos jurídicos estrangeiros mais relevantes (pp. 77-89).

[272] As fases enunciadas não são imprescindíveis à conclusão do Protocolo Familiar, a qual é possível sem que haja uma diferenciação tão nítida como a apontada no texto.

Na **quarta** fase deve ser elaborado um relatório sobre a informação obtida e os resultados da avaliação efetuada, no qual se sintetize os contributos fornecidos.

Depois, feito o balanço, numa **quinta** fase, os membros da família estão em condições de realizar a primeira reunião – na qual poderão já participar um ou dois consultores –, com a finalidade de discutir e analisar o relatório e preparar o calendário e atos subsequentes.

Na **sexta** fase – sempre que a dimensão da empresa o justifique –, procede-se à formação de equipas técnico-jurídicas e de consultores (financeiros e de gestão) e inicia-se elaboração dos diversos instrumentos e a realização dos atos pertinentes. Pode estar em causa a constituição de novas empresas (SGPS ou outra entidade), a reformulação da estrutura contratual existente e a celebração de acordos parassociais e, ou, de cooperação e de contratos de opções e de futuros, que poderão ser essenciais para uma clarificação futura da titularidade da empresa, permitindo àqueles que não pretenderem ficar à vinculados à mesma afastarem-se com razoável segurança.

Quando o protocolo familiar pretende regular empresas familiares que envolvem diversas sociedades, então haverá ainda que ponderar a introdução de novos modelos de funcionamento de órgãos sociais – de reforço da gestão, de controlo, de remunerações ou de natureza simplesmente consultiva –, equacionar atos estruturais relevantes, como a fusão ou a transformação de sociedades, eventualmente acompanhadas da dissolução e liquidação de empresas supérfluas.

A **sétima** (e penúltima) fase é destinada à apresentação e à discussão dos projetos e às negociações finais sobre o conteúdo dos atos a celebrar e das operações a realizar.

Na **oitava**, e última, fase – que conclui este processo – procede-se à formalização dos documentos que consubstanciarão o **protocolo familiar**.

Celebrado o acordo familiar, passamos à fase da sua execução que, no momento da sucessão *mortis causa* do seu mentor, pode originar algumas dificuldades insuperáveis resultantes da oposição de herdeiros legitimários, se não tiver sido espontaneamente assimilado por todos os abrangidos e não tiver sido concretizado nos instrumentos adequados e apropriados a tornar definitivas as soluções que tenham sido objeto de contratualização.

11. O estabelecimento (mercantil) individual de responsabilidade limitada (EIRL)[273]

Há muito que o indivíduo, empresário mercantil, procura limitar a responsabilidade da sua atividade a um património que afete a esse fim.

Tal limitação consegue-se por uma de duas vias: constitui um **estabelecimento individual de responsabilidade limitada** ou opta por uma sociedade por quotas da qual é o único sócio, preservando a sua autonomia (financeira) perante a sociedade.

11.1. Justificação do instituto e linhas gerais do regime jurídico; confronto com as sociedades unipessoais (maxime por quotas)

O principal objetivo do comerciante individual quando constitui um **Estabelecimento mercantil Individual de Responsabilidade Limitada (EIRL)**[274] ou uma sociedade por quotas unipessoal é o de organizar e estruturar a sua atividade económica numa base estritamente individual, mas podendo beneficiar da limitação da respetiva responsabilidade (pessoal). Com o recurso a estas figuras (jurídicas) visa-se impedir que o risco do comércio afete os bens pessoais do comerciante individual.

A oposição ao (novo) instituto tem por base as ideias de "uma pessoa, um património" e de "quem quer lucro, deve sofrer o risco".

11.2. Linhas gerais do regime jurídico

São as seguintes as linhas gerais do respetivo regime jurídico.

11.2.1. *Titularidade, capital e objeto*

O Estabelecimento mercantil Individual de Responsabilidade Limitada (EIRL) pode ser criado por pessoa com capacidade jurídica (cfr. arts. 1º, nº 1 e 2º, nº 2, *alínea c)* do Decreto-Lei nº 248/86, de 25 de agosto). Cada pessoa só pode ser titular de um EIRL (art. 1º, nº 3), mas nada obsta a

[273] Para além da bibliografia geral citada, vd. o comentário de Adalberto Costa, *Estabelecimento Mercantil Individual de Responsabilidade Limitada*, Elcla Editora, Porto, 1995.

[274] O EIRL foi regulado pelo Decreto-Lei nº 248/86, de 25 de agosto, a que se reportam todas as disposições legais citadas neste número, que não forem especialmente referenciadas.

que uma pessoa exerça o comércio à margem de um EIRL, isto é, fora do respetivo objeto (cfr. art., 2º, nº 2, *alínea a)*). Por sua vez, este instituto jurídico pode ser titular de diversos estabelecimentos (comerciais).

A lei concebeu esta figura jurídica à semelhança do tipo societário que lhe é próximo: a sociedade por quotas. Assim, o EIRL tem um capital mínimo, de € 5.000,00 (art. 3º, nº 2), intangível (art. 14º); devendo ser constituído um fundo de reserva legal (art. 15º). As variações do seu capital processam-se em termos análogos aos previstos para as sociedades (cfr. arts. 17º a 19º).

Esta entidade – que deve ser objeto de registo comercial (art. 5º do DL 248/86 e art. 8º do CRCom) – é transmissível e pode ser objeto de locação.

11.2.2. *Responsabilidade do EIRL pelas dívidas comuns*

Aparentemente o EIRL responde apenas pelas dívidas geradas pelo seu exercício (art. 10º, nº 1). Subsidiariamente responde apenas pelas dívidas anteriores à sua constituição (cfr. art. 10º, nº 2).

Seria questionável, porque controversa, a isenção de responsabilidade pelas dívidas comuns. E o que é um facto é que o art. 22º permite aos credores comuns atingirem o EIRL quando provem a insuficiência dos restantes bens. Mas o art. 27º salvaguarda os credores do EIRL, concedendo-lhes a preferência relativamente aos credores comuns.

11.2.3. *Responsabilidade do património geral pelas dívidas resultantes do EIRL*

Não devia existir responsabilidade do património geral pelas dívidas resultantes do EIRL, pois este é criado essencialmente com essa finalidade (cfr. art. 11º, nº 1).

No entanto, se não for observado o princípio da separação patrimonial na gestão do EIRL, o património geral responde pelas dívidas daquele (art. 11º, nºs 2 e 3).

11.3. **Natureza jurídica**

O EIRL é um **património autónomo**, não obstante a designação («individual»), a firma (que, em sentido objetivo, corresponde ao nome do estabelecimento), a sede (domicílio das pessoas coletivas) e a referência aos "credores do estabelecimento".

11.4. **Apreciação global; o estertor do EIRL**[275]

A constituição do EIRL implica um processo formal pesado e desadequado aos interesses do pequeno empresário.

Aspeto crítico a sublinhar é o que se prende com a limitação de um EIRL por pessoa. Concebida e aceite a autonomia patrimonial, e inerente limitação de responsabilidade, não se vislumbram as razões que terão motivado o legislador a acolher essa limitação.

Considerando os custos inerentes teria sido preferível o legislador ter admitido desde logo, em termos genéricos, a sociedade unipessoal (originária), não obstante, no que se refere à sua regulamentação, perderem significado os preceitos respeitantes a órgãos (colegiais), deliberações sociais, relações entre sócios, entre outros.

Com a generalização da sociedade unipessoal, a própria lei (Decreto-Lei nº 8/2007, de 17 de janeiro), reconhecendo o falhanço do EIRL – que foi sempre um anacronismo, constituindo exemplo de *organismo* socialmente enjeitado –, veio tentar apressar o fim deste instituto, promovendo a sua transformação em sociedade unipessoal por quotas (cfr. art. 20º do DL 8/2007).

12. As sociedades comerciais

Vimos anteriormente que é comerciante a pessoa física que faz do exercício do comércio profissão, isto é, que se dedica habitualmente, como meio de vida, à prática de atos de comércio (absolutos), nomeadamente compra para revenda.

No entanto, são igualmente comerciantes (ou sujeitos de Direito Comercial) as empresas coletivas, organizadas sob a forma de sociedades comerciais, só pelo simples facto de existirem (art. 13º, nº 2 do CCom), podendo reconduzir-se, de algum modo, a essa categoria, no

[275] Apontando precisamente neste sentido, José Engrácia Antunes, «O estabelecimento individual de responsabilidade limitada: crónica de uma morte anunciada», *RFDP*, ano III, 2006, pp. 401-442.

que respeita ao regime jurídico aplicável (incluindo sujeição a registo comercial), as cooperativas e as empresas públicas.

No século XXI, um número significativo de sujeitos de Direito Comercial, com peso económico muito relevante, são sociedades (comerciais), organizando-se maioritariamente sob a forma de sociedades por quotas e anónimas, tendo por substrato necessário a empresa comercial, como vimos.

A **empresa**, recorde-se, é uma organização produtiva ou mediadora de riqueza, que exerce de forma estável, a sua atividade económica em função do mercado a que se dirige.

12.1. **Conceito**[276]

A sociedade será **comercial** sempre que, nos termos do art. 230º do CCom, se proponha a realização de *atos* de comércio ou de *uma atividade* (económica) empresarial com fins lucrativos, ou se constitua enquanto tal (cfr. art. 13º, nº 2), em observância do disposto no art. 230º.

Mais simplesmente, **sociedade comercial** é o ente personificado participado, em regra, por duas ou mais pessoas que exercem uma atividade económica lucrativa, que se consubstancia na celebração de contratos comerciais (atos de comércio), que articuladamente, e em cadeia, formam uma atividade (cfr. art. 1º, nº 2 do CSC).

A admissibilidade generalizada da sociedade (comercial) unipessoal implica forçosamente uma adaptação do conceito, no sentido da sua simplificação. A sociedade comercial terá de passar a ser entendida como um ente jurídico que, tendo um substrato essencialmente patrimonial (e sendo composto por uma ou mais pessoas jurídicas), exerce uma atividade económica lucrativa que se traduz na prática de atos de comércio ou no exercício de uma atividade comercial.

Ora, a leitura atualizada do velho Código Comercial, conjugada com o disposto no Código das Sociedades Comerciais, designadamente no seu art. 1º, determina que a empresa comercial se define por uma atividade de produção ou mediação de bens e, ou, serviços para o mercado, assumindo particular relevo o risco do capital investido (por confronto com o peso do fator terra ou com o trabalho direto do empresário).

[276] Cfr. também o nosso *Direito das Sociedades Comerciais*, 6ª ed., 2016, pp. 6-11, e José Engrácia Antunes, *Direito das Sociedades*, 7ª ed. (autor), Porto, 2017, pp. 63-83 e 87-92.

12.2. Os diversos tipos de sociedades (comerciais)[277]

12.2.1. *O princípio da tipicidade; conteúdo*

A lei portuguesa consagra o princípio da tipicidade em matéria de sociedades comerciais, dispondo que estas devem adotar um dos quatro tipos nela previstos (cfr. art. 1º, nºs 3 e 2).

Por sua vez, no quadro do Código das Sociedades Comerciais[278], encontramos um tipo societário – a sociedade anónima – com um regime mais desenvolvido e que, classicamente, se assumia como paradigmático do regime das sociedades comerciais (de responsabilidade limitada), quando as sociedades por quotas ainda podiam ser consideradas verdadeiras sociedades de capitais[279]. Exemplifique-se com o disposto no art. 248º, nº 1, segundo o qual as regras referentes às assembleias gerais das sociedades anónimas são aplicáveis às sociedades por quotas, *em tudo o que não estiver especificamente regulado para* estas (cfr. nº 1).

12.2.2. *Os (quatro) tipos sociais*

A lei coloca ao dispor dos agentes económicos quatro modelos diferentes de sociedades comerciais.

12.2.2.1. *Sociedades em nome coletivo*

As **sociedades em nome coletivo** caracterizam-se pela responsabilidade ilimitada dos sócios. Cada sócio é responsável para com a sociedade pela realização da sua entrada; e responde, solidariamente e sem limite, com os restantes sócios, perante os credores da sociedade pelas dívidas desta (mesmo anteriores) (art. 175º). Os sócios de indústria são responsáveis nas relações externas (art. 178º), sendo a sua responsabilidade subsidiária.

[277] Cfr. Paulo Olavo Cunha, *Direito das Sociedades Comerciais*, 6ª ed., 2016, pp. 57-75 e 88-97.

[278] Diploma a que, neste número (12.2), se reportam todas as disposições legais não referenciadas.

[279] A introdução na nossa ordem jurídica das sociedades por quotas de capital simbólico (com um euro por sócio), por efeito do DL 33/2011, de 7 de março, veio subverter a lógica anterior, descaracterizando este tipo societário e encostando-o definitivamente às sociedades de pessoas.

Estas sociedades são administradas por gerentes que, salvo previsão contratual em sentido diferente, são todos os seus sócios (cfr. art. 191º), só podendo ser geridas por estranhos quando tal for expressamente previsto no contrato de sociedade (cfr. art. 191º, nº 2).

Cada sócio representa um voto (cfr. art. 190º, nº 2), independentemente da sua participação no capital, e as deliberações habituais são formadas por maioria (cfr. art. 189º, nº 2), salvo se estiver em causa admitir um novo sócio ou alterar o contrato de sociedade, casos em que, em princípio, é necessária a unanimidade (cfr. arts. 189º, nº 2 *in fine* e 194º).

12.2.2.2. *Sociedades por quotas*

As **sociedades por quotas** podem ter substrato individual – caso em que o respetivo capital é totalmente detido por um único sócio (pessoa singular ou coletiva) –, designando-se como sociedades unipessoais por quotas[280], ou ser participadas por dois ou mais sócios. Em ambas as situações, são de responsabilidade (dos sócios) limitada (ao capital subscrito). Isto é, cada sócio responde pela sua entrada, mas solidariamente até ao montante do capital social subscrito (art. 197º, nº 1), constituindo a sua participação uma quota. Só a sociedade responde pelas suas dívidas perante credores (cfr. art. 197º, nº 3), exceto se os sócios garantirem expressamente que se responsabilizam pelas mesmas «*até determinado montante*» (art. 198º, nº 1).

Estas sociedades podem constituir-se com um capital social simbólico correspondente a um mínimo de € 1,00 por cada sócio (cfr. arts. 201º e 219º, nº 3), o qual deverá ser realizado até ao final do primeiro exercício económico (cfr. arts. 199º, *alínea b),* e 202º, nº 4)[281].

Nestas sociedades a gerência é o único órgão social institucionalizado, sendo a mesa da assembleia geral (subórgão da assembleia geral) e o conselho fiscal (ou fiscal único) órgãos facultativos, na medida em que não há obrigatoriedade legal de os constituir.

[280] Cfr. PAULO OLAVO CUNHA, *Direito das Sociedades Comerciais*, 6ª ed., 2016, pp.66-68, e comentário de RICARDO COSTA aos arts. 270º-A a 270º-G do CSC, *in* AA.VV., *Código das Sociedades Comerciais em Comentário*, vol. IV (Artigos 246º a 270º-G), 2ª ed., coord. por Coutinho de Abreu, 2017, pp. 315-368, bem como o respetivo comentário geral sobre a unipessoalidade, pp. 287-314.

[281] Teria mais sentido que a lei autorizasse um capital "zero", em vez de um capital social irrisório cuja recolha e registo tem um custo superior ao seu valor económico.

A sociedade é administrada e representada por um ou mais gerentes, que não funcionam colegialmente – diversamente do que se passa nas sociedades anónimas com os administradores –, embora possam reunir e deliberar, registando em ata as suas decisões.

Em certos casos, a sociedade pode ser obrigada a adotar fiscalização *ad hoc*, recorrendo a um revisor oficial de contas se durante dois exercícios consecutivos ultrapassar dois de três índices (balanço, volume de vendas e número de trabalhadores) previstos no art. 262º, nº 2.

Os votos contam-se proporcionalmente ao valor nominal da quota: um voto por cada cêntimo (cfr. art. 250º, nº 1), sendo as deliberações normalmente formadas por maioria (cfr. art. 250º, nº 3), se não estiver em causa uma alteração do contrato de sociedade, caso em que a proposta deve ser aprovada por *três quartos dos votos correspondentes ao capital social* (art. 265º, nº 1).

As quotas são livremente transmissíveis entre os sócios ou para familiares próximos (herdeiros legitimários) do cedente, estando a sua alienação onerosa em favor de terceiros (outros que não os indicados) sujeita ao consentimento da sociedade (cfr. art. 228º, nº 2), salvo se o contrato adotar uma solução diferente.

12.2.2.3. *Sociedades anónimas*

As **sociedades anónimas** caracterizam-se pela responsabilidade individual e exclusiva dos acionistas pelo valor da entrada (art. 271º), sendo a sociedade a única responsável pelas suas dívidas (art. 271º *a contrario sensu*).

Estas sociedades têm de se constituir com o capital social mínimo de € 50.000,00 (cfr. art. 276º, nº 5), realizado em, pelo menos, 30% no que respeita às entradas em dinheiro (cfr. art. 277º, nº 2, *a contrario*), salvo se o objeto da sociedade impuser um capital mínimo superior.

As grandes empresas comerciais adotam a forma de sociedade anónima, que é o tipo societário com uma orgânica mais complexa.

Dada a dimensão destas sociedades, os sócios deliberam em regra em assembleia geral – convocada com uma certa antecedência e com a observância de determinadas formalidades[282] –, devendo os membros da

[282] A lei admite, contudo, que também nestas sociedades possam ser tomadas deliberações unânimes por escrito e deliberações em assembleia geral universal ou totalitária, isto é, reu-

respetiva mesa (pelo menos o presidente e um secretário) ser designados em paralelo com os demais titulares dos órgãos sociais.

A estrutura da administração e fiscalização da sociedade anónima é complexa e variável. A lei oferece três modelos distintos, com aptidão para serem utilizados em empresas com determinadas dimensões e características, mas sem que tal seja imposto.

Os modelos de governação societária – assim se designam as diferentes estruturas que desenvolveremos na disciplina de Sociedades Comerciais – são os seguintes:

a) Modelo **clássico** – também chamado, por alguns, latino ou monista[283] – composto por um órgão de administração e outro de fiscalização. Este modelo pode revestir duas estruturas diferentes: a simples, composta por conselho de administração (ou administrador único) e conselho fiscal (ou fiscal único) – que deverá integrar necessariamente um revisor oficial de contas ou uma sociedade de revisores oficiais de contas –, e a complexa, exigida para as grandes sociedades anónimas, em que, ao lado do órgão de administração (em regra de composição plural[284]), encontramos uma fiscalização composta por um conselho fiscal e um revisor oficial de contas externo ou autónomo.
b) Modelo **germânico**, ou dualista, composto por conselho de administração executivo (ou administrador único), conselho geral e de supervisão e revisor oficial de contas.
c) Modelo **anglo-saxónico**, em que o órgão de fiscalização, designado por comissão de auditoria, integra o próprio conselho de administração, sendo composto por administradores não executivos e coexistindo com um revisor oficial de contas.

niões realizadas sem observância de formalidades prévias de convocação, mas com a presença de todos os sócios e a concordância unânime na respetiva reunião e sobre a ordem de trabalhos a seguir (cfr. arts. 54º e 373º, nº 1).

283 Trata-se de designações que consideramos menos adequadas e de afastar: a de modelo *monista*, por já não ser exclusiva da sociedade com o modelo de governação clássico (conselho de administração/conselho fiscal), uma vez que também caracteriza agora (desde 2006) o modelo anglo-saxónico; a de modelo latino, por ser a que caracterizava as sociedades por ações alemãs antes de 1937.

284 E obrigatoriamente sempre que o capital social for superior a 200 mil euros (cfr. art. 390º, nº 2 do CSC).

As ações – obrigatoriamente nominativas (cfr. art. 272º, *alínea d)*) – são, em regra, livremente transmissíveis (cfr. art. 328º, nº 1), apenas podendo deparar com limitações convencionais nos casos especificamente previstos na lei (cfr. art. 328º, nº 2). No entanto, nas sociedades fechadas ou de caráter familiar é habitual sujeitar a transmissão ao consentimento da sociedade e à preferência dos demais acionistas.

Com referência à sociedade anónima, podemos identificar quatro diferentes subtipos (societários)[285]:

(i) As sociedades anónimas **abertas cotadas** – disciplinadas pelos arts. 13º a 29º-A do CVM e pelo CSC, designadamente pelo título IV (arts. 271º-464º) e pela Parte Geral (arts. 1º a 174º) –, isto é, as sociedades anónimas cujo capital se encontra aberto ao investimento do público e cujas ações se encontram admitidas à negociação em mercado regulamentado.

(ii) As sociedades anónimas **abertas**, mas **não cotadas** – sujeitas à mesma regulamentação –, que são constituídas por oferta pública (cfr. art. 278º-283º do CSC) ou que perpassaram por uma operação dessa natureza (cfr. art. 13º do CVM), mas cujas participações não se encontram cotadas no mercado secundário.

(iii) As ***grandes*** sociedades anónimas, que não são abertas, que apresentam uma dimensão muito significativa, em conformidade com o disposto no art. 413º, nº 2, *alínea a)*, na red. do art. 7º da L 168/2015, de 9 de setembro, isto é, as que *durante dois exercícios consecutivos* ultrapassaram *dois dos seguintes limites*:

- total do balanço de € 20 milhões;
- € 40 milhões de vendas líquidas e outros proveitos;
- média de 250 trabalhadores durante o exercício.

Estas sociedades regem-se exclusivamente pelo CSC, sendo-lhes aplicáveis muitas normas deste Código que disciplinam as sociedades cotadas.

(iv) As sociedades anónimas **simples** ou em sentido estrito, que correspondem às sociedades reguladas na lei societária, que não atingem a dimensão das que são qualificadas como *grandes*. Estas

[285] Para maior desenvolvimento, vd. Paulo Olavo Cunha, *Direito das Sociedades Comerciais*, 6ª ed., 2016, pp. 92-95.

sociedades podem substancialmente reconduzir-se a sociedades relativamente fechadas (com limitações à transmissibilidade das suas participações) – essencialmente familiares – e a sociedades que consubstanciam o paradigma de sociedade comercial aberta sem limitações à transmissibilidade das ações.

12.2.2.4. *Sociedades em comandita*

Por fim, os agentes económicos que pretendem optar por uma sociedade comercial, podem constituir uma **sociedade em comandita**, que corresponde a um tipo societário claramente em desuso, composto por duas espécies de sócios, com regimes de responsabilidade diferentes (art. 465º, nº 1).

Os sócios *comanditados* assumem a responsabilidade pelas dívidas da sociedade (nos mesmos termos dos sócios das sociedades em nome coletivo); os sócios comanditários não respondem por quaisquer dívidas da sociedade, para além do capital que subscreveram.

As sociedades em comandita podem organizar-se por recurso, subsidiariamente, ao regime das sociedades em nome coletivo (*sociedades em comandita simples*) (cfr. arts. 474º a 477º; em especial art. 474º) ou das sociedades anónimas (*sociedades em comandita por ações*) (cfr. arts. 478º a 480º; em especial art. 478º).

As sociedades são, em qualquer caso, administradas por gerentes – que, em princípio[286], devem ser os sócios comanditados (cfr. art. 470º) – que, conjuntamente, constituem o único órgão obrigatório nestas sociedades (cfr. arts. 470º, 472º, 474º e 478º).

As participações sociais são dificilmente transmissíveis na sociedade sob a *forma simples,* sendo as partes dos sócios comanditários transmitidas de acordo com as regras legais da sociedade por quotas (cfr. art. 475º) e encontrando-se as demais sujeitas ao consentimento dos sócios comanditados (cfr. art. 469º), tal como acontece nas sociedades *em comandita por ações.* Neste subtipo, as ações detidas pelos comanditários são livremente transmissíveis, se não houver reserva contratual.

As sociedades em comandita são um tipo societário claramente em desuso e em vias de extinção, pelo que nos abstemos de maior desenvolvimento.

[286] Sempre que o contrato não contiver uma previsão expressa que admita a participação de comanditários na gerência ou até de terceiros (cfr. art, 470º, nºs 1 e 2 do CSC).

12.3. As formas de organização das empresas plurissocietárias[287]

No mundo atual é frequente as sociedades surgiram interligadas umas às outras, constituindo grandes aglomerados empresariais e beneficiando, desse modo, de sinergias essenciais à sua subsistência e desenvolvimento no mercado global.

São diversas as formas que a articulação de participações pode revestir.

12.3.1. *Sociedades Gestoras de Participações Sociais (SGPS)*

As Sociedades Gestoras de Participações Sociais (SGPS) são, por natureza, as sociedades vocacionadas para a gestão de participações noutras sociedades como forma indireta do exercício da atividade económica (sendo, aliás, este o único objeto social admissível). Podem adotar a forma de sociedade por quotas ou de sociedade anónima, não existindo nenhuma formalidade especial para este tipo de sociedades.

As SGPS são reguladas pelo Decreto-Lei nº 495/88, de 30 de dezembro (redação dos DL 318/94, de 24 de dezembro, e 378/98, de 27 de novembro, e da Lei nº 109-B/2001, 27 de dezembro)[288], e subsidiariamente pelo disposto no Código das Sociedades Comerciais, nomeadamente pelas regras constantes do Título VI (referente às Sociedades Coligadas), e são também conhecidas por *holdings*. Estas sociedades caracterizam-se por terem como objeto social *exclusivo* «*a gestão de participações sociais de outras sociedades, como forma indireta de exercício de atividades económicas*» (art. 1º, nº 1); sendo a **participação** considerada **forma indireta** de atividade económica da sociedade participada quando for detida por período superior a um ano e represente, direta ou indiretamente, pelo menos 10% do capital (com voto) da participada (cfr. art. 1º, nºs 2 e 3).

[287] Cfr. Ana Perestrelo de Oliveira, *Manual de Grupos de Sociedades*, Almedina, Coimbra, 2016, pp. 7-35 e 38-67, o nosso *Direito Empresarial*, 2ª ed., 2016, pp. 231-235, o nosso *Direito das Sociedades Comerciais*, 6ª ed., 2016, pp. 69-72 (nº 1.1.2.6) e 1055-1079 (cap. X, nºs 45 e 46), e bibliografia específica nele citada, designadamente Maria do Rosário Palma Ramalho, *Grupos Empresariais e Societários. Incidências laborais*, Almedina, Coimbra, 2008, pp. 125-194 e 215-221, e Hugo Moredo Santos, «SGPS: Gestão de participações sociais como forma indirecta de exercício de actividades económicas», AA.VV., *Direito dos Valores Mobiliários*, vol. VIII, Coimbra Editora, 2008, pp. 357-445 (sep.).

[288] A que se reportam, neste número (12.3.1), todas as disposições legais citadas que não estiverem especialmente referenciadas.

Do exposto resulta que as SGPS pressupõem, na respetiva qualificação, dois requisitos que as afastam decisivamente de sociedades comerciais que tenham por objeto o exercício direto de uma atividade económica – sem prejuízo de, pontualmente, poderem realizar investimentos financeiros em participações sociais – ou que se constituam com objetivos de pura especulação económica: as participações, por um lado, devem ser estáveis e, por outro, devem revestir importância significativa no capital das sociedades participadas. **Estabilidade e concentração** do investimento serão, pois, dois fatores relevantes a ponderar na constituição de uma SGPS.

No entanto, nem todas as participações têm de estar sujeitas a esses princípios da forma rígida como foram acima enunciados. Com efeito, a lei (arts. 1º, nº 4 e 3º, nº 3) admite que uma SGPS detenha participações ocasionais e, ou, inferiores a 10% do capital (com voto) da sociedade participada sempre que:

a) o conjunto de tais participações não ultrapassem 30% do valor total das participações iguais ou superiores a 10% do capital social (com voto) das participadas – e que se encontrem «*incluídas nos investimentos financeiros constantes do último balanço aprovado*»;
b) cada participação, numa única empresa, tenha sido adquirida, pelo menos, por cerca de € 5 milhões (mais exatamente € 4.987.978,97), ainda que represente menos de 10% da participada;
c) essas participações tenham sido adquiridas por efeito de fusão ou cisão da participada;
d) a participação ocorra em sociedade em relação de subordinação (contratualmente titulada) com a SGPS.

A inobservância dos limites mínimos legalmente estabelecidos constitui uma contraordenação, punível com coima nos termos do art. 13º.

As limitações de caráter operacional que estas sociedades enfrentam relativamente a sociedades que tenham por objeto uma atividade económica direta, de natureza comercial, e simultaneamente detenham participações noutras sociedades – e que se podem constituir e atuar como *holdings* impuras – eram tradicionalmente compensadas por um regime fiscal mais favorável. Por isso, as SGPS constituíram, durante muitos anos, as unidades de topo e centrais dos grupos portugueses.

No entanto, a unificação do regime fiscal aplicável a todas as sociedades, resultante da aprovação da reforma do IRC (pela Lei nº 2/2014, de 16 de janeiro), retirou-lhes grande parte da sua importância, verificando-se uma tendência para o seu desaparecimento no plano económico e social português, em detrimento de *holdings* impuras, isto é, as sociedades com objeto comercial imediato que, paralelamente, são constituídas ou se mantêm para albergar participações sociais, assumindo e desempenhando as funções que até 2014 cabiam às SGPS. Estas, a partir de então, apenas se justificam para arrumação de participações no âmbito de um grupo ou para intencionalmente terem um objeto limitado – à atividade de exercício indireto da atividade económica, através da participação noutras sociedades –, mas apresentam claras desvantagens, de natureza operacional, em relação a sociedades que possam acumular a atividade comercial (direta) com a detenção de participações sociais, sem beneficiarem de contrapartidas de caráter fiscal.

12.3.2. *Grupos de sociedades*

O grupo de sociedades constitui uma das grandes categorias das sociedades coligadas (cfr. art. 482º do CSC[289]).

O grupo, em sentido jurídico, é um modo de concentração de empresas que se distingue da fusão, que se traduz na integração de duas ou mais sociedades numa estrutura jurídica unitária.

Em sentido amplo, ***grupo*** é qualquer modalidade mais ou menos estruturada e formalizada de colaboração entre sociedades para a realização de uma finalidade comum.

Nos **grupos de sociedades**, em sentido estrito e jurídico, existe uma entidade que tem uma direção unitária (comum) sobre todas as sociedades.

Essa direção pode corresponder a uma relação de:

a) Domínio total:
   - inicial, se existente *ab initio* (a chamada sociedade "subsidiária integral") (art. 488º); ou

[289] Diploma a que, neste número (12.3.2), se reportam todas as disposições legais não referenciadas.

- superveniente, sempre que a dominante atinge 90% do capital da dominada (arts. 489º, 490º e 541º), vendo-se obrigada a tomar uma de duas atitudes previstas no art. 489º, nº 2.

b) Grupo paritário (art. 492º), em que as sociedades são dirigidas por uma terceira entidade.
c) Subordinação (art. 493º), em que, não sendo necessário haver domínio, se subordina a gestão a outra sociedade, dominante ou não.

Para além dos grupos, encontramos ainda, como coligadas, as seguintes **sociedades em relação de participação:**

a) Sociedades em relação de simples participação (art. 483º), sempre que uma delas detenha 10%, ou mais, do capital social da outra (e não está coligada de outro modo).
b) Sociedades em relação de participações recíprocas (art. 485º), se ocorrer o cruzamento de participações sociais de 10%, ou mais. Esta situação pode coexistir com uma relação de domínio ou de grupo (art. 485º, nº 4).
c) Sociedades em relação de domínio simples (art. 486º), que se verifica quando uma delas (a dominante) exerce, direta ou indiretamente, uma influência determinante sobre a outra ou outras. O nº 2 do art. 486º do CSC estabelece uma presunção de domínio.

12.3.3. *Diferenciação (entre SGPS e grupo de sociedades)*

Enunciados sumariamente alguns aspetos do regime jurídicos das SGPS e referenciadas as sociedades em relação de grupo, refira-se que as primeiras se distinguem claramente das segundas pelo respetivo objeto que se reconduz exclusivamente à *gestão de participações sociais de outras sociedades* (como forma indireta de exercício de atividades económicas), enquanto as segundas têm por objeto uma atividade económica direta, exercendo uma atividade comercial, sem prejuízo de poderem deter participações sociais alheias.

12.3.4. *Grupos de sociedades em sentido jurídico e em sentido económico*

Para existir, em sentido técnico-jurídico, um grupo de sociedades tem de se verificar uma relação de participação interssocietária, eventualmente recíproca, em que, pelo menos, uma das sociedades envolvidas participa significativamente no capital de outra ou dirige a respetiva atividade ao abrigo de um contrato.

Se duas ou mais sociedades comerciais não tiverem relação jurídica entre si, mas apresentarem como característica comum serem detidas pelos mesmos acionistas, tal situação corresponde à de um grupo de facto ou económico, porque determinado pelas mesmas vontades. No entanto, não se enquadra nas sociedades ditas coligadas, previstas no Código das Sociedades Comerciais, em que, no mínimo, deverá haver um contrato de subordinação da atividade de uma sociedade a outra.

A qualificação do grupo de sociedades suscita-se frequentemente quando a lei estabelece um regime legal favorável para sociedades que integrem um mesmo grupo e queiram beneficiar dos aspetos benéficos que possam resultar dessa circunstância.

12.4. Sociedades transnacionais; a Sociedade Anónima Europeia

A par das sociedades comerciais que podem ser criadas no Direito português, é hoje possível constituir sociedades que ultrapassem as fronteiras do nosso país e que tenham ligações com mais de um ordenamento jurídico.

A nível da União Europeia, para os casos em que a empresa tem conexões com mais de um Estado soberano, foi reconhecida, já no século XXI, uma nova entidade jurídica personalizada – a Sociedade Anónima Europeia[290] –, tendo-se gorado as tentativas de introdução de novos tipos, como seriam os casos da Sociedade Privada Europeia (que corresponderia no plano supranacional à sociedade por quotas) e da *Societas Unius Personae* (correspondente à sociedade unipessoal por quotas)[291].

As Sociedades Anónimas Europeias – cujo regime legal consta do Decreto-Lei nº 2/2005, de 4 de janeiro –, são sociedades criadas por entidades ligadas a mais de um Estado membro da União Europeia, devendo

[290] Sobre esta matéria, cfr. o nosso livro de *Direito das Sociedades Comerciais*, 6ª ed., 2016, pp. 75-78, e bibliografia citada na nota 193.

[291] Recorde-se que a Comissão Europeia apresentou em julho de 2008 uma Proposta de Regulamento sobre este novo tipo de sociedade fechada (à negociação no mercado regulamentado e a oferta pública) que permitiria promover a internacionalização de pequenas e médias empresas.

a respetiva sede estatutária localizar-se num desses Estados e a sociedade encontrar-se nele registada. O respetivo capital[292] encontra-se dividido em ações, como em qualquer sociedade nacional com idêntica natureza, e os seus acionistas têm a sua responsabilidade limitada ao capital que subscrevem. A firma deste tipo societário multinacional deve iniciar-se ou concluir-se com a sigla «S.E.» (cfr. art. 11º, nº 1 do RegSE).

A adesão a esta nova estrutura empresarial, de carácter multinacional, é irrelevante no nosso ordenamento jurídico.

13. Outras entidades personalizadas[293]

13.1. Agrupamentos Complementares de Empresas e Agrupamentos Europeus de Interesse Económico[294]

Para além dos sujeitos de Direito Comercial, a que nos referimos anteriormente – os empresários individuais e as sociedades comerciais –, existem outros entes personificados que merecem uma referência, ainda que sucinta.

13.1.1. *Agrupamentos Complementares de Empresas*

O Agrupamento Complementar de Empresas (ACE)[295] é um ente introduzido na nossa ordem jurídica pela Lei nº 4/73, de 9 de junho, regulamentada pelo Decreto-Lei nº 430/73, de 25 de agosto.

Os Agrupamentos Complementares de Empresas são entidades constituídas pela junção de pessoas singulares ou coletivas e sociedades,

[292] Mínimo de € 120.000, segundo o art. 4º, nº 2 do Regulamento (CE) nº 2157/2001, do Conselho, de 8 de outubro, aplicável no nosso país desde 8 de outubro de 2004.

[293] Na bibliografia geral, vd. COUTINHO DE ABREU, *Curso de Direito Comercial*, vol. I, 11ª ed., 2018, pp. 265-295.

[294] Cfr. JOSÉ ENGRÁCIA ANTUNES, «Os contratos de cooperação empresarial», *SI*, t. LVIII, nº 318, 2009 (pp. 249-279), pp. 268-279, ANTÓNIO CARLOS SANTOS, MARIA EDUARDA GONÇALVES e MARIA MANUEL LEITÃO MARQUES, *Direito Económico*, 6ª ed., Almedina, Coimbra, 2011, pp. 245-246, e EDGAR VALLES, *Consórcio, ACE e outras figuras*, Almedina, Coimbra, 2007, pp. 13-16 e 41-62.

[295] Cfr. o estudo de JOSÉ ANTÓNIO PINTO RIBEIRO e RUI PINTO DUARTE, *Dos Agrupamentos Complementares de Empresas*, Cadernos de Ciência e Técnica Fiscal nº 118, Lisboa, 1980, em especial pp. 60-65 e 89-91.

conjugando esforços com a finalidade de obter um melhor resultado económico, sem prejuízo da respetiva personalidade jurídica e atividade comercial (base I). Estas entidades adquirem personalidade com a inscrição no registo (base IV).

A lei não estabelece qualquer limitação à natureza dos intervenientes, que podem nem sequer ser comerciantes.

O ACE propõe-se uma atividade *complementar*, que não seja diretamente lucrativa, embora possa ter por fim acessório a realização e a partilha de lucros, desde que autorizado pelo contrato constitutivo; e tem por função promover a investigação, a formação profissional, a publicidade e o controlo de qualidade.

Se apreciarmos o diploma que regula o ACE, estabelecendo o respetivo regime, concluímos pela sua quase integração no Direito Comercial e pela aplicação subsidiária do regime das sociedades comerciais.

O ACE encontra-se sujeito a regime comercial e, quando a atividade complementar e a natureza dos seus membros forem mercantis devemos considerá-lo sujeito de Direito Comercial.

13.1.2. *Agrupamentos Europeus de Interesse Económico*

O **Agrupamento Europeu de Interesse Económico** (AEIE) – instituído pelo Regulamento (CEE) nº 2137/85 do Conselho, de 25 de julho de 1985, diretamente aplicável na nossa ordem jurídica, vigente desde 1 de julho de 1989 e regulado pelo Decreto-Lei nº 148/90, de 9 de maio (cfr. também Decreto-Lei nº 1/91, de 5 de janeiro) – é um ente auxiliar de pessoas jurídicas singulares e, ou, sociedades que agrega com a finalidade de promover a atividade económica dos seus membros no mercado europeu (da União Europeia), inclusivamente no que respeita à prestação de serviços, devendo integrar membros provenientes de, pelo menos, dois Estados membros da União Europeia.

O seu objeto é acessório do prosseguido pelos seus membros – que, nos termos do art. 4º, nº 1 do Regulamento, podem ser sociedades ou outras entidades jurídicas (públicas ou privadas, coletivas ou singulares) –, cuja atividade não pode dirigir.

Com a particularidade de ser uma figura da União Europeia, o AEIE é, a par do consórcio (que, adiante-se, não constitui ente jurídico autónomo) e do agrupamento complementar de empresas, uma das formas associativas possíveis de empresas (*incorporated joint-venture*)[296], aproximando-se particularmente como é expressamente reconhecido no diploma nacional que o regula (o DL 1/91, de 5 de janeiro). A respetiva personificação que, nos termos do Regulamento (art. 1º, nº 3), dependia de legislação interna, foi estabelecida, no nosso País, pelo Decreto-Lei nº 148/90, de 9 de maio (art. 1º). O art. 1º, nº 2 do CRCom prevê a sujeição a registo do AEIE e o art. 7º do mesmo diploma especifica os factos, relativos ao agrupamento, submetidos a registo.

13.2. **Cooperativas**[297]

13.2.1. ***Noção***

As **cooperativas** são pessoas coletivas *de livre constituição e de capital e composição variáveis* que, tendo por finalidade a satisfação, sem intuito lucrativo, das necessidades económicas, sociais e culturais dos seus membros, através da respetiva cooperação e entreajuda e pela observância dos princípios cooperativos (cfr. art. 3º do Código Cooperativo[298]), podem ainda, complementarmente, realizar operações com terceiros (cfr. art. 2º do CCoop).

[296] Sobre as diversas formas associativas das empresas, designadamente sobre o AEIE, Paulo Alves de Sousa de Vasconcelos, *O Contrato de Consórcio no âmbito dos contratos de cooperação entre empresas*, Col. *Stvdia Ivridica*, nº 36, Coimbra Editora, Coimbra, 1999, pp. 88-91.

[297] No plano bibliográfico, são poucas as obras e estudos (disponíveis) que contemplam o novo regime legal. No entanto, encontra-se no prelo, sob a coordenação de Deolinda Meira e Elisabete Ramos, um *Código Cooperativo Anotado*, Almedina, Coimbra, 2018, participado por muitos autores.

No quadro da anterior legislação (CCoop. de 1996), para além das obras gerais sobre Direito Comercial, vd. as diversas anotações publicadas na obra geral, AA.VV., *Jurisprudência Cooperativa Comentada*, coord. Deolinda Aparício Meira, INCM, Lisboa, 2012, em especial as apreciações dos autores portugueses (pp. 327-620), os estudos de Rui Namorado, *Os princípios cooperativos*, Fora do Texto, Coimbra, 1995, *Introdução ao Direito Cooperativo. Para uma expressão jurídica da cooperatividade*, Almedina, Coimbra, 2000 (em especial sobre o conceito e o regime jurídico aplicável, cfr. pp. 181-186 e 205-209), e *Horizonte Cooperativo. Política e Projecto*, Almedina, Coimbra, 2001, e as monografias clássicas de José Luís Cruz Vilaça, *A empresa cooperativa*, sep. do Boletim de Ciências Económicas, vols. XI, XII, XIII e XIV, Coimbra, 1969, e de Deolinda Aparício Meira, *O Regime Económico das Cooperativas no Direito Português: o Capital Social*, Vida Económica, Porto, 2009.

[298] A que se reportam, neste número (13.2), todas as disposições legais citadas que não estiverem especialmente referenciadas.

13.2.2. *Enquadramento legal*

As cooperativas são reguladas pelo Código Cooperativo, aprovado pela Lei nº 119/2015, de 31 de agosto (red. atual da L 66/2017, de 9 de agosto), que entrou em vigor em 30 de setembro de 2015 (cfr. art. 122º, nº 2), o qual, substituindo o Código Cooperativo de 1996, entre outros aspetos, introduziu nas cooperativas as três estruturas de governação das sociedades anónimas (cfr. arts. 45º a 70º).

O seu órgão executivo é o conselho de administração (anteriormente, a "direção") – que nas pequenas cooperativas (as que tiverem um máximo de *vinte membros*) pode ser substituído por um administrador único (cfr. art. 45º, nº 2 do CCoop) –, a quem cabe a sua gestão (cfr. arts. 27º, nº 1, *alínea b)* e 45º do CCoop), por vezes delegada num dos seus membros, que reveste a qualidade de administrador delegado (cfr. art. 50º, nº 1 do CCoop). O modo da sua vinculação e representação não diverge da forma de representação das sociedades comerciais – cujas regras lhe são subsidiariamente aplicáveis (cfr. art. 9º do CCoop) –, não apresentando especificidades que se justifique salientar.

A essa lei fundamental, acresce legislação complementar criada para tipos específicos de cooperativas.

13.2.3. *Qualificação*[299]

As cooperativas são controladas por uma entidade pública, a Cooperativa António Sérgio para a Economia Social (CASES), encontrando-se sujeitas a uma tutela pública rigorosa (cfr. arts. 115º a 118º do CCoop), em contrapartida de benefícios – designadamente de natureza fiscal – que lhes são reconhecidos.

As cooperativas definem-se, por natureza, por falta de escopo lucrativo, finalidade essa geralmente reconhecida como essencial para a qualificação do comerciante, em função da regular prática de atos de comércio (contratos comerciais) ou de natural predisposição para o efeito.

Não obstante, as cooperativas, que tenham um objeto comercial e que estejam inscritas no registo comercial, fazendo do comércio profissão, poderão ser qualificadas como comerciantes; justifica-o a prática

[299] Sobre a natureza das cooperativas (a propósito das cooperativas de habitação), cfr. o **AcSTJ de 28 mai 1996** (COSTA SOARES), *CJ/AcSTJ*, ano IV, t. II, 1996, pp. 88-90.

seguida na sua atuação normal, que é comum à de outras empresas com fim lucrativo.

13.3. Empresas Públicas[300]

Esta incursão pelas entidades personalizadas que se podem enquadrar nos sujeitos de Direito Comercial não estaria concluída se não fizéssemos uma referência às empresas públicas que, sob forma jurídico-societária, materializam a intervenção do Estado – como agente produtivo ou prestador de serviços – na economia.

Não o vamos fazer procurando caracterizar o sector público empresarial, mas identificando o tipo de empresas total ou maioritariamente participadas pelo Estado ou por entes públicos menores que podem intervir na atividade económica.

13.3.1. *Noção e enquadramento legal*

As empresas públicas são pessoas coletivas de origem pública e funcionamento privado, cuja titularidade é exclusiva ou maioritária de entidades públicas. Prosseguem atividades de natureza económica ou social,

[300] Seguimos de perto o texto do nosso livro de *Direito Empresarial*, 2ª ed. cit., 2016, pp. 283-288 e 291-293, visto que as nossas *Lições de Direito Comercial* cit., 2010, se encontram desatualizadas nesta matéria.
Versando as empresas públicas no quadro da lei atual, Jorge Coutinho de Abreu, «As Novíssimas Empresas Públicas (Segundo o DL 133/2013)», AA.VV., *Homenagem ao Prof. Doutor António José de Avelãs Nunes* (org. por Luís Pedro Cunha, José Manuel Quelhas e Teresa Almeida), *Boletim de Ciências Económicas da Faculdade de Direito da Universidade de Coimbra*, vol. LVII, t. I, Coimbra, 2014 (pp. 45-67), em especial pp. 47-51, 53-55 e 56-57, e Maria Eduarda Azevedo, *Temas de Direito da Economia*, 3ª ed., Almedina, Coimbra, 2018, pp. 126-137, Luís Cabral de Moncada, *Direito Económico*, 7ª ed. cit., 2018, pp. 283-312.
Sobre o regime das empresas públicas instituído em 1999 (nalguns casos em escritos anteriores à revisão de 2007), cfr. Eduardo Paz Ferreira, *Direito da Economia*, AAFDL, Lisboa, 2001, pp. 253-255, 263-277 e 283-291, e na obra coletiva org. pelo mesmo autor, *Estudos sobre o Novo Regime do Sector Empresarial do Estado*, Almedina, Coimbra, 2000, cfr., em especial, Paz Ferreira, «Aspectos Gerais do Novo Regime do Sector Empresarial do Estado» (pp. 9-24), p. 20, e António Pinto Duarte, «Notas sobre o conceito e regime jurídico das empresas públicas estaduais» (pp. 61-88), pp. 73-76, bem como a obra coletiva de António Carlos Santos / Maria Eduarda Gonçalves / Maria Manuel Leitão Marques, *Direito Económico*, 6ª ed., 2011, pp. 161-165.

segundo princípios de economicidade, ainda que tais atividades não sejam comerciais (como sucede, por exemplo, com a Companhia das Lezírias).

Movimentando-se num domínio deficitário por excelência e beneficiando, por esse facto, de subsídios, não é essencial à empresa pública a noção de lucro, pelo que não se confunde com a sociedade comercial, ainda que recorra a essa forma para se constituir no mercado e participar na respetiva atividade.

As empresas públicas regem-se pelo Decreto-Lei nº 133/2013, de 3 de outubro[301], que aprovou o atual Regime Jurídico do Sector Público Empresarial[302], sucedendo – em 3 de dezembro de 2013 (art. 75º do

[301] Este diploma – que teve por finalidade adaptar o regime jurídico destas entidades às obrigações decorrentes do *MoU* celebrado com a Troika, isto é, do Memorando de Entendimento celebrado (numa versão única em língua inglesa) no âmbito do Programa de Assistência Económica e Financeira entre o Estado Português, o Fundo Monetário Internacional, a Comissão Europeia e o Banco Central Europeu, em 17 de maio de 2010 – introduziu modificações, que importa assinalar.
Em primeiro lugar – e recorrendo ao preâmbulo do Decreto-Lei nº 133/2013 –, alargou «*o âmbito subjetivo de aplicação do regime das empresas públicas, passando a abranger todas as organizações empresariais em que o Estado ou outras entidades públicas, possam exercer, isolada ou conjuntamente, de forma direta ou indireta, influência dominante*».
Em segundo lugar, consagrou «*o conceito de sector* público empresarial*» – composto não apenas pelo sector empresarial do Estado, mas também pelo sector empresarial local –, acolhendo «*uma visão integrada do exercício da atividade empresarial pública*», materializada nas alterações implícitas que os seus artigos 62º a 67º introduziram na Lei nº 50/2012, de 31 de agosto.
Paralelamente, o novo regime densificou os conceitos de *empresa pública* (art. 5º) e de *influência dominante* (cfr. art. 9º).
Em terceiro lugar, introduziu normas em matéria de financiamento, visando controlar e impedir o endividamento das empresas públicas (cfr. arts. 24º a 29º).
Em quarto lugar, introduziu *alterações relevantes* no que respeita à chamada *função acionista*, procurando clarificar o *conceito* (art. 37º), o *conteúdo* (art. 38º) e *as regras* que sejam *aplicáveis* ao seu exercício (art. 39º).
Em quinto lugar, o novo diploma absorveu os princípios de boa governação aplicáveis às empresas públicas estaduais (cfr. arts. 40º a 54º), que se encontravam plasmados nas Resoluções do Conselho de Ministros nºs 49/2007, de 28 de março, e 70/2008, de 22 de abril (cfr. art. 74º, alíneas *b)* e *c)*).
(*) Assinale-se que o diploma, aplicando o (novo) Acordo Ortográfico, apresenta a palavra "sector" na versão com "c" ("sector"), usando autorizadamente a dupla grafia. Seguimos a ortografia oficial.

[302] Reportam-se ao RJSPE todos os preceitos que não sejam especialmente mencionados neste número (13.3).

DL nº 133/2013, de 3 de outubro) – ao Decreto-Lei nº 558/99, de 17 de dezembro[303].

Para a compreensão da noção atualizada de empresa pública, devemos recorrer aos arts. 5º e 9º do RJSPE.

Com efeito, o primeiro (art. 5º), ao traçar a noção de empresa pública, acolhe as ideias que resultavam das Diretivas da União Europeia[304] – impondo uma redefinição do conceito de empresa pública, que passa pelo seu alargamento, designadamente às entidades públicas empresariais –, e o segundo (art. 9º) avança o conceito de influência dominante.

Tomando por referência estas regras (arts. 5º e 9º), é possível construir um conceito de **empresa pública**. Trata-se de uma organização de fatores produtivos predispostos para o mercado, sob a forma de sociedade por quotas ou anónima, na qual *o Estado ou outras entidades públicas possam exercer, isolada ou conjuntamente, de forma direta ou indireta,* ***influência dominante***, por deterem nessa sociedade uma participação de capital maioritária, por disporem *da maioria dos direitos de voto*, por terem *a possibilidade de designar ou destituir a maioria dos membros dos órgãos de administração ou do órgão de fiscalização* (se existente) ou ainda por disporem *de participações qualificadas ou* de *direitos especiais* que possam permitir condicionar as decisões ou *as opções estratégicas* da participada.

[303] Este diploma – entretanto alterado pelo Decreto-Lei nº 300/2007, de 23 de agosto, que representara simultaneamente uma clara rutura com o passado e a modernização da estrutura normativa das empresas públicas, ao substituir o Decreto-Lei nº 260/76, de 8 de abril – surgiu posteriormente à lei com incidência puramente local (ou regional), que reconheceu e regulou as empresas públicas municipais, no final do século XX: a Lei nº 58/98, de 18 de agosto, a qual constituía "uma evolução na continuidade" relativamente ao sistema de 1976, e que, por sua vez, seria substituída pela Lei nº 53-F/2006, de 29 de dezembro.

[304] Recorde-se que, nos termos do art. 2º, *alínea b)* da Diretiva 2006/111/CE da Comissão, de 16 de novembro de 2006 (JOCE L318, de 17.11.2006), relativa à transparência das relações financeiras entre os Estados-Membros e as empresas públicas (que substituiu a Diretiva 80/723/CEE da Comissão, de 25 de junho, sobre a mesma matéria), **empresa pública** é «*qualquer empresa em que os poderes públicos possam exercer, directa ou indirectamente, uma influência dominante em consequência da propriedade, da participação financeira ou das regras que a disciplinam*». Trata-se de preceito que consagra uma presunção de existência de influência dominante quando o Estado ou os poderes públicos, direta ou indiretamente, detenham a maioria do capital da empresa, ou disponham da maioria dos votos atribuídos às partes sociais emitidas pela empresa ou possam designar mais de metade dos membros do órgão de administração, de direção ou de fiscalização da empresa.

O nº 2 do art. 5º engloba nas empresas públicas as **entidades públicas empresariais**, reguladas nos arts. 56º a 61º, isto é, *as pessoas coletivas de direito público, com natureza empresarial, criadas pelo Estado para prossecução dos seus fins* (art. 56º).

A firma destas empresas deve incluir a sua designação técnica (entidades públicas empresariais) ou as iniciais "E.P.E." (cfr. art. 57º), o seu capital é estatutário (cfr. art. 59º) e devem organizar-se organicamente como sociedades anónimas (cfr. art. 60º). Estas entidades – que também devem ser objeto de registo comercial (cfr. art. 61º), apesar das suas especificidades – estão também sujeitas às regras aplicáveis às empresas públicas em geral (cfr. art. 56º *in fine*).

13.3.2. *Regime legal*

O art. 14º do RJSPE (Decreto-Lei nº 133/2013, de 3 de outubro) determina a aplicação do Direito Privado às empresas públicas[305] e – ao estabelecer-lhes a forma de sociedade comercial de responsabilidade limitada (consequentemente anónima ou por quotas) (art. 5º, nº 1) – sujeita-as ao regime jurídico aplicável às sociedades comerciais, em geral.

Por sua vez, no nº 5, o referido art. 14º dispõe que *as empresas* públicas «*participadas* (mas minoritariamente) *estão sujeitas ao regime jurídico comercial, laboral e fiscal*» que for «*aplicável às empresas cujo capital e controlo é exclusivamente privado*».

Assim, retira-se do regime jurídico das empresas públicas que nos devemos nortear, na matéria que nos interessa, pelo disposto no Código das Sociedades Comerciais, com exceção das empresas que não forem comerciais.

No que respeita à respetiva estrutura de governação, as empresas públicas que adotarem a forma de sociedade anónima podem optar pelo modelo de governação que entenderem sem qualquer constrangimento (cfr. arts. 31º e 33º), contanto que os mesmos sejam *ajustados à dimensão e à complexidade da empresa* e que, na sua organização, garantam uma separação efetiva *entre as funções de administração executiva* e o respetivo controlo (funções de fiscalização) (cfr. art. 30º, nº 1).

[305] «*Sem prejuízo do disposto na legislação aplicável às empresas públicas regionais e locais*» (art. 14º, nº 1).

A lei estabelece que o órgão de gestão deve ser composto por três administradores[306], salvo se a dimensão da sociedade e complexidade da administração ou a sujeição a regimes jurídicos especiais justifiquem um maior número, abrindo a porta para a sociedade – quando for de reduzida dimensão – poder ser gerida por um administrador único (cfr. art. 31º, nº 2).

Em qualquer circunstância, a configuração do modelo, que deve constar dos estatutos, cabe ao Estado – no exercício da sua função acionista –, devendo o órgão de gestão integrar um elemento designado ou proposto pelo Ministro das Finanças (cfr. art. 31º, nºs 3 e 4) e devendo os órgãos de gestão e de fiscalização integrar necessariamente membros dos dois sexos (cfr. art. 31º, nº 6 do RJSPE e arts. 1º e 4º da Lei nº 62/2017, de 1 de agosto).

13.3.3. *Natureza jurídica*

Finalmente, e no que respeita à sua natureza, a empresa pública pode ser comercial pelo art. 230º do Código Comercial.

O facto de o empresário – o (principal) titular da empresa (o Estado) – não ser comerciante, nem poder ser, parece suscitar um problema; que se nos afigura ser aparente. Na verdade, sujeito de Direito Comercial é a empresa personificada e não o titular do respetivo capital, qualquer que seja o tipo societário envolvido.

No que respeita ao registo (publicidade) – não obstante o disposto no CRCom (arts. 1º, nº 2, 5º e 37º) – e à função de publicidade que lhe está associada, esta será assegurada, da melhor forma, pelo próprio diploma legal que cria uma certa empresa pública. É dos termos deste que resulta a qualidade de comerciante da empresa pública, com objeto comercial. A inscrição no registo (comercial) nada lhe acrescenta.

Com efeito, nesse caso, a empresa pública assume a qualidade de comerciante, mesmo antes da atividade ou do registo (comercial), em consequência do diploma que a cria.

[306] Tendo em conta que a administração não deve exceder, em regra, três membros, poderia discutir-se a admissibilidade do modelo de governação anglo-saxónico que deve integrar uma comissão de auditoria com três administradores, esgotando assim o número de administradores. Consideramos, assim, que a referência a *administradores* não inclui aqueles que sejam membros do órgão de fiscalização (no modelo anglo-saxónico).

13.3.4. As empresas locais[307]

Para além das empresas públicas (nacionais), tuteladas pelo Governo, é possível criar empresas locais, detidas, exclusiva ou maioritariamente, pelos entes infraestaduais: os municípios (as respetivas associações e as áreas metropolitanas).

As empresas locais têm por *objeto exclusivo a exploração de atividades de interesse geral ou a promoção do desenvolvimento local e regional*, designadamente exercendo uma das seguintes atividades (cfr. arts. 20º, nº 1, 45º e 48º da Lei nº 50/2012, de 31 de agosto[308]):

- *Promoção e gestão de equipamentos coletivos* (p.ex., jardins, mercados) *e prestação de serviços na área da educação* (p.ex., creches), *ação social, cultura* (monumentos, museus, teatros), *saúde e desporto;*
- *Promoção, gestão e fiscalização do estacionamento público urbano* (p.ex., parques de estacionamento e gestão do estacionamento na via pública);
- *Abastecimento público de água;*
- *Saneamento de águas residuais urbanas;*
- *Gestão de resíduos urbanos e limpeza pública* (recolha de lixo e limpeza das ruas);
- *Transporte de passageiros* (empresas de transportes urbanos);
- *Produção de energia elétrica* e *distribuição de energia elétrica em baixa tensão;*
- *Promoção, manutenção e conservação de infraestruturas urbanísticas e gestão urbana;*
- *Renovação e reabilitação urbanas e gestão do património edificado;*
- *Promoção do desenvolvimento urbano e rural no âmbito intermunicipal.*

[307] Vd. Coutinho de Abreu, *Curso de Direito Comercial* I, 11ª ed., 2018, pp. 282-287, Carlos José Batalhão, *Empresas Municipais, S.A. ("S" de Sociedades, "A" de Anómalas) e a aplicação do CIRE*, AEDRL, Braga, 2015, pp. 62-88, em especial 62-64 e 68-77, e Pedro Gonçalves, *Regime Jurídico da Atividade Empresarial Local*, Almedina, Coimbra, 2012, escrito na vigência da lei atual e na sequência da monografia, entretanto desatualizada, *Regime Jurídico das Empresas Municipais*, Almedina, Coimbra, 2007 (vd., em especial, pp. 210-214).

[308] Regime Jurídico da Atividade Empresarial Local (na red. da Lei nº 53/2014, de 25 de agosto), a que se reportam todas as disposições legais que neste número (13.3.4) não são especialmente referenciadas.

Curiosamente, a lei afasta a possibilidade de as empresas locais prosseguirem atividades com fim exclusivamente mercantil ou puramente administrativas (cfr. art. 20º, nº 1 do RJAEL). Repare-se: a empresa local pode ter um objeto comercial, se não se limitar a prosseguir uma atividade económica com intuito lucrativo, nem a exercer uma atividade de natureza exclusivamente administrativa, que vise a satisfação de necessidades coletivas.

São diversas as empresas locais, dedicando-se parte substancial à exploração de serviços municipalizados, designadamente no sector das águas. Para além destes, são vários os exemplos que nos ocorrem, mas, para citar apenas os mais conhecidos, na cidade de Lisboa, podemos referir a EMEL – Empresa Municipal de Mobilidade e Estacionamento de Lisboa, E.M., S.A., a EGEAC – Empresa de Gestão de Equipamentos e Animação Cultural, EM[309], e a Gebalis – Gestão do Arrendamento da Habitação Municipal de Lisboa, EM, S.A.

Estas empresas seguem – desde 1 de setembro de 2012, data da entrada em vigor da Lei nº 50/2012, de 31 de agosto –, para além dessa lei, a lei comercial, e (apenas subsidiariamente) o regime do sector empresarial do Estado, por expressa remissão do disposto no art. 21º[310].

Juridicamente as empresas locais – que são *pessoas coletivas de direito privado* – devem adotar o tipo de uma sociedade comercial de responsabilidade limitada (sociedade anónima ou por quotas) (cfr. art. 19º, nºs 4 e 6) e estruturam-se organicamente como uma sociedade comercial, com as limitações estabelecidas pelo RJAEL. Assim, para além da assembleia geral (*composta por um máximo de três elementos*) e do fiscal único [que é um órgão obrigatório e que deve ser um ROC ou uma SROC (cfr. arts. 25º, nºs 2, 5 e 6 e 26º, nº 4)], têm um órgão de gestão, composto por um máximo de três membros (art. 26º, nº 5), no qual só um ou dois, consoante os proveitos da empresa, podem ser remunerados (cfr. art. 25º, nºs 2, 3 e 4)[311].

[309] Esta não evidenciando o tipo societário que adota, o que constitui uma irregularidade em face da lei vigente devidamente interpretada (cfr. art. 19º do RJAEL, em especial os nºs 1, 5 e 6, e o disposto no CSC sobre firmas de sociedades de responsabilidade limitada: arts. 10º, 200º e 275º).

[310] Foram objeto de regulação adicional pelo Decreto-Lei nº 133/2013, de 3 de outubro, que aprovou o novo Regime Jurídico do Sector Público Empresarial (cfr., arts. 62º a 67º e 16º, 18º, 22º, 23º, 40º a 47º e 49º a 54º).

[311] Sobre o estatuto e o valor da remuneração do estatuto do gestor das empresas locais, vd. o art. 30º.

13.4. O recurso (impróprio) às Fundações para prosseguir fins comerciais[312]

As **fundações** são pessoas coletivas que correspondem a organizações de bens instituídas com a finalidade de afetar um acervo de meios (materiais) à realização de um fim de *interesse social*, de solidariedade, de proteção ambiental, cultural, educativo, científico ou artístico (cfr. arts. 157º a 166º e 185º a 194º do CC), devendo a sua constituição ser objeto de reconhecimento *individual* por um ato externo à vontade do instituidor – da competência de autoridade administrativa (arts. 158º, nº 2 e 185º, nº 2 do CC) –, que se manifesta por testamento ou em ato próprio (cfr. arts. 185º, 187º, nº 2 e 188º)[313]. Assim, e uma vez que os estatutos das fundações devem ser aprovados pela autoridade administrativa competente para o respetivo reconhecimento, se não forem mesmo da sua autoria (cfr. arts. 187º, nº 2 do CC), eventuais alterações à competência e forma de vinculação dos seus órgãos estão sujeitas a um formalismo significativo (cfr. art. 189º do CC).

Deste modo, o regime legal que caracteriza as fundações e o controlo externo que sobre elas recai não se nos afigura compatível com a sua generalização na vida mercantil que requer agilidade na tomada e implementação de decisões de carácter empresarial.

Contudo, alguns agentes económicos, com o intuito fundamental de obter vantagens de natureza fiscal, recorreram, no passado não muito distante, à organização da respetiva atividade sob a forma de fundações,

[312] Para além da doutrina geral, que aborda a matéria das fundações sob a perspetiva do Direito Civil, dada a regulação do instituto no Código Civil (arts. 185º a 194º e 157º a 166º) – casos de Menezes Cordeiro, *Tratado de Direito Civil*, IV – *Parte Geral. Pessoas*, 4ª ed., Almedina, Coimbra, 2016 (cfr. pp. 819-820), e Carvalho Fernandes, *Teoria Geral do Direito Civil I – Introdução. Pressupostos da relação jurídica*, 6ª ed., Universidade Católica Editora, Lisboa, 2012 (pp. 492-493, 572-578, 590-591, 597-599 e 662-664) –, vd. Henrique Sousa Antunes, *Comentário aos artigos 185º a 194º do Código Civil: Fundações*, Universidade Católica Editora, Lisboa, 2014, pp. 45-110, Cristina Paula Casal Baptista, *As Fundações no Direito Português*, Almedina, Coimbra, 2ª ed., 2016, pp. 29-34 e 55-71, Domingos, Soares Farinho, *Fundações e Interesse Público*, Almedina, Coimbra, 2014, pp. 218-222, 227-240, e Emílio Rui Vilar, «Fundações – Legitimidade, responsabilidade e (auto-)regulação», AAVV, *Nos 20 anos do Código das Sociedades Comerciais. Homenagem aos Profs. Doutores A. Ferrer Correia, Orlando de Carvalho e Vasco Lobo Xavier*, vol. II – *Vária*, Coimbra Editora, Coimbra, 2007 (pp. 535-550).

[313] Seguimos de muito perto a nota 833 da nossa dissertação *Cheque e Convenção de Cheque*, cit., 2009, pp. 377-378.

a qual, como vimos, é manifestamente inadequada à prossecução de fins comerciais em geral e lucrativos em particular[314], por não ser adequado que essas estruturas sejam funcionalizadas em razão dos interesses essencialmente egoísticos dos respetivos fundadores. Tais fundações – que nalguns casos, para além de acervos patrimoniais significativos, albergaram participações sociais significativas – foram, durante alguns anos, utilizadas com a complacência do Estado, a quem compete fiscalizar o exercício da atividade destas pessoas coletivas e assegurar que a sua finalidade é essencialmente altruísta, sem prejuízo de acessoriamente poderem prosseguir atividades comerciais de forma instrumental à realização do seu objeto.

A utilização desta espécie de pessoa coletiva para a realização de fins egoísticos representa, pois, uma contradição *in natura*.

Importa, porém, sublinhar que nada impede que as próprias empresas comerciais e grupos económicos recorram a esta figura (a este tipo de pessoa coletiva) para organizar acessoriamente as suas atividades de caráter altruístico, de natureza puramente social ou cultural. Assim, de entre as várias fundações de Direito Privado, podemos salientar as **Fundações de Empresa**[315] – todas exclusivamente orientadas para a promoção de atividades artísticas, culturais e científicas – de que constituem

[314] Salientando a nossa perspetiva crítica «relativamente ao recurso às fundações para prosseguir fins comerciais», Rita Lobo Xavier, *Sucessão familiar na empresa*, cit., 2017, p. 51, e defendendo a figura da fundação na transição da empresa familiar – desde que não seja utilizada numa perspetiva exclusiva de transmissão desta –, ao permitir «organizar e manter o controlo da família sobre a direção da empresa» (pp. 55-56).
Discutindo «a questão da (in)admissibilidade das fundações-titulares de empresa» e aceitando a empresa no contexto da fundação enquanto meio para a realização do respetivo fim, Manuel Nogueira Serens, «Em tema de fundações», *RLJ*, ano 143º, nºs 3985 (pp. 222-252) e 3986 (pp. 306-347), 2014, p. 347.
Não podemos aceitar passivamente que, em manifesta fraude à lei, tenha vindo a ser introduzida na vida económica uma prática pouco saudável que conduz à adulteração dos fins das pessoas coletivas, estabelecidos em função da sua natureza e regras aplicáveis.
Sobre os fins das fundações, cfr. Cristina Casal Baptista, *As Fundações no Direito Português*, 2ª ed., 2016, pp. 30-34 e 57.

[315] Estas fundações, instituídas por empresas ou grupo de empresas, constituem uma extensão das empresas que estão na sua origem para atividades que não revestem carácter comercial, permitindo autonomizar das atividades negociais outras de carácter puramente social ou meramente cultural, conservando, por razões evidentes, com a empresa instituidora uma ligação próxima em matérias de gestão e financeira.

exemplos as Fundações do BCP (*Fundação Millennium bcp*), da EDP e da Jerónimo Martins (*Fundações Francisco Manuel dos Santos* e *Oceano Azul*).

14. Os consumidores[316]

14.1. Enquadramento normativo

A caracterização dos intervenientes no mercado não ficaria completa sem uma menção aos destinatários dos bens e serviços que somos todos nós, como consumidores.

A aceleração da produção e a crescente agressividade na promoção dos bens e serviços no mercado tem sido acompanhada por um conjunto de regras destinada a tutelar os consumidores, enquanto agentes económicos passivos que são, mas em função dos quais o mercado se desenvolveu e sofisticou[317].

Vamos ver, neste número, quais as respostas que a sociedade, em geral, e o Direito, em particular, têm encontrado para proteger os consumidores num quadro económico gradualmente mais complexo e difícil[318]. Essa tutela processa-se em mais de que um plano, desde as regras que disciplinam as condições de produção e comercialização de bens

[316] Reproduzimos, com notas de atualização e algum desenvolvimento, o texto do nosso *Direito Empresarial*, 2ª ed., 2016, pp. 243-251, embora algumas matérias tenham sido reposicionadas.

[317] Tal como a Universidade existe essencialmente em função dos alunos (os "consumidores"); e não dos que nela ensinam (os "produtores, distribuidores ou prestadores de serviços").

[318] Os autores atuais reconhecem o Direito do Consumo ou o Direito do Consumidor como um ramo autónomo do Direito, com autonomia pedagógica nalgumas Faculdades de Direito (como sucede na Universidade Nova), existindo quem o reconduza a um ramo do Direito Civil, como José de Oliveira Ascensão, «Direito Autoral e Direito do Consumidor», AA.VV., *I Congresso de Direito do* Consumo, coord. Jorge Morais de Carvalho, Almedina, Coimbra, 2016 (pp. 35-38), p. 35. No entanto, tais autores não adotam uma terminologia uniforme, optando uns pela expressão Direito do Consumo, acentuando a vertente objetiva da atividade económica – como Carlos Ferreira de Almeida, «O futuro do Direito do Consumo», AA.VV., *I Congresso de Direito do Consumo*, 2016, pp. 27-34, e Jorge Morais de Carvalho, *Manual de Direito do Consumo*, 5ª ed., 2018 – e preferindo outros, centrados na figura do sujeito, a designação de Direito do Consumidor, casos de José de Oliveira Ascensão, *ibid.*, e de António Pinto Monteiro, *«O Direito do Consumidor em debate: evolução e desafios», AA.VV., I Congresso de Direito do Consumo*, 2016 (pp. 11-26), p. 12.

Embora compreendamos a razão pela qual se procura enquadrar o Direito do Consumo no Direito Civil, afigura-se-nos mais adequado reconduzi-lo ao Direito do Mercado, no qual se

e serviços – impondo que estes fenómenos se processem com respeito pelo meio ambiente, designadamente em condições cada vez mais rigorosas, e protegendo reflexamente os seus (últimos) destinatários – até às que visam tutelar diretamente o consumidor na ótica do bem que lhe é disponibilizado e nas qualidades intrínsecas que o mesmo deve revestir, as quais têm de ser respeitadas na publicidade que lhe for feita, passando por todas as regras em que os interesses do consumidor são protegidos pela legislação que disciplina e tutela a concorrência no mercado e sanciona a concorrência desleal.

É, por isso, muito vasta a legislação que, no século XXI, protege os consumidores.

No que se refere a legislação ainda não mencionada, devemos distinguir diplomas de caráter geral – como é o caso da Lei de Defesa do Consumidor (Lei nº 24/96, de 31 de julho)[319] e a Lei das Cláusulas Contratuais Gerais (Decreto-Lei nº 446/85, de 25 de outubro) – de diplomas específicos, que têm paulatinamente vindo a ser introduzidos na nossa ordem jurídica. Entre estes, saliente-se os diplomas que recaem sobre:

- A venda de bens de consumo e garantias inerentes (Decreto-Lei nº 67/2003, de 8 de abril, red. do DL 84/2008, de 21 de maio)[320], com a finalidade de disciplinarem as transações no mercado entre entidades profissionais e os consumidores, estabelecendo regras imperativas que disciplinam o respetivo relacionamento, assegurando ao adquirente dos bens de consumo tutela mínima no que se refere à garantia de que gozam esses bens e, nomeadamente, a sua substituição ou reparação quando se verifica uma desconformidade com o contrato[321];

dilui, tendo em conta de que muitas regras que exprimem a tutela do consumidor obrigam naturalmente os demais sujeitos do mercado, com os quais o consumidor interage e se cruza. Neste livro, tendo em conta o seu escopo, interessa-nos enunciar as vertentes em que se materializa essa proteção e os direitos que assistem a estes sujeitos.

[319] Esta lei foi objeto de alterações introduzidas pela Lei nº 85/98, de 16 de dezembro, pelo Decreto-Lei nº 67/2003, de 8 de abril, e pela Lei nº 47/2014, de 28 de julho).

[320] Cfr. Jorge Morais Carvalho, *Manual de Direito do Consumo,* 5ª ed., 2018, pp. 262-363, e António Pinto Monteiro / Mafalda Miranda Barbosa, «A imposição das obrigações decorrentes do DL nº 67/2003, de 8 de abril, ao intermediário na venda», *RLJ*, ano 147º, nº 4011 (pp. 368-386), 2018, pp. 368-369 e 372-378.

[321] Sobre o conceito de desconformidade, vd. o **AcSTJ de 17 dez 2015** (Maria da Graça Trigo), Proc. Nº 1174/12.3TVLSB.L1.S1, *RLJ* ano 145º, nº 3997, pp. 232-237, 2016, e a anot.

- As vendas à distância (Decreto-Lei nº 24/2014, de 12 de fevereiro, red. da L 47/2014 de 28 de julho)[322] – isto é, as que se realizam sem que as contrapartes negociais estejam em presença uma da outra;
- As normas de segurança geral dos produtos e serviços colocados no mercado (europeu) (Decreto-Lei nº 69/2005, de 7 de março, red. do Decreto-Regulamentar nº 38/2012, de 10 de abril; cfr., em especial, arts. 1º e 4º a 6º), visando evitar a comercialização de certos bens que possam causar perigo pela sua utilização ou manuseamento, designadamente tendo em conta os conhecimentos e destreza dos consumidores-alvo;
- A rotulagem, apresentação e publicidade dos géneros alimentícios destinados ao consumidor final (Decreto-Lei nº 560/99, de 18 de dezembro, red. do DL 156/2008, de 7 de agosto), de forma suficientemente clara, designadamente com datas de produção e validade para consumo;
- As informações em língua portuguesa relativas à natureza, características e garantias de bens ou serviços disponibilizados em Portugal (Decreto-Lei nº 238/86, de 19 de agosto, red. do DL 42/88, de 6 fevereiro), implicando que as regras de funcionamento dos bens e serviços transacionados no nosso mercado e as respetivas garantias sejam necessariamente apresentadas em língua portuguesa, não podendo ser acompanhadas de documentação emitida apenas em língua estrangeira;
- A proibição da discriminação em função do sexo do acesso a bens ou serviços (Lei nº 14/2008, de 12 de março, red. da L 9/2015, de 11 de fevereiro), impedindo que a transação de certos bens e serviços esteja reservada a pessoas de um sexo em particular, ainda que nem todos os bens sejam utilizáveis por qualquer pessoa;
- O regime aplicável às práticas comerciais desleais das empresas nas relações com os consumidores (Decreto-Lei nº 57/2008, de 26

de António Pinto Monteiro / Jorge Morais Carvalho, a pp. 237-248, cuja conclusão (pp. 247-248) merece o nosso total acordo.

[322] Sobre as vendas à distância, vd., Jorge Morais Carvalho / João Pedro Pinto-Ferreira, *Contratos Celebrados à Distância e Fora do Estabelecimento Comercial. Anotação ao Decreto-Lei Nº 24/2014, de 14 de fevereiro*, Almedina, Coimbra, 2014, e, *infra*, nºs 18.4.2 e 21.6.

de março, red. DL 205/2015, de 23 de setembro)[323], evitando desigualdades, imposição de compra ou vendas subordinadas;
- A redução de preço nas vendas a retalho (Decreto-Lei nº 70/2007, de 26 de março, red. DL 10/2015, de 16 de fevereiro)[324], abaixo de determinados limites, como sucede, por exemplo, com os livros no primeiro ano de edição;
- A afixação do preço dos bens para venda a retalho (Decreto-Lei nº 138/90, de 26 de abril, red. do DL nº 162/99, de 13 de maio)[325], permitindo o respetivo conhecimento por todos os interessados; e
- A obrigatoriedade de dispor de livro de reclamações (Decreto-Lei nº 156/2005, de 15 de setembro, red. do DL nº 242/2012, de 7 de novembro), caso o consumidor pretenda reagir por ocasião de um serviço deficientemente prestado ou de uma vicissitude na aquisição de um bem.

A estes diplomas acrescem muitos outros, designadamente com incidência financeira. Entre estes, impõe-se realçar o regime dos contratos de crédito ao consumo (Decreto-Lei nº 133/2009, de 2 de junho, na red. do Decreto-Lei nº 42-A/2013, de 28 de março)[326].

14.2. **A tutela do consumidor**

14.2.1. ***Âmbito de aplicação da lei; a noção de consumidor***

A Lei (nº 24/96, de 31 de julho) de Defesa do Consumidor (LDC) define o **consumidor** como «*aquele a quem sejam fornecidos bens, prestados ser-*

[323] Cfr. Jorge Morais Carvalho, *Manual de Direito do Consumo,* 5ª ed., 2018, 125-144, Assunção Cristas, «Concorrência desleal e protecção do consumidor: a propósito da Directiva 2005/29/CE», AA.VV., *Prof. Doutor Inocêncio Galvão Telles: 90 anos. Homenagem da Faculdade de Direito de Lisboa,* Almedina, Coimbra, 2007 (pp. 141-162), pp. 142-154, e Luís Manuel Teles de Menezes Leitão, «A Revisão do Regime das Práticas Comerciais Desleais», AA.VV., *I Congresso de Direito do* Consumo, coord. Jorge Morais de Carvalho, Almedina, Coimbra, 2016, pp. 73-94.

[324] Cfr. Jorge Morais Carvalho, *Manual de Direito do Consumo,* 5ª ed., 2018, 85-90.

[325] Cfr. Jorge Morais Carvalho, *Manual de Direito do Consumo,* 5ª ed., 2018, 82-85.

[326] Pronunciando-se já no âmbito da redação do Decreto-Lei nº 42-A/2013, de 28 de março, Jorge Morais Carvalho, *Manual de Direito do Consumo,* 5ª ed., 2018, 381-441.

viços[327] *ou transmitidos quaisquer direitos, destinados a uso não profissional, por pessoa que exerça com caráter profissional uma atividade económica que vise a obtenção de benefícios*» (art. 2º, nº 1)[328].

O consumidor é, pois, o agente económico que adquire, no mercado (a empresários ou agentes profissionais), bens e, ou, serviços para satisfação de necessidades pessoais, suas ou de terceiros.

Recorde-se que a lei comercial exclui a comercialidade das aquisições para consumo próprio (cfr. art. 464º, nº 1 do CCom), ainda que o adquirente seja comerciante ou sujeito de Direito Comercial. No contexto do Código ainda vigente é a afetação do bem que determina o regime jurídico a que a transação deve ficar sujeita, ainda que o art. 99º reconduza tendencialmente o regime dos atos mistos ao Direito Comercial.

No entanto, o sentido técnico de consumidor não engloba todo e qualquer adquirente de bens e serviços.

Na realidade, não é consumidor, para efeitos da tutela da Lei de Defesa do Consumidor, aquele que adquire a um particular bens, qualquer que seja o respetivo uso, o que significa que a sua proteção se deve fazer no quadro dos princípios gerais de Direito Civil e das Obrigações (vd., *infra*, nº 14.2.4).

Finalmente, refira-se que a Lei de Defesa do Consumidor não caracteriza o fornecedor, mas o respetivo conceito pode formar-se com referência à intervenção profissional do empresário, extraindo-se da parte final.

[327] Assinale-se, contudo, que *o regime de responsabilidade por serviços prestados por profissionais liberais* não é regulado pela LDC (cfr. art. 23º).

[328] Partindo desta noção e analisando quatro elementos com referência aos quais o conceito de consumidor pode ser analisado, Jorge Morais Carvalho, *Manual de Direito do Consumo*, 5ª ed., 2018, 23-35.
Sobre este conceito, vd. tb António Pinto Monteiro / Mafalda Miranda Barbosa, «A imposição das obrigações decorrentes do DL nº 67/2003, de 8 de abril, ao intermediário na venda», cit., 2018, p. 377, e Fernando Baptista de Oliveira, *O conceito de consumidor*, Almedina, Coimbra, 2009, pp. 51-106.
Para o regime jurídico dos contratos celebrados à distância (DL 24/2014, de 14 de fevereiro), consumidor é «*a pessoa singular que atue com fins que não se integrem no âmbito da sua atividade comercial, industrial, artesanal ou profissional*» (art. 3º, *alínea c)*). Sobre esta definição, vd. Morais Carvalho / Pinto-Ferreira, *Contratos Celebrados à Distância e Fora do Estabelecimento Comercial. Anotação* cit., 2014, pp. 30-33.

14.2.2. *Os direitos e garantias do consumidor*

A Constituição Portuguesa confere dignidade constitucional aos direitos dos *consumidores*, determinando que estes *têm direito à qualidade dos bens e serviços consumidos, à formação e à informação, à proteção da saúde, da segurança e dos seus interesses económicos, bem como à reparação de danos* (cfr. art. 60º, nº 1)[329].

Por sua vez, a Lei de Defesa do Consumidor apresenta, no art. 3º, um catálogo de direitos, que desenvolve noutras regras (arts. 4º a 15º). Limitamo-nos a enunciá-los e a indicar as normas que os acolhem:

- Direito à qualidade dos bens e serviços (arts. 3º, *alínea a)* e 4º);
- Direito à proteção da saúde e da segurança física (arts. 3º, *alínea b)* e 5º);
- Direito à formação e à educação (para o consumo) (arts. 3º, *alínea c)* e 6º);
- Direito à informação, em geral e em particular (arts. 3º, *alínea d)*, 7º e 8º);
- Direito à proteção dos interesses económicos do consumidor (arts. 3º, *alínea e)* e 9º);
- Direito à prevenção (e ação inibitória) e à reparação de danos (incluindo não patrimoniais) sofridos (arts. 3º, *alínea f)* e 10º a 13º);
- Direito à proteção jurídica e direito a uma justiça acessível e célere (arts. 3º, *alínea g)* e 14º);
- Direito à participação, por via representativa (através das associações de consumidores), na definição legal ou administrativa dos seus direitos e interesses (arts. 3º, *alínea h)* e 15º).

Por fim, refira-se que, para além dos direitos que lhes são reconhecidos pela Constituição e pela lei ordinária, os consumidores encontram, em legislação dispersa, inúmeras garantias para proteção dos seus inte-

[329] Cfr. J. J. Gomes Canotilho/Vital Moreira, *Constituição da República Portuguesa Anotada*, I, 2007, pp. 778-786 (art. 60º) – pronunciando-se sobre os direitos dos consumidores, retomados na LDC –, Jorge Miranda, anot. ao art. 29º da CRP, Jorge Miranda/Rui Medeiros, *Constituição Portuguesa Anotada*, I, 2ª ed., 2010, pp. 1169-1178, e António Carlos Santos / Maria Eduarda Gonçalves / Maria Manuel Leitão Marques, *Direito Económico*, 6ª ed., 2011, pp. 55-57.

resses. A título exemplificativo, vd. o diploma sobre as garantias inerentes à venda de bens de consumo (Decreto-Lei nº 67/2003, de 8 de abril, e especial arts. 5º e 9º).

14.2.3. *A lei das cláusulas contratuais gerais*[330]

14.2.3.1. *Origem e conceito de cláusulas contratuais gerais*

Com a massificação da atividade económica e dos negócios que a caracterizam, tornou-se indispensável disciplinar os contratos que são celebrados com recurso a mecanismos de adesão em que uma das partes se limita a dar o seu consentimento às regras que, pela outra, lhe são apresentadas para enquadrar especificamente a relação jurídica que pretendem concluir, sem possibilidade de discussão.

Razões que explicam o recurso crescente a este tipo de contratação são simples. A atividade económica exprime-se crescentemente em condutas negociais massificadas e repetidas, em especial na banca, seguros, telecomunicações, energia, transportes e *Internet*, mas com uma tendência de generalização a todos os sectores em que os negócios singulares estejam a ceder o seu espaço aos contratos celebrados com base neste tipo de regras.

A utilização de cláusulas contratuais com esta natureza, que estabelecem condições gerais de contratação de certas entidades, no que respeita aos bens e serviços por elas comercializados, veio a dar origem à criação de um regime jurídico específico.

As **cláusulas contratuais gerais** são proposições (regras) pré-elaboradas, de modo rígido, que regulam certos negócios jurídicos em que

[330] Cfr. Ferreira de Almeida, *Contratos I*, 6ª ed., 2017, pp. 193-211, Engrácia Antunes, *Contratos Comerciais. Noções Fundamentais*, cit., 2007, pp. 131-152, Jorge Morais Carvalho, *Manual de Direito do Consumo*, 5ª ed., 2018, pp. 106-125, Menezes Cordeiro, *Direito Comercial*, 4ª ed., 2016, pp. 608-635, e *Tratado de Direito Civil II*, 2014, pp. 357-468, Almeida Costa, *Direito das Obrigações*, 12ª ed., 2009, pp. 243-276, Carvalho Fernandes, *Teoria Geral do Direito Civil II*, 5ª ed., 2010, pp. 106-120, Maria Elisabete Ramos, *Direito Comercial e das Sociedades*, 2018, pp. 34-36, Joaquim de Sousa Ribeiro, *Cláusulas Contratuais Gerais e o Paradigma do Contrato*, sep. do vol. XXXV do Supl. BFDUL, Coimbra, 1990, pp. 13-63 e 123-203, Almeno de Sá, *Cláusulas Contratuais Gerais e Directiva sobre Cláusulas Abusivas*, 2ª ed., Almedina, Coimbra, 2000, pp. 49-141, e João Calvão da Silva, *Banca, Bolsa e Seguros*, 5ª ed., 2017, pp. 243-293, em especial pp. 246-274.

uma das partes (os proponentes ou os destinatários) é indeterminada, limitando-se a propor ou a aceitar os termos em que os mesmos são celebrados.

É relativamente aos contratos comerciais que se faz sentir, com mais premência, a necessidade de regulação aplicável a todos os atos que se reconduzem à mesma categoria negocial, evitando-se atrasos provocados pela discussão das cláusulas mais adequadas à disciplina do negócio em causa.

14.2.3.2. *A lei das cláusulas contratuais gerais*

A lei das cláusulas contratuais gerais (Decreto-Lei nº 446/85, de 25 de outubro)[331] visa disciplinar a utilização desta técnica negocial, assegurando uma comunicação e informação efetivas (cfr. arts. 5º e 6º) e impedindo que as cláusulas gerais prevaleçam sobre as regras particulares ou que sejam aplicáveis normas de que os contratantes não se tivessem inteirado oportunamente (cfr. arts. 7º e 8º, *alínea c)*).

Mas a essência da lei, que distingue as relações entre agentes económicos (empresários) e consumidores (finais) (cfr. arts. 20º e segs. da LCCG) ou apenas entre profissionais ou empresários (cfr. arts. 15º e segs.) – em que se verifica um maior equilíbrio contratual –, encontra-se na proibição de certas cláusulas que, se forem utilizadas, serão nulas (cfr. art. 12º), sem prejuízo do maior aproveitamento possível do negócio celebrado com tais cláusulas (cfr. arts. 13º, nºs 1 e 2, e 14º).

No que respeita à sua estrutura, as cláusulas contratuais gerais podem ser absolutamente ou relativamente proibidas. As primeiras não podem, em qualquer caso, ser incluídas em contratos celebrados por recurso à adesão de uma das partes (cfr. arts. 18º e 21º da LCCG); as segundas não podem regular contratos com esta natureza em certas circunstâncias, devendo ser objeto de apreciação e valoração em concreto (cfr. arts. 19º e 22º da LCCG).

[331] Sobre este diploma e o regime por ele estabelecido, vd. Ana Filipa Morais Antunes, *Comentário à Lei das Cláusulas Contratuais Gerais*, Coimbra Editora, Coimbra, 2013, pp. 15-21, José Manuel de Araújo Barros, *Cláusulas Contratuais Gerais. DL Nº 446/85 – Anotado. Recolha Jurisprudencial*, Coimbra Editora, Coimbra, 2010, em especial pp. 17-35, Mário Júlio de Almeida Costa, *Síntese do regime jurídico vigente das cláusulas contratuais gerais*, 2ª ed., Universidade Católica Editora, Lisboa, 2000, pp. 13-29, e Ana Prata, *Contratos de Adesão e Cláusulas Contratuais Gerais. Anotação ao Decreto-Lei nº 446/85, de 25 de Outubro*, Almedina, Coimbra, 2010, em especial pp. 9-152.

Nas disposições aplicáveis às relações com consumidores finais são ampliadas as proibições estabelecidas para o relacionamento entre profissionais e nesta distinção, isto é, na diferença de cuidado na proteção dispensada às relações entre empresários (ou profissionais, ainda que não sejam comerciantes) e aos contratos que estes celebram com consumidores (finais), normalmente mais desprotegidos (e indeterminados) e, consequentemente, a parte fraca do negócio, reside na atualidade um dos aspetos característicos das inúmeras normas que disciplinam o Direito do Mercado, onde todos esses agentes se movimentam, e que têm por finalidade reequilibrar a estrutura de um negócio baseado nessas cláusulas, que pode surgir desfavorável por ser proposto (ou, melhor, imposto) por quem tem maior poder negocial. Ao evitar a subsistência na ordem jurídica de determinadas cláusulas que se revelam francamente prejudiciais à parte que não tem capacidade para as percecionar devidamente e para se opor à sua aplicação (se pretender concluir o contrato que as mesmas integram) – tal como ao sujeitar os empresários a certas obrigações (legais), noutros diplomas –, o Direito procura assegurar que a expansão da contratação, o aumento exponencial dos negócios, provocado pelo aumento de produção e consumo desenfreado do virar do século, e a afluência de novos agentes ao mercado se processe de forma adequada, correta e ética, com o equilíbrio e a consciência que a regulação da vida social e económica exige e postula e, em suma, com o respeito dos seus valores mais elementares.

14.2.4. *A proteção do consumidor por recurso aos princípios gerais do Direito Civil e das Obrigações*

Pelo exposto, ficamos com a ideia clara de que o consumidor é hoje protegido por regras específicas e por regras gerais criadas a pensar na sua participação em determinado tipo de contratos, formados com recurso a cláusulas contratuais gerais.

No entanto, a tutela do consumidor decorre também de princípios e regras gerais de Direito Civil e das Obrigações, aos quais devemos estar atentos.

Assim, e sem preocupação de grande pormenorização, importa referir que subjacente à celebração de um contrato deve estar uma equivalência de prestações. Isso não significa que não se possam fazer "bons negócios", mas o Direito disponibiliza à parte menos esclarecida e mais fraca, para além de mecanismos utilizáveis em circunstâncias limite – como a anulação do negócio usurário, por exemplo (cfr. art. 282º do CC) –, meios para reagir contra o manifesto desequilíbrio de prestações que caracteriza o contrato celebrado. Fá-lo através de uma cláusula geral que visa, precisamente, prevenir o abuso do direito: o art. 334º do Código Civil. Segundo esta regra, «*é ilegítimo o exercício de um direito, quando o titular exceda manifestamente os limites impostos pela boa fé, pelos bons costumes ou pelo fim social ou económico desse direito*».

Por sua vez, no que respeita a determinado tipo de contratos, também encontramos na respetiva disciplina legal normas de proteção dos consumidores.

Enquadra-se neste tipo de regras o art. 913º do Código Civil, segundo o qual a venda de coisa defeituosa – coisa que padeça *de vício que a desvalorize ou impeça a realização do fim a que se destina ou não tenha as qualidades asseguradas pelo vendedor ou necessárias para a realização daquele fim* (nº 1) – pode ser anulada, objeto de correção ou de indemnização por parte do vendedor, que tem o ónus de suprir ou eliminar a deficiência, podendo ainda haver lugar à redução do preço convencionado.

São, pois, diversas as fontes de proteção do consumidor, não devendo ser desprezada a tutela dos seus direitos enquanto contraparte contratual.

14.2.5. ***Os contratos celebrados à distância;*** *remissão*

A contratação à distância é objeto de uma disciplina e regulamentação específicas – constantes do Decreto-Lei nº 24/2014, de 12 de fevereiro (que substituiu o DL 143/2001, de 26 de abril), na red, da Lei nº 47/2014, de 28 de julho – que visam proteger os consumidores, proporcionando-lhes uma lista de direitos de que dispõem sempre que um agente do mercado com eles se relaciona.

Trata-se de matéria que abordaremos, a propósito dos negócios jurídicos comerciais (cfr., *infra*, nº 18.4.2.1).

14.2.6. ***Entidades de tutela do consumidor***

Dado a fragilidade que revestem sempre que, no mercado, se cruzam com os agentes económicos mais sofisticados, dotados de organização e de meios incomparavelmente superiores, não surpreende que os consumidores se agreguem em **associações** que prossigam a defesa dos seus interesses e que o Estado sinta a necessidade de criar um instituto público com a finalidade de promover a sua proteção: o **Instituto do Consumidor**.

Tendo em conta a importância destes organismos – objeto de tutela específica pela lei ordinária (cfr. arts. 17º e 21º da LDC) –, a Constituição garante o apoio estatal às associações de consumidores e às cooperativas de consumo, reconhecendo-lhes *legitimidade processual para defesa dos seus associados ou de interesses coletivos ou difusos* (art. 60º, nº 3).

14.3. A publicidade: enquadramento normativo[332]

A concluir importa fazer uma referência à disciplina da publicidade, como meio de divulgação de bens e serviços no mercado e cuja regulação é essencial para proteção dos interesses dos consumidores em função dos quais são comercializados os bens e serviços cuja imagem é publicitada.

A Constituição impõe a disciplina legal da publicidade e comina a proibição de quaisquer formas de *publicidade oculta, indireta ou dolosa* (cfr. art. 60º, nº 2).

Pela importância que reveste na atualidade, a publicidade é objeto de um complexo normativo que, apesar de não ser muito desenvolvido, forma um Código, aprovado pelo Decreto-Lei nº 330/90, de 23 de outubro (red. do DL 66/2015, de 29 de abril).

Trata-se de matéria que voltaremos a abordar a propósito dos contratos comerciais (*infra*, nº 28.1).

[332] Vd. Ana Clara Azevedo de Amorim, *Manual de Direito da Publicidade*, Petrony, Lisboa, 2018, em especial pp. 15-28 e 35-49, José Engrácia Antunes, «O Direito da Publicidade. Breve introdução», sep. do *BFD*, vol. XCIII, T. II, Coimbra, 2017 (pp. 771-848), pp. 771-777, 781-789 e 797-798, Rita Barbosa da Cruz, «A publicidade – em especial os contratos de publicidade», AA.VV., *Estudos dedicados ao Prof. Doutor Mário Júlio de Almeida Costa* (coord. por Júlio Gomes), UCP, Lisboa, 2002, pp. 1299-1391, em especial pp. 1299-1303, e Luísa Lopes, *Do contrato de publicidade*, Rei dos Livros, Lisboa, 2000, pp. 27-37.

15. O estatuto (próprio e) comum dos sujeitos de Direito Comercial

Os sujeitos do Direito Comercial encontram-se abrangidos por um regime jurídico específico e comum diferenciado do aplicável à generalidade das pessoas que se movimentam no mercado e que, como consumidores, beneficiam, na sua vida quotidiana, da tutela do Direito Civil e, sobretudo, do Direito do Mercado; proteção essa que, visando os interesses da generalidade, abrange o público em geral.

15.1. Razão de ser das regras aplicáveis aos intervenientes na atividade comercial

O regime jurídico aplicável aos sujeitos de Direito Comercial contém obrigações e direitos[333] e, de um modo geral, visa facilitar as situações jurídicas que envolvem os comerciantes na sua atividade económica, contribuindo para o reforço da tutela do crédito.

O Código Comercial estabelece as obrigações a que estão sujeitos os empresários mercantis (individuais e coletivos), independentemente da dimensão da sua estrutura produtiva.

Entre outros deveres, que os caracterizam, os sujeitos de Direito Comercial estão «*obrigados a adotar uma firma, a ter escrituração mercantil, a inscrever no registo comercial os atos* sujeitos a registo e *a dar balanço ou prestar contas*» (cfr. art. 18º do CCom).

Os empresários individuais têm vindo a diminuir proporcionalmente aos demais sujeitos do ordenamento jurídico-comercial, porquanto os comerciantes optam por limitar a sua responsabilidade a um património que afetam ao exercício da atividade económica e ao desenvolvimento do seu projeto.

Por sua vez, recorde-se, as sociedades comerciais são sujeitos de Direito Comercial por definição (cfr. art. 13º, nº 2) e, como pessoas coletivas, são dotadas de uma capacidade de gozo específica, que abrange todos os direitos necessários e convenientes à prossecução dos seus fins e à realização da sua atividade.

[333] Sobre esta questão, vd. José Engrácia Antunes, «O estatuto jurídico de comerciante», *Colecção Estudos Instituto do Conhecimento AB*, Nº 4 – *Estudos comemorativos dos 20 anos da Abreu Advogados*, Almedina/Abreu Advogados, Coimbra, 2015, pp. 413-442.

15.2. A firma da empresa comercial[334]

15.2.1. *Noção. Sentido subjetivo*

A **firma** é o nome pelo qual o comerciante ou empresário mercantil é conhecido no exercício da sua atividade e no giro comercial, sendo também a denominação que identifica a sociedade comercial (ou qualquer outro sujeito de Direito Comercial).

Trata-se de uma obrigação mercantil, como vimos (cfr. art. 18º do CCom), a que as sociedades se encontram especificamente adstritas (cfr. arts. 9º, nº 1, *alínea c)*, 177º, 200º, 270º-B, 275º e 467º do CSC).

Tal como as pessoas singulares são conhecidas pelo seu nome – que as identifica e individualiza em sociedade e perante o registo civil –, os sujeitos de Direito Comercial devem também publicitar a sua existência e individualização no mercado através da sua inscrição no registo comercial, indicando o nome (a firma) pelo qual propõem ser conhecidos no exercício da atividade económica.

A firma pode assumir dois significados distintos: em sentido objetivo, reconduz-se ao estabelecimento onde o comerciante desenvolve a sua atividade, que identifica (e, nesse caso, corresponde ao logótipo ou "nome registado", anterior nome do estabelecimento); em sentido subjetivo (e amplo) – e aquele que é correntemente utilizado pela lei nacional –, a firma consiste no (próprio) nome que identifica e individualiza o comerciante (empresário individual ou sociedade) na respetiva atividade comercial e em função do qual beneficia de uma determinada tutela.

Em sentido restrito, referimo-nos a firma por contraposição a denominação.

Fala-se de **firma-nome** quando corresponde à conjugação de um ou mais nomes dos sócios com a indicação de que ressalte terem estes organizado a respetiva atividade de forma coletiva. Por exemplo, «António Aguiar Mota & Tomás Fininho, S.A.».

[334] Cfr. Coutinho de Abreu, *Curso de Direito Comercial*, I, 11ª ed., 2018, pp. 169-179, e Maria Elisabete Ramos, *Direito Comercial e das Sociedades*, 2018, pp. 80-84.

A **firma-denominação** consiste na individualização da sociedade por referência à atividade específica que se propõe realizar, sendo (total ou parcialmente[335]) composta pelo objeto que caracteriza a atividade da sociedade que visa identificar. Por exemplo, «Companhia de Seguros Vida "A Venturosa", S.A.», ou «Vamosávida – Organização de Festas e Eventos, Lda». Isto significa que a firma tanto pode surgir com o nome das pessoas que a integram, como corresponder à atividade que o empresário mercantil pretende prosseguir, e pode ser associada a siglas ou a expressões de fantasia.

Mas a firma pode ser **mista**, congregando o nome dos que integram a organização que prossegue uma certa atividade e fazendo menção ao tipo de atividade que essas pessoas, organizadas coletivamente, possam realizar, eventualmente sob a forma jurídica societária. Nesse caso, a firma é simultaneamente uma firma-nome e uma firma-denominação. Podemos recorrer a exemplos diferentes em que a associação do nome à atividade surge integrada, como sucedia com as firmas «Banco Espírito Santo, S.A.» ou «Banco Fonsecas & Burnay, S.A.», ou em que se diferencia, como no caso de «Omar Telo – Importação, Exportação e Comercialização de Ferramentas e Utensílios Domésticos, S.A.».

Não há limitações quanto às palavras a serem utilizadas na composição das firmas, as quais podem ser integradas por quaisquer vocábulos estrangeiros (cfr. art. 10º do CSC)[336] e sendo suficiente existir uma correspondência mínima entre a denominação social e o objeto social. Surgem, assim, firmas que, não referenciando o nome de qualquer dos sócios, também não revelam a atividade que a sociedade se propõe prosseguir. São firmas de fantasia, a que podemos recorrer atualmente sem limitações, como por exemplo, «Nanium, S.A.».

[335] Essencial é que exista uma correspondência mínima da denominação com o teor do objeto social.

[336] Foi o regime jurídico da "empresa na hora" (aprovado pelo Decreto-Lei nº 111/2005, de 8 de julho) – que facilitou a constituição de sociedades – que aligeirou significativamente as regras nesta matéria, deixando de ser necessário revelar *tanto quanto possível* a atividade da sociedade, como acontecia anteriormente.

15.2.2. *Princípios caracterizadores*[337]

A firma dos comerciantes deve obedecer aos princípios da verdade e da novidade.

15.2.2.1. *Princípio da verdade*

O princípio da verdade – acolhido genericamente no art. 32º do Decreto-Lei nº 129/98, de 13 de maio, e, no plano das sociedades comerciais, regulado no art. 10º, nºs 1 e 3, do CSC – significa que a firma deve corresponder à situação retratada e que visa identificar, revelando quem é o empresário mercantil e, eventualmente, qual a natureza da atividade que exerce.

Os elementos que integram a firma em sentido amplo devem corresponder à situação real, à *verdade*, de modo a não poderem induzir em erro as pessoas relativamente às quais este sinal pretende ser um sinal identificador. Fundamentalmente, a identificação deve ser de modo a não fazer incorrer em erro o mercado quanto à atividade e quanto à natureza do respetivo titular. Este aspeto é particularmente importante, porque significa que não devem ser introduzidas nas firmas expressões que, de algum modo, não correspondam à atividade exercida pelo seu titular, nomeadamente quanto à dimensão (cfr. art. 10º, nº 5, *alínea a)* do CSC). Assim, e exemplificando, uma pequena empresa não deve utilizar na composição da sua firma a expressão "Casa Mundial", porque esta sugere uma dimensão substancialmente diferente da sua atividade real.

O **princípio da verdade** visa, assim, garantir a conformidade entre a realidade jurídica, que se pretende organizar, e a social que é objeto de concretização dela, para que não haja discrepâncias e erros das pessoas que pretendem ter na firma uma referência do sujeito de Direito Comercial, em geral, e da sociedade comercial, em particular.

[337] Os preceitos citados neste número (15.2) que não sejam especialmente referenciados reportam-se ao Regime do RNPC, aprovado pelo DL nº 129/98, de 13 de maio, na redação do L nº 52/2018, de 25 de junho, embora a alteração por esta introduzida não tenha qualquer impacto na matéria objeto de análise.
Sobre esta matéria, vd. o nosso livro de *Direito das Sociedades Comerciais*, 6ª ed., 2016, pp. 122-125, e bibliografia citada na nota 240 (p. 130), e na bibliografia geral, Coutinho de Abreu, *Curso de Direito Comercial*, I, 11ª ed., 2018, pp. 164-187, em especial pp. 164-168, e Menezes Cordeiro, *Direito Comercial*, 4ª ed., 2016, pp. 359-404.

No entanto, a simplificação da constituição de sociedades comerciais (a chamada "empresa na hora"), desbastando as exigências de rigor que a lei anteriormente impunha veio, de certo modo, abrir fortes brechas neste princípio. As exigências que, presentemente, se fazem apontam apenas no sentido de que na firma *«não podem ser incluídas ou mantidas expressões indicativas de um objeto social que não esteja especificamente previsto na respetiva cláusula do contrato de sociedade»* (arts. 200º, nº 2 e 275º, nº 2 do CSC).

Assim, atualmente – e ao contrário do que acontecia no passado –, a firma não tem de dar a conhecer tanto quanto possível a atividade social; é suficiente que haja alguma correspondência entre as duas realidades.

Mas se a firma deve refletir, apesar de tudo, a realidade que identifica e individualiza, há uma exceção a assinalar. Em certos casos é perfeitamente possível que uma determinada firma deixe de corresponder ao exercício de uma atividade prosseguida por um sujeito. Este fenómeno respeita, nomeadamente, às situações de transmissão. A nossa lei pode considerar especialmente relevante a transmissão de um estabelecimento (comercial) e associar, nesse caso, a transmissão da firma da entidade que é titular desse estabelecimento. Mas pode suceder que haja conveniência em preservar uma firma-nome, pela relevância deste, e mantê-la mesmo quando o titular do nome deixou de ser sócio, por ter morrido ou transmitido a sua participação. No primeiro caso, poderão os herdeiros continuar a atividade societária sob a firma composta pelo nome do seu sucessível ou autorizar a utilização desse nome; no segundo caso, deverá o cedente ou transmitente da participação social, cujo nome figura na firma da sociedade, autorizar expressamente a continuação da utilização desse nome (cfr. art. 44º, nºs 1 e 2 do DL nº 129/98, de 13 de maio).

Naturalmente que a autorização para a utilização do nome do sócio na firma de sociedade que este deixou de integrar importa relevantes limitações futuras à utilização pelo sócio, na atividade comercial, do seu próprio nome.

15.2.2.2. *O princípio da exclusividade*

O **princípio da exclusividade** (ou da novidade) significa que uma nova firma deve ser distinta das já existentes, não devendo ser confundível com estas e permitindo assim diferenciar as empresas entre si (cfr. art. 10º, nº 2 do CSC e 33º, nº 1 do DL nº 129/98).

Este princípio visa evitar que venham a ser criadas no mercado empresas com um nome semelhante ao das já existentes, introduzindo confusão nos agentes que no mesmo se movimentam.

15.2.3. *A identificação das sociedades comerciais pela respetiva firma*

O tipo societário é identificável pela firma social, em especial por uma palavra, abreviatura ou pela falta dela (que exprima a natureza da participação dos sócios).

Assim, a palavra "*limitada*" ou a abreviatura "*Lda*", aposta após o nome social, corresponde a uma sociedade por quotas (cfr. art. 200º, nº 1 do CSC).

A expressão "*sociedade anónima*" ou as letras "*S.A.*" acrescentada a um ou mais nomes ou atividades é sinónimo desse tipo societário (cfr. art. 275º, nº 1 do CSC).

Nas sociedades em comandita é aditada a referência "*em comandita*" ou "*& comandita*", ou "*em comandita por ações*" ou "*& comandita por ações*" (cfr. art. 467º, nº 1 do CSC).

Finalmente, na sociedade em nome coletivo, ou ocorre uma junção de nomes reveladora de estarmos perante uma sociedade ou a firma resulta do acréscimo ao nome de um dos sócios ou de vários de expressões que signifiquem pluralidade, tais como "*& Cia*" ou "*& Outro*" (cfr. art. 177º, nº 1 do CSC).

15.3. Escrituração mercantil e prestação de contas[338]

15.3.1. *Escrituração mercantil*

O empresário comercial é obrigado a ter escrituração mercantil, podendo organizá-la como melhor entender e escolher o respetivo *suporte físico* (cfr. arts. 29º e 30º do CCom).

[338] Vd. o estudo muito atualizado de José Engrácia Antunes, *Direito da Contabilidade. Uma introdução*, Almedina, Coimbra, 2018, pp. 47-48 e 75-86, em especial pp. 75-77 e 86-92, e a bibliografia indicada nas notas das pp. 9 e 75, e António Menezes Cordeiro, «Escrituração comercial, prestação de contas e disponibilidade do ágio nas sociedades anónimas»,

Só os livros de atas são hoje obrigatórios (cfr. art. 31º, nº 1 do CCom), mas a escrituração abrange todos os documentos pertinentes à atividade comercial, incluindo correspondência e contratos.

A escrituração não se confunde, assim, com as contas dos comerciantes, isto é, com a organização contabilística da sua atividade que abrange fundamentalmente a expressão financeira dos respetivos negócios, desde o registo até à apresentação[339].

15.3.2. *Regime específico de prova*

Os livros de escrituração mercantil podem constituir base de prova contra os comerciantes, relatando a respetiva escrita, embora sejam também oponíveis aos terceiros que se queiram prevalecer deles em juízo quanto aos factos que não lhes forem favoráveis (cfr. art. 44º, proémio e nº 1º do CCom).

Nos litígios entre empresários mercantis, e sem prejuízo de (outra) prova em contrário:

- Havendo *discrepância* entre os respetivos livros, *farão fé* os que se encontrarem *regularmente arrumados* (cfr. art. 44º, nº 4 do CCom);
- Não tendo um dos empresários livros, e não se devendo a falta *a caso de força maior*, ou não querendo apresentá-los, *farão fé contra ele os do outro litigante* (empresário) *devidamente arrumados* (cfr. art. 44º, § único).

AA.VV., *Estudos em Homenagem a Professor Doutor Inocêncio Galvão Teles*, vol. IV, Almedina, Coimbra, 2003 (pp. 573-598), pp. 574-583, e *Introdução ao Direito da Prestação de Contas*, Almedina, Coimbra, 2008.

Na bibliografia geral, cfr. Coutinho de Abreu, *Curso de Direito Comercial*, I, 11ª ed., 2018, pp. 188-197, Menezes Cordeiro, *Direito Comercial*, 4ª ed., 2016, pp. 405-417, Alexandre Libório Dias Pereira, *Direito Comercial das Empresas*, 2ª ed. cit., 2015, pp. 51-53, e Maria Elisabete Ramos, *Direito Comercial e das Sociedades*, 2018, pp. 84-85.

[339] Não partilhamos a leitura de Pupo Correia, *Direito Comercial*, 14ª ed., 2018, p. 96, quando reconduz a análise das operações comerciais, em termos de valores pecuniários, à contabilidade. A análise revela caráter conclusivo que a contabilidade, como sistema de informação, não pretende ter.

Sobre o conceito de contabilidade, vd. José Engrácia Antunes, *Direito da Contabilidade*, cit., 2018, pp. 9-10.

15.3.3. *Obrigação de dar balanço e prestação de contas*

Todos os empresários mercantis, sem exceção, estão obrigados a efetuar periódica e regularmente – em regra, uma vez por ano[340] – um balanço da sua atividade e a prestar contas ao mercado e, no caso de empresários coletivos, aos seus sócios (cfr. arts. 18º, nº 4º e 62º do CCom).

Esse balanço anual, do seu *ativo e passivo*, deverá ocorrer *nos três primeiros meses do ano* (civil) subsequente a que respeita (cfr. art. 62º do CCom e art. 65º, nº 5 do CSC), com as seguintes exceções:

- Nas sociedades comerciais cujo exercício social não coincide com o ano civil, o balanço deve ser apresentado aos sócios, para aprovação, nos três meses posteriores ao encerramento do exercício (cfr. art. 65º, nº 5 do CSC);
- Nas *sociedades que devam apresentar contas consolidadas* (ou *que apliquem o método da equivalência patrimonial*), o balanço deve ser submetido à assembleia geral no prazo de cinco meses após o termo do exercício a que se reporta (cfr. art. 65º, nº 5 do CSC).

A informação referente às contas de um determinado período da atividade económica do empresário (exercício social) deve ser objeto de registo comercial (cfr. art. 18º, nº 4º do CCom e art. 70º, nº 1 do CSC). Trata-se da prestação de contas a que o comerciante se encontra legalmente obrigado e que atualmente está muito facilitada pela Informação Empresarial Simplificada.

15.3.4. *A Informação Empresarial Simplificada (IES)*[341]

A prestação de contas – cujo registo (comercial) tradicionalmente era efetuado por apresentação dos respetivos suportes físicos, em papel, na Conservatória do Registo Comercial competente, e concretizado por depósito numa pasta criada para o efeito – realiza-se, desde, 2006, por via eletrónica, no contexto da chamada informação empresarial sim-

[340] As sociedades cotadas estão sujeitas a revelar o seu balanço trimestralmente.

[341] Seguimos quase à risca o nosso livro de *Direito das Sociedades Comerciais*, 6ª ed., 2016, pp. 896-897 (nº 30.4.2).
Vd. José Engrácia Antunes, *Direito da Contabilidade*, cit., 2018, pp. 48-49.

plificada (cfr. art. 24º, nº 1 do DL 8/2007, de 17 de janeiro, red. do DL 10/2015, de 16 de janeiro)[342].

A Informação Empresarial Simplificada agrega, num único ato, a realização de quatro obrigações legais distintas a que as empresas se encontravam sujeitas e que deveriam ser cumpridas perante diferentes organismos da Administração Pública, por vias também diversas. Assim, para além do registo da prestação de contas (cfr. art. 2º, nº 1, *alínea c)* do cit. DL 8/2007 e CRCom), integram também a IES a entrega da declaração anual contabilística e fiscal, a prestação de informação de natureza estatística ao INE e a informação relativa a dados contabilísticos anuais para fins estatísticos prestada ao Banco de Portugal (cfr. art. 2º, nº 1, *alíneas b), d)* e *e)*).

15.3.5. *Obrigação de arquivar documentação*

O empresário mercantil deve conservar devidamente arrumado o seu contrato constitutivo, bem como os documentos que respeitem ao exercício da respetiva atividade comercial por um prazo mínimo de dez anos (cfr. art. 40º, nº 1 do CCom).

O arquivamento da escrituração pode ser feito por via eletrónica (cfr. art. 40º, nº 2 do CCom).

15.4. **O arresto (preventivo)**

O arresto consiste numa apreensão judicial de bens do devedor, para assegurar um crédito, em caso de "*justificado receio*" do credor de perda da respetiva garantia patrimonial (cfr. art. 391º do CPC).

Classicamente – e até à alteração do Código de Processo Civil de 1961 ocorrida em 1 de janeiro de 1997 (aprovada pelo Decreto-Lei nº 329-A/95, de 12 de dezembro) –, o comerciante encontrava-se dispensado do arresto dos seus bens.

[342] Em complemento às normas sobre a IES constantes do DL 8/2007 (atualmente na red. da Lei nº 89/2017, de 21 de agosto), foram ainda publicadas as Portarias nº 208/2007, de 16 de fevereiro, e nº 499/2007, de 30 de abril (red. da Port. 245/2008, de 27 de março), tendo a primeira aprovado o modelo declarativo da IES e respetivos anexos e a segunda definido os termos de transmissão eletrónica destes pelas entidades que estão obrigadas a fazê-lo.

A proibição do arresto dos bens do comerciante tratava-se de uma medida de proteção que tinha por finalidade assegurar a manutenção em laboração do empresário mercantil, visto que o impedir de continuar a exercer a sua atividade com recurso aos meios necessários para o efeito poderia revelar-se fatal à possibilidade de gerar rendimentos que lhe permitissem fazer face às suas dívidas.

No entanto, o legislador não entendeu adequadamente a proibição de arresto dos bens do comerciante como consequência da necessidade e finalidade de proteção da sua atividade[343], tendo – à luz dos interesses mesquinhos e da falta de visão dos credores – optado por suprimir essa proibição, sujeitando com essa alteração os bens do empresário mercantil a arresto (cfr. art. 406º do CPC, na redação então aprovada e na redação originária).

No *novo* Código de Processo Civil, este procedimento cautelar é regulado pelos arts. 391º a 396º e subsidiariamente pelas disposições relativas à penhora (cfr. art. 391º, nº 2 do CPC), mantendo-se intocável o regime que constava do Código de Processo Civil de 1961, na sua última redação, designadamente dos arts. 406º a 411º, com exceção da epígrafe desta última disposição legal.

15.5. **A insolvência;** *remissão*

Tradicionalmente, os sujeitos de Direito Comercial distinguiam-se dos não comerciantes também nas situações de crise, uma vez que, em caso de incapacidade de cumprimento pontual de obrigações, se encontravam sujeitos à **falência** que conduzia, em regra, à cessação da sua atividade.

A falência, que não equivalia necessariamente a uma situação patrimonial negativa, embora em regra coincidisse com esta, era inicialmente um instituto privativo dos comerciantes. Contudo, numa primeira fase começou também a aplicar-se a não comerciantes, designadamente agentes económicos do sector primário (da economia) e, já neste século – com o Código da Insolvência e da Recuperação da Empresa de 2004 –, sob a designação unitária de "insolvência" generalizou-se a todas as pessoas.

[343] A este propósito, vd. o estudo lapidar de Rui Pinto Duarte, «Defesa da proibição de arresto contra empresas», AA.VV., *Estudos em Homenagem ao Prof. Doutor José Lebre de Freitas*, vol. I, Coimbra Editora, Coimbra, 2013 (pp. 1197-1215), em especial pp. 1206-1211, onde o autor alinha as suas razões em favor da proibição do arresto, que merecem a nossa plena concordância.

Paralelamente, no final do século XX, em particular desde a década de setenta, acentuou-se o objetivo de recuperação da empresa, o qual se passou a sobrepor aos interesses dos credores.

Na atualidade, a insolvência deixou de constituir fator de distinção entre sujeitos de Direito Comercial e não comerciantes, embora assuma um relevo particular sempre que ocorre no domínio empresarial.

16. Insolvência[344]

16.1. Significado e regulação: o CIRE

As empresas para funcionarem necessitam de liquidez e do acesso a meios que lhes permitam solver regularmente os seus compromissos. Quando deixam de proceder ao cumprimento das suas obrigações e

[344] Sobre o tema em especial – e para mais desenvolvimentos –, vd. AA.VV., *Novo Direito da Insolvência*, *Themis – RFDUNL* (Edição Especial), 2005, AA.VV., *Ciclo de Conferências sobre a Lei da Insolvência*, publicado na revista *DJ*, vol. XIX, T. II, 2005, pp. 159-302, Maria do Rosário Epifânio, *Manual de Direito da Insolvência*, 6ª ed., Almedina, Coimbra, 2014, Luís A. Carvalho Fernandes/João Labareda, *Código da Insolvência e da Recuperação de Empresas Anotado*, 3ª ed., Quid Juris, Lisboa, 2015, Adelaide Menezes Leitão, *Direito da Insolvência*, AAFDL, Lisboa, 2017, Luís Manuel Teles de Menezes Leitão, *Direito da Insolvência*, 8ª ed., Almedina, Coimbra, 2018, Alexandre de Soveral Martins, *Um Curso de Direito da Insolvência*, 2ª ed., Almedina, Coimbra, 2016, e Catarina Serra, *O Regime Português da Insolvência*, 5ª ed., Almedina, Coimbra, 2012, e, posteriormente, *Lições de Direito da Insolvência*, Almedina, Coimbra, 2018. Com desenvolvimentos específicos, próprios do objetivo com que foram escritas, vd. as dissertações de doutoramento de Catarina Serra, *A Falência no Quadro da Tutela Jurisdicional dos Direitos de Crédito. O problema da natureza do processo de liquidação aplicável à insolvência no Direito Português*, Coimbra Editora, 2009, e também – embora com um objeto mais restrito – de Luís Miguel D. P. Pestana de Vasconcelos, *A Cessão de Créditos em Garantia e a Insolvência. Em particular da Posição do Cessionário na Insolvência do Cedente*, Coimbra Editora, Coimbra, 2007. Com uma abordagem muito prática, mas bastante completa e constantes remissões para diferentes diplomas, vd. Luís M. Martins, *Processo de insolvência*, 3ª ed., Almedina, Coimbra, 2013. Na bibliografia geral, cfr. Coutinho de Abreu, *Curso de Direito Comercial*, I, 11ª ed., 2018, pp. 336-360, António Menezes Cordeiro, *Direito Comercial*, 4ª ed., 2016, pp. 463-552 (que reflete o estudo sobre «Introdução ao Direito da insolvência», *O Direito*, ano 137, vol. III, 2005, pp. 466-506), Pupo Correia, *Direito Comercial*, 14ª ed., 2018, 413-432, Fátima Gomes, *Direito Comercial*, 2ª ed., Universidade Católica Editora, Lisboa, 2017, pp. 103-114 (enquadrando o estudo no dever de apresentação à insolvência), Maria Elisabete Ramos, *Direito Comercial e das Sociedades*, 2018, pp. 136-139, e Filipe Cassiano dos Santos, *Direito Comercial Português*, I, 2007, pp. 212-235.

concluem não o conseguir fazer pela situação em que se encontram (de escassez ou falta de meios) e tendo em conta as perspetivas que se perfilam, as empresas devem apresentar-se à insolvência. Não o fazendo, os próprios credores podem tomar essa iniciativa.

A **insolvência** consiste na impossibilidade de cumprir pontualmente as obrigações vencidas[345] ou evidencia uma situação patrimonial negativa (cfr. art. 3º do CIRE). No plano empresarial, a insolvência corresponde à situação de maior crise com que qualquer entidade se pode deparar e que se em alguns casos é reparável, noutros conduz fatalmente à sua extinção[346].

Esta situação de insuficiência patrimonial, que acarreta ao devedor significativas limitações relativamente à administração e disposição dos seus bens, encontra-se regulada no Código da Insolvência e da Recuperação de Empresas (designado abreviadamente por CIRE)[347], aprovado

[345] Com especial relevância para caracterizar a situação de insolvência, vd. **AcRelCoimbra de 20 nov 2007** (Teles Pereira) / Proc. nº 1124/07.9TJCBR.B.C1, *www.dgsi.pt*, e **AcRelPorto de 26 out 2006** (Amaral Ferreira) / Proc. nº 0634582, *www.dgsi.pt*.

[346] Classicamente, os sujeitos de Direito Comercial distinguiam-se dos não comerciantes também nas situações de crise, uma vez que, em caso de incapacidade de cumprimento pontual de obrigações, se encontravam sujeitos à **falência** que conduzia, em regra, à cessação da sua atividade.

A falência, que não equivalia necessariamente a uma situação patrimonial negativa, embora em regra coincidisse com esta, era inicialmente um instituto privativo dos comerciantes. Contudo, numa primeira fase começou também a aplicar-se a não comerciantes, designadamente agentes económicos do sector primário (da economia) e, já neste século – com o novo Código da Insolvência e da Recuperação da Empresa (2004) –, sob a designação unitária de "insolvência" generalizou-se a todas as pessoas.

Paralelamente, no final do século XX, em particular desde a década de setenta, acentuou-se o objetivo de recuperação da empresa, o qual se passou a sobrepor aos interesses dos credores.

No século XXI (desde 2004), a insolvência deixou de constituir fator de distinção entre sujeitos de Direito Comercial e não comerciantes, embora assuma um relevo particular sempre que ocorre no domínio empresarial. O atual Código (CIRE) agilizou o processo, enfatizando a tutela do credor.

[347] É o diploma a que se reportam as disposições legais não especialmente referenciadas neste número (16).

Sobre as linhas gerais do Código, cfr. Catarina Serra, *O Regime Português da Insolvência*, 5ª ed., 2012, pp. 31-55.

pelo Decreto-Lei nº 53/2004, de 18 de março[348], e vigente desde 15 de setembro de 2004[349].

Por razões óbvias, interessam-nos sobretudo as situações de insolvência que afetem as empresas comerciais[350], nas quais concentraremos a nossa atenção, pelo que prescindimos de fazer referência às regras que não lhes forem aplicáveis.

[348] O CIRE – cuja redação atual resultou da Lei nº 8/2018, de 2 de março – deve ser complementado, no **plano internacional**, pelo Regulamento comunitário relativo aos processos de insolvência (Reg (EU) 2015/848 do Parlamento Europeu e do Conselho, de 20 de maio de 2015, que substituiu o Reg. (CE) nº 1346/2000, em 26 de junho 2017 (cfr. art. 92º).
Sobre o regulamento vigente, vd. Luís Menezes Leitão, *Direito da Insolvência*, 8ª ed., 2018, pp. 395-406, Alexandre de Soveral Martins, «O Regulamento (EU) 2015/848 relativo aos processos de insolvência», *in Estudos de Direito da Insolvência*, Almedina, Coimbra, 2ª ed., 2018, pp. 47-102, e Catarina Serra, *Lições de Direito da Insolvência*, cit., 2018, pp. 616-647, Catarina Serra / José Gonçalves Machado, «Para uma harmonização mínima do Direito da Insolvência – Primeira abordagem à proposta de Diretiva de 22/11/2016, com especial atenção ao seu impacto no Direito das Sociedades Comerciais», DSR, ano 9, vol. 17, 2017, pp. 135-175.
Pronunciando-se sobre o Regulamento revogado, Luís de Lima Pinheiro, «O Regulamento comunitário sobre insolvência – Uma introdução», AA.VV., *Nos 20 anos do Código das Sociedades Comerciais. Homenagem aos Profs. Doutores A. Ferrer Correia, Orlando de Carvalho e Vasco Lobo Xavier*, vol. III – *Vária*, Coimbra Editora, Coimbra, 2007, pp. 153-198, entendia que «contrariamente ao que a sua designação poderia sugerir, (...) não regula o processo de insolvência (...). Regula fundamentalmente a competência internacional, a determinação do Direito aplicável e o reconhecimento das decisões estrangeiras» (pp. 154-155).

[349] Depois de substancialmente alterado (pelo DL 200/2004, de 18 de agosto), ainda antes de entrar em vigor.
Sobre a evolução histórica do Direito da Insolvência, na Europa e em Portugal, vd. António Menezes Cordeiro, «Introdução ao Direito da insolvência», *O Direito*, ano 137º, vol. III, 2005 (pp. 466-506), pp. 469-493.
Sobre a origem histórica e evolução do instituto, e alargando a sua investigação ao Direito norte-americano, vd. Catarina Serra, *A Falência no Quadro da Tutela Jurisdicional dos Direitos de Crédito. O problema da natureza do processo de liquidação aplicável à insolvência no Direito Português*, Coimbra Editora, Coimbra, 2009, pp. 181-226.

[350] O CIRE, como já vimos (nº 8.1), contém uma **noção de empresa** extremamente lata que não só não é coincidente com a de sujeito de Direito Comercial, como abarca realidades não personificadas, como fundos de investimento, por exemplo (cfr. arts. 2º, nº 1, *alínea h)*, e 3º, nº 2). Com efeito, a nossa lei considera passível de insolvência qualquer *organização* (de capital e de trabalho) *destinada ao exercício de atividade económica* e, consequentemente, as empresas que não são comerciais e os entes não personificados (cfr. art. 5º). Trata-se, pois, de uma noção amplíssima de empresa, que prescinde da exigência da profissionalidade, desde que a atividade prosseguida tenha natureza económica. Neste sentido, vd. o **AcRelLisboa de 14 abr 2005** (Fátima Galante) / Proc. nº 2442/2005-6, *www.dgsi.pt.*

16.2. A pré-insolvência: o PER (Processo Especial de Revitalização)[351]

Quando a empresa se encontra em situação difícil, mas ainda não incapaz de solver os seus compromissos, pode recorrer ao Processo Especial de Revitalização, que se encontra regulado nos arts. 17º-A a 17º-I, e que foi introduzido no Código da Insolvência pela Lei nº 16/2012, de 20 de abril.

A ideia subjacente a este processo é a de que uma situação de insolvência e, em especial, a apresentação de requerimento para a sua declaração pode prejudicar seriamente o valor dos ativos subsistentes e, em alguns casos, comprometer a recuperação da empresa. Para evitar o alarme social que pode resultar do conhecimento de uma situação económica difícil, o devedor que *«enfrentar dificuldade séria para cumprir pontualmente as suas obrigações, designadamente por ter falta de liquidez ou por*

[351] Sobre este processo, vd. Paulo de Tarso Domingues, **«O Processo Especial de Revitalização aplicado às sociedades comerciais»**, AA.VV. *I Colóquio de Direito da Insolvência de Santo Tirso*, coord. Catarina Serra, Almedina, Coimbra, 2014 (pp. 13-34), pp. 32-33, Nuno Salazar Casanova / David Sequeira Dinis, *O Processo Especial de Revitalização. Comentário aos artigos 17º-A a 17º-I do Código da Insolvência e da Recuperação de Empresas*, Coimbra Editora, Coimbra, 2014, Maria do Rosário Epifânio, *Manual de Direito da Insolvência*, 6ª ed., 2014, pp. 279-291, e *O Processo Especial de Revitalização*, Almedina, Coimbra, 2015, em especial pp. 19-65 e gráficos a pp. 105-108, Carvalho Fernandes/João Labareda, *Código da Insolvência e da Recuperação de Empresas Anotado*, 3ª ed., 2015, pp. 137-185, Adelaide Menezes Leitão, *Direito da Insolvência*, 2017, pp. 110-124, Luís Manuel Teles de Menezes Leitão, *Direito da Insolvência*, 8ª ed., 2018, pp. 337-353, Alexandre de Soveral Martins, *Um Curso de Direito da Insolvência*, 2ª ed., 2016, pp. 509-546, Madalena Perestrelo de Oliveira, «O Processo Especial de Revitalização: o novo CIRE», *RDES*, ano IV, nº 3, 2012 (pp. 707-726), em especial pp. 715-726, Catarina Serra, *O Processo Especial de Revitalização na Jurisprudência. Questões jurisprudenciais com relevo dogmático*, 2ª ed., Almedina, Coimbra, 2017, em especial pp. 13-34, e *Lições de Direito da Insolvência*, cit., 2018, pp. 332-360, 363-485 (e, anteriormente, de forma sintética, *O Regime Português da Insolvência*, 5ª ed., 2012, pp. 175-189), Fátima Reis Silva, *Processo Especial de Revitalização. Notas Práticas e Jurisprudência Recente*, Porto Editora, Porto, 2014, pp. 15-74, e L. Miguel Pestana de Vasconcelos, *Recuperação de empresas: o processo especial de revitalização*, Almedina, Coimbra, 2017, pp. 38-79.
Escrevemos também sobre a matéria: Paulo Olavo Cunha, **«Providências específicas do plano de recuperação de sociedades»**, AA.VV. *I Congresso de Direito da Insolvência*, coord. Catarina Serra, Almedina, Coimbra, 2013 (pp. 107-139), pp. 116-135, «Os deveres dos gestores e dos sócios no contexto da revitalização de sociedades», AA.VV., *II Congresso de Direito da Insolvência*, coord. Catarina Serra, Almedina, 2014 (pp. 209-233), pp. 220-222, e «A recuperação de sociedades no contexto do PER e da insolvência: âmbito e especificidades resultantes da situação de crise da empresa», *RDI*, nº 0, Almedina, 2016 (pp. 99-119), pp. 113-117.

não conseguir obter crédito» (art. 17º-B), ou se encontrar em *situação de insolvência meramente iminente, mas suscetível de recuperação* (cfr. art. 17º-A, nº 1), poderá procurar obter, de um ou mais dos seus credores, o acordo para espoletar – junto do tribunal – o processo especial de revitalização (da sua empresa), pelo qual venha a negociar com os seus credores uma solução que conduza à recuperação da empresa.

16.3. **A situação de insolvência**

16.3.1. ***Âmbito e ocorrência***

Quando uma empresa, um ente personalizado (ou um património autónomo) se encontra impossibilitado de cumprir as suas obrigações, dizemos que se encontra em situação de insolvência.

Todas as pessoas singulares ou coletivas – com exceção das empresas públicas e entidades públicas empresariais, bem como das empresas de seguros e das instituições de crédito (cfr. art. 2º, nº 2) – podem ser objeto de processo de insolvência, tal como o podem ser realidades jurídicas não personificadas (cfr. art. 2º, nº 1, *alíneas g)* e *h)*). Entre estas, enquadramos hoje os organismos de investimento coletivo, *maxime* os fundos de investimento (mobiliário ou imobiliário).

A insolvência pode ser requerida pelo devedor (cfr. art. 18º, nº 1) ou por um terceiro. Este é normalmente um credor, mas em certos casos pode ser o Ministério Público (cfr. art. 20º, nº 1).

16.3.2. ***O dever de apresentação à insolvência***

O devedor tem de requerer a declaração de insolvência quando tenha conhecimento, há mais de 30 dias, de que a empresa se encontra impossibilitada de cumprir as suas obrigações vencidas e, consequentemente, de honrar as suas dívidas (cfr. arts. 18º, nº 1, e 3º)[352].

Para o efeito a lei disponibiliza alguns **critérios** que constituem fatores **indiciadores** da insolvência (cfr. art. 20º, nº 1) e cuja verificação

[352] Sobre o dever de ação do devedor, vd. Catarina Serra, *A Falência no Quadro da Tutela Jurisdicional dos Direitos de Crédito*, cit., 2009, pp. 330 e ss., em especial pp. 337-338 e 341-348.

contribui certamente para a perceção dessa situação. Enuncie-se, entre outros, os seguintes:

(i) *A «suspensão generalizada do pagamento das obrigações vencidas»* (art. 20º, nº 1, *alínea a)*),
(ii) O incumprimento de uma obrigação que, pelo seu montante ou pela circunstâncias em que se verifica, *«revele a impossibilidade de o devedor satisfazer a generalidade das suas obrigações»* (art. 20º, nº 1, *alínea b)*),
(iii) O desaparecimento (*«fuga* ou *abandono do local»*) do titular (sócio, acionista ou empresário individual) da empresa ou dos gestores da empresa devedora em situação de *«falta de solvabilidade»* sem se fazer substituir (art. 20º, nº 1, *alínea c)*) ou
(iv) O *«incumprimento generalizado»*, durante um determinado lapso de tempo (*«seis meses»*), de determinados tipos de dívidas (por exemplo, fiscais, de previdência, emergentes de contrato de trabalho) (art. 20º, nº 1, *alínea g)*) que equivalem ao reconhecimento de que a empresa se encontra em situação de insolvência.

Importa salientar que a inobservância do dever de apresentação à insolvência constitui presunção de *culpa grave* do devedor (cfr. art. 186º, nº 3, *alínea a)*) e que esta pode conduzir à qualificação da insolvência como *culposa* (cfr. art. 186º, nº 1).

Se o devedor tiver a perceção de que irá muito provavelmente *entrar* em insolvência, isto é, se a situação de **insolvência** for **iminente**, poderá requerer a insolvência, mas não tem de o fazer. Nestas circunstâncias, o devedor tem a faculdade de optar entre apresentar-se à insolvência ou não o fazer, equiparando a lei esta situação à de insolvência *atual* (cfr. art. 3º, nº 4)[353].

Quando o devedor for uma empresa coletiva, uma **sociedade comercial**, a iniciativa de apresentação à insolvência caberá ao respetivo órgão de administração ou a qualquer administrador (cfr. art. 19º).

Apesar dos efeitos negativos que resultam da inobservância deste dever – designadamente a qualificação da insolvência como culposa –, nem

[353] Neste sentido, cfr. Luís M. Martins, *Processo de insolvência*, 3ª ed., 2013, p. 69.
Sobre o âmbito e alcance desta regra, vd. também Pedro de Albuquerque, «Declaração da situação de insolvência», *O Direito*, ano 137, vol. III, 2005 (pp. 507-525), p. 513.

sempre o devedor se prontifica a apresentar-se à insolvência, muitas vezes na esperança de que a empresa recupere e "dê a volta" à situação negativa em que se encontra. Nesse caso, qualquer terceiro credor poderá requerer a insolvência.

16.3.3. *A insolvência requerida por terceiros*

Os credores podem, na realidade, requerer a insolvência do seu devedor, sempre que o mesmo não satisfaça pontualmente as suas dívidas e não tenha capacidade para o vir a fazer, substituindo-se ou concorrendo com o devedor, a quem caberia apresentar-se à insolvência.

Para além, de requerida pelos credores, a insolvência pode ser *requerida por quem for legalmente responsável pelo pagamento das dívidas* do devedor – isto é, por um seu representante – ou pelo Ministério Público (cfr. art. 20º, nº 1)[354].

16.4. O processo de insolvência[355]

Vamos ver agora como é que a insolvência pode ser requerida e que passos devem ser dados, nomeadamente como se estrutura o processo que conduz a essa situação e que tem natureza judicial.

16.4.1. *Caracterização e início*

O processo de insolvência consiste nos atos processuais de apreensão e execução universal dos bens do devedor e, como vimos, inicia-se em regra pela apresentação deste à insolvência ou é desencadeado por um credor.

[354] Vd., por todos, Catarina Serra, *A Falência no Quadro da Tutela Jurisdicional dos Direitos de Crédito*, cit., 2009, pp. 408-420.

[355] Seguimos a estrutura do nosso texto anterior (*Lições de Direito Comercial* cit., 2010, pp. 127-131).

Na bibliografia especializada, para além do comentário cit. de Carvalho Fernandes/João Labareda, *Código da Insolvência e da Recuperação de Empresas Anotado*, 3ª ed., 2015, vd. Maria do Rosário Epifânio, *Manual de Direito da Insolvência*, 6ª ed., 2014, pp. 31-79 e 223-277, Adelaide Menezes Leitão, *Direito da Insolvência*, 2017, pp. 124-143, 153-162 e 183-190, Luís Menezes Leitão, *Direito da Insolvência*, 8ª ed., 2018, pp. 115-138, 139-149, 155-158, 161-166, 261-269, Alexandre de Soveral Martins, *Um Curso de Direito da Insolvência*, 2ª ed., 2016, pp. 73-117, 119-134 e 225-399, e Catarina Serra, *Lições de Direito da Insolvência*, 2018, pp. 40-52, 65, 77-101, 103-137 e 256-298.

Este processo *tem carácter urgente e goza de precedência sobre o serviço ordinário do tribunal* (cfr. art. 9º, nº 1), pelo que não se suspende em férias (judiciais).

Comecemos por enunciar os participantes no processo de insolvência.

16.4.2. ***Intervenientes***

São diversos os sujeitos que podem (ou devem) participar no processo de insolvência, desde o insolvente, passando pelos credores – organizados em Comissão e em Assembleia, até ao administrador da insolvência, para não referir, por ser desnecessário, o juiz.

16.4.2.1. *O insolvente*

O dever de apresentação à insolvência verifica-se sempre que o devedor depara com a impossibilidade de cumprir oportunamente as obrigações já vencidas (cfr. art. 18º) e visa evitar o agravamento da sua situação patrimonial, como já vimos.

O **insolvente** é sempre parte no processo, ainda que não tome a iniciativa.

16.4.2.2. *O administrador da insolvência*

Abrindo-se uma situação de crise na empresa, a mesma tem de passar a ser gerida por um técnico designado para o efeito. Esse profissional, escolhido pelo juiz – eventualmente tendo em consideração as sugestões que lhe sejam apresentadas pelo devedor ou pela comissão de credores – para assegurar a gestão da empresa depois da declaração de insolvência (cfr. art. 52º), **é o administrador da insolvência**.

A lei refere-se ao administrador da insolvência – a propósito dos *Órgãos da insolvência* – nos arts. 52º a 65º, desenhando as suas funções no art. 55º e admitindo que o mesmo possa coexistir com a administração da massa insolvente pelo devedor (cfr. art. 224º).

O administrador da insolvência – cujo estatuto consta da Lei nº 22/2013, de 26 de fevereiro (que substituiu a Lei nº 32/2004, de 22 de julho), na red. da L 17/2017, de 16 de maio (EAI) – é escolhido pelo juiz de entre os que constam de lista oficial (cfr. arts. 6º e 13º, nºs 1 e 2 do EAI), sendo remunerado pelas funções desempenhadas (cfr. art. 60º do CIRE e arts. 22º a 30º do EAI e Port. nº 51/2005, de 20 de janeiro).

Existindo administrador judicial provisório[356], este tem a preferência para ser designado administrador da insolvência (cfr. art. 52º, nº 2). No entanto, os credores têm, em qualquer caso, uma palavra a dizer, podendo, na primeira assembleia subsequente à designação do administrador da insolvência, rejeitá-lo e eleger para o cargo uma outra pessoa, que não tem necessariamente de constar da lista dos administradores de insolvência (cfr. art. 53º).

O administrador da insolvência – que atua sob fiscalização da Comissão de Credores, quando esta existir (cfr. art. 55º, nº 1) e do juiz (cfr. art. 58º) – deve assegurar a gestão da empresa insolvente e diligenciar os atos adequados ao pagamento das respetivas dívidas (cfr. art. 55º, em especial nº 1).

O desempenho do administrador da insolvência é aferido segundo um critério que lhe impõe naturais deveres de diligência e cuidado (cfr. art. 59º, nº 1).

16.4.2.3. *A comissão de credores*

A **comissão de credores** é a entidade que fiscaliza a atividade do administrador (cfr. art. 68º), sendo regulada nos artigos 66º a 71º, e é composta por três ou cinco credores da empresa, que representem significativamente as «*várias classes de credores*» – com exceção dos credores subordinados –, devendo a «*presidência recair de preferência sobre o maior credor da empresa*» (art. 66º, nº 1).

Trata-se de um órgão simultaneamente coadjuvante e fiscalizador do administrador da insolvência (cfr. art. 68º, nº 1).

16.4.2.4. *A assembleia de credores*

Quanto à generalidade dos credores, reúnem-se em assembleia – sob a presidência do juiz (cfr. art. 74º) –, para se pronunciarem sobre diversos aspetos da insolvência e nomeadamente para avaliarem a viabilidade de recuperação da empresa.

Com efeito, à **assembleia de credores** (arts. 72º a 80º) – composta por «*todos os credores da insolvência* e, eventualmente, pelos titulares de

[356] Antes da declaração de insolvência pode haver lugar à nomeação de administrador judicial provisório, o qual pode vir a tornar-se administrador da insolvência (cfr. art. 32º).

créditos «*decorrentes do eventual pagamento futuro da dívida*» (cfr. arts. 95º, nº 2 e 72º, nº 1) – incumbe aprovar o plano de insolvência ou rejeitá-lo, decidindo pela liquidação da empresa (cfr. art. 156º).

Nesse fórum, por cada euro de crédito cabe, em princípio, um voto (cfr. art. 73º), não conferindo os créditos subordinados[357] direito de voto, salvo se estiver em causa a aprovação do Plano de Insolvência (cfr. art. 73º, nº 3).

16.4.2.5. *Os credores individualmente considerados*

Por fim, e embora integre necessariamente a assembleia de credores, qualquer **credor** pode ser **requerente** da insolvência e, nesse caso, embora não tenha especial vantagem, assume um papel determinante como autor no processo, tornando-se interveniente neste, a título individual e diferenciado.

16.4.3. ***Marcha do processo***

Vejamos agora, sucintamente, quais os atos necessários e os eventuais, mas relevantes, que caracterizam o processo de insolvência.

16.4.3.1. *Petição inicial*

O processo começa com a apresentação da **petição inicial** (cfr. arts. 20º e 30º, nº 5) – qualquer que seja o autor da iniciativa –, a qual deve ser instruída com diversos elementos (cfr. art. 23º), devendo ser junta a documentação imprescindível para que a insolvência seja declarada (cfr. arts. 24º e 25º).

16.4.3.2. *Oposição*

Sendo a petição apresentada pelo devedor, este não poderá desistir do processo (cfr. art. 21º), devendo a sentença – caso não haja motivos para a rejeição liminar do pedido – ser proferida no prazo máximo de três dias úteis (cfr. art. 27º, nº 1).

[357] Enunciados no art. 48º, os créditos subordinados são graduados depois dos demais créditos e são pertencentes às pessoas especialmente relacionadas com o devedor, designadamente os respetivos sócios.

Sendo a insolvência requerida por um terceiro, o devedor pode deduzir **oposição** no prazo de dez dias (cfr. art. 30º, nº 1) – procurando impedir a insolvência peticionada –, seguindo-se a **audiência de discussão e julgamento** (cfr. art. 35º).

16.4.3.3. *Sentença*

O processo conclui pela **sentença**, em cuja construção prevalece o princípio do inquisitório, podendo a decisão ser fundada em factos que não tenham sido alegados pelas partes (cfr. art. 11º).

A lei estabelece os elementos que devem constar da sentença (cfr. art. 36º), à qual podem ser opostos **embargos** (cfr. art. 40º).

16.4.4. ***A resolução de atos jurídicos em benefício da massa insolvente***[358]

Declarada a insolvência, os atos prejudiciais que tenham sido praticados num largo período que a antecede (mais exatamente quatro anos) são colocados em causa, podendo ser resolvidos em benefício da massa insolvente (cfr. art. 120º).

A resolução, efetuada pelo administrador da insolvência, deve ser comunicada por carta (cfr. art. 123º, nº 1) e tem efeitos retroativos (cfr. art. 126º).

Contudo, os credores podem opor-se a essa resolução, demonstrando que os atos não causaram qualquer prejuízo e que, porventura, a sua resolução será mais prejudicial para a insolvência do que a sua manutenção. Para o efeito dispõem de seis meses para impugnar a resolução (cfr. art. 125º).

16.4.5. ***Administração e liquidação da massa insolvente***

A administração da massa insolvente é entregue ao administrador da insolvência (cfr. arts. 36º, *alínea d)* e 55º e segs.), sem prejuízo de poderem permanecer em funções os membros do órgão de gestão da empresa devedora (cfr. arts. 36º, *alínea e)* e 224º), como já referimos.

[358] Cfr. Carvalho Fernandes/João Labareda, *Código da Insolvência e da Recuperação de Empresas Anotado*, 3ª ed., 2015, pp. 499-518, Catarina Serra, *O Regime Português da Insolvência*, 5ª ed., 2012, pp. 108-112, *Lições de Direito da Insolvência*, 2018, pp. 245-251, e a monografia de Fernando de Gravato Morais, *Resolução em benefício da massa insolvente*, Almedina, Coimbra, 2008.

A liquidação da massa insolvente processa-se, em conformidade com a previsão do art. 55º, nº 1, *alínea a)*, e nos termos dos arts. 156º a 170º ou de plano de insolvência, quando aprovado (cfr. arts. 192º, nº 1 e 195º, nº 2, *alínea b)*).

16.5. **Efeitos da declaração de insolvência**[359]

São diversos os efeitos da declaração de insolvência. Temos de os distinguir, consoante recaiam sobre os sujeitos envolvidos, sobre os quais se projetam, ou se reportem aos atos praticados por insolventes.

16.5.1. ***Efeitos sobre o devedor e sobre os seus gestores***[360]

O principal efeito da (declaração de) insolvência (sobre o devedor[361]) consiste na transferência dos poderes de administração e de disposição dos bens da massa insolvente para um terceiro – o administrador da insolvência (cfr. art. 81º, nº 1) –, a quem caberá providenciar a esses atos, em substituição do devedor.

Trata-se de uma consequência óbvia e natural. Se o devedor (pessoa singular ou diferente entidade jurídica) se revelou incapaz – na aceção coloquial do termo – de reger adequadamente os seus bens, comprometendo a sua subsistência no mercado em que atua, nomeadamente pela falta ou mau planeamento da sua atividade, afigura-se razoável que seja privado da administração e disponibilidade desses bens, sendo substituído por alguém que se encarregará profissionalmente da gestão dos

[359] Na bibliografia especializada, vd. Maria do Rosário Epifânio, *Manual de Direito da Insolvência*, 6ª ed., 2014, pp. 81-222, Carvalho Fernandes/João Labareda, *Código da Insolvência e da Recuperação de Empresas Anotado*, 3ª ed., 2015, pp. 410-498, Adelaide Menezes Leitão, *Direito da Insolvência*, 2017, pp. 144-153, Luís Manuel Teles de Menezes Leitão, *Direito da Insolvência*, 8ª ed., 2018, pp. 167-234, Alexandre de Soveral Martins, *Um Curso de Direito da Insolvência*, 2ª ed., 2016, pp. 135-224, e Catarina Serra, *Lições de Direito da Insolvência*, 2018, pp. 137-257.

[360] Cfr. Carvalho Fernandes/João Labareda, *Código da Insolvência e da Recuperação de Empresas Anotado*, 3ª ed., 2015, pp. 410-425, e Catarina Serra, *O Regime Português da Insolvência*, 5ª ed., 2012, pp. 58-86, e *Lições de Direito da Insolvência*, 2018, pp. 142-176 e 178-183, com extensa indicação bibliográfica (pp. 141-142 e 176-178).

[361] Os atos praticados pelo devedor em infração das suas limitações são ineficazes (cfr. art. 81º, nº 6).

bens remanescentes e, tanto quanto possível, avaliará as possibilidades de recuperação da situação patrimonial deficitária (ou insuficiente) do devedor.

Contudo, excecionalmente – e com o acordo do requerente da insolvência –, o devedor pode conservar a administração dos bens, desde que se tenha comprometido a apresentar um plano de insolvência que preveja a recuperação da empresa (cfr. arts. 36º, *alínea e)*, e 224º). Esta é uma prerrogativa que assiste apenas às empresas insolventes e que se encontra dependente da capacidade de recuperação que as mesmas tenham. Neste caso, os representantes legais da empresa, os seus gestores, mantêm-se em funções e coexistem com o administrador da insolvência, conservando as suas remunerações (cfr. art. 227º, nº 1). A lei admite que os administradores ou gerentes da empresa (insolvente), ou alguns deles, possam contribuir ativamente para a sua recuperação. Por isso, não só admite a sua continuidade em funções, como a manutenção das respetivas remunerações. Estamos perante uma solução que constitui um desvio à regra geral da nossa lei, segundo a qual os administradores e demais titulares de órgãos sociais da sociedade insolvente deixam de auferir remuneração com a declaração de insolvência, ainda que se mantenham em funções (cfr. art. 82º, nº 1). Compreende-se a previsão normativa nas situações-regra, porquanto a subsistência em funções será, neste caso, essencialmente formal, cabendo apenas ao administrador da insolvência a gestão efetiva da sociedade (insolvente), pelo que podemos considerar que, de facto, os administradores e gerentes são afastados, pela declaração de insolvência.

Nos casos em que a remuneração dos administradores da insolvente cessa, eles podem renunciar com efeitos imediatos às suas funções (cfr. art. 82º, nº 1 *in fine*). Esta previsão legal, por sua vez, constitui uma exceção, também compreensível, à regra do artigo 404º, nº 2 do Código das Sociedades Comerciais, que determina que os efeitos da renúncia operem apenas no final do mês subsequente aquele em que a mesma é apresentada, se o renunciante não for, entretanto, substituído.

16.5.2. *Efeitos da insolvência sobre os créditos*[362]

Com a declaração de insolvência, ocorre o vencimento imediato e *ex lege* de todas as obrigações do devedor (cfr. arts. 91º, nº 1), impondo a lei a sujeição dos *credores da insolvência* às regras do CIRE, «*durante a pendência do processo de insolvência*» (art. 90º), nomeadamente determinando a redução de juros e a extinção de determinadas garantias (cfr. arts. 91º, nº 2 e 97º, nº 1, *alíneas a)* e *b)*).

16.5.3. *Efeitos da insolvência sobre os negócios em execução*[363]

No que se refere aos negócios já concluídos, de prestação instantânea, os mesmos não suscitam especiais dificuldades, embora possam em certas circunstâncias estar sujeitos à resolução em benefício da massa insolvente. Os mesmos já terão produzido os seus efeitos principais, designadamente a transferência da propriedade no negócio de compra e venda.

As questões mais complicadas colocam-se com os negócios de execução duradoura que ainda não estejam cumpridos, isto é, negócios que foram celebrados no passado e cujos efeitos se destinariam a produzir-se após a insolvência. No que se refere aos negócios que ainda se encontrem total ou parcialmente por executar, o respetivo «*cumprimento fica suspenso até que o administrador da insolvência*» opte por executá-lo ou declare não vir a pretender fazê-lo, opondo-se definitivamente ao cumprimento (cfr. art. 102º).

Relativamente a estes negócios – casos dos contratos de fornecimento[364] –, podemos concluir que a declaração de insolvência suspende a respetiva execução, ficando-se a aguardar a decisão do administrador da insolvência, que deverá mantê-los ou recusar a sua subsistência, pondo-lhes termo. A lei admite a resolução tácita destes negócios, sempre que

[362] Cfr. Carvalho Fernandes/João Labareda, *Código da Insolvência e da Recuperação de Empresas Anotado*, 3ª ed., 2015, pp. 437-459, e Catarina Serra, *O Regime Português da Insolvência*, 5ª ed., 2012, pp. 88-92, e *Lições de Direito da Insolvência*, 2018, pp. 217-221.

[363] Cfr. Carvalho Fernandes/João Labareda, *Código da Insolvência e da Recuperação de Empresas Anotado*, 3ª ed., 2015, pp. 460-498, e Catarina Serra, *O Regime Português da Insolvência*, 5ª ed., 2012, pp. 92-107, e *Lições de Direito da Insolvência*, 2018, pp. 224-244, com extensa indicação bibliográfica (pp. 221-223).

[364] A lei estabelece soluções específicas para os casos de arrendamentos – cfr. arts. 108º e 109º – e dos contratos de prestação de serviços (cfr. arts. 110º e 111º).

a contraparte fixa *um prazo razoável ao administrador da insolvência* (para efetuar a sua escolha), sem que este se manifeste (cfr.a rt. 102º, nº 1).

Com estes contratos não se devem confundir os negócios a prazo, nomeadamente sobre mercadorias ou que recaiam sobre produtos financeiros, com um regime legal próprio (cfr. art. 107º).

16.5.4. *Efeitos processuais*[365]

A declaração da insolvência suspende todas as diligências processuais executivas requeridas pelos credores e que atinjam os bens da massa insolvente (cfr. art. 88º, nº 1). Desse modo, evita-se que tais atos conflituem com os fins da insolvência, permitindo apurar os bens (ainda) disponíveis e ponderar se a opção correta (dos credores) consiste na respetiva liquidação para satisfação parcial dos créditos existentes ou na recuperação da empresa.

Já no que se refere às ações declarativas em curso, a declaração não as suspende. Contudo, para garantir que as diligências já empreendidas não ficam sem sentido, a lei determina que todas as ações sobre bens da massa ou que possam influenciar o respetivo valor sejam apensas ao processo de insolvência, se tal for requerido (cfr. art. 85º, nº 1)[366].

16.5.5. *Resolução em benefício da massa insolvente; remissão*

A declaração de insolvência implica a apreensão de todos os bens do devedor e poderá arrastar uma série de atos que tenham sido praticados anteriormente a esse momento. Com efeito, como vimos (*supra*, nº 16.4.4), o administrador da insolvência tem poder para resolver atos jurídicos celebrados previamente à declaração e ao processo de insolvência em benefício da massa insolvente, desde que os mesmos sejam prejudiciais.

[365] Cfr. Carvalho Fernandes/João Labareda, *Código da Insolvência e da Recuperação de Empresas Anotado*, 3ª ed., 2015, pp. 426-437, e Catarina Serra, *O Regime Português da Insolvência*, 5ª ed., 2012, pp. 86-88, e *Lições de Direito da Insolvência*, 2018, pp. 196-221, com extensa indicação bibliográfica (pp. 195-196).

[366] Sobre os efeitos da insolvência nas ações declarativas, vd. António Pereira de Almeida, «Efeitos do processo de insolvência nas ações declarativas», *RDCom*, nº 1, 2017 (www.revistadedireitocomercial.com, 2017-05-17), pp. 141-166.

16.6. **O plano de insolvência**[367]

Para concluir esta breve abordagem do fenómeno da insolvência, importa fazer uma referência à alternativa de que o devedor dispõe para evitar a cessação da sua atividade económica, procurando reestruturar a sua atividade de modo a torná-la viável, se necessário à custa do perdão parcial das suas dívidas.

Para o efeito, no âmbito do processo de insolvência, após a respetiva declaração, é possível gizar e (fazer) aprovar um plano que conduza à viabilização da empresa insolvente, permitindo simultaneamente que os credores recuperem a prazo parte, senão mesmo a totalidade, dos seus créditos.

Com efeito, a lei, embora com naturais preocupações pela tutela e ressarcimento dos credores cujos créditos ficaram em suspenso com a insolvência, contém mecanismos que visam permitir à empresa insolvente manter-se no mercado sempre que estiver em condições de recuperar da situação difícil em que se encontra e retomar o exercício da respetiva atividade (económica). Com essa finalidade, deverá ser elaborado e proposto um plano – designado de insolvência –, no qual se prevê os atos que a empresa deverá vir a praticar.

[367] Na bibliografia especializada, vd. Jorge Coutinho de Abreu, «Recuperação de empresas em Processo de Insolvência», AA.VV., *Ars Ivdicandi – Estudos em Homenagem ao Prof. Doutor António Castanheira Neves*, vol. II: Direito Privado, org. por Jorge de Figueiredo Dias, José Joaquim Gomes Canotilho e José de Faria Costa, Coimbra Editora, Coimbra, 2008, pp. 9-29 (texto redigido em 2004), Maria do Rosário Epifânio, *Manual de Direito da Insolvência*, 6ª ed., 2014, pp. 291-320, Carvalho Fernandes/João Labareda, *Código da Insolvência e da Recuperação de Empresas Anotado*, 3ª ed., 2015, pp. 703-809, Adelaide Menezes Leitão, *Direito da Insolvência*, 2017, pp. 163-173, Luís Menezes Leitão, *Direito da Insolvência*, 8ª ed., 2018, pp. 295-310, Alexandre de Soveral Martins, *Um Curso de Direito da Insolvência*, 2ª ed., 2016, pp. 445-508, e Catarina Serra, *O Regime Português da Insolvência*, 5ª ed., Almedina, Coimbra, 2012, pp. 145-154, e, posteriormente, *Lições de Direito da Insolvência*, 2018, pp. 315-324, com extensa indicação bibliográfica (pp. 313-315).
Vd. também, em particular sobre as medidas de recuperação aplicáveis às empresas comerciais, o nosso estudo sobre as «Providências específicas do plano de recuperação de sociedades», AA.VV., *I Congresso de Direito da Insolvência*, Almedina, Coimbra, 2013 (pp. 107-139), em especial pp. 116-139, e a bibliografia nacional nele citada (nota introdutória, pp. 107-108).

16.6.1. *Caracterização e conteúdo*

Declarada a insolvência[368], os titulares da empresa insolvente e os credores avaliarão as possibilidades de a empresa poder vir a retomar a sua atividade, com eventual redução da mesma, do número dos seus trabalhadores e com a reestruturação da sua dívida, que envolva inclusivamente um perdão parcial (do capital e juros ou apenas destes).

Admitindo-se que a empresa é viável, não justificando a sua liquidação – mas a sua *manutenção na titularidade do devedor ou de terceiro* –, e que os credores poderão estar de acordo com o processo a seguir para conseguir a recuperação, ainda que parcial, dos seus créditos, é submetido à aprovação dos credores um plano de insolvência (art. 192º).

O **plano de insolvência** deve **indicar**:

(i) Os efeitos que acarreta na esfera jurídica dos credores da insolvência e na posição que estes têm perante a insolvência (cfr. art. 195º, nº 1);
(ii) Os objetivos a prosseguir e *as medidas necessárias à sua execução* (art. 195º, nº 2);
(iii) A diferença entre o resultado esperado das alterações propostas, através do plano, e a situação que se verificaria na falta deste (cfr. art. 195º, nº 2, *alínea d)*),
(iv) Os preceitos legais derrogados por efeito da sua execução (cfr. art. 195º, nº 2, *alínea e)*) e, eventualmente,
(v) Os atos que se projetem sobre o passivo do devedor (cfr. art. 196º).

Em acréscimo o plano deverá **conter** os elementos que sejam essenciais *para efeitos da sua aprovação pelos credores e homologação pelo juiz* – tais como a caracterização da *situação patrimonial, financeira e reditícia do devedor*, a via de satisfazer os credores (*liquidação da massa insolvente*, recuperação do titular da empresa ou transmissão desta a um terceiro) (cfr. art. 195º, nº 2, *alíneas a)* e *b)*) – e, visando manter a empresa em funcionamento (total ou parcial), deve ser instruído por determinados documentos (cfr. art. 195º, nº 2, *alínea c)*).

[368] A assunção da elaboração de um Plano de Insolvência pode ocorrer *ab initio*, sendo concomitante da apresentação à insolvência, para permitir ao insolvente manter em funções os seus gestores.

Paralelamente, os envolvidos no processo podem procurar indagar se existem fundos (públicos) – nomeadamente destinados a apoiar projetos que contribuam para o desenvolvimento da economia nacional – que se encontrem disponíveis e sejam utilizáveis no apoio ao financiamento.

16.6.2. *Aprovação e homologação*

Elaborado um plano de insolvência, deve o mesmo ser objeto de aprovação pela assembleia de credores (cfr. arts. 209º a 216º, em especial art. 209º, nº 1). Este órgão, presidido pelo juiz do processo – e com competência para alterar o plano, dentro de determinados limites (cfr. art. 210º) –, engloba todos os credores da insolvência e delibera por maioria de 2/3 dos votos emitidos, com referência a um *quorum* constitutivo mínimo de 1/3 dos votos.

Uma vez aprovado – com a chancela do juiz, que ao mesmo se pode opor –, deve o plano ser objeto de homologação (judicial) no prazo (mínimo) de dez dias contados da sua aprovação (cfr. art. 214º), para que eventuais credores discordantes possam deduzir a sua oposição.

16.6.3. *Efeitos da aprovação e homologação*

Dada a natureza judicial da decisão de homologação, deverá esta transitar em juízo, o que acontece no prazo de quinze dias contado da sentença homologatória.

Transitada em julgado, a decisão de homologação põe termo à insolvência.

Por sua vez, o plano de insolvência, objeto de homologação, deve conter os elementos necessários à inscrição registral dos diversos factos que prevê, sendo a sentença homologatória título bastante para conferir *eficácia a quaisquer atos ou negócios jurídicos no plano de insolvência* (cfr. art. arts. 217º, nºs 2 e 3, e 198º, nº 2, *alíneas a)* a *d)*) e à continuidade da atividade da sociedade (cfr. art. 234º, nº 1).

O plano homologado deixa de ser modificável – pelos próprios credores –, ainda que as circunstâncias se alterem e não possa ser cumprido à risca.

O plano fixa as dívidas da insolvência que sejam recuperáveis – por exemplo 50% do total em dívida se ocorrer um perdão parcial correspondente a metade dos créditos sobre a insolvência, pressupondo que não existem créditos privilegiados – e delimita com precisão as dívidas da massa insolvente, que devem ser satisfeitas logo que possível (cfr. art. 219º). Estas preferem aparentemente às dívidas que, sob a nova forma, a entidade resultante do processo de insolvência vier a contrair na sua atividade e que – caso a sua contração não se encontre prevista e acautelada no plano de insolvência (sobre esta possibilidade, cfr. art. 219º) – acrescem às dívidas da insolvência que transitaram para a nova entidade ou para a entidade reformulada, ficando a sua satisfação subordinada à das dívidas da massa[369].

Não repugna admitir, no silêncio da lei, que, quando estejam em causa financiamentos em dinheiro em favor da nova sociedade, o administrador da insolvência que fiscaliza o cumprimento do plano possa aprovar a nova obrigação, reconhecendo que o crédito dela resultante esteja em plano de igualdade com as dívidas da massa insolvente. A não ser assim, a falta de previsão do plano condena a concessão à sociedade de qualquer novo financiamento, sob pena de subalternizar às dívidas da massa (insolvente) o crédito do mesmo resultante.

16.6.4. *Execução do plano*

Definido e aprovado pela assembleia de credores e homologado por sentença judicial, o plano de insolvência deve ser executado, em termos tão próximos quantos os nele previstos, com vista a viabilizar a recuperação dos créditos que visa salvaguardar. A adequada execução do plano

[369] Compreende-se e aceita-se a diferenciação de efeitos introduzida pela lei relativamente às **dívidas da insolvência** *versus* dívidas da massa insolvente. As primeiras são as que originaram a declaração de insolvência e correspondem a todas as situações jurídicas passivas que caracterizavam o património do devedor; as **dívidas da massa (insolvente)** são as constituídas pelos atos necessários à declaração de insolvência ou tendentes à recuperação da empresa, na mesma se incluindo *as custas do processo de insolvência, as remunerações do administrador da insolvência* e as suas despesas e as *dos membros da comissão de credores* (cfr. art. 51º, nº 1, *alíneas a)* a *c)*), *qualquer dívida resultante de contrato* em execução, *cujo cumprimento não possa ou não seja recusado pelo administrador da insolvência* (cfr. art. 51º, nº 1, *alíneas e)* a *f)*), e por aquelas que sejam resultantes de financiamentos efetuados em favor da empresa insolvente, com o consentimento do administrador da insolvência, com a finalidade de a manter em funcionamento ou, de algum modo, contribuir para a sua subsistência no mercado.
Por esta razão, a lei subordina o pagamento e satisfação de umas (as da insolvência ou aquelas que ainda subsistam nos termos do plano de insolvência, não tendo sido objeto de perdão) à integral satisfação das outras (as dívidas da massa insolvente) (cfr. art. 172º, nº 1).

deve tendencialmente conduzir à recuperação da empresa outrora insolvente ou à viabilização da (nova) entidade que resulta da entidade insolvente.

A execução do plano – a ser eventualmente monitorizada pelo administrador da insolvência por um período máximo de três anos (cfr. art. 220º, em especial nºs 1 e 6)[370] – pode concretizar-se em alterações do contrato de sociedade insolvente, incluindo variações do capital social (aumento e redução) e transformação do tipo societário (cfr. art. 198º, nºs 2, *alíneas a), b), c)* e *d)*, 3 e 4), ou projetar-se sobre a composição dos próprios órgãos sociais (cfr. art. 198º, nº 2, *alínea e)*).

16.6.5. ***Incumprimento***

Se tudo correr como programado, o plano será devidamente executado e a empresa a que o mesmo respeita retoma a sua atividade satisfazendo os credores, em conformidade com o que havia sido estabelecido.

No entanto, podem ocorrer desvios ao plano[371], tal como foi aprovado, comprometendo a sua subsistência e execução e, consequentemente, o êxito das medidas nele preconizadas.

Verificando-se o incumprimento do plano, sem reparação imediata, *a moratória ou o perdão* nele previstos cessam (cfr. art. 218º, nº 1, *alínea a)*). Nesse caso, os credores subsistentes podem requerer a liquidação da empresa, em novo processo de insolvência – caso em que comprometem definitivamente a sua recuperação –, ou optar por ignorar a inobservância e esperar que a mesma não ponha em causa a finalidade do plano.

Não se afigura que o plano aprovado pela assembleia de credores – e subsequentemente homologado por despacho judicial – seja suscetível de alteração na sua estrutura, nomeadamente na autorização para a prática de novos atos e sua qualificação e imputação de (novas) dívidas à massa insolvente.

Em qualquer caso, o incumprimento pode dar lugar a novo processo de insolvência, repetindo-se o anteriormente processado (cfr. art. art. 218º, nº 1, *alínea b)*). Nesse novo plano, os novos financiamentos podem

[370] Os demais órgãos da insolvência desaparecem de cena com o encerramento do processo de insolvência (cfr. art. 233º, *alínea b)*).

[371] Na prática são frequentes esses desvios que respeitam não apenas a condições materiais e a elementos logísticos por ele abrangidos, mas também a prazos.

(e devem) ser devidamente acomodados, em termos de graduação de créditos.

16.6.6. *Recusa de aprovação ou de homologação do plano*

Se a assembleia de credores não aprovar o plano pela maioria legalmente exigida para o efeito ou, aprovando-o, não for o mesmo homologado pelo juiz, por considerar que é inexequível ou que não acautela devidamente os interesses dos credores, a sociedade (insolvente) entra em liquidação.

16.7. Encerramento do processo de insolvência

O processo de insolvência pode encerrar-se por diversas razões diferentes:

(i) Em caso de continuidade da empresa em atividade, com o trânsito em julgado da sentença homologatória do plano (cfr. art. 230º, nº 1, *alínea b)*, ou a pedido do devedor, quando este deixe de estar em insolvência (cfr. arts. 230º, nº 1, *alínea c)* e 231º),

(ii) Em caso de liquidação e extinção da empresa insolvente, quando forem atribuídos aos credores, em rateio final, os bens sobrantes (cfr. art. 230º, nº 1, *alínea a)*), ou

(iii) Se o administrador da insolvência verificar a insuficiência da massa insolvente para satisfazer as custas do processo e outras dívidas da massa (cfr. arts. 230º, nº 1, *alínea d)* e 232º).

Com o encerramento do processo de insolvência, cessam os efeitos da insolvência, sem prejuízo da subsistência de certos efeitos especiais, como os da qualificação da insolvência como culposa (cfr. arts. 233º, nº 1, *alínea a)* e 186º, nº 2[372]), pelo que a empresa retoma a atividade societária normal se o encerramento do processo tiver sido baseado no plano de insolvência que o preveja (cfr. art. 234º, nº 1).

[372] Cumpre assinalar que o art. 186º, nº 2, *alínea b)* – que estabelece como efeito da insolvência culposa a proibição do exercício da atividade comercial –, foi oportunamente objeto de declaração de inconstitucionalidade com força obrigatória geral, na parte em que impõe que o juiz decrete a inabilitação do administrador da sociedade comercial insolvente [cfr. **AcTribConstitucional** (Joaquim de Sousa Ribeiro) nº 173/2009, de 2 de abril, DR, 1ª Série, de 4 de maio de 2009, pp. 2518-2523].

16.8. **O RERE**[373]

No plano exclusivamente extrajudicial, o SIREVE[374], que não representou o sucesso esperado, foi substituído pelo Regime Extrajudicial de Recuperação de Empresas (RERE), aprovado pela Lei nº 8/2018, de 2 de março[375], o qual só se aplica a empresas (cfr. art. 3º, nº 1, *alínea a)*).

Trata-se de uma medida que só tem sentido quando o capital não está perdido, embora excecional e transitoriamente[376] se admita que seja acordada no quadro de uma insolvência (cfr. art. 35º).

O RERE permite que o devedor e todos ou alguns credores – desde que, sendo não subordinados, representem, pelo menos, 15% dos créditos por satisfazer (cfr. art. 6º, nº 1) –, quando o capital não está perdido, reajam a uma situação difícil, autorregulando os respetivos interesses. Para o efeito, devem subscrever um **protocolo de negociação**, a ser objeto de depósito na Conservatória do Registo Comercial (cfr. arts. 6º a 8º), e ao qual podem aderir os credores interessados (cfr. art. 7º, nºs 5 e 6).

Este procedimento visa evitar os processos de insolvência e suspende os processos que tenham sido instaurados por credores que sejam parte no protocolo (cfr. art. 1º, nº 1).

O protocolo de negociação deve conduzir a um **acordo de reestruturação** (arts. 19º a 22º) – a ser também objeto de registo comercial (art. 22º) –, em cuja preparação pode desempenhar papel de relevo um

[373] Antecipávamos já na nossa última intervenção sobre insolvência, sobre «Reestruturação de sociedades e direitos dos sócios», publ. *in* AA.VV., *IV Congresso de Direito da Insolvência* (coord. Catarina Serra), Almedina, Coimbra, 2017, pp. 341-359, a próxima substituição do SIREVE pelo Regime Extrajudicial de Recuperação de Empresas (RERE), pp. 357-358.
Sobre o RERE, vd. Luís Manuel Teles de Menezes Leitão, *Direito da Insolvência*, 8ª ed., Almedina, Coimbra, 2018, pp. 319-336, Alexandre de Soveral Martins, «O RERE (Regime Extrajudicial de Recuperação de Empresas)», *in Estudos de Direito da Insolvência*, Almedina, Coimbra, 2ª ed., 2018, pp. 23-32, e Catarina Serra, *Lições de Direito da Insolvência*, 2018, pp. 486-527 – com indicação de fontes bibliográficas adicionais (pp. 485-486) –, e *Regime Extrajudicial de Recuperação de Empresas – Análise (e) Crítica*, Almedina, Coimbra, 2018, em especial pp. 73-159.
Na bibliografia geral, cfr. Coutinho de Abreu, *Curso de Direito Comercial*, I, 11ª ed., 2018, pp. 356-360, Pupo Correia, *Direito Comercial*, 14ª ed., 2018, 431-432.

[374] Sistema de Recuperação de Empresas por Via Extrajudicial (Decreto-lei nº 178/2012, de 3 de agosto, red. do DL 26/2015, de 6 de fevereiro).

[375] A que se reportam todas as disposições legais citadas neste número (16.8), mas não referenciadas.

[376] Isto é, até 2 de setembro de 2019 (*inclusive*) (cfr. arts. 35º e 37º).

mediador de recuperação de empresas (cfr. art. 14º, nº 1). Este acordo pode vir a ser objeto de homologação judicial através de um PER (cfr. arts. 29º do RERE e 17º-I do CIRE).

Em suma, no RERE encontramos duas fases distintas: uma, inicial, que corresponde às negociações tendentes a concluir um protocolo; e outra, final, que se traduz no acordo de restruturação da empresa a que se pretende chegar com base no primeiro instrumento.

16.9. **Outras medidas de recuperação de empresas**[377]

Para além das apontadas, o legislador aprovou outras medidas[378] que podem contribuir para a recuperação de empresas, mas que a *praxis* ainda não testou suficientemente. Limitemo-nos, por isso, a enunciá-las.

16.9.1. ***O aumento do capital social por conversão de suprimentos***[379]

A primeira medida – reservada às sociedades por quotas e introduzida pelo Decreto-Lei nº 79/2017, de 30 de junho (que alterou o CSC e o CIRE) – consiste em proceder a um aumento do capital por conversão de suprimentos, de forma simplificada (vd. arts. 87º, nºs 4 e 5, 88º, nºs 1 e 2, e 89º, nºs 4 e 5), por conveniência dos respetivos (sócios-)credores, que se limitam a comunicar à gerência a (sua intenção de) conversão, desde que sejam detentores de maioria qualificada de três quartos dos votos correspondentes ao capital social (cfr. art. 87º, nº 4), e, consequentemente, a realização do aumento.

Trata-se de uma solução que dispensa a realização de uma assembleia geral e a intervenção de um ROC (cfr. art. 89º, nº 4) que, em circunstâncias normais, deveria certificar o valor das entradas em espécie, visto que os créditos representados por suprimentos são bens em espécie (cfr. art. 28º).

[377] Para maior desenvolvimento, vd. Catarina Serra, *Lições de Direito da Insolvência*, 2018, pp. 527-537.

[378] Excluímos o "processo especial para acordo de pagamento" (cfr. arts. 222º-A a 222º-J do CIRE, aprovados pelo DL 79/2017, de 30 de junho, e objeto da Decl. Retif. nº 21/2017, de 25 de agosto), por não ser aplicável às empresas (cfr. art. 222º-A, nº 1).

[379] Escrevendo antes da Retificação do diploma, José Ferreira Gomes, «A alteração dos artigos 87º e 89º do CSC pelo Decreto-Lei nº 79/2017, de 30 de junho: conversão de créditos de suprimentos em capital», *RDS*, Ano IX, Nº 3, 2017, pp. 535-547.

16.9.2. *Conversão de (outros) créditos em capital*[380]

A segunda medida, mais recente, foi aprovada pela Lei nº 7/2018, de 2 de março[381], que criou o Regime Jurídico da Conversão de Créditos em Capital.

Esta medida, que amplia a natureza dos créditos a converter em capital, permite aos terceiros (credores) que sejam privados ou entidades integradas no sector público empresarial (cfr. art. 2º, nº 3) e que tenham créditos em mora sobre uma sociedade comercial – que não seja uma instituição de crédito, uma sociedade financeira, uma empresa de investimento, uma seguradora, uma sociedade aberta ou uma entidade do sector público empresarial (cfr. art. 2º, nº 2) –, cujo volume de negócios seja de, pelo menos, um milhão de euros (cfr. art. 2º, nºs 1 e 4), impor um aumento do capital social à sociedade devedora.

Para o efeito, os credores verificam estarem reunidos os pressupostos que lhes permitam apresentar uma proposta de conversão, devidamente instruída, com relatório de um ROC (cfr. art. 3º), devendo ser convocada uma assembleia geral para aprovar o aumento de capital (cfr. art. 4º), em cuja subscrição os sócios têm direito de preferência, desde que realizem as entradas em dinheiro (cfr. art. 3º, nºs 12 e 13).

Caso a alteração proposta – que pode envolver uma prévia redução do capital (cfr. art. 3º, nºs 7 e 9) – seja recusada, pode haver lugar a suprimento judicial da deliberação (cfr. arts. 4º, nº 3, e 5º).

17. Registo, regulação, supervisão e foro específicos da atividade comercial

Vamos ver agora – para concluir este capítulo – como é que os sujeitos de Direito Comercial publicitam adequadamente a sua existência e as principais operações estruturais que realizam, através da publicidade

[380] Vd. Orlando Vogler Guiné, «Comentários preliminares ao Regime Jurídico da Conversão de Créditos em Capital», *RDS*, Ano X, Nº 2, 2018, pp. 289-317, e Alexandre de Soveral Martins, «O regime de conversão de créditos em capital», *in Estudos de Direito da Insolvência*, Almedina, Coimbra, 2ª ed., 2018, pp. 33-45.

[381] Não alterando formalmente nenhum diploma legal, diversamente do que sucedeu com a medida que a antecedeu, podemos considerar que da sua aplicação resulta implicitamente modificado o CSC.

das situações jurídicas mais relevantes, assegurada por institutos criados para o efeito, e analisar as formas de fiscalização externa a que se encontram sujeitos (regulação e supervisão). Por último, iremos abordar a temática referente aos litígios que possam surgir na vida mercantil e à forma da sua (re)solução, quer no quadro dos tribunais estaduais, quer no plano da arbitragem.

17.1. **O registo comercial**[382]

O registo comercial é o instituto onde são inscritos os factos e as situações jurídico-mercantis relevantes. É disciplinado por um diploma autónomo: o Código do Registo Comercial[383], aprovado pelo Decreto-Lei nº 403/86, de 3 de dezembro.

Vejamos agora algumas das suas especificidades, no que toca aos sujeitos de Direito Comercial e do Mercado e aos seus atos mais relevantes.

17.1.1. ***Âmbito: registo de entidades e de situações jurídico-mercantis***

Os sujeitos de Direito Comercial têm o dever de se inscrever no registo comercial. Tal obrigação é imposta pelo Código Comercial (cfr. art. 18º) e pelo Código do Registo Comercial, que autonomiza esse dever nos arts. 2º a 8º, por referência a diversas situações. O próprio Estado, enquanto agente económico (empresa pública ou empresa local), encontra-se sujeito à obrigação de declaração da *constituição* das suas empresas no registo comercial (cfr. art. 5º, nº 1, *alínea a)* do CRCom, art. 61º do RJSPE[384] e arts. 19º, nº 3 e 22º, nº 3 do RJAEL[385]).

[382] Vd. José Engrácia Antunes, «O Registo Comercial», cit., 2017, pp. 303-368, em especial pp. 311-359, e Francisca Almeida D'Eça, *Registos online*, cit., 2008, pp. 19-24. Com uma perspetiva especialmente crítica das alterações ao registo comercial, vd. J. A. Mouteira Guerreiro, «Registo comercial – Ainda existe?», *O Direito*, ano 14º, II, 2008, pp. 367-390. Na bibliografia geral, cfr. Coutinho de Abreu, *Curso de Direito Comercial*, I, 11ª ed., 2018, pp. 197-201, e Menezes Cordeiro, *Direito Comercial*, 4ª ed., 2016, pp. 418-462.

[383] Tendo sido aprovado pelo Decreto-Lei nº 403/86, de 3 de dezembro – na sequência da publicação (2 de setembro de 1986) e entrada em vigor do Código da Sociedades Comerciais (1 de novembro de 1986) – foi, desde então, objeto de inúmeras modificações, a última das quais pelo Decreto-Lei nº 250/2012, de 23 de novembro (cfr. art. 2º).

[384] Regime Jurídico do Sector Público Empresarial, aprovado pelo Decreto-Lei nº 133/2013, de 3 de outubro, vigente desde 2 de dezembro de 2013 (cfr. art. 75º). Substituiu o Decreto-

Em paralelo com a inscrição das entidades comerciais que intervêm no mercado, o Código do Registo Comercial impõe o registo de múltiplas situações jurídico-mercantis, respeitantes às sociedades comerciais (cfr. art. 3º do CRCom), em especial, e aos sujeitos de Direito Comercial, em geral, como os mandatários (ou representantes) comerciais (cfr. art. 10º, *alínea a)* do CRCom).

17.1.2. *Registo on-line*[386]

No século XXI, o registo comercial passou a poder ser promovido por recurso a meios eletrónicos[387]; e não apenas por apresentação pessoal junto da Conservatória territorialmente competente para o efeito (a do domicílio do comerciante).

A inscrição é hoje possível junto de qualquer conservatória, ou por via eletrónica, cabendo aleatoriamente a uma das Conservatórias existentes o dever de promover a inscrição na Conservatória competente.

17.1.3. *Certificação dos atos registados; a certidão permanente*[388]

Os atos registados são objeto de certificação por certidão do registo comercial, que pode ser obtida *on-line* com base numa senha de acesso, tornando-se desnecessária a requisição pessoal *in loco* da certidão.

-Lei nº 558/99, de 17 de dezembro – na sua (última) redação aprovada pelo DL 55-A/2010, de 31 de dezembro –, que revogou expressamente (cfr. art. 74º, *alínea a)*).

[385] Regime Jurídico da Atividade Empresarial Local, aprovado pela Lei nº 50/2012, de 31 de agosto, vigente desde 1 de setembro de 2012 (cfr. art. 72º). Substituiu as Leis nº 53-F/2006, de 29 de dezembro, e nº 55/2011, de 15 de novembro, que revogou expressamente (cfr. art. 71º, nº 2).

[386] Cfr. Francisca Almeida D'Eça, *Registos online*, cit., 2008, pp. 121-126, 189-191.

[387] Esta possibilidade foi viabilizada pela reforma de 2006 (aprovada pelo DL 76-A/2006, de 29 de março), que pôs fim à competência territorial das Conservatórias do Registo Comercial, permitindo que a inscrição de factos relevantes se efetue em qualquer local e, consequentemente, por via eletrónica.

[388] Cfr. Francisca Almeida D'Eça, *Registos online*, cit., 2008, pp. 205-206.

17.2. Supervisão (externa) de atividades comerciais; os reguladores[389]

17.2.1. *A regulação económica*

As empresas comerciais têm frequentemente, na sua estrutura, órgãos com funções de controlo da respetiva atividade. São os órgãos de fiscalização, que exercem a chamada fiscalização interna.

No entanto, as empresas produtoras de bens e prestadoras de serviços para o mercado ou, simplesmente, mediadoras estão sujeitas a uma regulação de caráter geral, destinada a disciplinar a sua intervenção no mercado e a proteger os últimos destinatários da sua atuação: os consumidores.

A atividade económica é, assim, objeto de uma regulação geral, a cargo da Autoridade da Concorrência, e, em certas áreas, de uma regulação sectorial e específica.

17.2.2. *Autoridade da Concorrência e a defesa do mercado; enquadramento normativo*[390]

17.2.2.1. *Criação da instituição e finalidade*

A Autoridade da Concorrência (AdC) foi instituída em 2003[391] – substituindo o Conselho da Concorrência e a Direcção-Geral do Comércio e

[389] Sobre este fenómeno e as Entidades Reguladoras, vd. Maria Eduarda Azevedo, *Direito da Regulação da Economia,* Quid Juris, Lisboa, 2017, em especial pp. 7-12, 13-15, 47-49, 85-87, 115-117 e 153-155, e Maria Manuel Leitão Marques, «A intervenção do Estado na Economia», AA.VV., *Manual de Introdução ao Direito,* 2ª ed., 2017 (pp. 211-264), pp. 225-236.
Escrevendo antes da atual Lei-Quadro das entidades reguladoras (Lei nº 67/2013, de 28 de agosto), AA.VV., *Regulação em Portugal: Novos Tempos, Novo Modelo?*, coord. de Eduardo Paz Ferreira, Luís Silva Morais e Gonçalo Anastácio, Almedina, Coimbra, 2009, em especial Eduardo Paz Ferreira/Luís Silva Morais, «A Regulação Sectorial da Economia – Introdução e Perspectiva Geral», pp. 7-38, e Marta de Sousa Nunes Vicente, *A quebra da legalidade material na actividade normativa de regulação económica,* Coimbra Editora, Coimbra, 2012, pp. 14-20 e 45-47.

[390] Cfr. Maria Eduarda Azevedo, *Temas de Direito da Economia,* 3ª ed., 2018, pp. 187-243, e a anot. de José Luís da Cruz Vilaça/Miguel Marques de Carvalho ao art. 5º da LC, AA.VV., *Lei da Concorrência – Comentário Conimbricense,* 2013, pp. 46-58.
Anteriormente à LC de 2012 (Lei 19/2012, de 8 de maio) – no quadro da Lei nº 18/2003, de 18 de junho –, cfr. Miguel Mendes Pereira, *Lei da Concorrência Anotada,* Coimbra Editora, Coimbra, 2009, pp. 20-22, e Carlos Pinto Correia, «As relações entre a Autoridade da Concorrência e os Reguladores Sectoriais», AA.VV., *Regulação em Portugal,* cit. 2009, pp. 721-736.

da Concorrência – e afirmou-se como uma entidade independente (do poder político e das entidades empresariais), com funções de apreciar os atos de concentração de empresas e os negócios jurídicos que possam acarretar um prejuízo significativo para o mercado[392].

Nascendo com o objetivo primordial de «*assegurar a aplicação das regras da concorrência em Portugal, no respeito pelo princípio da economia de mercado e de livre concorrência, tendo em vista o funcionamento eficiente dos mercados, a repartição eficaz dos recursos e os interesses dos consumidores*» (art. 1º, nº 2 dos Estatutos aprovados pelo DL 10/2003, de 18 de janeiro[393]), viu os seus poderes ampliados, designadamente em matéria sancionatória (cfr. arts.

[391] Pelo Decreto-Lei nº 10/2003, de 18 de janeiro, que previu a sua instalação e, no termo do prazo (de 60 dias) estabelecido para o efeito, a substituição dos órgãos que anteriormente tinham competência na matéria (o Conselho da Concorrência e a Direcção-Geral do Comércio e da Concorrência) pela então nova AdC.
O DL 10/2003 seria revogado pelo Decreto-Lei nº 125/2014, de 18 de agosto (cfr. art. 5º, nº 1), que aprovou os novos Estatutos da AdC, e que entrou em vigor em 1 de setembro de 2014 (cfr. art. 6º).

[392] Esta instituição, da maior importância na regulação da atividade económica em Portugal, pode ser estudada, sob uma perspetiva administrativa e processual, que estruturaríamos do seguinte modo:
1. Competência da AdC: *Atribuições* (art. 5º dos Estatutos) e *Poderes* (arts. 6º dos Estatutos e 5º, nº 1 da LC).
2. O Conselho de Administração: *Composição e estatuto profissional* (arts. 12º a 18º e 23º dos Estatutos); *Competência* (arts. 19º, 21º e 22º dos Estatutos) e *Funcionamento* (arts. 20º e 24º dos Estatutos).
3. Processos relativos a práticas proibidas (arts. 13º a 35º da LC): *Obtenção de informações* (art. 15º), *Inquérito* [*Abertura* (art. 17º), *Poderes de inquirição, busca e apreensão* (arts. 18º a 21º) e *Decisão* (arts. 23º e 24º)]; *Instrução* [*Início: notificação* (art. 25º); *Contraditório e diligências complementares de prova* (arts. 26º e 27º e 31º); *Medidas cautelares* (art. 34º); e *Decisão* (arts. 28º e 29º)].
4. Controlo das operações de concentração de empresas: procedimento (arts. 36º a 59º da LC): *definição* (arts. 36º e 3º e 39º), *notificação prévia* (cfr. art. 37º); *suspensão da operação* (cfr. art. 40º), *apreciação* (art. 41º), *instrução* (cfr. arts. 42º a 49º); *decisão* (cfr. arts. 50º); *investigação desenvolvida* (cfr. arts. 52º e 53º); e *procedimento oficioso* (cfr. art. 56º).
5. Infrações e sanções: *Coimas; Sanções acessórias; publicações; Sanções pecuniárias compulsórias* (cfr. arts. 58º e 59º da LC).
6. Recursos; tribunal competente e hierarquia judicial (cfr. arts. 83º a 90º da LC).5. Infrações e sanções: *Coimas; Sanções acessórias; publicações; Sanções pecuniárias compulsórias* (cfr. arts. 58º e 59º da LC).
6. Recursos; tribunal competente e hierarquia judicial (cfr. arts. 83º a 90º da LC).

[393] Este diploma seria, entretanto, revogado.

5º, 58º e 59º, 67º e segs. da LC), com o regime jurídico da concorrência, aprovado pela Lei nº 19/2012, de 8 de maio (LC), que já analisámos (*supra*, cap. I, nº 6).

Os Estatutos da Autoridade da Concorrência, na sua versão atual, foram aprovados pelo Decreto-Lei nº 125/2014, de 18 de agosto.

17.2.2.2. *Articulação com outras entidades reguladoras*[394]

No quadro da Lei da Concorrência (cfr. art. 5º, nº 4) e da Lei-Quadro das Entidades Reguladoras – Lei nº 67/2013, de 28 de agosto, na red. da Lei nº 12/2017, de 2 de maio –, a Autoridade da Concorrência deve articular-se com as entidades reguladoras sectoriais das diversas áreas de atividade económica, que o Estado reputou relevantes e que são, hoje[395], as seguintes:

- Banco de Portugal (BdP);
- Entidade Reguladora para a Comunicação Social (ERC)[396];
- Autoridade de Supervisão de Seguros e Fundos de Pensões (ASF);
- Comissão do Mercado de Valores Mobiliários (CMVM);
- Entidade Reguladora dos Serviços Energéticos (ERSE);
- Autoridade Nacional de Comunicações (cfr. art. 4º, nº 3 da L 67/2013)[397];
- Autoridade Nacional da Aviação Civil (cfr. art. 4º, nº 3 da L 67/2013)[398];

[394] Sobre a Lei-Quadro das Entidades Reguladoras Independentes, vd. Maria Eduarda Azevedo, *Direito da Regulação da Economia*, cit., 2017, pp. 191-199.
Escrevendo antes da atual Lei-Quadro das Entidades Reguladoras, Marta Nunes Vicente, *A quebra da legalidade material na actividade normativa de regulação económica*, cit., 2012, pp. 40-45.

[395] Em 30 de setembro de 2018. Cfr. art. 3º da Lei nº 67/2013, de 28 de agosto.

[396] A Entidade Reguladora da Comunicação Social tem por função promover a regulação e supervisão de todas as entidades que exerçam a atividade de comunicação social (cfr. L 53/2005, de 8 de novembro).

[397] Criado em 1981 (DL 188/81, de 2 de julho), com o nome de ICP – Instituto de Comunicações de Portugal. Posteriormente designado Autoridade Nacional de Comunicações (ICP – ANACOM). Rege-se, desde 1 de abril de 2015, pelos Estatutos aprovados pelo DL 39/2015, de 16 de março, que revogou o DL 309/2001, de 7 de dezembro.

[398] Anteriormente designado Instituto Nacional de Aviação Civil (INAC).
Este instituto regula e fiscaliza o sector da aviação civil, devendo verificar as condições em que se desenvolvem, com segurança, tais atividades.

- Instituto da Mobilidade e dos Transportes (IMT, I.P.) (cfr. art. 4º, nºs 1 e 2)[399];
- Entidade Reguladora dos Serviços de Águas e Resíduos[400];
- Entidade Reguladora da Saúde[401].

Para além das entidades enunciadas e que se encontram listadas na Lei nº 67/2013, de 28 de agosto – que as reconheceu expressamente como entidades reguladoras (cfr. art. 1º, nº 3), podemos ainda mencionar o Instituto da Construção Civil e do Imobiliário (INCI)[402] e o INFARMED – Autoridade Nacional do Medicamento e Produtos de Saúde, IP[403].

[399] Anteriormente designado por Instituto da Mobilidade e dos Transportes Terrestres (IMTT), instituído como instituto público (I.P.) pelo Decreto-Lei nº 147/2007, de 27 de abril, tendo substituído o Instituto Nacional do Transporte Ferroviário (INTF), a Direção-Geral dos Transportes Terrestres e Fluviais e a Direção-Geral de Viação.
É a entidade reguladora dos transportes terrestres, fluviais e marítimos, sendo responsável pela supervisão e regulamentação dessas atividades. No âmbito das suas funções, e para além de atividades de fiscalização, coordenação e planeamento, compete a este instituto promover a segurança, a qualidade e os direitos dos utilizadores dos serviços deste sector de transportes (cfr. *http://www.imtt.pt*).

[400] Anteriormente designado por Instituto Regulador das Águas e Resíduos (IRAR), é a entidade reguladora dos serviços de abastecimento público de água, de saneamento de águas residuais urbanas e de gestão de resíduos sólidos urbanos.

401 Criada pelo DL 309/2003, de 10 de dezembro, e atualmente regulada pelo Decreto-Lei nº 126/2014, de 22 de agosto, que entrou em vigor em 1 de setembro de 2014 – revogando o DL 127/2009, de 27 de maio, vigente desde 26 de junho de 2009 (cfr. art. 64º) –, a ERS é a entidade reguladora e responsável pela supervisão dos cuidados de saúde, intervindo na disciplina da concorrência entre os diversos operadores e assegurando a defesa dos interesses dos utentes (cfr. *http://www.ers.pt*).

[402] O INCI – que sucedeu ao IMOPPI (Instituto dos Mercados de Obras Públicas e Particulares e do Imobiliário) – é a entidade reguladora do sector da construção e do imobiliário. Na sua atual forma, foi criado pelo Decreto-Lei nº 144/2007, de 27 de abril, tendo por funções, no âmbito da sua competência fiscalizadora e inspetiva, conceder os títulos necessários ao exercício das atividades de construção e do imobiliário objeto da sua regulação, designadamente alvarás de construção e licenças de mediação imobiliárias (cfr. também *http://www.inci.pt*).

[403] O INFARMED foi criado, na sua configuração atual pelo Decreto-Lei nº 269/2007, de 26 de julho, tendo sucedido ao INFM (Instituto Nacional da Farmácia e do Medicamento) (cfr. art 19º do DL 269/2007). É a autoridade reguladora que avalia, autoriza, disciplina e fiscaliza os medicamentos de uso humano, os cosméticos e produtos de higiene corporal e os produtos de saúde – nomeadamente dispositivos médicos – com a finalidade de assegurar a respetiva qualidade, segurança e eficácia (cfr. arts. 3º e 16º do diploma cit. e tb. *http://www.infarmed.pt*).

Por sua vez, a Lei da Concorrência prevê que, no exercício da sua atividade, a AdC tenha de se articular com as entidades reguladoras sectoriais referidas (art. 5º, nº 4 da LC).

A supervisão, depois da crise económica global, foi objeto de revisão – através da publicação do Decreto-Lei nº 67/2013, de 28 de agosto (vigente desde 2 de setembro de 2013) –, tendo as principais autoridades de supervisão sido objeto de modificações (cfr. art. 3º, nº 1).

Atualmente, podemos distinguir planos verticais de supervisão – como sucede com a atividade das instituições de crédito e sociedades financeiras (BdP), das companhias seguradoras (ASF), das entidades que funcionam no mercado energético (sob controlo da ERSE) ou no domínio das telecomunicações (Autoridade Nacional de Comunicações) – de planos horizontais, como o representado pela supervisão do mercado de valores mobiliários, assegurada pela CMVM[404].

17.2.3. *O mercado de valores mobiliários: a CMVM*[405]

O mercado de valores mobiliários, por sua vez, é objeto de regulação e supervisão por uma entidade autónoma designada Comissão do Mercado de Valores Mobiliários (ou CMVM), à qual compete, nomeadamente, controlar a atividade de determinadas entidades, como os agentes que atuam no mercado – desde os emitentes de valores mobiliários admitidos à negociação em mercado regulamentado e os intermediários financeiros, passando pelos investidores institucionais até à própria entidade gestora do mercado (bolsa de valores, designada por *Euronext Lisbon*[406]) –,

[404] Com as Entidades Reguladoras não se confundem as autoridades administrativas, como a Autoridade de Segurança Alimentar e Económica (ASAE) (cfr. DL 194/2012, de 23 de agosto) ou a Comissão Nacional de Proteção de Dados (CNPD) (cfr. L 43/2004, de 18 de agosto, na red. da L 55-A/2010, de 31 de dezembro), ainda que qualquer delas venha naturalmente a cruzar-se na sua atividade com os diversos agentes económicos que se movimentam no mercado. A ASAE – entidade administrativa que avalia e divulga os riscos na cadeia alimentar – é especializada no domínio da segurança alimentar e de fiscalização económica, procurando, nomeadamente, assegurar o cumprimento da lei, através de atividades inspetivas.

[405] Cfr. Paulo Câmara, «Regulação e Valores Mobiliários», AA.VV., *Regulação em Portugal: Novos Tempos, Novo Modelo?*, coord. de Eduardo Paz Ferreira, Luís Silva Morais e Gonçalo Anastácio, Almedina, Coimbra, 2009, pp. 127-186.

[406] A ***Euronext Lisbon*** – Sociedade Gestora de Mercado Regulamentados, S.A., é uma sociedade anónima de Direito português (constituída e a funcionar em Portugal de acordo com as leis portuguesas), que tem por objeto essencialmente a gestão de bolsas e que resultou da

ou supervisionar as operações nele praticadas e promover o respetivo desenvolvimento.

A lei estabelece com muita precisão as atribuições da CMVM, no artigo 353º do Código dos Valores Mobiliários e nos Estatutos da Comissão (aprovados pelo Decreto-Lei nº 5/2015, de 8 de janeiro[407], red. do DL 148/2015, de 9 de setembro)[408]. Entre tais atribuições, cumpre salientar:

(i) A supervisão dos mercados (de instrumentos financeiros) organizados, de *ofertas públicas* (de valores mobiliários), *da compensação e liquidação de operações, dos sistemas centralizados de valores mobiliários*, das *entidades gestoras de mercados regulamentados e dos sistemas de negociação, de liquidação, de compensação e centralizados* (de valores mobiliários), dos *intermediários financeiros*, dos *emitentes*, de certos *investidores qualificados* e de outras entidades (enunciadas no art. 359º do CVM) (cfr. art. 353º, nº 1, *alínea a)*); e

(ii) A *regulação do mercado de instrumentos financeiros*, das *ofertas públicas*, das *atividades exercidas por entidades sujeitas à supervisão* (cfr. art. 353º, nº 1, *alínea b)*).

integração da Bolsa de Valores de Lisboa (fundada em 1769) e Porto na plataforma internacional *Euronext*, em 2002.
A *Euronext* é o primeiro mercado de bolsa pan-europeu e um dos maiores mercados bolsistas mundiais. Foi criado pela fusão, em sentido impróprio (no Direito Continental), das Bolsas de Paris, Bruxelas e Amesterdão, tendo, posteriormente, integrado o Mercado de Derivados londrino. A integração na *Euronext* contribuiu para que o mercado de capitais português acompanhasse o desenvolvimento das bolsas internacionais, permitindo aos investidores e às empresas nacionais cotadas (cujos valores mobiliários se encontram admitidos à negociação no mercado regulamentado) exposição internacional e conferindo-lhes acesso privilegiado a mercados dotados de maior liquidez.

[407] Que substituiu o DL 473/99, de 8 de novembro.

[408] Os Estatutos da CMVM estabelecem as suas atribuições enquanto entidade reguladora e autoridade de supervisão e preveem a sua cooperação com outras autoridades nacionais, estrangeiras e internacionais (cfr. art. 353º, nº 2 do CVM) de supervisão e regulação dos mercados de valores mobiliários e do sistema financeiro (cfr. art. 4º, em especial nºs 1 e 4). Os Estatutos explicitam ainda diversos aspetos inerentes ao funcionamento da Comissão, nomeadamente os relativos à competência do Conselho de Administração (cfr. arts. 9º e segs., em especial 12º a 14º).

17.2.4. *Atividades financeira e seguradora: Banco de Portugal e Autoridade de Supervisão de Seguros e Fundos de Pensões*[409]

A atividade financeira e a atividade seguradora são objeto de supervisão por entidades autónomas: o Banco de Portugal e a Autoridade de Supervisão de Seguros e Fundos de Pensões. Qualquer destas instituições atua a nível das entidades supervisionadas, mas intervém também no plano das respetivas operações.

Ao Banco de Portugal – cuja Lei Orgânica e Estatutos foram aprovados pela Lei nº 5/98, de 31 de janeiro (atualmente na red. da L 39/2015, de 25 de maio) – cabe garantir a *estabilidade do sistema financeiro*, no âmbito das suas funções de banco central (cfr. art. 12º, *alínea c)* do DL 5/98), realizando *a supervisão das instituições de crédito e das sociedades financeiras*, nos termos de legislação específica (cfr. art. 17º do DL 5/98): o Regime Geral das Instituições de Crédito e Sociedades Financeiras, aprovado pelo Decreto-Lei nº 292/98, de 31 de dezembro.

Por sua vez, à Autoridade de Supervisão de Seguros e Fundos de Pensões (ASF) (que sucedeu ao Instituto de Seguros de Portugal, em 1 de fevereiro de 2015[410]) compete a fiscalização do mercado segurador, velando pelo seu bom funcionamento, bem como dos fundos de pensões existentes. No âmbito das suas funções, a ASF pretende contribuir, pelo controlo exercido, para a estabilidade e solidez financeira das companhias seguradoras e garantir a qualidade e os padrões de conduta dos operadores, desde as seguradoras e resseguradores, passando pelas sociedades gestoras de fundos de pensões e acabando nos mediadores (cfr. arts. 6º e 7º dos Estatutos da ASF).

[409] Cfr. Armindo Saraiva Matias, «Supervisão Bancária. Situação actual e perspectiva de evolução», AA.VV., *Estudos em Homenagem ao Prof. Doutor Inocêncio Galvão Telles*, vol. II – *Direito Bancário*, Almedina, Coimbra, 2002 (pp. 565-592), em especial pp. 566-580, Luís Máximo dos Santos, «Regulação e Supervisão Bancária», AA.VV., *Regulação em Portugal*, 2009, pp. 39--126, António Pedro A. Ferreira, *O Governo das Sociedades e a Supervisão Bancária*, Quid Juris, Lisboa, 2009, pp. 68-89, e Maria José Rangel Mesquita, «Regulação da Actividade Seguradora: Traços Fundamentais», AA.VV., *Regulação em Portugal* cit., 2009, pp. 187-206.

[410] Decreto-Lei nº 1/2015, de 6 de janeiro (cfr. art. 9º).

17.2.5. *Outros reguladores de atividades económicas específicas*[411]

De entre as muitas atividades económicas que são hoje objeto de regulação pública, salientam-se os mercados da energia e das telecomunicações.

Enquanto o primeiro é supervisionado pela Entidade Reguladora dos Serviços Energéticos (ERSE), reguladora dos sectores do gás natural e de eletricidade, o segundo é controlado pela Autoridade Nacional de Comunicações, que tem a seu cargo a regulação das comunicações eletrónicas e postais.

Mas outros sectores têm vindo a ser objeto de regulação económica, como vimos atrás (cfr., nº 17.2.2.2), quando enunciámos as entidades reguladoras existentes[412].

17.3. Os tribunais judiciais (juízos de comércio) e o recurso aos tribunais arbitrais

Vamos agora ver quais são os tribunais competentes para dirimir litígios do mercado, bem como em que termos é possível delegar em entidades não estaduais, os chamados tribunais arbitrais – que constituem uma justiça concorrente com a do Estado – a resolução desses conflitos.

17.3.1. *Tribunais judiciais (comuns)*

O processo comercial, como forma processual autónoma, extinguiu-se no final da década de trinta do século XX, com a entrada em vigor do Código de Processo Civil de 1939, e deixou de ser fator distintivo entre comerciantes e não comerciantes.

[411] Luís Cabral Moncada, *Direito Económico*, 7ª ed. cit., 2018, pp. 46-54, Gonçalo Anastácio, «Regulação da Energia», AA.VV., *Regulação em Portugal,* cit., 2009, pp. 301-391, e Sérgio Gonçalves do Cabo, «Regulação e Concorrência no Sector das Comunicações Electrónicas», AA.VV., *Regulação em Portugal* cit., 2009, pp. 207-277, todos escrevendo antes da lei de 2013.

[412] Em acréscimo a todos os institutos que foram mencionados no texto, poderíamos ainda referir o Turismo de Portugal, com intervenção reguladora e fiscalizadora no plano dos jogos de fortuna e azar – entre outras funções – e a (já referida) Comissão Nacional de Proteção de Dados (CNPD), que corresponde à Autoridade Nacional de Controlo de Dados Pessoais e que tem por missão fiscalizar o processamento de dados pessoais.

Os litígios que envolvem empresários mercantis e não comerciantes são assim objeto de resolução pelos tribunais judiciais comuns. Contudo, por um lado, tem-se acentuado a complexidade normativa aplicável à decisão do litígio e, por outro, a morosidade do funcionamento dos tribunais judiciais tem vindo a agravar-se.

A constatação dessas realidades, no final do século XX, esteve na origem da criação de tribunais judiciais de competência especializada[413] e do desenvolvimento dos tribunais arbitrais para dirimirem conflitos de caráter mercantil.

17.3.2. *O juízo de comércio dos tribunais judiciais*

Os tribunais integram o Sistema Judiciário, que é objeto de uma Lei de Organização (a Lei nº 62/2013, de 26 de agosto[414], red. da Lei nº 40-A/ /2016, de 22 de dezembro)[415], a qual foi regulamentada pelo Decreto-Lei nº 49/2014, de 27 de março (conforme previsto no art. 188º, nº 1)[416].

Nos termos da LOSJ, *os tribunais de comarca* – que «*são de competência genérica e de competência especializada*» (art. 80º, nº 2) – podem ser desdobrados em juízos «*de competência especializada* – designadamente de

[413] Tais tribunais constituem «uma importante semente no sentido da criação de uma verdadeira jurisdição comercial autónoma», tendo a competência material dos juízos de comércio sido delimitada em função de «um elenco de matérias mercantis específicas» [José Engrácia Antunes, «O regime jurídico dos actos de comércio», cit., 2009 (pp. 19-60), p. 57].

[414] Sobre a LOSJ, vd. comentários de João Miguel Barros, *Sistema Judiciário Anotado*, 2ª ed., AAFDL, Lisboa, 2017, em especial pp. 434-449, Salvador da Costa/Rita Costa, *Lei da Organização do Sistema Judiciário Anotada*, Almedina, Coimbra, 2013, em especial pp. 5-18, e António Alberto Vieira Cura, *Curso de Organização Judiciária*, 2ª ed., Coimbra Editora, Coimbra, 2014, pp. 97-228, em especial sobre os juízos de comércio (pp. 210-213).

[415] Esta lei sucedeu às Leis de Organização e Funcionamento dos Tribunais Judiciais (Lei nº 3/99, de 13 de janeiro, e Lei nº 52/2008, de 28 de agosto), que estabeleceram a competência especializada de determinados tribunais judiciais em matéria comercial. Foram, assim, primeiramente, (re)criados tribunais de comércio para julgar processos relativos a assuntos societários (que relacionem as sociedades com os seus sócios e com os membros dos órgãos sociais), ou que envolvam a propriedade industrial ou os respetivos direitos privativos (cfr. art. 89º da LOFTJ); e, mais tarde, com a lei de 2008, juízos especializados de comércio.

Sobre a LOFTJ, vd. as nossas *Lições de Direito Comercial*, 2010, pp. 149-151, e o nosso *Direito das Sociedades Comerciais*, 5ª ed., 2012, pp. 671-675.

[416] Vd. Salvador da Costa, *Regulamento da Organização do Sistema Judiciário e Organização e Funcionamento dos Tribunais Judiciais* (Anotado), Almedina, Coimbra, 2014.

comércio (art. 81º, nº 3, *alínea i)* da LOSJ) –, *de competência genérica e de proximidade* (cfr. art. 81º, nºs 1 e 3 da LOSJ)[417].

O juízo de comércio tem competência exclusiva para apreciar os processos de insolvência (e os PER) e as ações que respeitem ao exercício de direitos sociais (cfr. art. 128º, nº 1, *alíneas a)* e *c)* da LOSJ), entre outras.

Paralelamente existem tribunais de competência territorial alargada (a todo o País), como aqueles a que incumbe apreciar as ações relativas a marcas, casos do tribunal da propriedade intelectual (cfr. art. 83º, nºs 1, 2 e 3, *alínea a)* da LOSJ), com sede em Lisboa (art. 83º, nº 4, e Anexo III da LOSJ) e do Tribunal da concorrência, regulação e supervisão (cfr. art. 83º, nºs 1, 2 e 3, *alínea b)* da LOSJ), com sede em Santarém (art. 83º, nº 4 e Anexo III da LOSJ), ao qual compete apreciar os recursos das decisões da autoridade da concorrência.

Note-se que nem todas as ações judiciais que envolvam as sociedades e os membros dos respetivos órgãos sociais – como sucede por exemplo na condenação em indemnização proposta por um administrador ou gerente destituído sem justa causa, a qual é da competência genérica dos juízos cíveis[418] – são necessariamente dirimidas pelos juízos de comércio.

17.3.3. *Tribunais arbitrais (internos e internacionais)*[419]

Importa assinalar que os conflitos que revistam natureza jurídico-mercantil recaem invariavelmente sobre direitos disponíveis, na esfera jurí-

[417] Nas comarcas em que não exista secção de comércio, as ações que deveriam ser, pela mesma, apreciadas são dirimidas pelas secções de competência genérica.

[418] Por esta razão, inclinamo-nos para admitir que nem todas as ações que opõem um sócio à sociedade devem ser dirimidas pelo juízo de comércio. Apenas aquelas que respeitem ao exercício de direitos sociais. Desse modo, e exemplificando, a ação de fixação (judicial) de prazo (cfr. arts. 1026º e 1027º do CPC de 2013) para reembolso de suprimentos – ao contrário do que a jurisprudência, porventura maioritária, faz crer – deve ser proposta no tribunal cível, por se tratar do exercício de um direito de crédito e não de um direito social, visto que constituído o suprimento, este é transmissível a terceiros, sem prejuízo de conservar a sua natureza de crédito subordinado. Acresce que o sócio pode alienar a sua participação social e, não obstante, manter a sua posição creditícia.

[419] Cfr. AAVV., *Lei da Arbitragem Voluntária Comentada*, coord. Mário Esteves de Oliveira, Almedina, Coimbra, 2014, em especial pp. 27-36, José Augusto Engrácia Antunes, *Contratos Comerciais. Noções Fundamentais*, cit., 2009, pp. 234-237, Manuel Pereira Barrocas, *Manual de Arbitragem*, 2ª ed., Almedina, Coimbra, 2013, em especial pp. 33-35, Maria Helena Brito, *Direito do Comércio Internacional*, cit., 2004, em especial pp. 196-202, e Luís de Lima Pinheiro, *Direito Comercial Internacional*, cit., 2005, em especial pp. 343-361 e 443-556.

dico-privada dos sujeitos envolvidos, pelo que são resolúveis por recurso a mediação ou a juízos arbitrais.

Com efeito, dada a morosidade associada à justiça em geral e aos tribunais estaduais em especial, os agentes económicos optam frequentemente por dirimir os seus litígios à margem dos tribunais judiciais do Estado, incluindo nos contratos de que são partes cláusulas arbitrais ou celebrando mesmo, em caso de conflito, compromissos arbitrais destinados à respetiva resolução. O custo, normalmente mais elevado de funcionamento destes tribunais, é compensado com a rapidez da decisão e com o facto de a mesma não ser em regra suscetível de recurso, esgotando-se numa única instância.

Mas se internamente se recorre com cada vez maior frequência a tribunais arbitrais, como forma mais expedita de resolver questões litigiosas, no plano internacional em que os elementos de conexão com diversas ordens jurídicas são vários, é frequente os contratos conterem cláusulas arbitrais que remetem para centros de arbitragem, como é o caso do Centro de Arbitragem da CCI (Paris).

Sempre que, num qualquer contrato – *inclusive* de sociedade –, exista uma ou mais cláusulas arbitrais, importa ter atenção, em caso de conflito, se a situação é de competência reservada a um tribunal arbitral, em detrimento dos tribunais judiciais, sob pena de, nos casos em que possa ocorrer a caducidade do direito de ação, se poder esgotar o prazo disponível para requerer a decisão arbitral, com o recurso (por erro) aos tribunais judiciais.

17.3.4. *Outros meios de resolução alternativa de litígios*

Importa ainda assinalar que o Estado disponibiliza hoje aos agentes económicos, incluindo os consumidores, outros meios de resolução alternativa de litígios – como conjunto de atos que permitem solucionar um conflito sem recurso à via judicial[420] –, para além da arbitragem, que passam pela possibilidade de resolução de litígios por recurso a centros

[420] Vd. MARIANA FRANÇA GOUVEIA, *Curso de Resolução Alternativa de Litígios*, Almedina, Coimbra, 2011, pp. 17-22, em especial p. 17.

constituídos para a **negociação**[421], **mediação**[422] e **conciliação**[423]. O recurso a tais centros pode constituir sempre uma alternativa à via judicial, pelo menos como forma imediata de resolução de conflitos, sem pôr em causa a possibilidade de recurso a tribunal. Em qualquer caso, essa via depende do acordo das partes envolvidas, à semelhança do que se passa com a resolução de conflitos por via arbitral.

Admitimos que tais meios constituam uma alternativa interessante para dirimir pequenos litígios de consumo.

[421] Cfr. Manuel Pereira Barrocas, *Manual de Arbitragem*, 2ª ed., 2013, pp. 72-73, e Mariana França Gouveia, *Curso de Resolução Alternativa de Litígios*, 2011, pp. 35-39.

[422] Cfr. Manuel Pereira Barrocas, *Manual de Arbitragem*, 2ª ed., 2013, pp. 36, 71-72 e 73-77, e Mariana França Gouveia, *Curso de Resolução Alternativa de Litígios*, 2011, pp. 41-77 – embora esta autora escrevendo antes da Lei nº 29/2013, de 19 de abril (Regime jurídico da mediação) – e Dulce Lopes / Afonso Patrão, *Lei da Mediação Comentada*, Almedina, Coimbra, 2014, em especial pp. 7-18 e 20-22.

[423] Cfr. Manuel Pereira Barrocas, *Manual de Arbitragem*, 2ª ed., 2013, pp. 78-79, e Mariana França Gouveia, *Curso de Resolução Alternativa de Litígios*, 2011, pp. 79-90.
Sobre a diferenciação entre mediação e conciliação, vd. Dulce Lopes / Afonso Patrão, *Lei da Mediação Comentada*, 2014, p. 22, e nota 32.

Capítulo IV
Contratos comerciais

18. Contratos comerciais[424] e contratação comercial; aspetos gerais e especificidades

A prática de atos de comércio é qualificadora do sujeito que os celebra ou realiza – se não for, por definição, comerciante, como sucede com a sociedade comercial (cfr. art. 13º, 2º do CCom) – e implica, frequentemente, a extensão do regime comercial a todos os envolvidos (cfr. art. 99º do CCom).

Esses atos de comércio são, na sua quase totalidade, **contratos comerciais**, embora possam também ser enquadrados na categoria de atos de comércio – e, consequentemente, qualificados como tais – diversos atos

[424] Nesta matéria, a grande obra de referência nacional é a de José Augusto Engrácia Antunes, *Direito dos Contratos Comerciais*, Almedina, Coimbra, 2009.
Outras obras nacionais de referência, que abordam com algum desenvolvimento a matéria dos contratos comerciais (autores indicados por ordem alfabética): Carlos Ferreira de Almeida, *Contratos II. Conteúdo. Contratos de troca*, 4ª ed., Almedina, Coimbra, 2016, e *Contratos III. Contratos de liberalidade, de cooperação e de risco*, 2ª ed., Almedina, Coimbra, 2013, António Menezes Cordeiro, *Direito Comercial*, 4ª ed., 2016, pp. 556-881, Pedro Romano Martinez, *Contratos Comerciais*, Principia, Lisboa, 2001, e Pedro Pais de Vasconcelos, *Direito Comercial*, cit., 2011, pp. 139-284.
Na forma de comentário legislativo, vd. Abílio Neto, *Código Comercial e Contratos Comerciais Anotado*, Ediforum, Lisboa, 2008.
Mais tarde, mas recaindo essencialmente sobre os contratos bancários e financeiros (aos quais dedica, em cerca de 380 páginas de texto, mais de 300 páginas), vd. M. Januário Gomes, *Contratos Comerciais*, Almedina, Coimbra, 2012, pp. 15-87.

jurídicos não negociais (de mera comunicação), negócios unilaterais e, inclusivamente, atos ilícitos, geradores de responsabilidade civil extracontratual.

Em qualquer caso, importa reter, por agora, que o legislador do Código Comercial ao basear a sua construção na figura do "ato de comércio" teve, essencialmente em mente, os negócios habitualmente praticados pelos sujeitos de Direito Comercial (comerciantes e empresários mercantis, de natureza individual ou coletiva), os quais se reconduzem aos contratos em que se exprime a sua atividade profissional.

Vamos fazer-lhes uma necessariamente breve referência, sem preocupações de explicar o respetivo regime jurídico, mas começando por distingui-los dos contratos civis.

18.1. **Negócio jurídico e contrato**

18.1.1. ***Conceito de negócio jurídico***[425]

Recorde-se que um **facto jurídico** é todo o evento que determina um efeito de direito.

São factos jurídicos em sentido estrito (*stricto sensu*) todos aqueles que não são atos jurídicos. Produzem efeitos independentemente da vontade humana. Pense-se no tempo ou na morte.

Por sua vez, os **atos jurídicos** são manifestações de vontade juridicamente relevantes. Podem ser **simples** (não intencionais), se a manifestação de vontade não visar a produção dos efeitos que lhe estão associados, relevando a voluntariedade do facto, mas não a intenção (p.ex., a caça, a criação de uma obra de arte); ou **intencionais**, se a manifestação de vontade teve por fim os efeitos que dela decorrem. Neste caso designam-se **negócios jurídicos.**

[425] Sobre o conceito de negócio jurídico, vd. António Menezes Cordeiro, *Tratado de Direito Civil, II – Parte Geral, Negócio Jurídico,* 4ª ed. (com a colab. de A. Barreto Menezes Cordeiro), Almedina, Coimbra, 2014, em especial pp. 85-89, e Luís Carvalho Fernandes, *Teoria Geral do Direito Civil II – Fontes, Conteúdo e Garantia da Relação Jurídica*, 5ª ed., Universidade Católica Editora, Lisboa, 2010, pp. 31-36.

18.1.2. *Noção de contrato*[426]

O **contrato** é o negócio jurídico pelo qual duas ou mais pessoas jurídicas regulam unitariamente interesses distintos. Trata-se de um negócio jurídico que produz efeitos diferenciados, ainda que convergentes. Diferenciação de efeitos não equivale a divergência; fundamental é que os sujeitos – que são contrapartes no contrato – tenham um interesse específico nos efeitos que decorram do ato, essencial para satisfazer as respetivas necessidades.

18.1.3. *Negócios causais e abstratos*[427]

No Direito português, os negócios são, na sua generalidade, **causais**, o que significa que se a fonte de onde promanam sofrer uma vicissitude, serão naturalmente afetados, deixando de produzir os efeitos para que tendiam.

No lado oposto a estes atos encontram-se os chamados negócios **abstratos** que são válidos e eficazes independentemente da subsistência da fonte que os origina. Enquadram-se nesta categoria excecional do nosso Direito os negócios cambiários, que, como veremos adiante (cfr. n°s 29.7, em especial 29.7.6), pelas suas características, se mantêm válidos e eficazes ainda que o ato que concretamente os consubstanciou se extinga ou desapareça por razões de caráter formal ou substantivo.

18.2. Contratos civis e contratos comerciais

18.2.1. *Aspetos comuns*

Diversos são os aspetos comuns aos contratos civis e comerciais, os princípios que os enformam e os requisitos de validade de uns e outros.

[426] Cfr. Carlos Ferreira de Almeida, *Contratos I*, 6ª ed., 2017, em especial pp. 27-39), Engrácia Antunes, *Contratos Comerciais*, cit., 2007, pp. 9-10, Menezes Cordeiro, *Tratado* cit., vol. II, 4ª ed., 2014, pp. 90-93, Mário Júlio de Almeida Costa, *Direito das Obrigações*, 12ª ed., Almedina, Coimbra, 2009, pp. 219-221, e Carvalho Fernandes, *Teoria Geral do Direito Civil II*, 5ª ed. cit., 2010, pp. 63-66.

[427] Sobre a distinção entre negócios causais e abstratos, vd., por todos, Menezes Cordeiro, *Tratado de Direito Civil*, II – *Parte Geral. Negócio Jurídico*, 4ª ed., 2014, pp. 101-104.

18.2.1.1. *A autonomia privada; sentido e âmbito*[428]

Os sujeitos de Direito Comercial, em regra, movimentam-se livremente no mercado concorrencial em que vivem, e em função do qual se qualificam como empresários comerciais, aptos a praticar atos ou a celebrar contratos que não sejam legalmente proibidos. Ao fazê-lo, e na prossecução dos seus interesses gerais e específicos, atuam no âmbito de um princípio enformador essencial de toda a atividade mercantil, que é o da autonomia privada (dos respetivos sujeitos).

Autonomia privada ou autonomia da vontade, como geralmente se sabe, é sinónimo de faculdade de autorregulação de interesses ou, recorrendo ao ensino de um insigne juscivilista, correspondendo a «uma área reservada na qual as pessoas podem desenvolver as atividades jurídicas que entenderem», consiste numa «permissão genérica de produção de efeitos jurídicos[429]». Trata-se, em qualquer caso, de meios que se encontram ao dispor dos sujeitos de Direito para, da forma que se revelar mais adequada e conveniente aos seus interesses, regerem a sua pessoa e bens, com respeito pelas regras imperativas e cogentes que delimitam a respetiva atuação no mercado.

O mercado – em que agem os sujeitos de Direito que estudamos – é, por natureza, concorrencial. A concorrência, como vimos, é formada pela livre participação dos agentes económicos, cujas faculdades criativas (*maxime* de autorregulamentação de interesses) e de execução são logicamente limitadas pelo direito que todos têm de aceder ao mercado[430]. A liberdade é, também aqui, sinónimo de permissão genérica de atuação, sendo admitido tudo aquilo que, em tutela de interesses alheios legítimos, não for, direta ou indiretamente, proibido.

Contudo, não é indiferente pensar que, curiosamente e de forma (só) aparentemente paradoxal, o mercado concorrencial em que se

[428] Recorremos às nossas lições de *Direito das Sociedades Comerciais*, 6ª ed., 2016, pp. 73-75. Cfr. também Almeida Costa, *Direito das Obrigações*, 12ª ed., 2009, pp. 228-243, e Maria Elisabete Ramos, «Os contratos e a responsabilidade civil», AA.VV., *Manual de Introdução ao Direito*, 2ª ed., 2017 (pp. 137-155), pp. 140-144.

[429] Menezes Cordeiro, *Tratado de Direito Civil I*, 4ª ed., 2012, pp. 951-952. O tema é desenvolvido no Tratado de Direito Civil Português, para onde remete, aliás, o volume que lhe corresponde na versão atualizada (*Tratado de Direito Civil, II – Parte Geral, Negócio Jurídico*, 4ª ed., 2014, p. 40, nota 74).

[430] O que explica o rigor na disciplina da concorrência, pela imposição de um conjunto de regras de (e para sua) defesa.

movem as empresas impõe que, para a disciplina do respetivo relacionamento entre si e com os consumidores, lhes sejam reconhecidos certos direitos absolutos, como sejam os direitos privativos da propriedade industrial, a que já fizemos referência (cfr., *supra*, nº 7.3).

No plano estritamente negocial, o domínio dos contratos comerciais é seguramente aquele em que a autonomia privada depara com menores limitações, justificando-se em todas as suas vertentes:

- Liberdade de celebração (ou não) de negócios jurídicos.
- Liberdade de seleção de tipo negocial; e
- Liberdade de estipulação do conteúdo.

É hoje vulgar pela massificação e crescente complexidade do mundo negocial, introduzir fórmulas que padronizam o conteúdo dos contratos a celebrar, conferindo-lhes simultaneamente segurança e rigor. Constitui exemplo deste facto o recurso frequente à técnica das cláusulas contratuais gerais.

18.2.1.2. *Boa fé, culpa* in contrahendo*, aparência e tutela da confiança*[431]

A postura ética adotada na negociação comercial – e a confiança subjacente à *palavra* (ou ao compromisso assumido por mútuo consenso) dos sujeitos intervenientes nos negócios e que na atividade económica mercantil é recíproca, encontrando-se subjacente a inúmeros atos e instrumentos – não afasta os contratos comerciais dos contratos civis, nos quais a boa fé está permanentemente presente, nas suas duas vertentes: objetiva e subjetiva.

Não há especialidades a assinalar, para além do reforço que a compreensão deste princípio deva merecer no plano comercial, tendo em conta o relevo da aparência na vida comercial e, inerentemente, a tutela da confiança.

Considerando que as vertentes acima mencionadas não se confundem, acolhemos neste domínio as soluções tradicionais do Direito Comum (Direito Civil).

[431] Cfr. Ferreira de Almeida, *Contratos I*, 6ª ed., 2017, pp. 221-255, Menezes Cordeiro, *Tratado de Direito Civil I*, 4ª ed., 2012, pp. 958-978, e *Tratado de Direito Civil II*, 4ª ed., 2014, pp. 216-295, em especial pp 267-295, e Almeida Costa, *Direito das Obrigações*, 12ª ed. cit., 2009, pp. 298-312.

Assim, na boa fé subjetiva o que está em causa é um estado do sujeito, que se analisa no binómio conhecimento-ignorância de determinados factos, e na maior ou menor culpa pelo desconhecimento ou pela ignorância desses factos, por um lado, e na necessidade de se informar devidamente e de adotar deveres mínimos de cuidado, para evitar prejudicar interesses alheios, por outro[432].

A boa fé objetiva reflete-se no instituto da culpa *in contrahendo*, recebida na nossa ordem jurídica no art. 227º, nº 1 do Código Civil, e concretiza-se no princípio da tutela da confiança, isto é, na proteção da circulação de bens no mercado.

18.2.1.3. *Contratos típicos e atípicos; nominados e inominados*[433]

Os contratos são típicos ou atípicos, consoante estão, ou não, regulados na lei. Nesse aspeto, o contrato de hospedagem é atípico, por não ser objeto de regulamentação legal.

Contudo, há contratos que, embora não se encontrem regulados na lei, são socialmente típicos, por corresponderem a práticas sociais reiteradas, dispondo de uma matriz comum.

Consoante sejam conhecidos por uma designação, legal ou comummente aceite, ou não tenham ainda fixado uma expressão que os identifique na ordem jurídica, os contratos dizem-se nominados ou inominados.

Os negócios típicos são, por definição, nominados, mas existem muitos negócios com *nomen iuris* que não são objeto de regulamentação legal, como o referido contrato de hospedagem (cfr. art. 755º, *alínea b)* do Código Civil).

18.2.1.4. *Requisitos gerais de validade (formal e substancial) e de eficácia dos negócios jurídicos e, em particular, dos contratos comerciais*

Os requisitos gerais de validade do negócio jurídico respeitam à sua **forma** (modo de exteriorização da vontade negocial) – seja a mesma legal ou meramente convencional – ou à sua substância.

Os requisitos de **validade substancial** podem ser atinentes aos sujeitos ou ao objeto do negócio ou, ainda, como veremos, a ambos.

[432] Vd., mais desenvolvidamente, MENEZES CORDEIRO *Tratado de Direito Civil I*, 4ª ed., 2012, pp. 964-966, em especial p. 964.

[433] Cfr. MENEZES CORDEIRO, *Tratado de Direito Civil II*, 4ª ed., 2014, pp. 104-106.

Relativamente aos sujeitos, constitui requisito da validade do negócio, a respetiva **capacidade**, nomeadamente de exercício[434] (medida de direitos e vinculações que podem ser atuados pessoal e livremente), e ainda que a sua **vontade** e **declaração negociais** sejam perfeitas, isto é, que a vontade não seja viciada e que não exista uma discrepância entre a mesma e a sua exteriorização (declaração).

O objeto deve ser **idóneo**, isto é, lícito, possível e legal.

Finalmente, constitui também requisito do negócio a **legitimidade** – que se coloca no âmbito da relação entre o sujeito e o objeto do negócio – e que se reconduz à suscetibilidade de um sujeito dispor válida e eficazmente de um determinado bem.

Por sua vez, a **eficácia** consiste na aptidão que o negócio tem para produzir efeitos na ordem jurídica e os respetivos requisitos consistem em circunstâncias externas – *maxime* a intervenção de terceiros ou a promoção da sua publicidade (pela inscrição no registo) – de cuja verificação dependem esses efeitos.

18.2.2. *Diferenciação entre contratos civis e comerciais relativamente a um mesmo tipo negocial; critério*

Sendo diversos os aspetos e os princípios comuns aos contratos de Direito Privado, a verdade é que também se registam diferenças significativas que justificam a autonomia dos negócios jurídico-mercantis.

A estrutura e forma dos negócios jurídicos apresentam diferenças relativamente a um mesmo tipo negocial, consoante o contrato seja civil ou comercial.

Assim, e exemplificando com a compra e venda e o empréstimo (ou mútuo), podemos concluir que:

(i) A venda de bens alheios é nula se o negócio for civil (cfr. art. 892º do CC), apesar da obrigação (legal) de convalidação, sendo válida e eficaz se for comercial, uma vez que é expressamente permitida pelo Código Comercial (cfr. art. 467º)[435];

[434] A capacidade de gozo (medida de direitos e vinculações de que o sujeito é suscetível de ser titular ou estar adstrito) é pressuposta.

[435] Cfr., por todos, Paulo Olavo Cunha, *Venda de bens alheios*, sep. da *ROA*, ano 47, 1987 (pp. 419-472), pp. 425-426, 449-460, 462-463.

(ii) O empréstimo não depende de forma se for mercantil (cfr. art. 396º do CCom), o que já não acontece se for civil, caso em que pode estar sujeito a forma escrita, documento autenticado ou escritura pública (cfr. art. 1143º).

18.2.3. *Contratos puramente civis e contratos exclusivamente comerciais*

Muitos contratos podem revestir natureza civil ou comercial, conforme as circunstâncias. Constituem exemplos os contratos de compra e venda, mandato, mútuo (ou empréstimo), empreitada, entre outros.

Contudo, alguns contratos têm natureza exclusivamente civil, ainda que possam ter um objeto suscetível de avaliação patrimonial. Estamos a pensar na doação (cfr. arts. 940º e segs. do CC).

Outros são característicos da vida mercantil e constituem instrumentos jurídicos especificamente aplicáveis à regulação contratual do mercado. Constituem exemplos, os contratos de bolsa ou contratos de intermediação (neles incluídas as ordens de bolsa), designadamente de aquisição de participações sociais (cfr. arts. 463º, nº 5º do CCom e 321º e segs. do CVM).

18.3. Regras específicas e princípios subjacentes à contratação comercial

18.3.1. *Regime especial dos contratos comerciais*

Vamos ver, ainda no início deste capítulo, como se caracteriza a especialidade dos negócios jurídicos mercantis em face dos demais negócios jurídicos e, nomeadamente, se a mesma justifica falar em teoria geral do contrato comercial.

Vimos, a propósito da autonomia do Direito Comercial, que este ramo da Ciência Jurídica postula regras de forma e de prova próprias. Há, pela exigibilidade subjacente às atividades jurídico-mercantis, uma simplicidade de formas e também regras de prova diversas daquelas que resultam da aplicação da lei civil.

Importa distinguir as regras aplicáveis aos atos de comércio – inclusivamente àqueles que não têm carácter negocial – das que apenas respeitam às obrigações comerciais. Sendo estas mais características, impõe-se fazer uma breve menção às que são relativas a atos comerciais.

Antes de o fazermos, recorde-se, quanto à forma, que no Direito português o princípio da consensualidade dos negócios jurídicos – isto é, de que os negócios não estão sujeitos a forma especial – constitui regra (cfr. art. 219º do CC).

O recurso à simplicidade de forma e de prova já era, há muito, a solução do Direito Comercial positivo. Nesse sentido, apontam os artigos 396º (empréstimo) e 400º (penhor mercantil) do CCom. Vamos acrescentar-lhes agora o disposto nos arts. 96º a 98º do mesmo diploma.

O art. 96º comina a validade dos **títulos** exarados em **língua estrangeira**; o art. 97º permite estender, por analogia, às telecomunicações atuais – *maxime* ao telefax e correio eletrónico – o valor negocial das declarações emitidas por essas vias, sem assinatura[436]; e o artigo 98º estabelece o princípio de que, em certas circunstâncias, os registos dos comerciantes gozam de uma **fé especial**, sobrepondo-se, em caso de dúvida, aos contratos celebrados.

Da leitura, análise e sentido dos arts. 96º e 97º (regras de forma) e 98º (regras de prova) extrai-se um importante corolário: o de que os **atos de comércio** em geral, e os contratos comerciais, em particular, dispõem de **regras próprias** inerentes à sua formação, ao modo de exteriorização da vontade das partes e à forma de os evidenciar na ordem jurídica.

18.3.2. *Normas especificamente aplicáveis às obrigações comerciais*[437]

Façamos agora um breve excurso pelas regras que são particulares das obrigações mercantis e que representam desvios às regras comuns do Direito.

18.3.2.1. *Solidariedade passiva*

Em primeiro lugar, impõe-se falar na solidariedade passiva nas obrigações plurais.

Comece por recordar-se que, quanto às obrigações civis, a regra é a da conjunção, porque a solidariedade não se presume; deve resultar da lei ou da vontade das partes (cfr. art. 513º do CC). No Direito Civil, a

[436] Trata-se de uma derrogação do disposto no art. 379º do CC, que constitui uma regra geral (e não uma exceção) deste ramo de Direito especial.

[437] Cfr. Engrácia Antunes, *Contratos Comerciais. Noções Fundamentais*, cit., 2007, pp. 162-181, e «O regime jurídico dos actos de comércio», cit., 2009 (pp. 19-60), pp. 30-33.

solidariedade que resulta da vontade das partes é uma solidariedade convencional em desvio ao regime legal da conjunção.

No Direito Comercial verifica-se o oposto, isto é, o regime legal aplicável às obrigações plurais é o da solidariedade, justificado pelos interesses e pela celeridade subjacentes aos negócios comerciais e como reforço do crédito. Assim, as obrigações comerciais, quando plurais, estão sujeitas ao regime da solidariedade (cfr. art. 100º do CCom), com exceção das obrigações dos não comerciantes que não forem comerciais (cfr. art. 100º, § único).

Por sua vez, consequência da solidariedade passiva no plano do Direito Comercial é o regime da responsabilidade do fiador mercantil (art. 101º), que iremos analisar em seguida.

18.3.2.2. *Responsabilidade (na fiança) do fiador mercantil*

Aquele que é fiador de uma obrigação comercial, mesmo que não seja comerciante, não beneficia do princípio do benefício da excussão prévia (constante do art. 638º do CC) (cfr. art. 101º do CCom).

A criação de um regime próprio e específico do Direito Mercantil é uma consequência da solidariedade que estabelece uma derrogação ao disposto no art. 638º do Código Civil.

18.3.3. ***Juros comerciais***[438]

18.3.3.1. *Regime legal*

Em matéria de juros, devemos ter presente que os atos comerciais se caracterizam, em regra, pela sua onerosidade, em contraposição com a gratuitidade que é típica do Direito Civil, pelo que as obrigações mercantis se presumem por natureza onerosas. Isto retira-se com muita clareza do proémio do art. 102º do CCom.

[438] Coligindo a principal doutrina existente à época, Abílio Neto, *Código Comercial e Contratos Comerciais Anotado*, cit., 2008, pp. 69-75.
Com significativa clareza e razoável desenvolvimento, José Engrácia Antunes, «O regime jurídico dos actos de comércio», cit., 2009 (pp. 19-60), pp. 34-45, e Pais de Vasconcelos, *Direito Comercial*, 2011, pp. 118-126. Ambos escrevendo antes da última alteração do art. 102º do CCom.
Sobre os juros comerciais, vd. ainda Maria Elisabete Ramos, *Direito Comercial e das Sociedades*, cit., 2018, pp. 53-55.

O art. 102º (red. do DL 62/2013, de 10 de maio[439]) estabelece o regime geral dos juros comerciais, devendo hoje ser complementado por legislação avulsa que permite adaptar aos contratos comerciais a aplicação de uma taxa de juros adequada e que exprime as variações do mercado.

O regime é então o seguinte:

1º – A taxa de juros **convencionais** tem de ser fixada por escrito (cfr. art. 102º, § 1º).

2º – Aos juros comerciais aplica-se o disposto nos artigos 559º-A e 1146º do Código Civil, pelo que são afastados os juros usurários (art. 102º, § 2º).

3º – É fixada – por Portaria (conjunta dos Ministros da Justiça e das Finanças)[440] – uma taxa supletiva de juros moratórios aplicáveis aos créditos das empresas comerciais, com um determinado limiar mínimo (cfr. art. 102º, §§ 3º e 4º)[441], elevado num ponto percentual, se estiverem em causa transações comerciais que se enquadrem no Decreto-Lei nº 62/2013, de 10 de maio (cfr. art. 102º, § 5º, aditado pelo DL 62/2013)[442].

Sendo proibido o anatocismo (isto é, a capitalização de juros) – no que respeita às obrigações civis –, o mesmo não se passa no plano do Direito Comercial, havendo que recordar que o nº 3 do art. 560º do CC

[439] Vigente desde 1 de julho de 2013, com algumas exceções, e aplicando-se consequentemente às transações comerciais celebradas a partir dessa data.

[440] Portaria nº 277/2013, de 26 de agosto, que retroagiu efeitos a 1 de julho de 2013 (cfr. art. 5º), data da entrada em vigor do aditamento introduzido no (art. 102º do) CCom que autonomizou as taxas de juro aplicáveis às transações comerciais referentes aos créditos comerciais.

[441] *A taxa de juro (...) não* pode *ser inferior ao valor da taxa de juro aplicada pelo Banco Central Europeu à sua mais recente operação principal de refinanciamento efetuada antes do 1º dia de janeiro ou julho, consoante se esteja, respetivamente, no 1º ou no 2º semestre do ano civil, acrescida de sete pontos percentuais*» (§ 4º do art. 102º).

[442] Em conformidade com o disposto nos arts. 1º e 3º da Portaria nº 277/2013, de 26 de agosto, o Aviso nº 9939/2018, de 26 de julho de 2018 (D.R., 2ª série, nº 143, de 26 de julho), da Direção-Geral do Tesouro e Finanças, fixou, para o 2º semestre de 2018, as *taxas supletivas de juros moratórios relativamente a créditos de que sejam titulares empresas comerciais, singulares ou coletivas*. Nos termos desse aviso os juros aplicáveis a transações comerciais são de 8% e a taxa aplicável aos créditos de empresas comerciais que não resultem de transações comerciais é de 7% (isto é, inferior em um ponto percentual aquela).

declara inaplicáveis as restrições que forem contrárias a "*regras ou usos particulares do comércio*", o que permite aos bancos capitalizar juros.

Os juros podem ser **compensatórios**, quando visem repor o poder do dinheiro, ou podem ser **moratórios** quando forem consequência do atraso no cumprimento das obrigações e visem fundamentalmente penalizar o devedor.

18.3.3.2. *Aplicação automática de juros aos pagamentos das transações comerciais*

A Diretiva 2000/35/CE do Parlamento Europeu e do Conselho, de 29 de junho, que estabeleceu medidas de combate contra os atrasos no pagamento de transações comerciais, sujeitando-os automaticamente a juros, foi transposta para a ordem jurídica portuguesa pelo Decreto-Lei nº 32/2003, de 17 de fevereiro[443].

Este regime legal, que não distingue as transações comerciais, em função dos respetivos agentes, abrangendo as relações estabelecidas entre pessoas coletivas privadas – às quais equipara os profissionais liberais – ou públicas, não se aplica às transações com os consumidores, que exclui expressamente (cfr. art. 2º, nº 2, *alínea a)*).

O Decreto-Lei nº 32/2003, que alterou o art. 102º do Código Comercial (cfr. art. 6º) e que se aplicou *às prestações de contratos de execução continuada ou reiterada que se* venceram *a partir da data da sua entrada em vigor* (art. 9º), define «***transação comercial***» como *qualquer transação entre empresas*[444] *ou entre empresas e entidades públicas, qualquer que seja a respetiva natureza, forma ou designação, que dê origem ao fornecimento de mercadorias ou à prestação de serviços contra uma remuneração* (art. 3º, *alínea a)*).

Nos termos do diploma são devidos juros, que se vencem automaticamente sem necessidade de aviso, *30 dias após a data em que o devedor tiver recebido a fatura* ou *30 dias após a data da efetiva receção dos bens ou da prestação de* serviços, se a fatura foi apresentada anteriormente (cfr. art. 4º, nº 2, *alíneas a)* e *c)*).

[443] Sobre este diploma, vd. José Engrácia Antunes, «O regime jurídico dos actos de comércio», cit., 2009 (pp. 19-60), pp. 46-54.

[444] ***Empresa***, na ótica do regime legal, é *qualquer organização que desenvolva uma atividade económica ou profissional autónoma, mesmo que exercida por pessoa singular* (art. 3º, *alínea b)*).

A taxa de juros que se aplica às transações comerciais é, desde 1 de julho de 2013 (por efeito do disposto no aditamento do § 5º ao art. 102º do CCom.), de mais um ponto percentual do que a aplicável aos créditos das empresas comerciais

18.3.3.3. *Obrigatoriedade de pagamento de juros de mora pelo Estado*

O artigo 1º da Lei nº 3/2010, de 27 de abril, estabelece a obrigatoriedade de *pagamento de juros de mora pelo Estado pelo atraso no cumprimento de qualquer obrigação pecuniária*, aplicando-se a taxa de juro legal estabelecida no Código Civil (no art. 806º, nº 2)[445].

O vencimento das obrigações pecuniárias encontra-se previsto no Código dos Contratos Públicos (aprovado pelo Decreto-Lei nº 18/2008, de 29 de janeiro, na red. da Decl. Retif. 42/2017, de 29 de novembro, que retificou a Decl. Retif. 36-A/2017, de 30 de outubro), numa norma que o regula, se o contrato não previr data ou prazo de pagamento (cfr. art. 299º), e comina de nulidade as cláusulas contratuais que, sem fundamento atendível, fixem «*prazos superiores a 60 dias para o vencimento das obrigações pecuniárias*» (art. 299º-A, nº 1 do CCP, red. da L 3/2010, de 27 de abril)[446].

18.3.3.4. *A questão dos juros de mora nos títulos cambiários*

As Leis Uniformes que regulam as letras e livranças (art. 48º da LULL) e os cheques (arts. 45º e 46º da LUCh), respetivamente, estabelecem juros de mora de 6% ao ano, que importa averiguar se sobrepõem à taxa legal devida em cada momento ou se esta pode ser aplicada aos créditos representados por esses títulos, derrogando a taxa imposta pelas Leis Uniformes.

O Decreto-Lei nº 262/83, de 16 de junho – que aprovou, então, uma nova redação para o § 3º do art. 102º –, permitiu que aos juros dos títulos cambiários fosse aplicável a taxa de juros legal. Discutia-se, por

[445] Este regime *não é aplicável à administração fiscal*, no âmbito das relações tributárias sujeitas a *legislação própria* (art. 1º, nº 3 da L 3/2010, de 27 de abril).

[446] Nesse caso, considerando-se não escrita a cláusula (cfr. nº 2 do art. 299º-A do CCP) – regime que já resultaria da aplicação das regras gerais do Direito –, a obrigação considera-se vencida, *grosso modo*, no prazo de 30 dias (previsto nos termos do art. 299º), isto é, em prazo inferior ao que seria admissível clausular.

isso, a (in)constitucionalidade do disposto nesse Decreto-Lei perante a eventual violação de leis (ou princípios) que resultam da aplicação do Direito Uniforme e, portanto, fruto de Convenções ou Tratados internacionais.

A jurisprudência aponta hoje maioritariamente no sentido de reconhecer a aplicação da taxa de juros legais perante as situações de incumprimento em matéria de letras, livranças e cheques.

18.3.4. *Prescrição*[447]

Outra regra especial é a que resulta de um regime específico de prescrição aplicável às obrigações comerciais sempre que as mesmas não surjam no estrito contexto das relações entre empresários mercantis.

Com efeito, segundo o art. 317º, *alínea b)* do CC, estão sujeitos à prescrição presuntiva, no prazo de dois anos, os créditos dos comerciantes (e industriais) pelas vendas de objetos do seu comércio a:

- Não comerciantes, ou
- Aos comerciantes que os não destinem ao seu comércio ou indústria, isto é, que os afetem ao consumo (próprio ou alheio).

Pretende aqui introduzir-se um elemento de segurança no tráfico jurídico. Esta prescrição presuntiva não se aplica, contudo, às obrigações comerciais nas quais os devedores sejam comerciantes, no exercício da sua atividade[448], que estão sujeitas ao prazo da prescrição ordinária, de vinte anos (cfr. art. 309º do CC). Aí a lei tem de privilegiar a boa fé por parte desses devedores, em detrimento da eventual segurança que resultaria da prescrição presuntiva e que não se justifica.

Retira-se, pois, do curto prazo prescricional – de aplicação restrita –, estabelecido no referido art. 317º do CC, que a lei privilegia a boa fé e a segurança nas relações jurídicas que caracterizam a atividade económica.

[447] Cfr. José Engrácia Antunes, «O regime jurídico dos actos de comércio», cit., 2009 (pp. 19-60), pp. 54-56, e Pais de Vasconcelos, *Direito Comercial*, 2011, pp. 126-128.

[448] Considerando que a aplicação do prazo da prescrição ordinária aos comerciantes ocorre *a contrario sensu*, Engrácia Antunes, «O regime jurídico dos actos de comércio», cit., 2009 (pp. 19-60), p. 54.

18.3.5. *Obrigação geral de segurança relativa a produtos e serviços*

Com especial reflexo nos prestadores de serviços e produtores, no que se refere ao modo como devem agir no mercado, a lei impôs que os agentes económicos cumprissem, no âmbito e exercício da respetiva atividade, normas de segurança geral relativa aos produtos e serviços colocados no mercado (europeu) que enquadrou no Decreto-Lei nº 69/2005, de 7 de março, na red. do Decreto-Regulamentar nº 38/2012, de 10 de abril (cfr., em especial, arts. 1º e 4º a 6º).

18.3.6. *Práticas comerciais desleais e proibição de descriminação em função do sexo no acesso a bens e serviços*

Finalmente, a concluir a matéria das regras específicas e princípios subjacentes à contratação comercial, importa chamar a atenção para as regras sobre práticas comerciais desleais – caracterizadas e objeto de sanções, nos termos do Decreto-Lei nº 57/2008, de 26 de março – e para a proibição da discriminação em função do sexo no acesso a bens e serviços (cfr. Lei nº 14/2008, de 12 de março, red. da L 9/2015, de 11 de fevereiro), a qual resultava já do princípio constante do artigo 13º da CRP.

18.3.7. *Balanço sobre as regras específicas e princípios subjacentes à contratação comercial*

Da análise das obrigações e especificidades de regime apresentadas, podemos concluir que o Direito atual distingue situações diferentes: as que se colocam entre empresários comerciais, produtores de bens ou prestadores de serviços para o mercado, e as que abrangem também os consumidores. É nessa diferenciação e nas exigências aplicáveis aos contratos comerciais que radica o relevo do Direito Comercial, com importância renovada pela distinção que, no âmbito do Direito do Mercado, importa agora fazer.

Ao equilíbrio das relações puramente comerciais contrapõe-se a compensação daquelas que envolvem consumidores. E, como veremos em seguida, o regime das cláusulas contratuais gerais é exemplificativo desta situação.

18.4. A contratação comercial no século XXI

Os negócios comerciais, que começaram por ser individuais – isto é, celebrados entre um mercador e o seu cliente –, e consequentemente formados com referência e com respeito pelos interesses próprios de cada uma das partes, são hoje concluídos, com muita frequência, com o recurso a meios que permitem dar vazão à sua crescente massificação, com recurso constante a esquemas predeterminados de cláusulas aplicáveis a certo tipo de contratos.

Acresce que contratação no século XXI já não coloca frente a frente necessariamente as partes contratuais, concretizando-se frequentemente com o recurso a vias cada mais sofisticadas, como é o caso dos meios informáticos e telemáticos, designadamente através de *smartphones*.

18.4.1. *O recurso a cláusulas contratuais gerais*[449] *e os negócios rígidos*

Como vimos acima, a propósito dos consumidores (nº 14.2.3), é cada vez mais habitual a utilização de cláusulas contratuais gerais na celebração de negócios no mercado.

Quando uma das partes – o sujeito de Direito Comercial, por ser um produtor, prestador de serviços ou distribuidor para o mercado – contrata com recurso a proposições (regras) pré-elaboradas, de modo rígido, para regular os seus negócios jurídicos, visto que a sua contraparte é indeterminada, fá-lo sem conceder margem de manobra ao destinatário dessas regras, que se limita a aceitar os termos em que o contrato é celebrado.

Nestes casos, a contratação só é possível com modelos contratuais previamente elaborados e aos quais uma das partes do negócio se circunscreve a aderir, sem pretender os efeitos para que o mesmo tende.

Mas os negócios celebrados com recurso a cláusulas contratuais gerais – em que as cláusulas são recebidas em bloco – não devem ser confundidos com os **negócios** jurídicos **rígidos**, que assentam em propostas fixas e preestabelecidas, mas específicas, e aplicáveis a situações individualizáveis. A semelhança de uns e outros, que reside na estrutura das cláusulas que os integram e que não é negociável, é superada pelas características dos contratantes, que, nos negócios rígidos individuais,

[449] Sobre a respetiva bibliografia, vd., *supra*, notas 330 e 331 (14.2.3).

não são indeterminados. Estes negócios, que também integram cláusulas típicas dos negócios celebrados com cláusulas contratuais gerais, são especialmente relevantes na contratação comercial em que, pela complexidade do objeto negocial, não é ponderável discutir a forma de prestação de uma das partes. Constituem exemplos destes tipos negociais o fornecimento de determinados bens de equipamento e alguns contratos de chave na mão.

Em termos técnicos, suscita-se a questão da aplicabilidade da lei das cláusulas contratuais gerais aos negócios rígidos. A este propósito não repugna aceitar que as limitações por ela impostas ao conteúdo dos contratos entre empresários e profissionais devam ser respeitadas, a menos que a individualização das partes e o concreto objeto do negócio justifiquem diferente solução.

18.4.2. *Contratação (normal e automática) à distância*[450] *e comércio eletrónico*[451]

A contratação comercial à distância é possível através de meios normais – por correspondência – ou com recurso a autómatos (pré-programados) ou a meios eletrónicos, informáticos (*maxime* computadores) e telemáticos (*maxime smartphones*).

São contratos à distância os que são formados e concluídos *sem a presença física simultânea* de consumidor e fornecedor de bens ou serviços

[450] Vd. CARLOS LACERDA BARATA, «Contratos celebrados fora do estabelecimento comercial», *RDC*, ano I, Nº 4, 2016, pp. 861-916, em especial pp. 880-886, e a anot. cit. de MORAIS CARVALHO / PINTO-FERREIRA, *Contratos Celebrados à Distância e Fora do Estabelecimento Comercial*, 2014.

[451] Vd. os seguintes autores (indicados por ordem alfabética) que, com exceção de António Menezes Cordeiro, são todos anteriores ao atual quadro legal, o DL 24/2014, de 14 de fevereiro (que transpõe a Diretiva relativa aos direitos dos consumidores): ENGRÁCIA ANTUNES, *Direito dos Contratos Comerciais*, 2009, pp. 116-117, 144-150, 163-164 e 173-177, MENEZES CORDEIRO, *Direito Comercial*, 4ª ed., 2016, pp. 576-578, e também *Tratado de Direito Civil II*, 4ª ed., 2014, pp. 342-355, MÁRIO CASTRO MARQUES, «O Comércio Electrónico, Algumas Questões Jurídicas», AA.VV., *O Comércio Electrónico. Estudos Jurídico-Económicos*, coord. por Glória Teixeira, Almedina, Coimbra, 2002 (pp. 34-55), ALEXANDRE LIBÓRIO DIAS PEREIRA, *Comércio electrónico na sociedade da informação: da segurança técnica à confiança jurídica*, Almedina, Coimbra, 1999 (cfr., em especial, pp.14-15), e «Princípios do comércio electrónico», AA.VV., IDET, Miscelâneas nº 3, Almedina, Coimbra, 2004, pp. 75-112, e SEBASTIÃO NÓBREGA PIZARRO, *Comércio Electrónico. Contratos Electrónicos e Informáticos*, Almedina, Coimbra, 2005, em especial pp. 7-90.

no quadro de um sistema de venda ou prestação de serviços organizada para o comércio à distância[452], isto é, pela utilização de um meio idóneo que não implique o contacto físico de ambas as partes, ou seja, a sua presença física e simultânea.

18.4.2.1. *Vendas à distância*[453]

Inicialmente, o recurso a esta forma de contratação visava ultrapassar a diferença geográfica existente entre o empresário mercantil e a sua contraparte, permitindo-lhes, não obstante, concluir validamente os seus negócios, visto que, encontrando-se situados em locais fisicamente diferentes, poderiam subscrever válida e eficazmente as respetivas propostas negociais. A nossa lei civil regula a formação do contrato, admitindo que a proposta e a eventual aceitação contratual possam ser emitidas em momentos e sítios distintos (cfr. arts. 228º a 235º do CC).

Tal regulação aproveitava, naturalmente, à formação dos contratos comerciais, mas, pela massificação destes, viria a revelar-se insuficiente. Por isso, as vendas à distância seriam objeto de disciplina legal. Presentemente encontram-se reguladas pelo Decreto-Lei nº 24/2014, de 14 de fevereiro, que transpôs a Diretiva comunitária relativa aos direitos dos consumidores (a Diretiva nº 2011/83/UE do Parlamento Europeu e do Conselho, de 25 de outubro de 2011)[454].

Este diploma – que também regula as vendas a domicílio e equiparadas e as vendas automáticas – define o **contrato celebrado à distância** como «*um contrato celebrado entre o consumidor e o fornecedor de bens ou*

[452] Cfr. art. 3º, *alínea f)*, do DL 24/2014, de 14 de fevereiro, e art. 2º, *alínea b)*, do DL 95/2006, de 29 de maio (Contratos à distância relativos a serviços financeiros).

[453] No âmbito do regime jurídico atual, vd. Jorge Morais de Carvalho, *Manual de Direito do Consumo*, 5ª ed., 2018, pp 197-255, João Pedro Pinto-Ferreira / Jorge Morais de Carvalho, «Contratos celebrados à distância e fora do estabelecimento comercial», AA.VV., *I Congresso de Direito do Consumo*, Almedina, Coimbra, 2016, pp. 95-113, e Calvão da Silva, *Banca, Bolsa e Seguros*, 5ª ed., 2017, pp. 158-171.

No quadro do regime anterior (DL 143/2001, de 26 de abril), cfr. Pedro Romano Martinez, *Celebração de contratos à distância e o novo regime do contrato de seguro*, sep. da *RDES*, ano L (XXXII da 2ª Série), 2009 (pp. 85-116).

[454] Entrando em vigor no dia 13 de junho de 2014 (cfr. art. 35º), revogou o DL 143/2001, de 26 de abril (na red. do DL 317/2009, de 30 de outubro), que havia transposto a Diretiva nº 97/7/CE, do Parlamento Europeu e do Conselho de 20 de maio. A sua redação atual foi introduzida pela L 47/2014, de 28 de julho.

prestador de serviços sem presença física simultânea de ambos, e integrado num sistema de vendas ou prestação de serviços organizado para o comércio à distância mediante a utilização exclusiva de uma ou mais técnicas de comunicação a distância até à celebração do contrato, incluindo a própria celebração» (art. 3º, *alínea f)*).

Excluindo do seu âmbito de aplicação os *serviços financeiros* e os *contratos celebrados* por intermédio de *máquinas distribuidoras automáticas* (cfr. art. 2º, nº 2, *alíneas a) e b)*), entre outros[455], o Decreto-Lei nº 24/2014, de 14 de fevereiro, abrange em geral os contratos celebrados fora do estabelecimento comercial (cfr. art. 3º, *alínea g)*), incluindo os **contratos ao domicílio** (*ii)*) – nos quais se enquadram os negócios que tenham *por objeto o fornecimento de bens ou de serviços* não solicitados expressamente pelo consumidor que tenham sido *propostos* e *concluídos* no seu *domicílio, pelo fornecedor ou seu representante* – e os **equiparados** a estes contratos, como os que sejam celebrados no **local de trabalho** (*iii)*), em **reuniões** realizadas para o efeito com demonstração das qualidades dos bens ou serviços (as chamadas reuniões *tupperware*) (*iv)*), em deslocações organizadas para o efeito (*v)*) ou em local previamente sugerido pelo fornecedor ao consumidor (*vi)*). Estas últimas não se confundem com as **vendas especiais esporádicas**, também previstas no diploma (arts. 25º e 26º), como as quermesses natalícias ou de beneficência ou as vendas (individualizadas) por seleção prévia dos clientes.

Por sua vez, os *contratos celebrados* por intermédio de *máquinas distribuidoras automáticas* estão sujeitos a um regime específico (cfr. arts. 2º, nº 2, *alínea b)* e 22º a 24º)[456]. Entre outros aspetos de regime, a lei preocupa-se, em especial, por salvaguardar os consumidores das vendas agressivas e faculta-lhes condições de resolução do contrato (cfr. arts. 10º e 11º), impondo inúmeros deveres pré-contratuais aos fornecedores de bens e prestadores de serviços, incluindo os referentes a informação

[455] A lei tem o cuidado de excluir do seu âmbito de aplicação certos negócios que, por natureza ou objeto, não se podem enquadrar na sua regulamentação rigorosa – apesar de poderem ser celebrados à distância –, como os *contratos de fornecimento de bens alimentares* (cfr. art. 2º, nº 2, *alínea j)*) e aqueles que estejam sujeitos a regulamentação específica, como os serviços prestados por agências de viagens (cfr. art. 2º, *alínea h)*).

[456] Sobre estes contratos, e em geral sobre os contratos celebrados em estabelecimentos automatizados, vd. JORGE MORAIS CARVALHO, *Manual de Direito do Consumo*, 5ª ed., 2018, pp. 255-262.

sobre os direitos dos consumidores (cfr. arts. 4º e 12º), requisitos de forma inerentes à celebração dos contratos (cfr. arts. 5º e 9º) e uma norma sobre a adequada execução do contrato (cfr. art. 19º).

18.4.2.2. *Serviços financeiros à distância*[457]

A lei, pela sua importância e relevância, regulou, com autonomia, no Decreto-Lei nº 95/2006, de 29 de maio (red. do DL 242/2012, de 7 de novembro), a contratação de serviços financeiros à distância. Enquadram-se nesta categoria *os serviços bancários, de crédito, de seguros, de investimento ou de pagamento e os relacionados com a adesão individual a fundos de pensões abertos*, que sejam prestados por *instituições de crédito e sociedades financeiras* e outras empresas[458] a *qualquer pessoa singular* que não intervenha no ato profissionalmente e *cuja formação e conclusão* se efetue *exclusivamente através de meios de comunicação à distância*, integrados *num sistema de vendas organizado pelo prestador* com essa finalidade (cfr. art. 2º).

A preocupação do legislador nesta matéria – que resulta também de transposição de Diretiva comunitária (a Diretiva nº 2002/65/CE, do Parlamento Europeu e do Conselho, de 23 de setembro) – centra-se essencialmente no regime dos atos abrangidos por tais serviços e na informação pré-contratual (cfr. arts. 11º a 18º) que deve ser prestada.

18.4.2.3. *Vendas automáticas (através de autómato)*

No último quartel do século XX começou a generalizar-se a contratação com recurso a meios mecânicos em que o ser humano depara com uma máquina ou autómato, como contraparte imediata, apesar de a mesma conter nos primórdios um número de opções relativamente limitado.

A máquina, programada pela vontade humana, permitia dispensar – mediante uma contrapartida (que inicialmente era satisfeita em dinheiro e, posteriormente, passou em certos casos a poder ser assegurada também por cartão de débito ou de crédito) – bens e serviços, facul-

[457] Vd. Calvão da Silva, *Banca, Bolsa e Seguros*, 5ª ed., 2017, pp. 171-180, e ainda – no âmbito do regime anterior – Pedro Romano Martinez, *Celebração de contratos à distância e o novo regime do contrato de seguro*, cit., 2009, pp. 105-107, focando a contratação à distância no domínio dos seguros (pp. 115-116).

[458] Tais como *instituições de pagamento, intermediários financeiros em valores mobiliários, empresas de seguros e resseguros, mediadores de seguros e sociedades gestoras de fundos de pensões* (art. 2º, *alínea d)*).

tando repetidas contratações sem necessidade de intervenção humana, pela sua parte.

Como iniciadoras das vendas automáticas, hoje generalizadas, recordamos, ainda no terceiro quartel do século XX, as *juke box*, que permitiam a escolha de um disco, as máquinas que (só) dispensavam amendoins ou pastilhas elásticas (de bola) e as, então mais sofisticadas, de gaveta, que forneciam chocolates e caramelos. Todas tinham em comum o facto de serem acionadas pela introdução de uma moeda (à época, de um escudo, cinquenta centavos e vinte cinco tostões[459], respetivamente).

Posteriormente surgiram as máquinas que recolhem bilhetes e acionam meios mecânicos (cancelas), permitindo que parte de um contrato (de estacionamento ou de depósito) – após o pagamento inicialmente (sempre) manual e presencial – fosse concluído sem a intervenção humana. Mais tarde, as máquinas começaram a fornecer bilhetes (títulos de transporte e de estacionamento) e nos anos oitenta surgiram, em Portugal, as caixas automáticas (*ATM*)[460], genericamente conhecidas por caixas Multibanco. Estas permitem presentemente – e desde há mais de uma década –, sem a presença de um funcionário do banco, uma enorme diversidade de operações (de natureza bancária e outras) que, por serem do conhecimento geral, nos abstemos de descrever.

Paralelamente, com o desenvolvimento do fenómeno da cibernética e da *Internet*, em especial, a contratação passou a processar-se frequen-

[459] O que equivale sensivelmente, em moeda corrente, a meio cêntimo, um quarto de cêntimo e um cêntimo vírgula vinte e cinco.

[460] A **caixa automática**, também conhecida por **ATM** (iniciais das palavras de língua inglesa *Automated* ou *Automatic Teller Machine*), é uma máquina informaticamente acionada que permite aos clientes dos bancos, através de um cartão bancário [em regra de débito, conhecido em Portugal por cartão Multibanco, por corresponder à designação da rede ou sistema gerido pela SIBS (Sociedade Interbancária de Serviços, S.A.), que é entidade monopolista no sector] executarem, direta e pessoalmente, sem restrições horárias, diversas operações bancárias *on-line*, como levantamento de dinheiro, depósito de valores, transferências, pagamentos de despesas correntes e periódicas (telecomunicações, eletricidade, água), de variadíssimos serviços (seguros), de impostos e taxas, de coimas (por contraordenações) e até compras, pela imediata liquidação do serviço ou bem adquirido, como seja o caso dos títulos de transporte ou espetáculos, consulta de saldos e de movimentos, requisição de cheques e obtenção de crédito (dentro de um certo limite ou por utilização de cartão de crédito).
Para mais desenvolvimentos, vd. Paulo Olavo Cunha, *Cheque e Convenção de Cheque*, 2009, pp. 297-299 (notas 682 e 683), e, *infra*, nº 26.3.4 e 32.4 (Transferências).

temente através de computador em que o cibernauta encontra uma contraparte totalmente automatizada na dispensa de bens e serviços.

No século XXI, a contratação através de autómato, de computador ou de telemóvel (*smartphone*) – que abrange atualmente o fornecimento de inúmeros bens e serviços, como já vimos –, foi autonomizada dos negócios jurídicos tradicionais e passou a ser regulada nos diplomas de vendas à distância.

Vejamos então como é que devem ser, juridicamente, compreendidas as operações realizadas pelos autómatos.

A nossa doutrina, que estudou a questão antes da disciplina legal deste tipo de contratos, avançava com uma de duas explicações para a cobertura negocial das operações automáticas[461].

A existência do autómato, pronto a funcionar, poderia corresponder a uma oferta ao público (efetuada pela entidade que recorre à máquina para a sua prática negocial e que é responsável pela sua programação) dos bens e serviços que através dele são transacionados. Tratava-se da teoria da **oferta automática**, segundo a qual, uma vez acionado o autómato, nomeadamente pela introdução no respetivo mecanismo da moeda ou cartão (de plástico) necessários, a eventual falha ou deficiência na entrega do bem ou na disponibilização do serviço (ou do título indispensável para o respetivo acesso) equivaleria a uma violação do contrato, que se havia concluído com a aceitação do ser humano que havia acionado o autómato, com a introdução da moeda ou do cartão. Estaríamos perante uma situação de incumprimento (contratual).

De acordo com outra perspetiva – a teoria da **aceitação automática** –, o contrato só se concluiria com o funcionamento do autómato, que exprime a aceitação da proposta negocial, representando a respetiva instalação uma atividade meramente preparatória. Encarada a contratação automática nesta perspetiva, a eventual falha do autómato, em vez de se reconduzir a um incumprimento contratual, corresponde à recusa da proposta negocial que lhe é dirigida pelo humano e que ele, em princípio, estaria apto a aceitar. A sua responsabilidade será então exclusivamente pré-contratual.

Apesar do progresso técnico, a capacidade dos autómatos ainda não é ilimitada e a sua capacidade de reação dependerá de diversos fatores,

[461] Nesse sentido, MENEZES CORDEIRO, *Tratado de Direito Civil II*, 4ª ed., 2014, pp. 342-345, e *Direito Comercial*, 4ª ed., 2016, pp. 637-639, que a este propósito seguimos de perto.

mas seguramente da sua programação, afigurando-se excessivo reconduzir a incumprimentos contratuais, com as consequências que estes podem acarretar, as suas eventuais falhas. Talvez por isso, e não obstante a crescente capacidade de resposta dos autómatos, a nossa lei viria a acolher a segunda solução.

Com efeito, as **vendas automáticas** são atualmente objeto de regulamentação legal pelo Decreto-Lei nº 24/2014, de 14 de fevereiro (cfr. arts. 22º a 24º)[462] – a que fizemos referência acima (nº 18.4.2.1) –, o qual estabelece o regime de responsabilidade em caso de incumprimento por parte do autómato.

Estes negócios têm como elemento comum a antecipação do preço, por parte do consumidor (contraparte da máquina), e concluem-se pelo acionamento de um mecanismo que permita a obtenção do bem ou serviço desejado (cfr. art. 22º, nº 1).

Estabelecendo que o equipamento deve ter condições de devolver a quantia nele depositada, em caso de não fornecimento do bem ou serviço pretendido (cfr. art. 23º, nº 1) e a responsabilidade solidária do titular do espaço onde o mesmo se encontra instalado pela restituição da importância despendida e indevidamente retida pela máquina (cfr. art. 24º), a lei vigente parece inclinar-se decisivamente no sentido da teoria da aceitação automática, limitando a responsabilidade pré-contratual do seu programador à quantia utilizada.

A crescente sofisticação dos equipamentos automáticos e a oferta que os mesmos facultam vem colocar novos e complexos problemas no que respeita aos efeitos contratuais que envolvem sujeitos do Direito Comercial e os consumidores.

18.4.2.4. *O comércio eletrónico*[463]

Com o desenvolvimento dos meios informáticos em geral e das comunicações eletrónicas em particular, pela criação e enorme progresso da

[462] Este diploma – que retoma o disposto nos arts. 21º a 23º do DL 143/2001 – sujeita a **atividade de venda automática** *à legislação aplicável à venda a retalho do bem ou à prestação de serviço em causa* (cfr. art. 22º, nº 2).

[463] Cfr. Menezes Cordeiro, *Direito Comercial*, 4ª ed., 2016, pp. 639-643 e 647-650, Calvão da Silva, *Banca, Bolsa e Seguros*, 5ª ed., 2017, pp. 183-242, e Pedro Romano Martinez, *Celebração de contratos à distância e o novo regime do contrato de seguro*, cit., 2009 (pp. 85-116), pp. 93-105.

Internet, começou a ser possível realizar transações por via informática, no espaço virtual, e, consequentemente, à distância. O mundo comercial não poderia ficar indiferente.

O comércio eletrónico e os serviços da sociedade de informação são presentemente regulados, em Portugal, pela Lei nº 41/2004, de 18 de agosto (na red. do DL 46/2012, de 29 de agosto) e pelo Decreto-Lei nº 7/2004, de 7 de janeiro (na red. do DL 46/2012, de 29 de agosto), que transpuseram para o nosso País as Diretivas do Parlamento Europeu e do Conselho, nº 2002/58/CE, de 12 de julho de 2002 (*Diretiva relativa à Privacidade e às Comunicações Eletrónicas*) e nº 2000/31/CE, de 8 de junho de 2000 (*Diretiva sobre Comércio Eletrónico*).

O **comércio eletrónico** é o exercício da atividade mercantil com recurso a tecnologias de informação desenvolvidas para permitir uma maior eficiência na venda de bens e na prestação de serviços à distância entre empresas ou com consumidores (finais)[464].

A contratação à distância por via eletrónica ou informática não é reservada aos contratos comerciais (cfr. art. 24º do DL 7/2004), embora certos tipos negociais não possam ser celebrados por esta via, como, por exemplo, os negócios familiares e sucessórios (cfr. art. 25º, nº 2, *alínea a)*) e os negócios jurídicos (reais) imobiliários, *com exceção do arrendamento* (cfr. art. 25º, nº 2, *alínea c)*).

A própria **faturação eletrónica** – isto é, *as condições técnicas para a emissão, conservação e arquivamento das faturas ou documentos equivalentes emitidos por via eletrónica* – é presentemente objeto de regulamentação autónoma, cabendo ao Decreto-Lei nº 196/2007, de 15 de maio (na redação do DL 197/2012, de 24 de agosto), a respetiva regulação e condições exigidas (cfr., em especial, o arts. 1º e 3º)[465].

Sobre a fraude no comércio eletrónico, vd. Maria Raquel Guimarães, «A fraude no comércio electrónico: o problema da repartição do risco por pagamentos fraudulentos», sep. de *Infrações Económicas e Financeiras – Estudos de Criminologia e Direito*, Coimbra Editora, Coimbra, 2013, pp. 581-597.

[464] A lei define "serviço da sociedade de informação" como «*qualquer serviço prestado à distância por via eletrónica, mediante remuneração ou pelo menos no âmbito de uma atividade económica na sequência de pedido individual do destinatário*» (art. 3º, nº 1).

[465] Nomeadamente, a aposição de **assinatura eletrónica avançada ou qualificada (ou digital** produzida por técnicas criptográficas) do respetivo emitente, emitida nos termos do Decreto-Lei nº 290-D/99, de 2 de agosto (alterado pelos Decretos-Leis nºs 62/2003, de 3 de abril, 165/2004, de 6 de julho, 116-A/2006, de 16 de junho, e 88/2009, de 9 de abril).

18.4.2.5. *Contratação fora do estabelecimento comercial*[466]

Quando se dirige ao estabelecimento comercial, o consumidor tem um propósito: concluir uma transação ou obter uma informação que contribua para a formação da sua decisão. Ao fazê-lo sabe que pode ser levado a concluir um negócio que não deseje pela habilidade do vendedor, mas que também se pode retirar se o pretender. Isto é, no contexto do estabelecimento comercial – no relacionamento com um sujeito de Direito Comercial (ou seu representante) –, o consumidor conserva a sua liberdade de decisão. Sucede quc, sendo abordado fora do ambiente a que está habituado, designadamente na sua própria casa ou em local alheio a um estabelecimento, o consumidor pode ser surpreendido e conduzido a concluir um negócio que não deseje.

Tal acontece com a contratação à distância, a que inadvertidamente pode acorrer ou responder, mas não se esgota na regulamentação que lhe é aplicável. Por isso, a lei hoje autonomiza os negócios celebrados fora do estabelecimento comercial, como uma subcategoria contratual do tipo negocial a que respeita (*maxime,* e com maior frequência, compra e venda)[467], designadamente os acordados no domicílio do consumidor ou celebrados em circunstâncias equiparadas, como no seu local de trabalho ou em reunião promovida para o efeito.

A matéria é regulada pelo Decreto-Lei nº 24/2014, de 14 de fevereiro (que foi alterado pela Lei nº 47/2014, de 28 de julho). É precisamente no art. 3º, *alínea g)* deste diploma que encontramos a definição de contrato celebrado fora do estabelecimento comercial como aquele que é concluído «*na presença física simultânea do fornecedor de bens ou do prestador de serviços e do consumidor em local que não seja o estabelecimento comercial daquele*», ainda que seja o consumidor a tomar a iniciativa negocial.

Estes contratos – que se caracterizam por não serem totalmente realizados no estabelecimento do profissional – estão sujeitos a um regime jurídico mais rigoroso, do que aqueles que são celebrados exclusivamente no estabelecimento comercial, tais como deveres de informação

[466] Vd. Carlos Lacerda Barata, «Contratos celebrados fora do estabelecimento comercial», cit., 2016, em especial pp. 886-919, e Morais Carvalho / Pinto-Ferreira, *Contratos Celebrados à Distância e Fora do Estabelecimento Comercial,* Anotação cit. 2014, pp. 39-45.

[467] Neste sentido, vd. Carlos Lacerda Barata, «Contratos celebrados fora do estabelecimento comercial», cit., 2016, p. 872, que reconhece abrangerem estes contratos em sentido amplo os contratos celebrados à distância (p. 863, nota 4).

reforçados (cfr. art. 4º do DL 24/2014), forma escrita (cfr. art. 9º, nº 1 do DL 24/2014) e direito (irrenunciável) de resolução ou desvinculação (durante um prazo mínimo, de 14 dias) por parte do consumidor, a operar por declaração unilateral (cfr. arts. 10º e 11º do DL 24/2014).

18.4.3. *O equilíbrio (de prestações) na contratação*[468]*; o caso dos contratos de* **swap**[469]

Para concluir este excurso sobre a contratação comercial no presente século que justifica uma deslocação do centro polarizador do Direito Comercial para o Direito do Mercado, impõe-se fazer uma breve menção ao equilíbrio de prestações[470].

Com efeito, vimos acima que existe atualmente na vida comercial uma tendência para equilibrar as posições das partes contratantes – ainda que as mesmas sejam, por natureza, assimétricas no mercado –, estabelecendo regras que visam promover um equilíbrio são na formação e execução dos contratos.

Com essa finalidade, de procurar o equilíbrio de prestações – ainda que as mesmas não sejam à partida determinadas, mas apenas determináveis –, o Direito é, *a priori*, mais exigente com os sujeitos que inter-

[468] Sobre esta questão em geral, vd. o estudo de Rui Pinto Duarte, «Equilíbrio Contratual como Princípio Jurídico», *in Escritos Jurídicos Vários 2000-2015*, Almedina, Coimbra, 2015, pp. 685-699.

[469] Sobre estes contratos, vd., na doutrina portuguesa, António Pereira de Almeida, «Instrumentos financeiros: os *swaps*», AA.VV., *Estudos em Homenagem ao Professor Doutor Carlos Ferreira de* Almeida, vol. II, Almedina, Coimbra, 2011 (pp. 37-69), em especial pp. 49-69, Ferreira de Almeida, *Contratos II*, 4ª ed., 2016, em especial pp. 120-122, Engrácia Antunes, *Direito dos Contratos Comerciais*, 2009, pp. 647-653, e *Instrumentos Financeiros*, 2ª ed., Almedina, Coimbra, 2014, pp. 156-166, Maria Clara Calheiros, *O contrato de Swap*, Coimbra Editora, Coimbra, 2000, em especial pp. 7-12, 77-96, 109-113 e 124-127, em especial pp. 125-127, Paulo Mota Pinto, «Contratos de *swap* de taxas de juro, jogo e aposta e alteração das circunstâncias que fundaram a decisão de contratar», *RLJ*, ano 143º, nº 3987 (pp. 391-413), e ano 144º, nº 3988 (pp. 14-56), 2014, a anot. de João Calvão da Silva ao **AcRelLisboa de 21 de março de 2013** / Proc. nº 2587/10.0 TVLSB.L1-6 («*Swap* de taxa de juro: sua legalidade e autonomia e inaplicabilidade da excepção do jogo e aposta»), *RLJ*, ano 142º, nº 3979, 2013 (pp. 238-269, anotação a pp. 253-269), e Simão Mendes de Sousa, *Contrato de swap de taxa de juro: dever de informação e efeitos da violação do dever*, AAFDL, Lisboa, 2017, em especial pp. 20-49.

[470] Reproduzimos o nosso *Direito Empresarial para Economistas e Gestores*, 2ª ed. cit., 2016, pp. 317-321, texto que, nesta matéria, ainda não beneficiou da leitura de juristas.

vêm profissionalmente nos negócios, e que fazem da sua celebração uma prática habitual, do que com as pessoas e entidades que celebram esses negócios apenas pontualmente, como meros consumidores que são.

Num diferente nível, porventura mais sofisticado, o Direito distingue, no plano negocial, o agente que participa no contrato no âmbito da sua atividade específica – celebrando quotidianamente negócios inerentes à atividade que prossegue – do sujeito que, sendo eventualmente também um profissional, não tem o mesmo conhecimento sobre o conteúdo e efeitos desse negócio em concreto, por celebrá-lo na posição de consumidor[471].

Em todos os casos, o objetivo a atingir é o equilíbrio de prestações que, em algumas situações, se assegura pelas maiores exigências que são feitas a uma das partes contratantes.

Esta preocupação é mais acentuada se o negócio for, por natureza, aleatório, ou seja, de efeitos imprevisíveis pelo menos para uma das partes, como sucede por exemplo com os contratos de seguro, de jogo e de aposta, e de *swap* (permuta financeira)[472]. Com efeito, e como é óbvio, o Direito não rejeita negócios que possam originar situações desequilibradas, resultantes da álea própria que envolvem, sobretudo quando esta constitua elemento característico do contrato celebrado, contanto que os sujeitos envolvidos possam representar antecipadamente a natureza aleatória do contrato e os efeitos aleatórios que dele podem decorrer[473].

Vamos recorrer a um contrato clássico – o de troca ou permuta –, mas numa utilização atual, para procurar perceber até onde é lícito os

[471] São estes os negócios abrangidos pela previsão dos arts. 17º a 19º da LCCG.
Por isso, não surpreende que a jurisprudência conclua pela nulidade do contrato de *swap* quando considera que se verifica o incumprimento do dever de informação sobre o teor e alcance das cláusulas contratuais gerais envolvidas no negócio. Nesse sentido, vd. o **AcSTJ de 4 de maio de 2017** (Lopes do Rego) / Proc. nº 1961/13.5TVLSB.L1.S1, *CJ/AcSTJ*, nº 280, ano XXV, T. 2, 2017, pp. 65-71.

[472] Reconduzindo este contrato à categoria dos contratos comutativos, porque, «à partida, ambas as partes têm iguais expectativas de lucros, caso contrário não» o celebrariam, e afastando-o, por isso, do contrato de jogo, Pereira de Almeida, «Instrumentos financeiros: os *swaps*», cit., 2011 (pp. 37-69), p. 66.

[473] Por isso, se alguém contrata um seguro (não vida) – que nunca vem a acionar, por não sofrer qualquer sinistro – não pode, decorrido um longo prazo, vir a exigir o reembolso, ainda que parcial, dos prémios pagos. O que é natural é que estes venham a ser gradualmente objeto de redução, como recompensa pela ausência de sinistralidade.

agentes económicos explorarem, no âmbito da respetiva autonomia privada, os instrumentos negociais disponíveis.

Os sujeitos do mercado, em geral, e os empresários, em particular, são férteis na conceção de contratos cujos efeitos não são antecipáveis com facilidade, porque a álea faz parte da sua essência, como acontece, presentemente, com os chamados contratos *swap* (ou contratos de permuta), que, nas suas versões mais recentes, passaram a abranger finalidades de cobertura de risco e especulação[474].

O ***swap*** é a operação pela qual as partes de um contrato (que pode ser de compra e venda de bens, financiamento, investimento ou mera aplicação financeira) – que tem por objeto moeda (*currency*), ativos financeiros (ações ou outros valores mobiliários), juros ou mercadorias ou matérias-primas (*commodities*) – trocam posições no que respeita ao risco e rentabilidade do negócio[475].

Vamos procurar simplificar este contrato à situação mais comum no nosso mercado, em que o *swap* é contratado diretamente por um banco e uma empresa sua cliente, para colateralizar um financiamento[476], em que a instituição de crédito aceita fixar a taxa de juro a um determinado montante mínimo (mais elevado do que a taxa praticada no mercado), para compensar o eventual risco cambial ou de subida de taxas de juro (Euribor) que possa agravar o financiamento concedido. No fundo,

[474] Neste sentido, Ferreira de Almeida, *Contratos II*, 4ª ed., 2016, p. 121.

[475] O *swap* é um instrumento financeiro que os agentes económicos se disponibilizam a contratar para procurar controlar os riscos dos financiamentos que obtêm sempre que as taxas de juro disparam (*swap* de taxa de juros) ou a sua variação afeta a moeda em que o negócio é contratado, sofrendo uma desvalorização acentuada (*swap* cambial). Este segundo contrato (*swap* cambial), que se destina à cobertura de risco (*hedge*) cambial, traduz-se numa operação de compra e venda de moedas, para assegurar a variação negativa da moeda em que é feita a venda futura de um bem ou a variação positiva da moeda em que é contratada uma compra futura.

Ensaiando uma definição deste contrato, cuja qualificação admite ser variável, Ferreira de Almeida, *Contratos II*, 4ª ed., 2016, pp. 120-121. Sobre o conceito de *swap*, vd. também Engrácia Antunes, *Direito dos Contratos Comerciais*, 2009, p. 647, e Paulo Mota Pinto, «Contratos de *swap* de taxas de juro, jogo e aposta e alteração das circunstâncias que fundaram a decisão de contratar», *cit.*, 2014, pp. 391-396.

[476] Noutros casos, o *swap* é contratado entre duas empresas, por exemplo, uma importadora de matéria-prima e a exportadora, com a intermediação de uma instituição de crédito que aceita cobrir o risco cambial da operação, numa determinada moeda (por exemplo em dólares), acautelando a sua variação (positiva ou negativa) no mercado.

o cliente assume a obrigação de pagar uma taxa fixa em contrapartida da limitação do risco a essa mesma taxa. O banco por sua vez irá procurar assegurar uma cobertura do risco inerente à concessão da referida taxa fixa.

O contrato de *swap* é um acordo sinalagmático, isto é, com obrigações (de prestação) para ambas as partes[477], que se caracteriza por uma álea inerente à eventual variação das taxas ou do preço (de mercado) do respetivo objeto, por efeito do funcionamento do mercado, tornando-se naturalmente oneroso para quem é financiado se as taxas ou o valor de mercado – em lugar de subirem, como seria esperado aquando da sua contratação – diminuírem acentuadamente, como sucedeu há uns anos, como efeito da (solução para a) crise económica global. O objeto do contrato reside precisamente na álea relacionada com a variação dos preços ou das taxas, cujos efeitos os contratantes pretendem minimizar ou neutralizar, mediante a celebração de um negócio pelo qual transferem para a contraparte essa mesma álea.

Este contrato atípico[478] – por não se encontrar legalmente regulado, resultando da mera convenção das partes, mas suficientemente cristalizado para que se possa reconhecer como figura contratual específica –, que procurámos simplificar, pode ser objeto de múltiplas variações, ficando dependente nalguns casos de formas de cálculo relativamente complexas[479].

Ora, o problema que precisamente se coloca, na execução desses acordos, resulta da fixação de limiares mínimos de variação que, em caso de inversão do mercado – por exemplo, no caso de um *swap* de taxa de juro, redução generalizada das taxas de juro de referência (Euribor) –, se revelam ser, por comparação com outras então oferecidas, extremamente onerosas para quem subscreveu este instrumento.

Consideramos, assim, essencial que a variação que venha a ocorrer seja, em circunstâncias normais, antecipável pelas partes contratantes e

[477] Chamando precisamente a atenção para a correspetividade das prestações, CALVÃO DA SILVA, na anot. cit. ao **AcRelLisboa de 21 mar 2013**, «*Swap* de taxa de juro: sua legalidade e autonomia e inaplicabilidade da excepção do jogo e aposta», p. 265.

[478] Neste sentido, considerando-o como um contrato *sui generis*, MARIA CLARA CALHEIROS, *O contrato de Swap*, cit., 2000, p. 124-125.

[479] Designadamente por passarem a tomar como referência objetos puramente nocionais, como salienta FERREIRA DE ALMEIDA, *Contratos II*, 4ª ed., 2016, p. 121.

não origine um resultado desproporcionado para qualquer delas, relativamente aos resultados previsíveis num plano de normal funcionamento do mercado. Se tal for conseguido, então, *a priori*, não vislumbramos nenhum obstáculo à contratação. Por outras palavras, é fundamental, para que a contratação nestes termos seja juridicamente admissível, que qualquer variação que venha a ocorrer se enquadre no espetro de variações que, em circunstâncias normais – nelas incluindo as oscilações de mercado –, possa ser considerada previsível. Isto significa que fora do perímetro de validade dos contratos ficam apenas as situações em que a variação ocorrida se situe para além do respetivo âmbito de previsibilidade, isto é, cuja alteração seja efetivamente maior do que aquela que, em circunstâncias normais, qualquer contraente poderia e deveria ter antecipado que pudesse ocorrer.

O contrato de permuta financeira (*swap*) e os seus efeitos evidenciam a importância do equilíbrio (de prestações) na contratação, fazendo do mesmo um verdadeiro princípio.

Em todos os casos e circunstâncias, há que procurar assegurar, na formação dos contratos, um equilíbrio nas prestações, compensando, se necessário com maiores exigências de informação e cuidado antes da celebração dos negócios, o desequilíbrio natural que existe entre contratantes com aptidões, conhecimentos e poder económico substancialmente diferentes.

Uma vez concluído o contrato, não se afigura lícito invocar a alteração anómala de circunstâncias (fundada na previsão do art. 437º do CC) para legitimar o incumprimento ou a sua resolução, se tais circunstâncias não eram de todo imprevisíveis, no momento da celebração[480].

Isso não impede que – demonstrando uma das partes que a outra tinha conhecimento da extrema necessidade em que se encontrava e forçou a celebração do contrato em condições desequilibradas e que, em que em circunstâncias normais, não seriam aceites – o contrato possa

[480] Cfr. Inocêncio Galvão Telles, *Manual dos Contratos em Geral*, 4ª ed., Coimbra Editora, Coimbra, 2002, pp. 337-354.
Evidenciando a necessidade de demonstração dos factos que alicercem a alteração de circunstâncias, para efeitos de aplicação do art. 437º do CC a estes contratos, Abrantes Geraldes, na sua declaração de voto de vencido no **AcSTJ de 22 jun 2017** (Tomé Gomes) / / Proc. nº 540/11.6TVLSB.L2.S2, *CJ/AcSTJ*, nº 280, ano XXV, T. 2, 2017, pp. 132-143, em especial pp.141-143.

vir a ser questionado por outras vias que o Direito faculta a todos os sujeitos do mercado, como as do abuso de direito (cfr. art. 334º do CC), da usura (cfr. art. 282º do CC) ou da ilegalidade das cláusulas contratuais (gerais), na circunstância concreta (cfr. arts. 18º, 19º, 21º e 22º da LCCG).

18.5. **Os contratos comerciais internacionais**[481]

18.5.1. ***Autonomia e principais contratos; remissão***

Os contratos comerciais frequentemente extravasam o ordenamento jurídico estadual, encontrando-se plurilocalizados e suscitando, desse modo, diversas conexões espaciais e a dúvida legítima sobre qual o Direito material aplicável a um eventual litígio e que há de prevalecer.

No mundo global em que vivemos, os negócios comerciais que têm conexões com diversas ordens jurídicas justificam cada vez mais um regime jurídico autónomo, diferente do que resultaria da pura aplicação do Direito interno de qualquer dos Estados envolvidos. Esse regime originariamente baseado na autorregulação tem evoluído para um modelo em que organizações internacionais, que congregam diversos Estados – e são assim representativas de muitos países e diferentes ordens jurídicas –, têm aprovado convenções internacionais aplicáveis à esfera jurídico-privada dos seus cidadãos ou proposto modelos e fórmulas negociais que podem ser seguidas no comércio internacional.

Entre os principais contratos comerciais internacionais, salientamos os seguintes[482]:

- Compra e venda internacional
- Contratos de distribuição: representação e agência
- Contratos de financiamento internacional: factoring e leasing

[481] Cfr. Maria Helena Brito, *Direito do Comércio Internacional*, cit., 2004, em especial pp. 163-179, e Luís de Lima Pinheiro, *Direito Comercial Internacional*, cit., 2005, em especial pp. 259-339.

[482] Seguimos de perto a sistematização proposta por Maria Helena Brito, *Direito do Comércio Internacional*, cit., 2004, pp. 165-179.

18.5.2. *Os princípios relativos aos contratos comerciais internacionais (elaborados pelo UNIDROIT*[483]*); breve referência*

Com a finalidade de solucionar diversas questões que se suscitam no plano internacional, os Estados têm conseguido chegar a acordo sobre o conteúdo de regras destinadas a regular diversas situações jurídicas típicas. E, em particular, identificaram já os vários princípios que caracterizam os contratos comerciais internacionais e que são os seguintes:

- Liberdade contratual;
- Liberdade de forma;
- Força vinculativa do contrato (*pacta sunt servanda*);
- Boa fé no comércio internacional;
- Exclusão das operações de consumo.

A versão atual dos Princípios UNIDROIT relativos aos contratos comerciais internacionais data de 2016.

19. Contratos instrumentais dos contratos comerciais: as garantias

No mercado é frequente assegurar o cumprimento dos negócios celebrados – e das respetivas obrigações contratuais – através da prestação de garantias por parte dos contratantes ou de terceiros que nisso tenham algum interesse.

Por sua vez, no domínio específico da atuação dos sujeitos do Direito Comercial, designadamente das sociedades comerciais, é habitual recorrer a estes instrumentos, que se configuram como negócios específicos que existem para garantir os efeitos dos contratos comerciais. Assim, de entre os atos de comércio que são objetivos por acessoriedade objetiva – isto é, por terem uma conexão com um ato de comércio absoluto, nomeadamente a compra e venda –, contam-se os contratos comerciais de garantia, como a fiança mercantil (cfr. art. 101º do CCom)

[483] O Instituto Internacional para a Unificação do Direito Privado é uma organização internacional, fundada em 1926, que tem por objetivo o estudo, a modernização e a harmonização do Direito Privado, em especial do Direito Comercial, entre os seus Estados membros e a aprovação de legislação uniforme, sob a forma de convenções e de leis modelo com essa natureza. Para mais informações, vd. *www.unidroit.org*.

e o penhor mercantil (cfr. art. 397º do CCom). Essa acessoriedade a outros contratos comerciais evidencia a instrumentalidade que as garantias revestem relativamente aos contratos de que são acessórias e cujo cumprimento pretendem assegurar.

Passemos em revista as principais garantias do universo jurídico-comercial.

19.1. **Garantias clássicas**[484]

19.1.1. ***Espécies de garantias***

As vicissitudes inerentes ao incumprimento contratual são exclusivamente reparadas à custa do património do devedor – que constitui a garantia geral do crédito –, se o cumprimento do negócio não tiver sido assegurado pelo recurso a garantias especiais, pessoais ou reais[485]. Nas primeiras, o devedor apresenta ao credor, como garantia do cumprimento da sua obrigação, o património de uma terceira pessoa, o fiador ou avalista; nas segundas a obrigação é assegurada pela afetação de um bem, móvel ou imóvel, como garantia de cumprimento, independentemente de quem for o respetivo titular.

A constituição da garantia corresponde, por si só, à celebração de um contrato (instrumental do cumprimento de outro contrato), pelo que a sua natureza jurídica é semelhante.

Pela natureza da garantia, facilmente concluímos que as garantias pessoais, diferentemente do que acontece com as reais – que se mantêm independentemente da subsistência do devedor ou do titular dos bens

[484] Cfr., para além das nossas *Lições de Direito Comercial*, 2010, pp. 177-181, António Menezes Cordeiro, *Tratado de Direito Civil, X – Direito das Obrigações. Garantias* (com a colab. de A. Barreto Menezes), Almedina, Coimbra, 2015, pp. 423-526, 593-603, 633-781 e 821-845, Almeida Costa, *Direito das Obrigações*, 2009, pp. 881-884, 886-912, 920-959 e 973-983, João de Matos Antunes Varela, *Das Obrigações em Geral,* vol. II, 7ª ed., Almedina, Coimbra, 1997, pp. 477-512, 526-571 e 577-581, e as obras específicas de Luís Manuel Teles de Menezes Leitão, *Garantias das Obrigações*, 6ª ed., Almedina, Coimbra, 2018, pp. 105-246 e 279-290 Pedro Romano Martinez/Pedro Fuzeta da Ponte, *Garantias de cumprimento*, 5ª ed., Almedina, Coimbra, 2006, pp. 85-114, 167-188, 189-207 e 226-234, e de L. Miguel Pestana de Vasconcelos, *Direito das Garantias*, 2ª ed., Almedina, Coimbra, 2013.

[485] Cfr. a obra geral de L. Miguel Pestana de Vasconcelos, *Direito das Garantias*, 2ª ed., 2013, pp. 58-62, e as classificações propostas a pp. 62-68, em especial pp. 62-71.

garantidos –, não são transmissíveis por morte do fiador ou avalista, embora se mantenham mesmo que ocorra a cessão da posição contratual da obrigação garantida. Comecemos por caracterizar, sucintamente, as garantias pessoais tradicionais.

19.1.2. *Garantias pessoais*

As garantias pessoais atribuem ao credor um reforço quantitativo da garantia do seu crédito à custa do património de um terceiro, que acresce, para este efeito, ao património do devedor. As duas principais são a fiança e o aval.

19.1.2.1. *Fiança*

A **fiança**[486] é a garantia pessoal pela qual o fiador disponibiliza o seu património para assegurar o cumprimento da obrigação de um terceiro ("afiançado" ou devedor), podendo revestir caráter mercantil, se for acessória de um contrato comercial, ou ter natureza meramente civil.

A fiança encontra-se disciplinada no Código Civil, nos arts. 627º a 654º, e também se encontra *especialmente* regulada no Código Comercial, apesar deste diploma apenas lhe dispensar um único preceito – o art. 101º –, que se limita a cominar a solidariedade do fiador de uma obrigação mercantil (ainda que o mesmo não seja comerciante), isto é, daquele que garante o cumprimento de um contrato com natureza comercial.

A grande diferença entre a fiança geral (civil) e a mercantil – que justifica a autonomia desta segunda garantia – reside no facto de numa (a primeira) o fiador ter o privilégio do benefício da excussão prévia dos bens do devedor (cfr. art. 638º, nº 1 do CC)[487], em caso de incumpri-

[486] Sobre a fiança em geral, cfr. Ferreira de Almeida, *Contratos III*, 2ª ed., 2013, pp. 195-197, António Menezes Cordeiro, *Tratado de Direito Civil, X*, 2015, pp. 423-526, em especial pp. 438-502, Almeida Costa, *Direito das Obrigações*, 2009, pp. 888-906, Januário Gomes, *Contratos Comerciais*, 2012, pp. 380-382, e sobretudo a sua dissertação doutoral *Assunção fidejussória de dívida. Sobre o sentido e o âmbito da vinculação como fiador*, Almedina, Coimbra, 2000 (vd., em especial, pp. 268-272), Luís Menezes Leitão, *Garantias das Obrigações*, 6ª ed., 2018, pp. 105-125, Romano Martinez /Fuzeta da Ponte, *Garantias de cumprimento*, 2006, pp. 86-112, Antunes Varela, *Das Obrigações em Geral*, II, 1997, pp. 477-512, e L. Miguel Pestana de Vasconcelos, *Direito das Garantias*, 2ª ed., 2013, pp. 83-114.

[487] Isto significa que o credor só pode exigir do fiador o cumprimento da obrigação garantida se o devedor já não dispuser de bens suficientes para o efeito. A fiança civil obriga, assim, o

mento da obrigação contratual, enquanto na outra (a segunda) o credor pode optar por se dirigir imediatamente ao fiador, reclamando o seu crédito e executando o património do fiador se este não se substituir ao devedor no cumprimento da obrigação contratual em falta.

Da fiança podemos autonomizar o **mandato de crédito**[488], contrato pelo qual uma pessoa «*encarrega outrem de dar crédito a terceiro, em nome e por conta do encarregado*», ficando a responder «*como fiador*» (art. 629º, nº 1 do CC).

19.1.2.2. *Aval*

O **aval**[489], por sua vez, constitui a garantia pessoal do pagamento de uma quantia inscrita num título de crédito (letra, livrança, cheque), assegurando que, em caso de incumprimento – isto é, não pagamento desse montante (que resulta do título, ao qual o aval está associado) por parte do devedor cambiário, o credor (portador do título na data do venci-

credor a executar previamente o património do devedor antes de reclamar do fiador o cumprimento em falta.

Cfr. Ferreira de Almeida, *Contratos III*, 2ª ed., 2013, pp. 197-199.

[488] Cfr. Ferreira de Almeida, *Contratos III*, 2ª ed., 2013, pp. 203-204, Hugo Ramos Alves, *Do Mandato de Crédito*, Almedina, Coimbra, 2007, em especial pp. 63-104, Engrácia Antunes, *Direito dos Contratos Comerciais*, 2009, pp. 544-545, Januário da Costa Gomes, *Contratos Comerciais*, 2012, pp. 306-310, Luís Menezes Leitão, *Garantias das Obrigações*, 6ª ed., 2018, pp. 125-129, Romano Martinez/Fuzeta da Ponte, *Garantias de cumprimento*, 2006, pp. 113-114, L. Miguel Pestana de Vasconcelos, *Direito das Garantias*, 2ª ed. cit., 2013, p. 114 (cfr. também pp. 114-118).

[489] Para maiores desenvolvimentos, vd. José A. Engrácia Antunes, *Os Títulos de Crédito, Uma Introdução*, 2ª ed., Coimbra Editora, Coimbra, 2012, pp. 85-89, António Menezes Cordeiro, *Tratado de Direito Civil, X*, 2015, pp. 423-526, em especial pp. 593-603, Carolina Cunha, *Manual de Letras e Livranças*, Almedina, Coimbra, 2015, pp. 38.43 (e ainda pp. 119-164), Luís Menezes Leitão, *Garantias das Obrigações*, 6ª ed., 2018, pp. 129-137, Romano Martinez/Fuzeta da Ponte, *Garantias de cumprimento*, 2006, pp. 117-123, Alexandre de Soveral Martins, *Títulos de Crédito e Valores Mobiliários*, Parte I – *Títulos de Crédito*, Vol. I, Almedina, Coimbra, 2008, pp. 73-78, Evaristo Mendes, *Aval e fiança gerais*, sep. de *DJ*, vol. XIV, t. 1, 20000 (pp. 149-169), pp. 153-154 e 156-160, Nuno Madeira Rodrigues, *Das Letras: Aval e Protesto*, Almedina, Coimbra, 2002, pp. 26-27, 29-33, 44-58 e 71-80, Paulo Melero Sendin, *Letra de Câmbio – L.U. de Genebra*, vols. I (*Circulação cambiária*) e II (*Obrigações e garantias cambiárias*), Universidade Católica Portuguesa, Almedina, Coimbra, 1980 (em especial pp. 27-28) e 1982 (pp. 721-875), L. Miguel Pestana de Vasconcelos, *Direito das Garantias*, 2ª ed., 2013, pp. 119-124, e Pais de Vasconcelos, *Direito Comercial*, 2011, pp. 339-341.

mento) poderá exigir diretamente do avalista a satisfação do seu crédito, independentemente da validade da obrigação cambiária e das vicissitudes que possam ter ocorrido na circulação do título a que respeita[490].

A ideia do aval é garantir o crédito que está consubstanciado no próprio título, isto é, poder reforçar a convicção de que quem é titular do direito (de crédito) incorporado no título (o credor) irá obter o seu pagamento no vencimento, porque alguém (o avalista) vai assegurar o cumprimento da obrigação constante deste título no vencimento, ou eventualmente até em via de regresso, se necessário for (cfr. art. 30º da LULL). Existindo diversos obrigados cambiários, o aval pode ser prestado em favor de qualquer deles[491].

19.1.3. *Hipoteca*[492]

Nas garantias reais verifica-se um reforço quantitativo da garantia de crédito pela afetação de um bem específico, pertencente ao devedor (ou a um terceiro), à satisfação do crédito, com prioridade sobre os demais credores.

A **hipoteca** é a principal garantia real. Consiste em afetar um bem imóvel (ou móvel sujeito a registo) ao cumprimento de uma obrigação contratual, permitindo ao credor satisfazer prioritariamente – relativamente a outros credores – o seu crédito à custa do bem hipotecado.

[490] No aval existe uma independência da garantia relativamente à obrigação garantida. Isso resulta com muita clareza do disposto no artigo 32º, II da LULL, onde se diz que «*a obrigação do avalista* se *mantém mesmo no caso de a obrigação que ele garantir ser nula por qualquer razão que não seja um vício de forma*». Isto é, as exceções pessoais do avalizado – que ele possa opor ao portador do título (credor) para não pagar – não vão aproveitar ao avalista por efeito do princípio da independência das obrigações cambiárias, que resulta dos arts. 32º, II e 7º da LULL.

[491] Não sendo designado o beneficiário do aval, surgindo apenas, no título, a inscrição "bom para aval", com uma assinatura, não se dizendo em favor de quem é concedido, há a **presunção** (legal) de que o aval se tem por dado em favor do sacador (cfr. art. 31º, IV da LULL).

[492] Cfr. Ferreira de Almeida, *Contratos III*, 2ª ed., 2013, pp. 166-167, Almeida Costa, *Direito das Obrigações*, 2009, pp. 936-959, António Menezes Cordeiro, *Tratado de Direito Civil, X*, 2015, pp. 685-781, em especial pp. 685-781, Salvador da Costa, *Concurso de Credores*, 5ª ed., Almedina, Coimbra, 2015, pp. 67-125, Luís Menezes Leitão, *Garantias das Obrigações*, 6ª ed., 2018, pp. 203-229, Romano Martinez/Fuzeta da Ponte, *Garantias de cumprimento*, 2006, pp. 189-207, Antunes Varela, *Das Obrigações em Geral*, II, 1997, pp. 549-571, e L. Miguel Pestana de Vasconcelos, *Direito das Garantias*, 2ª ed., 2013, pp. 195-239.

Sendo regulada no Código Civil (cfr. arts. 686º a 732º)[493] – e podendo ser voluntária (ou convencional) (arts. 712º a 717º), legal (arts. 704º a 709º) ou judicial (arts. 710º e 711º) (cfr. 703º)[494] –, é também tradicionalmente acolhida no Direito Comercial, no domínio do Direito Marítimo em especial, como garantia real que pode recair sobre o navio (cfr. arts. 584º a 594º do CCom)[495].

O estabelecimento comercial ou fabril é suscetível de hipoteca, se incluir a titularidade de bens imóveis, ou de penhor, se apenas abranger móveis.

19.1.4. *Penhor*[496]

O **penhor** é uma garantia real que consiste na afetação de um bem móvel (não sujeito a registo) para assegurar o cumprimento de uma obrigação contratual, pelo valor desse bem, prioritariamente a outros créditos que recaiam sobre o devedor.

Para além de disciplinado no Código Civil (arts. 666º-685º), é objeto de regulação no Código Comercial (cfr. arts. 397º-402º), configurando um contrato ou garantia comercial sempre que for acessório de um contrato comercial (cfr. art. 397º), cuja realização visa assegurar[497].

Diversamente do penhor civil – que é um contrato real *quoad constitutionem*, e que impõe para a efetiva conclusão a entrega do bem empenhado ao credor pignoratício –, o **penhor mercantil**[498], para se encontrar

[493] A lei não define a hipoteca – nem tinha de o fazer, sublinhe-se –, caracterizando-a pelo seu objeto.

[494] O regime da hipoteca, constante do Código Civil (arts. 686º a 703º e 712º a 732º), é aplicável à hipoteca legal e à hipoteca convencional, neste caso em tudo o que não for expressamente previsto do instrumento constitutivo.

[495] Cfr. Luís Menezes Leitão, *Garantias das Obrigações*, 6ª ed., 2018, pp. 225-228.

[496] Sobre o penhor em geral, cfr. Ferreira de Almeida, *Contratos III*, 2ª ed., 2013, pp. 169-171, Hugo Ramos Alves, *Do Penhor*, Almedina, Coimbra, 2010, em especial pp. 53-184 e 326-338, António Menezes Cordeiro, *Tratado de Direito Civil, X*, 2015, pp. 633-684, em especial pp. 649-655 e 660-668, Almeida Costa, *Direito das Obrigações*, 2009, pp. 920-936, Salvador da Costa, *Concurso de Credores*, 5ª ed., 2015, pp. 39-65, e Antunes Varela, *Das Obrigações em Geral*, II, 1997, pp. 526-549.

[497] Cfr. L. Miguel Pestana de Vasconcelos, *Direito das Garantias*, 2ª ed., 2013, pp. 239-357.

[498] Sobre o penhor mercantil, vd. Engrácia Antunes, *Direito dos Contratos Comerciais*, 2009, pp. 371-375, e Luís Menezes Leitão, *Garantias das Obrigações*, 6ª ed., 2018, pp. 199-200.

devidamente cumprido, não pressupõe a entrega ou transferência da posse do bem empenhado, mas apenas a entrega simbólica (cfr. art. 398º, § 1º do CCom). A lei pretende, desse modo, permitir ao devedor continuar a utilizar os equipamentos e máquinas que sejam objeto da garantia.

19.1.5. *Penhor bancário*[499]

O **penhor bancário** é uma garantia real específica, pela natureza do credor pignoratício – que é sempre uma instituição de crédito – e das operações asseguradas, que se consubstanciam em créditos bancários, consistindo numa garantia da respetiva satisfação.

O penhor bancário é regulado pelo Decreto-Lei nº 29 833, de 17 de agosto de 1939, e distingue-se do contrato de penhor civil, uma vez que o titular do objeto empenhado não tem de o entregar ao credor pignoratício (cfr. art. 1º, *in fine*).

19.2. Garantias financeiras

As garantias financeiras podem revestir duas modalidades: a de penhor financeiro e a de alienação fiduciária em garantia. Façamos-lhes uma brevíssima referência.

19.2.1. *Penhor financeiro*[500]

Considerando a especificidade do dinheiro, a lei criou um regime jurídico especialmente aplicável ao penhor financeiro, presentemente regu-

[499] Cfr. Ferreira de Almeida, *Contratos III*, 2ª ed., 2013, pp. 179-180, Engrácia Antunes, *Direito dos Contratos Comerciais*, 2009, pp. 542-544, e Luís Menezes Leitão, *Garantias das Obrigações*, 6ª ed., 2018, pp. 200-201.

[500] Cfr. Ferreira de Almeida, *Contratos III*, 2ª ed., 2013, pp. 180-182, Hugo Ramos Alves, *Do Penhor*, cit., 2010, pp. 267-284, Engrácia Antunes, *Direito dos Contratos Comerciais*, 2009, pp. 539-541, António Pedro A. Ferreira, «Breve apontamento sobre o contrato de garantia financeira e suas modalidades», *RDC*, ano I, nº 2, 2016 (pp. 307-358), pp. 323-326, Diogo Macedo Graça, *Os Contratos de Garantia Financeira*, Almedina, Coimbra, 2010, pp. 45-68, Luís Menezes Leitão, *Garantias das Obrigações*, 6ª ed., 2018, pp. 282-286, Alexandre de Soveral Martins, «O penhor financeiro e alienação fiduciária em garantia no processo de insolvência», *in Estudos de Direito da Insolvência*, 2ª ed., 2018 (pp. 103-150), pp. 103-128, e *Títulos de Crédito e Valores Mobiliários*, Parte II – *Valores Mobiliários*, vol. I – *As Ações*, Almedina, Coimbra, 2018, pp. 125, 127-129 e 133-152, Catarina Monteiro Pires, *Alienação em Garantia*, Almedina, Coimbra, 2010, pp. 111-115, e L. Miguel Pestana de Vasconcelos, *Direito das Garantias*, 2ª ed., 2013, pp. 291-320.

lado pelo Decreto-Lei nº 105/2004, de 8 de maio (red. do DL 192/2012, de 23 de agosto) (cfr., em especial, os arts. 2º a 8º e 9º a 13º), que transpôs para a ordem jurídica portuguesa a Diretiva nº 2002/47/CE, do Parlamento Europeu e do Conselho, de 6 de junho (entretanto alterada pelas Diretivas 2009/44/CE, de 6 de maio, e 2014/59/EU, de 15 de maio).

O **penhor financeiro** pode recair sobre numerário – que pode corresponder ao saldo disponível em conta bancária ou a crédito com liquidez equivalente –, instrumentos financeiros e créditos sobre terceiros, concretizando-se (a prestação da garantia) com a transferência da posse do respetivo objeto.

19.2.2. *Alienação fiduciária em garantia*[501]

Próxima do penhor financeiro, mas mais complexa do que este contrato de garantia, é a alienação fiduciária em garantia, introduzida na ordem jurídica portuguesa pelo já mencionado Decreto-Lei nº 105/2004, de 8 de maio (cfr. arts. 2º a 8º e 14º e 15º).

A **alienação fiduciária em garantia** é o negócio pelo qual o devedor transmite a propriedade do bem (dado em garantia) à sua contraparte, obrigando-se esta a retransmitir a titularidade desse bem quando o negócio (principal) se encontrar cumprido. Constitui, pela obrigação de retransmissão, uma espécie do género "reporte".

[501] Cfr. FERREIRA DE ALMEIDA, *Contratos III*, 2ª ed., 2013, pp. 182-184, ENGRÁCIA ANTUNES, *Direito dos Contratos Comerciais*, 2009, pp. 539-541, ANTÓNIO PEDRO A. FERREIRA, «Breve apontamento sobre o contrato de garantia financeira e suas modalidades», cit., 2016, pp. 326-332, DIOGO MACEDO GRAÇA, *Os Contratos de Garantia Financeira*, cit., 2010, pp. 69-96, LUÍS MENEZES LEITÃO, *Garantias das Obrigações*, 6ª ed., 2018, pp. 261-272, ALEXANDRE DE SOVERAL MARTINS, «O penhor financeiro e alienação fiduciária em garantia no processo de insolvência», 2ª ed., 2018 (pp. 103-150), pp. 103-119 e 128-132, e *As Ações*, cit., 2018, pp. 126-129, 133-143 e 153-155, CATARINA MONTEIRO PIRES, *Alienação em Garantia*, cit., 2010, pp. 134-141, e L. MIGUEL PESTANA DE VASCONCELOS, *Direito das Garantias*, 2ª ed., 2013, pp. 567-604, em especial pp. 596-604.
Escrevendo sobre o Direito brasileiro, mas fazendo a análise da «aceitabilidade do instituto no Direito Português», e concluindo pela sua inadmissibilidade, em geral, RENAN MALCHER, «A alienação fiduciária em garantia no Direito brasileiro: as posições assumidas pelo proprietário fiduciário na Lei 11.101/05 (Lei de Recuperação e Falências)», *RDS*, Ano X, Nº 1, 2018 (pp. 135-178), pp. 144-147, em especial p 147.

19.3. **Garantia bancária autónoma (à vista ou *on first demand*)**[502]

Na área financeira, encontramos ainda uma outra garantia, de natureza pessoal, que é a **garantia bancária autónoma**. Trata-se de uma garantia prestada por uma instituição de crédito, que é abstrata – uma vez que para ser acionada não carece da demonstração de incumprimento pelo devedor – e autónoma, na medida em que não depende da obrigação principal e subsiste para além da eventual declaração de invalidade desta.

Uma instituição de crédito acede a emiti-la, mediante uma contrapartida, quando o devedor lhe merece confiança. Em geral é limitada no tempo e, por vezes, é intransmissível.

19.4. **Outras garantias**

Existem outras garantias de entre as quais destacamos as cartas de conforto e o direito de retenção.

19.4.1. ***As cartas de conforto***[503]

As **cartas de conforto** são declarações subscritas por um sujeito, de apoio e sustentação da idoneidade e capacidade de cumprimento por parte de outra entidade, cuja intensidade é variável de acordo com o seu conteúdo, que pode ser meramente informativo (grau mais fraco) ou

[502] Cfr. Ferreira de Almeida, *Contratos III*, 2ª ed., 2013, pp. 207-216, Engrácia Antunes, *Direito dos Contratos Comerciais*, 2009, pp. 536-539, Luís Menezes Leitão, *Garantias das Obrigações*, 6ª ed., 2018, pp. 137-149, Romano Martinez, *Contratos Comerciais*, 2001, pp. 99-121, Romano Martinez/ Fuzeta da Ponte, *Garantias de cumprimento*, 5ª ed., 2006, pp. 124-153, João Calvão da Silva, «Locação Financeira e Garantia Bancária», *Estudos de Direito Comercial (Pareceres)*, Almedina, Coimbra, 1996, pp. 5-48 (em especial, pp. 39-48) e «Garantias acessórias e garantias autónomas», *Estudos de Direito Comercial*, 1996, pp. 327-368, Antunes Varela, *Das Obrigações em Geral*, II, 1997, pp. 514-517, e L. Miguel Pestana de Vasconcelos, *Direito das Garantias*, 2ª ed. cit., 2013, pp. 125-143.

[503] Cfr. Ferreira de Almeida, *Contratos III*, 2ª ed., 2013, pp. 227-229, Engrácia Antunes, *Direito dos Contratos Comerciais*, 2009, pp. 534-536, António Menezes Cordeiro, *Das cartas de conforto no Direito Bancário*, Lex, Lisboa, 1993, em especial pp. 69-75, Luís Menezes Leitão, *Garantias das Obrigações*, 6ª ed., 2018, pp. 150-157, Romano Martinez/ Fuzeta da Ponte, *Garantias de cumprimento*, 2006, pp. 153-166, André Navarro de Noronha, *As cartas de conforto*, Coimbra Editora, Coimbra, 2005, em especial pp. 161-198, e L. Miguel Pestana de Vasconcelos, *Direito das Garantias*, 2ª ed., 2013, pp. 143-159.

consubstanciar um compromisso firme, em caso de incumprimento da obrigação do devedor. Pelo teor dos instrumentos – de caráter epistolar – em que se configura, a declaração de conforto aproxima-se de uma garantia de caráter pessoal, embora seja discutível a sua qualificação como verdadeira garantia.

Podem assumir diversas formas e constituem, em geral, um modo mais ténue de assegurar o cumprimento de uma obrigação, sendo especialmente utilizadas no âmbito das operações bancárias.

19.4.2. *O direito de retenção*[504]

A concluir refira-se que o **direito de retenção** é uma forma de autotutela, constituindo também uma garantia de cumprimento de obrigações, visto que confere ao credor de uma obrigação de natureza pecuniária a faculdade de reter o bem que está na origem do seu crédito até que o mesmo seja integralmente satisfeito.

Contudo, saliente-se que o **direito de retenção** não representa uma garantia instrumental de um contrato. Trata-se de um meio que não resulta de contratualização, mas que tem fonte legal no próprio Código Civil (arts. 754º e 755º), constituindo simultaneamente um direito real de garantia, em especial quando tem por objeto bens imóveis[505], e uma sanção compulsória, visto que o seu exercício leva o devedor a cumprir.

Não é uma garantia com natureza mercantil, embora possa ser utilizada também em caso de incumprimento de contratos comerciais.

[504] Cfr. António Menezes Cordeiro, *Tratado de Direito Civil, X*, 2015, pp. 821-845, Almeida Costa, *Direito das Obrigações*, 2009, pp. 973-983, Salvador da Costa, *Concurso de Credores*, 5ª ed., pp. 175-195, Luís Menezes Leitão, *Garantias das Obrigações*, 6ª ed., 2018, pp. 235-241, Romano Martinez/ Fuzeta da Ponte, *Garantias de cumprimento*, 2006, pp. 226-234, Antunes Varela, *Das Obrigações em Geral*, II, 1997, pp. 577-581, e L. Miguel Pestana de Vasconcelos, *Direito das Garantias*, 2ª ed., 2013, pp. 358-386, e diversos casos particulares analisados (pp. 361-382).

[505] E, neste caso, prevalece sobre a hipoteca.

20. Contratos comerciais de organização

20.1. Enquadramento normativo

A associação em participação e o consórcio são contratos de organização empresarial que se encontram regulados no mesmo (e único) diploma: o Decreto-Lei nº 231/81, de 28 de julho. Têm uma origem diversa, correspondendo a associação em participação a um regime desenvolvido da "velhinha" conta em participação – anteriormente regulada nos artigos 224º a 229º do Código Comercial – e o consórcio a uma modalidade contratual mais recente, disciplinada pela primeira vez no nosso ordenamento no início dos anos oitenta, pelo diploma que ainda subsiste intocado.

20.2. Associação em participação[506]

20.2.1. *Conceito*

A **associação em participação** consiste na associação de uma pessoa (associado) a uma atividade económica exercida por outra (o associante), ficando a primeira a participar nos lucros (elemento essencial) e perdas (característica que pode ser dispensada) que desse exercício resultarem para a segunda (cfr. n°s 1 e 2 do art. 21º do DL 231/81, de 28 de julho).

Como iremos ver, este contrato não gera uma entidade personificada. Trata-se de um acordo pelo qual um dos contratantes se junta a outro

[506] Seguimos de muito perto os nossos textos anteriores (*Lições de Direito Comercial*, 2010, pp. 183-185, e *Direito Empresarial* 2ª ed. cit., 2016, pp. 322-323).
Vd. também Ferreira de Almeida, *Contratos III*, 2ª ed., 2013, pp. 137-139, Engrácia Antunes, *Direito dos Contratos Comerciais*, 2009, pp. 406-412, e «Os contratos de cooperação empresarial», cit., 2009, pp. 262-267, José de Oliveira Ascensão, *Direito Comercial*, vol. I *(Institutos Gerais)*, Policop., FDL, Lisboa, 1998/99, pp. 457-466, Menezes Cordeiro, *Direito Comercial*, 4ª ed., 2016, pp. 734-746, Romano Martinez, *Contratos Comerciais*, 2001, pp. 37-39, João Calvão da Silva, «Associação em participação», *Estudos de Direito Comercial*, 1996, pp. 79-93, Edgar Valles, *Consórcio, ACE e outras figuras*, Almedina, Coimbra, 2007, pp. 63-67, Pais de Vasconcelos, *Direito Comercial*, 2011, pp. 145-151, e Raúl Ventura, *Associação em Participação. Associação à Quota*, Lisboa, 1970, sep. do BMJ, em especial pp. 66-228.

que "dá a cara", participando ativamente no mercado, por si, e pelo seu associado – que o financia –, com quem irá repartir os resultados da atividade económica desenvolvida.

Não é uma figura contratual recente, mas corresponde a uma forma jurídica que se verifica na prática negocial com mais frequência do que poderíamos pensar, consistindo muitas vezes numa associação espontânea de um sujeito ao exercício da atividade comercial por outro.

20.2.2. ***Regime jurídico***

20.2.2.1. *Forma*

O contrato não está sujeito a **forma** especial, salvo se a natureza dos bens a exigir (cfr. art. 23º, nº 1), e sem prejuízo de dever ser reduzida a escrito cláusula que exclua a participação do associado nas perdas ou que lhe atribua a responsabilidade ilimitada destas (cfr. art. 23º, nº 2).

20.2.2.2. *Direitos e deveres do associado*

O **associado** tem direito a participar nos lucros, nos termos de cláusula contratual que regule a distribuição dos resultados da associação em participação (cfr. art. 25º, nº 1 *in fine*) e, sendo o contrato omisso, com base no critério em que participa nas perdas, se essa participação estiver determinada (cfr. art. 25º, nº 2), proporcionalmente ao valor da sua contribuição, se a mesma tiver sido objeto de avaliação, ou, faltando esta, em metade dos lucros, sem prejuízo de o associante requerer judicialmente uma redução dessa participação (cfr. art. 25º, nº 3).

No que respeita aos seus deveres, o associado apenas participa nas perdas no limite dos bens com que contribui (cfr. arts. 25º, nº 4 e 24º).

20.2.2.3. *Direitos e deveres do associante*

O **associante** é aquele que assume a condução da atividade económica e a quem são imputados, em primeira linha, os efeitos do exercício do comércio. É por isso natural que o contrato de associação em participação acautele a sua posição jurídica, impondo as respetivas obrigações. Não obstante, a lei não abdica de disciplinar a sua atuação, cominando (imperativamente) diversos deveres (cfr. art. 26º).

20.2.2.4. *Prazo*

O contrato em apreço pode ser celebrado por um determinado prazo, e ter uma duração certa, ou ser celebrado sem prazo, podendo ser objeto de **resolução** com fundamento em justa causa, qualquer que seja a sua duração.

Nos contratos de associação em participação sem prazo, a resolução é possível sem invocação de justa causa, desde que tenham decorrido dez anos da respetiva celebração.

Para além dos casos previstos contratualmente e da *resolução* (cfr. art. 27º, *alínea f)*), a associação extingue-se por diversas razões, desde a *realização do objeto da associação* ou da sua *impossibilidade*, pela *insolvência do associante*, pela morte de um dos contratantes – se nenhum dos sucessores pretender continuar a associação – ou pela *extinção da pessoa coletiva contraente* (cfr. art. 27º, *alíneas a), b), g), c)* e *d)*; cfr. também arts. 28º e 29º).

20.2.3. ***Confronto com figuras afins***

São diversas as figurar que se aproximam da associação em participação.

20.2.3.1. *Sociedade em comandita*

A associação em participação não se identifica com uma nova entidade, não sendo personalizada, nem dispondo de fundo comum, e caracterizando-se por o associante exercer uma atividade económica em nome próprio.

O paralelismo com a **sociedade em comandita** é explicado pela semelhança de desempenhos e qualificação jurídica do associado e do comanditário, por um lado, e pelo risco e exercício pessoal da atividade do associante e do sócio comanditado.

20.2.3.2. *Sociedade oculta*

A associação em participação apresenta inegáveis semelhanças com a **sociedade oculta**, porque não tem de ter relevância externa. A sociedade oculta não releva perante terceiros, exercendo a sua atividade em nome de um dos "sócios", o qual por ser externamente conhecido é o único responsável perante terceiros. Diversamente do que acontece na sociedade oculta, na associação em participação não há contribuição para um fundo comum.

20.2.3.3. *Negócios parciários*

A associação em participação pode ser confundida com alguns **negócios parciários**, casos das parcerias agrícola[507], pecuária[508] e marítima (cfr. arts. 494º e 495º do CCom.), e da associação à quota. Esta consiste no contrato atípico, pelo qual o titular de uma participação social se compromete a transmitir a outrem, à margem da sociedade e dos outros sócios, uma parcela dos lucros e das perdas correspondentes a essa participação, cabendo-lhe a parte restante.

Verifica-se existir uma semelhança estrutural entre a associação à quota e a associação em participação; a diferença está no objeto da *participação*, que é, na primeira, uma participação societária[509] e na segunda a totalidade ou parte da atividade económica de uma empresa (singular ou coletiva).

20.2.4. ***Natureza jurídica***

A associação em participação não se confunde atualmente com uma sociedade comercial, revestindo uma natureza negocial, mas simultaneamente associativa, de partilha de esforços, para realizar uma determinada atividade de carácter económico. Enquadra-se na categoria dos contratos *associativos*.

[507] A parceria agrícola é regulada pela lei do arrendamento rural e substituiu o contrato de colónia (proibido pelo Decreto-Lei nº 47 937, de 15 de setembro de 1967), pelo qual o proprietário de um prédio rústico (senhorio) o dava a cultivar a outra pessoa (colono), por tempo indeterminado, repartindo entre si, normalmente em partes iguais (dimídia) os produtos da exploração agrícola.

[508] «*Parceria pecuária é o contrato pelo qual uma ou mais pessoas entregam a outra ou outras um animal ou certo número deles, para estas os criarem, pensarem e vigiarem, com o ajuste de repartirem entre si os lucros em certa proporção*» (art. 1121º do CC).

[509] A associação à quota tem necessariamente por objeto a participação (indireta) do associante numa sociedade.

20.3. Consórcio[510]

20.3.1. *Noção*

O **consórcio** é o contrato pelo qual duas ou mais pessoas (singulares ou coletivas) que exerçam uma atividade económica se obrigam entre si a, de forma concertada, realizar certa atividade ou efetuar certa contribuição com o fim de prosseguir um objeto comum que, em princípio, corresponde a uma das seguintes operações (cfr. arts. 1º e 2º):

a) *Realização de atos materiais ou jurídicos, preparatórios quer de um determinado empreendimento, quer de uma atividade contínua* (por exemplo, consórcio para participar num concurso público);
b) *Execução de determinado empreendimento* (como a construção da ponte Vasco da Gama, metro do Porto);
c) *Fornecimento a terceiros de bens iguais ou complementares entre si* (produzidos pelos diversos membros do consórcio);
d) *Pesquisa ou exploração de recursos naturais* (tal como a atividade de extração de petróleo);
e) *Produção de bens que possam ser repartidos, em espécie, entre os membros do consórcio.*

Discute-se, a propósito do objeto, se as atividades enunciadas no art. 2º do Decreto-Lei nº 231/81, de 28 de julho, representam meros exemplos de consórcios possíveis, correspondem aos tipos (de consórcios) legalmente admissíveis ou constituem uma enumeração taxativa.

Se, por um lado, nos encontramos no domínio da autonomia privada por excelência – que é o que caracteriza o Direito Comercial –; por

[510] Seguimos de muito perto os nossos textos anteriores (*Lições de Direito Comercial*, 2010, pp. 186-190, e *Direito Empresarial* 2ª ed. cit., 2016, pp. 323-324).
Vd. também Ferreira de Almeida, *Contratos III*, 2ª ed., 2013, pp. 131-135, Engrácia Antunes, *Direito dos Contratos Comerciais*, 2009, pp. 398-405, e «Os contratos de cooperação empresarial», cit., 2009, pp. 256-262, José de Oliveira Ascensão, *Direito Comercial*, I *(Institutos Gerais)*, cit., 1998/99, pp. 439-448, Menezes Cordeiro, *Direito Comercial*, 4ª ed., 2016, pp. 747-761, Romano Martinez, *Contratos Comerciais*, 2001, pp. 37-39, Edgar Valles, *Consórcio, ACE e outras figuras*, cit., 2007, pp. 17-40, Paulo Alves de Sousa de Vasconcelos, *O contrato de consórcio*, cit., 1999 (cfr., em especial, pp. 19-30, 31-46, 76-78, 93-133), Pais de Vasconcelos, *Direito Comercial*, 2011, pp. 152-159, e Raúl Ventura, «Primeiras notas sobre o contrato de consórcio», *ROA*, ano 41, t. III, 1981, pp. 609-690.

outro lado, a redação do art. 2º apresenta uma configuração que indicia taxatividade ao recorrer à forma futura do verbo "ter", correspondente ao seu imperativo («*O consórcio **terá** um dos seguintes objetos*»). Repare-se que a lei nem sequer recorre à fórmula "deverá ter".

Da expressão gramatical da lei retiram alguns autores a taxatividade do objeto do consórcio, recusando a analogia e consequentemente a aplicação desta figura a outras atividades.

Outros juristas – aceitando que o legislador quis delimitar as atividades que podem revestir a forma de consórcio – consideram estar em causa uma mera tipicidade delimitativa, o que significa ser possível a analogia *legis*.

Não vemos razões para não seguir esta segunda posição, que permitirá estender o consórcio a atividades que não se encontram gramaticalmente previstas na lei. Vejamos porquê, analisando as razões que levaram o legislador a utilizar uma fórmula verbal tão impositiva.

Ao regular esta figura contratual – que, esclareça-se, nada impediria que existisse por simples efeito da autonomia privada dos sujeitos contratantes, embora sem os efeitos decorrentes da lei –, a lei quis prevenir que a mesma constituísse uma solução definitiva para a realização de uma atividade empresarial ou fosse de aplicação duradoura. E daí que tenha sido aparentemente tão impositiva.

Com efeito, o consórcio não se destina a regular uma atividade duradoura, mas deve corresponder a uma associação transitória, que frequentemente está na base de uma entidade personificada, *maxime* uma sociedade comercial.

Enquanto se encontrarem vinculadas contratualmente, as empresas consorciadas não perdem a autonomia jurídica na prossecução do objetivo comum, formando o que, na linguagem anglo-saxónica, corresponde a uma *joint venture*[511], sempre que a respetiva associação se prolonga no tempo e adquire uma certa estabilidade; não se limitando, portanto, a um negócio pontual.

Por isso, não vislumbramos razões que obstem à celebração de contratos de consórcio, para prosseguir atividades semelhantes às especificadas no art. 2º do diploma regulador do consórcio, promovendo uma

[511] A terminologia é igualmente aplicável às situações em que o contrato origina uma nova entidade, diferente das partes contratantes, como sucede, no Direito português, com o ACE.

interpretação que abrange outras atividades para além das enunciadas nessa regra, tal como o consórcio destinado à realização de atos materiais (ou jurídicos) – não necessariamente preparatórios – de um certo empreendimento ou atividade contínua.

20.3.2. ***Regime jurídico e modalidades***

20.3.2.1. *Forma*

O contrato de consórcio deve ser celebrado por **escrito** e se envolver bens imóveis poderá estar sujeito a um modo de exteriorização da vontade mais rigoroso (cfr. art. 3º, nº 1).

20.3.2.2. *Modalidades de consórcio*

O consórcio pode ser **interno** se os consorciados se fizerem representar junto de terceiros por um deles ou se mantiverem relações diretas com terceiros sem invocarem a sua qualidade (cfr. art. 5º). Nesta modalidade, o consórcio não tem relevância, nem qualquer eficácia contratual, junto de terceiros que se cruzem e contactem com qualquer dos respetivos contratantes.

O consórcio é **externo** se os seus membros estabelecem relações comercias diretamente com terceiros, nessa qualidade (cfr. art. 5º, nº 2). Nesta modalidade de consórcio, um dos membros é designado o chefe do consórcio, como poderes de representação de todos os membros (cfr. art. 12º).

O consórcio externo pode adotar uma denominação coletiva que represente todos os seus membros através da agregação de todas as respetivas firmas ou denominações, *«com o aditamento "Consórcio de ..." ou "... em consórcio"»* (cfr. art. 15º, nº 1)[512].

Ao chefe do consórcio cabe coordenar internamente os respetivos membros, organizando a forma como se deverão articular na prossecução da atividade em que se consubstancia o consórcio e promover a execução

[512] Não obstante os consorciados atuarem sob uma denominação comum, que revele a natureza contratual do conjunto, só assume responsabilidade pelo desempenho do consórcio o membro que subscreva documentação da qual conste a denominação do consórcio ou aquele por quem o chefe do consórcio atuar em condições análogas (cfr. art. 15º, nº 1, *in fine*).

do contrato (cfr. art. 13º), e assumir, externamente, poderes de representação junto das contrapartes, como poderes cuja latitude dependerá de mandato especialmente conferido para o efeito (cfr. art. 14º).

Para além do "chefe", o consórcio externo pode ter um *conselho de orientação e fiscalização* que integre todos os membros (cfr. art. 7º).

20.3.2.3. *Deveres e direitos dos consorciados*

Os membros do consórcio, para além das obrigações contratuais, assumem **deveres legais**. Assim, têm deveres de **informação** – relativamente aos demais e ao chefe, nos consórcios externos –, de **não concorrência**, salvo quando expressamente autorizados, e de **tolerar a inspeção** às entidades ou bens sobre os quais recaia a atividade do consórcio (cfr. art. 8º).

Paralelamente, nos **consórcios externos** é-lhes reconhecido o direito de repartirem os valores recebidos pela respetiva atividade (cfr. arts. 16º e 17º), enquanto nos **consórcios internos**, na falta de (*i*) cláusula contratual que especificamente regule a distribuição dos resultados, devem os mesmos ser atribuídos, (*ii*) em função das participações nas perdas, e não estando estas convencionadas, (*iii*) em razão da proporção das contribuições feitas por eles para o consórcio, e não sendo possível a avaliação destas, procedendo-se (*iv*) à divisão por cabeça (cfr. art. 25º do DL 231/81, aplicável *ex vi* art. 18º).

20.3.2.4. *Modificação do consórcio*

O contrato de consórcios está sujeito ao princípio da pontualidade dos contratos (cfr. art. 406º), só podendo ser alterado por mútuo consenso dos contratantes e com observância da forma do contrato, salvo se diversamente previsto por este (cfr. art. 6º), sem prejuízo da sua resolução (parcial), por justa causa[513], por comunicações escritas dirigidas aos contratantes que se pretendem afastar (cfr. art. 10º).

[513] O nº 2 do art. 10º enuncia as situações de justa causa, desde a insolvência, passando pela violação grave de deveres enquanto membro do consórcio e até à impossibilidade de cumprir uma obrigação contratual ou de realizar (um)a atividade em que se concretize o objeto do consórcio.

20.3.2.5. *Duração*

O consórcio tem uma **duração** legal supletiva de dez anos, se o contrato não for prorrogado (cfr. art. 11º, nº 2), nem se extinguir, entretanto, por qualquer das razões legalmente previstas, desde o esgotamento de prazo contratual (inferior), passando pelo acordo dos consorciados ou redução do número de membros a um único, realização do objeto ou verificação de que o mesmo se tornou impossível, até a outras causas que sejam contratualmente previstas (cfr. art. 11º, nº 1).

20.3.3. ***Confronto com figuras afins;*** *remissões*

O consórcio não se confunde com entidades personalizadas, embora tenha afinidades manifestas com as sociedades (comerciais) e os agrupamentos complementares de empresas, apresentando relativamente a estas figuras a vantagem de permitir aos seus membros o aproveitamento de licenças de que eventualmente disponham para a sua atividade normal no exercício de uma atividade económica conjugada e articulada entre empresas independentes.

21. Compra e venda comercial[514]

21.1. Enquadramento normativo

O contrato de compra e venda comercial constitui o negócio-jurídico mercantil por excelência, a par da troca, e é celebrado com a intenção de, através dele, o agente económico vir a conseguir um ganho (lucro)

[514] Seguimos de muito perto os nossos textos anteriores (*Lições de Direito Comercial*, 2010, pp. 190-195, e *Direito Empresarial* 2ª ed. cit., 2016, pp. 324-326).
Vd. também Engrácia Antunes, *Direito dos Contratos Comerciais*, 2009, pp. 345-363, Menezes Cordeiro, *Direito Comercial*, 4ª ed., 2016, pp. 856-861, Luís da Cunha Gonçalves, *Da compra e venda no Direito Comercial Português*, 2ª ed., Coimbra Editora, Coimbra, 1924, em especial pp. 60-66, Maria Elisabete Ramos, *Direito Comercial e das Sociedades*, 2018, pp. 38-41, Filipe Cassiano dos Santos, *Direito Comercial Português*, vol. I, 2007, pp. 365-382, João Calvão da Silva, «Compra e venda de empresas», *Estudos de Direito Comercial*, 1996, pp. 137-163, e «A empresa como objecto de tráfico jurídico», *Estudos de Direito Comercial*, 1996, pp. 165-197, e Pais de Vasconcelos, *Direito Comercial*, 2011, pp. 258-278.

expresso na diferença positiva entre o que pagou pela aquisição de um bem e o que recebe pela respetiva revenda. Encontra-se regulado no Código Comercial (arts. 463º a 476), no Código Civil (arts. 874º-939º) e, ainda, no Decreto-Lei nº 24/2014, de 14 de fevereiro, que regula as vendas à distância.

21.2. **Noção**

O contrato de **compra e venda comercial** é o negócio jurídico pelo qual uma das partes (a vendedora) aliena à outra (a compradora), mediante um determinado preço, uma coisa móvel ou imóvel, com a finalidade desta a revender (cfr. art. 463º, nos 1º a 4º), ou uma participação social (cfr. art. 463º, nº 5º).

A lei exclui da comercialidade as compras para consumo (cfr. art. 464º), porque entende que as mesmas, pelo lado do sujeito adquirente do bem (consumidor), não se enquadram na atividade económica mercantil, não merecendo a tutela do Direito Comercial.

21.3. **Regime jurídico**

O contrato de compra e venda comercial é **consensual**, não estando sujeito a forma especial, salvo se a própria transmissão do bem impuser um modo de exteriorização da vontade específico (cfr. art. 875º do CC).

O vendedor está obrigado a proceder à entrega da coisa vendida e tem direito a receber o preço, sendo o direito e vinculação principais do comprador recíprocos, isto é, tem direito a receber o bem adquirido, devendo entregar o respetivo preço.

As declarações de vontade são suficientes para transferir a propriedade, constituindo as partes na obrigação de entrega da coisa vendida e do preço, embora a determinação deste possa vir a ocorrer em conformidade com mecanismo contratual ou por fixação de terceiro (cfr. art. 466º do CCom).

A resolução contratual pode ocorrer perante o incumprimento da obrigação de pagar o preço das mercadorias antes da entrega ou no momento desta (cfr. art. 474º do CCom).

21.4. Compra e venda civil e compra e venda comercial

O Código Civil regula o contrato de compra e venda, nos arts. 874º a 939º. Trata-se certamente do negócio que os consumidores celebram com maior frequência e daí o seu relevo social e económico, a ponto de o Código Civil o escolher como paradigma dos contratos onerosos (cfr. art. 939º).

Tal disciplina aplica-se ao contrato de compra e venda mercantil, com as adaptações que a natureza deste justifica, em matéria de regime jurídico, designadamente por constituir um ato absoluto de comércio sempre que for celebrado com intenção sequencial (de compra para revenda).

No que respeita ao confronto entre estes dois subtipos negociais, limitemo-nos, nesta sede, a assinalar que a principal diferença entre a compra e venda civil e mercantil reside no facto de esta poder, licitamente, recair sobre bens alheios que o empresário se predispõe a adquirir para poder concretizar o negócio acordado (cfr. art. 467, 2º e § ún. do CCom), enquanto idêntico contrato (de venda de bens alheios) no plano do Direito Civil é nulo (cfr. art. 892º do CC)[515].

21.5. Modalidades de compra e venda comercial

A lei comercial estabelece diversas modalidades de compra e venda, casos da **venda de coisas futuras** (cfr. art. 467º, nº 1º) e de **bens alheios** (cfr. art. 467º, nº 2º e § único). Esta última, diversamente do que sucede no plano puramente civil (cfr. arts. 892º e segs. do CC), em que é nula, constitui uma modalidade lícita de compra e venda comercial (cfr. art. 467º, nº 2º e § único do CCom)[516].

De entre outras modalidades de compra e venda mercantil, destacamos as **vendas sobre amostra** (cfr. art. 469º)[517], **com preço fixado por**

[515] Sobre esta questão, vd. o nosso estudo, *Venda de bens alheios*, sep. da ROA, ano 47, 1987 (pp. 419-472), em especial pp. 462-463 e 449-453.
Vd. Joana Lopes Pereira, «Abuso de direito e venda de bens alheios no Direito Português», *RDC*, ano II, nº 3, 2017, pp. 729-779.

[516] Escrevendo no domínio do CC de 1867, Cunha Gonçalves, *Da compra e venda no Direito Comercial Português*, 2ª ed., 1924, pp. 225-238.

[517] d. Cunha Gonçalves, *Da compra e venda no Direito Comercial Português*, 2ª ed., 1924, pp. 411-424.

conta, peso ou medida (cfr. art. 472º proémio e § 2º) e as **vendas em bloco** (cfr. art. 472º § 1º)[518].

21.6. **Vendas automáticas e outras vendas à distância;** *remissão*

Abordámos já a propósito da contratação à distância, as vendas automáticas (cfr., *supra*, nº 18.4.2.3), que se encontram hoje sujeitas a regulamentação legal específica: o Decreto-Lei nº 24/2014, de 14 de fevereiro. Remetemos, pois, para o nº 18.4.2 a análise desta matéria.

21.7. **A compra e venda internacional de mercadorias**[519]**;** *remissão*

21.7.1. ***Caracterização***

Esta modalidade de contrato comercial caracteriza-se pelas suas conexões simultâneas com mais do que uma ordem jurídica interna, verificando-se uma plurilocalização (em espaços jurídicos diferentes) de dois ou mais dos seus diversos elementos.

21.7.2. ***Direito aplicável: a Convenção da Haia***

A primeira questão que coloca é saber qual o regime jurídico (material) aplicável.

Para esse efeito – com vista à resolução de conflitos que se podem suscitar – existe a Convenção da Haia de 1986.

Anteriormente – e para regular questões de direito material – existia já uma Convenção das Nações Unidas sobre contratos de compra e venda internacional de mercadorias, celebrada em Viena em 11 de abril de 1980 e que entrou em vigor no plano internacional em 1 de janeiro de 1988; e da qual Portugal (ainda) não é parte contratante.

[518] Vd. CUNHA GONÇALVES, *Da compra e venda no Direito Comercial Português*, 2ª ed., 1924, pp. 430-450.

[519] Vd. MARIA HELENA BRITO, *Direito do Comércio Internacional*, cit., 2004, em especial pp. 165-171, e LUÍS DE LIMA PINHEIRO, *Direito Comercial Internacional*, cit., 2005, em especial pp. 259-339.

21.7.3. *Os* incoterms

Na definição do regime jurídico do contrato de compra e venda internacional de mercadorias – tal como sucede com outros contratos internacionais – assumem particular relevo os chamados ***incoterms*** (*international commercial terms*) que caracterizam, com recurso a designações alfabéticas padronizadas e sintéticas, os direitos e obrigações das partes contraentes, relativamente à entrega das mercadorias vendidas. Tais designações exprimem cláusulas típicas desses contratos, em especial na parte em que se encontram associados ao transporte (internacional) das mercadorias.

A Câmara de Comércio Internacional de Paris tem sintetizado as múltiplas siglas utilizadas no comércio internacional e tentado reconduzi-las a uma lista fechada de disposições padronizadas (em diversas versões desde 1936, sendo a última de setembro de 2010, vigente desde 1 de janeiro de 2011), que se repartem por quatro grupos[520], – desde o relativo à entrega ou às partidas da mercadoria (grupo E, de *ex*), passando pelos grupos referentes às condições em que é despachada (grupo F, de *free*) e ao respetivo custo (grupo C, de *cost* ou *carriage*), até ao grupo respeitante à chegada ou entrega da mercadoria (grupo D, de *delivery*).

Entre os onze *incoterms* actuais, salientamos, pela sua expressividade e frequência, os seguintes:

- EXW (*Ex Works*), o que significa que a mercadoria é disponibilizada ou entregue na fábrica, correndo o transporte por conta do adquirente;
- DDP (*Delivered Duty Paid*), o que equivale à obrigação de entregar a mercadoria, com os impostos liquidados e pagos.
- FOB (*Free On Board*), ou seja, a mercadoria é entregue ao transportador a bordo (do navio), cessando a responsabilidade do exportador; e
- CIF (*Cost, Insurance and Freight*), isto é, o exportador assume o custo, o seguro e o frete do transporte.

[520] Sobre os grupos e os *incoterms* existentes, vd. Menezes Cordeiro, *Direito Comercial*, 4ª ed., 2016, pp. 829-831, referindo-se também aos *trade terms* (pp. 833-834).

Enquanto os dois primeiros *incoterms* são aplicáveis em todo os tipos de transporte [tal como o FCA (*Free Carrier*), CPT (*Carriage Paid To*), CIP (*Carriage and Insurance Paid To*), DAT (*Delivered at Terminal*) e DAP (*Delivered At Place*)], as duas últimas regras são exclusivamente utilizáveis no transporte por via marítima ou fluvial [tal como o FAS (*Free Alongside Ship*) e o CFR (*Cost and Freight*)].

A versão vigente (2010) contém aconselhamento para a utilização das regras atuais (2010) no comércio interno, a que os *incoterms* se têm vindo também a aplicar[521].

21.8. **A troca comercial;** *remissão*

Um negócio que esteve na origem do Direito Comercial foi seguramente o contrato de troca, que corresponde, por excelência, ao género da intermediação e cujo regime é decalcado no da compra e venda.

A generalização da espécie monetária e do dinheiro, como modo de pagamento do preço dos bens, primeiro, e do crédito, posteriormente, retirou relevo às trocas que, não obstante, subsistiram como categoria contratual autónoma (cfr. art. 480º do CCom), em especial relativamente a bens infungíveis e, consequentemente, com reduzida importância no Direito Comercial, porquanto as operações que o caracterizam são essencialmente massificadas. Tal acontece, por exemplo, no domínio dos valores mobiliários, com as ofertas públicas de troca (cfr. art. 178º do CVM).

São, pois, hoje raras as permutas, sendo possível obter um bem pelo recurso ao crédito indispensável para financiar a sua aquisição.

As trocas têm, assim, vindo a ceder passo à compra e venda associada ao crédito, pela qual vieram a ser gradualmente substituídas.

[521] Constitui exemplo, na nossa ordem jurídica, a referência feita aos *incoterms* no ponto E – 12 do Anexo ao Decreto Legislativo Regional nº 7/2010-A, de 5 de março de 2010 (Região Autónoma dos Açores), que estabelece o regime jurídico aplicável ao transporte rodoviário de mercadorias por conta de outrem efetuado na Região Autónoma dos Açores por meio de veículos com peso bruto igual ou superior a 2500 kg.

22. Representação comercial[522]

22.1. A representação comercial: origem, significado e enquadramento normativo

O empresário mercantil nem sempre consegue estar presente pessoalmente em locais distantes do seu centro de vida económica. Esta dificuldade era seguramente maior no passado quando os meios de transporte e as (tele)comunicações não tinham a sofisticação de que se revestem hoje, apresentando-se rudimentares e incipientes.

No século XIX, para comercializar um bem num local distante do seu estabelecimento (fabril ou comercial) o comerciante tinha de empreender longas e dispendiosas viagens ou, em alternativa, constituir um agente local ou delegar a contratualização da sua atividade mercantil num empresário que residisse no lugar onde pretendia celebrar os seus negócios. Esse agente interviria na comercialização dos seus bens, em seu nome e por sua conta (ou no seu interesse), ou atuando em nome próprio, sem revelar o beneficiário (último) dos seus atos. Ocorria, pois, uma substituição de vontades que permitia ao empresário atuar em diferentes locais simultaneamente através das pessoas que constituía como seus representantes. E isto tanto era válido para o espaço nacional, como para os mercados internacionais.

A **representação comercial** consiste na atuação em nome (e no interesse) de outrem, informando desse facto a contraparte, ou numa intervenção (negocial) por conta de outrem, sem revelar que o destinatário final dos efeitos do negócio é o titular de uma esfera jurídica alheia, diferente do agente que intervém a título pessoal no negócio.

O Código Comercial[523] regulou as formas tradicionais de representação: os contratos de mandato e comissão comercial (arts. 231º a 267º),

[522] Seguimos de muito perto os nossos textos anteriores (*Lições de Direito Comercial*, 2010, pp. 195-199, e *Direito Empresarial* 2ª ed. cit., 2016, pp. 326-330).
Vd. também Engrácia Antunes, *Direito dos Contratos Comerciais*, 2009, pp. 363-368, Oliveira Ascensão, *Direito Comercial*, vol. I *(Institutos Gerais)*, cit., 1998/99, pp. 250-259, Menezes Cordeiro, *Direito Comercial*, 4ª ed., 2016, pp. 656-688, Durval A. Fonseca e Castro Ferreira, *Do mandato civil e comercial*, ed. do autor, Famalicão, 1967, em especial pp. 30-54, Romano Martinez, *Contratos Comerciais*, 2001, pp. 37-39, e Pais de Vasconcelos, *Direito Comercial*, 2011, pp. 166-178.

[523] Diploma a que se reportam todas as disposições legais que neste número (22) não estão especialmente referenciadas.

que viriam a ser, posteriormente, regulados (como contratos civis) no Código Civil, sob as designações de mandato com e sem representação (cfr. arts. 1157º a 1184º). Vamos referenciá-los sinteticamente.

22.2. **O mandato comercial**

22.2.1. ***Conceito e características***

O **mandato comercial** é o contrato pelo qual uma pessoa atua por conta e em nome de outrem, substituindo-a na celebração de contratos comerciais (cfr. art. 231º do CCom). Trata-se de um ato que se pressupõe oneroso, pelo que mandante deverá pagar um preço pela intervenção que o mandatário aceita fazer em seu nome.

22.2.2. ***Categorias de mandatários***[524]

Os **mandatários** são os sujeitos em quem a atividade comercial é delegada, atuando em regra em nome e por conta do mandante. São os representantes dos empresários comerciais.

A nossa lei comercial refere-se a diversas categorias de mandatários que se impõe caracterizar sucintamente.

22.2.2.1. *Gerente de comércio*[525]

O **gerente de comércio** é o sujeito que, sob designação reconhecida pelos usos comerciais, trata da atividade comercial de outrem, em seu nome e por sua conta, no respetivo estabelecimento ou noutro local (cfr. art. 248º), sendo o responsável pelo funcionamento desse estabelecimento. É a pessoa que se designa habitualmente por "*gerente de loja*".

22.2.2.2. *Balconistas e caixeiros*

Na sua atividade mercantil, o empresário comercial é auxiliado por outros mandatários que contrata – os balconistas (ou **auxiliares**) (cfr. art.

[524] Sobre a qualificação dos mandatários como comerciantes e as respetivas categorias, vd. Engrácia Antunes, «O estatuto jurídico de comerciante», cit., 2015 (pp. 413-442), pp. 417-419.
[525] Sobre esta figura, vd. Pedro Leitão Pais de Vasconcelos, *A Preposição*, Almedina, Coimbra, 2017, pp. 183-207.

256º) – e que hoje prestam a sua colaboração frequentemente ao abrigo de um vínculo de subordinação expresso num contrato de trabalho. Estes mandatários agrupam-se em mais do que uma categoria, cumprindo salientar aqueles que estão encarregados de controlar a caixa (recebimentos e pagamentos) dos estabelecimentos comerciais.

O Código Comercial refere-se ainda aos **caixeiros** que, tradicionalmente, eram os mandatários a quem o empresário solicitava que o representassem noutras localidades, sendo também conhecidos por "viajantes" (e daí a expressão "caixeiro-viajante") ou simplesmente por representantes comerciais (cfr. art. 257º).

22.2.3. *Regime jurídico*

De entre os diversos aspetos do respetivo regime legal, saliente-se os seguintes:

22.2.3.1. *Forma*

O mandato não está sujeito a forma especial, mas a lei admite que possa ser exigido ao mandatário o documento escrito que consubstancia e legitima a sua intervenção (cfr. art. 242º).

O mandato comercial que seja concluído na **forma** escrita está obrigatoriamente sujeito a registo comercial (cfr. art. 10º, *alínea a)* do CRCom).

22.2.3.2. *Estatuto*

O contrato de mandato comercial é oneroso, pelo que o mandatário tem direito a ser remunerado (cfr. art. 232º). O seu estatuto caracteriza-se por deveres de informação e comunicação (cfr. arts. 239º e 240º) e pela guarda e conservação das mercadorias (cfr. art. 236º), pela qual o mandatário é responsável. Em caso de antecipação do termo do mandato por morte do mandante, o mandatário tem direito a ser compensado (cfr. art. 236º).

22.2.3.3. *Efeitos*

O contrato de mandato tem como **efeito** principal a imputação dos atos de representação ao mandante.

Em caso de incumprimento ou cumprimento defeituoso suscita-se a responsabilidade contratual do mandatário (cfr. art. 238º).

22.2.3.4. *Extinção*

O contrato extingue-se pelo decurso do tempo, se for celebrado com prazo, ou pelo esgotamento do seu objeto, com o respetivo cumprimento, sobretudo quando for celebrado para a prática de ato específico.

Mas pode também terminar por revogação (pelo mandante) ou por renúncia do mandatário. A revogação e a renúncia sem justa causa dão origem a indemnização (por perdas e danos), se não houver sido convencionada sanção específica (cfr. art. 245º).

22.3. **Contrato de comissão**

22.3.1. ***Noção***

O **contrato de comissão** é o contrato pelo qual o mandatário executa o mandato mercantil sem aludir ao mandante, contratando por si e em seu nome, como único contraente. Trata-se, pois, de uma modalidade do contrato de mandato, só que o sujeito de Direito Comercial não atua em representação do seu cliente, mas em nome próprio.

Recorrendo a um comissário, o empresário comercial não revela a sua identidade, ficando o (seu) representante diretamente obrigado, como se o negócio fosse seu. Este contrato permite ao empresário (mercantil) intervir no mercado – através de quem se dedique profissionalmente a fazê-lo no interesse de terceiros – sem alardear a sua presença, evitando, dessa forma, empolar os preços, uma vez que a contraparte não saberá que está a negociar com ele.

Algumas espécies negociais caracterizam-se precisamente por recorrerem a comissários. Tal acontece, nomeadamente, com os negócios de bolsa (contratos de intermediação ou corretagem), em que o sujeito de Direito Comercial (o corretor) atua quase sempre[526] em nome próprio, mas em representação do seu cliente.

[526] Dizemos quase sempre, porque o corretor (quando organizado sob a forma de sociedade financeira de corretagem) pode ser titular de carteira própria e celebrar negócios pessoais.

22.3.2. *Regime jurídico*

O regime legal deste contrato consta do Código Comercial, em capítulo autónomo (cfr. arts. 266º a 277º), aplicando-se-lhe ainda as regras do mandato (arts. 232º a 247º), na matéria que não for especificamente regulada nos preceitos sobre a comissão (cfr. art. 267º).

22.3.2.1. *Forma*

Trata-se de um contrato meramente **consensual** (cfr. art. 219º do CC), uma vez que a lei não exige um modo especial de exteriorização da vontade dos contraentes, ainda que nalguns casos particulares possa impor que a concretização das instruções do comitente, quando transmitida oralmente, seja reduzida a escrito, como sucede com as ordens de bolsa (cfr. art. 327º, nos 1 e 2 do CVM).

22.3.2.2. *Objeto*

A comissão recai sobre um contrato comercial, cujos efeitos o comitente pretende vir a aproveitar, embora sejam, em primeira mão, imputados ao comissário.

A **comissão *del credere*** é a remuneração acrescida – à *remuneração ordinária* – que o comissário tem direito a cobrar ao comitente por ter-lhe assegurado o cumprimento das obrigações contratuais pela contraparte com quem negociou (cfr. art. 269º). Esta retribuição, se não estiver fixada no mandato celebrado, deve ser calculada «*pelos usos da praça onde a comissão for executada*» (cfr. art. 269º, § 2º *in fine*).

22.3.2.3. *Partes e respetivos direitos e deveres*

Este contrato tem duas **partes**: o comitente e o comissário[527], que é o empresário mercantil que aquele encarrega de, por sua conta, celebrar um ou mais contratos comerciais, sem revelar no interesse de quem é que o faz.

Os direitos e deveres são os mesmos do mandato mercantil (cfr. art. 267º), sendo que o comissário fica diretamente vinculado pelo contrato

[527] Cfr. ENGRÁCIA ANTUNES, «O estatuto jurídico de comerciante», cit., 2015 (pp. 413-442), pp. 420-421.

celebrado (cfr. art. 268º), uma vez que atua em nome próprio, desconhecendo a respetiva contraparte contratual naturalmente que não será ele que assumirá os efeitos finais do negócio.

22.4. **Outras formas de representação comercial;** *remissão (contratos de distribuição)*

A atuação de um empresário mercantil por conta de outrem generalizou-se com o alargamento dos mercados nacionais e internacionais e com a sofisticação das formas de comercialização de bens através de pessoa ou entidade não coincidente com o respetivo produtor. Surgiram então, com autonomia dogmática, os contratos de distribuição – a que faremos breve referência adiante (nº 24) – que permitiram ao produtor ou intermediário (grossista) colocar os seus bens em mercado longínquo sem ter de, para o efeito, constituir no mercado final uma empresa sua; antes recorrendo a estruturas comerciais detidas pelos seus representantes locais (agentes, concessionários ou franchisados).

22.5. **A representação internacional; a Convenção da Haia de 1978[528];** *remissão*

Com o progresso das comunicações e a expansão dos mercados, para o exterior das suas fronteiras, a representação comercial adquiriu escala internacional e permitiu a um produtor ou empresário comercializar as suas mercadorias e distribuir os seus serviços em mercados estrangeiros, através de agente económico que designasse para o efeito e, eventualmente, recorrendo a modelos negociais crescentemente mais complexos e que envolvessem menor investimento da sua parte.

A Convenção da Haia, de 1978 – que não cabe nesta sede abordar – viria a regular este tipo de contratação.

[528] Vd. Maria Helena Brito, *Direito do Comércio Internacional*, cit., 2004, em especial pp. 172-176.

23. Mediação[529]

23.1. Noção

A **mediação** é o contrato pelo qual uma pessoa ou entidade (*mediador*) coloca em contacto dois interessados em concluir um determinado contrato – normalmente de compra e venda –, contribuindo para o esclarecimento das partes sobre o âmbito e escopo do negócio e favorecendo, desse modo, a respetiva conclusão, mediante uma retribuição, normalmente calculada percentualmente sobre o valor do negócio e a suportar pelo adquirente, se não for convencionada diferente forma de proceder à repartição do pagamento devido ao mediador.

O contrato de mediação – que assume maior expressão a propósito dos contratos de compra e venda de imóveis, e nos domínios financeiro e segurador, como veremos em seguida – não deve ser confundido com a mediação como meio alternativo de resolução de litígios, a que nos referimos anteriormente (*supra*, nº 17.3.4).

23.2. A intermediação financeira; *remissão*[530]

Os intermediários financeiros estão enunciados no art. 293º do Código dos Valores Mobiliários (CVM)[531] e as atividades de intermediação

[529] Vd. Ferreira de Almeida, *Contratos II*, 4ª ed., 2016, pp. 186-188, Engrácia Antunes, *Direito dos Contratos Comerciais*, 2009, pp. 458-463, e «O estatuto jurídico de comerciante», cit., 2015 (pp. 413-442), pp. 429-430 e 433-435, Higina Orvalho Castelo, *O contrato de mediação*, Almedina, Coimbra, 2014, em especial pp. 15-18 e 223-315, Menezes Cordeiro, *Direito Comercial*, 4ª ed., 2016, pp. 689-733, e «Do contrato de mediação», *O Direito*, ano 139º, III, 2007, pp. 517-554, Maria de Fátima Ribeiro, «O contrato de mediação e o direito do mediador à remuneração», *RDCom*, nº 1, 2017 (www.revistadedireitocomercial.com, 2017-07-13), pp. 219-256, em especial pp. 220-226, e Pais de Vasconcelos, *Direito Comercial*, 2011, pp. 197-198.
Sobre o conceito de mediação, vd. António Pinto Monteiro / Mafalda Miranda Barbosa, «A imposição das obrigações decorrentes do DL nº 67/2003, de 8 de abril, ao intermediário na venda», cit., 2018, p. 380.

[530] Vd. Higina Orvalho Castelo, *O contrato de mediação*, cit., 2014, pp. 41-46, A. Barreto Menezes Cordeiro, *Manual de Direito dos Valores Mobiliários*, Almedina, Coimbra, 2016, pp. 313-327, e Rui Pinto Duarte, «Contratos de Intermediação no Código dos Valores Mobiliários», *Escritos Jurídicos Vários 2000-2015*, Almedina, Coimbra, 2015, pp. 7-26.

[531] A que se referem as disposições legais citadas neste número (23.2).

financeira encontram-se definidas no art. 289º. Estão em causa serviços e atividades de investimento com instrumentos financeiros e serviços auxiliares, bem como a gestão de instituições de investimento coletivo.

A lei estabelece diversos princípios a quem devem obedecer estas atividades (cfr. art. 304º), nomeadamente a salvaguarda dos bens e dinheiro de clientes (arts. 306º a 306º-D), a informação a investidores (cfr. arts. 312º a 312º-G), a resolução de conflitos de interesses (cfr. arts. 309º a 309º-F), e a defesa do mercado (cfr. art. 311º).

Estes contratos devem apresentar um conteúdo mínimo (cfr. art. 321º-A) e quando formados com base em cláusulas contratuais gerais estão sujeitos a uma disciplina rigorosa, uma vez que os chamados investidores não qualificados (cfr. art. 30º *a contrario* do CVM) são, para o efeito, considerados consumidores (cfr. nº 3).

O Código dos Valores Mobiliários menciona três espécies diferentes:

- Ordens de bolsa (cfr. art. 325º a 334º);
- Gestão de carteiras (cfr. arts. 335º e 336º); e
- Assistência e colocação (cfr. arts. 337º a 342º).

23.3. **Mediação imobiliária**

A **mediação imobiliária** pode corresponder a uma atividade, quando exercida profissionalmente, mas consiste num contrato comercial, pelo qual um sujeito (o mediador ou mediadora) se predispõe a encontrar um interessado para adquirir um determinado imóvel cuja venda (se) pretende promover, devendo diligenciar a divulgação da situação do mesmo ao mercado, executando os atos necessários a difundir o interesse na venda com a finalidade de que surja *um ou mais potenciais compradores*[532].

Este contrato é disciplinado pela Lei nº 15/2013, 8 de fevereiro (que revogou o DL 211/2004, de 20 de agosto), que impõe a sua forma escrita (cfr. art. 16º, nº 1), determina os elementos mínimos que dele devem

Sobre os intermediários financeiros e a multiqualificação que a categoria gera, Rute Saraiva, *Direito dos Mercados Financeiros*, AAFDL, Lisboa, 2013, pp. 214-215.

[532] Neste sentido, **AcRelLisboa de 30 out 2008** (Rui da Ponte Gomes), *www.dgsi.pt*, pp. 1-6.
Sobre a mediação imobiliária vd. Higina Orvalho Castelo, *O contrato de mediação*, cit., 2014, pp. 39-41, 369, 376-380 e 406-437.

constar (cfr. art. 16º, nº 2) – *identificação* do imóvel objeto da mediação, bem como do negócio sobre o qual esta recai, e *condições de remuneração*[533] – e considera-se celebrado por um prazo de seis meses, se não for convencionada diferente duração (cfr. art. 16º, nº 3).

23.4. **Outros contratos de mediação**

Há outros contratos de mediação legalmente tipificados, como, por exemplo, a mediação de seguros (cfr. arts. 28º a 31º da LCS e Decreto-Lei nº 144/2006, de 31 de julho, red. da L 147/2015, de 9 de setembro)[534] e a intermediação de crédito (DL nº 81-C/2017, de 7 de julho).

Os mediadores de seguros, para além de procurarem as soluções mais adequadas ao tomador do seguro – a contraparte da companhia seguradora (cfr., *infra*, nº 26) –, no que respeita ao seguro a contratar, em termos de objeto, cobertura de riscos e preço, é suposto desempenharem um papel relevante em caso de sinistro, junto do segurador.

Os intermediários de crédito, que se encontram sob a supervisão do Banco de Portugal, são as pessoas que apresentam ou propõem aos consumidores contratos de crédito, que lhes prestam assistência na celebração desses contratos ou que representam instituições mutuantes na celebração dos mesmos.

23.5. **A intermediação internacional;** *remissão*

A mediação ocorre também com frequência no contexto supranacional, no âmbito de contratos de diversas espécies, designadamente de

[533] Em princípio, a remuneração apenas será devida após a concretização do negócio (cfr. art. 19º, nº 1), salvo situações expressamente previstas em contrato de mediação, e será suportada pelo adquirente se não for convencionado diferente regime. Trata-se da aplicação por analogia da regra supletiva prevista no artigo 878º do Código Civil, que faz recair os encargos da compra e venda sobre o adquirente. Contudo, sucede com frequência que, sendo o vendedor a tomar a iniciativa e a contactar o mediador, poderão as partes convencionar que a remuneração deste poderá ficar a cargo do alienante.

[534] Vd., Higina Orvalho Castelo, *O contrato de mediação*, cit., 2014, pp. 19-30.
Elaborados no atual quadro legal da mediação de seguros, apesar de anteriores à LCS, cfr. José Vasques, *Novo Regime Jurídico da Mediação de Seguros*, Almedina, Coimbra, 2006, e Paula Ribeiro Alves, *Estudos de Direito dos Seguros. Intermediação de Seguros e Seguro de Grupo*, Almedina, Coimbra, 2007, em especial, pp. 69-75, nas quais classifica os distribuidores deste contrato.

compra e venda. Trata-se, porém, de matéria que faz sentido abordar no plano do Direito do Comércio Internacional, para onde remetemos.

24. Contratos de distribuição[535]

24.1. Distribuição direta e indireta

A **distribuição** corresponde a um complexo de atos articulados com vista a promover a transferência remunerada de bens e serviços do produtor para o utilizador final. Trata-se de uma atividade de intermediação que pressupõe uma relação, pelo menos, triangular, entre o fabricante (produtor), o distribuidor e o consumidor.

A distribuição pode ser **direta**, se as mercadorias são transmitidas diretamente pelo produtor ao utilizador final – o que sucede com as vendas efetuadas na sede da empresa, por exemplo, de equipamentos complexos de elevado custo –, ou **indireta**. Neste caso, a comercialização efetua-se em diversos planos, desde o transporte, depósito e armazenagem, redução das partidas de mercadorias a quantidades para venda a retalho, até ao retalhista.

[535] Sobre esta matéria, vd. a dissertação de doutoramento de Fernando A. Ferreira Pinto, *Contratos de Distribuição. Da tutela do distribuidor integrado em face da cessação do vínculo*, Universidade Católica Editora, Lisboa, 2013, pp. 17-27, 48-49, 96-103 e 288-290 – com a oportuna e interessante análise económica destes contratos (pp. 169-221) –, e também Ferreira de Almeida, *Contratos III*, 2ª ed., 2013, pp. 140-154 – que identifica os contratos de distribuição seletiva, que distingue da concessão comercial (pp. 149-150) –, Engrácia Antunes, *Direito dos Contratos Comerciais*, 2009, pp. 435-467, «Os contratos de distribuição comercial», *RCEJ*, nº 16, 2010, pp. 9-38, e «O estatuto jurídico de comerciante», cit., 2015 (pp. 413-442), pp. 426-428, 431-433, Menezes Cordeiro, *Direito Comercial*, 4ª ed., 2016, pp. 770-815, António Pinto Monteiro, *Contratos de distribuição comercial*, Almedina, Coimbra, 2002 (cfr., em especial, pp. 25-49, 60-74, 129-170), Santos/Gonçalves/Leitão Marques, *Direito Económico*, 6ª ed., 2011, pp. 255-257, Isabel Marques da Silva, «Os acordos de distribuição e o Direito da concorrência», *DJ*, vol. X, 1996, t. 2, pp. 167-235 (existe separata), e Pais de Vasconcelos, *Direito Comercial*, 2011, pp. 145-151.

24.2. Agência[536]

24.2.1. *Conceito e disciplina legal*

A **agência** – objeto de regulamentação pelo Decreto-Lei nº 178/86, de 3 de julho – é o contrato pelo qual uma das partes (o *agente*) *se* obriga a promover por conta da outra (o *principal*) a celebração de contratos de modo autónomo e estável e mediante retribuição, podendo ser-lhe atribuída certa zona ou círculo de clientes (cfr. art. 1º).

Na agência, tal como na comissão, o intermediário não adquire os produtos que distribui, mas a distribuição através do agente comercial permite ao produtor reduzir (despesas de instalação e) riscos inerentes a uma nova implantação no mercado.

Constituem exemplos os estabelecimentos revendedores de telemóveis e eletrodomésticos quando não são explorados por operadoras de telecomunicações ou diretamente pelas respetivas marcas.

[536] Seguimos, de muito perto, os nossos textos anteriores (*Lições de Direito Comercial*, 2010, pp. 203-204, e *Direito Empresarial* 2ª ed. cit., 2016, pp. 333-334), sem prejuízo de atualização bibliográfica.
Cfr. também Ferreira de Almeida, *Contratos III*, 2ª ed., 2013, pp. 141-145, Engrácia Antunes, *Direito dos Contratos Comerciais*, 2009, pp. 439-445, Oliveira Ascensão, *Direito Comercial*, vol. I, cit., 1998/99, pp. 267-273, Carlos Lacerda Barata, *Sobre o contrato de agência*, Almedina, Coimbra, 1991, e *Anotações ao novo regime do contrato de agência*, LEX, Lisboa, 1994, Maria Helena Brito, *O contrato de concessão comercial*, Almedina, Coimbra, 1990 (cfr., em especial, pp. 88-103, 109-112), Menezes Cordeiro, *Direito Comercial*, 4ª ed., 2016, pp. 776-793, e «O contrato de agência e a boa-fé», *RDC*, ano I, Nº 4, 2016, pp. 795-805 – com particular incidência nos deveres das partes (cfr. pp. 802-804) –, M. Januário da Costa Gomes, *Apontamentos sobre o Contrato de Agência*, sep. da *TJ* nº 3 (pp. 9-35), em especial pp. 13-17 e 28-35, Romano Martinez, *Contratos Comerciais*, 2001, pp. 13-18, António Pinto Monteiro, *Contrato de agência (anteprojecto)*, sep. do BMJ nº 360, Lisboa, 1987, em especial pp. 9-14, 21-41, 49-66 e 69-81, *Contratos de agência, de concessão e de franquia («franchising»)*, sep. do número especial do BFDC – «Estudos em Homenagem ao Prof. Doutor Eduardo Correia» (1984), 1989, pp. 303-316, *Contrato de agência. Anotação ao Decreto-Lei nº 178/86*, 8ª ed., Almedina, Coimbra, 2017, *Contratos de distribuição comercial*, Almedina, Coimbra, 2002, em especial, pp. 76-104, e «Revisitando a lei da agência 30 anos depois», *RLJ*, ano 146º, nº 4001, 2016, pp. 72-88, Abílio Neto, *Código Comercial e Contratos Comerciais Anotado*, cit., 2008, pp. 553-582, Fernando Ferreira Pinto, *Contratos de Distribuição*, cit., 2013, pp. 49-58, em especial pp. 50-51 e 57-58, Maria Elisabete Ramos, *Direito Comercial e das Sociedades*, 2018, pp. 41-44, e Pais de Vasconcelos, *Direito Comercial*, 2011, pp. 178-189.

24.2.2. *Agência internacional; remissão*

O contrato de agência internacional é considerado paradigmático entre os contratos de distribuição que relacionam agentes económicos de dois ou mais Estados[537]. Por falta de oportunidade e considerando o seu âmbito, remete-se o seu estudo para uma disciplina de Direito Comercial Internacional.

24.3. Concessão comercial[538]

Na **concessão comercial** o intermediário (distribuidor) adquire os produtos, assumindo assim um maior risco que o agente (comercial). O concessionário, que é escolhido por reunir aptidões técnicas e funcionais adequadas à distribuição que se propõe efetuar sem ser em regime de exclusividade, obriga-se a adquirir uma quantidade mínima de produtos e a revendê-los, beneficiando da publicidade geral que é feita a esses produtos, nacional e internacionalmente. Em complemento, e no âmbito das suas obrigações, o concessionário vincula-se a assegurar serviços de pós-venda e nalguns casos poderá explorar serviços complementares.

Sendo um contrato legalmente atípico, à concessão comercial poderá ser aplicado, por analogia, o regime legal da agência[539].

[537] Vd. Maria Helena Brito, *Direito do Comércio Internacional*, cit., 2004, em especial pp. 171-177.

[538] Cfr. Ferreira de Almeida, *Contratos III*, 2ª ed., 2013, pp. 145-149, Engrácia Antunes, *Direito dos Contratos Comerciais*, 2009, pp. 446-451, Helena Brito, *O contrato de concessão comercial*, cit., 1990, em especial, pp. 1-20, 30-32, 54-78, Menezes Cordeiro, *Direito Comercial*, 4ª ed., 2016, pp. 794-803, Romano Martinez, *Contratos Comerciais*, 2001, pp. 9-10, António Pinto Monteiro, *Contratos de agência, de concessão e de franquia («franchising»)*, cit., 1989, pp. 303-308, 317-327, *Denúncia de um contrato de concessão comercial (Anotação* ao *AcRelPorto de 27 Junho 1995)*, Coimbra Editora, Coimbra, 1998 [publicado também em *RLJ*, ano 130º, 1997/98, nºs 3874 e segs., pp. 22-32 (em especial, pp. 31 e seg.), pp. 91-96], *Contratos de distribuição comercial,* Almedina, Coimbra, 2002, pp. 105-116, Abílio Neto, *Código Comercial e Contratos Comerciais Anotado*, cit., 2008, pp. 582-607, Fernando Ferreira Pinto, *Contratos de Distribuição*, cit., 2013, pp. 62-65, João Calvão da Silva, «Concessão comercial e direito da concorrência», *Estudos Jurídicos (Pareceres)*, Almedina, Coimbra, 2001, pp. 185-231, Pais de Vasconcelos, *Direito Comercial*, 2011, pp. 189-194, e José Alberto Coelho Vieira, *O contrato de concessão comercial,* AAFDL, Lisboa, 1991, em especial pp. 23-46.
Reproduzimos no texto as nossas *Lições de Direito Comercial*, 2010, pp. 204-205.

[539] Neste sentido, vd. o **AcSTJ de 12 mar 2015** (Paulo Sá) / Proc. nº 2199/11.1TVLSB.L1.S1, e o **AcSTJ de 17 mai 2012** (Abrantes Geraldes) / Proc. nº 99/05.3TVLSB.L1.S1,

Constituem exemplos os *stands* de automóveis de marca e as oficinas que garantem a respetiva assistência, bem como muitos postos de abastecimento de combustíveis[540].

24.4. Licença de direitos privativos de propriedade industrial e contrato de transferência de tecnologia[541]

24.4.1. *Licença de marca*[542] *e de patente*[543]

O **contrato de licença** é o acordo pelo qual uma entidade (a licenciadora) faculta a outra (a licenciada) direitos para produzir, manter ou utilizar – de qualquer outro modo – um produto ou serviço sob um ou mais direitos privativos da propriedade industrial de que é titular, nomeadamente marca registada e patente.

É objeto de referência pelo Despacho Normativo nº 86/89, de 8 de setembro.

e a anot. de António Pinto Monteiro, *RLJ*, ano 144º, nº 3992, respetivamente pp. 240-353, 353-365 e 365-381, e o **AcRelCoimbra de 27 fev 2018** (Moreira do Carmo) / Proc. nº 1744/15.8T8LRA.C2, *www.dgsi.pt.*

[540] Embora estes estabelecimentos também sejam operados por revendedores.
Hoje, os respetivos contratos de exploração já não revestem uma forma pura e, muito dificilmente, se podem reconduzir a um negócio único, porquanto em muitos casos a empresa petrolífera é a proprietária do posto de abastecimento, cedendo a terceiro a respetiva exploração. Assim sucede habitualmente nas autoestradas.

[541] Vd. Ferreira de Almeida, *Contratos II*, 4ª ed., 2016, pp. 201-206, 211-212 e 214-215, José Manuel Oliveira Antunes/José António Costa Manso, *Relações internacionais e transferência de tecnologia. O contrato de licença*, Almedina, Coimbra, 1993, pp. 41-96, Maria Gabriela de Oliveira Figueiredo Dias, *A assistência técnica nos contratos de know-how*, Coimbra Editora, Coimbra, 1995, Romano Martinez, *Contratos Comerciais*, 2001, pp. 33-35, Santos/Gonçalves/Leitão Marques, *Direito Económico*, 2012, pp. 248-251, e Pedro Sousa e Silva, *Direito Industrial*, 2011, pp. 402-412.
Seguimos as nossas *Lições de Direito Comercial*, 2010, pp. 205-206.

[542] Cfr. Maria Miguel Rocha Morais de Carvalho, *Merchandising de Marcas (A comercialização do valor sugestivo das marcas)*, Almedina, Coimbra, 2003, pp. 322-330, Couto Gonçalves, *Manual de Direito Industrial*, 6ª ed. cit., 2015, pp. 304-308.

[543] Vd. Ferreira de Almeida, *Contratos II*, 4ª ed., 2016, pp. 201-205.

A utilização de *software* (programas de computador) e de bases de dados, que se podem enquadrar na categoria dos bens informáticos, podem também ser objeto de contrato de licença[544].

24.4.2. **Merchandising**[545]

De entre os contratos de licença de marca podemos autonomizar o **contrato de *merchandising***, pelo qual uma determinada entidade cede a um terceiro, mediante uma contrapartida, a licença para, durante um certo prazo e com respeito por determinadas regras relativas à utilização figurativa dos elementos que compõem uma marca sua (registada), utilizar em exclusivo essa marca, eventualmente em produtos que nada tenham que ver com a sua atividade principal.

Constituem exemplos o *merchandising* de diversos produtos associados a uma marca desportiva pertencente a um clube de futebol – Benfica, Porto, Sporting –, desde os que tenham a ver com a atividade da entidade licenciadora, casos dos equipamentos desportivos, até outros que lhe são totalmente estranhos, como bebidas (vinho) ou bens alimentares (azeite).

24.4.3. ***Transferência de tecnologia***[546] ***e assistência técnica***

Contratos de **transferência de tecnologia** são acordos de transmissão de conhecimentos técnicos associados a determinado processo de realização produtiva (*know how* ou simples processo de fabricação), celebrados entre um agente económico que detém esse conhecimento e outro interessado na respetiva utilização, designadamente para aproveitamento industrial.

[544] Para maior desenvolvimento, vd. a obra citada de Ferreira de Almeida, *Contratos II*, 4ª ed., 2016, pp. 211-212.

[545] Cfr. Ferreira de Almeida, *Contratos II*, 4ª ed., 2016, pp. 214-215, José Engrácia Antunes, «O Direito da Publicidade. Breve introdução», cit., 2017, pp. 842-843, Maria Miguel Rocha Morais de Carvalho, *Merchandising de Marcas*, cit., 2003, em especial pp. 14-16, 21-25, 253-310, 334-336, Luís Couto Gonçalves, *Função distintiva da marca*, cit., 1999, pp. 232-256, em especial pp. 231-237, e *Manual de Direito Industrial*, 6ª ed. cit., 2015, pp. 308-316, e Pedro Sousa e Silva, *Direito Industrial*, 2011, pp. 413-416.

[546] Ferreira de Almeida, *Contratos II*, 4ª ed., 2016, pp. 205-206, e Santos/Gonçalves/Leitão Marques, *Direito Económico*, 2011, pp. 248-251.

A **assistência técnica**, que pode estar, ou não, associada à transferência de tecnologia, traduz-se numa prestação de serviços.

24.5. *Franchising*[547]

O ***franchising*** é o contrato comercial pelo qual um sujeito, o franqueador, concede a outro, o franchisado (ou franqueado), o direito à utilização de um nome comercial que, em regra, abrange simultaneamente uma marca e um nome de estabelecimento, quando coincidem. Com efeito, no ***franchising*** não se concede apenas a utilização da marca; o franqueador obriga-se a fornecer ao franqueado os meios adequados para a comercialização dos produtos ou dos serviços (ou para a produção dos bens que forem objeto do contrato).

Constituem exemplos a exploração de estabelecimentos comerciais de pronto-a-vestir (*Benetton, Stefanel*), acessórios (*Furla*), produtos de beleza e afins (*amenities*) (*Body Shop*, Boticário), restaurantes (*MacDonalds* e *Pizza Hut*), e de venda de determinados produtos agro-alimentares, casos dos gelados (*Hagen Dazz*) e das bebidas (Coca-Cola).

Não dispondo de um regime legal típico, afigura-se legítimo recorrer, por analogia, à lei que disciplina o contrato de agência[548].

[547] Vd. Ferreira de Almeida, *Contratos III*, 2ª ed., 2013, pp. 150-154, Engrácia Antunes, *Direito dos Contratos Comerciais*, 2009, pp. 451-458, Menezes Cordeiro, *Direito Comercial*, 4ª ed., 2016, pp. 804-815, Romano Martinez, *Contratos Comerciais*, 2001, pp. 21-27, António Pinto Monteiro, *Contratos de agência, de concessão e de franquia («franchising»)*, cit., 1989, pp. 303-308, 317-327, *Contratos de distribuição comercial*, cit., 2002, pp. 117-127, Abílio Neto, *Código Comercial e Contratos Comerciais Anotado*, cit., 2008, pp. 607-614, Carlos Olavo, *O contrato de «franchising»*, sep. de *Novas Perspectivas do Direito Comercial*, Almedina, Coimbra, 1988 (pp. 161-174), em especial pp. 162-172, com nota sobre a proteção da parte mais fraca (168-172), Fernando Ferreira Pinto, *Contratos de Distribuição*, cit., 2013, pp. 66-82, em especial pp. 69-72 e 75-77, Maria de Fátima Ribeiro, *O contrato de franquia (franchising)*, Almedina, Coimbra, 2001, e «O Contrato de Franquia (*franchising*)», *DJ*, vol. XIX, t. I, 2005 (pp. 77-127), Santos/Gonçalves/Leitão Marques, *Direito Económico*, 2012, pp. 257-260, Isabel Marques da Silva, «Os acordos de distribuição e o Direito da concorrência», cit., 1996 (pp. 167-235), pp. 218-229, L. Miguel Pestana de Vasconcelos, *O contrato de franquia (franchising)*, Almedina, Coimbra, 2010, e Pais de Vasconcelos, *Direito Comercial*, 2011, pp. 194-197.
No texto, reproduzimos as nossas *Lições de Direito Comercial*, 2010, p. 207.

[548] Neste sentido, o **AcRelPorto de 8 fev 2018** (Carlos Portela) / Proc. nº 4133/ /16.3T8VNG.P1, *www.dgsi.pt.*

O *franchising* pode ser de distribuição, de serviços ou industrial.

24.6. Contratos afins

24.6.1. *Contratos de gestão: o* engineering *e contratos atípicos*[549]

O ***engineering*** é um contrato de gestão, em que também ocorre a transmissão de conhecimentos, mas que se caracteriza por o transmitente do conhecimento organizar toda a estrutura da empresa beneficiária, incluindo a formação do pessoal (mas excluindo instalações e materiais). É um contrato misto (empreitada e venda), que tem por finalidade a criação de uma indústria e que se caracteriza por duas fases distintas: a conceção (ou estudos) e a execução (ou desenvolvimento).

24.6.2. *Contrato "chave na mão"*[550]

O **contrato "chave na mão"** é uma variante do *engineering*, em que o empreiteiro cria uma indústria ou equipamento e disponibiliza-os completos – incluindo as instalações e os materiais –, prontos a funcionar.

25. Contrato de transporte[551]

25.1. Noção e modalidades

O **contrato de transporte** é o negócio jurídico pelo qual uma pessoa ou entidade (o *transportador*) se encarrega profissionalmente de promover a deslocação de pessoas ou bens de um lugar para outro, por via terrestre – rodoviária ou ferroviária –, marítima (fluvial ou oceânica) ou aérea, mediante uma retribuição.

[549] Oliveira Antunes/José António Costa Manso, *Relações internacionais e transferência de tecnologia. O contrato de licença*, cit. (cfr., em especial, pp. 39-40).

[550] Oliveira Antunes/Costa Manso, *Relações internacionais e transferência de tecnologia. O contrato de licença*, cit., 1993, pp. 31-37.

[551] Limitamo-nos a indicar algumas obras selecionadas: Ferreira de Almeida, *Contratos II*, 4ª ed., 2016, pp. 169-173, Engrácia Antunes, *Direito dos Contratos Comerciais*, 2009, pp. 725-758, Nuno Manuel Castello-Branco Bastos, *Direito dos Transportes*, IDET/

Consoante o *quid* que é objeto do transporte, podemos e devemos distinguir o transporte de bens (ou mercadorias) do transporte de pessoas (ou passageiros), diferença que é patente nos diplomas que regulam o transporte por mar de mercadorias e de passageiros, respetivamente.

25.2. Enquadramento normativo

O contrato de transporte encontra-se regulado no Código Comercial (arts. 366º-393º[552]) e em legislação avulsa, incluindo diversas convenções aplicáveis ao contrato de transporte internacional.

Os **transportes terrestres** – em especial ferroviário e rodoviário – regem-se por uma Lei de Bases (Lei nº 10/90, de 17 de março, na red. do DL 43/2008, de 10 de março) e, no que se refere ao transporte de mercadorias perigosas, pelo Decreto-Lei nº 41-A/2010, de 29 de abril.

O transporte **ferroviário de passageiros** em Portugal é regulado pelo Decreto-Lei nº 52/2008, de 26 de março.

Nos transportes **rodoviários de passageiros** importa considerar a legislação aplicável aos transportes em táxi (Decreto-Lei nº 251/98) e a Convenção de Genebra de 1964 sobre o transporte internacional de passageiros e bagagens por estrada (conhecida por "CVR").

Os transportes **rodoviários** são ainda regulados, no que se refere a mercadorias, pelo Decreto-Lei nº 239/2003, de 4 de outubro (na red. do DL 145/2008, de 28 de julho), e pela Convenção relativa ao Contrato Internacional de Transporte de Mercadorias por Estrada (conhecida por "CMR")[553].

/Cadernos/Nº 2, Almedina, Coimbra, 2004, em especial pp. 47-68, Menezes Cordeiro, *Direito Comercial*, 4ª ed., 2016, pp. 835-851, Romano Martinez, *Contratos Comerciais*, 2001, pp. 41-48 (em especial, pp. 41-42), Alfredo Proença, *Transporte de mercadorias por estrada*, Almedina, Coimbra, 1998, pp. 13-35, 39-75, Francisco Costeira da Rocha, *O contrato de transporte de mercadorias*, Almedina, Coimbra, 2000, em especial, pp. 25-54, 121-128, 138-139, 143-162, 173-174), Maria da Graça Trigo, «Responsabilidade civil do transportador aéreo», *Direito e Justiça*, vol. XII, T. 2, 1998, pp. 71-94, e Pais de Vasconcelos, *Direito Comercial*, 2011, pp. 228-241.

[552] Estes preceitos legais foram revogados na parte respeitante ao **transporte rodoviário** de mercadorias (cfr. art. 26º do DL 239/2003, de 4 de outubro, que estabeleceu o contrato de transporte rodoviário nacional de mercadorias).

[553] Esta Convenção, concluída em Genebra em 19 de maio de 1956 – e aprovada internamente pelo Decreto-Lei nº 46235, de 18 de março de 1965 –, foi modificada por Protocolo,

Ao **transporte marítimo** eram inicialmente aplicáveis as disposições constantes do livro III do Código Comercial (cfr. art. 366º, § 4º), entretanto revogadas, sendo presentemente objeto de regulamentação em legislação avulsa. Assim, para além da Convenção de Bruxelas de 25 de agosto de 1924[554], e outras convenções que foram, entretanto, concluídas – como a Convenção de Atenas de 1974 (passageiros) e as Convenções de Hamburgo (1978) e das Nações Unidas (2008) sobre o contrato internacional de mercadorias efetuado por mar –, importa considerar, no Direito português, o disposto no Decreto-Lei nº 349/86, de 17 de outubro, e nos Decretos-Lei nº 352/86, de 21 de outubro, e nº 180/2004, de 27 de julho, sobre o **transporte de passageiros** e **de mercadorias** por mar, respetivamente[555]. No que respeita ao transporte de mercadorias, autonomiza-se o contrato de volume, efetuado com recurso a contentores[556].

O Código Comercial não regula o contrato de **transporte aéreo** – uma vez que o avião era desconhecido aquando da sua entrada em vigor (no século XIX) –, o qual foi inicialmente objeto de disciplina na Convenção de Varsóvia de 1929, posteriormente alterada por diversos Protocolos e, entretanto, substituída pela Convenção de Montreal (1999). No Direito português, importa atender ainda a diversos diplomas e regulamentos comunitários[557].

Pelas referências – necessariamente incompletas – ao quadro jurídico dos transportes, que não encontra consenso nos diversos autores

também de Genebra, de 5 de julho de 1978, recebido na nossa ordem jurídica pelo Decreto nº 28/88, de 6 de setembro.

[554] Recebida na nossa ordem jurídica pelo Decreto-Lei nº 37.748, de 1 de fevereiro de 1950, após publicação no *Diário do Governo* de 4 de julho de 1930.

[555] É precisamente o *quid* (a realidade) que é objeto do transporte que nos permite distinguir transporte de bens (ou **mercadorias**) do transporte de pessoas (ou **passageiros**), diferença que é patente nos diplomas que regulam o transporte por mar.

[556] Sobre este contrato, vd. Duarte Lynce de Faria, «O Contrato de Volume na nova dinâmica do transporte contentorizado», *RDCom*, nº 2, 2017 (www.revistadedireitocomercial.com, 2017-08-25), pp. 257-293, em especial pp. 259-273 e 279-283 e 289-293.

[557] Vd., por todos, Engrácia Antunes, *Direito dos Contratos Comerciais*, 2009, pp. 736-737. Posteriormente, chamando a atenção para os efeitos da questão particularmente relevante no contrato de transporte aéreo que consiste no *overbooking*, Daniel de Bettencourt Rodrigues Silva Morais, «Recusa de embarque injustificada no transporte aéreo internacional de passageiros», *RDCom*, nº 2, 2017 (www.revistadedireitocomercial.com, 2017-11-02), pp. 487-549, em especial pp. 489-493.

citados, fácil é concluir que estamos perante um conjunto de normas complexo que não se limita a diplomas de caráter exclusivamente nacional e que se cruzam amiúde com convenções internacionais.

25.3. Regime jurídico

25.3.1. *Sujeitos*

São partes necessárias neste contrato: o **transportador** – a empresa que realiza o transporte ou que assume a sua execução[558] – e o **expedidor** que é a pessoa ou entidade que solicita o transporte de bens ou mercadorias, ou **pessoa transportada** (ainda que não seja esta a suportar o preço).

Podem ser também intervenientes no negócio:

- O **destinatário**, isto é, a pessoa ou entidade para a qual as mercadorias são enviadas;
- O **carregador,** que corresponde nos contratos de transporte de mercadorias por mar, ao expedidor, deve proceder à entrega da mercadoria para embarque ao transportador[559]; e
- O **transitário**, que é uma entidade que não se confunde com os outros sujeitos, e que desempenha uma atividade auxiliar do contrato de transporte[560], que se traduz na «*prestação de serviços de natureza logística e operacional que inclui o planeamento, o controlo, a coordenação e a direção das operações relacionadas com a expedição, receção armazenamento e circulação de bens ou mercadorias*» (art. 1º, nº 2 do DL nº 255/99, de 7 de julho).

[558] Uma vez que a lei autoriza expressamente a subcontratação (cfr. art. 367º, *in fine*), caso em que se assume como expedidor perante a empresa (de transporte) subcontratada (cfr. art. 367º, § único).

[559] Compete-lhe também entregar ao transportador a declaração de carga (cfr. art. 4º do DL 352/86).

[560] Com o contrato de transporte, tal como ele se configura na nossa lei, não se devem confundir certos negócios que, cumprindo a finalidade e função daquele – visto regularem e assegurarem a deslocação e entrega de mercadorias –, associam e congregam características próprias de outros contratos, nomeadamente de organização, armazenamento, mediação e prestação de serviços.

25.3.2. *O título de transporte e a forma do contrato*

Não há uma regra única sobre os títulos de transporte e a forma do respetivo contrato.

O título de transporte não se confunde com a forma do contrato; ele legítima a utilização do transporte.

O Código Comercial e o diploma que regula o transporte rodoviário interno de mercadorias (DL 239/2003, de 4 de outubro, red. DL 145/2008, de 25 de julho) não impõem **forma** especial para a celebração do contrato de transporte – admitindo-se, por isso, que o mesmo se constitua consensualmente (cfr. art. 4º-A, nºs 2 a 4 do DL 239/2003) –, apesar de obrigar o transportador a entregar um documento comprovativo (*guia*) de transporte ao expedidor que o exigir (cfr. art. 369º).

Já o **transporte de mercadorias por mar** está sujeito a forma escrita (cfr. art. 3º, nº 1 do DL 352/86, de 21 de outubro)[561], ainda que possa consubstanciar-se em cartas, telegramas, telefax e emails (*meios equivalentes criados pela tecnologia moderna*) (cfr. art. 3º, nº 2 do mesmo diploma).

Para documentar o transporte a realizar, pode ser emitido um documento representativo do transporte a efetuar que se designa por **guia de transporte**, no caso dos transportes terrestres, e **conhecimento de carga**, no caso dos transportes marítimos.

A **guia de transporte** deve conter, pelo menos, a identificação dos intervenientes no transporte (transportador, expedidor e destinatário), incluindo o respetivo domicílio, dos objetos transportados e forma do seu acondicionamento, local do carregamento e da entrega, meio de transporte e prazo para a realização, e eventual indemnização (que seja convencionada com o transportador) no caso de incumprimento (cfr. art. 370º do CCom e arts. 3º e 4º do DL 239/2003, de 4 de outubro). Este documento, quando for emitido à ordem ou ao portador (cfr. art. 369º, § 2º), pode ser endossado ou simplesmente entregue, transferindo a propriedade dos bens transportados (cfr. art. 374º).

O **conhecimento de carga**, sendo *representativo da mercadoria descrita*, corresponde, no âmbito do transporte marítimo, ao título de transporte propriamente dito (cfr. art. 1º, *alínea b)* da Convenção de Bruxelas e arts.

[561] No transporte de passageiros é suficiente a emissão do *bilhete de passagem*, que faz prova (cfr. art. 3º do DL 349/86, de 17 de outubro).

5º, 8º, 10º, 11º, 25º e 28º do DL 352/86, de 21 de outubro) e, quando for emitido à ordem ou ao portador pode ser transmitido nos moldes em que o pode ser a guia de transporte (cfr. art. 11º do DL 352/86, de 21 de outubro).

25.3.3. *Outros aspetos do regime legal do contrato*

O preço do transporte rodoviário deve ser calculado de acordo com determinados fatores, estabelecidos no art. 4º-A do Decreto-Lei nº 239/ /2003, de 4 de outubro.

Com referência à regulamentação constante do Código Comercial, importa ponderar autonomamente alguns aspetos.

Na sua atividade, o transportador deve respeitar a ordem pela qual recebeu os bens para transportar, podendo proceder a alterações na respetiva expedição em função do que tenha oportunamente acordado, em razão da *natureza* (designadamente, perecibilidade) dos objetos a transportar ou da dificuldade em atingir o local de destino (cfr. art. 378º).

O transporte dever-se-á processar pelas vias e segundo o itinerário que o transportador tenha eventualmente acordado com a contraparte, sob pena de incorrer em indemnização por danos que dele possam resultar para os bens transportados (cfr. art. 381º). Contudo, na falta de convenção sobre o trajeto a seguir, o transportador poderá escolher as vias a seguir (cfr. art. 381º, § único).

No que respeita à sua duração, transporte não poderá exceder o **prazo** convencionado ou que se encontre previsto no regulamento do transportador, ou que, na falta destes, decorra dos *usos comerciais* (cfr. art. 382º). A mora no incumprimento do prazo do transporte fará incorrer o transportador na obrigação de indemnização (cfr. art. 382º, *in fine*, e § 1º).

Para além da **responsabilidade** que lhe advém pela inobservância do prazo de transporte, o transportador incorre em responsabilidade pelos danos que forem causados pelos seus empregados e colaboradores ou por um subcontratado (cfr. art. 377º), pela perda ou deterioração de objetos transportados (cfr. art. 383º), e tem ainda responsabilidade, perante o expedidor, por eventual incumprimento de obrigações fiscais (cfr. art. 386º).

Para assegurar o pagamento do transporte, nos casos em que o mesmo não é feito à cabeça, a lei comercial estabelece como **garantias** do transportador o **direito de retenção** (cfr. art. 390º do CCom e art. 21º do DL 352/86) e um privilégio creditório sobre *os objetos transportados* (cfr. art. 391º). Por sua vez, o expedidor tem um *privilégio* de igual natureza, no valor *dos objetos transportados,* sobre os meios utilizados no transporte (cfr. art. 392º).

26. Contrato de seguro[562]

26.1. Noção e elementos essenciais

O **seguro** é o contrato pelo qual uma empresa (organizada em geral sob a forma de sociedade comercial anónima) com objeto exclusivo (a *seguradora*), se obriga, mediante uma remuneração (*prémio*), a favor do segurado (que frequentemente é o *tomador do seguro*) ou de terceiro

[562] Tomamos por referência o nosso *Direito Empresarial,* 2ª ed., 2016, pp. 341-347.
Bibliografia específica (atualizada):
(i) Posterior ao Regime Jurídico de Acesso e Exercício da Atividade Seguradora e Resseguradora (aprovado pela Lei nº 147/2015, de 9 de setembro): António Menezes Cordeiro, *Direito dos Seguros,* 2ª ed., Almedina, 2016, em especial pp. 481-490, 510-523, 525-534, 537-541, 569-578, 717-737, e, de forma muito sintética, Maria Elisabete Ramos, *Direito Comercial e das Sociedades,* 2018, pp. 44-47.
(ii) Anterior ao RJASR, mas posterior à Lei do Contrato de Seguro (aprovada pelo Decreto-Lei nº 72/2008, de 16 de abril), mantendo-se atualizada no que respeita ao contrato de seguro: Ferreira de Almeida, *Contratos III,* 2ª ed., 2013, pp. 230-266, Paula Ribeiro Alves, *Contrato de Seguro à Distância: o contrato electrónico,* Almedina, Coimbra, 2009, pp. 9-16 e 18-20, Engrácia Antunes, *Direito dos Contratos Comerciais,* 2009, pp. 677-724, e «O contrato de seguro na LCS de 2008», *ROA,* Ano 69, t. III-IV, 2009, pp. 815-858, Pedro Romano Martinez, «Celebração de contratos à distância e o novo regime do contrato de seguro», *RDES,* ano L (XXIII da 2ª Série), nºs 3-4, 2009 (pp. 85-116), pp. 107-116, Maria Inês de Oliveira Martins, *O Seguro de Vida enquanto tipo contratual legal,* Wolters Kluwer / Coimbra Editora, Coimbra, 2010, em especial pp. 25-33, Maria Elisabete Ramos, «Contrato de seguro – perspetivas da experiência portuguesa», AA.VV., *Questões de Direito Comercial no Brasil e em* Portugal, coord. Fábio Ulhoa Coelho e Maria de Fátima Ribeiro, Saraiva, São Paulo, 2014 (pp. 257-294), pp. 271-287 e 290-291, Margarida Lima Rego, *Contrato de Seguro e Terceiros. Estudo de Direito Civil,* Wolters Kluwer / Coimbra Editora, Coimbra, 2010, em especial pp. 31-471, e Pais de Vasconcelos, *Direito Comercial,* 2011, pp. 246-257.

(*beneficiário*), e caso se venha a verificar (*risco*) um evento futuro e incerto (*sinistro*) a indemnizar danos ou prejuízos que deste possam resultar ou a pagar um determinado valor pré-estabelecido.

Simplificando, diríamos que é o contrato pelo qual uma pessoa (o **tomador**) transfere para uma empresa específica com objeto exclusivo (a **companhia seguradora**) o risco da ocorrência de um dano, na esfera própria ou alheia, mediante o pagamento de uma contrapartida (**prémio**) (cfr. art. 1º da Lei do Contrato de Seguro).

São elementos essenciais do contrato:

- Os sujeitos intervenientes (seguradora e tomador de seguro);
- As respetivas obrigações: pagamento do prémio e da eventual indemnização (que pode ser sujeita a franquia); e
- O objeto: risco de sinistro.

26.2. Enquadramento normativo: legislação e regimes jurídicos especiais

O contrato de seguro – classicamente regulado no Código Comercial (arts. 425º a 462º[563]) e em legislação avulsa – tem conhecido um enorme desenvolvimento e apresenta uma grande complexidade, com especial incidência nos seguros obrigatórios, nos deveres de informação do operador e nas limitações à vontade das partes, sendo hoje exclusivamente objeto de regulamentação extravagante.

De entre os diplomas que disciplinam este contrato, saliente-se:

(iii) Vd., também, pelo interesse de corresponder ao pensamento do legislador, AA.VV., *Lei do Contrato de Seguro Anotada* (por Pedro Romano Martinez/Leonor Cunha Torres/Arnaldo da Costa Oliveira/Maria Eduarda Ribeiro/José Pereira Morgado/José Vasques), 3ª ed., Almedina, Coimbra, 2016.

Dada a natureza do presente texto, prescindimos de indicar obras publicadas no âmbito do regime legal anterior. Selecionámos algumas dessas obras nas nossas *Lições de Direito Comercial*, cit., 2010, p. 213, nota 368, apesar destas terem sido publicadas posteriormente à (então) nova LCS.

[563] Revogados pelo art. 6º, nº 2, *alínea a)* do DL nº 72/2008, de 16 de abril, que aprovou a Lei do Contrato de Seguro.

O contrato tinha sido objeto de desenvolvida regulamentação no Código Ferreira Borges, ocupando mais de uma centena de disposições legais (arts. 1672º a 1812º).

- A Lei do Contrato de Seguro (**LCS**), aprovada pelo Decreto-Lei nº 72/2008, de 16 de abril[564], e vigente desde 1 de janeiro de 2009 (cfr. art. 7º da LCS)[565];
- O Regime Jurídico de Acesso e Exercício da Atividade Seguradora e Resseguradora (**RJASR**), aprovado pela Lei nº 147/2015, de 9 de setembro, e vigente desde 1 de janeiro de 2016 (cfr. art. 37º, nº 1)[566];
- O **Decreto-Lei nº 176/95**, de 26 de julho, sobre informação e regime do contrato de seguro, que foi parcialmente revogado pela LCS, e se encontra profundamente amputado.
- O **Decreto-Lei nº 384/2007**, de 19 de novembro, sobre informação nos seguros de vida e de acidentes pessoais.

Os contratos formam-se frequentemente com recurso a cláusulas contratuais gerais e espelham usos profissionais que assumem particular relevância.

Paralelamente com a lei do contrato de seguro existem **regimes especiais** (cfr. art. 2º da Lei do Contrato de Seguro), nomeadamente:

- Responsabilidade civil automóvel: Decreto-Lei nº 291/2007, de 21 de agosto (Seguro obrigatório), e Decreto-Lei nº 214/97, de 16 de agosto (Seguro automóvel facultativo: redução do valor seguro);
- Acidentes de trabalho: Lei nº 98/209, de 4 de setembro;
- Seguro de crédito e de caução: Decreto-Lei nº 183/88, de 24 de maio (red. do Decreto-Lei nº 31/2007, de 14 de fevereiro), e Decreto-Lei nº 214/99, de 15 de junho.

[564] Revogou as disposições do Código Comercial aplicáveis a este contrato (arts. 425º a 465º) e, entre outros, o Decreto-Lei nº 142/2000, de 15 de julho, os quais cessaram a sua vigência em 31 de dezembro de 2008, por determinação do art. 6º, nº 1 (do DL 72/2008, de 16 de abril).

[565] As disposições legais não referenciadas neste número reportam-se à Lei do Contrato de Seguro (aprovada pelo DL 72/2008, de 16 de abril, na red. dos arts. 7º e 34º, *alínea f)* da L 147/2015, de 9 de setembro), que entrou em vigor no início de 2009, e que designaremos abreviadamente por LCS.

[566] Revogou (e substituiu) o Decreto-Lei nº 94-B/98, de 17 de abril. A sua redação atual foi estabelecida pelo DL 127/2017, de 9 de outubro.

26.3. Ramos e modalidades

Há basicamente dois grandes ramos de seguro, que são configurados autonomamente sob os pontos de vista legal e operacional: vida e não vida.

O **ramo vida** respeita às pessoas e envolve diversos seguros e operações (cfr. art. 9º do RJASR). O mais relevante é precisamente o seguro de vida, que pode ter *seguros complementares* que previnam situações de incapacidade (profissional) definitiva.

O ramo "**não-vida**" pode respeitar a mais de uma dúzia de ramos e a várias modalidades (cfr. art. 8º do RJASR)[567]. Exemplifique-se:

(i) *Acidentes* (de trabalho, pessoais e de pessoas transportadas);
(ii) *Doença* (envolvendo as modalidades isoladas ou conjugadas de prestações convencionadas e de prestações indemnizatórias);
(iii) *Veículos* (terrestres e ferroviários, aeronaves e embarcações marítimas) *e* respetiva *responsabilidade (civil)*;
(iv) *Responsabilidade civil (geral);*
(v) *Mercadorias transportadas*;
(vi) *Incêndio* (cfr. arts. 8º, *alínea h)*, 149º a 151º da LCS) *e elementos da natureza* (raio ou explosão, tempestades, energia nuclear, aluimento de terras) *e outros danos em coisas* (nas modalidades de riscos agrícolas [colheitas (cfr. arts. 152º e 154º da LCS)] e pecuários);
(vii) *Crédito* (à exportação, agrícola, hipotecário, vendas a prestações e insolvência);
(viii) *Caução*;
(ix) *Perdas pecuniárias diversas* (lucros, rendas, etc);
(x) *Proteção jurídica* (incluindo despesas com processos judiciais);
(xi) *Assistência* (em viagem ou ao domicílio).

Outra classificação distingue os seguros obrigatórios [automóvel, acidentes de trabalho e propriedade horizontal (incêndio)] dos facultativos.

[567] Sobre os seguros (obrigatórios) de responsabilidade civil, vd. PEDRO ROMANO MARTINEZ, «Ensaio sobre os Seguros de Responsabilidade Civil», *CLR*, vol. II, nº 2, 2018 (pp. 41-72), em especial pp. 43-52 e 54-63.

26.4. As partes e outros sujeitos

São partes necessárias deste contrato:

(i) A **seguradora**, que é habitualmente uma sociedade anónima (cfr. arts. 3º, nº 1, *alínea a)* e 50º do RJASR); e
(ii) O **tomador do seguro** – que é o segurado, se o risco da ocorrência prevenido for na sua esfera jurídica – é o sujeito contratante do seguro e que paga o respetivo prémio.

Destes sujeitos podem diferenciar-se:

(iii) O **segurado** – que é o sujeito coberto pelo seguro – se não coincidir com o tomador; e (eventualmente)
(iv) O **beneficiário** do seguro – aquele que recebe o pagamento da seguradora em caso de sinistro do segurado –, se for diferente do tomador ou do segurado.

Em muitas situações o tomador, o segurado e o beneficiário são uma única pessoa. Tal acontece, por exemplo, no seguro de doença, que uma determinada pessoa contrata para si própria – isto é, para cobrir um risco na sua esfera jurídica e do qual é a única beneficiária. Nesse caso, o contrato de seguro esgota-se em duas partes.

Podemos, assim, afirmar que o segurado coincide frequentemente, mas não necessariamente, com o tomador.

Com efeito, em diversos contratos de seguro, o tomador pretende prevenir os riscos que possam ocorrer na esfera jurídica do segurado e pelos quais ele é responsável. Exemplificando, é o que sucede com o seguro de acidentes de trabalho, em que o tomador (do seguro) é a empresa (entidade patronal) e o segurado o trabalhador.

Por sua vez, o tomador e o segurado podem não ser beneficiários do seguro. Assim acontece nos seguros de vida, por exemplo, em que o segurado pode (ou não[568]) ser o tomador e o (eventual) beneficiário é um terceiro (por morte do segurado).

[568] O segurado não coincide com o tomador, se o risco coberto não respeitar ao tomador, mas a terceiro em razão do qual o seguro seja contratado. Neste caso, o tomador pode ser o beneficiário do seguro, se for ele a receber uma indemnização, em caso de sinistro (de que o segurado venha a ser vítima), com a finalidade de ressarcir os danos (cobertos) que venha eventualmente a sofrer.

Às partes que tradicionalmente compõem o contrato de seguro, devemos acrescentar – no que respeita à regulação e supervisão dos diversos sujeitos e, em particular, no que respeita à atividade das companhias (seguradoras) – a **Autoridade de Supervisão de Seguros e Fundos de Pensões** (cfr. arts. 20º a 46º do RJASR).

Finalmente refira-se que a posição contratual do segurador pode ser reforçada, designadamente se o montante a indemnizar for muito elevado, concretizando a contratação do seguro através de uma pluralidade de empresas, em regime de **cosseguro** (cfr. arts. 62º a 71º da LCS e arts. 248º a 251º do RJASR) ou repercutindo, noutra companhia, eventualmente estrangeira, a cobertura do risco, promovendo o respetivo **resseguro** (arts. 72º a 75º da LCS e arts. 5º, nº 1, *alínea g)*, 18º, 47º, nº 2, 245º do RJASR).

26.5. Alguns aspetos do regime legal

26.5.1. *Formação do contrato e respetivo conteúdo*

O contrato é documentado por uma apólice (de seguro), devendo a seguradora, aquando da sua celebração conceder diversas informações (cfr. DL 176/95 e art. 76º).

O conteúdo deste contrato deduz-se da respetiva *apólice*, da qual deve constar (cfr. art. 37º da LCS):

- a natureza e objeto do seguro (nº 2, *alíneas c)* e *j)*);
- os riscos cobertos (nº 2, *alínea d)*);
- vigência (duração) do contrato (nº 2, *alínea i)*);
- quantia segurada (nº 2, *alínea g)*);
- prémio ajustado (nº 2, *alínea h)*).

O risco tem de ser legalmente segurável e pode ser delimitado em função do(a):

a) *objeto* seguro (veículo, edifício, fração).
b) causa do sinistro (incêndio, choque, capotamento, colisão, furto, e abalo sísmico).
c) âmbito espacial da ocorrência. Por exemplo, limite de circulação.

26.5.2. *Participação do sinistro*

A Lei do Contrato de Seguro estabelece as regras gerais a observar em caso de ocorrência de sinistro, nomeadamente as que regulam o modo de efetuar a participação e, nomeadamente, as que se reportam aos prazos a observar.

Assim, a ocorrência do sinistro deve ser participada à companhia seguradora, pelo segurado ou beneficiário do seguro, no prazo de oito dias subsequentes à data em que tomar conhecimento da mesma, salvo se no contrato for estipulado um prazo diferente (cfr. art. 100º, nº 1 da LCS) ou se o segurado (ou beneficiário) demonstrar que *não poderia razoavelmente* ter efetuado a participação antes da data *em que o fez* (art. 101º, nº 3 *in fine*).

A participação deve referir as *eventuais causas* e *circunstâncias* em que terá ocorrido o sinistro, bem como os danos que dele tenham resultado (cfr. art. 100º, nº 2).

26.5.3. *Âmbito do dever de indemnizar e determinação do dano*

O âmbito do dever de indemnizar corresponde à reparação do dano, mas pode ser fixado, dependendo o montante do tipo de seguro.

Por isso, na determinação do conteúdo do seguro, devemos procurar ter em consideração as cláusulas contratuais que têm por finalidade limitar ou excluir certo tipo de riscos, em especial aqueles que são habitualmente excluídos: guerras, greves, tumultos, alterações da ordem pública e ato doloso do segurado.

Mas o alargamento da cobertura de risco é possível e depende, em muitos casos, de uma negociação entre as partes.

Quanto à indemnização a pagar por ocorrência do sinistro, a mesma está frequentemente sujeita a uma **franquia,** só sendo devida a partir da ocorrência de um montante mínimo de danos, a ser calculado percentualmente por referência ao valor do seguro (bem ou pessoa segura) ou com base num valor fixo; e consequentemente só cobrindo os danos que a excederem.

Verificando-se um sinistro e sendo o mesmo comunicado à companhia de seguros, importa proceder ao apuramento dos danos ocorridos, de modo a verificar se o seguro se encontrava bem contratado e se os danos vão ser objeto de reparação integral.

27. Contratos bancários e financeiros[569]

27.1. Operações bancárias

A relação comercial que banco e cliente estabelecem, independentemente de quem toma a iniciativa – o banco, através de campanha publicitária ou abordagem personalizada, direta ou por recurso a promotores, ou o cliente, por contacto efetuado com aquele –, não está sujeita a um conjunto de normas escritas perfeitamente definido. Tal relação enquadra-se nas normas aplicáveis às operações bancárias, constantes do Código Comercial (cfr. artigos 362º a 365º e 407º)[570] e de legislação avulsa (mercantil) – caso do Decreto-Lei nº 317/2009, de 30 de outubro (red. DL 242/2012, de 7 de novembro) (sobre a prestação de serviços de pagamento) –, e encontra-se subordinada às disposições legais que disciplinam a atividade bancária (constantes do Regime Geral das Instituições de Crédito e Sociedades Financeiras) e às regras do Banco Central, estabelecidas por Instruções, Avisos e Circulares, em paralelo com as cláusulas a que as partes sujeitam a respetiva relação comercial, as quais são expressas – em formulários pré-elaborados ou em contratos individualizados – ou são fruto de mero acordo tácito, frequentemente resultante da aceitação expressa de determinados efeitos[571]. A estas regras – constantes da lei, dimanadas do Banco de Portugal ou construídas e estabelecidas pelas partes – acrescem os usos bancários[572].

[569] Seguimos de perto o nosso *Direito Empresarial*, 2ª ed., 2016, pp. 347-365.
Vd. também Engrácia Antunes, *Direito dos Contratos Comerciais*, 2009, pp. 469-565, Menezes Cordeiro, *Direito Bancário*, 6ª ed., 2016, pp. 539-871, e Januário da Costa Gomes, *Contratos Comerciais*, 2012, pp. 91-370, para além da doutrina pontualmente citada.

[570] Recorde-se que o Código Comercial regula as operações de banco, qualificando-as como atos de comércio (contratos comerciais) (cfr. art. 362º). De entre as quatro normas que classicamente se reportam a estes contratos (arts. 362º a 365º), merece especial referência o art. 365º que estabelece uma presunção de insolvência culposa do banqueiro que cessa os seus pagamentos, a qual tem uma importância redobrada nos dias de hoje.
Sobre estas disposições legais, vd. Pais de Vasconcelos, *Direito Comercial*, 2011, pp. 218-220.

[571] Constitui exemplo desta última prática a requisição de um ou mais conjuntos de módulos (de cheques), a qual implica a formalização da convenção de cheque, se não tiver sido precedida da assinatura de um contrato celebrado com essa finalidade.

[572] Seguimos, de muito perto, a nossa dissertação de doutoramento, *Cheque e Convenção de Cheque*, 2009, pp. 418-419.

27.2. Relação contratual bancária

A relação jurídica estabelecida entre o banco e o seu cliente abrange diversos tipos contratuais diferentes, que implicam, em regra (mas não necessariamente, esclareça-se), a abertura de conta, para se iniciar, o depósito de dinheiro, para se consubstanciar, e a conta-corrente, como corolário da sua execução.

Optamos, pois, por classificar a relação que se desenvolve entre o banqueiro e o seu cliente como ***complexa***, por ser o qualificativo que melhor salvaguarda a autonomia formal dos diversos negócios envolvidos e as múltiplas combinações que estes podem proporcionar[573] e que não se reconduzem, em nossa opinião, a um contrato bancário geral[574].

[573] Optando presentemente por qualificar esta relação como "relação bancária geral", cujo relevo considera corresponder «a uma exigência dogmática moderna» (p. 253), Menezes Cordeiro, no capítulo VI da parte II do seu *Direito Bancário*, 6ª ed., 2016, pp. 255-291 (cfr. também p. 539).

[574] A pluralidade de negócios que caracterizam o relacionamento entre o banqueiro e o seu cliente levou diversos autores a falarem num *contrato bancário geral* – na esteira da doutrina germânica –, casos de António Menezes Cordeiro, no passado, «O "contrato bancário geral", AA.VV., *Estudos de Direito Bancário*, FDUL / Coimbra Editora, 1999 (pp. 11-19), p. 11 (e bibliografia citada), Carlos Ferreira de Almeida, *Contratos II*, 4ª ed., 2016, pp. 144-147, e «O contrato de conta corrente e a conta corrente bancária», AA.VV., *Estudos em Homenagem ao Prof. Doutor José Lebre de Freitas*, vol. II, Coimbra Editora, Coimbra, 2013 (pp. 25-43), pp. 35-38, de António Pedro Ferreira, *Direito Bancário*, cit., 2009, pp. 413-418 (cfr., em especial a bibliografia citada, nesta última obra, na nota 783, na p. 414), e mais recentemente de L. Miguel Pestana de Vasconcelos, *Direito Bancário*, Almedina, Coimbra, 2017, pp. 69-86, em especial pp. 73-75 e 81-84, apesar deste autor evitar comprometer-se com o conceito de contrato bancário geral e optando por qualificá-lo como um contrato-quadro (p. 84).
Entre nós, criticando a noção de "contrato bancário geral", por não captar «a essência da relação corrente de negócios» e por falta de determinação do respetivo conteúdo, Manuel A. Carneiro da Frada, *Teoria de confiança e responsabilidade civil*, Almedina, Coimbra, 2004, pp. 575-577 (nota 614).
A referência a esta figura encontra a sua origem na Alemanha, onde a relação jurídica bancária assume contornos especialmente nítidos, por força da existência de um regime de cláusulas contratuais gerais específicas dos bancos: as *Allgemeine Geschäftsbedingungen die Banken* (*AGB-Banken*). Sobre estas cláusulas – que proporcionam, no ordenamento jurídico alemão, uma unidade estrutural aos negócios jurídicos bancários que não encontramos no Direito português –, cfr. as indicações (bibliográficas) constantes da nossa dissertação *Cheque e Convenção de Cheque*, cit., 2009, pp. 394-395 (nota 862).

27.3. Relacionamento negocial típico

27.3.1. *Enquadramento*

A relação jurídica que se estabelece entre o banqueiro e o seu cliente alicerça-se, essencialmente, em dois contratos autónomos, mas complementares, que podemos designar de contrato inicial e de contrato-base: o primeiro por constituir o acordo pelo qual habitualmente, mas não necessariamente[575], se inicia juridicamente a relação entre o banqueiro e o cliente[576] e o segundo por ser um negócio jurídico nuclear no âmbito das operações de banco. Referimo-nos aos contratos de **abertura de conta**[577] e de **depósito**, que, pela sua relevância, abordaremos separadamente, em seguida (cf., *infra*, 27.3.2 e 27.3.3)[578].

Contudo, a relação bancária, apesar de se fundar nesses dois negócios e, em especial no contrato de abertura de conta, é complexa, como vimos (*supra*, nº 27.2), compreendendo diversos atos dogmaticamente

[575] Fazemos esta afirmação porque este contrato (de abertura de conta), apesar de habitual, não é essencial para constituir uma relação jurídica bancária, a qual pode existir antes ou independentemente da abertura de uma conta, quando está em causa, por exemplo, o contrato de câmbios ou o contrato de cartão de crédito com uma entidade bancária, sem (prévia) abertura de conta.

[576] O ato de abertura de conta assume natural relevância na constituição da relação contratual entre o banqueiro e o seu cliente. Embora tal relação possa, pontualmente, constituir-se ou existir à margem da conta bancária, a abertura desta tem sempre o significado de relação de clientela, mesmo que subsequentemente não haja desenvolvimento negocial entre as partes.

[577] É através desse contrato que se inicia, em regra, a relação entre o banco e o cliente, mesmo quando este apenas pretende recorrer ao crédito, devendo, de qualquer modo, abrir uma conta que constitua referência dos débitos a efetuar, quer assumam a forma de prestações regulares, quer sejam pontuais. Nessas circunstâncias, a abertura de conta pode não acarretar a celebração de uma convenção de cheque – nem tão pouco a constituição de um contrato de depósito (o que sucede, por exemplo, se a conta se destinar unicamente a lançamentos relativos à utilização de um cartão de crédito, cujo saldo é periodicamente liquidado por cheque, multibanco ou transferência) –, mas é natural que o banco pretenda aproveitar o financiamento concedido para desenvolver e estimular uma relação comercial estabelecida.

[578] Para maior desenvolvimento, vd., a nossa dissertação, *Cheque e Convenção de Cheque*, 2009, pp. 383-393.

autonomizáveis e não cabendo ponderar a possibilidade de a reconduzir a um só negócio[579].

Com efeito, o relacionamento negocial típico entre o banco e o cliente envolve, no mínimo, os seguintes três ou quatro contratos[580]:

- Abertura de conta;
- Depósito;
- Transferência; e eventualmente
- (Utilização de) Cartão de débito.

É pela celebração, em regra simultânea, destes contratos que se inicia a relação contratual entre um banco e a sua contraparte negocial: o cliente. Este, após escolher o banco, celebra um contrato de abertura de conta, deposita uma determinada quantia em dinheiro (numerário ou cheque) ou ordena uma transferência em favor dessa conta e recebe um cartão de débito para a poder movimentar em linha (*on-line*), podendo proceder a levantamentos ou a pagamentos (por transferência). O risco do banco é, neste caso, muito reduzido e resume-se à eventualidade de antecipar fundos ao cliente, por conta de valores a cobrar.

No entanto, a limitação da relação bancária a estes negócios não é satisfatória para os clientes profissionais, isto é, para as empresas e pessoas coletivas em geral, que não se bastarão com as transferências e com levantamentos por cartão de débito, nem com a utilização da respetiva conta exclusivamente a débito (das importâncias que nela forem previamente depositadas), como veremos adiante.

[579] Para além das operações bancárias financeiras, em regra são autonomizáveis operações de crédito (à produção, distribuição e ao consumo) e de prestação de serviços, desde o simples aluguer de cofre-forte e depósito e custódia de títulos e outros valores, passando pela administração de bens, emissão de cartões (bancários) e transferências (pontuais e permanentes) e terminando nas cobranças (de rendimentos de ações e outros valores, letras e cheques).

[580] Os dois primeiros são "quase obrigatórios" e comuns ao relacionamento entre o banqueiro e o seu cliente.
A conjugação de diversos contratos que integram essa relação aflora sistematicamente nas abordagens doutrinárias e jurisprudenciais. Neste sentido, cfr. o **AcRelCoimbra de 21 fev 2006** (Coelho de Matos) / Proc. nº 3197/05, *www.dgsi.pt*, que identifica como *questões essenciais* à resolução de um caso de emissão de cheque em branco: *a abertura de conta, a natureza do depósito bancário, o cheque em branco, a sua eficácia* post mortem, *a eficácia da solicitação do congelamento da conta e o regime jurídico dos cartões bancários* (cfr. p. 8).

Para além desses contratos, existem outros que, não surgindo imediatamente, no momento da constituição, vêm a integrar a relação estabelecida entre o banqueiro e o seu cliente. Entre eles, cumpre salientar o contrato de **conta-corrente bancária** que é uma consequência lógica da movimentação da conta aberta e do depósito constituído.

27.3.2. *Abertura de conta*[581]

A **abertura de conta** confunde-se frequentemente com o depósito bancário (inicial) – embora o banco não se encontre legalmente obrigado a exigir ao cliente que proceda à entrega de uma quantia pecuniária, no momento em que este solicita a abertura de conta ou em que, por sugestão do banco, acede a fazê-lo – ou com a conta-corrente, que resulta da sua contratação. Trata-se do momento constitutivo da relação contratual global e complexa que se vai estabelecer entre banco e cliente, embora nada impeça que uma pessoa ou entidade crie uma relação de clientela com um banco sem ter, no mesmo, conta aberta[582].

[581] Cfr. o nosso texto *Cheque e Convenção de Cheque*, 2009, pp. 383-386 e 396-402, que seguimos de perto, ENGRÁCIA ANTUNES, *Direito dos Contratos Comerciais*, 2009, pp. 483-490, JANUÁRIO DA COSTA GOMES, *Contratos Comerciais*, 2012, pp. 108-113 e 118-120, L. MIGUEL PESTANA DE VASCONCELOS, *Direito Bancário*, 2017, pp. 89-101, e PAIS DE VASCONCELOS, *Direito Comercial*, 2011, pp. 221-222.

[582] O banco realiza outras operações sem que a contraparte tenha necessariamente conta aberta. Tal sucede, designadamente, com as operações de câmbios ou troca de divisas e de venda de moedas e metais preciosos, e pode acontecer com o *desconto* (de títulos de crédito), e com o próprio cheque, quando é apresentado para pagamento à vista, ao balcão do banco sacado, por um terceiro não cliente.

Com efeito, é possível recorrer-se a um banco para efetuar o **desconto** de um título (letra) e que este aceite fazê-lo, pagando ao endossante por caixa, sem impor a prévia abertura de conta para creditar o valor a pagar. Cfr., por todos, FERNANDO OLAVO, *Desconto Bancário*, ed. autor, Lisboa, 1955, pp. 66-67. Para proceder ao desconto, o banco tem essencialmente que confiar no crédito do devedor (sacado/aceitante, no caso da letra, e sacador, no caso do cheque), mas ao concretizar a operação, aceitando ser endossatário do título e procedendo ao seu desconto, o banco estabelece uma relação de clientela com o endossante desse título e beneficiário da antecipação de pagamento.

Quanto ao pagamento do **cheque**, o relacionamento entre o banco sacado e o beneficiário do cheque é meramente pontual e pode limitar-se ao contacto inerente ao levantamento do numerário contra a apresentação do cheque. O portador não é parte na relação de cheque – estabelecida entre o banco (sacado) e o seu cliente (sacador) –, mas, como detentor e beneficiário desse instrumento de pagamento, é parte na cadeia cambiária, o que significa que

A abertura de cada (nova) conta representa o corolário da opção de constituição de uma nova relação contratual, que irá originar uma multiplicidade de contratos entre o banco e o cliente, embora nem todos tenham de ser aproveitados, no sentido de que as partes se podem ater a específicas relações obrigacionais, prescindindo voluntária ou involuntariamente de certas vertentes da complexa relação bancária, por não serem adequadas aos seus interesses ou por não disporem de capacidade técnica e, em certos casos, económica para o efeito.

Apesar de constituir o *ponto de partida* para a formação da relação jurídica bancária, a abertura de conta só por si não tem efeitos próprios, para além de formalizar o relacionamento contratual entre o banqueiro e o cliente, estabelecendo a respetiva relação de clientela. São os demais contratos que as partes celebram, por referência a esse ato, que a desenvolvem, lhe dão sentido e lhe conferem o merecido relevo[583]/[584].

A abertura de conta não é disciplinada por diploma legal, continuando o legislador concentrado nos depósitos e cheques, mas é objeto de regulamentação pelo Banco de Portugal, que lhe reconhece, atualmente, no contexto do sistema financeiro português, um *papel central*

beneficia da tutela da circulação cambiária. E é por essa razão que, apesar de não ter qualquer vínculo contratual com o banqueiro sacado, vai dispor de uma pretensão contra ele.

[583] Isso explica o facto de não ter ainda sido objeto do estudo autónomo que bem se justificaria.
No entanto, a doutrina distingue a abertura de conta dos contratos conexos ou sequenciais. Na literatura nacional, cfr. Menezes Cordeiro, *Direito Bancário*, 6ª ed., 2016, pp. 539-545, em especial pp. 539-540, e, anteriormente, em *Da Compensação no Direito Civil e no Direito Bancário*, Almedina, Coimbra, 2003, pp. 238-239, e José Simões Patrício, *Direito Bancário Privado*, cit., 2004, pp. 141-143.
Reconduzindo a conta-corrente bancária «à "abertura de uma conta num banco"», Luís Branco, «Conta corrente bancária. Da sua estrutura, natureza e regime jurídico», *RB*, nº 39, 1996 (pp. 35-85), p. 35. E, na mesma linha, o **AcSTJ de 25 out 1990** (Marques Cordeiro), *BMJ* 400, 1990 (pp. 583-590), p. 589.
Diferenciando a conta-corrente, como registo dos «movimentos gerados entre o banco e o seu cliente», dos «atos que justificam tais movimentos», e entre os quais se contam os contratos de depósito e de prestação de serviço de caixa, entre outros, Carlos Ferreira de Almeida, *Contratos II*, 4ª ed., 2016, p. 144.

[584] Daí que, recorrendo a uma imagem do Conselheiro Cardona Ferreira (**AcSTJ de 31 out 1995**, *CJ/AcSTJ*, ano III, t. III, 1995, pp. 88-90), «*a conta* seja, *abstractamente, o continente, cujo conteúdo é a dimensão concreta do valor básico do contrato de depósito*» (cfr. p. 90).

(cfr. Aviso nº 5/2013, de 18 de dezembro, na redação do Aviso nº 3/2017, de 2 de junho de 2017)[585].

A abertura de conta representa, assim, o ato inicial constitutivo de uma relação contratual complexa, com natureza específica, tendencialmente duradoura.

Trata-se do momento em que o cliente se deve identificar, dando a conhecer à sua contraparte – a instituição de crédito escolhida – os seus dados essenciais e o seu perfil financeiro e, com essa finalidade, preenchendo uma ficha que constituirá referência necessária do relacionamento encetado. Sendo dogmaticamente um negócio autónomo, porque reúne as características atinentes à sua validade, eficácia jurídica e subsistência sem atos complementares, é habitualmente acompanhada de um depósito em dinheiro ou em valores, o qual será a sustentação dos movimentos a efetuar relativamente à conta aberta[586].

27.3.3. *Depósito*[587]

O depósito é o contrato-quadro da relação existente entre o banqueiro e o seu cliente[588] e, em regra, dá origem à chamada provisão, isto é, aos

[585] Este aviso substituiu o Aviso nº 11/2005, de 13 de julho (na red. do Aviso nº 2/2007, de 8 de fevereiro de 2007), e entrou em vigor em 16 de fevereiro de 2014.
O Aviso do Banco de Portugal estabelece rigorosos deveres de informação (cfr. arts. 9º a 14º) a observar pelos clientes na abertura de conta, incluindo um dever especial de cuidado (art. 13º), sobre a sua identificação e dos beneficiários efetivos, bem como sobre a idoneidade dos representantes autorizados a movimentar a conta, que permitam o adequado conhecimento dos clientes; e deveres das instituições de crédito que procedem à abertura da conta (arts. 15º a 22º).

[586] Para mais desenvolvimentos, cfr. o nosso livro *Cheque e Convenção de Cheque,* 2009, pp. 396-401, cuja leitura deve ser atualizada à luz do Aviso 5/2013.

[587] Cfr. Paulo Olavo Cunha, *Cheque e Convenção de Cheque*, 2009, pp. 402-409, que seguimos de muito perto, mas com menor desenvolvimento.
Sobre o contrato de depósito bancário, para além da literatura geral, cfr. (por ordem alfabética do último apelido) Engrácia Antunes, *Direito dos Contratos Comerciais,* 2009, pp. 492-496, Carlos Lacerda Barata, «Contrato de Depósito Bancário», AA.VV., *Estudos em Homenagem ao Prof. Doutor Inocêncio Galvão Telles*, vol. II – *Direito Bancário,* Almedina, Coimbra, 2002 (pp. 7-66), pp. 9-10 (sintetizando as modalidades de depósito a pp. 15-19), Paula Ponces Camanho, *Do contrato de depósito bancário*, Almedina, Coimbra, 1998, pp. 69-73 e 93-98, José Gabriel Pinto Coelho, *Operações de Banco,* 2ª ed., Petrony, Lisboa, 1962, pp. 11-12, Menezes Cordeiro, *Da Compensação no Direito Civil e no Direito Bancário*, cit., 2003, pp. 213-227, em especial pp. 221-227 (texto retomado no *Direito Bancário*, 6ª ed., 2016, pp.

fundos que o cliente coloca no banco – ou que este assegura que lhe sejam creditados –, para que o banco possa à custa de tais disponibilidades proceder ao cumprimento de instruções (de pagamento) que o cliente lhe transmite.

O **depósito bancário** é, em sentido lato[589], o contrato pelo qual um indivíduo ou uma entidade, a que chamamos depositante, entrega[590]

611-624, em especial pp. 619-624), Januário da Costa Gomes, *Contratos Comerciais*, 2012, pp. 164-166, 169-175 e 178-179, Fernando Conceição Nunes, «Depósito e Conta», AA.VV., *Estudos em Homenagem ao Prof. Doutor Inocêncio Galvão Telles*, vol. II – *Direito Bancário*, Almedina, Coimbra, 2002 (pp. 67-88), em especial pp. 70-79, José Simões Patrício, *A operação bancária de depósito*, Elcla, Porto, 1994, pp. 14-16, João de Matos Antunes Varela, «Depósito bancário. (Depósito a prazo em regime de solidariedade – Levantamento antecipado por um contitular)», *RB*, nº 21, 1992 (pp. 41-75), pp. 45-58, 61-63 e 65-68, L. Miguel Pestana de Vasconcelos, *Direito Bancário*, 2017, pp. 122-138, e Pais de Vasconcelos, *Direito Comercial*, 2011, p. 222.

[588] Chamamos a este contrato *base* não apenas por nele assentarem efetivamente os mais importantes contratos e operações bancárias, mas por representar também a concretização do fator decisivo na diferenciação das instituições de crédito (e dos bancos em especial) relativamente a outras entidades – nas quais os clientes poderão também ter contas, mas não depósitos de fundos reembolsáveis –, contribuindo desse modo para a caracterização dos bancos em relação às demais sociedades financeiras. E esse elemento distintivo e único nas instituições de crédito, respeitante à sua aptidão para a captação de fundos ou constituição de depósitos, é determinante na definição dos bancos e dos contratos que, com base no depósito, podem ser com eles celebrados.

A conta bancária pode ser aberta ou constituída sem se efetuar qualquer depósito passando a funcionar, neste caso, com base no crédito que o banco disponibilizar ao cliente.

[589] Em *sentido estrito*, o contrato de depósito resume-se, de acordo com o art. 1185º do CC, à entrega de dinheiro à guarda do banco, quer o mesmo seja em notas e moedas metálicas, quer seja em cheques ou outros instrumentos com poder liberatório pleno. No entanto, neste sentido estrito, o depósito bancário não constitui um contrato de depósito na aceção técnica da palavra, porque o depositário não fica obrigado a restituir o bem depositado.

O **depósito bancário** moderno, de pura **moeda escritural**, obriga a repensar o contrato civil que classicamente impunha que os bens depositados – e não um montante equivalente dos mesmos – fossem restituídos ao depositante, limitando-se o depositário a conservá-los. A rentabilização desses bens, através da sua disponibilização, sob a forma de crédito, a terceiros, altera definitivamente a natureza do depósito. Assim, diversamente do que sucedia com o depósito de bens (infungíveis), efetuado com a finalidade de ulterior devolução do objeto depositado, cuja propriedade se conservava na esfera jurídica do depositante, o dinheiro que – na forma de numerário ou de moeda escritural – é depositado pode ser utilizado pelo banqueiro (depositante) no exercício da sua atividade de concessão de crédito, ficando o banqueiro apenas obrigado a devolver ao cliente (depositante), montante equi-

à guarda de um banco, que é o depositário, uma determinada quantia em dinheiro – ou outros bens fungíveis ou infungíveis com valor –, para que este a restitua quando aquele a reclamar[591] [592], devendo eventualmente remunerar a disponibilidade que teve dos bens depositados. Nestes termos amplos, o depósito bancário surge como uma forma de segurança do dinheiro e de outros valores de diferente natureza – tais como títulos ou bens, envolvendo possivelmente a utilização de cofres-fortes – e mais tarde passa a ser remunerado, constituindo os fundos que os bancos vão poder utilizar no exercício da respetiva atividade creditícia[593].

O depósito bancário forma-se, em regra, pela entrega de dinheiro ao banco, vindo a confundir-se com a conta bancária cuja movimentação sustenta e a que se encontra associado. Neste caso, tecnicamente, a conta assume correntemente o resultado do depósito, sob a forma de saldo (normalmente credor) relativo à posição jurídica do cliente, revelando a posição necessariamente coincidente com o valor do depósito (à ordem) que lhe é inerente. Daí que a conta represente o direito de crédito do cliente sobre o banco correspondente ao saldo do depósito.

O cliente deverá, pois, no seu interesse – de simples custódia, para rentabilização, como caução, ou para mera sustentação de movimentação

valente ao recebido, eventualmente deduzido de despesas incorridas com a guarda do dinheiro ou acrescido dos juros que entretanto se venceram e forem devidos.

[590] As partes neste contrato são quem solicita a guarda (custódia, no significado tradicional) do bem e quem aceita que o mesmo lhe seja entregue com essa finalidade, podendo acordar na utilização desse bem, de modo a aproveitar as suas qualidades, antes de proceder à restituição a que se encontra obrigado. O depositante não tem de ser necessariamente o titular do depósito, embora seja, no âmbito do contrato, a pessoa interessada na entrega de fundos em favor da sua conta de depósito. Outras pessoas podem proceder a depósitos de quantias na conta e designam-se também, por essa razão, depositantes, motivo pelo qual o termo é «ambíguo» (Conceição Nunes, «Depósito e Conta», cit., 2002, p. 68, nota 1).

[591] Cfr. Paula Camanho, *Do contrato de depósito bancário*, cit., 1998, p. 69.

[592] Por isso não devem ser considerados depósitos, não obstante a sua qualificação como tal pelos operadores, certos instrumentos ou produtos bancários estruturados de captação de fundos, cuja rentabilidade é indexada a outros instrumentos financeiros, sem garantia do capital investido, já que este último aspeto retira a característica estrutural do depósito que consiste no reembolso do capital depositado.

[593] Cfr. Lacerda Barata, «Contrato de Depósito Bancário», cit., 2002 (pp. 7-66), distinguindo depósito em cofre de segurança, depósito de títulos e depósito pecuniário (pp. 10-12), e L. Miguel Pestana de Vasconcelos, *Direito Bancário*, 2017, pp. 124-132.

de conta e para poder efetuar pagamentos a partir do banco –, proceder ao depósito de fundos no banco[594].

O depósito bancário não é objeto de regulamentação legal com caráter geral. As normas do Código Comercial sobre o contrato de depósito mercantil remetem para os usos bancários (os *estatutos* dos bancos, a que se refere o art. 407º do CCom), ou seja, para a prática negocial, onde se tem paulatina e gradualmente formado a matriz contratual que regula este contrato bancário. Existem diversos diplomas e disposições legais dispersos na legislação, nuns casos correspondendo à disciplina de modalidades de depósito que se caracterizam pelo prazo e modo do seu vencimento (cfr. Decreto-Lei nº 430/91, de 2 de novembro, na red. do DL 88/2008, de 29 de maio, que estabelece o regime geral das contas de depósito, e Avisos do BdP nºs 6/2009 e 4/2009), noutros referindo-se à disponibilização dos saldos dos depósitos em numerário e em cheque (cfr. arts. 4º e 5º do Decreto-Lei nº 18/2007, de 22 de janeiro), e noutros ainda resultando de interesses de caráter adjetivo, designadamente de natureza processual [caso, por exemplo, da regra processual sobre *penhora de depósitos bancários* (cfr. art. 780º do CPC)] ou fiscal, como os depósitos especiais correspondentes às "contas poupança".

27.3.4. *Transferência*[595]; *remissão*

As **transferências** de fundos entre instituições de crédito surgiram para permitir a deslocação de espécies monetárias, entre contas bancárias, dispensando o titular de uma delas (e cliente do bancos) – adquirente num negócio em que o pagamento do preço se deveria fazer em dinheiro – de proceder ao prévio levantamento do numerário, sendo-lhe

[594] Sobre os fundos reembolsáveis, vd. Fernando Conceição Nunes, «Recepção de Depósitos e/ou Outros Fundos Reembolsáveis», AA.VV., *Direito Bancário*. Actas do Congresso Comemorativo do 150º aniversário do Banco de Portugal, Supl. da RFDUL, Coimbra Editora, Coimbra, 1997 (pp. 43-65), pp. 60-65, e «Depósito e Conta», cit., 2002 (pp. 67-88), pp. 71-73 e 69.

[595] Sobre este contrato, vd., para além das obras gerais de Direito Bancário citadas (sobretudo as mais recentes), Catarina Martins da Silva Gentil Anastácio, *A transferência bancária*, Almedina, Coimbra, 2004 (em especial pp. 27-30, 37-51, 93-94, 143-151, 165-168, 175-176, 179-184 e 413-417), Engrácia Antunes, *Direito dos Contratos Comerciais*, 2009, pp. 550-552, Paulo Olavo Cunha, *Cheque e Convenção de Cheque*, 2009, pp. 292-302 e 392 (nota 857), e Januário da Costa Gomes, *Contratos Comerciais*, 2012, pp. 208-212.

bastante ordenar o crédito da importância correspondente ao preço na conta da sua contraparte negocial (o vendedor) à custa do saldo correspondente da sua conta. Constituem, por isso, um instrumento seguro adequado a promover pagamentos avultados[596].

Trata-se de um meio de pagamento, pelo que a transferência será objeto de estudo a propósito dessa matéria, no último capítulo (V, nº 32.4), para onde remetemos o respetivo desenvolvimento[597].

27.3.5. *Cartão de débito*[598]

O **cartão de débito** é um cartão de plástico, disponibilizado pelo banco ao seu cliente, para que este possa proceder a levantamentos e pagamentos à custa do saldo existente na sua conta bancária. É, como veremos adiante (nº 32.5.3), um meio de pagamento que permite concretizar negócios à distância.

27.3.6. *Conta-corrente bancária*[599]

No que respeita à sua movimentação, a conta vai configurar-se como uma conta corrente[600], na qual serão lançadas a crédito todas as quantias depositadas (ou creditadas) e a débito as importâncias sacadas ou transferidas. Em geral, essa conta deverá apresentar um saldo credor (em

[596] «O que o emitente de uma ordem de transferência pretende é a transmissão para um terceiro, dos fundos mantidos junto da instituição bancária; o que ele pretende é transmitir moeda» [Beatriz Segorbe, «A transferência bancária, a moeda escritural e a figura da delegação», *RB*, 52, 2001 (pp. 79-125), p. 81].

[597] Nesse sentido, vd. o nosso *Direito Empresarial*, 2ª ed., 2016, pp. 418-424 (nº 30.4).

[598] Vd., *infra*, nº 32.5.3 e Paulo Olavo Cunha, *Cheque e Convenção de Cheque*, 2009, pp. 323-325.

[599] Cfr. Carlos Ferreira de Almeida, «O contrato de conta corrente e a conta corrente bancária», cit., 2013, pp. 25-43, em especial 38-43, Engrácia Antunes, *Direito dos Contratos Comerciais*, 2009, pp. 491-492, e Paulo Olavo Cunha, *Cheque e Convenção de Cheque*, 2009, pp. 386-387 e 409-413.

[600] E, por isso, alguns autores, ao caracterizarem a conta, reportam-se essencialmente à sua expressão dinâmica integrada pelos atos que se lhe reportam e que, na prática, correspondem à noção de conta-corrente. Tal é o caso de Conceição Nunes, no seu estudo citado sobre «Depósito e Conta», 2002 (pp. 67-88), quando afirma que a conta é o «registo, organizado numa base pessoal, cronológico e sintético, das operações de entrega e reembolso de fundos, constitutivas, modificativas ou extintivas do crédito unitário ao reembolso» (p. 79) e qualifica a conta-corrente como uma «técnica contabilística» (p. 80).

favor do cliente), embora nada impeça que, pontual ou permanentemente, o saldo seja devedor, tudo dependendo do que houver sido expressa ou tacitamente[601] estabelecido entre as partes. O efeito de conta-corrente como que dilui, numa amálgama, as diversas operações que, regular ou irregularmente, forem sendo praticadas, passando a ser unicamente relevante o produto ou resultado pontual correspondente ao balanço dos créditos e dos débitos referentes a essa conta, num efeito prático e jurídico de novação. Deste modo, banco e cliente – sem prejuízo da previsibilidade de certos movimentos, a crédito (salário, *v.g.*) ou a débito (é o caso dos pagamentos por transferência) – podem convencionar a obrigatoriedade ou, mais suavemente, a conveniência de a conta apresentar um determinado saldo médio credor.

A conta-corrente bancária traduz, assim, o funcionamento da conta aberta no banco, operando movimentos – a crédito e a débito – no depósito que lhe está associado e constituindo o reflexo patrimonial (contabilístico) da relação contratual estabelecida entre o banqueiro e o seu cliente e existente em cada momento.

Antes de estabelecer a adequada ligação entre os contratos de abertura de conta e de conta-corrente bancária importa introduzir algumas precisões no que se refere a este contrato[602].

No plano geral, a **conta-corrente** é o contrato aplicável às relações comerciais entre credor (fornecedor) e devedor (cliente), no âmbito de um contrato de fornecimento [ou de negociação (da transmissão) de quaisquer valores (cfr. art. 345º do CCom)], exprimindo o "deve" e

[601] O ***overdraft*** ou autorização de descoberto em conta é frequentemente acordado em termos puramente tácitos, *v.g.*, quando o banco – sem que antes tenha havido qualquer convenção expressa nesse sentido – honra cheques sem provisão e cobra ao cliente, sem qualquer oposição ou discordância deste, juros sobre o montante e pelo período do descoberto. Sobre o *overdraft* e as respetivas condições (expressas ou tácitas) de contratação, bem como sobre a respetiva utilização mediante o saque de cheques sem provisão, vd. José Maria Pires, *Direito Bancário*, 2º vol., *As operações bancárias*, Rei dos Livros, Lisboa, s/d (mas depósito legal de 1995), pp. 242-243, Engrácia Antunes, *Direito dos Contratos Comerciais*, 2009, pp. 506-508, e Januário da Costa Gomes, *Contratos Comerciais*, 2012, pp. 331-334.

[602] Trata-se de um conjunto de atos que correspondem a um desenvolvimento específico da conta-corrente comercial, tendo uma origem contabilística – que remonta a mais alta Antiguidade –, assumiu natureza contratual definida no século XIX. Em Portugal, foi objeto de regulamentação no Código Comercial de 1888, com influência do Código Comercial italiano de 1882, preenchendo os sete artigos do título VII do livro II (arts. 344º a 370º).

o "(há-de) haver" desse contrato (cfr. art. 344º do CCom), que se prolonga no tempo e corresponde a uma sucessão de atos desfavoráveis e favoráveis ao correntista[603]. A sua finalidade essencial é permitir a compensação entre os diversos movimentos lançados nessa conta (cfr. art. 346º, nº 3º do CCom), que documenta a relação comercial existente entre dois sujeitos, de modo que (só) o respetivo resultado (saldo) seja exigível pelo credor (cfr. art. 346º, nº 4º do CCom)[604], sendo, pela construção jurídica que convoca, muito mais do que uma mera escrituração contabilística de entradas e saídas[605].

A vantagem deste tipo contratual é, consequentemente, evitar que os movimentos que o formam deem lugar a inúmeras liquidações autónomas.

A **conta-corrente bancária**, por sua vez, constitui o reflexo do relacionamento contratual entre o banqueiro e o seu cliente, com referência a uma conta aberta no estabelecimento daquele, sendo uma espécie do género "conta-corrente comum". Representa, por isso, o *balanço* da relação existente entre um banco e o seu cliente (com referência a uma conta individualizada) – balanço que deve espelhar em cada momento os movimentos, a débito e a crédito, dessa conta – correspondente ao saldo pontualmente determinado.

Quando o cliente abre uma conta bancária e efetua um depósito nessa conta, acorda com o banco sobre a sua movimentação a débito e a crédito, procedendo a pagamentos e levantamentos com base no dinheiro depositado e a novos depósitos na conta, para reforço dos respetivos fundos e, consequentemente, do saldo (credor). Assim, a conta em movimento exprime em cada momento o valor das disponibilidades do cliente (junto do banco), devendo na mesma serem lançadas a débito e

[603] Sobre a conta-corrente (geral), vd. José A. Engrácia Antunes, *Direito dos Contratos Comerciais*, 2009, pp. 385-388, e Pedro Pais de Vasconcelos, *Direito Comercial*, vol. I, 2011, pp. 198-205.

[604] De onde se deduz o efeito *novatório* da conta-corrente – embora mitigado pelo parágrafo único do art. 346º do CCom – que, para além do efeito extintivo da obrigação principal que produz, extingue igualmente as obrigações acessórias, como as garantias ligadas à obrigação extinta. Neste sentido, José Maria Pires, *Direito Bancário*, 2º vol. cit., s/d, p. 153.

[605] Vd. Arnaldo Rizzardo, *Contratos de Crédito Bancário*, 5ª ed., Revista dos Tribunais, São Paulo, 2000, p. 71.

a crédito as operações realizadas. Nesses termos, os cheques sacados sobre a conta serão debitados na "conta-corrente", ficando por satisfazer (sem provisão) se o saldo for insuficiente, exceto se o banco autorizar, prévia[606] ou pontualmente, um descoberto na conta.

Autonomizando-se e distinguindo-se da abertura de conta[607] e do depósito bancário[608], a **conta-corrente bancária** tem uma específica expressão contabilística, não sendo, porém, objeto de regulamentação legal no nosso País[609]. Não obstante, é possível traçar-lhe um **regime** socialmente típico. Assim:

- É um contrato estabelecido entre dois sujeitos específicos – o banqueiro e o seu cliente – que pressupõe a prévia abertura de conta, negócio que dá início à relação contratual bancária, mas de que se autonomiza.
- Envolve o lançamento a crédito e a débito de todos os movimentos que se reportem à conta aberta, qualquer que seja a sua fonte negocial, expressos em unidades monetárias correntes, em conformidade com modelo estruturado pelo banqueiro.
- Em regra, o cliente é o credor do resultado desses lançamentos – que se designa por saldo – o qual, devendo ser permanentemente atualizado, consiste no produto pontual do encontro dos débitos e créditos processados na conta e deve estar sempre disponível.

[606] A autorização prévia de saque a descoberto conduz à distinção entre saldo disponível – correspondente aos meios que o cliente pode usar licitamente (incluindo crédito que lhe seja concedido) – e saldo contabilístico, exclusivamente formado pelas disponibilidades efetivas de uma determinada conta.

[607] Integrando-a nesse contrato, depois de um meritório esforço de autonomização dogmática, Menezes Cordeiro, *Direito Bancário*, 6ª ed., cit., 2016, pp. 560-563 (cfr., em especial, p. 562, nota 1417 *in fine*).

Especialmente relevante, relativamente à sua autonomização da abertura da conta a que respeita, é o resultado da conta correspondente ao saldo das operações inscritas e que se sobrepõem aos créditos que o antecedem.

Fazendo corresponder a conta-corrente bancária à abertura de conta, mas revelando uma perceção adequada da realidade prática da banca, Luís Branco, «Conta corrente bancária» cit., 1996, pp. 35 e 37-38.

[608] Sobre a progressiva autonomização da conta-corrente em relação ao depósito e a sua conversão de pacto acessório em contrato principal, vd. a obra clássica de Joaquin Garrigues, *Contratos Bancários*, ed. autor, Madrid, 1958, p. 123.

[609] Diversamente do que sucede em Itália, por exemplo (cfr. arts. 1852 a 1857 do *Codice Civile*).

- Deve ser verificável pelo cliente através de informação periodicamente distribuída ou disponibilizada, sob a forma de extrato (da conta), que se tem por tacitamente aprovado decorrido um determinado período sobre a sua receção ou conhecimento.

A conta-corrente bancária é, em nossa opinião e concluindo, o produto (somatório) e o espelho contabilístico de todos os contratos ativados entre o banco e o cliente com referência a uma determinada conta – e com os quais não se confunde, apesar de espelhar as operações em que se consubstanciam[610] –, refletindo, em cada momento, a variação dos depósitos feitos e as operações que lhe estão indexadas, e correspondendo, assim, ao resultado do giro bancário, entendido no sentido lato de *serviços de caixa*, a que se referem alguns autores[611]. Representando o desenvolvimento da conta bancária, tanto mais significativo quanto maior for o número de contratos por ela documentados, e correspondendo ao funcionamento da conta bancária, equivale à faceta dinâmica da abertura de conta. É um elemento necessário da conta, mas não do contrato de abertura de conta que, como vimos, define a relação bancária complexa existente entre o banco e o cliente, e que está na origem de grande parte dos negócios bancários.

[610] Autonomizando a conta-corrente bancária dos demais contratos, Fernando Sánchez Calero / Juan Sánchez Calero Guilarte, *Instituciones de Derecho Mercantil II*, 29ª ed., Thomson/Aranzadi, Navarra, 2006, p. 392.

[611] A conta-corrente bancária não consiste, em nossa opinião no *serviço de caixa*, como pretende Luís Branco, «Conta corrente bancária», cit., 1996, pp. 48-53 [que considera que o serviço de caixa integra o conteúdo da conta-corrente (pp. 59-60), definindo conta corrente bancária como «o contrato em virtude do qual o banco se obriga perante o cliente a, nos limites da sua organização, proceder a operações de pagamento e recebimento por conta deste» (cfr. p. 53) e nele incluindo a transferência bancária (p. 61)], mas constitui o reflexo (contabilístico) desse serviço, embora com autonomia dogmática, sendo efeito necessário do contrato de abertura de conta. Neste sentido, Quirino Soares, «Contratos bancários», *SI*, t. LII, nº 295, 2003 (pp. 109-128), p. 111.
No mesmo sentido do autor português, vd. Manuel Broseta Pont / Fernando Martínez Sanz, *Manual de Derecho Mercantil*, vol. II, 13ª ed., Tecnos, Madrid, 2006, para quem o contrato de conta-corrente «faculta ao cliente o chamado "serviço de caixa"» (p. 232).

27.4. Contratos bancários eventuais[612]

Os clientes de um banco, e as pessoas coletivas e os empresários em particular, para além de necessitarem de financiamento para a sua atividade, precisam frequentemente de movimentar as suas contas através de cheques ou outros meios de pagamento.

Por isso, aos negócios bancários básicos (cfr., *supra*, nº 27.3.1) acrescem ainda:

- A **convenção de cheque**;
- A **abertura** (ou concessão) **de crédito**; e
- O (contrato de utilização de) **cartão de crédito.**

27.4.1. *Convenção de cheque*[613]

A **convenção de cheque** é o contrato, expresso ou tácito, pelo qual o depositante fica com o direito de dispor de uma provisão por meio de

[612] Para além dos contratos sumariamente descritos, existem outros que, não surgindo logo no momento da constituição da relação bancária, vêm a integrar a relação estabelecida entre o banqueiro e o seu cliente. Referimo-nos aos **contratos bancários de prestação de serviços** – de que Menezes Cordeiro, *Direito Bancário*, 6ª ed., 2016, p. 533, enuncia mais de uma dezena –, que se formam com recurso a cláusulas contratuais gerais (indiferenciadas, porque o Direito nacional não conhece cláusulas bancárias). A esses contratos podemos acrescentar negócios bancários clássicos como o contrato de aluguer de cofre-forte (para depósito de objetos e valores).

[613] Vd. Paulo Olavo Cunha, *Cheque e Convenção de Cheque*, 2009, em especial pp. 393, 413-414, 442-512 e pp. 449-512 (estas últimas sobre o respetivo regime jurídico), que seguimos de muito perto, e, posteriormente, «Relevância e significado do cheque e da convenção de cheque na atualidade: principais problemas», AA.VV., *I Congresso Direito Bancário* (coord. L. Miguel Pestana de Vasconcelos), Almedina, Coimbra, 2014 (145-175), pp. 151-155, 164-166 e 167-168.

Vd. também Engrácia Antunes, *Direito dos Contratos Comerciais*, 2009, pp. 548-550, Sofia Galvão, *O contrato de cheque*, Lex, Lisboa, 1992, e Januário da Costa Gomes, *Contratos Comerciais*, 2012, pp. 192-208.

No que se refere à **designação** deste contrato, optámos decididamente pela expressão **convenção de cheque**, em vez de "contrato de cheque", tendo em consideração a sua atipicidade legal, por um lado, e a sua origem convencional, por outro. Embora a referência à convenção possa gerar um equívoco com o tratado internacional que recai sobre o cheque, com uma diferente preposição (*de*, em vez *do*, que caracteriza a Lei Uniforme relativa ao cheque, também conhecida por convenção do cheque) a separar as mesmas palavras que compõem a expressão, considerámos mais adequada a designação que se enquadra na tradição jurídica portuguesa e que tem colhido adesão esmagadora da doutrina nacional, para além de

cheque, obrigando-se o banco a pagar cheques até ao limite da quantia disponível, quer a mesma tenha sido formada por depósito antecipadamente efetuado ou por crédito (por ele) concedido, ou seja, concluindo este contrato, de forma expressa ou tácita, o cliente passa a poder proceder, por meio de cheques, ao saque de quantias que se encontram disponíveis em conta bancária de que é titular ou para cuja movimentação tem legitimidade (cfr. art. 3º da LUCh).

Sendo comum no relacionamento do banco com as empresas, é possível, e habitual, no âmbito das contas particulares, que permite movimentar, e é eventualmente celebrada entre o banqueiro e o seu cliente, quando este procede à abertura de conta na instituição por aquele gerida; conta essa que poderá ser movimentada através de cheques emitidos com base em módulos que são disponibilizados pelo banco ao cliente. Trata-se, assim, de um contrato que surge naturalmente com a abertura de conta e não de um negócio jurídico que seja procurado por si mesmo[614]. Nesse sentido é não apenas instrumental da conta que toma por referência, e em função da qual existe, como surge naturalmente na *sequência* da abertura da conta a que fica adstrito, no que respeita à provisão a utilizar. Contudo, a sua execução irá requerer que, paralelamente, se desenvolva uma relação contratual de conta-corrente. O contrato de depósito – no qual se materializa habitualmente a provisão – poderá não existir, uma vez que subjacente à abertura de conta e ao seu provisionamento poderá estar um contrato de diferente natureza, como seja a abertura de crédito. A convenção de cheque enquadra-se, deste modo, numa relação contratual complexa estabelecida entre o banqueiro e o seu cliente, não sendo essencial para que a conta bancária aberta seja movimentada a débito, uma vez que o seu titular pode, para o efeito, limitar-se a utilizar cartão de débito ou a ordenar transferências.

ser a legalmente consagrada (cfr. arts. 1º, nºs 1, 3, 4, 6 e 7, 2º, *alínea b)*, 4º, 6º e 9º, nº 2 do DL 454/91, de 28 de dezembro).
Sobre o *nomen* deste contrato, vd. a nossa tese citada, pp. 443-446, notas 981 (posição dos autores portugueses), 982 (jurisprudência nacional) e 984 a 991 (doutrina estrangeira).

[614] Embora tal possa acontecer, isto é, nada impede que o cliente, em teoria, pretenda essencialmente aceder ao uso de cheques, circunstância em que não poderá deixar de, previamente, abrir uma conta bancária.

No entanto, dado o risco envolvido na execução deste contrato, é usual as condições gerais subjacentes à abertura de conta reservarem ao banqueiro a faculdade de celebrar, ou não, a convenção[615], pelo que ele não se constitui obrigado a fazê-lo pela simples abertura de conta ou pelos depósitos que, concomitante ou subsequentemente, sejam efetuados na mesma. Do aproveitamento desta faculdade resulta uma característica essencial da convenção de cheque, que se traduz no carácter *intuitus personae* da respetiva celebração. Ao atribuir a um cliente a capacidade para movimentar a sua conta através de cheques, o banco está a fazer uma escolha pessoal, com base na confiança que detém no cliente e relativamente ao qual assume diversos riscos. O facto de, em regra, as convenções assumirem uma estrutura idêntica, com um conteúdo, senão igual, pelo menos semelhante, não altera que se trate de um negócio celebrado em consideração do perfil da contraparte. Assinale-se, porém, quanto às regras que são aplicáveis à execução do negócio, não existir, em geral, especial margem de manobra quanto à sua negociação, até porque a convenção de cheque está externamente condicionada pelo regime jurídico do cheque resultante da Lei Uniforme e do Decreto-Lei nº 454/91, de 28 de dezembro[616].

Este acordo é frequentemente tácito, decorrendo de atitudes simples por parte dos intervenientes, como sejam o cliente preencher uma ficha de requisição (de um conjunto) de módulos de cheques (livro de cheques) e o banco aceitá-la (embora não se encontre obrigado a disponibilizá-los), mandar proceder à impressão desses módulos e entregá-los ao cliente. Por outras palavras, embora os atos subjacentes à emissão de um livro de cheques (ou conjunto de módulos) possam ser objeto de

[615] No que respeita à abertura de contas de *particulares*, é hoje habitual na prática bancária não fornecer de imediato módulos de cheque a clientes sem historial e procurar sedimentar a relação contratual bancária, primeiramente no débito *em linha* (*on-line*), que não apresenta risco.

[616] Verifica-se, pois, relativamente à celebração deste contrato que o banco tem tradicionalmente um cuidado e ponderação que não dispensava à celebração dos contratos de abertura de conta e de depósito, contratualizando com quem se manifestasse disponível para concluir o negócio – e se sujeitar às taxas aplicáveis aos serviços prestados e, por vezes, a saldos médios mínimos –, dispondo em seguida de diversas opções, consoante o perfil do cliente. Esta diferenciação de postura esbateu-se com as regras hoje aplicáveis à contratação de serviços bancários em geral.

expressa previsão contratual, que acolha não apenas o consentimento das partes, mas o regime jurídico e os efeitos da específica relação negocial desse modo estabelecida, a verdade é que a mesma é desnecessária, sendo suficiente que dos atos das partes decorra a sua vontade de celebrarem uma convenção de cheque, em conformidade com a qual o sacador à custa de fundos que o banqueiro colocou previamente à sua disposição – por corresponderem a depósitos feitos em favor do cliente ou a crédito que lhe foi concedido pelo banqueiro –, procede a pagamentos, reembolsos, empréstimos ou levantamentos em numerário, com recurso a cheques.

No que respeita ao respetivo **regime jurídico**, a convenção é um ato complexo, cujo conteúdo se desdobra em diversos direitos e deveres[617].

Assim, inclui o direito do cliente (sacador) sacar ou dispor dos fundos por meio de cheque (ou de sacar fundos, emitindo cheques) e os respetivos deveres de diligência – de verificar a conta e de conservar os cheques – e de informação de eventuais vicissitudes ocorridas.

Por sua vez, o Banco tem o direito de lançamento em conta da quantia paga (e eventual remuneração pelo serviço prestado) e os deveres de:

- pagamento (principal);
- informação, incluindo o dever de informar o cliente sobre o tratamento do cheque [nomeadamente sobre o «*dever de colaboração na investigação*» criminal (art. 13º-A)];
- verificação dos cheques e fiscalização da movimentação da conta;
- competência técnica;
- não pagar em dinheiro o "*cheque para levar em conta*" (cfr. art. 39º da LUCh);

[617] Na jurisprudência, vd. o **AcSTJ de 9 nov 2000** (Ferreira de Almeida), *CJ/AcSTJ*, ano VIII, t. III, 2000 (pp. 108-113) – que, de forma lapidar, caracteriza a convenção, no que se refere às suas principais situações ativas e passivas (cfr., em especial, pp. 110 e 111) –, e o **AcRelCoimbra de 19 dez 2007** (Isaías Pádua) / Proc. nº 5975/04.8TBLRA.C1, *www.dgsi.pt*. Sobre este contrato, cfr. **AcSTJ de 17 out 2002** (Duarte Soares) / Proc. nº 02B2286, *www.dgsi.pt*.
Referindo-se explicitamente às situações jurídicas (direitos e deveres) que caracterizam a convenção de cheque, cfr., a título exemplificativo, **AcRelCoimbra de 16 mar 1999** (Nuno Cameira), *CJ*, ano XXIV, 1999, t. II, pp. 21-24 – sobre o dever de diligência do banco (cfr. p. 24) – e **AcRelLisboa de 28 abr 2005** (Urbano Dias), *CJ*, ano XXX, t. II, 2005, pp. 114-121, sobre o dever do banco de *verificar cuidadosamente os cheques que lhe são apresentados*.

- rescisão da convenção (em caso de utilização indevida de cheques);
- observar a revogação, em certos casos; e
- sigilo.

27.4.2. *A abertura de crédito*[618]

No plano da atividade das empresas comerciais, aquilo que caracteriza a procura dos bancos é a obtenção de crédito, de que elas carecem normalmente para o seu giro comercial.

O contrato de concessão ou **abertura de crédito** é precisamente aquele pelo qual o banco se dispõe a financiar o cliente[619], podendo fazê-

[618] Vd. CARLOS FERREIRA DE ALMEIDA, «Contratos de troca para a transmissão de direitos», AA.VV., *Prof. Doutor Inocêncio Galvão Telles: 90 anos. Homenagem da Faculdade de Direito de Lisboa*, Almedina, Coimbra, 2007 (pp. 198-233), pp. 229-231, ENGRÁCIA ANTUNES, *Direito dos Contratos Comerciais*, 2009, pp. 501-503, MIGUEL BRITO BASTOS, *O Mútuo Bancário. Ensaio sobre a estrutura sinalagmática do contrato de mútuo*, Coimbra Editora, Coimbra, 2015, em especial pp. 9-12, PAULO OLAVO CUNHA, *Cheque e Convenção de Cheque*, 2009, pp. 393 (em especial nota 859) e 407, nota 884, JANUÁRIO DA COSTA GOMES, *Contratos Comerciais*, 2012, pp. 324-331, e L. MIGUEL PESTANA DE VASCONCELOS, *Direito Bancário*, 2017, pp. 206-222.

[619] Cfr. PINTO COELHO, *Operações de Banco*, cit., 1962, pp. 133-253, em especial pp. 137-146.
Este contrato, também designado "abertura de crédito em sentido próprio" – «pelo qual uma instituição de crédito se obriga a colocar dinheiro à disposição de um cliente, que este, mediante o pagamento do capital, de juros e de comissões, pode utilizar, à medida da sua conveniência, até um certo limite e em determinadas circunstâncias» (FERREIRA DE ALMEIDA, *Contratos II*, 4ª ed. cit., 2016, p. 150) –, não se deve confundir com a **abertura de crédito documentário**, operação que «consiste *grosso modo* em promover por intermédio de um banco a execução de um contrato de compra e venda» comercial, encarregando o adquirente esse banco de proceder ao pagamento contra a apresentação «dos documentos representativos da mercadoria vendida, que constituem garantia do banco enquanto não é reembolsado pelo comprador» (FERNANDO OLAVO, *Abertura de crédito documentário*, ed. autor, Lisboa, 1952, pp. 8 e 94-95). Vd. também ENGRÁCIA ANTUNES, *Direito dos Contratos Comerciais*, 2009, pp. 513-515, e JANUÁRIO DA COSTA GOMES, *Contratos Comerciais*, 2012, pp. 338-345.
A CCI fixou Regras e Usos Uniformes para os Créditos Documentários, que reviu por diversas vezes, a última das quais designada Revisão 2007 (publicação nº 600 da CCI). Sobre estas regras, cfr. PAULO OLAVO CUNHA, *Cheque e Convenção de Cheque*, 2009, pp. 426-427 (nota 929) e doutrina citada.
O contrato de abertura de crédito em sentido próprio é geralmente acompanhado de garantias pessoais por parte do cliente ou dos seus representantes legais, que assegurem o cumprimento das obrigações assumidas, enquanto o cliente não tem histórico no banco, por ser jovem ou por se tratar de entidade recém-constituída.

-lo basicamente de dois modos diferentes: ou lhe concede um *plafond* dentro de cujos limites se compromete a pagar todos os débitos, suportando o cliente os encargos à medida que for necessitando dos fundos, ou provisiona a conta com uma determinada quantia, ficando o cliente, desde logo, responsável por essa quantia e com a sua disponibilidade total.

A chamada "abertura de crédito" (ou de "linha de crédito") é uma forma de concessão de crédito bancário consubstanciada, precisamente, na abertura de uma conta (com características e modos de movimentação específicos) em nome de um titular que, não obstante, pode não efetuar qualquer depósito no ato em que contrata essa abertura.

A **abertura de crédito**, gerando para o banco a obrigação de manter à disposição do cliente, por um certo período de tempo, uma determinada quantia em dinheiro, para que este o utilize *se quiser, quando quiser e nas quantidades que quiser* até ao montante do limite do crédito (acordado), apresenta uma específica função económica face ao mútuo tradicional, uma vez que proporciona uma rigorosa adequação do crédito às específicas necessidades do cliente, pela exata correspondência temporal entre o momento da efetiva atribuição do crédito e da sua utilização, sendo os juros devidos limitados ao período de utilização efetiva do crédito e apenas sobre a quantia realmente utilizada, não obstante o montante ou limite da linha de crédito poder ser muito superior ao valor de que o cliente vem realmente a dispor. A possibilidade de reconstituição permanente do montante do crédito através de reembolso parcial (*revolving credit*) – na modalidade de abertura de crédito em conta-corrente[620] – confere-lhe, além do mais, uma flexibilidade que faz da abertura de crédito um instrumento fundamental da vida empresarial, pela segurança que representa e pela rigorosa adequação às necessidades do empresário a quem é disponibilizada.

[620] A abertura de crédito é, na maioria dos casos, celebrada em conta-corrente, isto é, com convenção de utilização por *tranches*, de acordo com as exatas necessidades do cliente (quantidade e momento) e com cláusula *revolving*, configurando-se como um contrato normativo, na leitura de Calvão da Silva (*Direito Bancário*, Almedina, Coimbra, 2001, pp. 365-367), e definitivo e autónomo, «pertencente à categoria dos contratos de troca onerosa de dinheiro», no entendimento de Ferreira de Almeida (*Contratos II*, 4ª ed., 2016, p. 151).

27.4.3. *Cartão de crédito*[621]

Por fim, refira-se que, como efeito da relação contratual bancária, é habitual o banco conceder ao cliente um cartão de crédito, que lhe permita efetuar pagamentos a prazo, que poderá liquidar de uma só vez ou em prestações, remuneradas com juros.

Sem prejuízo do que adiante referirmos, quando abordarmos os meios de pagamento (*infra*, nº 31.5.2), importa assinalar que a titularidade e utilização do cartão de crédito não pressupõem a específica constituição prévia de uma conta bancária, podendo a relação de cartão de crédito existir autonomamente (entre uma entidade emissora do cartão e o seu cliente), isto é, à margem da relação contratual bancária, que habitualmente a sustenta.

28. Outros contratos comerciais

Encontramos no ordenamento jurídico, muitos outros contratos comerciais. A concluir este capítulo, faremos uma brevíssima referência aos contratos de publicidade e de patrocínio, bem como uma menção sumária ao contrato de locação (comercial) e aos negócios conexos, o qual, à semelhança dos anteriormente analisados, tem dignidade suficiente para ser objeto de apreciação dogmática autónoma.

28.1. Contrato de publicidade[622]

28.1.1. *Conceito e enquadramento legal*

O **contrato de publicidade** é o contrato pelo qual uma pessoa ou entidade (o anunciante) encarrega uma entidade profissional (agência, em

[621] Bibliografia: vd., *infra*, nº 32.5.2, nota 815.

[622] Vd. Carlos Ferreira de Almeida, «Contratos de Publicidade», *SI*, T. XLIII, nºs 250/252, 1994 (281-301), pp. 284-301, Ana Clara Azevedo de Amorim, *Manual de Direito da Publicidade*, cit., 2018, pp. 249-263, José Engrácia Antunes, «O Direito da Publicidade. Breve introdução», cit., 2017 (pp. 771-848), pp. 827-831, Rita Barbosa da Cruz, «A publicidade – em especial os contratos de publicidade», cit., 2002, pp. 1299-1391, em especial pp. 1310-1346, Adelaide Menezes Leitão, «Publicidade na rede», *O Direito*, ano 14º, II, 2008 (pp. 349-365), Luísa Lopes, *Do contrato de publicidade*, cit., 2000, em especial pp. 69-81 e 95-99, e Romano Martinez, *Contratos Comerciais*, 2001, pp. 49-51.

regra) de planear e preparar a programação e execução de uma campanha destinada a divulgar um produto ou serviço, mediante um preço.

A publicidade é constitucionalmente consagrada (cfr. art. 60º, nº 2 da CRP) e é disciplinada pelo Código da Publicidade – que foi aprovado pelo Decreto-Lei nº 330/90, de 23 de outubro (cuja redação atual é a resultante do Decreto-Lei nº 66/2015, de 29 de abril) – e por vasta legislação avulsa, recaindo alguns dos diplomas sobre a promoção de bens transacionáveis no mercado (casos, por exemplo, dos automóveis, medicamentos e do tabaco) ou sobre sectores da atividade económica (como a saúde).

28.1.2. *Vertentes*

O contrato de publicidade compreende diversas vertentes que podem corresponder a contratos autónomos[623], casos da de criação publicitária[624], da difusão publicitária[625] – de que, em certa medida, o contrato de patrocínio constitui um subtipo que dele se autonomiza –, da concessão publicitária[626], de utilização de imagem[627] e do *bartering*[628].

28.1.3. *Contrato de patrocínio*[629]

O **contrato de patrocínio** é um contrato de publicidade pelo qual, mediante uma contrapartida, se promove uma marca ou entidade, financiando um programa, uma atividade, um espetáculo (cultural, tipo concerto, ou desportivo) ou uma outra entidade ou pessoa que participe em espetáculos públicos (nomeadamente de caráter desportivo) (cfr. artigo 24º do Código da Publicidade). Trata-se de um negócio que tem uma

[623] Aponta neste sentido, José Engrácia Antunes, «O Direito da Publicidade», cit., 2017, pp. 827-831, 831-832, 832-834, 835, 838-841 e 843.
[624] Vd. José Engrácia Antunes, «O Direito da Publicidade», cit., 2017, pp. 831-832.
[625] Vd. José Engrácia Antunes, «O Direito da Publicidade», cit., 2017, pp. 832-834, e Rita Barbosa da Cruz, «A publicidade – em especial os contratos de publicidade», cit., 2002, pp. 1364-1375.
[626] Vd. José Engrácia Antunes, «O Direito da Publicidade», cit., 2017, p. 835.
[627] Vd. José Engrácia Antunes, «O Direito da Publicidade», cit., 2017, pp. 838-841.
[628] Vd. José Engrácia Antunes, «O Direito da Publicidade», cit., 2017, p. 843.
[629] Vd. José Engrácia Antunes, «O Direito da Publicidade», cit, 2017, pp. 836-838, e bibliografia citada (nota 135, p. 836).

natureza comercial inquestionável que o reconduz ao Direito Comercial e do Mercado e o afasta dos contratos de mecenato.

Afirmámos acima que este contrato – que tem relevo social e económico para ser autonomizado do contrato de publicidade e da respetiva vertente de difusão publicitária – é, de algum modo, um subtipo do contrato de difusão publicitária, porquanto visa a divulgação de uma marca ou serviço junto do público, por forma direta ou através de suporte publicitário (desde a imprensa, passando pela televisão, internet e meios estáticos, como os *outdoors*).

28.2. **Locação comercial**

São diversos os negócios em que a locação comercial se pode desdobrar. Entre outros – e com referência ao contrato de locação em geral –, podemos autonomizar os seguintes:

28.2.1. ***Aluguer (mercantil)***[630]

O contrato de aluguer mercantil consiste no contrato pelo qual um sujeito (locador) adquire um bem móvel para, mediante uma contrapartida sob a forma de renda (periódica), ceder o respetivo uso e fruição (ao locatário).

Encontra-se regulado nos arts. 481º e 482º do CCom e no Código Civil (arts. 1022º a 1046º), embora exista legislação especial, designadamente o Decreto-Lei nº 181/2012, de 6 de agosto (aluguer de automóveis sem condutor para o transporte de passageiros).

O aluguer pode recair sobre bens de equipamento ou máquinas (aviões, veículos de transporte, gruas, computadores, fotocopiadoras e impressoras) ou bens de consumo, como automóveis, motociclos, velocípedes e bens de transporte pessoal em gera, barcos de recreio, eletrodomésticos, e até roupa (designadamente para festas).

São conhecidos subtipos deste contrato, tal como o fretamento de navio, com menção específica na parte final do art. 482º e, atualmente, regulado em legislação extravagante (Decreto-Lei nº 191/87, de 29 de abril)[631].

[630] Vd. Ferreira de Almeida, *Contratos II*, 4ª ed., 2016, pp. 194-196.

[631] Sobre as modalidades que pode assumir, vd. Ferreira de Almeida, *Contratos II*, 4ª ed., 2016, pp. 195-196.

28.2.2. *Arrendamento comercial*[632]

O **arrendamento comercial** – que mencionámos a propósito do estabelecimento (e da sua transmissão) – consiste na locação de bem imóvel para o exercício de uma atividade comercial.

Encontra-se regulado pelo Código Civil, nas disposições sobre arrendamento para fins não habitacionais (arts. 1108º a 1113º).

28.2.3. *Contrato de instalação de loja em espaço comercial*[633]

O **contrato de instalação** (ou exploração) **de loja em espaços comerciais** (*maxime* em centro comercial) é um contrato socialmente típico pelo qual um sujeito (a entidade gestora do espaço comercial) cede o gozo de um imóvel integrado num complexo de estabelecimentos comerciais, em regra de diferente objeto e presta à sua contraparte negocial um conjunto de serviços – incluindo segurança e limpeza – que se tem entendido serem suficientes para fundarem um contrato de locação autónomo relativamente ao arrendamento, embora tenha neste a sua raiz.

28.2.4. *Locação de estabelecimento comercial*[634]*; remissão*

De entre os diversos contratos de locação comercial, podemos autonomizar, pela sua relevância, a locação de estabelecimento comercial

[632] Vd. Ferreira de Almeida, *Contratos II*, 4ª ed., 2016, pp. 193-194, António Menezes Cordeiro, *Leis do Arrendamento Urbano Anotadas*, 2014, pp. 353-355, 360-371 e 384-386, e Fernando de Gravato Morais, *Novo Regime do Arrendamento Comercial*, 3ª ed., 2011, pp. 127-340.

[633] Vd. Ana Isabel da Costa Afonso, *Os contratos de instalação de lojistas em Centros Comerciais. Qualificação e regime jurídico*, Publicações Universidade Católica, Porto, 2003, e «Contrato de utilização de loja em centro comercial», *DJ*, vol. XIX, T. II, 2005 (pp. 49-68), Ferreira de Almeida, *Contratos II*, 4ª ed. cit., 2016, pp. 196-197, António Menezes Cordeiro, *Leis do Arrendamento Urbano Anotadas*, 2014, pp. 141-144, e *Direito Comercial*, 4ª ed., 2016, pp. 762-769, Jorge Pinto Furtado, *Os centros comerciais e o seu regime jurídico*, Almedina, Coimbra, 1998, Romano Martinez, *Contratos Comerciais*, 2001, pp. 29-31, Rui Rangel, *Espaços comerciais. Natureza e regime jurídico dos contratos de utilização*, Cosmos, Lisboa, 1998, Pedro Malta da Silveira, *A empresa nos centros comerciais e a pluralidade de estabelecimentos. Os centros comerciais como realidade juridicamente relevante*, Almedina, Coimbra, 1999, e João de Matos Antunes Varela, *Centros Comerciais (Shopping Centers). Natureza jurídica dos contratos de instalação dos lojistas*, Coimbra Editora, Coimbra, 1995.

[634] Distinguindo este contrato do arrendamento, Coutinho de Abreu, *Curso de Direito Comercial*, vol. I, 11ª ed., 2018, pp. 326-336, em especial pp. 334-336.

(vd. art. 1109º do CC), que abordámos a propósito do estabelecimento comercial, sob a designação de "cessão de exploração", remetendo para o que então escrevemos e para os autores citados (vd., *supra*, nº 9.4.2).

28.2.5. ***Contratos de hospedagem***

Um outro contrato que reúne características típicas do arrendamento e de prestação de serviços que estão associados ao alojamento por períodos de curta duração é contrato de hospedagem.

28.2.5.1. *Contrato de hospedagem ou hotelaria*[635]

O contrato de hospedagem ou hotelaria é aquele pelo qual uma pessoa se obriga, mediante um pagamento, habitualmente diário, a facultar alojamento temporário e serviços de apoio – que se traduzem em arrumação e limpeza – e acessórios, como comida e bebidas.

Este contrato – que se enquadra no regime jurídico da instalação, exploração e funcionamento dos empreendimentos turísticos[636] (Decreto-Lei nº 39/2008, de 7 de março, red. do DL 80/2017, de 30 de junho[637]) – toma por referência um local, que se designa por estabelecimento hoteleiro (cfr. art. 11º do DL 39/2008, de 7 de março).

28.2.5.2. *Alojamento local*[638]

Distinguindo-se do contrato de hotelaria, e com uma diferente fonte normativa, existe um contrato, também derivado do arrendamento comercial e que tem uma natureza essencialmente comercial, sobretudo quando é explorado relativamente a um número elevado de unidades habitacionais: o **contrato de alojamento local**, pelo qual uma entidade, mediante uma remuneração, cede a uma ou mais pessoas o gozo de um imóvel (registado junto da Câmara Municipal) ou de parte dele, por

[635] Vd. Ferreira de Almeida, *Contratos II*, 4ª ed., 2016, p. 197.

[636] Sobre a tipologia de empreendimentos turísticos, vd. Manuela Patrício, *Direito do Turismo e Alojamento Turístico*, Almedina, Coimbra, 2016, pp. 60-68.

[637] Aditou o art. 42º-A sobre as plataformas eletrónicas que disponibilizem, divulguem ou comercializem alojamento.

[638] Vd. J. Pinto Furtado, «Do alojamento local, na sua relação com a propriedade horizontal», *RDC*, ano II, nº 3, 2017, pp. 529-574, e Manuela Patrício, *Direito do Turismo e Alojamento Turístico*, cit., 2016, pp. 161-173.

curto período, podendo disponibilizar simultaneamente alguns serviços (tais como refeições e limpezas).

Encontra-se regulado em Portugal pelo Decreto-Lei nº 128/2014, de 29 de agosto – na redação da Lei nº 62/2018, de 22 de agosto (vigente desde 21 de outubro de 2018) –, que sucedeu ao Decreto-Lei nº 39/2008, de 7 de março.

Trata-se de uma atividade económica que consiste na locação de curta duração (por prazo inferior a 30 dias) eventualmente acompanhada da prestação de serviços de limpeza e de refeições, mas o imóvel é frequentemente adquirido com a finalidade de ser disponibilizado ao mercado, pelo que o negócio é análogo ao previsto no art. 481º do CCom, que qualifica o aluguer como comercial se o bem «*tiver sido comprado para se lhe alugar o uso*», **ainda que o locador não seja comerciante**[639].

O contrato, presentemente muito em voga, podendo ser considerado uma declinação do vetusto contrato de hospedagem de pensão completa – pelo qual era permitido a um locatário hospedar, em sua casa,

[639] Qualificando como comercial este contrato e esta atividade, J. PINTO FURTADO, «Do alojamento local, na sua relação com a propriedade horizontal», cit., 2017, pp. pp. 544-545, 548-549, 556 e 572-573.
A jurisprudência não tem sido uniforme. Reconduzindo o contrato de alojamento local a uma atividade económica mercantil (de alojamento, restauração e similares), também com o nosso aplauso, o **AcRelLisboa de 20 out 2016** (SACARRÃO MARTINS) / Proc. nº 12579-16. OT8LSB.L1-8, *www.dgsi.pt*. Em sentido oposto – e merecendo igualmente reprovação por considerar não ser a exploração do estabelecimento de alojamento local uma atividade comercial –, o **AcSTJ de 28 mar 2017** (SALRETA PEREIRA) / Proc. nº 12579/16.0T8LSB.L1.S1, *www.dgsi.pt*, que revogou o cit. AcRelLisboa (comentado com autoridade inquestionável por PINTO FURTADO, *ibid.*, pp. 571-574).
Refira-se que a jurisprudência tem também abordado esta questão, centrando-a na afetação de uma fração autónoma (destinada a habitação) a um fim diferente daquele que resulta do título constitutivo da propriedade horizontal, concluindo que um estabelecimento de alojamento local não satisfaz o fim da fração onde está instalado, por não se destinar a habitação. Nesse sentido, e fazendo um ponto da situação da jurisprudência existente na data em que foi proferido, o **AcRelPorto de 11 abr 2018** (RUI MOREIRA) / Proc. nº 244471/16.4/8PRT. P1, *www.dgsi.pt*. No mesmo sentido, o **AcRelPorto de 27 abr 2017** (ANA LUCINDA CABRAL) / Proc. nº 13721/16.7T8PRT.P1, *www.dgsi.pt*.
Afigura-se-nos não ser necessário ir tão longe, porquanto a exploração de um estabelecimento de alojamento local corresponde ao exercício de uma atividade comercial enquadrável na indústria hoteleira, materializando um ato de comércio objetivo e absoluto, e desse modo revelando-se incompatível com o fim previsto no título constitutivo da propriedade horizontal para a fração em causa: a habitação.

um máximo de três hóspedes, como se fossem seus familiares, disponibilizando-lhes cama, comida e roupa lavada –, constitui uma simplificação do mesmo, visto que, para além do alojamento, praticado em imóveis preparados para o efeito, ainda que integrados em condomínios habitacionais, apenas faculta eventualmente pequeno almoço.

28.2.6. *Locação financeira*[640]

O **contrato de locação financeira** (ou *leasing*) – que se encontra regulado pelo Decreto-lei nº 72/95, de 15 de abril – consiste no negócio jurídico pelo qual o locador adquire um bem (móvel ou imóvel) para ceder o respetivo gozo ao locatário, em contrapartida de uma renda periódica por um determinado período, dispondo este da opção de compra do bem no final do contrato, mediante o pagamento de um valor remanescente ou residual. Trata-se de um contrato de natureza financeira, estruturado para financiar a aquisição de bens imóveis ou equipamentos (incluindo veículos automóveis).

28.2.7. *Outros contratos de locação (comercial)*

Podemos autonomizar outras variantes da locação comercial (relativa a bens móveis) na prática contratual.

28.2.7.1. *Aluguer de longa duração (ALD)*[641]

O **aluguer de longa duração** – conhecido pelas letras ALD – é um contrato de aluguer de um bem de equipamento, em geral um veículo auto-

[640] Cfr. Ferreira de Almeida, *Contratos II*, 4ª ed., 2016, pp. 198-200, Engrácia Antunes, *Direito dos Contratos Comerciais*, 2009, pp. 516-520, Diogo Leite de Campos, *A Locação Financeira*, AAFDL, Lisboa, 2012, em especial pp. 45-51 e 91-106,
Menezes Cordeiro, *Direito Bancário*, 6ª ed., 2016, pp. 730-735 e 736-743, Januário da Costa Gomes, *Contratos Comerciais*, 2012, pp. 351-365, Rui Pinto Duarte, «O Contrato de Locação Financeira – Uma Síntese», AA.VV., *Estudos em Memória do Professor Doutor Paulo M. Sendin*, Universidade Católica Editora, Lisboa, 2012 (pp. 71-132), pp. 72-78, 82-86, 88-120 e 131-132, e «Locação Financeira – Algumas Questões», *Escritos Jurídicos Vários 2000-2015*, cit., 2015 (pp. 701-716), pp. 704-716, Luís Menezes Leitão, *Garantias das Obrigações*, 6ª ed., 2018, pp. 272-278, Fernando de Gravato Morais, *Manual da Locação Financeira*, 2ª ed., Almedina, Coimbra, 2011, em especial pp. 29-33, 35-51, 76-77, 81-82, 83-90, 92 e 95-110, e L. Miguel Pestana de Vasconcelos, *Direito Bancário*, 2017, pp. 265-274.

[641] Cfr. Ferreira de Almeida, *Contratos II*, 4ª ed., 2016, p. 200, Menezes Cordeiro, *Direito Bancário*, 6ª ed., 2016, pp. 743-744, Januário da Costa Gomes, *Contratos Comerciais*, 2012,

móvel, muito semelhante ao *leasing* mobiliário – com rendas periódicas que abrangem o capital mutuado e os respetivos juros –, que envolve, em regra, a assunção da obrigação (unilateral) de aquisição desse bem, no final da locação, mas não o direito de aquisição do bem.

28.2.7.2. Renting[642]

O ***renting*** ou aluguer operacional é o contrato de locação que conjuga a prestação de serviços por parte do locador com a cedência do bem móvel, habitualmente um veículo automóvel (mas também recai sobre equipamento informático), incluindo os respetivos seguros, assistência e substituição ilimitada de algumas peças (tais como pneus), aproximando-se do aluguer comercial puro, uma vez que não contempla a transação do bem entre o locador e o locatário depois de expirado o prazo de aluguer. Por isso, se o bem vier a ser transmitido ao locatário após a cessação do contrato, tal implica um novo acordo de vontades totalmente distinto daquele que caracterizou o *renting*.

Trata-se de um contrato habitualmente celebrado por concessionários de automóveis com empresas que cedem o uso dos veículos aos seus quadros, pelo que, uma vez terminado, o veículo retorna à posse do locador, o qual procede à sua venda no mercado.

pp. 365-366, Fernando de Gravato Morais, *Manual da Locação Financeira*, 2ª ed., 2011, pp. 71-74, Paulo Ramirez, *Direito Comercial*, 2017, p. 162, Maria Elisabete Ramos, *Direito Comercial e das Sociedades*, 2018, pp. 254-255, L. Miguel Pestana de Vasconcelos, *Direito Bancário*, 2017, p. 278, e Pais de Vasconcelos, *Direito Comercial*, 2011, pp. 283.

642 Cfr. Ferreira de Almeida, *Contratos II*, 4ª ed., 2016, pp. 197-198, Menezes Cordeiro, *Direito Bancário*, 6ª ed., 2016, p. 744, Januário da Costa Gomes, *Contratos Comerciais*, 2012, p. 366, Fernando de Gravato Morais, *Manual da Locação Financeira*, 2ª ed., 2011, pp. 62-65, Paulo Ramirez, *Direito Comercial*, 2017, p. 162, Maria Elisabete Ramos, *Direito Comercial e das Sociedades*, 2018, pp. 255-259, L. Miguel Pestana de Vasconcelos, *Direito Bancário*, 2017, p. 276, e Pais de Vasconcelos, *Direito Comercial*, 2011, pp. 283-284.

Capítulo V
Instrumentos comerciais e financeiros

Neste último capítulo, faremos uma referência aos instrumentos comerciais e financeiros, designadamente aos títulos de crédito, valores mobiliários e meios de pagamento.

Na digressão que agora empreendemos e que, pontualmente, toca em matéria já aflorada, designadamente a propósito dos contratos comerciais, utilizamos uma linguagem que envolve um vocabulário particularmente complexo que, nomeadamente, a matéria dos títulos de crédito em especial exige e que, por isso, não é possível evitar sem prejuízo do rigor científico que deve caracterizar o texto com a natureza do presente.

29. Os títulos de crédito em geral[643]

29.1. Conceito de título de crédito[644]

29.1.1. *Crédito, título e documento*[645]

O **crédito** consiste na troca de uma prestação presente por uma prestação futura, ou seja, traduz o diferimento temporal de uma contraprestação.

Por sua vez, o **título** é uma realidade (jurídica) que justifica a existência de um direito e, sendo escrita, determina que o título de crédito seja um documento escrito.

O conceito de **documento** é, contudo, mais lato, correspondendo a «*qualquer objeto elaborado pelo homem com o fim de reproduzir ou representar uma pessoa, coisa ou facto*» (art. 362º do CC) e sendo objeto de diversas afinações consoante a aceção em que é utilizado pelos diversos ramos do saber jurídico.

Este conceito de documento desmaterializa a representação humana, apesar da referência ao *objeto*, e revela-se assim surpreendentemente atual, uma vez que o suporte físico, em regra de papel, que tradicionalmente é subentendido deixa de ser necessário, encontrando-se em revisão, podendo o documento ser agora *objetivado* em suportes magnéticos ou simples impulsos eletrónicos.

[643] Nesta matéria, para além da nossa dissertação de doutoramento, *Cheque e Convenção de Cheque*, 2009 – concluída já no ambiente da escrituralidade –, e das obras pontualmente citadas, vd. as lições de José A. Engrácia Antunes, *Os Títulos de Crédito – Uma Introdução*, 2ª ed., Almedina, Coimbra, 2012, pp. 7-47, de José de Oliveira Ascensão, *Direito Comercial*, vol. III – *Títulos de Crédito*, Lisboa, 1992, pp. 3-88, Jorge Henrique da Cruz Pinto Furtado, *Títulos de Crédito. Letra. Livrança. Cheque*, 2ª ed., Almedina, Coimbra, 2015, pp. 9-87, Fátima Gomes, *Direito Comercial*, 2ª ed., 2017 (baseada na perspetiva de Evaristo Mendes), pp. 213-234, Alexandre de Soveral Martins, *Títulos de Crédito e Valores Mobiliários*, Parte I – *Títulos de Crédito*, vol. I, Almedina, Coimbra, 2008, Fernando Olavo, *Direito Comercial*, vol. II, 2ª Parte (*Títulos de Crédito em Geral*), 2ª ed. cit., 1978 – estas apenas no que respeita à teoria geral dos títulos de crédito –, e Pedro Pais de Vasconcelos, *Direito Comercial*, 2011, pp. 287-325, que substituiu as lições (polic.) de *Direito Comercial. Títulos de Crédito*, Lisboa, 1989. Outras obras relevantes, vd. as nossas *Lições de Direito Comercial*, 2010, pp. 255-256, notas 468 e 469.

[644] Cfr. Alexandre de Soveral Martins, *Títulos de Crédito e Valores Mobiliários*, Parte I – *Títulos de Crédito*, vol. I, 2008, pp. 9-14.

[645] Cfr. Paulo Olavo Cunha, *Cheque e Convenção de Cheque*, 2009, notas 31 (p. 5) e 32 (pp. 5 e 6), e Engrácia Antunes, *Os Títulos de Crédito*, 2ª ed., 2012, pp. 14-15.

Quando falamos de **título de crédito** ocorre-nos a ligação de um documento a um direito, isto é, que a concessão (do crédito) seja documentada, conferindo ao credor, através do documento, uma forma simples e segura de dispor do crédito e, se necessário, em caso de incumprimento, de garantir a sua realização coativa.

Os velhos títulos de crédito – que, no último cartel do séc. XX, dariam azo à autonomização dos valores mobiliários – constituem «os primogénitos e mais clássicos dos instrumentos financeiros»[646], em cuja vasta categoria se integram.

29.1.2. *Funções jurídico-económicas*[647]

São diversas as funções jurídico-económicas que os títulos de crédito desempenham e que podemos reconduzir a três grandes categorias.

Este tipo de instrumentos visa proporcionar maior rapidez e segurança na circulação da riqueza e na concessão de crédito, favorecer a posição do devedor, assegurando que este paga a quem está legitimado (para receber), e tutelar os (terceiros) adquirentes de boa fé.

29.1.3. *Conceito de título de crédito adotado*[648]

Tomando como referência fundamental o conceito de Vivante («*O título de crédito é o documento necessário para exercitar o direito literal e autónomo nele mencionado*»), há que questionar se a desmaterialização crescente de certo tipo de títulos não desvaloriza o clássico universo dos títulos de crédito e tentar apurar em que medida é que as semelhanças entre os documentos escritos e os simples suportes magnéticos superam as diferenças realmente existentes, sobretudo no que respeita à consideração do título como suporte suficiente para a inscrição da transmissão do direito nele incorporado; situação que não se verifica relativamente aos valores simplesmente escriturais que, emitidos geralmente em série, se consubstanciam num mero registo informático[649].

[646] José Engrácia Antunes, *Os instrumentos financeiros*, 3ª ed., Almedina, Coimbra, 2017, p. 11.

[647] Cfr. Engrácia Antunes, *Os Títulos de Crédito*, 2ª ed., 2012, pp. 11-12, e Soveral Martins, *Títulos de Crédito e Valores Mobiliários*, 2008, pp. 18-20.

[648] Cfr. Paulo Olavo Cunha, *Cheque e Convenção de Cheque*, 2009, pp. 187-194 e nota 454 (pp. 188-189).

[649] Saliente-se ainda que não perfilhando posições coincidentes, Osório de Castro e Amadeu Ferreira assumem, nas obras citadas na bibliografia, uma postura crítica da posição de

29.2. Características dos títulos de crédito[650]

Constituem seguramente características dos títulos de crédito a literalidade, a autonomia e, em certos casos, a abstração.

29.2.1. *Literalidade*

O conteúdo literal ou gramatical do título corresponde ao direito (cartular) que por ele é representado, de modo que o conteúdo, a natureza e os limites deste têm o âmbito e o valor que resultar do próprio título[651].

Esta característica está estreitamente ligada a reforçadas, mas naturais, exigências de caráter formal, que se justificam pelas funções que os títulos desempenham. Tem verdadeiro sentido no plano das relações mediatas[652], quando está em causa determinar a validade do direito incorporado no título entre duas pessoas que não estabeleceram entre si qualquer relação material, não celebraram entre si qualquer negócio, mas que vêm mencionadas na cadeia de circulação do título[653]. Nesse

Ferreira de Almeida, considerando essencialmente que o conceito de referência deve ser o de valor mobiliário, e não já o de título de crédito – enquanto valor titulado –, que constituiria uma mera espécie daquele género.

[650] Cfr. Paulo Olavo Cunha, *Cheque e Convenção de Cheque*, 2009, pp. 195-201, que seguimos quase *ipsis verbis*, embora com diferente sistematização, e Maria de Fátima Ribeiro, «Os títulos de crédito em Portugal», AA.VV., *Questões de Direito Comercial no Brasil e em Portugal*, coord. Fábio Ulhoa Coelho e Maria de Fátima Ribeiro, Saraiva, São Paulo, 2014 (pp. 431-466), pp. 439-445. Diferentemente do texto, Engrácia Antunes, *Os Títulos de Crédito*, 2ª ed. cit., 2012, pp. 12-26.

[651] A literalidade assume diferentes graus de intensidade, sendo menor em títulos que documentam situações jurídicas mais complexas, como é o caso das ações tituladas das sociedades anónimas que, exprimindo a participação social, só por forma indireta a titulam de modo cabal [pela remissão que operam o contrato ou «para o acto constitutivo da sociedade» (Fernando Olavo, *Direito Comercial*, II, 2ª P, 1978, pp. 27-28)].

[652] Nestas a legitimação emergente do título sobrepõe-se às vicissitudes que possam estar subjacentes à relação cartular.

[653] Por exemplo, se o título circulou já por duas ou três pessoas e entre o seu subscritor (inicial) e aquele que o detém num certo momento se coloca o problema de saber se o primeiro – o que se obrigou pela subscrição inicial –, chamado a satisfazer a importância relativa do título, pode agora invocar perante o portador uma exceção ao seu cumprimento ou se, pelo contrário, ele está obrigado pelo teor literal desse título, isto é, pelo direito que nele se encontra textualmente representado. Ora, parece resultar inquestionavelmente da conjugação das características dos títulos que, quando a letra ou o cheque se encontram no domínio das relações mediatas, deverão valer exatamente nos termos constantes da sua expressão grama-

caso, a literalidade assume uma natural relevância[654] por reconduzir à expressão escrita do documento a caracterização do direito nele consubstanciado[655].

Sendo admissível que a literalidade revista diferentes graus de intensidade – menor em títulos que documentam situações jurídicas mais complexas, como é o caso das ações tituladas das sociedades anónimas que, exprimindo a participação social, só por forma indireta a titulam de modo cabal (pela remissão que operam o contrato ou «para o ato constitutivo da sociedade»[656]) –, a exigência desta característica só tem verdadeiro sentido no plano das relações mediatas, em que a legitimação emergente do título se sobrepõe às vicissitudes que possam estar subjacentes à relação cartular.

29.2.2. *Autonomia e abstração*

A autonomia é uma característica dos títulos de crédito que reveste dois sentidos.

Com efeito, tão depressa se diz que o título de crédito (e, em particular, o direito cartular nele consubstanciado) é autónomo em relação ao negócio subjacente, como se utiliza a expressão para se exprimir a

tical, podendo ser cambiariamente exigido o seu pagamento (dentro do prazo legalmente estabelecido para o efeito) em conformidade.

654 Por isso, quando a letra ou o cheque se encontram no domínio das relações mediatas, deverão valer exatamente nos termos constantes da sua expressão gramatical, podendo ser cambiariamente exigido o seu pagamento (dentro do prazo legalmente estabelecido para o efeito) nesses termos.

655 Note-se que nem todos os títulos são especialmente aptos para documentar a totalidade do direito que neles está representado, suscitando-se, a este propósito, tradicionalmente, o caso das ações e obrigações (tituladas) no plano das sociedades comerciais, porque se a participação social (ou o crédito) é representada através de um título, dificilmente o conteúdo do direito ou posição jurídica complexa em que a mesma se traduz resulta, na íntegra, desse título. A sua caracterização tem, pois, de se fazer por referência ao contrato de sociedade e às disposições legais em que se encontra desenhado o conteúdo dos direitos e obrigações sociais, ou aos termos da emissão de obrigações resultantes da respetiva deliberação e que, não se encontrando enunciadas no título, caracterizem o direito de crédito do titular das obrigações. Por isso se considerava existir uma *literalidade por referência* nestas situações, constando dos títulos apenas algumas menções verdadeiramente essenciais. A crescente desmaterialização dos títulos tem vindo a esbater este tipo de considerações.

656 Fernando Olavo, *Direito Comercial*, vol. II, 2ª Parte, 2ª ed., 1978, pp. 27-28.

independência da posição de cada portador (e consequentemente do respetivo direito) em face dos anteriores subscritores do título.

No primeiro caso fala-se em **autonomia do** (direito sobre o) **título** que decorre de uma sua característica vincada – a abstração –; na segunda situação caracteriza-se a **autonomia do direito cartular**.

A autonomia do título afere-se em relação ao direito subjacente, sendo acolhida nos arts. 17º da LULL e 22º da LUCh, que consagram o princípio da inoponibilidade das exceções pessoais no plano das relações cartulares, salvo se tais relações forem imediatas ou se o portador do título ao adquiri-lo tiver «*procedido conscientemente em detrimento do devedor*», ou seja, tiver tido consciência da inoponibilidade (que originava com a sua subscrição)[657] –, por saber que existia uma exceção (pessoal) que, com a sua intervenção, deixaria de se aplicar – e do prejuízo que causava ao devedor, por fazer sair o título do domínio das relações imediatas, impedindo o devedor (sacador ou endossante) de opor ao portador as exceções causais referentes ao incumprimento da relação subjacente[658]. É isto, precisamente, que se pretende evitar. A lei quer impedir que aquele que sabe existir uma vicissitude na sua relação subjacente

[657] Para isso tinha, naturalmente, de saber que existia uma exceção (pessoal).

[658] Retomamos o exemplo que demos na nossas *Lições de Direito Comercial*, 2010, pp. 260-261, nota 481, paralelo ao construído na nossa dissertação de doutoramento (*Cheque e Convenção de Cheque*, cit., 2009, nota 465, p. 201), mas aplicável às letras: se a sociedade «*CC – Compra & Constrói, S.A.*» promete adquirir a *Asdrúbal* um prédio urbano em Lisboa, com determinadas características e licenças – que, afinal, não se verificam –, e aceita, a título de sinal, que o vendedor saque sobre ela uma letra à sua ordem, na falta do pagamento pontual dessa letra (com que foi liquidado o sinal), se *Asdrúbal* exigir o pagamento da letra em via de regresso, na qualidade de portador, a *CC – Compra & Constrói, S.A.*, poderá opor-lhe a exceção resultante do respetivo incumprimento contratual. Para o efeito, a compradora invoca uma exceção pessoal de não pagamento – precisamente, o incumprimento verificado no plano da relação subjacente (a promessa contratual de compra e venda) à relação cartular. Ora, se *Asdrúbal*, conhecedor do Direito Cambiário e da verdadeira situação do imóvel, em vez de apresentar diretamente a letra a pagamento, a endossa à sua comadre *Brígida*, a qual – após a recusa de pagamento – vem agora exigir à *CC – Compra & Constrói, S.A.*, em via de regresso, esse pagamento, haverá que ponderar se *Brígida* tinha ou devia ter conhecimento de que existia uma vicissitude na relação que consubstanciou o saque da letra e de que ao dispor-se a recebê-la, como endossatária, estaria a impedir a alegação da exceção pessoal de não pagamento, uma vez que a letra sairia do estrito âmbito das relações imediatas. Por isso, se *Brígida* recebe a letra – ainda que, em efetivo pagamento de um bem ou serviço – deixa de beneficiar da respetiva autonomia se sabia (*tinha consciência de*) que, ao fazê-lo, atuava em prejuízo (*detrimento*) da devedora (a *CC – Compra & Constrói, S.A.*), designadamente por esta,

se possa conluiar com terceiros, para que estes, com o endosso, beneficiem da autonomia do título no momento da apresentação a pagamento. Por outras palavras, com a parte final dos arts. 17º da LULL e 22º da LUCh limita-se a possibilidade de a exceção (pessoal) – oponível nas relações imediatas – ser ludibriada, através da intervenção de terceiros. Por isso, a consciência aqui relevante é a consciência da inoponibilidade e do prejuízo: é preciso que o adquirente saiba que existia uma exceção; não basta o prejuízo; a lei exige que o portador adquirente do título soubesse que havia uma exceção.

A autonomia do direito cartular ou do direito do portador em face dos que o antecederam, justificada pelo art. 16º, II da LULL (21º, II da LUCh), significa que cada detentor do título adquire o direito nele incorporado de modo originário relativamente a eventuais vicissitudes que anteriormente tenham ocorrido. A legitimação do portador, e do seu direito, decorre da verificação do cumprimento de aspetos de caráter meramente formal, nomeadamente de que a assinatura de um endossante corresponde ao nome do endossatário anterior e que se verifica existir uma cadeia ininterrupta de endossos[659], ou seja, que a um endosso suceda um novo endosso efetuado pelo endossatário, e assim sucessivamente. Admitir que assim não acontecesse equivaleria a negar ao título a confiança que, sendo-lhe inerente, resulta da simples compatibilização das assinaturas dos seus subscritores e do crédito de que estes dispõem no mercado e que, em suma, fundamenta a sua circulabilidade.

Exemplificando uma situação de autonomia do direito do portador (legitimado): se ocorrer um desapossamento, mas o último portador receber a letra, em pagamento de um determinado bem, endossada por quem figurava como endossatário no título, então ele beneficia da legitimação resultante da cadeia ininterrupta de endossos, não lhe podendo ser oponível tal desapossamento que, com base na aparência resultante do título (expressa na referida cadeia de endossos), não tenha podido detetar.

no domínio da relação cambiária (ou cartular), se encontrar em relação mediata com *Brígida* e a letra ser um título autónomo.

[659] O que ocorre ainda que se verifique um endosso em branco (cfr. arts. 14º, 2º da LULL e 17º, 2º da LUCh).

A **abstração** – que justifica a autonomia do direito cartular – significa que os títulos valem independentemente da relação fundamental que é subjacente à sua criação (e transmissão), afirmando-se no tráfico negocial exclusivamente com base na respetiva aparência (literalidade). Por essa razão, os títulos requerem um acentuado grau de formalismo. É este que confere certeza e segurança, fatores essenciais da confiança, à circulação para que os títulos de crédito foram criados. E essa circulabilidade implica que a tutela seja diferente, consoante o título saiu já do domínio da relação do(s) seu(s) subscritor(es) originário(s) ou se mantém ainda confinado à posse do sacador, embora completo. Na abstração radica, assim, a independência do direito cartular relativamente às situações jurídicas que estiveram subjacentes à criação do direito e dessa relação.

Esta característica não é, contudo, absoluta, uma vez que há **títulos** que não são abstratos, mas **causais**. Isto é, há títulos cujo valor e eficácia estão dependentes da subsistência da relação fundamental, a qual, desaparecendo supervenientemente ou encontrando-se afetada originariamente, arrasta o próprio título que também se extingue. Nos títulos causais há um nexo indissociável entre o título e a respetiva fonte (ou causa da sua subscrição e existência). A extinção desta (ou da causa) implica a extinção do direito em que se funda o título, tal como a extinção deste acarreta a extinção do direito (cartular). Constituem exemplos de títulos causais as ações (tituladas) de sociedades anónimas, ainda que a literalidade se estabeleça por referência, as guias de transporte e os títulos representativos de mercadorias.

29.3. **Pretensas características: incorporação, legitimação e transmissibilidade**[660]

Vimos que são características dos títulos de crédito a literalidade, a autonomia e, em certos casos, a abstração. Para além destes, outros atributos ou aspetos – como é o caso da incorporação, da legitimação e da transmissibilidade – são indicados por diversos autores[661] como características dos títulos de crédito. Discordamos e passamos a explicar porquê.

[660] Cfr. Paulo Olavo Cunha, *Cheque e Convenção de Cheque*, 2009, pp. 201-203 e 195-196.

[661] Assim, a incorporação é classicamente integrada nas características gerais dos títulos de crédito por Ferrer Correia, *Lições de Direito Comercial*, vol. III – *Letra de câmbio*, Coimbra, 1975 (pp. 6-9), Fernando Olavo, *Títulos de Crédito em Geral*, 1978 (pp. 16-18 e 39), Pedro

29.3.1. *Incorporação*

A **incorporação** é da essência do próprio título, ou seja, o título documenta o direito que nele se consubstancia ou encontra o suporte material e que com ele se confunde, pelo que a incorporação é uma técnica instrumental necessária para assegurar a realização da função do título de crédito. Sem incorporação nem sequer existiria título, ainda que incompleto[662].

29.3.2. *Legitimação*

A **legitimação** significa que a detenção do título é indispensável para o exercício e transmissão do direito nele mencionado. No entanto, não se trata propriamente de uma característica, mas sim de uma função. Emanando do título e da respetiva aparência, a legitimação depende do seu possuidor ser em certo momento o titular ou detentor do direito titulado.

Quando se fala de legitimação ativa tem-se em mente o direito que resulta do título, mas o mesmo não corresponde a uma característica diferenciadora; é inerente a uma pluralidade de situações jurídicas.

A legitimação, que deve verificar-se em relação à pessoa que pretende exercer o direito documentado, não se confunde com a titularidade[663], que pode não ser suficiente para permitir ao sujeito do direito

PAIS DE VASCONCELOS, *Direito Comercial*, 2012, pp. 291 e 304-305, e OLIVEIRA ASCENSÃO, *Direito Comercial*, vol. III, *Títulos de Crédito*, 1992, embora considerando que se trata de «característica que exprime a função de legitimação passiva que é própria do título de crédito» (pp. 25-26).

Rejeitando a incorporação como característica da letra de câmbio, que assenta o respetivo fundamento (a confiança) na aparência do direito (de crédito) em circulação, criada pelo saque e baseada na legitimação formada pelo endosso, PAULO SENDIN, *Letra de câmbio. LU de Genebra, I – Circulação cambiária*, cit., 1980, em especial, pp. 88-92, 52-53, 183-184, 86-88, 71-74.

Reconduzindo, sem explicações, a incorporação a um meio instrumental («a incorporação do direito no título permite o funcionamento de um mecanismo técnico novo denominado legitimação»), mas não a enquadrando entre as características dos títulos, ANTÓNIO PEREIRA DE ALMEIDA, *Direito Comercial*, 3º vol., *Títulos de Crédito*, AAFDL, Lisboa, 1988, p. 11.

[662] Recusando a natureza de característica à incorporação, que reconduz a um mero critério, embora reconhecendo que pode estar em causa a posição ativa creditícia ou realística, FEDERICO MARTORANO, *Titoli di credito, titoli non dematerializzatti*, 4ª ed., Giuffrè, Milano, 2002, pp. 164-165.

[663] Embora, em geral, coincidam. A **titularidade**, recorde-se, é o nexo de pertença efetiva de um certo direito a uma determinada pessoa, ao passo que a **legitimação** traduz uma verdade

cartular atuá-lo em conformidade com o disposto no título. Tal acontecerá, nomeadamente, se o titular tiver perdido a legitimação, por desapossamento, extravio ou destruição do título.

A função legitimadora é a de reconhecer, pela aparência resultante do título de crédito, que o seu possuidor, alicerçado na titularidade das menções constantes do mesmo, é o seu legítimo titular[664]. Por isso, consubstanciando-se numa verdade ao nível formal do título cambiário, e que pode não corresponder à verdade efetiva (à realidade), a legitimação não existe se o possuidor do título não justifica a sua posse, pela aparência que dele resulta, não sendo esta (aparência) objetivamente apreciável.

O título confere ao seu detentor legitimação para exercer o direito que nele se consubstancia, desde que seja o portador legítimo[665]. Desse modo, a legitimação conferida pelo título não é independente de quem o possui, mas depende do modo pelo qual, pelo menos aparentemente, o título foi adquirido.

29.3.3. *Transmissibilidade (circulabilidade)*

Finalmente, a **transmissibilidade** constitui a função natural e primordial dos títulos de crédito[666]. Criados para promover a circulação de

meramente formal (ou a nível do título cambiário) que pode não corresponder à realidade. Trata-se da verdade que emerge do próprio título (cambiário) com base na regularidade da cadeia de endossos dele constante, sem verificação da autenticidade em que estes se consubstanciam. A legitimação privilegia, consequentemente, a verdade formal e a segurança do tráfico jurídico, em geral, em detrimento da realidade.
A perda do título não implica, necessariamente, a perda da titularidade. Há mecanismos que visam reconstituir o título de crédito (cfr., *infra*, nº 29.8).
Cfr. Paulo Olavo Cunha, *Cheque e Convenção de Cheque*, cit., 2009, p. 202.
Sobre o confronto e distinção entre titularidade e legitimação (ativa), vd., por todos, Fernando Olavo, *Títulos de Crédito em Geral*, 2ª ed., cit., 1978, pp. 23-24.

[664] No plano da legitimação passiva, está em causa a exoneração do devedor baseada precisamente na aparência do título e na legitimação que a posse do mesmo confere ao respetivo portador, no momento do vencimento ou apresentação a pagamento.

[665] **Portador legítimo** é o adquirente, em regra por endosso, que justifica o seu direito pela verdade meramente formal que resulta do próprio título (cambiário), designadamente por corresponder a uma série ininterrupta de endossos anteriores, e que, frequentemente, coincide com a situação jurídica subjacente à sua criação ou transmissão.

[666] Diferentemente, Maria de Assunção Oliveira Cristas, na sua dissertação de doutoramento sobre a *Transmissão contratual do direito de crédito. Do carácter real do direito de crédito*, Al-

bens, é essa finalidade – de transmissibilidade ou circulabilidade – que justifica e impõe as respetivas características[667].

O título é transmissível para a realização do seu valor – com base na confiança que lhe é conferida pelo crédito dos diversos subscritores – sem que, simultaneamente com a transmissão, se tenha de verificar cumprimento da obrigação correspondente ao direito que nele está expressamente mencionado (no caso das ações tituladas, apenas implicitamente, uma vez que a respetiva literalidade se determina por referência). Esta última aptidão constitui a própria razão de ser do título e da forma como o mesmo se configura, isto é, o porquê de o título de crédito ter as características que tem.

No entanto, o título pode existir e não circular que nem por isso deixa de valer como título de crédito. Simplesmente, nesse caso, não beneficia de tutela cambiária.

29.4. **Espécies de títulos de créditos**[668]

Podemos agrupar os títulos de crédito em títulos cambiários – que vão ser objeto de abordagem autónoma (*infra*, n°s 29.1 a 29.3) – e títulos não cambiários que, embora transmissíveis, não se destinam a circular, mas fundamentalmente a comprovar o direito do seu titular. Constituem exemplos destes últimos o certificado de depósito, o conhecimento de depósito, o conhecimento de carga e o extrato de fatura[669].

medina, Coimbra, 2005, pp. 404-413, que – na linha de, e parafraseando, Oliveira Ascensão, *Direito Comercial*, vol. III – *Títulos de Crédito*, 1992, pp. 12-15, 17-20 e 22-24 (em especial p. 15) – considera ser a legitimação «uma função mais ampla» (p. 406).

Importa referir que a posição de Oliveira Ascensão é confessadamente inspirada na doutrina germânica, em especial em Brox, que reproduz, no que respeita à sistematização dos interesses que o título de crédito tutela (citando-o na 6ª edição do seu *Handelsrecht und Wertpapierrechte*, C. H. Beck, München, 1987, § 27.2) (*ibid.*, p. 24). Nas edições posteriores às lições de Oliveira Ascensão, Brox mantém a sistematização sugerida, que permanece inalterada na última edição (22ª), a cargo de Henssler, que assumiu a coautoria (Brox/ /Henssler *Handelsrecht*, 2016, pp. 267-276).

[667] No entanto, o título pode existir e não circular que nem por isso deixa de valer como título de crédito. Simplesmente, nesse caso, não beneficia de tutela cambiária.

[668] Cfr. Engrácia Antunes, *Os Títulos de Crédito*, 2ª ed., 2012, pp. 131-145.

[669] Cfr. Engrácia Antunes, *Os Títulos de Crédito*, 2ª ed., 2012, pp. 132-142.

29.5. **Os títulos impróprios**

São impróprios os documentos (títulos) que, não obstante se assemelharem pelas suas características com os títulos de crédito, são desprovidos de circulabilidade. Dentro desta categoria, há ainda que estabelecer uma distinção entre os chamados títulos de legitimação e os comprovantes de legitimação.

29.5.1. *Títulos de legitimação*

Os **títulos de legitimação** são documentos que, apesar de não serem destinados à circulação, podem circular, conferindo legitimação ativa ao respetivo portador. Constituem exemplos o bilhete de entrada em espetáculos públicos, as cautelas de penhor e os títulos de transporte (pré-comprados, em série).

29.5.2. *Comprovantes de legitimação*

Os **comprovantes de legitimação** diferenciam-se dos títulos de legitimação basicamente por não poderem circular, sendo insuscetíveis de transmissão por simples vontade do seu titular e de eventual adquirente. Casos dos bilhetes de avião, passes e cartões de crédito.

29.6. **Os "títulos" quanto ao modo de circulação**[670]

Quanto ao modo de circulação, os títulos de crédito classificam-se em títulos ao portador, à ordem e nominativos.

Os **títulos ao portador** são os que se transmitem pela simples tradição ou entrega material, pertencendo a quem for o seu detentor em certo momento (cfr. art. 483º do CCom). Têm vindo a ser eliminados, como sucedeu por efeito da Lei nº 15/2017, de 3 de maio (que deve ser conjugada com o disposto no Decreto-Lei nº 123/2017, de 25 de setembro, que estabeleceu o regime da conversão das ações ao portador em ações nominativas), que extinguiu as ações ao portador. De entre os títulos ao portador que subsistem, podemos identificar o cheque.

[670] Cfr. Engrácia Antunes, *Os Títulos de Crédito*, 2ª ed., 2012, pp. 30-31, e Soveral Martins, *Títulos de Crédito e Valores Mobiliários*, 2008, pp. 22-24.

Os **títulos à ordem** são os que, indicando o respetivo beneficiário, em nome de quem (ou à ordem de quem) são emitidos, se transmitem pela entrega real acompanhada de uma declaração de endosso subscrita pelo seu (anterior) titular e alienante (cfr. também art. 483º do CCom). As letras e as livranças constituem exemplo paradigmáticos de título à ordem.

Finalmente, os **títulos nominativos** são os que mencionam, no seu texto, a identidade do titular, implicando um formalismo complexo para a respetiva circulação. Com efeito, neles deverá ser exarada declaração de transmissão, lavrado o *pertence* (inserção do nome do novo titular) e proceder-se a averbamento em registo próprio (cfr. art. 102º, nº 1 do CVM). Tendencialmente, os títulos de crédito têm vindo a ser equiparados a esta categoria, como sucedeu recentemente com os títulos representativos dos valores mobiliários, em geral, e das ações das sociedades anónimas, em particular. Estas, sendo tituladas, transmitem-se por endosso (declaração de transmissão subscrita pelo alienante) em favor do adquirente (cujo nome passa a figurar no título), devendo ser preenchido requerimento a apresentar à sociedade para que o registo dos acionistas (Livro de Ações, qualquer que seja a sua forma) seja atualizado (cfr. art. 102º do CVM).

29.7. A relação entre o negócio cartular e o negócio subjacente[671]

Na origem de um negócio cartular encontra-se sempre um negócio subjacente à operação cambiária que dá lugar ao nascimento do título de crédito. Vamos agora apurar a relação e a interação existente entre esses dois negócios.

29.7.1. *O negócio subjacente*

Cada negócio cartular tem na sua base um negócio que o explica, que o fundamenta, que constitui a sua *causa*, o chamado **negócio subjacente**. Tal ocorre, por exemplo, com o simples saque de uma letra ou de um cheque (para tomador).

Na realidade, quando um sujeito (o sacador) saca uma letra à ordem do tomador (beneficiário) fá-lo com base num motivo, designadamente porque (i) lhe concede crédito, (ii) lhe deve uma certa quantia, que

[671] Cfr. Paulo Olavo Cunha, *Cheque e Convenção de Cheque*, 2009, pp. 203-204 e 208-209.

pretende titular, (iii) quer efetuar um pagamento ou, simplesmente, (iv) quer fazer uma doação.

Por sua vez, o saque de um cheque em benefício de terceiro consubstancia o pagamento de um bem ou serviço, o reembolso de um empréstimo, uma garantia, enfim, pode corresponder a uma pluralidade de situações diversas. As características deste tipo de títulos, abstratos, asseguram-lhes validade e eficácia independentemente da subsistência da relação subjacente, embora o saque não implique a novação da relação subjacente.

29.7.2. *Direito cartular e convenção executiva*

O **direito cartular**, emergente do título, é diferente (e, em regra, independente) do direito subjacente. Assim, retomando o exemplo da letra, o direito cartular é o direito de crédito de que o portador é titular e do qual são devedores todos os obrigados cambiários, isto é, de que são devedores os sujeitos que, na cadeia cambiária, se encontram posicionados anteriormente ao portador desse título.

Do saque resulta uma *atribuição patrimonial* (em favor do próprio sacador ou de tomador), a criação de um valor, que há de ser suportado pelo sacado (e aceitante), por conta de um ato que este tenha celebrado com o sacador e que, estando em causa uma letra, se consubstancia na assunção de uma responsabilidade patrimonial pelo sacado (aceitante) por conta de um bem ou serviço que lhe foi disponibilizado pelo sacador e, com referência ao cheque, se traduz na prévia entrega de meios ao sacado (ao banco) pelo sacador ou na abertura de crédito por este efetuada em favor daquele, de modo que, sendo apresentado a pagamento esse título, a quantia nele inscrita possa (e deva) ser satisfeita.

Ora, a **convenção executiva** é o ato que, sendo celebrado entre os intervenientes do negócio cambiário, mas não se confundindo com este, integra o negócio subjacente ou é posteriormente acordada[672], determina a função que o negócio cartular, enquanto atribuição patrimonial, desempenha relativamente ao negócio subjacente, designadamente se o saque é efetuado como pagamento (como dação em pagamento ou em

[672] Cfr. Astolfo Di Amato, «I titoli di credito», in AA.VV., *Trattato di Diritto Privato* (dir. por Pietro Rescigno), vol. 13 – *Obbligazioni e contratti*, t. V, UTET, Torino, 1985 (reimp. 1986) (pp. 435-494), p. 456.

função do cumprimento), como crédito ou como garantia[673]. Isto é, a convenção executiva, sendo paralela ao negócio cambiário, faz parte do negócio subjacente ou é objeto de acordo ulterior. A título de exemplo, refira-se que a convenção executiva entre sacador e sacado do cheque corresponde à própria convenção de cheque, que estudámos anteriormente (cfr., *supra*, nº 26.4.1), definindo-se em termos genéricos e explicando de que modo o sacado permitirá ao sacador a emissão de cheques e se compromete a pagá-los quando os mesmos lhe forem apresentados dentro do prazo legalmente estabelecido para o efeito.

29.7.3. *Natureza jurídica do negócio cartular*

O negócio cartular, encontrando a sua origem num negócio subjacente, constitui (ele próprio) um negócio autónomo que, como iremos muito sucintamente demonstrar, é unilateral, ainda que tenha uma base contratual.

Com efeito, apesar de inicialmente terem vingado as teorias contratualistas – segundo as quais o negócio cartular se reconduzia a um contrato, pressupondo-se a concordância do tomador ou adquirente do título quando o mesmo era para si sacado ou endossado –, o que se explica com a dificuldade de delimitação e caracterização do negócio unilateral[674], a verdade é que tais teorias deixavam diversas questões por explicar, nomeadamente a que se traduz em reconhecer que o tomador do título pode ser titular do direito cartular quando o sacador não o era. E se este não tinha o direito, como se explicava que o direito surgisse na esfera jurídica do tomador?

O ato cambiário é, assim, uma manifestação de vontade **unilateral** tendente à produção de determinados efeitos, explicando (essa qualificação) que o subscritor possa validamente obrigar-se não apenas perante o tomador ou endossatário (suas contrapartes no negócio subjacente), mas – considerando a autonomia do título – relativamente a sujeitos indeterminados (cfr. arts. 1º, 12º, 18º, 25º e 44º da LUCh).

[673] O endosso de uma letra, ou saque de um cheque, são geralmente entendidos, salvo convenção em contrário, em função do cumprimento (cfr. art. 840º do CC).

[674] Cfr. Mário de Figueiredo, *Caracteres Gerais dos Títulos de Crédito e seu Fundamento Jurídico*, F. França Amado, Coimbra, 1919, pp. 154-181, em especial pp. 157-158, e Fernando Olavo, *Títulos de Crédito em Geral*, 2ª ed., 1978, pp. 84-88, em especial p. 85.

Deste modo, importa sublinhar que – embora com natural, mas não obrigatória, base contratual – o negócio cartular, em si mesmo, não é bilateral.

29.7.4. *Formação da obrigação cartular*

No que toca à constituição da obrigação cartular, a doutrina discutiu durante longo tempo se esta surgiria com a criação do título[675] ou, para além da emissão, o título deveria ser entregue ao tomador (ou a um endossatário)[676], isto é, ser posto a circular, só então se encontrando constituída a obrigação e o título perfeito.

Segundo a primeira teoria – que seria conhecida como *teoria da criação* e teria como primeiro adepto, em Portugal, MÁRIO DE FIGUEIREDO[677] – a obrigação cartular surge com a subscrição do título, ainda que só adquira plena eficácia quando este chegar à esfera jurídica de terceiro. Eventuais vicissitudes que ocorram posteriormente à criação do título não prejudicam, de acordo com esta perspetiva, a sua validade.

Nos termos da *teoria da emissão*, de que foi primeiro defensor, entre nós, PINTO COELHO[678], a obrigação só estaria formada com a colocação (voluntária) em circulação do título pelo seu subscritor.

Estas teorias foram criticadas, na Alemanha[679], tendo vindo a ceder a sua posição à teoria da aparência jurídica (*Rechtsscheintheorie*), desenvolvida por ERNST JACOBI[680] e HERBERT MEYER. Esta teoria «parte da ideia de que o sacador do título cria um "conjunto de factos externos (*"äußeren Tatbestand"*), pela sua assinatura, na qual o adquirente pode

[675] KUNTZE, *Die Lehre von den Inhaberpapieren*, Leipzig, 1857, pp. 268 e segs e 292 e segs., *apud* PAULO SENDIN, *Letra de câmbio*, vol. I, cit., 1980, pp. 48-52.

[676] STOBBE, *Handbuch des deutschen Privatrechts*, vol. III, 3ª ed., Berlin, 1898, p. 483, *apud* PAULO SENDIN, *Letra de câmbio*, vol. II, 1982, pp. 1095.

[677] *Caracteres Gerais dos Títulos de Crédito e seu Fundamento Jurídico*, cit., 1919, pp. 177-181, em especial p. 181.

Criticando abertamente esta teoria, PEDRO PAIS DE VASCONCELOS, «A declaração cambiária como negócio jurídico unilateral e a teoria da emissão», *SI*, t. XXXV, 1986 (pp. 316-332), pp. 316-317, 319, e 326-327.

[678] «Teoria Jurídica da Letra», *BFDUC*, ano IV, 1917-18 (pp. 481-491), pp. 486 e segs. Cfr. também PAIS DE VASCONCELOS, «A declaração cambiária» cit., 1986, pp. 328-331.

[679] Cfr. ALFRED HUECK / CLAUS-WILHELM CANARIS, *Recht der Wertpapiere*, 12ª ed., 1986, pp. 29-31 e 33.

[680] Cfr. *Recht der Wertpapiere, in* AA.VV., *Ehrenbergs Handbuch*, vol. 4, Leipzig, 1917, pp. 205-306.

confiar licitamente»[681]; o documento subscrito suscita, pela aparência, a ideia de que o direito (cartular) se encontra livre de vícios e é imputável ao subscritor, que é responsável pela aparência (de contrato subjacente) que resulta da sua declaração cambiária[682].

Não pretendemos tomar posição sobre a causa e o momento da formação da obrigação cartular[683], embora a tutela cambiária se justifique apenas em caso de circulação do título. Enquanto se mantém na posse do seu subscritor originário, o título encontra-se no domínio das relações imediatas, pelo que não é relevante conferir-lhe a tutela que a confiança baseada na respetiva aparência justifica.

No que se refere aos outros títulos de crédito cambiários (letra, livrança e cheque), afigura-se que a obrigação cartular se constitui com a sua subscrição. Por isso, regista-se uma inclinação em favor da *teoria da criação*, que é, aliás, a que melhor se compatibiliza com as leis uniformes e com os princípios nelas estabelecidos, nomeadamente da independência recíproca das relações cartulares (arts. 7º da LULL e 10º da LUCh) e da legitimação ativa do portador de boa fé do título de crédito (arts. 16º, II da LULL e 21º da LUCh). O que nos importa reter é que a tutela da normal circulação cambiária, estabelecida nas Leis Uniformes, só tem sentido para os títulos que saem do estrito âmbito das relações entre o sacador e o sacado, as quais estão inevitavelmente sujeitas às eventuais exceções pessoais que, porventura, existam.

29.7.5. *As relações cartulares; imediatas e mediatas*

As relações cartulares respeitam a todos os intervenientes no título e podem ser imediatas ou mediatas, consoante existe ligação entre dois sujeitos por uma relação subjacente (e uma convenção executiva), ou não.

[681] Hueck/Canaris, *Recht der Wertpapiere*, 12ª ed., 1986, p. 33.

[682] Cfr. a obra póstuma de Ernst Jacobi, *Wechsel- und Scheckrecht unter Berücksichtigung des ausländischen Rechts*, Walter de Gruyter, Berlin, 1955, pp. 41-45 e 60.

Na literatura portuguesa, para além da obra de Paulo Sendin (*Letra de câmbio*, vol. I, 1980, pp. 62-66, 71-78, 84-88) – que, para a construção da sua teoria da compreensão da letra como direito de crédito, se socorre da doutrina da aparência, «embora profundamente alterada» e no que respeita unicamente ao direito de crédito cambiário (cfr. p. 62) –, cfr. o estudo de Rita Amaral Cabral, «A teoria da aparência e a relação jurídica cambiária», *ROA*, ano 44, vol. III, 1984 (pp. 627-654), pp. 640-650.

[683] Mas temos em consideração as críticas pertinentes de Paulo Sendin à teoria da aparência. Cfr. *Letra de câmbio*, vol. I, cit., 1980, pp. 65-66.

São **relações cartulares imediatas** as que ligam sacador e sacado, sacador e tomador ou tão-somente um portador e o portador antecedente ou subsequente (endossante e endossatário), isto é, aquelas pessoas relativamente às quais se define a relação subjacente e a convenção executiva. A relevância das relações cartulares (imediatas) sente-se em especial a propósito da oponibilidade das exceções pessoais no domínio das relações imediatas (cfr. art. 17º da LULL e art. 22º da LUCh).

São **relações cartulares mediatas** as que opõem uma determinada pessoa a todas as outras que são intervenientes na circulação cambiária. Por exemplo, o endossatário está em relação mediata com o sacador ou o sacado.

29.7.6. *Relação existente entre o negócio cartular e o negócio causal; remissão*

Sacado um título de crédito, *maxime* uma letra ou um cheque, importa saber o que sucede à relação fundamental ou causal, que se encontra subjacente, e consequentemente na origem da subscrição cambiária. Trata-se sobretudo de saber se ambas as situações jurídicas podem coexistir, com a possibilidade de serem acionados autonomamente os direitos resultantes de qualquer delas ou se, diversamente, se opera a novação da obrigação subjacente.

No domínio dos títulos de crédito abstratos, a novação, para ocorrer, deverá ser convencionada, não se presumindo. Como resulta do disposto no art. 859º do Código Civil[684], a novação ocorre se a vontade de substituir a relação subjacente pela obrigação cambiária for expressamente declarada. Se tal não acontecer, presume-se precisamente o contrário[685], isto é, que a novação não se produz[686], uma vez que o credor pretende ver reforçado o seu crédito, passando para o efeito a dispor de um instrumento de fácil circulação e que, classicamente, reveste a qualidade de título executivo, sendo de cobrança também mais facilitada, em caso

[684] *«A vontade de contrair a nova obrigação em substituição da antiga deve ser expressamente manifestada»*.

[685] Neste sentido, vd. Fernando Olavo, *Títulos de Crédito em Geral*, 2ª ed., cit., 1978, pp. 76-84, em especial p. 81.

[686] Como decorre também do disposto no § único do art. 346º do CCom, que reproduzimos na parte aplicável: *«O lançamento em conta corrente de (...) títulos de crédito presume-se sempre feito com a cláusula "salva cobrança"»*.

de incumprimento. Por sua vez, o devedor não incorre em risco com a coexistência de ambas as obrigações, porquanto só lhe poderá ser exigida uma de cada vez. A subscrição da letra e do cheque constitui uma dação *pro solvendo* (cfr. art. 840º do CC[687]), o que significa que o credor, ao recebê-lo, se dispõe a pagar-se primariamente à sua custa. Daqui resulta que se o título tiver, entretanto, sido transmitido, o devedor só terá de responder no âmbito da relação subjacente contra a devolução desse mesmo título, assegurando-se que o crédito nele contido não lhe poderá vir a ser exigido.

29.8. **Extinção e reforma dos títulos de crédito**

29.8.1. ***Recuperação do valor do título de crédito em caso de extinção ou deterioração do documento***

O título de crédito é um objeto material, geralmente corporizado em papel, e, por conseguinte, fisicamente delicado. O seu suporte físico é, consequentemente, deteriorável. Por isso, pode suceder que, no decurso da sua vida, mais ou menos longa, o título desapareça, seja (total ou parcialmente) destruído ou obliterado – nomeadamente por desgaste (se for excessivamente manuseado, deixando de se perceber as respetivas inscrições) – ou se extinga, importando saber como se recupera o valor de crédito que ele representa, visto que sem título não é possível exercer o direito nele consubstanciado.

Com efeito, a destruição do título de crédito impede a respetiva posse material indispensável ao exercício ou transmissão do direito (nele incorporado), que não pode ser exercido sem o título de crédito que o documenta(va). Assim, há que ver se, e como, é possível reconstruir o título, para recuperar o valor de crédito (ou *atribuição patrimonial*) que ele representa(va).

[687] «Art. 840º (Dação "pro solvendo"):
1. *Se o devedor efetuar uma prestação diferente da devida, para que o credor obtenha mais facilmente, pela realização do valor dela, a satisfação do seu crédito, este só se extingue quando for satisfeito, e na medida respetiva.*
2. *Se a dação tiver por objeto a cessão de um crédito ou a assunção de uma dívida, presume-se feita nos termos do número anterior.*»

A questão assume especial relevância nos casos em que a vicissitude ocorre com maior frequência, o que se verifica, naturalmente, com os títulos que circulam durante mais tempo, como é o caso das letras e livranças, ou que têm maior longevidade, como ocorre com as ações e obrigações tituladas, mas suscita particulares dificuldades em relação aos títulos ao portador – como também pode ser o caso do cheque –, uma vez que a reconstituição da respetiva titularidade se torna mais difícil.

Por sua vez, o extravio ou destruição do título de crédito cambiário (letra, livrança ou cheque) suscita problemas que se prendem, designadamente, com a recuperação do valor de crédito em que o mesmo se traduz, correspondente à quantia nele inscrita, em especial quando o título se encontra(va) a circular ao portador. Esses problemas não são despiciendos, uma vez que a vicissitude determina a (imediata) perda de um valor patrimonial significativo.

29.8.2. *Extinção por destruição, total ou parcial, ou obliteração*

O título extingue-se se for obliterado (por efeito de desgaste) – o que dificilmente acontece com o cheque – ou se for, total ou parcialmente, destruído (intencionalmente ou por acidente). E isso é relevante porque o direito incorporado não pode ser exercido sem o título de crédito.

Assim, a destruição do título de crédito constitui facto impeditivo à posse material necessária e imprescindível ao exercício (ou transmissão) do respetivo direito; e acarreta a perda de legitimação do (até então) seu possuidor. Como o direito não pode ser exercido sem o título, há que apurar se este pode ser reconstruído. É o que veremos adiante. Antes, porém, há que chamar a atenção para factos extintivos de diversa natureza.

29.8.3. *Extinção do título por ineficácia e extinção do próprio direito incorporado*

A extinção do título de crédito não está necessariamente associada à sua obliteração ou destruição material; pode ocorrer por outras razões, nomeadamente **por ineficácia** do título ou por **extinção do próprio direito incorporado**.

A extinção por ineficácia verifica-se quando sobrevém uma circunstância que obsta à normal produção de efeitos do título. Neste caso, está normalmente em causa a extinção do direito documentado no título. Por exemplo, o decurso do prazo para efetuar o protesto da letra (cfr. art. 53º, I da LULL), ou o reagrupamento de ações por efeito de uma operação de redução do capital social), ou a não apresentação do cheque no prazo de seis meses após o termo da data de apresentação a pagamento, que pode acarretar a prescrição do crédito cambiário (cfr. art. 52º, I da LUCh). Em qualquer caso, resulta a inabilidade do título para circular enquanto tal.

A extinção do próprio direito incorporado acarreta naturalmente a extinção do título, ainda que o mesmo possa subsistir fisicamente. Ocorre com o pagamento (cumprimento) ou prescrição da obrigação cartular. É o que sucede com o pagamento de uma dívida garantida por uma livrança, eventualmente subscrita em branco, sem que esta seja devolvida ao subscritor ou fisicamente anulada. O cumprimento integral da prestação obrigacional, a que estava condicionado o preenchimento da livrança implica a extinção do título, mesmo que o mesmo não seja eliminado por esquecimento ou por se ignorar o seu paradeiro.

29.8.4. *Reforma dos títulos de crédito*

Vejamos agora as **circunstâncias em que a reforma pode ocorrer**.

A lei geral admite que possam ser reformados judicialmente os documentos escritos que, por qualquer modo, tenham desaparecido (cfr. art. 367º do Código Civil). Por sua vez, o Código Comercial refere-se à reforma dos títulos de crédito no artigo 484º, mencionando especificamente os títulos transmissíveis por endosso, destruídos ou perdidos[688].

[688] Foi durante muito tempo discutível a reforma dos títulos ao portador, dado que o art. 484º do CCom não lhes fazia qualquer referência.
Antes da extinção das ações e das obrigações ao portador, defendíamos a reforma desses títulos (louvados na leitura de Fernando Olavo, *Títulos de Crédito em Geral*, 2ª ed., cit., 1978, pp. 111-121), reconhecendo que o facto de o artigo 484º do Código Comercial não lhe fazer referência expressa constitui uma aparente dificuldade relativamente à sua admissibilidade, mas considerando que o artigo 484º também não afasta(va) a possibilidade de reforma, referindo-se às ações sem distinguir as nominativas das ações ao portador (corpo do artigo e § 1º) ou, pura e simplesmente, especificando o caso das ações (e obrigações) nominativas (§ 2º).

Sendo frágeis por definição, tendo em conta a sua substância, e podendo ser objeto de desapossamento físico, dada a sua materialidade, justifica-se que os títulos de crédito que sejam extraviados, total ou parcialmente, destruídos ou que simplesmente desapareçam, sejam reconstituídos e recuperados, atendendo ao valor patrimonial que representam e ao facto de a sua existência ser determinante para o exercício do direito nele incorporado.

No entanto, diversamente do que sucedia antes da Reforma de 2013 do Código de Processo Civil, este diploma deixou de regular o processo de reforma dos títulos de crédito no capítulo X dos Processos Especiais (arts. 1069º a 1073º, na redação anterior a 2013), sobre a *reforma de documentos, autos e livros*[689], mantendo apenas o processo especial de *reforma de autos* (cfr. arts. 959º-966º).

Como proceder então à necessária reforma do título quando o mesmo se extravia, é destruído ou se deteriorou no atual quadro legal?

Parece-nos evidente que os títulos de crédito desaparecidos não podem deixar de ser reformados, devendo promover-se um processo comum[690].

Tratando-se de processo comum, a ação deve ser proposta contra o emitente do título, que pode ser também interessado na sua reforma. Isso não impede que se recorra, com as devidas adaptações, aos termos do processo especial desaparecido, com apoio na disposição substantiva, ainda vigente, do Código Comercial: o art. 484º. Assim – e seguindo a jurisprudência recente[691] –, o interessado (o desapossado) tem de des-

Sobre a inaplicabilidade (prática) do instituto da reforma ao cheque, tendo em conta que o cheque é um título que deve ser apresentado a pagamento num prazo muito curto, normalmente de oito dias, vd. a nossa dissertação de doutoramento, *Cheque e Convenção de Cheque*, cit., 2009, pp. 212-213.

[689] Esclareça-se que o Código de Processo Civil – que regulava o processo de reforma de títulos destruídos (art. 1069º), como regime-regra, e a reforma dos títulos perdidos ou desaparecidos (art. 1072º), com especificações relativamente àquele – começava por se referir unicamente aos "títulos de obrigação" (cfr. art. 1069º, nº 1), mas acabava por alargar o processo de reforma a todos os outros documentos numa disposição subsidiária (o art. 1073º).

[690] Contra, com uma perspetiva crítica sobre o recurso ao processo comum e propugnando a aplicação por analogia da reforma de autos, Pinto Furtado, *Títulos de Crédito*, 2ª ed., 2015, pp. 82-87, em especial pp. 83-84 e 85-86.

[691] Neste sentido, o **AcRelLisboa de 6 jul 2017** (Pedro Martins) / Proc. nº 19333/15.5T8LSB, *www.dgsi.pt*, que seguimos, de muito perto (em especial p. 7).

crever o título desaparecido, justificar o interesse na sua recuperação e evidenciar as vicissitudes a que esteve sujeito. Em suma, impõe-se que o interessado, autor na ação de reforma, fundamente o seu direito e o facto que fundamenta a reconstituição pretendida.

Demonstrada a titularidade do direito (sobre o título desaparecido), o interesse na sua reforma ou recuperação, decorrente da sua natureza, visto que, sendo de crédito é imprescindível ao exercício do direito, e o desaparecimento, a ação deve proceder. A sentença que declara a existência do novo título, simultaneamente declara sem valor o título extraviado ou destruído e objeto de reforma.

Se o título de crédito desaparecido for um título ao portador (ou, não o sendo, revestir essa espécie), a sua reforma, em termos processuais, continua a não ser problemática, implicando – relativamente a esses títulos e a todos os que são enunciados no art. 484º do Código Comercial – a prestação de uma caução previamente «*à restituição do seu valor, juros ou dividendos*» (cfr. art. 484º, §§ 5º e 6º do CCom e antigo art. 1072º, *alínea d)* do CPC). Isto é, o pretenso titular do título desaparecido, cuja reforma requer, deverá disponibilizar-se para, durante um certo período, relativamente longo (cinco anos depois de prestada a caução), assegurar o pagamento do título reformado se o mesmo vier a surgir nas mãos de um portador legitimado.

Em qualquer caso, o título reformado é juridicamente o mesmo título.

30. Títulos de crédito em especial

De entre os diversos títulos de crédito, vamos referir sucintamente as letras, as livranças e os cheques.

30.1. Letra de câmbio[692]

30.1.1. *Caracterização*

30.1.1.1. *Conceito e requisitos da letra*

A letra é um título de crédito à ordem, que incorpora um direito de crédito pecuniário – um valor patrimonial –, que se consubstancia na ordem que um sujeito (o **sacador**) dá a outro (o **sacado**), para que este pague à sua ordem, a um terceiro (o **tomador**) ou à ordem de quem este indicar, uma determinada quantia no vencimento convencionado.

Contudo, a obrigação do sacado só se constitui com o **aceite**. Até que este ocorra, normalmente em simultâneo com o saque, o principal obrigado cambiário, embora em via de regresso, é o sacador.

O artigo 1º da Lei Uniforme relativa às Letras e Livranças, correspondendo à primeira das convenções sobre essa matéria aprovadas em Genebra de 7 de junho de 1930, integrada no Direito nacional pelo Decreto nº 23721, de 29 de março de 1934 (que revogou os arts. 278º e segs. do Código Comercial), pressupondo que a letra é um título formal, estabeleceu os seguintes requisitos:

1º – A palavra "**letra**" inserta no texto, redigida na língua portuguesa;

[692] Sistematizamos a bibliografia disponível (por ordem alfabética do último nome): António Pereira de Almeida, *Direito Comercial*, 3º vol., *Títulos de Crédito*, 1988, José A. Engrácia Antunes, *Os Títulos de Crédito*, 2ª ed., 2012, pp. 51-108, José de Oliveira Ascensão, *Direito Comercial*, vol. III – *Títulos de Crédito*, 1992, pp. 89-236, J. G. Pinto Coelho, *Lições de Direito Comercial*, Lisboa, vol. II – *As Letras*, 1ª parte, Fasc. I (*Conceito e regime jurídico*), ed. autor, 1955, Fasc. II (*Regime jurídico e saque*), 2ª ed. (autor), 1964, Fasc. III (*Do aceite*), 2ª ed. (autor), 1954, Fasc. IV (*Do endosso*), 2ª ed. (autor), 1955, Fasc. V (*Do aval*), 3ª ed. (autor), 1965, Fasc. VI – *Do vencimento. Do pagamento*, 2ª ed., 1961, Supl. – *Pagamento por intervenção. Direito de regresso. Protesto. Prescrição*, 2ª ed. (autor), 1962, António Ferrer Correia, *Lições de Direito Comercial* (Policopiadas), Coimbra, vol. III (*Letra de Câmbio*), 1975, Miguel Pupo Correia, *Direito Comercial*, 14ª ed., 2018, pp. 504-522, Carolina Cunha, *Manual de Letras e Livranças*, Almedina, Coimbra, 2015, em especial pp. 25-57 e 59-100, J. Pinto Furtado, *Títulos de Crédito*, 2ª ed., 2015, pp. 89-196, Fátima Gomes, *Direito Comercial*, 2ª ed., 2017, pp. 235-277, Alexandre de Soveral Martins, *Títulos de Crédito e Valores Mobiliários*, 2008, pp. 33-116, Filipe Cassiano dos Santos, *Direito Comercial Português*, vol. I, 2007, pp. 239-262, e Pedro Pais de Vasconcelos, *Direito Comercial. Títulos de Crédito*, Lisboa, 1989, pp. 99-140, e *Direito Comercial*, 2011, pp. 325-347.

2º – Um **juzo** (injunção) para pagar uma quantia determinada;
3º – O nome de quem deve pagar (o **sacado**);
4º – Quando deve ser paga: **vencimento** (época de pagamento);
5º – Onde deve ser paga: indicação do **lugar do pagamento**;
6º – O nome do **beneficiário**: pessoa à ordem de quem deve ser paga[693];
7º – **Data e local de emissão**;
8º – Assinatura do **sacador**.

Há alguns requisitos cujo suprimento é admitido pela Lei Uniforme, como o **lugar do pagamento** [domicílio do sacado, quando a letra nada refere (art. 2º, III)]. Outros casos de suprimento dizem respeito ao **vencimento** (momento do pagamento) e ao lugar do saque (cfr. art. 2º II e IV da LULL).

30.1.1.2. *Letra em branco e pacto de preenchimento*[694]

Letra em branco é aquela que, sendo criada e colocada em circulação sem estar totalmente preenchida, apresenta algumas estipulações cambiárias (essenciais, como o saque e a própria palavra letra), destinando-se a ser completada até ao seu vencimento.

O preenchimento da letra em branco, intencionalmente sacada incompleta, deverá ser feito em conformidade com o pacto que tenha sido celebrado com a finalidade de facultar ao seu titular os dados necessários para o efeito, o qual é para todos os efeitos uma convenção obrigacional informal[695], que não vincula terceiros.

Por sua vez, os desapossamentos de índole económica, que possam surgir por efeito da violação do pacto de preenchimento, beneficiam da tutela do artigo 10º da LULL.

A letra em branco não se confunde com a **letra incompleta**, porquanto esta não é uma verdadeira letra. Falta-lhe um requisito funda-

[693] O primeiro titular deve ser normalmente designado.

[694] Cfr. Engrácia Antunes, *Os Títulos de Crédito*, 2012, pp. 65-69, Carolina Cunha, *Manual de Letras e Livranças*, 2015, pp. 165-171, e Soveral Martins, *Títulos de Crédito e Valores Mobiliários*, 2008, pp. 44-47.

[695] Saliente-se, contudo, que as estipulações correspondentes ao *acordo de preenchimento* da letra em branco integram com frequência os contratos com referência aos quais este título de crédito é sacado.

mental e não lhe subjaz qualquer acordo de preenchimento, tendo sido objeto de desapossamento e tentativa de colocação em circulação, como se tivesse sido sacada em branco.

30.1.2. **Regime jurídico**

30.1.2.1 *Saque*[696]

O **saque** é o ato de emissão; é a ordem (incondicional – cfr. art. 1º, II) dada pelo emitente (também conhecido por sacador) a outra pessoa (que se designa sacado) para pagar a letra. É feito pelo preenchimento do próprio título. Quer dizer, não é preciso indicar-se no título que "por esta ordem", ou que "por este título", se dá a seguinte ordem, basta naturalmente que se indique a quantia no local apropriado, e efetivamente se proceda à assinatura, à aposição do nome. Um outro aspeto que também é muito interessante, e que aliás resulta da própria ideia do art. 1º, II (de que é um juzo), é que o saque é sempre incondicionável, por isso se refere que é um mandato puro e simples. As modalidades do saque resultam do artigo 3º.

30.1.2.2. *Aceite*[697]

O **aceite** é o ato pelo qual o sacado se vincula ao pagamento de uma letra (perante o portador, que muitas vezes é o próprio sacador), tornando-se o principal responsável pelo pagamento, uma vez que o aceitante não tem direito de regresso sobre nenhum dos demais coobrigados cambiários. Isto é, trata-se da pessoa que se obriga a pagar a letra, no seu vencimento, pelo que, não o fazendo pontualmente, vai-se

[696] Cfr. Engrácia Antunes, *Os Títulos de Crédito,* 2ª ed., 2012, pp. 70-73, Carolina Cunha, *Manual de Letras e Livranças,* 2015, pp. 31-32, e Soveral Martins, *Títulos de Crédito e Valores Mobiliários,* 2008, pp. 55-57.

[697] Cfr. Engrácia Antunes, *Os Títulos de Crédito,* 2ª ed., 2012, pp. 74-79, Pinto Coelho, *Lições de Direito Comercial,* 2º vol., *As Letras,* Fasc. III, 2ª Parte, 1954, pp. 5-111, em especial pp. 5-8, 23-26 e 63, Ferrer Correia, *Lições de Direito Comercial,* vol. III – *Letra de câmbio,* 1975, pp. 153-178, em especial pp. 153-155 e 163-164, Carolina Cunha, *Manual de Letras e Livranças,* 2015, pp. 32-33, Soveral Martins, *Títulos de Crédito e Valores Mobiliários,* 2008, pp. 57-60, e Paulo Sendin, *Letra de câmbio. L.U. de Genebra,* vol. I – *Circulação cambiária,* 1980, pp. 20-24, em especial, p. 22, e vol. II – *Obrigações e garantias cambiárias,* 1982, pp. 587-717.

encontrar novamente em último lugar na cadeia cambiária, portanto, no fundo, vai ser responsável perante todos os demais subscritores cambiários[698].

30.1.2.3. *Endosso*[699]

A letra transmite-se habitualmente por endosso (cfr. art. 11º, I da LULL), inscrito no verso (do documento)[700], embora o possa ser também pela simples entrega se não for emitida à ordem de um determinado beneficiário.

O **endosso** é a forma típica de transmissão dos títulos de crédito à ordem (cfr. art. 483º do Código Comercial), constituindo o meio adequado de circulação da letra que – tal como o cheque (cfr. art. 14º, II da LUCh) – também pode ser transmitida extracambiariamente no regime da cessão ordinária de créditos (cfr. art. 11º, II da LULL). Simplesmente, neste caso, deixam de se aplicar as regras próprias da tutela da circulação normal da letra, nomeadamente as normas que tutelam o portador legitimado (cfr. art. 16º, I), por exemplo, ou que consubstanciam a autonomia do direito do portador (cfr. art. 16º, II).

Pelo endosso, o endossante (titular do direito incorporado no título) transmite a letra ao endossatário, proporcionando o ingresso na esfera jurídica deste de todas as situações ativas que caracterizam a sua posição. Este é o endosso típico e designa-se por **endosso translativo**; nesta medida, constitui uma ordem de pagamento da totalidade da quantia

[698] Sobre o aceite da letra de câmbio, cfr. José Gabriel Pinto Coelho, *Lições de Direito Comercial*, 2º vol., *As Letras*, Fasc. III, 2ª Parte, 2ª ed., ed. autor, Lisboa, 1954, pp. 5-111, em especial pp. 5-8, 23-26 e 63, António Ferrer Correia, *Lições de Direito Comercial*, vol. III – *Letra de câmbio* (Polic.), Coimbra, 1975, pp. 153-178, em especial pp. 153-155 e 163-164, e Paulo Sendin, *Letra de câmbio. L.U. de Genebra*, vol. I – *Circulação cambiária*, Almedina, Lisboa, 1980, pp. 20-24, em especial, p. 22, e vol. II – *Obrigações e garantias cambiárias*, 1982, pp. 587-717.

[699] Cfr. Engrácia Antunes, *Os Títulos de Crédito*, 2ª ed., 2012, pp. 79-85, Carolina Cunha, *Manual de Letras e Livranças*, 2015, pp. 33-38, e Soveral Martins, *Títulos de Crédito e Valores Mobiliários*, 2008, pp. 64-72.

[700] O endosso é uma declaração unilateral feita, normalmente, no verso ou nas costas do título, embora não tenha de o ser necessariamente, se bem que se não for no verso terá de ser expressamente explicitado que a assinatura de um determinado interveniente é feita a título de endosso. De outro modo, qualquer assinatura constante da face anterior do título será entendida como uma garantia típica das letras: um **aval**, que – na falta de indicação do beneficiário – se considera prestado em benefício do sacador.

inscrita no título, portanto, tal como o saque, o endosso também é uma ordem de pagamento. Trata-se de uma ordem de pagamento que é dada para que a quantia inscrita seja paga ao endossatário ou à sua ordem. E, naturalmente, o endosso constitui ainda uma outra garantia, que é a promessa de que se o sacado não honrar a letra no momento do vencimento, e se nenhum dos demais coobrigados o fizer em vias de regresso, o endossante vai naturalmente responder perante aquele destinatário da sua declaração de transmissão, portanto perante o endossatário. Ou seja, em via de regresso o endossante irá assumir a responsabilidade.

O endosso pode ocorrer até ao momento do pagamento, inclusivamente na data de vencimento ou nos dois dias úteis seguintes, que são em regra o prazo adequado para ser efetuado o protesto por falta de pagamento, e isto nos termos do disposto no artigo 38º, I da LULL.

Mas, para além da função de transmissão, o endosso pode ter outros efeitos, limitando-se a legitimar o portador – o chamado **endosso para cobrança ou por procuração** – ou a funcionar como garantia (**endosso para garantia ou em penhor**).

O endosso pode ser proibido pela inserção, ou pela inscrição, da **cláusula "não à ordem"** referida no art. 11º, II, caso em que, nos termos do art. 15º, I, o endossante não garante o pagamento da quantia inscrita na letra a quem ela vier a ser ulteriormente endossada[701].

Finalmente, podemos ainda falar do chamado **endosso em branco**, que se distingue claramente da letra em branco, porque aqui não é um aspeto ou uma estipulação da letra que se encontra por preencher; o endosso em branco traduz-se na assinatura do portador da letra, que neste caso tem de ser feita necessariamente no verso ou em anexo do próprio título (portanto numa folha que se agrafe à letra), *sem designar o nome do beneficiário*.

Exemplifique-se: Imagine-se que alguém é o tomador de uma letra, portanto é o primeiro beneficiário, e esse tomador aparece no verso da letra ao apor a sua assinatura (escrevendo o seu nome) sem indicar a quem é que a letra se deve pagar, ou seja, endossando a letra em branco.

[701] O endosso torna-se proibido pela estipulação da cláusula "não à ordem", mas esta não vai afetar o endosso que tenha sido associado à sua inserção; proíbe é aquela pessoa que recebe a letra por efeito do endosso de, ulteriormente, a alienar e continuar a beneficiar da tutela característica da Lei Uniforme. A partir daí a letra vai transmitir-se no puro regime da **cessão ordinária de créditos**.

Como efeito do endosso em branco (art. 14º e art. 13º, II), a letra passará a funcionar como um verdadeiro título ao portador, pelo que a partir deste momento quem detiver materialmente o título será o beneficiário desse mesmo endosso. Por isso, não se designando o (nome do) beneficiário, este pode adotar uma de três atitudes possíveis:

a) *Preencher o espaço em branco* com o seu nome, ou de outra pessoa[702], e tornando-o num título à ordem.
b) *Endossar novamente em branco*, colocando a sua assinatura por debaixo do último endosso, não inscrevendo o (seu ou outro) nome como beneficiário. Se o endosso havia sido feito em branco, seria sempre beneficiário do mesmo o sujeito que detivesse materialmente o título e este resolveu também endossá-lo (outra vez) em branco, limitando-se a apor mais uma assinatura.
c) Limitar-se a *entregar o título* a um terceiro, nada fazendo, quer dizer, nada escrevendo, e, portanto, tendo sido beneficiário do endosso em branco, não quis endossar também em branco, limitando-se a entregar a um terceiro a letra e com esse procedimento obtendo exatamente os mesmos efeitos, só que desaparecendo da cadeia cambiária, porque se presume que o endosso (anteriormente efetuado) terá sido feito em benefício daquele que surge ulteriormente a assinar o título. O título transmitiu-se, assim, como um verdadeiro título ao portador.

30.1.2.4. *Aval*[703]

O **aval**, como já referimos (*supra*, nº 19.1.2.2), é a garantia pessoal do pagamento da quantia inscrita num título de crédito, *maxime* numa letra de câmbio.

A ideia do aval é garantir o crédito que está consubstanciado no próprio título, isto é, no fundo poder reforçar a convicção de que quem é titular do direito incorporado no título irá obter o seu pagamento no

[702] Exatamente o mesmo que se passa com um cheque que é emitido ao portador (isto é, sacado sem indicar o beneficiário), em que este tem a faculdade de apor o seu próprio nome por razões de segurança, convertendo-o num título à ordem.

[703] Cfr Engrácia Antunes, *Os Títulos de Crédito*, 2ª ed., 2012, pp. 85-89, Carolina Cunha, *Manual de Letras e Livranças*, 2015, pp. 119-164, Pinto Furtado, *Títulos de Crédito*, 2ª ed., 2015, pp. 139-147, e Soveral Martins, *Títulos de Crédito e Valores Mobiliários*, cit., 2008, pp. 73-78.

vencimento, porque alguém (o avalista) vai assegurar o cumprimento deste título no vencimento, ou eventualmente até em via de regresso, se necessário for (cfr. art. 30º da LULL). Trata-se de uma garantia pessoal do pagamento da quantia inscrita no título.

Pressupondo a circulação do título, o aval pode ser prestado por um interveniente na cadeia cambiária, ou subscritor da letra, em favor de qualquer dos obrigados cambiários. Não sendo designado o beneficiário – não se dizendo em favor de quem é concedido –, surgindo apenas a inscrição "bom para aval"[704], com uma assinatura (do respetivo dador), há a **presunção** (legal) de que o aval se tem por dado em favor do sacador (cfr. art. 31º, IV da LULL); e não, por exemplo, do aceitante, que é aquela pessoa que se obriga (originariamente). Com efeito, não tem tanto sentido reforçar a obrigação do aceitante que é (normalmente) o sacado – e que já se encontra(va) vinculado ao pagamento do título –, como de assegurar a obrigação do sacador, que é o emitente da letra.

Haverá também que ponderar o disposto no artigo 32º, I e II da LULL, no que respeita à responsabilidade do aval e, designadamente, à forma como o avalista responde pela obrigação avalizada.

Por um lado, o aval é dado nos exatos termos da obrigação cambiária que tinha sido assumida; por outro lado, no aval há uma independência também desta garantia relativamente à obrigação garantida. Quer dizer, e isso resulta com muita clareza do disposto no art. 32º, II, onde se diz que «*a obrigação do avalista* se *mantém mesmo no caso de a obrigação que ele garantir ser nula por qualquer razão que não seja um vício de forma*», isto é, as exceções pessoais do avalizado não vão aproveitar ao avalista por efeito do princípio da independência das obrigações cambiárias, que não só resulta, neste caso, do art. 32º, II, mas também do art. 7º.

30.1.2.5. *Vencimento*[705]

O **vencimento** corresponde ao momento em que, decorrido o prazo de vigência da obrigação cambiária, a letra deve ser paga.

[704] Note-se que a lei considera, contudo, valer como aval uma assinatura aposta na face anterior da letra, sem qualquer outra referência, desde que a mesma não seja do sacador ou do sacado (cfr. art. 31º, III).

[705] Cfr. Engrácia Antunes, *Os Títulos de Crédito,* 2ª ed., 2012, pp. 89-90, Pinto Furtado, *Títulos de Crédito,* 2ª ed., 2015, pp. 152-157, e Soveral Martins, *Títulos de Crédito e Valores Mobiliários,* 2008, pp. 92-93.

Diversamente do que se passa com o cheque – que é sempre um título pagável à vista (cfr. art. 28º da LUCh), isto é, mediante apresentação do título a qualquer momento, inclusivamente antes da data nele aposta, como sendo de emissão (cfr. art. 28º, II da LUCh) –, a letra pode ter um de quatro tipos de vencimento (cfr. art. 33º da LULL). Assim, este pode ocorrer:

a) Em **data fixa**. Exemplo: *Pague-se esta letra no dia 31 de dezembro de 2017.*
b) **A certo termo de data**, contando-se o prazo de vencimento sobre a data do saque. Exemplo: *Pague-se a um ano e dois meses.* Se for sacada em 30 de novembro de 2018, vence-se em 31 de janeiro de 2020.
c) **À vista**, mediante simples apresentação ao sacado; ou
d) A **certo termo de vista**, a contar da data do aceite.

Sobre as diversas modalidades de vencimento, vd. artigos 33º a 37º da LULL.

30.1.2.6. *Pagamento*[706]

Vencendo-se a letra, deverá o devedor (o aceitante) proceder ao pagamento da quantia nela inscrita.

Para beneficiar de tutela cambiária, em caso de recusa de pagamento, deverá o portador da letra exigir o pagamento em determinados termos e dentro de certo prazo. Na realidade, a Lei Uniforme determina, no art. 38º, que haja um prazo para apresentação da letra a **pagamento**, não sendo admissível que a letra se vença num dia e que o respetivo portador e cobrador, querendo manter os direitos de natureza cambiária que porventura (ainda) esteja interessado em exercer, conserve o título sem nada fazer, nomeadamente não reclamando o pagamento.

Assim, a lei estabelece que a letra seja apresentada a pagamento na data do vencimento, ou num dos dois dias úteis seguintes, tal como resulta do artigo 38º; com a finalidade de que, se o pagamento não for efetuado, naturalmente se possa manifestar essa situação através de um

[706] Cfr. Engrácia Antunes, *Os Títulos de Crédito*, 2ª ed., 2012, pp. 91-94, Pinto Furtado, *Títulos de Crédito*, 2ª ed., 2015, pp. 157-164, e Soveral Martins, *Títulos de Crédito e Valores Mobiliários*, 2008, pp. 93-99.

ato formal que é lavrado em notário (cfr. arts. 119º a 129º-C do CNot). É o chamado **protesto** da letra, necessário para que possa ser espoletada a circulação anómala da letra, mas ainda no âmbito da Lei Uniforme, para se exigir por via de regresso as responsabilidades inerentes aos atos cambiários entretanto praticados. Serão responsáveis, perante o último portador, todos os endossantes que o precedam na cadeia cambiária.

Mas se o pagamento constitui o objetivo primordial do (último) titular da letra, por um lado, a sua verificação também interessa ao devedor cambiário, porque o deverá exonerar da sua obrigação principal – que é a obrigação de pagamento –, por outro, evitando que ele pague por duas vezes se tiver ocorrido um desapossamento económico ou físico da letra durante a sua circulação

Então, *quando é que o pagamento desobriga validamente o devedor da quantia inscrita na letra*? Isto é, quando é que o sacado paga bem, para que não se possa ver na contingência de pagar duas vezes, no caso de ter ocorrido um desapossamento económico ou físico da letra durante a sua circulação?

Ao pagamento pontual da letra aplica-se o disposto no artigo 40º, III da LULL. Deste preceito resulta que quem paga no vencimento a letra ao seu portador legítimo só é obrigado a verificar a regularidade da sucessão dos endossos, mas não a assinatura dos endossantes. Não tem de comprovar a veracidade das assinaturas – que se trata de um ato muito difícil, senão mesmo impossível e que obrigaria a conhecer todos os anteriores subscritores do título –, mas tem de verificar a regularidade dos endossos que compõem a cadeia cambiária, pois se na letra se diz "*pague-se a Miguel*", não poderá aparecer Paulo a endossar; só poderia aparecer Paulo a endossar se este endosso (de Paulo) fosse subsequente a um endosso em branco. Mas se foi designado um beneficiário terá de ser este a promover o endosso, ainda que (se quiser) o faça em branco[707]. Em suma, após um endosso, não pode surgir a endossar a letra quem não se encontra designado como último endossatário.

Ora, quem paga uma letra no vencimento – e isso resulta logo do artigo 40º, III, 1ª parte – fica validamente desobrigado, salvo se, da sua parte, tiver havido **fraude** ou **falta grave**, isto é, exceto se pagar, designadamente, para prejudicar um terceiro (porque sabe que o portador da letra não é o seu legítimo titular) ou se ignorava uma circunstância

[707] E para este efeito também se deve recorrer ao artigo 7º, que estabelece o princípio da independência das obrigações cambiárias.

que era impeditiva do cumprimento do seu dever de obrigado cambiário, mas não a devia ignorar, isto é, desconhecia uma vicissitude que obstava ao pagamento da letra ao seu portador, porque não tinha prestado a devida atenção.

30.1.2.7. *Protesto*[708] *e direito de regresso*

O **protesto** vem previsto no artigo 44º da LULL, sendo o ato formal pelo qual o portador do título comprova a falta de pagamento ou recusa de aceite, junto de uma entidade dotada de especial fé pública (o notário), com a finalidade de poder acionar o direito de regresso.

Habitualmente, o protesto surgirá apenas em caso de recusa ou falta de pagamento no vencimento, eventualmente por manifesta insuficiência patrimonial do devedor.

No entanto, pode ocorrer numa outra situação típica: a recusa de aceite. Com efeito, sendo o aceite o ato pelo qual o sacado se responsabiliza a pagar a letra no vencimento, se este se recusa a aceitar – prenuncia o não pagamento final –, fazendo naturalmente a letra mergulhar numa *crise* (cfr. art. 43º, III). Tal recusa significa que, naquele momento, a pessoa que se previa ser responsável pelo pagamento daquele título, afinal, pura e simplesmente, escusa-se a assumir tal obrigação e, portanto, haverá que ter determinadas cautelas e reforçar as garantias.

A responsabilidade pelo **direito de regresso** resulta do artigo 47º, I, encontrando-se a ação inerente a este direito regulada no artigo 43º.

30.2. **A livrança**[709]

30.2.1. ***Caracterização***

A **livrança** é um título cambiário pelo qual um sujeito (o **subscritor**) se compromete a pagar a outro (o **beneficiário**), ou à sua ordem, uma determinada quantia.

[708] Cfr. Engrácia Antunes, *Os Títulos de Crédito,* 2ª ed., 2012, pp. 94-96, Pinto Furtado, *Títulos de Crédito*, 2ª ed., 2015, pp. 164-171, e Soveral Martins, *Títulos de Crédito e Valores Mobiliários*, 2008, pp. 102-104.

[709] Cfr. Engrácia Antunes, *Os Títulos de Crédito,* 2ª ed., 2012, pp. 109-113, Carolina Cunha, *Manual de Letras e Livranças,* 2015, pp. 44-45, e Jorge Pinto Furtado, *Títulos de Crédito*, 2ª ed., 2015, pp. 164-171.

A livrança não nasce com aptidão à circulação. Embora seja um título apto à circulação, não tem essa finalidade. E, por isso, consubstancia, em regra, uma obrigação pessoal do devedor perante o beneficiário, e este também é, por norma, uma instituição de crédito ou uma entidade concedente de crédito[710].

30.2.2. *Regime jurídico aplicável*

A livrança encontra-se regulada na Lei Uniforme (arts. 75º a 78º), aplicando-se-lhe o regime da letra de câmbio (cfr. art. 77º), com algumas adaptações, visto que, sendo uma promessa de pagamento, em tudo mais é como se fosse uma letra.

O recurso a este instrumento é frequente no plano das operações bancárias de empréstimo, servindo a livrança de garantia do respetivo reembolso e pagamento de juros, constituindo um título executivo e sendo utilizada para alargar a garantia do cumprimento, através do aval que muitas vezes (nela) é dado. Assim, e exemplificando, quando recorre ao crédito à habitação, o devedor, para além de celebrar uma hipoteca (constituindo, portanto, uma garantia real) sobre o próprio imóvel, subscreve ainda uma livrança em favor do banco e assegura que, na mesma, seja também dado um aval em favor do beneficiário.

30.3. **O cheque**[711]

Importa-nos analisar, neste local, o cheque na sua vertente de título de crédito, enquanto documento apto ao exercício do direito literal e autó-

[710] Isso explica que seja comum que os impressos em que este título se consubstancia estejam pré-formatados em nome dos beneficiários, que os normalizam e imprimem, colocando-se nessa qualidade (de beneficiários). Mas tal não é imperativo, ou seja, não têm de ser necessariamente os bancos (ou outros concedentes de crédito) os beneficiários das livranças. É, assim, possível emitir uma livrança, com base num impresso criado com respeito pelos requisitos enunciados no artigo 75º.

[711] O texto que se segue (e o que consta do nº 30.3, *infra*) é, naturalmente, tributário da nossa dissertação de doutoramento, *Cheque e Convenção de Cheque*, 2009 (cfr., em especial, pp. 91-152 e 277-291), do (nosso) estudo anteriormente publicado na obra coletiva *Estudos de Direito Bancário*, Coimbra Editora, 1999, sob o título «O cheque enquanto título de crédito: evolução e perspectivas» (pp. 243-260), da anotação que fizemos, posteriormente, ao **Acórdão do STJ nº 4/2008** («A revogabilidade do cheque no respectivo prazo de apresentação a pagamento: escrever Direito por linhas tortas. Anotação ao Acórdão do STJ

nomo nele contido, muito embora este instrumento revista outras facetas que, aliás, não se afastam, nem são incompatíveis com aquela, como sucedc com a sua essência de meio de pagamento (cfr., nesse sentido, *infra*, nº 32.3).

30.3.1. *Conceito e caracterização do cheque enquanto título de crédito*

O **cheque** é uma ordem sobre um banco para que pague ao emitente ou à pessoa inscrita como (último) beneficiário uma certa importância em dinheiro, à custa de fundos para o efeito disponíveis. Tratando-se de uma ordem dirigida a um banco, o cheque é também um meio de pagamento que se destina a substituir o uso de notas e moedas metálicas (numerário) na execução de pagamentos.

O cheque é um documento (título de crédito) que uma pessoa (sacador) emite à sua ordem, à ordem de terceiro (caso em que se designa impropriamente por cheque nominativo) ou do portador, isto é, sem indicação do beneficiário (cfr. art. 5º, VI da LUCh) e que incorpora uma ordem de pagamento incondicional (cfr. art. 1º, nº 2 da LUCh) de um certo montante em dinheiro, que é dada sobre uma instituição de crédito (banco sacado), na qual o sacador ou emitente tem constituído um depósito em dinheiro ou dispõe de crédito (cfr. art. 3º da LUCh).

A ordem de pagamento pressupõe a existência de:

- um contrato estabelecido entre o banco (sacado) e o cliente (sacador), designado "**convenção de cheque**", por força do qual o cliente, sacando cheques, pode proceder a pagamentos, com base em fundos disponíveis;
- **provisão**, correspondente ao crédito que o cliente/sacador tem sobre o banco ou que este lhe concede; portanto, qualquer que

nº 4/2008», *Cadernos de Direito Privado*, nº 25, 2009, pp. 3-23), e «Relevância e significado do cheque e da convenção de cheque na atualidade: principais problemas», cit., 2014, pp. 145-151 e 155-163, sendo possível e natural que sejam reproduzidos excertos desses originais, sem indicação específica de citação.

Para além dos nossos escritos, vd. – de entre as obras citadas na bibliografia constante do *Cheque e Convenção de Cheque*, 2009 (cfr. pp. 821-861) – as seguintes obras: ENGRÁCIA ANTUNES, *Os Títulos de Crédito*, 2ª ed., 2012, pp. 115-130, OLIVEIRA ASCENSÃO, *Direito Comercial*, III – *Títulos de Crédito*, 1992, pp. 243-263, PINTO FURTADO, *Títulos de Crédito*, 2ª ed., 2015, pp. 213-274.

seja a natureza que revista (p.ex., depósito em dinheiro e abertura de crédito).

O cheque é um título que se diferencia da letra, por esta ser à ordem, e da livrança, que é promessa.

Finalmente, refira-se que o cheque enquanto título de crédito não se confunde com a convenção de cheque[712] – que já caracterizámos (*supra*, nº 26.4.1) –, isto é, com o contrato, expresso ou tácito, pelo qual o depositante fica com o direito de dispor da provisão por meio de cheque, obrigando-se o banco a pagar cheques até ao limite da quantia disponível (cfr. art. 3º da LUCh).

30.3.2. *Quadro legal*

O cheque, como título de crédito, é regulado pela Lei Uniforme de Genebra, de 1931[713].

No entanto, juntamente com essa lei e outros diplomas avulsos, subsiste em vigor ainda uma regra de um diploma anterior: o § **único** do **artigo 14º**[714] do **Decreto-Lei nº 13.004,** de 12 de janeiro

[712] Neste sentido – e para além da nossa dissertação (*Cheque e Convenção de Cheque*, 2009, em especial pp. 344-346 e 441-447) –, com particular clareza, Sofia Galvão, *O contrato de cheque*, cit., 1992, pp. 23-24.

[713] Sobre os antecedentes normativos, vd. Paulo Olavo Cunha, *Cheque e Convenção de Cheque*, cit., 2009, pp. 26-28 e 49-63, e *Lições de Direito Comercial*, cit. 2010, pp. 296-297.

[714] «Art. 14º, § único – *Se, porém, o sacador, ou o portador, tiver avisado o sacado de que o cheque se perdeu, ou se encontra na posse de terceiro em consequência de um facto fraudulento, o sacado só pode pagar o cheque ao seu detentor se este provar que o adquiriu por meios legítimos*».

No sentido da vigência desta regra – que não foi, até ao presente objeto de revogação expressa, nem tácita, regulando uma matéria fundamental em sede de desapossamento –, vd. a nossa dissertação *Cheque e Convenção de Cheque*, 2009, pp. 57-58, 61-62, 63, 68-69, 542-544, 563-564, 622-624, 625 e 697-698, e o nosso comentário à jurisprudência (uniformizadora) do nosso STJ, «A revogabilidade do cheque no respectivo prazo de apresentação a pagamento: escrever Direito por linhas tortas. Anotação ao Acórdão do STJ nº 4/2008», *CDP*, nº 25, 2009, pp. 3-23, em especial pp. 21-22.

Existe jurisprudência sólida que considera esta norma (o art. 14º, § ún.) em vigor. Cite-se, a título de exemplo, o **AcRelLisboa de 17 dez 1992** (Damião Pereira), *CJ*, ano XVII, t. V, 1992 (pp. 150-153), p. 152, o **AcSTJ de 19 out 1993** (Jaime Cardona Ferreira), *CJ/AcSTJ*, ano I, t. III, 1993 (pp. 69-72), p. 71, e o **AcRelPorto de 18 set 2001** (Lemos Jorge), *CJ*, ano XXVI, t. IV, 2001 (pp. 189-194), p. 192.

de 1927[715], referente à justificação do desapossamento do cheque, que enuncia as causas de justificação da revogação do cheque no decurso do prazo de apresentação a pagamento. Resulta desta norma que o portador do cheque que é objeto de desapossamento deve comunicar essa ocorrência ao sacado (o banco) com a finalidade de evitar que este proceda ao pagamento a eventual detentor do título.

30.3.2.1. *A Lei Uniforme de Genebra*[716]

Portugal subscreveu a Convenção de Genebra, em 1931, e ratificou-a em 9 de junho de 1934. A **Lei Uniforme** seria recebida na ordem jurídica portuguesa pelo Decreto nº 23.721, de 29 de março de 1934, e ratificada pela Carta de 10 de maio de 1934 (publicada em Suplemento ao Diário do Governo de 21 de junho de 1934), e ainda se encontra vigente, sem qualquer alteração.

30.3.2.2. *Outros diplomas legais*

O cheque é também disciplinado pelo **Decreto-Lei nº 454/91, de 28 de dezembro** (redação dos DL 316/97, de 19 de novembro, DL 323/2001, de 17 de dezembro, DL 83/2003, de 24 de abril, e da Lei nº 48/2005, de 29 de agosto), que estabeleceu a tutela jurídico-penal do cheque.

Importa ainda referenciar o Decreto-Lei nº 279/2000, de 10 de novembro, sobre a gestão, destruição e microfilmagem de originais de cheques e outros títulos pelas Instituições de Crédito.

30.3.2.3. *Avisos e Instruções do Banco de Portugal*

Finalmente, existem avisos e instruções do Banco de Portugal que desenvolvem ou pormenorizam diversos aspetos referentes aos cheques, dos quais salientamos os seguintes:

Diversamente, admitindo que apenas se encontra em vigor o corpo do art. 14º, nomeadamente a sua 2ª parte, mas rejeitando a subsistência do seu § único, o **Ac. STJ uniformizador de jurisprudência de 28 fev 2008** (nº 4/2008) (Paulo Armínio de Oliveira e Sá), publicado no *DR*, 1ª Série nº 67, de 4 de abril de 2008, pp. 2058-2081.

[715] Este diploma, que introduziu na ordem jurídica portuguesa a tutela penal do cheque, impôs que o sacado passasse necessariamente a ser um estabelecimento de crédito (cfr. art. 1º). No entanto, a sua subsistência (ainda que) parcial é discutida na doutrina e jurisprudência.

[716] Com maior desenvolvimento, cfr. Paulo Olavo Cunha, *Cheque e Convenção de Cheque*, cit., 2009, pp. 28-31 e 63-65.

a) Aviso nº 1741-C/98 – Fornecimento de cheques e rescisão da convenção (de cheque);
b) Instrução nº 1/98 – Restrição ao uso do cheque;
c) Instrução nº 26/2003, de 15 de outubro de 2003 – Norma técnica do cheque;
d) Regulamento do Sistema de Compensação Interbancária – SICOI[717].

30.3.3. *Traços gerais do regime jurídico*

30.3.3.1. *Requisitos do cheque*[718]

A lei não exige que o cheque revista forma especial – apesar de ser invariavelmente representado por um impresso normalizado fornecido pelo banco ("módulo") –, mas não prescinde de enumerar os requisitos que reputa essenciais (art. 1º da LUCh[719]), tais como:

- Inserção da palavra "cheque" (corretamente redigida na língua portuguesa);
- Ordem de pagamento sobre quantia certa (a quantia a pagar);
- Sujeitos:
  a) Sacador (assinatura) e respetiva capacidade;
  b) Identificação do sacado, que deve ser um banco (cfr. também arts. 3º e 54º da LUCh);
  c) Portador (eventual);
- Data[720] e lugar do saque;
- Lugar do pagamento.

[717] **Instrução nº 3/2009**, de 16 de fevereiro, em vigor desde 2 de março de 2009, que revogou e substituiu a Instr. nº 25/2003 (publ. no *BO* nº 10, de 15 de outubro de 2003), alterada pelas Instruções nº 10/2005 (publ. no *BO* nº 4, de 15 de abril de 2005) e nº 4/2007 (publ. no *BO* nº 3, de 15 de março de 2007), vigente desde 27 de outubro de 2003.

[718] Para maior desenvolvimento, vd. PAULO OLAVO CUNHA, *Cheque e Convenção de Cheque*, cit., 2009, pp. 94-116.

[719] Os artigos citados (neste número, 30.3) sem indicação de fonte reportam-se à Lei Uniforme relativa ao Cheque (LUCh).

[720] Sobre a relevância da data, vd. PAULO OLAVO CUNHA, *Cheque e Convenção de Cheque*, 2009, p. 120, e *Lições* cit., 2010, nota 596 (pp. 299-300).

No que se refere aos módulos[721], há que chamar a atenção para o facto de, em rigor, embora coloquialmente designados por "cheques", os mesmos não o serem em sentido técnico até se encontrarem devidamente preenchidos.

30.3.3.2. *Emissão*[722]

A emissão de um cheque traduz-se no seu preenchimento e ulterior entrega ao tomador ou imediata apresentação a pagamento.

O **saque**[723] é o ato de emissão do cheque que consiste na ordem dada pelo sacador (cliente) ao sacado (necessariamente um banco) para proceder ao respetivo pagamento.

Quando se preenche um cheque, entre os diversos requisitos a observar, dever-se-á indicar a data do preenchimento, a qual – por o cheque ser um título **pagável à vista**[724] – coincide com a data de vencimento. No cheque não tem sentido distinguir a (data de) emissão (da data) do vencimento, ou seja, a criação do título, por um lado, e o momento em que o mesmo deverá ser apresentado a pagamento, por outro. Emitido um cheque, este deverá ser apresentado a pagamento, num prazo máximo relativamente reduzido, que é de oito dias sobre a data de emissão (cfr. art. 29º, I).

O cheque equivale assim à "letra à vista" (cf. arts. 33º, I e 34º da LULL), cujo vencimento coincide com a data da respetiva apresentação

[721] O BdP regula não apenas as características que deverá revestir um módulo, como estabelece regras que limitam a sua atribuição aos interessados (cfr. Aviso nº 1741-C/98).

[722] Para maior desenvolvimento, cfr. Paulo Olavo Cunha, *Cheque e Convenção de Cheque*, cit., 2009, pp. 119-122.

[723] As respetivas modalidades constam do art. 6º.

[724] Por esta razão, o cheque é pagável independentemente da data que nele consta como data de emissão, a qual pode até ser posterior, o que acontece no cheque pós-datado. Essencial é que no cheque conste uma data (de emissão). Se tal não acontecer estamos perante um título incompleto e o banco sacado deverá recusar o seu pagamento.
A data que consta do cheque, como data de emissão, não tem assim de coincidir necessariamente com a data em que o cheque é efetivamente sacado.
Assim, um cheque é **pré-datado** ou (**antedatado**) se é colocado em circulação depois de passado, isto é, se o seu lançamento no giro comercial ocorre em data posterior aquela que nele se encontra inscrita; e que é **pós-datado** se é passado e colocado em circulação em momento anterior à data que dele consta como de emissão. No primeiro caso, ele é datado com data anterior à da sua efetiva emissão; no segundo ele é datado com data posterior ao do seu saque.

a pagamento (ao sacado). Essa modalidade de vencimento constitui no plano das letras, como é sabido, uma exceção em termos de vencimento, reconduzindo a tutela da circulação cambiária à confiança no cumprimento por parte do sacado.

Por esta razão, o cheque é pagável independentemente da data que nele consta como data de emissão, a qual pode até ser posterior, o que acontece no cheque pós-datado. Essencial é que no cheque conste uma data (de emissão). Se tal não acontecer estamos perante um título incompleto e o banco sacado deverá recusar o seu pagamento.

A data que consta do cheque, como data de emissão, não tem assim de coincidir necessariamente com a data em que o cheque é efetivamente sacado[725]. Assim, um cheque é **pré-datado** ou (**antedatado**) se é colocado em circulação depois de passado, isto é, se o seu lançamento no giro comercial ocorre em data posterior aquela que nele se encontra inscrita; e que é **pós-datado** se é passado e colocado em circulação em momento anterior à data que dele consta como de emissão[726]. No primeiro caso, ele é datado com data anterior à da sua efetiva emissão; no segundo ele é datado com data posterior ao do seu saque.

30.3.3.3. *Transmissão*[727]

O cheque transmite-se por endosso (cfr. art. 14º, I da LUCh) – inscrito no verso (do documento) –, quando for sacado à ordem do beneficiário, e pela simples entrega, quando não identifica este (cfr. art. 16º, II).

O **endosso** é, como já vimos (*supra*, nº 30.1.2.3), a forma típica de transmissão dos títulos de crédito à ordem (cfr. art. 483º do Código

[725] São diversas as circunstâncias que poderão explicar a divergência entre tais datas, desde a teoricamente mais razoável, em que se está perante um cheque em branco, a que subjaz um acordo de preenchimento, até situações de fundamentação eminentemente prática, em que o cheque é emitido em certa data e só posteriormente é posto a circular (**cheque *pré-datado***) ou, pelo contrário, em que o cheque é lançado em circulação, levando aposta uma data ulterior (**cheque *pós-datado***).

[726] Está em causa a designação de diferentes situações, que têm em comum o facto de serem ambas relacionais, tomando por referência um mesmo dado, a data de emissão inscrita no cheque. Conceitos de relação com o mesmo referente têm de tomar por base um mesmo critério, o qual deverá ser, no caso em análise, a determinação do momento em que o cheque é efetivamente emitido, relativamente à data que dele consta como de emissão.

[727] Cfr. Paulo Olavo Cunha, *Cheque e Convenção de Cheque*, cit., 2009, pp. 122-125.

Comercial), constituindo o meio adequado de circulação do cheque[728], podendo ocorrer até ao momento de expirar o prazo de apresentação a pagamento, data limite para ser efetuado o protesto por falta de pagamento (arts. 41º e 24º, I da LUCh).

À semelhança do que acontece com a letra, o **endosso** típico do cheque é **translativo**, visto que através dele o endossante (titular do direito incorporado no título) transmite ao endossatário[729] o cheque, proporcionando o ingresso na esfera jurídica deste de todas as situações ativas que caracterizam a sua posição (jurídica). Nesta medida, constitui uma ordem de pagamento da totalidade da quantia inscrita no título; portanto,

tal como o saque, o endosso constitui também uma ordem de pagamento; ordem de pagamento essa que é dada para que a quantia inscrita seja paga ao endossatário ou à sua ordem. E, naturalmente, o endosso constitui ainda uma outra garantia, consistindo na promessa de que se o sacado não proceder ao pagamento do cheque no momento do vencimento, e se nenhum dos demais coobrigados o fizer em vias de regresso, o endossante vai naturalmente responder perante aquele destinatário da sua declaração de transmissão, portanto perante o endossatário. Ou seja, em via de regresso o endossante irá assumir a responsabilidade pelo pagamento da quantia titulada pelo cheque.

O endosso pode ocorrer até ao momento de expirar o prazo de apresentação a pagamento, data limite para ser efetuado o protesto por falta de pagamento (arts. 41º e 24º, I da LUCh).

[728] Este também pode ser transmitido extracambiariamente, enquadrando-se no regime da cessão ordinária de créditos (cfr. art. 14º, II da LUCh); caso em que deixam de se aplicar as regras próprias da tutela da circulação normal do título de crédito, nomeadamente as normas que tutelam o portador legitimado, por exemplo, ou que consubstanciam a autonomia do direito do portador (cfr. art. 21º da LUCh).

[729] Também designado endossado, por diversos autores consagrados (citados na nota 572 das nossas *Lições de Direito Comercial*, 2010, pp. 302-303).

Preferimos, contudo, a expressão **endossatário** à de endossado, uma vez que esta palavra constitui uma fórmula verbal do verbo endossar, não permitindo distinguir a situação de transmissão do título (p. ex., o cheque encontra-se *endossado* à ordem de *y*) do sujeito que é beneficiário da mesma (p. ex., o *endossatário* pode optar entre apresentar o cheque a pagamento ou endossá-lo). Por isso, como refere Adriano Paes da Silva Vaz Serra, «Títulos de Crédito», *BMJ* 61, 1956, nota 927 (pp. 179-180), «endossado é o título e não aquele a quem o título é endossado». A distinção dos termos é clara nas línguas alemã (título *indossiert* e *Indossatar*) e italiana (título *girato e giratario*), como exemplifica Vaz Serra, *ibid.*

Em moldes análogos aos previstos para as letras, o endosso pode:

a) limitar-se a legitimar o portador a obter o pagamento do cheque, caso em que se efetua **para cobrança ou por procuração** (art. 23º da LUCh)[730]; ou
b) ser proibido pela inserção, ou pela inscrição, da **cláusula "não à ordem"** prevista no artigo 14º II, caso em que o endossante não garante o pagamento da quantia inscrita no cheque a quem ele vier a ser ulteriormente endossado nos termos do artigo 18º, II.

Por último, também o **endosso** do cheque pode se feito **em branco**, distinguindo-se claramente do cheque em branco (cfr. art. 13º). O endosso em branco traduz-se na assinatura do portador do cheque que, neste caso, tem de ser feita necessariamente no verso, ou em anexo do próprio título, portanto numa folha que se agrafe ao cheque, *sem designar o nome do beneficiário* (art. 16º II). Por exemplo, o tomador – o primeiro beneficiário do cheque – endossa em branco se escrever no verso do cheque o seu nome, sem indicar a quem é que o cheque deve ser pago.

Uma vez endossado em branco (cfr. arts. 17º e 16º, II), o cheque passará a funcionar como um verdadeiro título ao portador; o que significa que a partir desta ocorrência, quem detiver materialmente o título será o beneficiário desse mesmo endosso. Por isso, não sendo designado o (nome do) beneficiário, o possuidor do cheque pode adotar uma das atitudes que o portador de uma letra em branco também pode adotar quando a recebe (cfr., *supra*, nº 27.2.3.4): *preencher o espaço em branco* com o seu nome, ou de outra pessoa, convertendo o cheque num título à ordem, *endossar novamente em branco* ou limitar-se a *entregar o título* a um

[730] Neste caso, o titular do direito cambiário confere a um terceiro um mandato com a finalidade exclusiva deste conseguir o pagamento da quantia inscrita no cheque. O mandatário poderá *exercer todos os direitos resultantes do cheque*, mas encontra-se limitado a endossá-lo, se o quiser fazer, invocando expressamente a sua *qualidade de procurador* (art. 23º, I *in fine*).
O endosso por procuração, que corresponde a um mandato para obter a cobrança do cheque, não tem sentido translativo, porque *o beneficiário do cheque* não transfere para o procurador *os direitos consubstanciados* no cheque. Os efeitos decorrentes do título de crédito projetam-se, consequentemente, apenas na esfera jurídica do respetivo beneficiário. Constitui exemplo típico deste endosso a assinatura do cheque pelo beneficiário antes de proceder ao depósito na sua conta bancária. O banco depositário constitui-se apenas como mandatário para obter do sacado o pagamento do cheque, através da compensação.

terceiro, sem fazer mais nada. Nestes dois últimos casos, o cheque irá circular como um verdadeiro título ao portador.

30.3.3.4. *Aspetos característicos do regime jurídico do cheque (relativamente à letra)*

Enunciemos agora, sucintamente, as principais diferenças entre os regimes jurídicos da letra e do cheque[731].

A primeira característica que afasta o cheque da letra e determina que não haja lugar a aceite (cfr. art. 4º da LUCh) respeita à qualidade do sacado que, no cheque, é sempre um **banco** (cfr. arts. 3º e 54º)[732], que só não paga o cheque se não dispuser de meios para o efeito ou receber uma instrução lícita em contrário (cfr. art. 32º da LUCh). Trata-se de uma entidade comercial especialmente idónea que cumpre se não tiver motivo válido para não o fazer. O banco é um obrigado especial, profissional e vinculado a uma *provisão* que nele (ou junto dele) é constituída precisamente para lhe permitir pagar os cheques que forem sacados por referência à conta bancária que tal provisão consubstancia. Enquanto esta subsistir, o banco tem de proceder ao pagamento, abatendo ao respetivo montante o valor dos cheques pagos, mas não se podendo recusar a pagar, sob pena de responsabilidade civil contratual e extracontratual.

Em segundo lugar, no cheque, diversamente do que acontece com a letra, não há – como já vimos – uma distinção clara entre o saque e o vencimento, o que se explica pela sua natureza e curta duração, que se confundem, sendo o cheque um título de curto prazo e meio de pagamento. Sendo um título à vista, o cheque não está dependente de aceite, o qual é, aliás, expressamente vedado (art. 4º da LUCh)[733].

[731] Limitamo-nos a enunciar as diferenças entre estes títulos cambiários. Para mais desenvolvimentos, vd. as nossas *Lições de Direito Comercial*, 2010, pp. 304-309.

[732] A obrigatoriedade de o sacado ser um banco tem outras implicações que excedem o plano restrito da Lei Uniforme, embora decorram do seu art. 3º, uma vez que, diversamente do que sucede com as letras, o saque (legal e regular) do cheque está dependente do prévio acordo a celebrar entre o banco (sacado) – que faculta os módulos (de cheques) e se dispõe a proceder ao pagamento da quantia neles inscrita a quem se apresentar como respetivo titular – e o seu cliente, pelo qual este, preenchendo devidamente esses módulos, vai poder dispor de fundos que serão previamente creditados na sua conta.

[733] Por isso, a lei tem o cuidado – depois de proibir o aceite (*«o cheque não pode ser aceito»*) – de considerar como *não escrita* eventual *menção de aceite lançada no cheque* (cfr. art. 4º, *in fine*).

O cheque pode ser objeto de cruzamento[734] – operação que constitui igualmente uma especificidade do respetivo regime e que pode ser realizada pelo sacador ou pelo portador (cfr. art. 37º, I) –, dando origem ao **cheque cruzado,** também designado cheque traçado ou barrado. O cruzamento é efetuado por razões de segurança[735], visando evitar danos decorrentes de furto, falsificação ou extravio do título e procura impedir o seu pagamento a um portador ilegítimo, com as limitações que introduz, mas não evita um eventual desapossamento, até porque o banco sacado quando paga só está obrigado a verificar a regularidade formal dos endossos (cfr. art. 35º da LUCh)[736].

Diferentemente do cheque cruzado, o **cheque para** depositar ou **levar em conta** (a que se refere o artigo 39º da LUCh) é aquele que tem de ser necessariamente depositado na conta do beneficiário para ser pago, não sendo suscetível de pagamento em numerário.

É a qualidade do sacado que justifica a proibição, por desnecessidade, do aceite. No cheque, o banco não é beneficiário do valor patrimonial criado, apenas se dispõe a satisfazer a respetiva importância, se for dotado dos meios necessários para o efeito. Por isso, no plano cambiário o banco assume uma posição de desinteresse na execução do pagamento, que corresponde precisamente, na sua perspetiva, à prestação de um serviço.

[734] O cruzamento consiste na aposição, na face anterior do título, de duas linhas paralelas, em regra, oblíquas (e apostas no canto superior esquerdo), com a finalidade de condicionar o respetivo modo de pagamento. Há duas **modalidades** (cfr. arts. 37º, III e IV, e 38º da LUCh):

a) **geral**, quando se resume à aposição das duas linhas paralelas (sem qualquer inscrição no seu interior) –, caso em que o cheque só pode ser pago pelo sacado a um banqueiro ou a um seu *cliente*; ou
b) **especial**, se entre as linhas paralelas for indicado um banqueiro (por exemplo, "CGD"). Nesta hipótese, o cheque só pode ser pago pelo sacado ao banqueiro designado ou, se este é o sacado, ao seu cliente.

Sendo designado um banqueiro, a quem o cheque deverá ser pago, se ele não for o sacado, o cruzamento especial equivale à menção "para levar em conta", porquanto o cheque só podendo ser pago àquele banqueiro, obriga ao prévio depósito em conta aberta nesse banco.

[735] E, por isso, não obstante a limitação da lei (cfr. art. 37º, I), o **cruzamento** (geral) é atualmente antecipado pelos bancos, que o fazem imprimir nos próprios módulos (de cheque), designadamente naqueles que são dispensados ou solicitados em ATM sem mais especificações. Nesse caso, depreende-se que o cruzamento é efetuado pelo sacador que aceita preencher os módulos já cruzados.

[736] Com o cruzamento pretende assegurar-se que o cheque só seja pago a um cliente do sacado ou – sendo (o cruzamento) especial –, que só seja pago pelo sacado à instituição que estiver referenciada no cheque entre as linhas paralelas e, eventualmente, ao portador, se o banco, sacado e indicado no cruzamento, for o mesmo e aquele for deste cliente.

Por fim, o cheque pode ser objeto de *visto*. O **cheque visado** é aquele em que, a pedido do sacador ou de um portador, o banco sacado insere uma menção de "visto"[737], assegurando dessa forma que o sacador tem fundos disponíveis em depósito correspondentes à quantia visada[738].

30.3.4. *O regime jurídico-penal do cheque sem provisão*[739]

O cheque (que seja apresentado a pagamento) não será pago se não existir provisão na conta do sacador, isto é, se a conta com referência à qual o cheque visar movimentar dinheiro não dispuser de fundos disponíveis suficientes – por não ter sido previamente efetuado um depósito ou por não ter sido concedido crédito ao sacador relativamente a essa conta –, ficando, assim, por satisfazer a quantia em causa e defraudada a confiança depositada nesse título. Quando isso acontece, estamos perante uma situação de descrédito do instrumento de pagamento, em tudo semelhante ao que resulta do recurso à contrafação ou falsificação da moeda. E, tal como esta repugnou à consciência social, sendo objeto de sanção penal, o legislador português reprovou o deficiente uso do cheque – por falta de provisão adequada –, tipificando-o, específica e autonomamente, como crime no Decreto nº 13.004, de 12 de janeiro de 1927.

[737] O *visto* não equivale nem tem o *efeito dum aceite* e não é objeto de regulação legal no Direito português (apesar de ser expressamente salvaguardado no art. 6º do Anexo II à Convenção de Genebra), pelo que, para além das disposições especiais aplicáveis – que foram criadas para imporem a aceitação ou exigência do cheque visado relativamente a determinados pagamentos –, há que atender aos usos bancários.

[738] Por isso, os bancos, quando visam um cheque, devem imediatamente cativar, na conta do sacador, a quantia correspondente, eventualmente transferindo-a para uma conta especial, uma vez que são responsáveis pelo pagamento desse cheque (visado) durante o prazo legalmente estabelecido para o efeito (na Lei Uniforme).
E esse dever corresponde, desde há algumas décadas, à prática generalizada dos bancos da nossa praça, que quando acedem a conceder um *visto* procedem ao débito imediato da conta do cliente pelo valor do cheque, transferindo essa importância para uma conta de provisão (que é uma conta não movimentada, exceto pelo cheque visado).
Esta prática reiterada corresponde hoje a um uso arreigado no nosso mercado bancário, havendo a convicção generalizada de que o visto subsiste até ao termo do prazo de apresentação do cheque a pagamento.

[739] Para maiores desenvolvimentos, vd. Paulo Olavo Cunha, *Cheque e Convenção de Cheque*, cit., 2009, pp. 546-577, *Lições* cit., 2010, pp. 312-316, e autores citados nessas fontes.

A **tutela criminal** do cheque manter-se-ia ao longo de todo o século XX e, em Portugal, é hoje objeto de regulação pelo Decreto-Lei nº 454/91, de 28 de dezembro (na red. do Decreto-Lei nº 316/97, de 19 de novembro), que, no art. 11º, nº 1, tipifica o **crime de emissão de cheque sem provisão**, em cuja prática incorre *quem* – sem justificação de facto e com culpa –, *causando prejuízo patrimonial ao tomador do cheque ou a terceiro*:

a) *Emitir e entregar a outrem cheque para pagamento de quantia superior a € 150,00 que não seja integralmente pago por*
   - *falta de provisão ou*
   - *irregularidade do saque*;
b) *Antes ou após a entrega a outrem de cheque* por si sacado (ou por terceiro), impedir o respetivo pagamento, pela prática de um dos seguintes atos:
   - *levantar os fundos necessários*;
   - revogar o cheque (proibindo à instituição sacada o seu pagamento);
   - *encerrar a conta sacada*; ou
   - «*alterar as condições da*» movimentação da conta [por exemplo, modificando a composição da administração da sociedade comercial (cliente e sacadora), ou modo da sua vinculação ou o tipo de conta]; *ou*
c) *Endossar cheque que recebeu, conhecendo as causas* (acima indicadas) *de não pagamento integral* do mesmo.

30.3.5. *Cheque com função de garantia*[740]

Um cheque pode ser sacado para garantir antecipadamente o pagamento de um bem ou serviço, destinando-se a ser depositado ou rebatido (só) em caso de falta de pagamento oportuno desse bem ou serviço. O ***cheque de garantia*** é aquele que é emitido em favor de uma pessoa para assegurar o cumprimento de uma obrigação.

Nessa medida, o cheque é sacado em branco, destinando-se a ser preenchido posteriormente – se a obrigação garantida não for (adequa-

[740] Para maior desenvolvimento, cfr. Paulo Olavo Cunha, *Cheque e Convenção de Cheque*, cit., 2009, pp. 331-341 e 571-572.

damente) cumprida[741], ou é simplesmente pós-datado, isto é, sacado completo, mas com indicação de data posterior à da sua efetiva criação. Também neste caso, como veremos, o cheque pode constituir instrumento de garantia de uma obrigação. No entanto, não se distingue de um cheque emitido para diferimento de um pagamento, ou seja, o *cheque de garantia* confunde-se com um simples cheque pós-datado, que tenha sido entregue como efetivo meio de pagamento a prazo.

Emitido para assegurar o cumprimento de uma obrigação (simples ou complexa) e destinando-se a ser devolvido ao sacador uma vez cumprida essa obrigação, a validade do cheque (de garantia) depende do acordo subjacente que é invocável no plano das relações imediatas (cfr. art. 22º da LUCh). Isto é, não sendo o cheque criado para pagamento, mas sim com uma mera função de garantia de uma obrigação, cujo cumprimento visa reforçar, a sua subsistência – como título de crédito – estará dependente da ausência de vicissitudes no cumprimento da obrigação garantida, uma vez que as mesmas a ocorrerem poderão ser excecionadas pelo devedor (sacador), no pressuposto de que o cheque é apresentado a pagamento pelo tomador e respetivo credor, não saindo, consequentemente, do plano das relações cartulares imediatas.

30.3.6. *O cheque enquanto título de executivo*[742]

Se o cheque não for pago pontualmente pelo sacado quando lhe for apresentado com essa finalidade, importa apurar se constitui título suficiente para o imediato acesso do seu portador à ação executiva, movida contra um dos subscritores (em princípio[743], contra o sacador),

[741] «*O cheque de garantia destina-se a ser datado e apresentado a pagamento após se verificar que o sacador não cumpriu a obrigação a que se encontrava vinculado*» [**AcSTJ de 3 out 2000** (Santos Martins), *CJ/AcSTJ*, ano VIII, t. III, 2000, pp. 100-101].

[742] Para desenvolvimento substancial, vd. Paulo Olavo Cunha, *Cheque e Convenção de Cheque*, cit., 2009, pp. 226-276 (apesar de escrita antes da Reforma do CPC, de 2013).

[743] Mas não necessária ou obrigatoriamente, uma vez que a ação de regresso pode também ser exercida contra qualquer endossante ou avalista (cfr. art. 40º da LUCh), se existente. No entanto, a ação cambiária (executiva ou declarativa) pressupõe sempre que o cheque tenha sido apresentado no prazo legalmente estabelecido para o efeito («*em tempo útil*») e que a *recusa de pagamento* tenha sido *verificada*, pelo protesto ou por declaração do banco sacado escrita e datada no título – «*com indicação do dia em que este foi apresentado*» – ou, ainda, por «*declaração duma câmara de compensação*», atestando «*que o cheque foi apresentado em tempo útil e não foi pago*» (art. 40º da LUCh).

com a finalidade de satisfação do seu crédito, pela obtenção coerciva da quantia nele inscrita, ou seja, se o cheque é também um **título executivo**, consubstanciando um documento necessário e suficiente para permitir ao respetivo titular (portador) o acesso direto à ação executiva com a finalidade de obter, mesmo contra a vontade do devedor, a quantia correspondente ao montante nele inscrito e que se encontra por satisfazer.

Esta dúvida é pertinente, visto que na redação resultante da reforma de 1995/96 (operada pelo DL 329-A/95, de 12 de dezembro, e pelo DL 180/96, de 25 de Setembro), o Código de Processo Civil deixou de qualificar expressamente os cheques como títulos executivos, passando a referir-se apenas à categoria dos «*documentos particulares, assinados pelo devedor, que* importam *a constituição de obrigações pecuniárias,* de *montante determinado*» [art. 46º, nº 1, *alínea c)* do CPC, que conheceria entretanto – desde essa reforma – uma redação atualizada[744], com a reforma da ação executiva de 2003 (red. do DL 38/2003, de 8 de Março)][745].

O cheque é um meio de pagamento que substitui o dinheiro e que, valendo independentemente da prestação de serviço ou do bem, cujo preço visa satisfazer, deve afirmar-se por forma tanto quanto possível análoga ao dinheiro. E isso justifica dois aspetos importantes: a abstração e o reduzido prazo de apresentação a pagamento.

Como os demais títulos de crédito abstratos, o cheque tem um valor próprio, autónomo da situação jurídica que lhe está subjacente e, por ser circulável, a sua validade formal deve resultar, de forma inquestionável, da sua leitura, isto é, da sua expressão literal[746]. É, pois, a validade

[744] Mas sem qualquer alteração substancial no que respeita ao cheque.
Na redação atual (do art. 46º, nº 1, *alínea c)* do CPC) constitui **título executivo** qualquer documento particular, assinado pelo devedor, que importe a *constituição ou reconhecimento de obrigações pecuniárias, cujo montante seja determinado ou determinável por simples cálculo aritmético* (...).
Sobre as alterações introduzidas ao art. 46º (*alínea c)* e aditamento de um número 2, relativo a juros moratórios) pela reforma da ação executiva, vd., por todos, Ana Paula Costa e Silva, *A Reforma da Acção Executiva*, Coimbra Editora, 2003, pp. 19-20.

[745] Sobre os aspetos gerais da reforma da ação executiva (de 2003), vd. Miguel Teixeira de Sousa, *A reforma da acção executiva*, Lex, Lisboa, 2004, pp. 9-45.

[746] Daí que o cheque sem efeitos, ao deixar de valer como título de crédito, seja insuficiente como título executivo, por não ser possível imputar o incumprimento de uma obrigação a qualquer dos sujeitos intervenientes, tendo em conta a simplicidade da sua literalidade.

formal que justifica o enquadramento do cheque na categoria dos títulos executivos.

Por isso, podemos concluir que o cheque, tendencialmente, é **título executivo**, não o sendo se da respetiva literalidade resultar claramente ter sido oportunamente revogado ou já se encontrar prescrito (no sentido de que o seu devedor pode invocar a prescrição), caso em que o eventual credor deverá recorrer, antes de mais, à ação causal de condenação, para obter título suficiente para executar o devedor.

Quando do título completo resulte inequivocamente não podermos estar perante uma obrigação cambiária do sacador – nomeadamente porque a sua ordem de pagamento terá sido oportunamente desfeita (cf. art. 32º I) – ou deste e de outros coobrigados, porque a obrigação de pagamento constante do cheque, entretanto prescreveu (cf. art. 52º I), caberá ao executado, no âmbito do processo executivo, deduzir oposição à pretensão do portador.

No entanto, a falta de fundamento para a oportuna revogação do cheque ou a sua eventual prescrição, como título cambiário, comprometendo decisivamente a qualidade de título executivo do cheque, não descaracteriza a obrigação que lhe está subjacente. Nessa circunstância o cheque deixa de ser título válido na ação cambiária de regresso, ou em eventual ação executiva, mas a obrigação por ele constituída pode subsistir e ser provada em processo declarativo de condenação[747].

Como refere o **AcSTJ de 16 out. 2001** (Ribeiro Coelho) (*CJ/AcSTJ*, ano IX, t. III, 2001, pp. 89-90), «*o cheque é completamente inexpressivo nos seus dizeres*», não constituindo, nem reconhecendo qualquer obrigação pecuniária, «*já que não contém qualquer referência identificadora da origem da mesma*» (p. 90).

[747] Se o cheque deixa de valer – porque *prescreve* a obrigação do sujeito cambiário (isto é, porque a prescrição passa a poder ser invocada pelo devedor), que assegura o seu pagamento –, então, apesar de quirógrafo dessa obrigação, não é aproveitável como título executivo, porque não traduz inequívoca e formalmente o reconhecimento de uma obrigação que pode até já não existir. No entanto, é utilizável para constituir meio de prova da relação subjacente, mas em sede de ação declarativa.

Neste sentido, afirmando que «*o cheque enquanto mero documento particular ou quirógrafo, apenas servirá como meio de prova da relação fundamental que terá de ser demonstrada pelo credor na acção*» (declarativa, esclareça-se), **AcRelLisboa de 23 fev. 2006** (Fátima Galante), *CJ*, ano XXXI, 2006, t. I (pp. 115-117), p. 116.

30.3.7. *A revogação do cheque*[748]

Revogar a ordem incorporada no cheque equivale a proibir o seu pagamento, dando-o como não emitido.

Importa agora ver se o emitente do cheque pode instruir o banco sacado, do qual é cliente, para não proceder ao respetivo pagamento; e em caso afirmativo, quando é que o pode fazer. Como veremos, de forma necessariamente breve, o problema da revogação[749] coloca-se, precisamente, em relação ao momento em que opera (ou pode operar) – sendo necessário distinguir entre revogação durante o prazo de apresentação a pagamento do cheque e após o decurso desse prazo – e consiste essencialmente em determinar até que ponto é revogável uma ordem de pagamento dada a um banco em favor de um terceiro por meio de um cheque sacado sobre provisão constituída nesse banco.

O cheque deve ser **apresentado a pagamento** dentro do prazo estabelecido na lei para o efeito (cfr. art. 29º)[750], que é, relativamente aos

[748] Cfr. Paulo Olavo Cunha, *Cheque e Convenção de Cheque*, cit., 2009, pp. 485, 577-627, em especial pp. 617-620, que transcrevemos quase *ipsis verbis*, e, posteriormente, «Relevância e significado do cheque e da convenção de cheque na atualidade: principais problemas», cit., 2014, problematizando a eficácia da revogação, com apoio da jurisprudência (169-173).

[749] São diversas as circunstâncias que podem conduzir a uma situação de **revogabilidade**. Pode ter ocorrido um desapossamento – de módulos de cheques por preencher ou de cheque já emitido – e a revogação visar assegurar que, na perspetiva do sacador, não seja efetuado um pagamento indevido, ainda que o beneficiário fosse ou viesse a ser um terceiro adquirente de boa fé. Mas a revogação pode dever-se a outros motivos que se prendem, essencialmente, com aspetos do negócio subjacente à relação cartular, e que correspondem à tentativa de evitar o respetivo pagamento e a concretização desse negócio por deficiente cumprimento da contraparte, nomeadamente no fornecimento do bem ou prestação do serviço ou por arrependimento do sacador pela aquisição do bem ou do serviço já pago, pelo cheque.
A Lei Uniforme é omissa sobre a **forma da comunicação** que o ato revogatório deve revestir, entendemos que deve consistir numa instrução concreta, clara e inequívoca que identifique o cheque cujo pagamento se pretende evitar. Contudo, razões de celeridade, em caso de desapossamento, justificam que a revogação possa ser verbal, desde que gravada – procedimento hoje habitual nas comunicações com os bancos –, e seguida de confirmação por escrito, efetuada no mais curto espaço de tempo possível.
A revogabilidade do cheque pode ser regulada pela própria convenção (do cheque) que enquadra a respetiva emissão, isto é, ser objeto de cláusula específica que estabeleça o modo como se há de processar, designadamente a forma que deve ser observada, o momento e antecedência com que deverá ser comunicada.

[750] A apresentação a pagamento não se deve confundir com o depósito do cheque em conta. Esta operação só corresponde aquela se o beneficiário depositar o cheque em conta aberta

títulos sacados e apresentados a pagamento no espaço jurídico nacional, de oito dias (cfr. art. 29º, I e IV), não se contando o dia da apresentação (cfr. art. 56º)[751].

O art. 32º da LUCh prevê que *«a revogação do cheque só produz efeito depois de findo o prazo de apresentação»*, pelo que não existem dúvidas sobre a viabilidade da revogação, decorrido que seja esse prazo. A questão consiste, pois, em apurar se é possível promover a revogação do cheque (com eficácia) mesmo no decurso do prazo de apresentação[752].

Até se encontrar concluído o prazo para apresentação a pagamento, o sacado não só não está obrigado a obedecer à ordem de revogação como, estando vinculado ao cumprimento da obrigação inerente à sua posição cambiária, deve proceder ao pagamento do cheque, caso disponha de provisão (e não exista uma justa causa comprovada para não efetuar o pagamento)[753].

Contra os argumentos favoráveis à revogabilidade do cheque, em qualquer momento, dispõe não apenas o próprio texto do art. 32º – o qual, não impedindo a revogação durante o prazo de apresentação do cheque, determina a sua ineficácia durante esse período –, como o disposto no art. 16º do Anexo II à Convenção, segundo o qual «*qualquer Estado Contratante*» se podia ter reservado «*a faculdade de, no que respeita*

no banco sacado. De outro modo, o cheque terá de ser objeto de compensação, só esta operação correspondendo à sua apresentação a pagamento.

[751] Sobre o modo como se deve contar o prazo, vd. arts. 56º e 55, I e II da LUCh. A preocupação da lei é determinar com segurança o momento em que expira o prazo.

[752] Findo este, o banco sacado está vinculado a observar as instruções que lhe tenham sido oportunamente transmitidas pelo seu Cliente, podendo proceder ao pagamento do cheque se este não tiver sido revogado (cfr. art. 32º, II da LUCh).

[753] Esta nossa posição – que colhe apoio no Relatório apresentado, há mais de meio século, ao Instituto da Conferência da Ordem dos Advogados por PALMA CARLOS, sob o título «Pode o banqueiro recusar, dentro do prazo de apresentação, o pagamento de cheque revogado pelo sacador?», *ROA*, ano 6º (nºs 1 e 2), **1946**, pp. 439-452, e em diversas decisões judiciais [cfr., a título de exemplo, **AcRelPorto de 24 abr 1990** (MÁRIO RIBEIRO), *CJ*, ano XV, 1990, t. II, pp. 238-241, e o **AcRelLisboa de 17 dez 1992** (DAMIÃO PEREIRA), *CJ*, ano XVII, 1992, t. V, pp. 150-153] – choca com doutrina e jurisprudência muito significativas que, com base e na esteira da argumentação desenvolvida por FERRER CORREIA e ANTÓNIO CAEIRO em anotação jurisprudencial ao **AcSTJ de 20 dez 1977** [(«Recusa do pagamento do cheque pelo Banco sacado; responsabilidade do Banco face ao portador», *RDE*, vol. IV, t. 2, 1978, pp. 447-473), procedendo, naturalmente, parecer junto aos autos], e ao arrepio do disposto no art. 32º da LUCh, admitem a revogabilidade do cheque, mesmo durante esse prazo.

aos cheques pagáveis no seu território, admitir a revogação do cheque mesmo antes de expirado o prazo de apresentação» (cfr. *alínea a)*); o que Portugal não fez, aceitando sem reservas o sistema do artigo 32º, I[754].

O sacado é um verdadeiro obrigado cartular, ainda que a sua situação jurídica passiva esteja condicionada à disponibilidade de fundos que lhe deve ser assegurada pelo sacador.

Na realidade, cremos que a solução emergente do art. 40º da Lei Uniforme – de que o sacado não se obriga perante o tomador (beneficiário) – é consequência da proibição do aceite (art. 4º), decorrendo da natureza e credibilidade do próprio sacado.

Aos argumentos a que recorreu a jurisprudência – e que acima revimos –, haverá que acrescentar um argumento que se nos afigura decisivo e basilar. O cheque é válido mesmo sem convenção, isto é, apesar e independentemente de a convenção ser nula ou não existir (cfr. art. 3º *in fine* da LUCh), e por isso sobrepõe-se naturalmente ao conteúdo da eventual relação que possa existir entre o banco e o seu cliente.

E o cheque é válido porque a sua natureza e a sua aparência o justificam; aquela fá-lo equivaler a um valor monetário, a um meio de pagamento; esta é legitimadora da posição do portador e, nomeadamente, das obrigações cartulares que tenham sido assumidas.

Ao estabelecer a validade do cheque, independentemente e para além da existência de uma convenção, a Lei Uniforme tornou clara a sobreposição do cheque e a sua preponderância sobre eventual relação contratual de que banco-sacado e cliente-sacador sejam partes, apesar de, na mesma disposição, prescrever que o uso de cheque pressupõe a celebração de uma convenção. Esta regra (de que a validade do cheque não é posta em causa pela falta dos seus pressupostos), reconhecendo ao cheque a sua preponderância, dentro dos limites legalmente estabelecidos que as partes têm o dever de conhecer, e que se verifica igualmente nos casos em que, existindo convenção (válida e eficaz), falta provisão – que viabilize o pagamento do cheque –, constitui critério para

[754] Não importa, pois, discutir sequer se o sacado tem ou não «o dever de desobedecer ao seu mandante para impedir a produção do resultado, o prejuízo do portador do cheque» [cfr. Germano Marques da Silva, «Regime penal do cheque sem provisão: anotação dos artigos 11º, 12º e 13º do Decreto-Lei nº 454/91, de 28 de Dezembro», in *Crimes de emissão de cheque sem provisão (Quatro estudos)*, Universidade Católica Editora, Lisboa, 1995, pp. 37-76, em especial p. 58].

recusar a interferência dos efeitos negociais de contrato a que o banco esteja vinculado.

Assim, há que considerar também o contexto jurídico-legal (e factual) em que se enquadra sistematicamente o cheque, no qual está omnipresente a tutela da confiança, associada à ideia geral de circulação do crédito e, mais concretamente, de confiança num meio de pagamento de uso generalizado[755].

Podemos, pois, concluir que, enquanto título de crédito cambiário, **o cheque é irrevogável durante o prazo de apresentação a pagamento**. Por isso, o pagamento do cheque, mesmo contra instruções expressas do cliente, constitui obrigação do banco, se o título for apresentado nesse prazo, inexistindo causa que justifique atitude diversa do sacado.

Depois de decorrido o prazo de apresentação a pagamento, o cheque pode ser pago, desde que não tenha sido revogado (cfr. art. 32º II)[756]. No entanto, nesta circunstância, o banco sacado deve observar eventual revogação que lhe seja transmitida pelo seu cliente, visto que o portador do cheque já não beneficia da tutela plena da Lei Uniforme.

30.3.8. *Deficiente utilização do cheque; rescisão da convenção de cheque*[757]

Em caso de deficiente utilização do cheque, que passe naturalmente pela sua emissão sem provisão, o banco deverá pôr termo à convenção (de cheque) celebrada com o seu cliente.

Os efeitos da emissão ou endosso impróprios do cheque são regulados no Decreto-Lei nº 454/91, de 28 de dezembro, que comina a obrigatoriedade de as instituições de crédito rescindirem a convenção de cheque que tenham celebrado com quem ponha «*em causa o **espírito***

[755] Responsabilizam o banco que recuse o pagamento, dentro do prazo legal para o efeito, com fundamento na revogação do cheque, entre outros, os **AcRelPorto de 24 abr 1990** (Mário Ribeiro), *CJ*, ano XV, 1990, t. II, pp. 238-241, e **AcRelLisboa de 17 dez 1992** (Damião Pereira), CJ, ano XVII, 1992, t. V, pp. 150-153.

[756] Com o limite razoável resultante do prazo de prescrição de seis meses, previsto no art. 52º/1 da LUCh.

Condenando o pagamento de um cheque revogado, após o prazo de apresentação, **AcRelPorto de 21 dez 1989** (Lopes Furtado), *CJ*, ano XIV, 1989, t. V, pp. 213-217, e o **AcRelGuimarães de 11 jan 2018** (Maria Amália Santos) / Proc. nº 259/15.9T8VVD.G1, *www.dgsi.pt*.

[757] Com grande desenvolvimento, cfr. Paulo Olavo Cunha, *Cheque e Convenção de Cheque*, cit., 2009, pp. 723-777.

de confiança *que deve presidir à sua circulação*» (cfr. art. 1º, nº 1 *in fine* do RJCh)[758]. Encontra-se nessa situação quem, agindo em nome próprio como representante, não procede à regularização da situação decorrente de falta de pagamento de cheque por si emitido (art. 1º, nº 2 do RJCh).

30.3.9. *Falsificação do cheque*[759]

A concluir o estudo do cheque, importa fazer uma breve referência à falsificação do cheque que – entre os diversos casos de *falta ou inadequação de ordem* (eficaz) *de pagamento* (como a incapacidade negocial ou capacidade insuficiente, representação sem poderes, vícios da vontade) – assume especial relevo, por apresentar especificidades.

Nesta matéria há que equacionar as seguintes vertentes:

a) O significado da vicissitude;
b) O valor da *falsificação*, designadamente apurar se, na respetiva ocorrência, há ou não cheque;
c) Os efeitos [nos planos cartular (Lei Uniforme) e extracambiário (convenção de cheque)];
d) O ressarcimento dos danos, que eventualmente se tenham produzido.

A falsificação do cheque pode revestir diferentes facetas, respeitando ao próprio saque (falsificação da assinatura do sacador) ou recaindo

[758] Complementarmente, os bancos são obrigados a comunicar ao Banco de Portugal os casos de rescisão de cheque (art. 2º, *alínea a)* do RJCh).
Tal informação tem como efeitos:
– A inclusão do infrator numa **lista negra**, designada l**istagem** dos utilizadores de cheque com risco (cfr. art. 3º, nº 1 do RJCh).
– A rescisão de todas as outras convenções que o infrator tenha oportunamente celebrado e a proibição de celebração de nova convenção (art. 3º, nº 2 do RJCh).
– A inibição do uso do cheque.
No entanto, o contrato de depósito (bancário) é possível sem a convenção – subsistindo quando a mesma é objeto de rescisão –, passando a ser movimentados por cheque avulso.
Finalmente, se a rescisão for indevida o banco incorrerá na obrigação de indemnização por prejuízos causados, para além de estar obrigado a repor a convenção se o cliente ainda estiver nela interessado.

[759] Com grande desenvolvimento, cfr. Paulo Olavo Cunha, *Cheque e Convenção de Cheque*, cit., 2009, pp. 627-695.

sobre outros elementos e requisitos do cheque, podendo traduzir-se na alteração de uma ou mais das suas menções provocada por quem não tinha legitimidade para o efeito.

A Lei Uniforme não estabelece expressamente um regime aplicável à falsificação do cheque, diversamente do que sucede com algumas leis estrangeiras (casos do Código das Obrigações suiço e da Lei Cambiária e do Cheque espanhola), por não ter havido acordo nesse sentido629.

Ocorrendo o pagamento de cheque falso (ou de cheque falsificado), importa determinar quem deve assumir os efeitos patrimoniais adversos que do mesmo resultam. Nesse sentido, haverá que apurar quem é responsável por esse pagamento (indevido) e, consequentemente, em que esfera jurídica deverá o prejuízo ser imputado, nomeadamente

a) se o banco sacado deve assumir o prejuízo;
b) se o levantamento ocorrido não vai ser compensado (porque se considera ser o sacador responsável por tal situação); ou
c) se o risco deve ser repartido (pelos intervenientes).

A questão coloca-se com particular acuidade nos casos em que não se consegue apurar quem atuou com culpa.

Aliás, pode produzir-se o dano, consubstanciado no efeito da falsificação, não obstante ficar demonstrado que nem o banco sacado, nem o sacador, preteriram os deveres decorrentes do respetivo contrato e da lei.

No âmbito da Lei Uniforme, não há justa causa para o não pagamento de um cheque endossável. Nesse sentido aponta o artigo 35º que, não prevendo (diversamente da LULL) causas de não pagamento – fraude e má fé –, afastou a possibilidade de as mesmas serem invocadas para impedir o pagamento devido. Do mesmo modo, saliente-se que a lei portuguesa não admitiu reservas, diferentemente do que aconteceu com outras leis.

No domínio das relações imediatas, isto é, nos casos de cheque apresentado a pagamento pelo sacador, não há tutela cambiária, pelo que o artigo 35º não é aplicável. Por isso, sempre que o banco tiver conhecimento, ou deva ter, de que o cheque é falso ou falsificado, não o deve pagar.

Não havendo lugar, no domínio das relações imediatas, a tutela cambiária, a questão da repartição do risco de falsificação do cheque e das respetivas consequências tem de ser resolvida pelo recurso aos princípios gerais aplicáveis à atividade bancária, salvo se a convenção de cheque determinar efeitos específicos.

Em qualquer circunstância, o banco, na qualidade de entidade especializada, deve, em princípio, ser responsável pelos prejuízos decorrentes da falsificação do cheque, exceto se demonstrar que o sacador atuou com culpa ou foi negligente no cumprimento dos respetivos deveres (designadamente, conservação do livro de cheques). Isto significa que a culpa leve do sacador não afasta a culpa leve do banco. Deste modo, o banco é responsável sempre que não consiga provar que o sacador agiu com *culpa*, recaindo sobre ele (banco) o ónus dessa prova.

Esta teoria e solução baseiam-se no risco profissional da atividade bancária – corolário do risco profissional do empresário – e, colhendo apoio na presunção de culpa estabelecida no art. 799º, nº 1 do Código Civil[760], pode ir mais longe, extravasando da ténue fronteira entre a responsabilidade subjetiva e objetiva e responsabilizando o banqueiro pelo risco da sua atividade, quando não se provar a culpa de nenhum dos envolvidos[761].

A *responsabilidade do sacado* é enquadrável, do ponto de vista da sua teleologia e fundamentação, na figura da *responsabilidade (extracontratual) objetiva*, que lhe seria imputável independentemente de culpa (e até, eventualmente, independentemente de ilicitude). E não temos nenhuma dúvida de que por aqui se alcança uma moldura adequada à solução preconizada, com a verificação de todos os elementos habitualmente referidos a esta modalidade da responsabilidade civil: deslocação da responsabilidade para o sujeito que surge na relação jurídica como mais forte, menos carecido de proteção – o banco –, que domina as fontes do risco (de verificação da falsificação), e que retira vantagens da utilização do cheque pelo seu cliente[762].

[760] «*Incumbe ao devedor provar que a falta de cumprimento ou cumprimento defeituoso da obrigação não procede de culpa sua*».

[761] A fundamentação desta nossa posição é desenvolvida no nosso livro, *Cheque e Convenção de Cheque*, cit., 2009, pp. 682-689.

[762] Nesta linha, cite-se o **AcSTJ de 3 mar 1998** (Nascimento Costa), *BMJ* 475, 1998, pp. 710-715, que, dirimindo um caso de falsificação de dois cheques de valor elevado – que resolve, aliás, com base na preterição dos deveres contratuais do banco –, afirma que «*a jurisprudência* (do STJ) *tem hesitado, parecendo tender para a responsabilidade objectiva dos bancos (caso se não prove culpa do titular da conta)*» (p. 714).

31. Valores mobiliários

31.1. Enquadramento; a desmaterialização dos títulos de crédito[763]

31.1.1. *Significado e justificação*

A ideia de título de crédito corresponde, como vimos, à representação documental (com um suporte em papel) de um crédito ou de situação jurídica mais complexa que se traduz numa atribuição essencialmente patrimonial, mas autónoma, ao respetivo titular num certo momento sobre os sujeitos que, de algum modo, tiverem subscrito ou forem responsáveis pela emissão de tal suporte documental.

Recorde-se que o valor documentado pelo título de crédito adquire uma clara autonomia relativamente aos direitos ou situações jurídicas que pretende representar, dado o regime que foi especificamente criado para tutelar a respetiva circulação.

Cumpre apurar se a crescente desmaterialização dos títulos de crédito (ou, pelo menos, de certo tipo de títulos) vem pôr em causa a utilidade do conceito e respetivo regime, deslocando o interesse do Direito para diferente figura – a de **valor mobiliário** –, como pretende a nossa

Diversamente, deixando sem solução uma situação de desapossamento por falsificação, em que se demonstrou o banco não ter tido culpa, sem se demonstrar a culpa do sacador, o **AcSTJ de 3 out 1995** (Herculano Lima), *BMJ* 450, 1995, pp. 416-423, que – não superando o quadro tradicional da responsabilidade civil – concluiu pela falta de um requisito essencial da obrigação de indemnizar: a culpa ou «*nexo subjectivo de imputação do facto ao agente*» (422). Defendendo que, não se provando a culpa de qualquer das partes, elas terão de assumir proporcionalmente o risco pelo pagamento do cheque falsificado, **AcRelÉvora de 13 dez 1990** (Sampaio da Silva), *CJ*, 1990, ano XV, t. V, pp. 265-268 [«*na falta de convenção ou disposição em contrário, o equilíbrio entre as respectivas posições de interesses, no âmbito da convenção de cheque justificará a integração das correspondentes declarações negociais no sentido da assunção proporcional do risco pelas duas partes*» (p. 266)], sem, contudo, adiantar um critério para tal repartição. Trata-se de decisão salomónica que, reconduzindo a repartição do risco a uma responsabilidade objetiva, carece de fundamentação.

[763] Sobre esta questão, vd. Carlos Ferreira de Almeida, *Desmaterialização dos títulos de crédito: valores mobiliários escriturais*, sep. da *RB*, nº 26, 1993 (pp. 23-39), Engrácia Antunes, *Os Títulos de Crédito*, 2ª ed., 2012, pp. 47-50, A. Barreto Menezes Cordeiro, *Manual de Direito dos Valores Mobiliários*, 2016, pp. 131-135, Maria de Fátima Ribeiro, «Os títulos de crédito em Portugal», cit., 2014, (pp. 431-466), pp. 434-435, e a nossa dissertação de doutoramento, *Cheque e Convenção de Cheque*, 2009, notas 456 (pp. 189-192) e 457 (pp. 192-193).

doutrina do final do século XX, ou se, diversamente, ainda tem sentido centrar a problemática em análise na vetusta figura do título de crédito, como sustentam vozes autorizadas que, direta ou indiretamente, se têm pronunciado sobre a questão[764].

Os **valores mobiliários** são «*documentos representativos de situações jurídicas homogéneas, suscetíveis de transmissão em mercado*» (art. 1º, *alínea g)* do CVM), que são criados em série e constituem complexos de direitos e vinculações padronizados ou *estandardizados*[765].

A lei enumera as principais categorias, colocando à cabeça as *ações*, seguidas das *obrigações* e de outros valores (cfr. art. 1º, *alíneas a)* e *b)* do CVM)[766]. Assim, para além dos *títulos de participação* (*alínea c)*), das *unidades de participação* em fundos (*alínea d)*) dos warrants *autónomos* (*alínea e)*) e dos *direitos destacados* das ações, obrigações, títulos de participação ou unidades de participação em fundos, se o destaque abranger *toda a emissão ou série ou esteja previsto no ato de emissão* (*alínea f)*), a lei reconduz à categoria de *valores mobiliários outros documentos representativos de situações jurídicas homogéneas, desde que sejam suscetíveis de transmissão em mercado* (*alínea g)*).

Ora, a última *alínea* do art. 1º do Código dos Valores Mobiliários caracteriza, de forma ampla, o conceito, fazendo ressaltar que esta realidade corresponde a qualquer *documento* transmissível no mercado que

[764] Na linha de Ferreira de Almeida, *Desmaterialização dos títulos de crédito* cit., 1993, e Oliveira Ascensão que centrava o seu ensino nos Títulos de Crédito, a nossa mais recente doutrina tem retomado a referência central dos títulos de crédito, como acontece com Soveral Martins, *Títulos de Crédito e Valores Mobiliários*, 2008, e Engrácia Antunes, *Os Títulos de Crédito*, 2ª ed., 2012, fazendo o ponto da situação nas pp. 47-50.

[765] Sobre o conceito e características de valor mobiliário, vd. António Pereira de Almeida, *Sociedades Comerciais, Valores Mobiliários, Instrumentos Financeiros e Mercados*, vol. 2 – *Valores Mobiliários, Instrumentos Financeiros e Mercados*, 7ª ed., Coimbra Editora, Coimbra, 2013, pp. 10-15, Engrácia Antunes, *Os Instrumentos Financeiros*, 3ª ed., 2017, pp. 73-84, e anteriormente «Os valores mobiliários: conceito, espécies e regime jurídico», sep. da *RFDUP*, ano V, 2008 (pp. 87-142), 87-95, A. Barreto Menezes Cordeiro, «Valor mobiliário: evolução e conceito», *RDS*, ano VIII, Nº 2, 2016 (pp. 309-342), pp. 336-342, e Alexandre de Soveral Martins, *Títulos de Crédito e Valores Mobiliários*, Parte II – *Valores Mobiliários*, vol. I – *As Ações*, cit., 2018, pp. 16-17 e 19-23.

[766] Cfr. Paulo Câmara, *Manual de Direito dos Valores Mobiliários*, 3ª ed. cit., 2016, pp. 93-143, e António Pereira de Almeida, *Valores Mobiliários, Instrumentos Financeiros e Mercados*, 7ª ed., 2013, pp. 9-17.

seja *representativo de situações jurídicas homogéneas*, isto é, que sejam formadas por direitos e obrigações idênticos.

Entendemos que o conceito de valor mobiliário, por ser demasiado lato e abrangente, se afigura inadequado para substituir, em termos de relevo jurídico, o conceito e regime de título de crédito, embora existam pontos naturais de contacto, como a tipicidade, facilmente justificada no âmbito dos valores mobiliários em geral, pela respetiva emissão em série.

A **desmaterialização** significa que se retira ao título de crédito o suporte (necessariamente) físico em que, até aí, se consubstanciava. Elimina-se, pois, o documento, pelo menos tal como até há uns anos o concebíamos – com necessário suporte físico –, e substituímo-lo por um simples registo informático. Este é, contudo, no quadro legal português, também um documento[767].

Contudo, para além de tentar determinar todo o alcance do progresso tecnológico no âmbito das transações em geral, subsiste o problema de saber como se comprova a transmissão de titularidade e a correção da execução das ordens que estão na base deste registo.

Por outras palavras, um mero registo informático é suficiente para atestar que V é titular de 1000 ações da sociedade S. Mas como se documenta a vontade de V alienar em favor de A tais ações? Pela simples inscrição na conta deste (e concomitante cancelamento do registo na conta de V)? Ou exigir-se-á ainda um *documento* que certifique ou consubstancie a declaração negocial das partes e (e que possa, eventualmente, vir a servir de meio de prova)? Com o fim dos títulos ao portador, este exemplo deixa de colocar particulares dificuldades, porque a transmissão passa a ter de ser documentada, não permitindo que a escrituralidade simplifique as alterações de titularidade.

Retornemos, no entanto, aos títulos de crédito.

A vantagem que os títulos de crédito apresentavam, relativamente a outras formas de transmissão de situações jurídicas, exprimia-se essencialmente na salvaguarda de espaço e de tempo, para além de se evitarem outros custos. A assinatura ou subscrição do documento e o correio,

[767] Neste sentido, cfr. Carlos Ferreira de Almeida, «Valores mobiliários: o papel e o computador», AA.VV., *Nos 20 anos do Código das Sociedades Comerciais*, vol. I – *Congresso Empresas e Sociedades*, 2007 (pp. 621-629), pp. 628-629.

forma adequada para a sua transmissão, asseguravam que a circulação dos títulos se fizesse com rapidez e simplicidade. Uma vez chegados ao seu destino, tais instrumentos que, frequentemente, consubstanciavam valores significativos podiam ser guardados com segurança.

A sociedade contemporânea, pelo progresso verificado desde o último quartel do século XX, a nível tecnológico e de comunicações, transformou-se. Os mercados perderam caráter local e sofreram o chamado fenómeno da globalização. Os documentos sob forma escrita multiplicaram-se e as transações intensificaram-se. Tal situação, impulsionada por razões que não importa aqui escalpelizar, determinou, no início do século XXI, a procura de instrumentos e fórmulas que permitissem simultaneamente «encurtar o tempo das transacções, reduzir o espaço ocupado pelos documentos e baixar os custos do seu manuseamento»[768].

O aparecimento de novos suportes, magnéticos e informáticos, e de uma nova linguagem que lhes está necessariamente associada, se por um lado facilita inquestionavelmente o fluxo crescente das transações, por outro, dada a rapidez das transformações não deixa de colocar complexos problemas de regime e de qualificação relativamente às novas figuras negociais.

São os títulos de crédito emitidos em série, casos paradigmáticos das ações e obrigações, que revelam precisamente uma melhor capacidade de adaptação aos novos suportes e registos, de natureza magnética e informática, assimilando com maior celeridade a nova linguagem jurídica.

31.1.2. *Os valores mobiliários escriturais*[769]

31.1.2.1. *As ações escriturais*

A desmaterialização dos valores mobiliários – dispensando a impressão e a distribuição dos títulos –, por um lado, elimina os riscos inerentes à existência física do documento, tais como a destruição, a perda, o roubo e a falsificação, diminuindo o desapossamento, quer físico quer económico-

[768] Na feliz antevisão de FERREIRA DE ALMEIDA, *Desmaterialização dos títulos de crédito* cit., 1993, p. 24.

[769] Sobre o conceito e características de valor mobiliário, vd. JOSÉ ENGRÁCIA ANTUNES, *Os Instrumentos Financeiros*, 3ª ed., 2017, pp. 73-84.

mico[770]; por outro, agiliza significativamente a respetiva circulação nos mercados em que constituem instrumentos essenciais.

A lei caracteriza o regime dos valores mobiliários escriturais por referência às ações escriturais – que, aliás, não define –, limitando-se a distinguir os valores (mobiliários) escriturais dos titulados, por serem representados por registos em conta e não consubstanciados em documentos em papel (cfr. art. 46º, nº 1 do CVM). Tais valores (*maxime* ações) caracterizam-se, pois, por serem «*exclusivamente materializadas pela sua inscrição em contas abertas em nome dos respetivos titulares*», correspondendo a um mero registo de caráter informático[771].

As ações escriturais proporcionam aos seus titulares maior comodidade relativamente às ações tituladas – nomeadamente porque pressupõem que os dividendos que lhes são atribuídos sejam necessariamente creditados em conta – e facilitam a respetiva transmissão, evitando demoras que possam estar associadas à transferência dos documentos que as titulam, mas não impedem erros ou fraudes que possam resultar da sua emissão e transmissão.

31.1.2.2. *A problemática da qualificação dos valores mobiliários como títulos de crédito*

Quanto à questão de saber se os valores mobiliários escriturais são títulos de crédito – e tomando por referência os que são previstos e regulados no Código dos Valores Mobiliários –, há que verificar se as características essenciais destes subsistem nos valores escriturais, tal como refere Ferreira de Almeida[772]. Se concluirmos afirmativamente, não vemos razão para afastar os novos instrumentos do conceito e regime aplicáveis aos títulos de crédito. Do confronto, resultando que estamos perante registos (que constituem fonte e meio de legitimação), pode inferir-se uma resposta afirmativa.

Assim, sendo óbvio que não pode haver incorporação – a qual, nos valores mobiliários escriturais, corresponde a uma inerência, que significa constituir o registo fonte e meio suficiente de legitimação –, porque

[770] Sobre as vantagens e desvantagens da desmaterialização, cfr. Ferreira de Almeida, «Valores mobiliários: o papel e o computador», cit., 2007 (pp. 621-629), pp. 627-628.

[771] Sobre o conteúdo do registo, cfr. arts. 61º e segs. do CVM.

[772] *Desmaterialização* cit., 1993, pp. 37-38, que seguimos de perto.

falta, por natureza, o corpo (papel) do documento, também é verdade que a incorporação não é uma verdadeira característica dos títulos de crédito, mas um meio ou técnica instrumental para assegurar a realização dessas características, que estão todas presentes nos valores escriturais. Tal acontece com a **literalidade**, uma vez que a definição dos direitos ocorre nos termos registados (cfr. arts. 55º e 74, nº 1 do CVM), e com a **autonomia do direito do titular**, dada a presunção inilidível de titularidade conferida ao titular por efeito do registo (cfr. art. 74º, nº 1)[773].

Por sua vez, para aqueles que considerem ser a transmissibilidade – função primordial dos títulos de crédito – uma característica, ela opera-se pelo registo (informático) (cfr. art. 80º, nº 1 do CVM)[774].

Finalmente, a lei impõe que todos os valores mobiliários sejam nominativos (cfr. art. 52º do CVM, red. da L 15/2017, de 3 de maio) – tendo extinguido e proibido a emissão dos valores ao portador –, pelo que o emitente sabe, a todo o tempo, quem são os titulares (cfr. art. 52º, nº 1 do CVM).

31.1.3. *Direito positivo: o Código dos Valores Mobiliários*

O Código dos Valores Mobiliários disciplina estes instrumentos, que enuncia genericamente no art. 1º[775], incluindo nos mesmos a categoria de *instrumentos representativos de situações jurídicas autónomas*, desde que transmissíveis em mercado (cfr. *alínea g)*), a que já nos referimos acima (nº 29.1.1).

De entre as várias categorias previstas no art. 1º do Código dos Valores Mobiliários, vamos, por economia de espaço, focar apenas as duas mais representativas: as ações e as obrigações[776].

[773] Trata-se da ideia de que o "registo vale título", salvo para aquisições de má fé ou a título gratuito.

[774] No estudo citado, de 1993, Ferreira de Almeida faz a demonstração, recorrendo às disposições legais do então vigente Código do Mercado dos Valores Mobiliários (1991). Esta posição – de que, pelo menos, é «incontroverso que o regime dos valores mobiliários tem sido moldado sobre o regime dos títulos de crédito» – seria reafirmada, por este professor (já) jubilado, na sua lição de agregação sobre o *Registo dos valores mobiliários*, sep. de AA.VV., *Direito dos Valores Mobiliários*, vol. VI, Coimbra Editora, Coimbra, 2006 (pp. 51-138), pp. 82-87.

[775] Sobre os valores mobiliários previstos no Código, Alexandre de Soveral Martins, *As Ações*, cit., 2018, pp. 11-16.

[776] Sobre as demais categorias, vd. Engrácia Antunes, *Os Instrumentos Financeiros*, 3ª ed., 2017, pp. 131-161.

31.2. Ações[777]

O conceito de ação é plurissignificativo. Não encontramos um conceito único de ação, que exprime a participação numa sociedade comercial sob forma anónima, mas são várias as abordagens possíveis. Classicamente, as ações eram conceptualizadas em três diferentes perspetivas.

31.2.1. *Ação como participação social*

A ação pode e deve ser entendida como **participação social**, isto é, como a medida da posição do sócio na sociedade anónima, caracterizando o complexo jurídico em que se traduz essa participação e, especificamente, uma certa e determinada situação jurídica. Este é sem dúvida o sentido hoje prevalecente.

A ação como complexo de direitos e deveres que exprimem a condição de sócio é, dos três sentidos possíveis, o único que se nos afigura inteiramente válido e de aplicação irrestrita, conservando plena atualidade.

As outras duas aceções referidas tradicionalmente pela doutrina[778] – a ação como *título* (de crédito) e a ação como fração do capital – são objeto de reservas, embora a segunda tenha readquirido manifesta atualidade com a consagração no nosso Direito das ações sem valor nominal. Vejamos porquê.

[777] Vd. Paulo Olavo Cunha, *Direitos especiais dos sócios das sociedades anónimas: as ações privilegiadas*, Almedina, Coimbra, 1993, pp. 141-165, 27-28, 181-195, 200-201.
Cfr. também António Pereira de Almeida, *Valores Mobiliários, Instrumentos Financeiros e Mercados*, 7ª ed., 2013, pp. 19-29, José Engrácia Antunes, *Os Instrumentos Financeiros*, 3ª ed., 2017, pp. 100-114, José Oliveira Ascensão, «As acções», AA.VV., *Direito dos Valores Mobiliários*, vol. II, Instituto dos Valores Mobiliários/Coimbra Editora, Lisboa, 2000 (pp. 57-90), em especial, pp. 57-67, Paulo Câmara, *Manual de Direito dos Valores* Mobiliários, 3ª ed., 2016, pp. 131-136, Carlos Osório de Castro, *Valores mobiliários: conceito e espécies*, 2ª ed., UCP, Porto, 1998 (cfr., em especial, pp. 71-139), A. Barreto Menezes Cordeiro, *Manual de Direito dos Valores Mobiliários*, 2016, pp. 151-157, e Alexandre Soveral Martins, *Cláusulas do contrato de sociedade que limitam a transmissibilidade de acções*, Almedina, Coimbra, 2006, pp. 73-123, e *As Ações*, cit., 2018, pp. 33-157, num claro desenvolvimento do seu texto inicial sobre *Valores Mobiliários [Acções]*, Almedina, Coimbra, 2003.

[778] No Direito português, para além das obras citadas na nota anterior, vd. José Gabriel Pinto Coelho, «Estudo sobre as acções de sociedades anónimas», *RLJ*, anos 88º, 1955/56 (pp. 161 e segs.), em especial pp. 161-164 e 177-181, e 89º, 1956/57 (pp. 3 e segs.), e João Labareda, *Das Acções das Sociedades Anónimas*, AAFDL, Lisboa, 1988, pp. 5-10.

31.2.2. *Ação como documento (título); crítica*

Num certo sentido – que tem vindo a ser crescentemente posto em causa –, a ação corresponde também a **título de crédito**[779], ou seja, é entendida como documento no qual se incorpora uma determinada situação jurídica, um certo conjunto de direitos e de vinculações. A ideia de título de crédito, designadamente da chamada característica da literalidade dos títulos de crédito (isto é, de que do título têm de resultar imediatamente os direitos que nele são incorporados), obtinha-se pela chamada literalidade por referência, isto é, pela ideia de que a ação se refere expressamente a uma determinada sociedade e especificamente a um certo contrato de sociedade.

Não obstante, hoje verifica-se o chamado fenómeno da desmaterialização das ações e não só destas, mas também de outros valores mobiliários, o que significa que a ação social, característica da participação social numa sociedade anónima, já não tem necessariamente de constar de um título, podendo reconduzir-se a um simples registo, resultando de uma mera inscrição em contas abertas em nome do respetivo titular e, por isso, poderá haver apenas um registo informático de que, numa sociedade anónima, um certo acionista tem um determinado número de ações.

31.2.3. *Ação como fração do capital; crítica. As ações sem valor nominal*

É possível também encarar a ação como equivalente a **fração do capital**, no sentido de que pela ação se determina a posição absoluta e relativa de determinada pessoa numa sociedade anónima. Por um lado, porque ela exprime a fração do capital pertencente a essa pessoa; por outro lado, em função do montante global de ações emitidas, podemos verificar qual é a importância relativa do titular dessas ações.

Este sentido, tal como o anterior, pode ser criticável – mas não em termos absolutos – pelo facto de poderem existir ações que não exprimam uma certa fração do capital social, mas sim uma percentagem do valor patrimonial da sociedade, designadamente porque se refiram a um valor de referência, relativamente ao próprio património da sociedade;

[779] Sobre o conceito de título de crédito, vd. a nossa dissertação de doutoramento, *Cheque e Convenção de Cheque*, Almedina, Coimbra, 2009, pp. 187-194.

temos em mente as participações que se designam por *ações sem valor nominal* puras (as *no par value shares* ou *stock without par value* do Direito anglo-saxónico).

Também o Direito Societário português, em alteração introduzida em 2010 (pelo Decreto-Lei nº 49/2010, de 19 de maio), acabou com a obrigatoriedade de as ações terem um valor nominal, para exprimirem um determinado valor de emissão, admitindo as **ações sem valor nominal**. Contudo, ao fazê-lo, procurou salvaguardar o conceito de capital social, ao qual se pode reportar também o valor da emissão, correspondendo cada ação a uma fração aritmética daquele. Apenas se exige que a sociedade opte por ter todo o capital representado por ações com valor nominal ou sem valor nominal. Neste caso, a ação não deixa de corresponder a uma fração do capital, porque a lei assim o impõe. Aliás, a alteração introduzida no Direito nacional impôs precisamente o princípio de que todas as ações «*devem representar a mesma fração no capital social*» (art. 276º, nº 4, na red. do DL 49/2010, de 19 de maio), mesmo que sejam sem valor nominal – exprimindo um determinado valor de emissão (variável de emissão para emissão) e resultando, depois de emitidas, num idêntico valor fracional –, o que significa que o conceito de capital social continua a ser um referencial societário incontornável. Relativamente a este novo tipo de ações, o conceito que adota como referência a fração de capital (social) readquire atualidade[780].

31.2.4. *O conceito de ação na atualidade*

Com a introdução, no ordenamento jurídico português, das ações sem valor nominal, inclinamo-nos para repensar o conceito de ação[781]. Antes de mais, refira-se que o acolhimento generalizado da ação sem valor nominal não põe em causa o conceito de ação como participação social.

[780] Recorde-se que, anteriormente à alteração ocorrida, existia já no nosso ordenamento uma situação relativamente excecional em que coexistiam ações ordinárias e ações reembolsadas, que haviam sido objeto de reembolso prioritário através de uma operação de amortização sem redução do capital social (cfr. art. 346º, nº 4). Referimo-nos às *ações de fruição*, que são de certo modo diminuídas em relação às ações normais e que – embora com valor nominal (porque a lei o impunha) – (já) não representam uma fração efetiva do capital social.

[781] Cfr. o nosso artigo sobre «Aspectos críticos da aplicação prática do regime das acções sem valor nominal», cit., 2011 (pp. 131-152), pp 138-139.

Como é do conhecimento geral, *ação* é um conceito plurissignificativo que não se limita ao Direito das Sociedades.

No que respeita às sociedades anónimas[782], a ação é sinónimo de participação social, isto é, exprime a participação neste tipo societário e as situações jurídicas ativas e passivas que a caracterizam e que devem ser, pontualmente, exercidas ou cumpridas por quem for o respetivo titular ou se encontrar devidamente legitimado para o efeito.

Mas a ação corresponde também a título de crédito – sendo entendida como o documento no qual se incorpora uma determinada situação jurídica composta por direitos e vinculações, ainda que por referência para o contrato de sociedade[783] – ou pode ser perspetivada como fração do capital social[784], permitindo determinar a posição absoluta e relativa de determinada pessoa na sociedade anónima. Este sentido é – como referimos acima (nº 29.2.3) – claramente revalorizado pelas ações sem valor nominal introduzidas no Direito português pelo Decreto-Lei nº 49/2010, de 19 de maio, que consagrou, no nosso ordenamento, o princípio de que todas as ações «*devem representar a mesma fração no capital social*» (art. 276º, nº 4 do CSC, na red. do DL 49/2010, de 19 de maio)[785].

Em qualquer dos sentidos, a ação exprime um direito de participação social autónomo, concedendo ao seu titular o direito de partilhar os resultados da sociedade e o de participar na formação das respetivas deliberações, acedendo à informação necessária para a formação da sua vontade.

[782] Remetemos para o nosso *Direito das Sociedades Comerciais*, cit., pp. 355-357.

[783] Sobre a literalidade por referência e a circunstância de nem todos os títulos serem especialmente aptos para documentar a totalidade do direito que neles está representado, vd. as nossas *Lições de Direito Comercial*, 2010, p. 259, nota 479.

[784] Criticávamos esta aceção na nossa dissertação de mestrado, *Os Direitos Especiais nas Sociedades Anónimas: As Acções Privilegiadas*, cit., 1993, p. 142, considerando então que as ações sem valor nominal características do Direito norte-americano condenavam o conceito de ação como fração do capital, visto que, de acordo com tais participações, a ação passaria «a ser, quando muito, expressão do valor da participação social».
Como resulta do texto, o conceito de ação sem valor nominal acolhido no nosso Direito obrigou-nos a rever a crítica então formulada relativamente a um ordenamento que rejeitava (já) o conceito de capital social como referência fundamental.

[785] Salientando também o (quarto) significado de ação como "produto financeiro" («instrumento financeiro negociável no mercado de capitais»), ENGRÁCIA ANTUNES, *Os Instrumentos Financeiros*, 3ª ed., 2017, pp. 101-102, na linha de CARLOS OSÓRIO DE CASTRO, *Valores Mobiliários*, cit., 1998, pp. 73-76.

Os direitos de caráter patrimonial que a ação concede estão bem definidos. Está em causa o direito a quinhoar nos lucros, que são por natureza variáveis – e podem até não existir –, e não a um rendimento concretamente definido, pelo que a ação não se caracteriza por atribuir ao seu titular um direito de crédito, apesar de o mesmo, naturalmente, nascer em relação aos dividendos depois de os lucros serem efetivamente objeto de deliberação de distribuição.

Em suma, se quisermos perspetivar esta realidade, na ótica do respetivo titular (o acionista), podemos afirmar que a **ação** é a participação societária, correspondente a uma fração do capital social, que exprime a medida da posição social de uma determinada pessoa e, consequente e inerentemente, os direitos que a mesma terá no âmbito da sociedade.

31.3. **Obrigações**[786]

As obrigações, tal como as ações, são valores mobiliários (cfr. art. 1º, nº 1, *alíneas a)* e *b)* do CVM).

As **obrigações** são valores negociáveis que, numa mesma emissão, conferem ao seu titular um determinado direito de crédito sobre o emitente e concedem direitos de crédito iguais para um idêntico valor nominal, correspondendo a um meio de financiamento da própria sociedade emitente que exprime uma relação completamente diferente da relação de participação social.

[786] Vd., na doutrina nacional, António Pereira de Almeida, *Valores Mobiliários, Instrumentos Financeiros e Mercados*, cit., 2013, pp. 61-76, Engrácia Antunes, *Os Instrumentos Financeiros*, 3ª ed., 2017, pp. 114-131, Nuno Barbosa, *Competência das assembleias de Obrigacionistas*, Almedina, Coimbra, 2002 (cfr., em especial, pp. 59-91), Paulo Câmara, *Manual de Direito dos Valores Mobiliários*, 3ª ed., 2016, pp. 136-143, Carlos Osório de Castro, *Valores Mobiliários*, cit., 1998, em especial, pp. 139-200, A. Barreto Menezes Cordeiro, *Manual de Direito dos Valores Mobiliários*, 2016, pp. 158-157, Fátima Gomes, *Obrigações convertíveis em ações*, Universidade Católica Editora, Lisboa, 1999, em especial, pp. 63-141 (apesar de desatualizado quanto ao CVM), Florbela de Almeida Pires, *Direitos e Organização dos Obrigacionistas em Obrigações Internacionais (Obrigações Caravela e Eurobond)*, Lex, Lisboa, 2001, pp. 46-51, António Silva Dias, *Financiamento de Sociedades por Emissão de Obrigações*, Quid Juris, Lisboa, 2002 (em especial, pp. 27-85), e Pedro Pais de Vasconcelos, «As obrigações no financiamento da empresa», AA.VV., *Problemas do Direito das Sociedades*, Almedina, Coimbra, 2002, pp. 321-329.
O texto reproduz, com ligeiras alterações, o nosso *Direito das Sociedades Comerciais*, 6ª ed., 2016, nºs 18.3.8 (pp. 422-423) e 31.3 (pp. 912-913).

Classicamente – e sobretudo quando estes valores eram necessariamente documentados em papel –, dizia-se simplesmente que as obrigações eram *títulos* de dívida.

Um empréstimo obrigacionista é um financiamento, em regra de montante substancial, que a sociedade contrai junto de diversas entidades ou do público em geral, mediante o pagamento regular de uma retribuição que não tem de corresponder necessariamente a um rendimento preestabelecido – podendo ter uma componente de rendimento variável –, mas cujo critério de fixação pontual desse rendimento tem de se encontrar claramente definido, tal como os direitos que emergem do valor mobiliário. Trata-se ainda de valores mobiliários que garantem o reembolso do capital investido, isto é, o titular das obrigações, ao subscrevê-las ou ao comprá-las em mercado secundário, adquire a garantia de retorno do investimento efetuado, sendo essa garantia de reembolso um elemento caracterizador essencial destes valores mobiliários.

As obrigações são objeto de regulação no âmbito do Código das Sociedades Comerciais (cfr. arts. 348º a 372º-B do CSC e Decreto-Lei nº 160/87, de 3 de abril)[787] –, no qual se determinam os requisitos a que os empréstimos obrigacionistas devem obedecer e as modalidades que podem revestir – e no âmbito do Código dos Valores Mobiliários (cfr. arts. 1º, nº 1, *alínea b)*, e 39º e seguintes), onde se estabelece o regime dos valores mobiliários, de que constituem uma das principais espécies.

Hoje já não se pode falar da obrigação como um título de rendimento necessariamente fixo (como tradicionalmente se caracterizava, por contraposição às ações que eram considerados títulos de rendimento variável, pois nunca se sabia exatamente o rendimento que iriam proporcionar através dos dividendos que eram acordados aos acionistas), correspondendo-lhe com frequência um rendimento variável, embora as coordenadas ou critérios que permitem (e contribuem para) a determinação desse rendimento, estejam predeterminados (o que é essencial à consideração do conceito de obrigação)[788].

[787] Sobre os mesmos, vd. o comentário geral (pp. 875-891) e a anot. de ORLANDO VOGLER GUINÉ aos arts 360º a 372º-B (pp. 998-1108) e a anot. de NUNO BARBOSA aos arts. 348º a 359º (pp. 875-997), *in* AA.VV., *Código das Sociedades Comerciais em Comentário*, vol. V (Artigos 271º a 372º-B), 2ª ed., coord. por Coutinho de Abreu, Almedina, Coimbra, 2018.

[788] Entre as ações e as obrigações, encontramos outros instrumentos (de financiamento da sociedade), tais como os valores mobiliários híbridos – de que nos fala ORLANDO VOGLER

32. Meios de pagamento

32.1. Quadro

Para além do numerário (papel-moeda e moedas metálicas) e da moeda escritural, movimentada por cheques, existem diversos outros meios de pagamento, alguns a conseguir um espaço crescente no sistema de pagamentos e outros, ao invés, em claro abandono ou redução ou mesmo em vias de extinção. A essas variações de notoriedade e de utilização, dependentes da eficácia intrínseca do meio de pagamento, não serão certamente estranhos a maior ou menor celeridade e custo dos serviços associados, como sucede em relação ao cheque[789]. E, sendo esse custo variável de país para país, é natural que o peso relativo dos meios de pagamento nos diversos ordenamentos sofra também alterações que não se prendam unicamente com a respetiva eficácia.

Os meios de pagamento visam prover o preço dos bens, o qual se exprime invariavelmente em dinheiro (que é sinónimo de moeda), salvo se sobrevier uma crise económica que substitua a moeda pelo recurso a bens alternativos, como os metais preciosos.

O **dinheiro** é a expressão pecuniária do valor dos bens e serviços transacionáveis no mercado[790]. Trata-se de moeda circulante, composta

Guiné, no seu estudo sobre «O Financiamento de Sociedades por meio de Valores Mobiliários Híbridos (entre as acções e as obrigações)», AA.VV., *I Congresso Direito das Sociedades em Revista*, Almedina, Lisboa, 2010 (pp. 75-93) –, e posteriormente «*outros instrumentos financeiros elegíveis para fundos próprios* core tier 1» (art. 4º, nº 2, *alínea c)* da Lei nº 63-A/2008, de 24 de novembro, na red. da Lei nº 4/2012, de 11 de janeiro (cfr. art. 2º).

789 Há outros fatores que podem contribuir para a maior ou menor utilização de um meio de pagamento, como o da eventual relevância social que ao mesmo está associada. Assim, a utilização do cheque, nos Estados Unidos da América é sinónimo de *status* e crédito do cliente, tal como sucede em relação aos cartões de crédito mais sofisticados (de ouro e platina).
Sobre a evolução dos meios de pagamento e as suas diversas formas ao longo da história, vd. Mário Coutinho dos Santos, *O Dinheiro*, Fundação Francisco Manuel dos Santos, Lisboa, 2015, pp. 21-53.

790 O dinheiro desempenha, como instrumento de medida do valor dos outros bens, uma relevantíssima função de troca.
Cfr. a nossa dissertação de doutoramento, *Cheque e Convenção de Cheque*, 2009, p. 283, nota 645, e a citada monografia de Mário Coutinho dos Santos, *O Dinheiro*, 2015, em especial pp. 19 e 20.

consequentemente pelo numerário – formado pelas notas e moedas metálicas – e por cheques que são também, atendendo à função liberatória plena que os caracteriza, meios de pagamento.

Vamos em seguida caracterizar sucintamente os principais meios de pagamento – para além do numerário e do cheque –, sem preocupação de expor o respetivo regime jurídico ou desenvolver aspetos do mesmo. Naturalmente que, comuns a todos, se verificam diversos problemas jurídicos, alguns deles voluntária e intencionalmente criados – como a fraude e o desapossamento, incluindo a falsificação e a utilização abusiva – e outros são resultantes de lapsos de funcionamento do próprio sistema.

32.2. **Numerário**

As notas e as moedas metálicas constituem o numerário, como já antecipámos, e permitem efetuar o pagamento dos bens transacionáveis no mercado.

O numerário é, pois, sinónimo evidente e imediato de dinheiro. Trata-se do método de pagamento mais simples – por não envolver qualquer problema de cobrança – e, simultaneamente, o mais arriscado pelos problemas de segurança que suscita a sua guarda, conservação e transporte. A estas dificuldades seculares e que explicam o surgimento de novos meios (ou instrumentos) de pagamento, como o cheque, vieram na atualidade acrescentar-se todas as que são inerentes à determinação da proveniência e destino de numerário e à prevenção de branqueamento de capitais, que lhes está associada e que favorece claramente o uso de instrumentos de pagamento alternativos.

32.3. **Cheque**

Analisado o cheque na sua vertente de título de crédito (cfr., *supra*, nº 30.3), vamos agora abordá-lo numa diferente perspetiva, equacionando-o como um meio de pagamento.

Importa salientar, porém, que o cheque tem vindo a perder importância, sendo no presente um instrumento utilizado sobretudo pelas empresas.

32.3.1. *Enquadramento*

O cheque é um instrumento de pagamento com uma função liberatória total e equivalendo, dessa forma, ao dinheiro[791].

Ora, nos meios de pagamento em geral, a liberdade de forma, acolhida no artigo 219º do Código Civil e expoente da autonomia privada, deve constituir regra. Não obstante, na prática, predomina a formalização por escrito desses meios. Fundamentam-na a celeridade (algo paradoxalmente), que impõe a normalização dos instrumentos utilizados, e razões de certeza e segurança estreitamente ligadas ao conhecimento dos meios padronizados a que se deve (pode) recorrer para efetuar pagamentos.

Os cartões de crédito e as transferências manuais, primeiro, e os meios eletrónicos de pagamento, depois, vieram retirar ao cheque parte do seu protagonismo no mundo contemporâneo. O dinheiro de plástico deveria conduzir-nos à chamada ***cashless society*** ou sociedade sem numerário, aparentemente mais segura e cómoda[792]. No entanto, por diversas razões, tal ainda não sucedeu e, com o *arrefecimento* da "globalização" – como efeito da crise global –, poderá levar ainda algum tempo a acontecer.

[791] Recorrendo ao nosso estudo *Cheque e Convenção de Cheque*, cit., 2009 (pp. 283-286), diríamos que, «o cheque, mesmo que não seja dinheiro, é considerado como tal, equivalendo a numerário e desempenhando funções análogas às das notas e moedas» (p. 284). E acrescentávamos (*ob. cit., ibid.*), a título de exemplo, que o cheque é precisamente «assimilado ao dinheiro para efeitos do disposto no art. 9º, nº 1, *alínea h)* do Código das Sociedades Comerciais sobre elementos do contrato de sociedade, visto que as entradas em cheque não são descritas como tais, antes se aceitam como se de dinheiro se tratasse. E a dicotomia "dinheiro-outros bens" – cujo valor deve ser certificado por relatório de revisor oficial de contas –, relevante no momento de realização das entradas sociais, mantém-se ao longo deste Código (por exemplo, art. 25º, nº 1, 89º, 202º, n.os 2 e 3, 277º, nº 3) e é claramente assumida no art. 28º, nº 1, onde se estatui que as entradas em bens, e passamos a citar, "*diferentes de dinheiro devem ser objeto de um relatório elaborado por um revisor oficial de contas (...)*", o qual nunca é chamado a certificar, na prática da constituição das sociedades comerciais, o valor dos cheques (ou mesmo a existência de provisão correspondente ao respectivo montante)» (cfr. pp. 284-285).

[792] De que constitui exemplo o porta-moedas eletrónico, caído em desuso, complemento dos cartões de crédito e de débito utilizados em operações de maior valor. Sublinhe-se que na versão pura da *cashless society* não é apenas o cheque que é colocado em causa; o uso de notas e moedas é igualmente questionado.

32.3.2. *Conceito e significado do cheque como meio de pagamento*[793]

Vimos já (cfr., *supra*, nº 30.3.1), que o cheque é uma ordem dada a um banco para que, à custa de uma provisão (constituída por fundos disponíveis)[794] – previamente constituída –, proceda ao pagamento de uma certa importância em dinheiro ao seu emitente ou a terceiro (o beneficiário).

Considerando a função liberatória que apresenta, o cheque reveste a natureza de um **meio de pagamento** (uma forma de receber dinheiro por ordem do sacador)[795] que – à semelhança de outros (transferências e cartões[796]) – se destina a substituir o uso de notas e moedas metálicas (numerário) na execução de pagamentos (*v.g.*, preço na compra e venda) ou na satisfação de uma obrigação pecuniária (o que ocorre, por exemplo, nas situações de restituição de quantia mutuada, de enriquecimento sem causa ou de invalidação de negócio anterior)[797].

O cheque é meio de pagamento baseado no valor da confiança. O respetivo beneficiário ou portador recebe-o porque acredita que ele será pago. Para o efeito, é preciso que exista provisão suficiente, não tendo de ser confirmada a capacidade económica do sacado para proceder ao pagamento, atendendo à sua qualificação profissional.

[793] Sobre o quadro legal do cheque como meio de pagamento, vd. o nosso estudo sobre a «Relevância e significado do cheque e da convenção de cheque na atualidade: principais problemas», AA.VV., *I Congresso Direito Bancário* (coord. L. Miguel Pestana de Vasconcelos), Almedina, Coimbra, 2014 (pp. 145-175), pp. 149-151.

[794] O cheque, como instrumento de pagamento, pressupõe que o sacador disponha de meios financeiros com os quais concretize as suas ordens. Tais meios financeiros, que materialmente se traduzem em dinheiro, constituem a **provisão**. É à custa da provisão que o banco irá proceder ao pagamento dos cheques que – com referência à conta que a mesma sustenta – sejam sobre si sacados, encontrando-se legalmente obrigado a pagar todos os cheques regularmente sacados que lhe sejam oportunamente apresentados a pagamento, desde que as respetivas importâncias globais não ultrapassem o montante que ela representa.

[795] Referimo-nos ao cheque como *meio de pagamento*, apesar de não ignorarmos que o cheque, como tal, é *instrumento* e não simples meio de pagamento, já que, diversamente do numerário, não efetua o pagamento, mas permite transferir os meios que o realizam.

[796] Anteriormente também o *traveller* cheque ou cheque de viajante.

[797] É nesta especial característica do cheque – que reflete a sua função essencial – que o cheque se distingue dos demais títulos de crédito e justifica o regime jurídico específico que o anima e que se sobrepõe a qualquer negócio jurídico de carácter bilateral que o tome por referência ou pressuponha a sua utilização, como a convenção de cheque.

O cheque constitui um valor de crédito de natureza especial, porque é um **valor de crédito monetário**, de realização imediata, que se vai traduzir em dinheiro[798].

Mas o cheque não se limita a ser um puro meio de pagamento, porque, como veremos, assume outras funções, também relevantes. Com efeito, para além de meio de pagamento como documento circulatório utilizado em substituição da moeda, também pode ser utilizado com outras finalidades, designadamente para levantamento de fundos próprios, ou mesmo como instrumento de garantia do cumprimento de obrigações do respetivo sacador, desempenhando desse modo outras importantes funções económicas.

Assim sendo, o cheque configura-se como **instrumento de**:

- **pagamento**, ou seja, como documento circulatório utilizado em substituição da moeda;
- **levantamento de fundos**, isto é, meio de dispor – em condições previamente acordadas –, parcial ou totalmente, das importâncias depositadas ou creditadas na conta do sacador;
- **compensação**[799], permitindo liquidações recíprocas através de entidades específicas: as câmaras de compensação; e
- **garantia de uma obrigação** ou meio de obtenção de crédito[800].

[798] Daí que, como já vimos (*supra*, nº 30.3.4), o seu deficiente uso seja socialmente censurável e objeto de **tutela criminal**, tipificada no Decreto-Lei nº 454/91, de 28 de dezembro, que conheceu já diversas redações e que estabeleceu o Regime Jurídico-Penal do Cheque (sem provisão).
Recorde-se também que, como efeito da utilização incorreta do cheque, o banco deverá pôr termo à convenção (de cheque) celebrada com o seu cliente (vd., *supra*, nº 30.3.8).

[799] A **compensação** é o ato pelo qual o banco procede à troca de cheques que, tendo sido sacados sobre outros bancos, nele foram depositados com a finalidade de, por ele, virem a ser cobrados, num encontro de contas com instituições congéneres. O local onde se processa a compensação, hoje automática, designa-se "câmara de compensação" e nesta os bancos procedem a um encontro de contas com base nos valores que (neles) são depositados e que, até um certo montante, nem sequer chegam a ser apresentados à instituição sacada e objeto de troca, sendo imediatamente truncados. É nesse encontro interbancário de contas que os cheques desempenham uma função de compensação.

[800] Um cheque pode ser sacado para garantir antecipadamente o pagamento de um bem ou serviço, destinando-se a ser depositado ou rebatido (só) em caso de falta de pagamento oportuno desse bem ou serviço. O **cheque de garantia** é aquele que é emitido em favor de uma pessoa para assegurar o cumprimento de uma obrigação.

32.4. Transferência (eletrónica) de fundos[801]

32.4.1. *Finalidade e evolução*

As transferências de fundos entre instituições de crédito surgiram para permitir a deslocação de espécies monetárias sem que os clientes precisassem de proceder ao prévio levantamento do numerário, constituindo também, por isso, um instrumento seguro adequado a promover pagamentos avultados.

Tradicionalmente realizada por meios humanos e baseada em instruções documentadas (em papel), a transferência de fundos implicava a efetiva deslocação das espécies monetárias ou, pelo menos, a sua compensação entre instituições especializadas entre as quais deveria ocorrer. Ordenada manualmente, passaria a concretizar-se através de meios mecânicos.

Hoje, processa-se por meios eletrónicos, sem recurso à utilização de papel[802], permitindo que em espaços temporais extremamente reduzidos se realizem inúmeras operações.

32.4.2. *Conceito e enquadramento*

As transferências são atualmente reguladas no Direito português pelo Regime Jurídico dos Serviços de Pagamento e da Moeda Eletrónica,

[801] Sobre este instrumento, vd., para além das obras gerais de Direito Bancário citadas (sobretudo as mais recentes), Catarina Martins da Silva Gentil Anastácio, *A transferência bancária*, Almedina, Coimbra, 2004 (em especial pp. 27-30, 37-51, 93-94, 143-151, 165-168, 175-176, 179-184 e 413-417), Engrácia Antunes, *Direito dos Contratos Comerciais*, 2009, pp. 550-552, Francisco Mendes Correia, *Moeda Bancária e Cumprimento. O cumprimento das obrigações pecuniárias através de serviços de pagamento*, Almedina, Coimbra, 2017, pp. 695-714, Paulo Olavo Cunha, *Cheque e Convenção de Cheque*, 2009, pp. 292-302 e 392 (nota 857), e Januário da Costa Gomes, *Contratos Comerciais*, 2012, pp. 208-212.

[802] Não deixa de ser curioso que os primeiros autores que se pronunciaram sobre as transferências eletrónicas de fundos as tivessem definido precisamente por serem *paperless*. Assim, neste sentido, Dunfee *et al.* quando afirmam que «uma transferência eletrónica de fundos envolve a transferência de fundos de uma conta para outra, não através da utilização de um pedaço de papel, mas através de uma transferência eletrónica gerada pela introdução de dados apropriados numa máquina» (Thomas W. Dunfee / Frank F. Gibson / John D. Blackburn / Douglas Whitman / F. William McCarty / Bartley A. Brennan, *Modern Business Law*, 2ª ed., Random House, New York, 1984, p. 656).

aprovado pelo Decreto-Lei nº 317/2009, de 30 de outubro (sobre o acesso à atividade das instituições de pagamento e à prestação de serviços de pagamento)[803], e pelo Decreto-Lei nº 18/2007, de 22 de janeiro (na red. do DL 317/2009, de 30 de outubro)[804]. É nestes diplomas que se encontram hoje reguladas as transferências de fundos no espaço jurídico comunitário (cfr. arts. 4º, *alíneas c), iii), d), iii), f)*, e 75º a 84º, e 3º), que envolvam uma instituição situada em Portugal.

De entre as diversas transferências possíveis, incluindo a ordem de débito permanente (cfr. art. 4º, *alínea c), iii)*), assumiram especial relevo as transferências eletrónicas de fundos que constituem, na atualidade, o meio mais rápido de processar pagamentos à distância[805].

Uma **transferência eletrónica de fundos** consiste na movimentação de meios financeiros entre contas bancárias sem recurso a instruções escritas, baseada exclusivamente em ordem unicamente transmitida (e concretizada) através de meios eletrónicos, qualquer que seja a sua natureza – como por exemplo telefone, vídeo, terminais autónomos, computadores, fita magnética, ou outra –, por forma a debitar uma conta e, sequencial e correspondentemente, creditar a quantia debitada numa ou mais contas bancárias.

[803] Na redação do DL 157/2014, de 24 de outubro, e do DL 242/2012, de 7 de novembro, que transpôs a Diretiva 2007/64/CE do Parlamento Europeu e do Conselho, de 13 de novembro (relativa aos serviços de pagamento no mercado interno).
Sobre os serviços de pagamentos, vd. Mafalda Miranda Barbosa, «Serviços de pagamentos, repartição do risco e responsabilidade civil – algumas reflexões a propósito da nova diretiva dos serviços de pagamentos (DSP2)», *RDCom*, nº 3, 2017 (www.revistadedireito comercial.com, 2017-11-22), pp. 631-691, em especial pp. 649-674.

[804] Este diploma veio limitar os prazos de disponibilização de fundos relativos à movimentação de fundos, em Portugal (cfr. art. 2º, nº 2), no âmbito da mesma instituição ou de banco para banco, estabelecendo a «*data valor*» das transferências efetuadas em euros e «*o prazo para disponibilização de fundos ao beneficiário*». Este diploma define uma série de conceitos, caracterizando a transferência – que pode ser intrabancária ou interbancária, consoante ocorre no âmbito da mesma instituição ou se processa entre bancos (cfr. art. 3º, *alínea b)* e *c)*) – como «*a operação efetuada por iniciativa de um ordenante, operada através de uma instituição e destinada a colocar quantias em dinheiro à disposição de um beneficiário, podendo a mesma pessoa reunir as qualidades de ordenante e beneficiário*» (art. 3º, *alínea a)*), e no Aviso do BdP nº 3/2007, de 6 de fevereiro (cfr. art. 4º), publicado no dia 12 de fevereiro.

[805] Trata-se de uma categoria muito vasta que encontra a sua origem legal mais remota à escala planetária no *Electronic Fund Transfers Act* norte-americano (E.U.A., 1978), e que é designada habitualmente na terminologia anglo-americana por *EFT*, sigla que é formada pelas iniciais das palavras *Electronic Fund Transfer(s)*.

As exclusões estabelecidas no artigo 5º do Decreto-Lei nº 317/2009, de 30 de outubro – que afastam do âmbito da aplicação deste importante diploma os pagamentos feitos com base em papel ou noutro suporte físico –, permitem diferenciar a transferência de qualquer ato baseado num documento específico consistente em papel, nomeadamente num cheque, e desse modo contribuindo para distinguir os pagamentos através de instrumentos financeiros materializados e alicerçados em suporte físico, de papel, dos pagamentos ou das transferências (eletrónicas) de fundos.

32.4.3. ***Operações***

No quadro das transferências eletrónicas de fundos encontramos diferentes operações, com relevo crescente no mercado e na atual vivência social e económica. Entre elas, podemos enunciar as seguintes:

32.4.3.1. *O recurso a "caixas automáticas"*

A **caixa automática** (*ATM ou Automated Teller Machines*)[806], também conhecida por **ATM**, é uma máquina acionada informaticamente que permite aos clientes dos bancos, através de um cartão bancário, executar, direta e pessoalmente, sem restrições horárias, diversas operações bancárias *on-line*, como levantamento de dinheiro, depósito de valores, transferências, pagamentos de despesas correntes e periódicas, de variadíssimos serviços, de impostos e taxas, de coimas e até compras, pela

[806] Optamos por esta expressão por nos parecer ser a mais adequada na língua portuguesa, não obstante alguns autores preferirem a expressão "caixa automático", como é o caso de Luís Miguel Monteiro [«A operação de levantamento automático de numerário», *ROA*, ano 52, I, 1992 (pp. 123-168), p. 124, nota 2]. Compreendemos as razões subjacentes à escolha de diversos autores, baseadas na ideia de o "automático" se referir ao "caixa do banco", isto é, ao colaborador da instituição de crédito que recebia os depósitos e efetuava os pagamentos e que, até ao século XX, era necessariamente do sexo masculino. No entanto, *caixa* é um substantivo feminino e, portanto, deve ser adjetivada também no feminino. Acresce que se trata de uma "máquina" (substantivo também feminino), o que terá levado alguns autores a designá-la também "máquina automática de pagamento" ou "máquina automática de caixa".
A utilização destas máquinas concorria com o uso do cheque nos saques de montantes reduzidos e nos pagamentos efetuados em benefício de quem for titular de conta bancária, sendo hoje largamente dominante. Trata-se de um cartão bancário (de plástico, com banda magnética e *microchip*) que aciona um instrumento de pagamento.

imediata liquidação do serviço ou bem adquirido, como seja o caso dos títulos de transporte ou espetáculos, consulta de saldos e de movimentos, requisição de cheques e obtenção de crédito (dentro de um certo limite ou por utilização de cartão de crédito). As operações realizadas através de caixas automáticas designam-se por *retail banking* ou *self-service banking* e todas são bancárias ou financeiras, uma vez que implicam a movimentação de fundos através do sistema bancário, por transferência ou débito em conta, sendo operadas pelos consumidores na qualidade de clientes bancários, visto que pressupõem a abertura de conta à qual esteja indexado o cartão (ainda) necessário para a movimentar e acionar a ATM[807].

32.4.3.2. *Pagamento eletrónico*

O **pagamento eletrónico** de bens e serviços – incluindo pagamentos em geral, e compras em particular – permite ao consumidor (individual ou empresa) proceder a uma série de operações à distância, poupando o incómodo de se ter de deslocar ao local onde são habitualmente transacionados esses bens ou serviços.

[807] Como é do domínio geral, o **funcionamento das *ATM*** é extremamente simples. A caixa automática é ativada pelo cartão e pela digitação do PIN (abreviatura, constituída pelas iniciais, da expressão inglesa "*Personal Identification Number*") ou número de identificação pessoal, em Portugal composto por quatro dígitos, que deverá coincidir com um número codificado através de um algoritmo gravado na banda magnética do cartão ou no respetivo *micro-chip* (que, entretanto, substituiu a tarja magnética). Verificada essa coincidência pelo sistema, o utilizador poderá realizar a operação pretendida, desde uma simples consulta (de saldo ou movimentos bancários) ou mera requisição de cheques, passando por um levantamento de numerário ou efetuando uma transferência, eventualmente a título de pagamento de bens ou serviços. A máquina, reconhecendo o PIN procede à operação solicitada e disponibiliza um documento relativo à operação efetuada.
Estas máquinas, cuja sofisticação tem vindo a aumentar com o progresso tecnológico, foram antecedidas de máquinas unifuncionais, que se limitavam a permitir o levantamento de numerário – as chamadas *cash dispensers* (CD) ou *cash dispensing machines* –, frequentemente de contas sediadas num único banco, proprietário das máquinas ou ao qual elas estavam ligadas.
Para mais desenvolvimentos, cfr., na literatura nacional, José António Velozo, «"Electronic Banking"»: uma introdução ao EFTS», *SI*, t. XXXVI, 1987 (pp. 77-155), pp. 129-133, Luís Miguel Monteiro, «A operação de levantamento automático de numerário», cit., 1992 (pp. 123-168), pp. 123-126 e 140-158, e Maria Raquel Guimarães, *As transferências electrónicas de fundos e os cartões de débito. Alguns problemas jurídicos relacionados com as operações de levantamento de numerário e de pagamento por meios electrónicos*, Almedina, Coimbra, 1999, pp. 45-50 e 15-17.

O pagamento eletrónico processa-se através de caixas automáticas ou por telefone e computador [***homebanking*** (*Bankgeschäfte on-line* ou banco ao domicílio), *office banking* e *Internet banking*][808], meios que se distinguem dos pagamentos através de pontos de venda (POS) – a que nos referiremos em seguida (nº 31.4.3.3) –, que são efetuados eletronicamente, mas no local de consumo.

32.4.3.3. *Pagamento por POS*

Os pagamentos no local de consumo podem efetuar-se através de terminais de pontos de venda, conhecidos por POS (que são as iniciais da expressão *point of sale terminals*).

O sistema **POS** (ou *Point of sale*) apresenta uma grande afinidade com uma caixa automática em termos de funcionamento, realizando, com base na utilização do mesmo cartão bancário, uma transferência bancária, para pagamento de um bem ou serviço, por débito na conta bancária do consumidor e crédito na conta do comerciante ou prestador do serviço do correspondente valor. O utilizador confirma o valor a pagar e tal como na ATM, digita o seu PIN, promovendo desse modo a transferência da quantia que deve ser paga e que corresponde ao preço da aquisição que efetua[809].

[808] Para mais desenvolvimentos, cfr., na literatura nacional, José António Velozo, «"Electronic Banking"», cit., 1987 (pp. 77-155), pp. 137-155, Raquel Guimarães, *As transferências electrónicas* cit., 1999, pp. 41-45, «A repartição dos prejuízos decorrentes de operações fraudulentas de banca electrónica (*home banking*) – Ac. do TRG de 23.10.2012, Proc. 305/09», *CDP*, nº 41, 2013, pp. 45-69 (anot. pp. 57-69) – onde caracteriza as técnicas de *phishing* e *pharming* (p. 63) –, e o parecer de João Calvão da Silva, «Serviços de pagamento e responsabilidade civil», AA.VV., *Estudos em Homenagem a Rui Machete*, Almedina, Coimbra, 2015 (pp. 339-376), em especial pp 353-355.

[809] Sobre o nascimento e desenvolvimento deste sistema – que pressupõe uma relação, no mínimo triangular, envolvendo o cliente, o respetivo banco e o comerciante, e eventualmente o banco deste –, nos anos setenta do século XX, nos Estados Unidos da América, e as reações que o mesmo desencadeou, cfr. José António Velozo, «"Electronic Banking"», cit., 1987, pp. 94-95.

Para mais desenvolvimentos sobre o POS, cfr. Raquel Guimarães, *As transferências electrónicas* cit., 1999, pp. 50-54, Luís Miguel Monteiro, «A operação de levantamento automático de numerário», cit., 1992, pp. 136-137, e José António Velozo, *ult. ob. cit.*, pp. 133-135.

32.4.3.4. *Transferências (regulares) pré-autorizadas ou domiciliadas*

As **transferências** (regulares) **pré-autorizadas**, ou domiciliadas, são operações consideradas também com autonomia, relativamente às demais, por corresponderem a pagamentos periódicos regulares, por valores nem sempre previamente estabelecidos, a efetuar pelo banco, em benefício de terceiros, solicitados pelo seu cliente, correspondentes a autorizações de débito permanentes em favor de determinados contratantes – e não dependendo de uma instrução pontual e concreta que se esgota na realização de uma única transferência e que pode ocorrer através de uma ATM, de *home banking*, de ser efetuada com recurso a telecomunicações ou ordenada manualmente –, ou a créditos regulares relativos a receitas constantes antecipadamente previstas, como as resultantes do pagamento de salários.

No que se refere a débitos pré-autorizados, o cliente sabe que terá de efetuar o pagamento e conhece antecipadamente o respetivo montante, como sucede no pagamento de quotas, assinaturas (de jornais ou revistas) e rendas, ou desconhece esse valor, que varia com o consumo dos serviços inerentes, e cuja cobrança autoriza com antecedência, por ser também contratualmente devida (eletricidade, água, telefone, *v.g.*).

32.4.3.5. *Transferências por telecomunicações (*wire transfers*)*

As **transferências por telecomunicações** – que atualmente no mundo ocidental são, em geral, telemáticas – englobam as movimentações de fundos e a transmissão de informações entre bancos ou entre um banco e uma empresa, bem como regularizações efectuadas por bancos junto de câmaras de compensação. No contexto desta *Electronic Fund Transfer* desempenha papel de relevo o sistema *SWIFT* (*Society for Worldwide International Financial Telecommunications*), que é uma rede de telecomunicações que opera em tempo real (*real time*) – sem funções de compensação –, realizando operações de transmissões de informações interbancárias, transferências de fundos e abertura de créditos documentários, e que corresponde a uma sociedade que é composta por diversos bancos de muitos países[810].

[810] Armindo Saraiva Matias, *Direito Bancário*, Coimbra Editora, Coimbra, 1998, refere que a *SWIFT* «criou normas próprias de compensação, com vista a proceder às transferências

32.5. Cartões de pagamento[811]

32.5.1. *Enquadramento*

O recurso aos cartões como forma de pagamento de bens e serviços é um expediente muito anterior às transferências eletrónicas de fundos, embora a compensação e o pagamento das contas que lhes estão associadas se efetue hoje através de operações com essa natureza, por meio de débito automático, com base em instrução permanente, ou pelo pagamento feito por meio de ATM ou de terminal equivalente.

A doutrina é unânime em reconhecer terem sido os cartões emitidos por estabelecimentos comerciais no primeiro quartel do século XX – mormente hotéis e armazéns – os precursores dos atuais cartões de pagamento[812]. No entanto, tais meios de pagamento, necessariamente vinculados a determinado estabelecimento, consistiam em chapas metálicas e tinham uma utilização relativamente limitada, servindo fundamentalmente para registar a conta corrente dos clientes que tinham acesso aos mesmos.

Na sua forma atual, os cartões de pagamento – podem ter uma base digital, encontrando-se residentes num computador ou em qualquer outro dispositivo apropriado, tal como o telemóvel ou o *smartphone* –, mas na sua forma tradicional são de plástico[813], incorporando uma banda

bancárias, permanentemente, num sistema automático de gestão integrada por teletransmissão das transmissões» (p. 127).

Para mais desenvolvimentos, cfr., na literatura nacional, RAQUEL GUIMARÃES, *As transferências electrónicas* cit., 1999, pp. 31-35, e JOSÉ ANTÓNIO VELOZO, «"Electronic Banking"», cit., 1987 (pp. 77-155), pp. 121-128 [em especial, p. 121, no que se refere à designação original destas transferências (*wire* ou "telegráfica") e à atualização terminológica das mesmas].

Sobre outros sistemas ou redes interbancárias [incluindo o TARGET (*Trans-european Automated Real-time Gross-settlement Express Transfer*), ao qual apenas têm acesso direto os bancos centrais dos Estados membros da UE], cfr. CATARINA GENTIL ANASTÁCIO, *A transferência bancária*, cit., 2004, pp. 46-47.

[811] Seguimos de muito perto o nosso livro *Cheque e Convenção de Cheque*, 2009, pp. 312-317.

[812] Não se verifica consenso, contudo, no que respeita à origem dos cartões, e nomeadamente do cartão de crédito bilateral que era concedido por determinados estabelecimentos aos seus clientes para estes poderem efetuar compras nos mesmos, sem necessidade de as pagar de imediato. Com efeito, enquanto alguns reconduzem à Europa a origem do cartão de crédito, outros atribuem-na aos EUA.

[813] O primeiro cartão de plástico com funções de pagamento universais – isto é, vocacionado para efetuar o pagamento numa pluralidade de diferentes estabelecimentos – foi o do *Diners*

magnética no seu verso e, frequentemente, um *microchip*. No modelo mais recente, o cartão de pagamento incorpora tecnologia digital, que visa conceder-lhe segurança reforçada na sua utilização[814].

Relativamente às três grandes categorias a que, há muito se reconduzem os cartões de plástico, se tomarmos em consideração as funções básicas que desempenham, enquanto instrumentos de pagamento – cartões de crédito, de débito e multifunções –, justifica-se presentemente autonomizar os cartões pré-pagos, pela sua relevância nas transações económicas.

Club, em 1950, sob a forma de cartão de crédito, o qual seria seguido, alguns anos mais tarde (1958), no mercado norte-americano, pelo da *American Express* (que era a entidade emitente). Só na década de setenta, decorridas duas décadas, surgiriam os primeiros cartões de débito, introduzidos no mercado pelo *Bank Americard* (mais tarde *Visa*) e pelo *MasterCharge*, os quais, com a generalização das ATMs que acionavam – e através das quais permitiam aos respetivos titulares um acesso direto (*on-line*) aos fundos depositados –, registaram uma significativa adesão, facultando hoje aos seus detentores a generalidade das operações de banca eletrónica e representando, desse modo, um avanço significativo na realização das operações bancárias clássicas.

[814] A evolução e implementação dos cartões não se processou de modo uniforme nos diversos ordenamentos. Alguns cartões – como é o caso do **porta-moedas eletrónico**, que se destinava a substituir o uso das moedas metálicas em pagamentos de reduzido valor – não registaram o êxito esperado. Neste cartão – que constituiu em Portugal um caso de manifesto insucesso comercial (e deixou de ser emitido) – o armazenamento de uma determinada quantia era possível independentemente das disponibilidades da conta bancária, uma vez pré-carregado, em geral numa caixa automática, com uma quantia fixa (de montante mínimo relativamente reduzido). Tratava-se de um cartão com relativa autonomia usado para pagar consumos de reduzido valor (tais como portagens), sem PIN, assinatura ou autorização de qualquer espécie. Refira-se apenas que, como qualquer outro cartão pré-pago, o porta-moedas eletrónico, do ponto de vista jurídico, funcionava como um cartão de débito, com a diferença de que a quantia afeta ao cartão, ou nele carregada, era debitada ao respetivo titular antes de ser utilizada.

Na doutrina nacional, vd., por todos, Fernando Conceição Nunes, «O porta-moedas electrónico», *in* AA.VV., *Estudos de Direito Bancário*, FDUL / Coimbra Editora, Coimbra, 1999 (pp. 213-240), com uma análise exaustiva das normas especificamente aplicáveis ao porta-moedas eletrónico na ordem jurídica portuguesa (a Instrução 54/96, do Banco de Portugal – publ. no BNBP, nº 1, de 17 de junho de 1996, mas revogada, em 16 de maio de 2014 –, que designava o porta-moedas eletrónico por porta-moedas automático), pp. 216-238.

32.5.2. *Cartão de crédito*[815]

O cartão de crédito é o cartão de pagamento mais antigo – em que o emitente do cartão (de um cliente) é simultaneamente o garante do pagamento do comerciante –, tendo, na forma análoga à atual, enquanto cartão trilateral[816], surgido no início da segunda metade do século XX, sendo o *Diner's Club* a primeira instituição emitente desse tipo de cartões, destinados inicialmente a promover o pagamento de serviços de hotelaria e restauração[817].

[815] Cfr. Paulo Olavo Cunha, *Cheque e Convenção de Cheque*, cit., 2009, pp. 317-323, e bibliografia citada em especial na nota 724 (p. 317).
Sobre os cartões de crédito, e para além dos manuais gerais de Direito Bancário, cfr., na doutrina nacional, Adelino Lopes Aguiar, *O dinheiro de plástico. Cartões de crédito e de débito. Novos meios de pagamento*, Rei dos Livros, Lisboa, s/d (mas dep. legal de 1990), Raquel Guimarães, *As transferências electrónicas* cit., 1999, pp. 65-79, «O pagamento com cartão de crédito no comércio electrónico: evoluções legislativas recentes», sep. *RFDUP*, ano IX, 2012 (pp. 153-167), Carlos Frederico Gonçalves Pereira, «Cartões de crédito», *ROA*, ano 52, II, 1992 (pp. 355-416), em especial pp. 356-358, 372-390 e 400-403, Joana Vasconcelos, «Cartões de crédito», *RDES*, XXXIV, nº 4, 1992 (pp. 305-347), e XXXV, nºs 1-2-3-4, 1993 (pp.71-182), e «Sobre a repartição entre titular e emitente do risco de utilização abusiva do cartão de crédito no Direito português», AA.VV., *Estudos em Homenagem ao Prof. Doutor Inocêncio Galvão Telles*, vol. II – *Direito Bancário*, Almedina, Coimbra, 2002 (pp. 487-517) – com crítica sobre a posição da jurisprudência relativa às cláusulas de repartição do risco (pp. 511-517).
Perspetivando o contrato de utilização de cartão de crédito, enquanto contrato de crédito ao consumo, no quadro do Decreto-Lei nº 359/91, de 21 de setembro, e do Decreto-Lei nº 133/2009, de 2 de junho, Raquel Guimarães, *O Contrato-Quadro no Âmbito de Utilização de Meios de Pagamento Electrónicos*, Coimbra Editora, Coimbra, 2011, pp. 201-218.

[816] Cfr. Frederico Gonçalves Pereira, «Cartões de crédito», cit., 1992 (pp. 355-416), p. 361, Joana Vasconcelos, «Cartões de crédito», *RDES*, XXXIV, nº 4, 1992 (pp. 305-347), e XXXV, nºs 1-2-3-4, 1993 (pp.71-182), pp. 324-325.
Este cartão, atualmente trilateral e universal, surgiu com uma natureza bilateral, que se desenvolveu à margem do sistema bancário e que ligava um estabelecimento comercial aos respetivos clientes, procurando fidelizá-los pela venda dos respetivos bens a crédito, como aliás ainda sucede no presente, com os cartões do *El Corte Inglès*, da *Auchan* e da *Fnac*, por exemplo.
Sobre os cartões de crédito bilaterais, vd. Raquel Guimarães, *O Contrato-Quadro no Âmbito de Utilização de Meios de Pagamento Electrónicos*, cit., 2011, pp. 229-235.

[817] O *Diners Club* era, na sua forma inicial, um cartão de pagamento, cujo saldo deveria ser liquidado por inteiro pelo seu titular uma vez por mês, não correspondendo a um verdadeiro cartão de crédito, isto é, aquele cujo saldo – por efeito do *revolving* – pode ser liquidado em prestações, proporcionando ao seu titular verdadeiro crédito ao consumo.

O **cartão de crédito** pressupõe uma relação triangular entre o emitente e, ou, gestor, do cartão e do sistema, o cliente (titular do cartão) – a quem é atribuído o cartão a ser utilizado até um determinado *plafond* – e o comerciante ou prestador de serviços que aceita o pagamento do preço dos bens vendidos ou dos serviços prestados através desse instrumento, com o correspondente crédito a ser lançado na conta bancária do comerciante. Nesta figura geométrica, a base é ocupada pela(s) entidade(s) emitente[818] do cartão e aceitante do pagamento junto do comerciante, que é (são) sujeito(s) de dois negócios jurídicos distintos, que existem em estreita dependência e em função um do outro: os contratos de emissão e de associação à rede concluídos, respetivamente, com o titular do cartão e com o fornecedor de bens ou prestador de serviços.

No que se refere ao contrato de emissão ou de utilização do cartão, o mesmo celebra-se com base em cláusulas contratuais gerais, pré-elaboradas e predispostas pela entidade emitente que a contraparte (titular do cartão) se limita a aceitar. Em qualquer das suas vertentes, o contrato configura-se como um contrato de adesão[819] e, consequentemente, para além de se encontrar sujeito a regras específicas – constantes do Decreto-

[818] A entidade emitente dos cartões e gestora dos pagamentos e do sistema não coincidem normalmente, isto é, a situação mais comum é haver uma entidade emitente dos cartões, responsável pela respetiva criação e pelo crédito concedido, que não procede à gestão dos movimentos que o cartão implica. Tal situação corresponde ao que sucede em Portugal com a intervenção da UNICRE, a qual acumula as duas funções, como emitente e gestora dos cartões "Unibanco", mas o seu principal papel é o de gestora do sistema junto dos comerciantes. As entidades emitentes ou gestoras de cartões de crédito regem-se pelo DL 157/2014, de 24 de outubro, e pelo Aviso do BdP nº 11/2001, de 6 de novembro (publ. no DR, I Série B, nº 269, de 20 de novembro de 2001). Sobre os antecedentes desta regulamentação, cfr. JOANA VASCONCELOS, «O contrato de emissão de cartão de crédito», AA.VV., *Estudos dedicados ao Prof. Doutor Mário Júlio de Almeida Costa*, Universidade Católica Editora, Lisboa, 2002 (pp. 723-752), pp. 727-733.

[819] Nesse sentido cfr. o nº 4 do Aviso 11/2001, de 6 de novembro, do BdP (publ. em 20 de novembro de 2001).

Acentuando a unilateralidade da construção destes contratos, RAQUEL GUIMARÃES, «Algumas considerações sobre o Aviso nº 11/2001 do Banco de Portugal, de 20 de novembro, relativo aos cartões de crédito e de débito», *RFDUP*, ano I, 2004 (pp. 247-276), p. 249.

Também o contrato celebrado entre a entidade gestora e os comerciantes ou prestadores de serviços associados à rede é um contrato de adesão, estruturado com cláusulas contratuais gerais, embora possam variar as condições aplicáveis. Sobre as respetivas características e efeitos, cfr. JOANA VASCONCELOS, «Cartões de crédito», cit., 1992/1993, pp. 150-160.

-Lei nº 157/2014, de 24 de outubro (cujo art. 24º, *alínea c)* revogou o DL 166/95, de 15 de julho), e do Aviso do Banco de Portugal nº 11/2001, de 6 de novembro[820] –, a sua regulamentação consta da Lei das Cláusulas Contratuais Gerais[821], para cujo regime o diploma do Governo remete.

Este tipo contratual complexo[822] é independente dos contratos estabelecidos entre a entidade gestora do sistema e a diversidade de estabelecimentos comerciais (ou de estabelecimentos prestadores de serviços correspondentes a profissões autónomas), com vista à aceitação dos pagamentos através de cartões uniformemente emitidos dotados de uma banda magnética e de um *microchip*, responsabilizando-se por esses pagamentos, quando os cartões são devidamente utilizados[823], e obtendo como contrapartida da aquisição do risco associado à garantia de pagamento um valor fixo[824] ou uma percentagem calculada sobre o montante da transação, pago através do cartão.

Mas o cartão pode ser utilizado também para efetuar levantamentos de numerário a crédito (*cash advance*), nomeadamente em praças dife-

[820] Sobre o âmbito e alcance deste Aviso, publicado no DR, I Série B, nº 269, de 20 de novembro de 2001, e aplicável também aos cartões de débito, vd. RAQUEL GUIMARÃES, «Algumas considerações sobre o Aviso nº 11/2001 do Banco de Portugal» cit., 2004 – pronunciando-se, criticamente, sobre as alterações introduzidas nos regimes dos cartões de crédito e de débito (pp. 248-274) –, e JOANA VASCONCELOS, «Emissão de cartões de crédito», cit., 2002, pp. 169-170, notas 12 e 13.

[821] Aprovada pelo DL 446/85, de 25 de outubro (red. do DL 220/95, de 31 de agosto, e DL 249/99, de 7de julho). Cfr., em especial, arts. 20º a 23º.

[822] O facto de se tratar de facto de um complexo contratual leva alguns autores a referirem estarmos perante uma forma particular não típica de coligação (funcional) de contratos – caso de JOANA VASCONCELOS, «Cartões de crédito», cit., 1992/1993, pp. 133-137, manifestando reservas sobre a recondução do «mecanismo do cartão de crédito, sem mais, à figura da coligação de contratos tal como esta é comummente entendida», uma vez que os sujeitos nos diversos contratos não são os mesmos (nota 284, a pp. 135-136) – e outros, mais recentes, a falarem num verdadeiro "sistema de cartão de crédito". Neste sentido, cfr. AMELIA SÁNCHEZ GOMEZ, *El sistema de tarjeta de crédito*, Comares, Granada, 2006, pp. 1-2 (e nota 1), 13 e o próprio título da monografia.

[823] É natural que faça parte das obrigações do comerciante a comprovação da identidade do utilizador do cartão, ainda que isso nem sempre suceda.

[824] Trata-se de uma situação menos habitual, mas que pode surgir por conveniência do pagamento de determinados bens. É o que acontece, no nosso país, com o pagamento de combustíveis através de cartões de crédito, em que é debitada ao utilizador do cartão, para além do valor do abastecimento efetuado, um valor fixo, não sofrendo o revendedor custos diretos com a utilização do cartão.

rentes daquela em que foi emitido. Nessa circunstância, o seu titular suportará os juros inerentes ao adiantamento da quantia levantada – que acrescem à cobrança de taxas fixas percentuais predeterminadas –, num esquema em tudo idêntico aos demais pagamentos que faz com o cartão.

O cartão de crédito não implica uma relação contratual bancária entre o emitente e o respetivo titular – diversamente do que acontece com o cartão de débito, necessariamente associado a uma conta de depósito à ordem –, uma vez que pode ser emitido e usado à margem do sistema, embora em regra o respetivo pagamento (periódico) se processe por transferência bancária, por cartão de débito ou por cheque. Isto significa que o cartão pode ser totalmente alheio à relação entre um banco e o seu cliente, ainda que este recorra, normalmente[825], a uma conta para proceder com certa regularidade (normalmente mensal) – por meio de cheque, cartão de débito ou de transferência pré-autorizada – ao pagamento dos débitos relativos aos pagamentos feitos com o cartão, ou também referentes à utilização do crédito inerente ao cartão[826].

32.5.3. *Cartão de débito*[827]

O **cartão de débito**, que tem vindo a assumir crescentemente forma digital – como referimos –, é ainda, na sua modalidade mais comum, um cartão em plástico[828] que, incorporando tradicionalmente uma banda magnética no seu verso e, por razões de segurança, em muitos países, também obrigatoriamente um *microchip*, se encontra necessariamente associado a, pelo menos, uma conta bancária, permitindo ao seu titular proceder a levantamentos ou efetuar pagamentos, por transferência eletrónica, com base nessa conta, e implicando a sua utilização a movimentação do saldo disponível[829]. Este cartão pode funcionar com referência

[825] Teoricamente, nada obsta a que o pagamento seja feito em numerário.

[826] No entanto, a sua emissão e concessão terá de pressupor, pela natureza da relação de crédito, um contrato de abertura de crédito.

[827] Cfr. Paulo Olavo Cunha, *Cheque e Convenção de Cheque*, cit., 2009, pp. 323-325.

[828] Sobre a exata configuração e aspeto externo, cfr., por todos, Menezes Cordeiro, *Direito Bancário*, 6ª ed., 2016, p. 655.

[829] E não do saldo existente, porquanto o cartão de débito pode ter associado o crédito automático de um determinado montante que pode ser utilizado pelo respetivo titular para efetuar pagamentos mesmo quando não dispõe de saldo credor, contra o pagamento de uma taxa de juro aplicável sobre a quantia a descoberto. Neste caso, não se afigura correto consi-

a um determinado *plafond* diário ou a qualquer quantia, que deverá ser objeto de débito imediato na conta do respetivo titular, apresentando, por isso, um risco muito reduzido – fundamentalmente operacional e, em certos casos, de fraude – para a instituição de crédito emitente e na qual está domiciliada a conta, e pressupõe, necessariamente, uma utilização em rede (*on-line*) (cfr. nº 1º, *alínea b)* do Aviso nº 11/2001 do BdP, de 6 de novembro[830]), perfilando-se, assim, a conta bancária como um elemento essencial do contrato de cartão de débito[831], e variando negativamente o respetivo saldo, na medida da sua utilização.

O cartão de débito, cuja utilização pode reverter direta e unicamente em favor do respetivo titular, quando atuado como meio de levantamento de fundos, numa lógica de funcionamento estritamente bilateral, é usado muito frequentemente para promover transferências em favor de terceiros ou ordenar pagamentos de que estes sejam beneficiários diretos, designadamente através de terminais POS ou de ATM, quanto aos terceiros que reúnam essas condições.

Por sua vez, o cartão de crédito apresenta uma estrutura muito semelhante à do cartão de débito, acrescentando-se à relação contratual resultante da (abertura de) conta bancária a relação jurídica de concessão de crédito, que se estabelece entre o seu titular e adquirente de bens ou serviços e os terceiros que o admitem como meio de pagamento idóneo por acordo com a entidade bancária ou com a instituição gestora do sistema.

A particularidade deste cartão, cuja emissão – tal como a regulação das relações entre a entidade emitente e o respetivo titular – deve ser

derar que o titular do cartão não dispõe de provisão. Pelo contrário, ele dispõe de provisão que, para além das quantias previamente depositadas na conta, é constituída sobre o crédito que lhe é concedido pelo banco. A existência de saldo disponível equivale a reconhecer que o titular da conta e do cartão dispõe de provisão. Na falta desta, o cartão não logrará operar a movimentação de fundos.

[830] Nos termos deste Aviso (nº 1º, *alínea b)*), o BdP define o "**cartão de débito**" como «*qualquer instrumento de pagamento, para uso eletrónico, que possibilite ao seu detentor a utilização do saldo de uma conta de depósito junto da instituição de crédito que emite o cartão, nomeadamente para efeitos de levantamento de numerário, aquisição de bens ou serviços e pagamentos, quer através de máquinas automáticas quer em estabelecimentos comerciais*».

[831] Para além da função normal de movimentação de fundos, o cartão de débito pode realizar uma série de funções relativas à conta bancária à qual está associado, tal como a requisição de módulos de cheques que permitam a movimentação da referida conta ou o acesso ao saldo e aos movimentos da conta.

necessariamente objeto de um contrato escrito, reside na sua natureza, tendo de ser sua entidade emitente necessariamente uma instituição de crédito à qual o cartão se encontra associado.

Em Portugal, o cartão bancário de débito, quando utilizável nos terminais eletrónicos de pagamento ou levantamento de numerário geridos pela SIBS – que compreendem as inúmeras máquinas de levantamento automático (ATM) ou os POS –, é vulgarmente designado por cartão "Multibanco"[832], e a sua utilização nesses terminais permite realizar operações de transferência ou de levantamento de fundos (numerário), bem como de pagamento de bens e serviços, por débito imediato em conta na instituição financeira emitente do cartão e inerente crédito na conta do fornecedor dos bens ou prestador de serviços. A sua utilização pressupõe a prévia digitação de um PIN (ou número secreto de identificação) que comprove a legitimidade do seu manuseamento.

O cartão de débito é, tal como o cartão de crédito, um cartão de pagamento[833] e, atualmente, incorpora tecnologia digital, que visa conceder-lhe segurança reforçada na sua utilização.

32.5.4. *Cartão multifunções*

Para além destas duas grandes categorias a que se reconduzem os cartões de plástico, estruturadas com referência às funções básicas que desempenham, enquanto instrumentos de pagamento, ainda existem cartões (de pagamento) que congregam, em simultâneo, características

[832] A designação "Multibanco" generalizar-se-ia, acabando por identificar todos os elementos e equipamento utilizados (cfr. Luís Miguel Monteiro, «A operação de levantamento automático de numerário», cit., 1992, p. 139), incluindo os cartões de débito e as próprias ATM, com expoente na expressão vulgarizada de "vou ali ao Multibanco", para significar o recurso a uma caixa automática.
Ultimamente, e em especial desde 2017, assiste-se (em Portugal) a um número crescente de equipamentos designados por ATM, com funções análogas às máquinas Multibanco, mas com diferenças no que respeita a comissões inerentes aos levantamentos (de dinheiro) que tais equipamentos imputam a crédito quando efetuados com cartões multifunções. Trata-se de uma rede concorrente à rede da SIBS.

[833] O recurso aos cartões como forma de pagamento de bens e serviços é um expediente muito anterior às transferências eletrónicas de fundos, embora a compensação e o pagamento das contas que lhes estão associadas se realize hoje através de operações com essa natureza, por meio de débito automático, com base em instrução permanente, ou pelo pagamento feito por meio de ATM ou de terminal equivalente.

dos cartões de débito e de crédito: os **cartões multifunções**[834]. Estes cartões, configurando-se como cartões de crédito – mas não admitindo, originariamente que o respetivo titular optasse por fracionar o pagamento do crédito usado –, caso estejam associados a uma conta (bancária), podem ter funções de levantamento automático de dinheiro, de pagamentos e de transferências em geral, por débito nessa conta (como se fossem um cartão de débito)[835].

Assim, os cartões bancários surgem, hoje, com muita frequência com funções simultaneamente de débito e de crédito, permitindo levantamentos e transferências por débito automático da conta a que estão associados, com recurso ao PIN do respetivo titular, e funcionando, sempre que for a opção deste, como cartão de crédito em determinados pagamentos efetuados sem débito imediato. Nestas circunstâncias, ainda que o cartão constitua o suporte material para efetuar as duas operações, a verdade é que estão em causa dois contratos distintos e não apenas um único.

[834] Expressão que preferimos à de "cartões universais", designação também utilizada para caracterizar os cartões aptos a adquirir uma grande variedade de bens e serviços, sem limitações que se prendem com o respetivo género, como acontecia inicialmente com os cartões criados para pagamento de serviços de restauração ou de viagens.
Os cartões multifunções são também designados "polivalentes". Neste sentido, cfr. Luís Miguel Monteiro, «A operação de levantamento automático de numerário», cit., 1992, p. 134, para quem o importante é a qualificação da operação concreta (de crédito ou de débito) que o cartão realiza e não o próprio cartão.

[835] Nesta situação, correspondem aos cartões dourados e de platina emitidos pelas instituições de crédito em favor dos seus melhores clientes, em regra associados às redes *Visa* ou *Mastercard*. Enquadram-se também nesta categoria alguns cartões da *American Express* ou do *Diners' Club*.
Estes cartões, também designados cartões de despesa, não são considerados cartões de débito, por não terem efeito liberatório pleno, uma vez que este só se verifica quando o credor (fornecedor de um bem ou prestador de um serviço, "pago" pelo cartão) recebe o preço, que lhe é disponibilizado pela entidade emitente do cartão.
Quando os cartões estão associados a uma conta, movimentam-na necessariamente com PIN. No que respeita aos pagamentos que efetuam, os mesmos são transferidos para a entidade emitente que, no final de um determinado período, correspondendo em regra, a uma vez por mês, debita na conta do titular o saldo correspondente à utilização do cartão a crédito pela respetiva totalidade.
Sobre este tipo de cartões, vd. Raquel Guimarães, *As transferências electrónicas* cit., 1999, pp. 79-84.

32.5.5. *Cartão pré-pago*

Atualmente importa também mencionar os cartões pré-pagos, isto é, os cartões (de plástico) aos quais seja atribuído um determinado *plafond* (saldo) – em regra, porque o mesmo é satisfeito antecipadamente –, garantindo que o eventual desapossamento fica limitado ao montante disponibilizado. Estes cartões são naturalmente recarregáveis e pela segurança inerente à limitação do saldo são especialmente adequados a pessoas que têm uma capacidade de exercício limitada (como é o caso dos menores) e a operações de risco, designadamente na Internet. São emitidos por diversas entidades, designadamente instituições de crédito (CGD, Millennium BCP, Santander Totta) e emitentes de cartões de crédito (*Mastercard* e *Visa*).

32.6. **Meios de pagamento internacionais**[836]

32.6.1. *Enquadramento*

A concluir o estudo dos instrumentos que visam facilitar as transações comerciais, justifica-se, no mercado global em que nos enquadramos, fazer uma breve referência aos meios de pagamento internacionais, visto a sua utilização ser cada vez maior.

A questão que se coloca a este propósito tem a ver também com o *timing* ou oportunidade do pagamento a efetuar pelos bens e serviços transacionados à escala mundial e com a segurança que deve estar inerente ao processamento dos pagamentos. Nesta matéria, a prática, designadamente a de cariz financeiro, molda o Direito determinando a evolução dos instrumentos e o surgimento de novos modos de pagamento.

Os pagamentos internacionais são essencialmente de dois tipos e podem ocorrer por três diferentes modos e em momentos distintos:

a) os meios de pagamento diretos, processando-se os mais habituais[837] após a receção dos bens adquiridos contra fatura que os acompanha e os mais raros antes da entrega desses bens; e

[836] Sobre esta matéria, entre os autores mais recentes, vd. José Manuel Albuquerque Martins, *Comércio internacional. Transportes e Pagamentos. Operações Aduaneiras*, bnomics, 2015, pp. 191-207.

[837] Neste sentido apontava uma estimativa do FMI de 2011, reproduzida no livro de José M. Albuquerque Martins, *Comércio internacional*, cit., 2015, p. 200, a qual consideramos no texto.

b) os pagamentos com recurso a produtos bancários de natureza documentária.

32.6.2. *Pagamentos diretos*

Os meios de pagamento diretos – utilizados após a receção de mercadorias ou antes da respetiva expedição – são clássicos: desde o cheque, passando por uma letra sacada pelo exportador dos bens e de que o importador (e adquirente) é sacado e aceitante e acabando na transferência de fundos, ordenada após a receção ou antes da expedição.

O risco que estes meios de pagamento comportam para o vendedor e exportador – decorrente de o pagamento, por qualquer razão, não ser efetuado – é atenuado pela exigência frequente de que o pagamento ocorra contra a apresentação dos documentos relativos às mercadorias transacionadas; e, portanto, estas e a respetiva documentação são entregues com o dinheiro (ou o meio de pagamento) à vista.

Nos casos inversos, em que o importador faculta ao exportador o valor dos bens antes de serem expedidos, realizando o seu pagamento antecipado, os meios de pagamento são também diretos, mas o processamento do transporte e documentação das mercadorias não ocorre de forma idêntica ao do pagamento após a receção dos bens. Trata-se naturalmente do meio de pagamento mais arriscado para o importador, que pode nunca vir a receber os bens já pagos. E, por isso, é o menos vulgar, visto basear-se na confiança que o adquirente tem no vendedor dos bens ou na necessidade de vir a dispor deles, ainda que à custa do risco inerente à sua entrega.

32.6.3. *Pagamentos por meios documentários emitidos por bancos*

Grande parte dos pagamentos internacionais processa-se com recurso à intermediação bancária que permite o uso de meios sofisticados, de natureza documentária[838].

Neste caso estão em causa as cobranças documentárias e os créditos documentários – que podem assumir a forma de abertura de crédito documentário ou de carta de crédito.

[838] São os chamados produtos bancários *trade finance*. Vd. José M. Albuquerque Martins, *Comércio internacional*, cit., 2015, pp. 200-207, em especial p. 204.

O recurso a estes meios de pagamento permite um maior equilíbrio entre as partes que os utilizam, porque minimizam os riscos relativos à falta de entrega dos bens ou à falta do (seu) pagamento.

BIBLIOGRAFIA

Nacional

Direito Comercial (e das Sociedades), Bancário, Concorrência, Económico, Financeiro (Mercado de Capitais), da Insolvência e dos Seguros

I) Obras Gerais (Manuais, Lições, Tratados e Compilações)

AA.VV. – *Estudos de Direito das Sociedades*, 12ª ed. (coord. por Coutinho de Abreu), Almedina, Coimbra, 2015.

– *Nos 20 anos do Código das Sociedades Comerciais. Homenagem aos Profs. Doutores A. Ferrer Correia, Orlando de Carvalho e Vasco Lobo Xavier*, vol. I – *Congresso Empresas e Sociedades*, Coimbra Editora, Coimbra, 2007 (cit. AAVV, *Nos 20 anos do Código das Sociedades Comerciais*, vol. I, 2007).

– *Nos 20 anos do Código das Sociedades Comerciais. Homenagem aos Profs. Doutores A. Ferrer Correia, Orlando de Carvalho e Vasco Lobo Xavier*, vol. II – *Vária*, Coimbra Editora, Coimbra, 2007.

– *Nos 20 anos do Código das Sociedades Comerciais. Homenagem aos Profs. Doutores A. Ferrer Correia, Orlando de Carvalho e Vasco Lobo Xavier*, vol. III – *Vária*, Coimbra Editora, Coimbra, 2007.

– *Novas perspectivas do Direito Comercial*, Coimbra, Almedina, 1988.

Abreu, Jorge Manuel Coutinho de – *Curso de Direito Comercial*, vol. I (*Introdução, Atos de comércio, Comerciantes, Empresa, Sinais distintivos*), 11ª ed., Almedina, Coimbra, 2018.

Almeida, António Pereira de – *Direito Comercial*, 3º vol., *Títulos de Crédito* (Lições Policopiadas), AAFDL, Lisboa, 1988.

– *Sociedades Comerciais, Valores Mobiliários, Instrumentos Financeiros e Mercados*, vol. 1 – *As Sociedades Comerciais*, 7ª ed., Coimbra Editora, Coimbra, 2013.

– *Sociedades Comerciais, Valores Mobiliários, Instrumentos Financeiros e Mercados*, vol. 2 – *Valores Mobiliários, Instrumentos Financeiros e Mercados*, 7ª ed., Coimbra Editora, Coimbra, 2013 (cit. *Valores Mobiliários, Instrumentos Financeiros e Mercados*, 2013).

ANTUNES, JOSÉ AUGUSTO ENGRÁCIA – *Os Instrumentos Financeiros*, 3ª ed., Almedina, Coimbra, 2017.

– *Os Títulos de Crédito, Uma Introdução*, 2ª ed., Coimbra Editora, Coimbra, 2012.

– *Direito dos Contratos Comerciais*, Almedina, Coimbra, 2009.

– *Direito das Sociedades*, 7ª ed. autor, Porto, 2017.

ASCENSÃO, JOSÉ DE OLIVEIRA – *Direito Comercial*, vol. I – *Institutos Gerais*, Lições Policopiadas, Lisboa, 1998/99.

– *Direito Comercial*, vol. III – *Títulos de Crédito*, Lições Policopiadas, Lisboa, 1992.

ATHAYDE, AUGUSTO DE – *Curso de Direito Bancário*, vol. I, 2ª ed. (com a colab. de Augusto Albuquerque de Athayde e Duarte de Athayde), Coimbra Editora, Coimbra, 2009.

AZEVEDO, MARIA EDUARDA– *Direito da Regulação da Economia*, Quid Juris, Lisboa, 2017.

– *Temas de Direito da Economia*, 3ª ed., Almedina, Coimbra, 2018.

BRITO, MARIA HELENA – *Direito do Comércio Internacional*, Almedina, Coimbra, 2004.

CÂMARA, PAULO – *Manual de Direito dos Valores Mobiliários*, 3ª ed., Almedina, Coimbra, 2016.

CARVALHO, AMÉRICO DA SILVA – *Direito de Marcas*, Coimbra Editora, Coimbra, 2004.

CARVALHO, JORGE MORAIS – *Manual de Direito do Consumo*, 5ª ed., Almedina, Coimbra, 2018.

CASTRO, CARLOS OSÓRIO DE – *Valores mobiliários: conceito e espécies*, 2ª ed., UCP Editora, Porto, 1998.

COELHO, JOSÉ GABRIEL PINTO – *Lições de Direito Comercial*, vol. I – *Introdução. As relações jurídico-comerciais. Elementos da relação jurídico-comercial*, 3ª ed. (autor), 1957 (1ª ed. de 1946).

– *Lições de Direito Comercial*, vol. II – *As Letras*, 1ª parte, Fasc. I (*Conceito e regime jurídico*), ed. autor, 1955, Fasc. II (*Regime jurídico e saque*), 2ª ed. (autor), 1964, Fasc. III (*Do aceite*), 2ª ed. (autor), 1954, Fasc. IV (*Do endosso*), 2ª ed. (autor), 1955, Fasc. V (*Do aval*), 3ª ed. (autor), 1965, Fasc. VI – *Do vencimento. Do pagamento*, 2ª ed., 1961, Supl. – *Pagamento por intervenção. Direito de regresso. Protesto. Prescrição*, 2ª ed. (autor), 1962.

– *Lições de Direito Comercial*, vol. III – *Obrigações Mercantis*, Fasc. I (*Obrigações Mercantis em Geral. Obrigações Mercantis em Especial – Sociedades Comerciais*), ed. Carlos Ernesto Martins Souto, Lisboa, 1946, Fasc. II (*Sociedades Comerciais* – cont.), ed. autor, Lisboa, 1952.

CORDEIRO, A. BARRETO MENEZES – *Manual de Direito dos Valores Mobiliários*, Almedina, Coimbra, 2016.

CORDEIRO, ANTÓNIO MENEZES – *Direito Comercial*, 4ª ed. (com a colab. de A. Barreto Menezes Cordeiro), Almedina, Coimbra, 2016.

– *Direito Bancário*, 6ª ed. (com a colab. de A. Barreto Menezes Cordeiro), Almedina, Coimbra, 2016.

– *Direito dos Seguros*, 2ª ed., Almedina, Coimbra, 2016.

CORREIA, MIGUEL J. A. PUPO – *Direito Comercial. Direito da Empresa*, 14ª ed. (com a colab. de António José Tomás e Octávio Castelo Paulo), Ediforum, Lisboa, 2018.

CUNHA, CAROLINA – *Manual de Letras e Livranças*, Almedina, Coimbra, 2015.

CUNHA, PAULO OLAVO – *Direito das Sociedades Comerciais*, 6ª ed., Almedina, Coimbra, 2016.

– *Direito Empresarial para Economistas e Gestores*, 2ª ed., Almedina, Coimbra, 2016.

EPIFÂNIO, MARIA DO ROSÁRIO – *Manual de Direito da Insolvência*, 6ª ed., Almedina, Coimbra, 2014.

FERREIRA, AMADEU JOSÉ – *Direito dos Valores Mobiliários*, AAFDL, Lisboa, 1997.

FERREIRA, ANTÓNIO PEDRO A. – *Direito Bancário*, 2ª ed., Quid Juris, Lisboa, 2009.

FERREIRA, EDUARDO PAZ – *Direito da Economia*, AAFDL, 2001.

FURTADO, J. PINTO – *Títulos de Crédito. Letra. Livrança. Cheque*, 2ª ed., Almedina, Coimbra, 2015.

– *Curso de Direito das Sociedades*, 5ª ed., Almedina, Coimbra, 2004.

GOMES, FÁTIMA – *Direito Comercial. Noções Gerais e Regimes Complementares*, 2ª ed., Universidade Católica Editora, Lisboa, 2017.

GOMES, M. JANUÁRIO DA COSTA – *Contratos Comerciais*, Almedina, Coimbra, 2012.

GONÇALVES, LUÍS M. COUTO – *Manual de Direito Industrial*, 5ª ed., Almedina, Coimbra, 2015.

LEITÃO, ADELAIDE MENEZES – *Direito da Insolvência*, AAFDL, Lisboa, 2017

LEITÃO, LUÍS MANUEL TELES DE MENEZES – *Direito da Insolvência*, 8ª ed., Almedina, Coimbra, 2018.

LOPES, J. M. GAMEIRO – *Introdução ao Direito Bancário*, Vislis, Lisboa, 2000.

MARQUES, REMÉDIO, J.P. – *Direito Comercial*, Reproset, Coimbra, 1995.

MARTINEZ, PEDRO ROMANO – *Contratos Comerciais*, Principia, Lisboa, 2001.

MARTINS, ALEXANDRE DE SOVERAL – *Títulos de Crédito e Valores Mobiliários*, Parte I – *Títulos de Crédito*, vol. I, Almedina, Coimbra, 2008.

– *Títulos de Crédito e Valores Mobiliários*, Parte II – *Valores Mobiliários*, vol. I – *As Ações*, Almedina, Coimbra, 2018 (cit. *As Ações*, 2018).

– *Estudos de Direito da Insolvência*, Almedina, Coimbra, 2ª ed., 2018

MATIAS, ARMINDO SARAIVA – *Direito Bancário*, Coimbra Editora, Coimbra, 1998.

MONCADA, LUÍS S. CABRAL DE – *Direito Económico*, 7ª ed., Almedina, Coimbra, 2018.

MORAIS, LUÍS DOMINGOS SILVA – *Direito da Concorrência – Perspectivas do seu Ensino*, Almedina, Coimbra, 2009.

OLAVO, CARLOS – *Propriedade Industrial*, vol. I, 2ª ed., Almedina, Coimbra, 2005.

OLAVO, FERNANDO – *Direito Comercial*, vol. I, 2ª ed., Coimbra Editora, Coimbra, 1978.

– *Direito Comercial*, vol. II, 2ª Parte (Títulos de Crédito em Geral), 2ª ed., Coimbra Editora, Coimbra, 1978.

OLIVEIRA, ANA PERESTRELO DE – *Manual de Grupos de Sociedades*, Almedina, Coimbra, 2016.

PEREIRA, ALEXANDRE LIBÓRIO DIAS – *Direito Comercial das Empresas. Apontamentos Teórico-Práticos*, 2ª ed., Editorial Juruá, Lisboa, 2015.

PINHEIRO, LUÍS DE LIMA – *Direito Comercial Internacional*, Almedina, Coimbra, 2005.

PIRES, JOSÉ MARIA – *Direito Bancário*, 2º vol., *As operações bancárias*, Rei dos Livros, Lisboa, s/d (mas depósito legal dc 1995).

Pita, Manuel António – *Curso Elementar de Direito Comercial*, 4ª edição, Áreas Editora, Lisboa, 2018.

Ramirez, Paulo – *Direito Comercial*, Almedina, Coimbra, 2017.

Ramos, Maria Elisabete – *Direito Comercial e das Sociedades*, Almedina, Coimbra, 2018.
– vd. tb. AA.VV., *Manual de Introdução ao Direito*, 2ª ed., Almedina, Coimbra, 2017.

Santos, António Carlos / Maria Eduarda Gonçalves / Maria Manuel Leitão Marques – *Direito Económico*, 6ª ed., Almedina, Coimbra, 2011 (existe 7ª ed., publicada em maio de 2014, mas com escassíssima atualização).

Santos, Filipe Cassiano dos – *Direito Comercial Português*, vol. I, *Dos actos de comércio às empresas: o regime dos contratos e mecanismos comerciais no Direito Português*, Coimbra Editora, Coimbra, 2007.

Saraiva, Rute – *Direito dos Mercados Financeiros*, AAFDL, Lisboa, 2013.

Serra, Catarina – *Direito comercial. Noções fundamentais*, Coimbra Editora, Coimbra, 2009.
– *Lições de Direito da Insolvência*, Almedina, Coimbra, 2018.

Silva, João Calvão da – *Direito Bancário*, Almedina, Coimbra, 2001.
– *Banca, Bolsa e Seguros. Direito Europeu e Português*, Tomo I – *Parte Geral*, 5ª ed., Almedina, Coimbra, 2017.

Silva, Miguel Moura e – *Direito da Concorrência*, AAFDL Editora, Lisboa, 2018.

Silva, Pedro Sousa e – *Direito Industrial. Noções Fundamentais*, Coimbra Editora, Coimbra, 2011.

Tavares, José – *Sociedades e Empresas Comerciais*, Coimbra, 1924.

Vasconcelos, L. Miguel Pestana de – *Direito das Garantias*, 2ª ed., Almedina, Coimbra, 2013.
– *Direito Bancário*, Almedina, Coimbra, 2017.

Vasconcelos, Pedro Pais de – *Direito Comercial*, vol. I, Almedina, Coimbra, 2011.

II) Textos de Carácter Pedagógico

Correia, António Ferrer – *Lições de Direito Comercial* (Policopiadas), vol. I – Parte Geral, 1973.
– *Lições de Direito Comercial* (Policopiadas), vol. III – *Letra de Câmbio*, 1975.

Correia, Luís Brito – *Direito Comercial*, 1º vol. (texto policopiado), AAFDL, Lisboa, 1987/88.

Magalhães, Barbosa de – *Direito Comercial* (Lições coligidas por Adelino da Palma Carlos), J. Rodrigues & C.ª, Editores, Lisboa, 1924.

Mendes, Evaristo – *Sumários de Direito Comercial* (Policopiados), AAFDL, Lisboa, 1991/1992 (inc.).

Moreira, Guilherme – *Apontamentos de Direito Comercial* (coligidos por Alberto Menano), Tipografia França Amado, Coimbra, 1919.

Olavo, Carlos – *Lições de Direito Comercial* (Policopiadas e incompletas), Lisboa, 1981.

Sendin, Paulo – *Lições de Direito Comercial e de Direito da Economia* (Polic.), vols. I e II, Lisboa, 1979/1980.

– *Lições de Direito Comercial*, vol. I, *Parte Geral, Empresas e Empresários*, Centro de Publicações da UCP, 1995/96, publicadas em diversos volumes em vários anos letivos.

Xavier, Vasco Lobo – *Direito Comercial*, Sumários (Policopiados), Coimbra, 1977/78.

Vasconcelos, Pedro Pais de – *Direito Comercial. Títulos de Crédito*, Lisboa, 1989.

III) Comentários e Dicionários

AA.VV. – *Comentário ao Código Cooperativo* (coord. por Deolinda Meira e Elisabete Ramos), Almedina, Coimbra, 2018.

– *Código das Sociedades Comerciais em Comentário*, vol. I (Artigos 1º a 84º), coord. por Coutinho de Abreu, Almedina, Coimbra, 2010.

– *Código das Sociedades Comerciais em Comentário*, vol. III (Artigos 175º a 245º), coord. por Coutinho de Abreu, Almedina, Coimbra, 2011.

– *Código das Sociedades Comerciais em Comentário*, vol. IV (Artigos 246º a 270º-G), 2ª ed., coord. por Coutinho de Abreu, Almedina, Coimbra, 2017.

– *Código das Sociedades Comerciais em Comentário*, vol. V (Artigos 271º a 372º-B), 2ª ed., coord. por Coutinho de Abreu, Almedina, Coimbra, 2018.

– *Código das Sociedades Comerciais em Comentário*, vol. VI (Artigos 271º a 372º-B), coord. por Coutinho de Abreu, Almedina, Coimbra, 2012.

– *Jurisprudência Cooperativa Comentada*, coord. Deolinda Aparício Meira, INCM, Lisboa, 2012.

– *Lei da Arbitragem Voluntária Comentada*, coord. Mário Esteves de Oliveira, Almedina, Coimbra, 2014.

– *Lei da Concorrência Anotada. Lei nº 19/2012, de 8 de maio* (coord. por Carlos Botelho Moniz, com a participação tb de Joaquim Vieira Peres, Eduardo Maia Cadete, Gonçalo Machado Borges, Pedro de Gouveia e Melo, Inês Gouveia e Luís do Nascimento Ferreira), Almedina, Coimbra, 2016 (cit. AA.VV., *Lei da Concorrência Anotada / MLGTS*, 2016).

– *Lei da Concorrência – Comentário Conimbricense* (coord. por Manuel Lopes Porto, José Luís da Cruz Vilaça, Carolina Cunha, Miguel Gorjão-Henriques, Gonçalo Anastácio, e dir. por Miguel Gorjão-Henriques), Almedina, Coimbra, 2013 (cit. AA.VV., *Lei da Concorrência – Comentário Conimbricense*, 2013).

– *Lei do Contrato de Seguro Anotada* (por Pedro Romano Martinez/Leonor Cunha Torres/Arnaldo da Costa Oliveira/Maria Eduarda Ribeiro/José Pereira Morgado/José Vasques), 3ª ed., Almedina, Coimbra, 2016.

Anthero, Adriano – *Comentário ao Código Comercial Portuguez*, vol. I, Porto, 1913.

Barata, Carlos Lacerda – *Anotações ao novo regime do contrato de agência*, LEX, Lisboa, 1994.

Carvalho, Jorge Morais / João Pedro Pinto-Ferreira – *Contratos Celebrados à Distância e Fora do Estabelecimento Comercial. Anotação ao Decreto-Lei Nº 24/2014, de 14 de fevereiro*, Almedina, Coimbra, 2014.

Casanova, Nuno Salazar / David Sequeira Dinis – *O Processo Especial de Revitalização. Comentário aos artigos 17º-A a 17º-I do Código da Insolvência e da Recuperação de Empresas*, Coimbra Editora, Coimbra, 2014.

COSTA, ADALBERTO – *Estabelecimento Mercantil Individual de Responsabilidade Limitada*, Elcla Editora, Porto, 1995.
– *O novo regime jurídico da concorrência*, Vida Económica, Porto, 2014.
– *As práticas individuais restritivas do comércio*, Vida Económica, Porto, 2014.
DUARTE, INNOCENCIO DE SOUSA – *Diccionario de Direito Commercial*, Empreza Litteraria de Lisboa, 1880.
FERNANDES, LUÍS A. CARVALHO / JOÃO LABAREDA – *Código dos Processos Especiais de Recuperação da Empresa e de Falência Anotado*, 3ª ed., Quid Juris? Sociedade Editora, Lisboa, 1999.
– *Código da Insolvência e da Recuperação de Empresas Anotado*, 2ª ed., Quid Juris? Sociedade Editora, Lisboa, 2008.
– *Código da Insolvência e da Recuperação de Empresas Anotado*, 3ª ed., Quid Juris? Sociedade Editora, Lisboa, 2015.
FURTADO, J. PINTO – *Disposições Gerais do Código Comercial*, Almedina, Coimbra, 1984.
GONÇALVES, LUIZ DA CUNHA – *Comentário ao Código Comercial Português*, vol. I, Ed. José Bastos, Lisboa, 1914.
GORJÃO-HENRIQUES, MIGUEL – *Lei das Práticas Restritivas do Comércio: Comentário* (com a colaboração de José Lobo Moutinho), Almedina, Coimbra, 2014.
GUINÉ, ORLANDO VOGLER – «Comentários preliminares ao Regime Jurídico da Conversão de Créditos em Capital», *RDS*, Ano X, Nº 2, 2018, pp. 289-317.
LOPES, DULCE / AFONSO PATRÃO – *Lei da Mediação Comentada*, Almedina, Coimbra, 2014.
MARTINS, LUÍS M. – *Processo de insolvência*, 3ª ed., Almedina, Coimbra, 2013.
MONTEIRO, ANTÓNIO PINTO – *Contrato de agência. Anotação ao Decreto-Lei nº 178/86*, 8ª ed., Almedina, Coimbra, 2017.
NETO, ABÍLIO – *Código Comercial e Contratos Comerciais Anotado*, Ediforum, Lisboa, 2008.
PEREIRA, MIGUEL MENDES – *Lei da Concorrência Anotada*, Coimbra Editora, Coimbra, 2009.

IV) Monografias, Estudos e Anotações

AA.VV. – *Appendice ao Código Commercial Portuguez* (approvado pela Carta de Lei de 28 de Junho de 1888), 3ª ed., Imprensa da Universidade, Coimbra, 1906.
– *O Comércio Electrónico. Estudos Jurídico-Económicos*, coord. por Glória Teixeira, Almedina, Coimbra, 2002.
– *Novo Direito da Insolvência*, *Themis – RFDUNL* (Edição Especial), 2005.
– *Ciclo de Conferências sobre a Lei da Insolvência*, publicado na revista *DJ*, vol. XIX, T. II, 2005, pp. 159-302.
– *Regulação em Portugal: Novos Tempos, novo modelo?*, coord. de Eduardo Paz Ferreira, Luís Silva Morais e Gonçalo Anastácio, Almedina, Coimbra, 2009.
ABREU, JORGE COUTINHO DE – *Da empresarialidade (As empresas no Direito)*, Almedina, Coimbra, 1996.

– «Recuperação de empresas em Processo de Insolvência», AAVV, *Ars Ivdicandi – Estudos em Homenagem ao Prof. Doutor António Castanheira Neves*, vol. II: Direito Privado, org. por Jorge de Figueiredo Dias, José Joaquim Gomes Canotilho e José de Faria Costa, Coimbra Editora, 2008, pp. 9-29.

– «As Novíssimas Empresas Públicas (Segundo o DL 133/2013)», AA.VV., *Homenagem ao Prof. Doutor António José de Avelãs Nunes* (org. por Luís Pedro Cunha, José Manuel Quelhas e Teresa Almeida), *Boletim de Ciências Económicas da Faculdade de Direito da Universidade de Coimbra*, vol. LVII, t. I, Coimbra, 2014, pp. 45-67.

Afonso, Ana Isabel da Costa – *Os contratos de instalação de lojistas em Centros Comerciais. Qualificação e regime jurídico*, Publicações Universidade Católica, Porto, 2003.

– «Contrato de utilização de loja em centro comercial», *DJ*, vol. XIX, T. II, 2005 (pp. 49-68).

– «A empresa e o estabelecimento comercial», AA.VV., *Questões de Direito Comercial no Brasil e em Portugal*, coord. de Fábio Ulhoa Coelho e Maria de Fátima Ribeiro, Saraiva, São Paulo, 2014, pp. 67-103.

Aguiar, Adelino Lopes – *O dinheiro de plástico. Cartões de crédito e de débito. Novos meios de pagamento*, Rei dos Livros, Lisboa, s/d (mas dep. legal de 1990).

Albuquerque, Pedro de – «Declaração da situação de insolvência», *O Direito*, ano 137, vol. III, 2005, pp. 507-525.

Almeida, Alberto Ribeiro de – *A Autonomia Jurídica da Denominação de Origem. Uma perspectiva transnacional. Uma garantia de qualidade*, Wolters Kluwer / Coimbra Editora, Coimbra, 2010.

– «Logótipos (ou das imperfeições de um legislador)», *RDI*, nº 2, 2017, pp. 37-59.

Almeida, António Pereira de – «Instrumentos financeiros: os *swaps*», AA.VV., *Estudos em Homenagem ao Professor Doutor Carlos Ferreira de* Almeida, vol. II (coord. José Lebre de Freitas, Rui Pinto Duarte, Assunção Cristas, Vítor Pereira das Neves e Maria Tavares de Almeida), Almedina, Coimbra, 2011, pp. 37-69.

– «Efeitos do processo de insolvência nas ações declarativas», *RDCom*, nº 1, 2017 (www.revistadedireitocomercial.com, 2017-05-17), pp. 141-166.

Almeida, Carlos Ferreira de – *Desmaterialização dos títulos de crédito: valores mobiliários escriturais*, sep. da *RB*, nº 26 (pp. 23-39), 1993.

– «Contratos de Publicidade», *Scientia Ivridica*, T. XLIII, nºs 250/252, 1994, 281-301.

– «Contratos de troca para a transmissão de direitos», AA.VV., *Prof. Doutor Inocêncio Galvão Telles: 90 anos. Homenagem da Faculdade de Direito de Lisboa*, Almedina, Coimbra, 2007, pp. 198-233.

– «Valores mobiliários: o papel e o computador», AA.VV., *Nos 20 anos do Código das Sociedades Comerciais. Homenagem aos Profs. Doutores A. Ferrer Correia, Orlando de Carvalho e Vasco Lobo Xavier*, vol. I – *Congresso Empresas e Sociedades*, Coimbra Editora, 2007, pp. 621-629.

– «O contrato de conta corrente e a conta corrente bancária», AA.VV., *Estudos em Homenagem ao Prof. Doutor José Lebre de Freitas*, vol. II, Coimbra Editora, Coimbra, 2013, pp. 25-43.

– «O futuro do Direito do Consumo», AA.VV., *I Congresso de Direito do Consumo*, Almedina, Coimbra, 2016, pp. 27-34.

ALVES, HUGO RAMOS – *Do Mandato de Crédito*, Almedina, Coimbra, 2007.

ALVES, PAULA RIBEIRO – *Estudos de Direito dos Seguros. Intermediação de Seguros e Seguro de Grupo*, Almedina, Coimbra, 2007.

– *Contrato de Seguro à Distância: o contrato electrónico*, Almedina, Coimbra, 2009.

AMADO, JOÃO LEAL – «Microempresa e Direito do Trabalho: o dilema dimensional», AA.VV., *Nos 20 anos do Código das Sociedades Comerciais. Homenagem aos Profs. Doutores A. Ferrer Correia, Orlando de Carvalho e Vasco Lobo Xavier*, vol. I – *Congresso Empresas e Sociedades*, Coimbra Editora, 2007, pp. 399-414.

AMORIM, ANA CLARA AZEVEDO DE – *Manual de Direito da Publicidade*, Petrony, Lisboa, 2018.

ANASTÁCIO, CATARINA MARTINS DA SILVA GENTIL – *A transferência bancária*, Almedina, Coimbra, 2004.

ANASTÁCIO, GONÇALO – «Regulação da Energia», AA.VV., *Regulação em Portugal: Novos Tempos, Novo Modelo?*, Almedina, Coimbra, 2009, pp. 301-391.

ANTUNES, JOSÉ A. ENGRÁCIA – «O estabelecimento individual de responsabilidade limitada: crónica de uma morte anunciada», *RFDP*, ano III, 2006, pp. 401-442.

– *Contratos Comerciais. Noções Fundamentais*, Direito e Justiça, volume especial, 2007.

– «Os valores mobiliários: conceito, espécies e regime jurídico», sep. da *RFDUP*, ano V, 2008, pp. 87-142.

– «O regime jurídico dos actos de comércio», *Themis*, ano IX, nº 17, 2009, pp. 19-60.

– «O contrato de seguro na LCS de 2008», *ROA*, Ano 69, t. III-IV, 2009, pp. 815-858.

– «Os contratos de cooperação empresarial», *SI*, t. LVIII, nº 318, 2009, pp. 249-279.

– «Os contratos de distribuição comercial», *RCEJ*, nº 16, 2010, pp. 9-38 (existe sep.).

– «O estatuto jurídico de comerciante», *Colecção Estudos Instituto do Conhecimento AB*, Nº 4 – Estudos comemorativos dos 20 anos da Abreu Advogados, Almedina/Abreu Advogados, Coimbra, 2015, pp. 413-442.

– «O Direito da Publicidade. Breve introdução», sep. do *BFD*, vol. XCIII, T. II, Coimbra, 2017, pp. 771-848.

– «O Registo Comercial», *ROA*, ano 77, vols. I/II, 2017, pp. 303-368.

– *Direito da Contabilidade. Uma introdução*, Almedina, Coimbra, 2018.

ANTUNES, JOSÉ MANUEL OLIVEIRA / JOSÉ ANTÓNIO COSTA MANSO – *Relações internacionais e transferência de tecnologia. O contrato de licença*, Almedina, Coimbra, 1993.

ASCENSÃO, JOSÉ DE OLIVEIRA – «Estabelecimento Comercial e Estabelecimento Individual de Responsabilidade Limitada», AA.VV., *Novas Perspectivas do Direito Comercial*, Almedina, Coimbra, 1988.

– «Valor mobiliário e título de crédito», AA.VV., *Direito dos Valores Mobiliários*, Lex, Lisboa, 1997, pp. 27-54.

– *Concorrência Desleal*, Almedina, Coimbra, 2002.

– «Direito Autoral e Direito do Consumidor», AA.VV., *I Congresso de Direito do Consumo*, coord. Jorge Morais de Carvalho, Almedina, Coimbra, 2016, pp. 35-38.

BAIRRADAS, GRUMECINDO DINIS – *O cheque sem provisão* (Regime Jurídico Civil e Penal), Almedina, Coimbra, 2003.

BARATA, CARLOS LACERDA – *Sobre o contrato de agência*, Almedina, Coimbra, 1991.

– «Contrato de Depósito Bancário», AA.VV., *Estudos em Homenagem ao Prof. Doutor Inocêncio Galvão Telles*, vol. II – Direito Bancário, Almedina, Coimbra, **2002** (pp. 7-66).

– «Contratos celebrados fora do estabelecimento comercial», *RDC*, ano I, Nº 4, 2016, pp. 861-916.

BARBOSA, MAFALDA MIRANDA – «Serviços de pagamentos, repartição do risco e responsabilidade civil – algumas reflexões a propósito da nova diretiva dos serviços de pagamentos (DSP2)», *RDCom*, nº 3, 2017 (www.revistadedireitocomercial.com, 2017-11-22), pp. 631-691.

BASTOS, MIGUEL BRITO – *O Mútuo Bancário. Ensaio sobre a estrutura sinalagmática do contrato de mútuo*, Coimbra Editora, Coimbra, 2015.

BASTOS, NUNO MANUEL CASTELLO-BRANCO BASTOS – *Direito dos Transportes*, IDET / / Cadernos / Nº 2, Almedina, Coimbra, 2004.

BRANCO, LUÍS – «Conta corrente bancária. Da sua estrutura, natureza e regime jurídico», *RB*, nº 39, 1996, pp. 35-85.

BRITO, MARIA HELENA – *O contrato de concessão comercial*, Almedina, Coimbra, 1990.

CABO, SÉRGIO GONÇALVES DO – «Regulação e Concorrência no Sector das Comunicações Electrónicas», AA.VV., *Regulação em Portugal* cit., 2009, pp. 207-277.

CABRAL, RITA AMARAL – «A teoria da aparência e a relação jurídica cambiária», *ROA*, ano 44, vol. III, 1984, pp. 627-654.

CALHEIROS, MARIA CLARA – *O contrato de Swap*, Coimbra Editora, Coimbra, 2000.

CAMANHO, PAULA PONCES – *Do contrato de depósito bancário*, Almedina, Coimbra, 1998.

CÂMARA, PAULO – «Regulação e Valores Mobiliários», AA.VV., *Regulação em Portugal* cit., 2009, pp. 127-186.

CAMPOS, DIOGO LEITE DE – *A Locação Financeira*, AAFDL, Lisboa, 2012.

CARLOS, ADELINO DA PALMA – «Pode o banqueiro recusar, dentro do prazo de apresentação, o pagamento de cheque revogado pelo sacador?», *ROA*, ano 6º (nos 1 e 2), 1946, pp. 439-452.

CARVALHO, MARIA MIGUEL ROCHA MORAIS DE – *Merchandising de Marcas (A comercialização do valor sugestivo das marcas)*, Almedina, Coimbra, 2003.

– «Os direitos privativos industriais», AA.VV., *Questões de Direito Comercial no Brasil e em Portugal* (coord. Fábio Ulhoa Coelho e Maria de Fátima Ribeiro), Saraiva, São Paulo, 2014, pp. 137-170.

– «Ser ou não ser marca de prestígio – Eis a questão (Anot. ao Acórdão do Tribunal da Relação de Lisboa de 29.4.2014, Apelação 584/06)», *CDP* nº 47, 2014, pp. 56-65 (em especial pp. 59-65).

– «O novo regime jurídico da marca da união europeia», *RDI*, nº 1, 2017, pp. 149-173.

– «A nova Diretiva europeia sobre marcas e a sua transposição para a ordem jurídica portuguesa», *RDI*, nº 2, 2017, pp. 89-122.

CARVALHO, ORLANDO DE – *Critério e estrutura do estabelecimento comercial*, Atlântida Editora, Coimbra, 1967.

CASTELO, HIGINA ORVALHO – *O contrato de mediação*, Almedina, Coimbra, 2014.

CHORÃO, LUÍS BIGOTTE – *A comercialística portuguesa e o ensino universitário do Direito Comercial no século XIX*, Cosmos, Lisboa, 1998.

COELHO, JOSÉ GABRIEL PINTO – «Teoria Jurídica da Letra», *BFDUC*, ano IV, 1917-18, pp. 481-491).

– *Operações de Banco*, 2ª ed., Petrony, Lisboa, 1962.

CORDEIRO, A. BARRETO MENEZES – «Valor mobiliário: evolução e conceito», *RDS*, Ano VIII, Nº 2, 2016, pp. 309-342.

CORDEIRO, ANTÓNIO MENEZES – *Das cartas de conforto no Direito Bancário*, Lex, Lisboa, 1993.

– «O "contrato bancário geral", AA.VV., *Estudos de Direito Bancário*, FDUL / Coimbra Editora, 1999, pp. 11-19.

– «Contrato de seguro e seguro de crédito», AA.VV., *Direito dos Seguros*, II Congresso Nacional de Direito dos Seguros, coordenado por António Moreira e Costa Martins, Almedina, Coimbra, 2001, pp. 27-53.

– «Escrituração comercial, prestação de contas e disponibilidade do ágio nas sociedades anónimas», AA.VV., *Estudos em Homenagem a Professor Doutor Inocêncio Galvão Teles*, vol. IV, Almedina, Coimbra, 2003, pp. 573-598.

– *Da Compensação no Direito Civil e no Direito Bancário*, Almedina, Coimbra, 2003.

– «Introdução ao Direito da insolvência», *O Direito*, ano 137, III, 2005, pp. 466-506.

– «Do contrato de mediação», *O Direito*, ano 139º, III, 2007, pp. 517-554.

– *Introdução ao Direito da Prestação de Contas*, Almedina, Coimbra, 2008.

– «O contrato de agência e a boa-fé», *RDC*, ano I, Nº 4, 2016, pp. 795-805.

– «A *Lei das Sociedades Anonymas* de 22 de junho de 1867: século e meio de progresso», *ROA*, ano 77, vols. I/II, 2017, pp. 11-28.

CORREIA, ANTÓNIO FERRER – «Reivindicação do estabelecimento comercial como unidade jurídica», *in Estudos Jurídicos II – Direito Civil e Comercial. Direito Criminal*, Atlântida, Coimbra, 1969, pp. 255-276.

—/ ANTÓNIO CAEIRO – «Recusa do pagamento do cheque pelo Banco sacado; responsabilidade do Banco face ao portador», *RDE*, vol. IV, t.2, 1978, p. 447-473.

—/ ALMENO DE SÁ – «Emissão de cheque, cessão de créditos e compensação», *RDE*, ano XV, 1989, pp. 259-325 (Foi também publicado na *CJ*, ano XV, 1990, t.1, pp. 39-56, sob o título «Cessão de créditos. Emissão de cheque. Compensação», parecer proferido pelos mesmos autores e que terá dado origem à anotação publicada na *RDE*).

CORREIA, CARLOS PINTO – «As relações entre a Autoridade da Concorrência e os Reguladores Sectoriais», AA.VV., *Regulação em Portugal: Novos Tempos, Novo Modelo?*, coord. de Eduardo Paz Ferreira, Luís Silva Morais e Gonçalo Anastácio, Almedina, Coimbra, 2009, pp. 721-736.

CORREIA, FRANCISCO MENDES – *Moeda Bancária e Cumprimento. O cumprimento das obrigações pecuniárias através de serviços de pagamento*, Almedina, Coimbra, 2017.

COSTA, MÁRIO JÚLIO DE ALMEIDA – *Síntese do regime jurídico vigente das cláusulas contratuais gerais*, 2ª ed., Universidade Católica Editora, Lisboa, 2000.

COSTA, RICARDO – «O Novo Regime do Arrendamento Urbano e os negócios sobre a empresa», AA.VV., *Nos 20 anos do Código das Sociedades Comerciais. Homenagem aos Profs. Doutores A. Ferrer Correia, Orlando de Carvalho e Vasco Lobo Xavier*, vol. I – *Congresso Empresas e Sociedades*, Coimbra Editora, 2007, pp. 479-523.

– «O direito comercial português: direito misto, autónomo e basicamente empresarial», AA.VV., *Para Jorge Leite. Escritos Jurídicos*, vol. II, Coimbra Editora, Coimbra, 2014, pp. 121-146 (atual. do texto publ. tb *in* AA.VV., *Questões de Direito Comercial no Brasil e em Portugal*, coord. de Fábio Ulhoa Coelho e Maria de Fátima Ribeiro, Saraiva, São Paulo, 2014, pp. 9-33, de que existe sep.).

COSTA, SALVADOR DA – *Concurso de Credores*, 5ª ed., Almedina, Coimbra, 2015.

CRISTAS, ASSUNÇÃO – «Concorrência desleal e protecção do consumidor: a propósito da Directiva 2005/29/CE», AA.VV., *Prof. Doutor Inocêncio Galvão Telles: 90 anos. Homenagem da Faculdade de Direito de Lisboa*, Almedina, Coimbra, 2007 (pp. 141-162).

CRUZ, RITA BARBOSA DA – «A publicidade – em especial os contratos de publicidade», AA.VV., *Estudos dedicados ao Prof. Doutor Mário Júlio de Almeida Costa* (coord. por Júlio Gomes), UCP, Lisboa, 2002, pp. 1299-1391.

CUNHA, CAROLINA – *Controlo das Concentrações de Empresas (Direito Comunitário e Direito português)*, Almedina, Coimbra, 2005.

CUNHA, PAULO OLAVO – «O cheque enquanto título de crédito: evolução e perspectivas», AAVV, *Estudos de Direito Bancário*, Coimbra Editora, 1999, pp. 243-260.

– *Cheque e Convenção de Cheque*, Almedina, Coimbra, 2009.

– «A revogabilidade do cheque no respectivo prazo de apresentação a pagamento: escrever Direito por linhas tortas. Anotação ao Acórdão do STJ nº 4/2008», *Cadernos de Direito Privado*, nº 25, 2009, pp. 3-23.

– «Providências específicas do plano de recuperação de sociedades», AA.VV. *I Congresso de Direito da Insolvência*, coord. Catarina Serra, Almedina, Coimbra, 2013, pp. 107-139.

– «Os deveres dos gestores e dos sócios no contexto da revitalização de sociedades», AA.VV., *II Congresso de Direito da Insolvência* (coord. Catarina Serra), Almedina, 2014, pp. 209-233.

– «Relevância e significado do cheque e da convenção de cheque na atualidade: principais problemas», AA.VV., *I Congresso Direito Bancário* (coord. L. Miguel Pestana de Vasconcelos), Almedina, Coimbra, 2014, 145-175.

– «Limitações à atividade concorrente de gestores de sociedades comerciais», AA.VV., *IV Congresso Direito das Sociedades em Revista* (coord. Catarina Serra), Almedina, 2016, pp. 139-15.

– «A recuperação de sociedades no contexto do PER e da insolvência: âmbito e especificidades resultantes da situação de crise da empresa», *RDI*, nº 0, Almedina, 2016, pp. 99-119.

D' Eça, Francisca Almeida – *Registos online*, Almedina, Coimbra, 2008.

Dias, Maria Gabriela de Oliveira Figueiredo – *A assistência técnica nos contratos de know-how*, Coimbra Editora, 1995.

Dias, Urbano – «Transmissão do arrendamento por morte e em vida», *O Direito*, ano 14º, II, 2008.

Domingues, Paulo de Tarso – «O Processo Especial de Revitalização aplicado às sociedades comerciais», AA.VV. *I Colóquio de Direito da Insolvência de Santo Tirso*, coord. Catarina Serra, Almedina, Coimbra, 2014, pp. 13-34.

Duarte, António Pinto – «Notas sobre o conceito e regime jurídico das empresas públicas estaduais», AA.VV., *Estudos sobre o Novo Regime do Sector Empresarial do Estado*, Almedina, Coimbra, 2000, pp. 61-88.

Duarte, Rui Pinto – «O Contrato de Locação Financeira – Uma Síntese», AA.VV., *Estudos em Memória do Professor Doutor Paulo M. Sendin*, coord. Evaristo Mendes / Paulo Olavo Cunha, Universidade Católica Editora (vol. especial da *DJ*), Lisboa, 2012, pp. 71-132 (publ. tb. nos *Escritos Jurídicos Vários 2000-2015*, Almedina, Coimbra, 2015, pp. 453-511).

– «Defesa da proibição de arresto contra empresas», AA.VV., *Estudos em Homenagem ao Prof. Doutor José Lebre de Freitas*, vol. I, Coimbra Editora, Coimbra, 2013, pp. 1197-1215.

– «Equilíbrio Contratual como Princípio Jurídico», *in Escritos Jurídicos Vários 2000-2015*, Almedina, Coimbra, 2015, pp. 685-699.

– *Escritos Jurídicos Vários 2000-2015*, Almedina, Coimbra, 2015

– «Contratos de Intermediação no Código dos Valores Mobiliários», *Escritos Jurídicos Vários 2000-2015*, Almedina, Coimbra, 2015, pp. 7-26.

– «Locação Financeira – Algumas Questões», *Escritos Jurídicos Vários 2000-2015*, Almedina, Coimbra, 2015, pp. 701-716.

– Vd. tb Ribeiro, José António Pinto

Durval, Fonseca / Castro Ferreira – *Do mandato civil e comercial*, ed. do autor, Famalicão, 1967.

Epifânio, Maria do Rosário – *O Processo Especial de Revitalização*, Almedina, Coimbra, 2015.

Faria, Duarte Lynce – «O Contrato de Volume na nova dinâmica do transporte contentorizado», *RDCom*, nº 2, 2017 (www.revistadedireitocomercial.com, 2017-08-25), pp. 257-293.

Ferreira, Amadeu – *Valores mobiliários escriturais. Um novo modo de representação e circulação de direitos*, Almedina, Coimbra, 1997.

Ferreira, António Pedro A. – *O Governo das Sociedades e a Supervisão Bancária*, Quid Juris, Lisboa, 2009.

– «Breve apontamento sobre o contrato de garantia financeira e suas modalidades», *RDC*, ano I, nº 2, 2016, pp. 307-358.

Ferreira, Eduardo Paz – «Aspectos Gerais do Novo Regime do Sector Empresarial do Estado», AA.VV., *Estudos sobre o Novo Regime do Sector Empresarial do Estado*, Almedina, Coimbra, 2000, pp. 9-24.

—/ Luís Silva Morais – «A Regulação Sectorial da Economia – Introdução e Perspectiva Geral», AA.VV., *Regulação em Portugal: Novos Tempos, Novo Modelo?*, coord. de Eduardo Paz Ferreira, *Luís Silva Morais e Gonçalo Anastácio, Almedina, Coimbra, 2009 (pp. 7-38).*

Ferro, Miguel Sousa – *O novo regime das práticas restritivas do comércio*, Associação Académica da Faculdade de Direito de Lisboa, 2014.

– *A definição de Mercados Relevantes no Direito Europeu e Português da Concorrência*, Almedina, Coimbra, 2015.

Figueiredo, Mário de – *Caracteres Gerais dos Títulos de Crédito e seu Fundamento Jurídico*, F. França Amado, Coimbra, 1919.

Fonseca, Margarida Rosado da / Luís Nascimento Ferreira – *O procedimento de controlo das operações de concentração de empresas em Portugal. A prática decisória da Autoridade da Concorrência à luz da Lei nº 18/2003, de 11 de Junho*, Almedina, Coimbra, 2009.

Furtado, J. Pinto – «Dívidas comerciais ou dos comerciantes e executoriedade por dívidas dos cônjuges», *O Direito*, anos 106º-119º, 1974/1987, pp. 35-73 (existe sep.).

– *Os centros comerciais e o seu regime jurídico*, Almedina, Coimbra, 1998.

– «Do alojamento local, na sua relação com a propriedade horizontal», *RDC*, ano II, nº 3, 2017, pp. 529-574.

Galvão, Sofia – *O contrato de cheque*, Lex, Lisboa, 1992.

Garrett, João António Bahia de Almeida – *A (des)codificação do Direito Comercial português. Contributo para a reflexão prévia a uma necessária reforma legislativa*, dissInédito, Universidade de Coimbra, 2016.

Gomes, João Veiga – «As marcas não tradicionais e a nova Diretiva», *AB Instantia*, Almedina / Abreu Advogados, Ano III, nº 5, 2015, pp. 163-176.

Gomes, José Ferreira – «A alteração dos artigos 87º e 89º do CSC pelo Decreto-Lei nº 79/2017, de 30 de junho: conversão de créditos de suprimentos em capital», *RDS*, Ano IX, Nº 3, 2017, pp. 535-547.

Gomes, M. Januário da Costa – *Apontamentos sobre o Contrato de Agência*, sep. da *TJ* nº 3, pp. 9-37.

– *Assunção fidejussória de dívida. Sobre o sentido e o âmbito da vinculação como fiador*, Almedina, Coimbra, 2000.

Gonçalves, Luís M. Couto Gonçalves – *Função distintiva da marca*, Almedina, Coimbra, 1999.

Gonçalves, Luís da Cunha – *Da compra e venda no Direito Comercial Português*, 2ª ed., Coimbra Editora, Coimbra, 1924.

Gonçalves, Pedro – *Regime Jurídico da Atividade Empresarial Local*, Almedina, Coimbra, 2012.

Graça, Diogo Macedo – *Os Contratos de Garantia Financeira*, Almedina, Coimbra, 2010.

Guerreiro, J. A. Mouteira – «Registo comercial – Ainda existe?», *O Direito*, ano 14º, II, 2008, pp. 367-390.

GUIMARÃES, MARIA RAQUEL – *As transferências electrónicas de fundos e os cartões de débito. Alguns problemas jurídicos relacionados com as operações de levantamento de numerário e de pagamento por meios electrónicos*, Almedina, Coimbra, 1999.

– «Algumas considerações sobre o Aviso nº 11/2001 do Banco de Portugal, de 20 de Novembro, relativo aos cartões de crédito e de débito», *RFDUP*, ano I, 2004, pp. 247-276.

– *O Contrato-Quadro no Âmbito de Utilização de Meios de Pagamento Electrónicos*, Coimbra Editora, Coimbra, 2011.

– «O pagamento com cartão de crédito no comércio electrónico: evoluções legislativas recentes», sep. *RFDUP*, ano IX, 2012, pp. 153-167.

– «A fraude no comércio electrónico: o problema da repartição do risco por pagamentos fraudulentos», sep. de *Infrações Económicas e Financeiras – Estudos de Criminologia e Direito*, Coimbra Editora, 2013, pp. 581-597.

– «A repartição dos prejuízos decorrentes de operações fraudulentas de banca electrónica (*home banking*) – Ac. do TRG de 23.10.2012, Proc. 305/09», *CDP*, nº 41, 2013, pp. 45-69 (anot. pp. 57-69).

GUINÉ, ORLANDO VOGLER – «O Financiamento de Sociedades por meio de Valores Mobiliários Híbridos (entre as acções e as obrigações)», AA.VV., *I Congresso Direito das Sociedades em Revista*, Almedina, Lisboa, 2010, pp. 75-93.

LEITÃO, ADELAIDE MENEZES – «Publicidade na rede», *O Direito*, ano 14º, II, 2008, pp. 349-365.

LEITÃO, LUÍS MANUEL TELES DE MENEZES – «A Revisão do Regime das Práticas Comerciais Desleais», AA.VV., *I Congresso de Direito do* Consumo, coord. Jorge Morais de Carvalho, Almedina, Coimbra, 2016, pp. 73-94.

– *Garantias das Obrigações*, 6ª ed., Almedina, Coimbra, 2018.

LOPES, LUÍSA – *Do contrato de publicidade*, Rei dos Livros, Lisboa, 2000.

MARQUES, MÁRIO CASTRO – «O Comércio Electrónico, Algumas Questões Jurídicas», AAVV, *O Comércio Electrónico. Estudos Jurídico-Económicos*, coord. por GLÓRIA TEIXEIRA, Almedina, Coimbra, 2002, pp. 34-55.

MARTINEZ, PEDRO ROMANO – «Celebração de contratos à distância e o novo regime do contrato de seguro», *RDES*, ano L (XXIII da 2ª Série), nºs 3-4, 2009, pp. 85-116 (existe sep.).

– «Os Contratos no Direito do Petróleo e do Gás», AA.VV., *Direito dos Petróleos – Uma Perspectiva Lusófona*, 2ª ed., Almedina, Coimbra, 2015, pp. 221-266.

– «A Revisão do Regime das Práticas Comerciais Desleais», AA.VV., *I Congresso de Direito do* Consumo, coord. Jorge Morais de Carvalho, Almedina, Coimbra, 2016, pp. 73-94.

– «Ensaio sobre os Seguros de Responsabilidade Civil», *CLR*, vol. II, nº 2, 2018, pp. 41-72.

—/ PEDRO FUZETA DA PONTE – *Garantias de cumprimento*, 5ª ed., Almedina, Coimbra, 2006.

MARTINS, ALEXANDRE DE SOVERAL – *Transmissão da empresa societária: algumas notas*, sep. de AA.VV., *Nos 20 anos do Código das Sociedades Comerciais. Homenagem aos Profs.*

Doutores A. Ferrer Correia, Orlando de Carvalho e Vasco Lobo Xavier, Coimbra Editora, Coimbra, 2007 (pp. 415-438).

- «O Regulamento (EU) 2015/848 relativo aos processos de insolvência», *in Estudos de Direito da Insolvência*, Almedina, Coimbra, 2018, pp. 23-78.
- «O penhor financeiro e alienação fiduciária em garantia no processo de insolvência», *in Estudos de Direito da Insolvência*, Almedina, Coimbra, 2018, pp. 79-125.
- «O RERE (Regime Extrajudicial de Recuperação de Empresas)», *in Estudos de Direito da Insolvência*, Almedina, Coimbra, 2ª ed., 2018, pp. 23-32.
- «O regime de conversão de créditos em capital», *in Estudos de Direito da Insolvência*, Almedina, Coimbra, 2ª ed., 2018, pp. 33-45.

Martins, José Manuel Albuquerque – *Comércio internacional. Transportes e Pagamentos. Operações Aduaneiras*, bnomics, 2015.

Martins, Maria Inês de Oliveira Martins – *O Seguro de Vida enquanto tipo contratual legal*, Wolters Kluwer / Coimbra Editora, Coimbra, 2010.

Matias, Armindo Saraiva – «Supervisão Bancária. Situação actual e perspectiva de evolução», AA.VV., *Estudos em Homenagem ao Prof. Doutor Inocêncio Galvão Telles*, vol. II – Direito Bancário, Almedina, Coimbra, 2002, pp. 565-592.

Meira, Deolinda Aparício – *O Regime Económico das Cooperativas no Direito Português: o Capital Social*, Vida Económica, Porto, 2009.

Mendes, Evaristo – «Direito da concorrência desleal e direito da concorrência», AA.VV., *Concorrência desleal*, Almedina, Coimbra, 1997, pp. 87-98.

- «Modelo económico constitucional e Direito Comercial», AA.VV., *Estudos em Memória do Professor Doutor Paulo M. Sendin*, coord. Evaristo Mendes / Paulo Olavo Cunha, Universidade Católica Editora, Lisboa, 2012, pp. 167-251.
- «Breve introdução histórica ao direito comercial português», *RDCom* (www.revistadedireitocomercial.com, 2018-05-03), 2018, pp. 700-760.

Mendes, M. Oehen – *Da protecção do nome comercial estrangeiro em Portugal. A propósito do Ac. STJ de 11 de Dezembro de 1979 (»El Corte Inglés»)*, Almedina, Coimbra, 1982.

Mesquita, Amílcar da Costa P. – «O Direito Comercial até à Lei da Boa Razão no quadro económico português», AA.VV., *Nos 20 anos do Código das Sociedades Comerciais. Homenagem aos Profs. Doutores A. Ferrer Correia, Orlando de Carvalho e Vasco Lobo Xavier*, vol. II – *Vária*, Coimbra Editora, 2007, pp. 189-201.

Mesquita, Maria José Rangel – «Regulação da Actividade Seguradora: Traços Fundamentais», AA.VV., *Regulação em Portugal* cit., 2009, pp. 187-206.

Monteiro, António Pinto – *Contrato de agência (anteprojecto)*, sep. do BMJ nº 360, Lisboa, 1987.

- *Contratos de agência, de concessão e de franquia («franchising»)*, sep. do número especial do BFDC – «Estudos em Homenagem ao Prof. Doutor Eduardo Correia» (1984), 1989 (pp. 303-316).
- *Denúncia de um contrato de concessão comercial (Anotação* ao *AcRelPorto de 27 Junho 1995)*, Coimbra Editora, Coimbra, 1998 [publicado também em *RLJ*, ano 130º, 1997/98, nºs 3874 e segs., pp. 22-32 (em especial, pp. 31 e seg.), pp. 91-96].
- *Contratos de distribuição comercial*, Almedina, Coimbra, 2002.

– «Sobre os requisitos legais da indemnização de clientela do distribuidor comercial», anot. aos Acórdãos do STJ de 12 de Março de 2015 e de 17 de Maio de 2012, *RLJ*, ano 144º, nº 3992, pp. 340-381 (pp. 365-381), 2015.

– *«O Direito do Consumidor em debate: evolução e desafios», AA.VV., I Congresso de Direito do Consumo*, Almedina, Coimbra, 2016, pp. 11-26.

– «Revisitando a lei da agência 30 anos depois», *RLJ*, ano 146º, nº 4001, 2016, pp. 72-88.

—/ Jorge Morais Carvalho – Anotação ao AcSTJ de 17 de Dezembro de 2015, *RLJ* ano 145º, nº 3997 (pp. 232-248), 2016, pp. 237-248.

—/ Mafalda Miranda Barbosa – «A imposição das obrigações decorrentes do DL nº 67/2003, de 8 de abril, ao intermediário na venda», *RLJ*, ano 147º, nº 4011, 2018, pp. 368-386.

Monteiro, Luís Miguel – «A operação de levantamento automático de numerário», *ROA*, ano 52, I, 1992, pp. 123-168.

Morais, Daniel de Bettencourt Rodrigues Silva – «Recusa de embarque injustificada no transporte aéreo internacional de passageiros», *RDCom*, nº 2, 2017 (www.revistadedireitocomercial.com, 2017-11-02), pp. 487-549.

Morais, Fernando de Gravato – *Resolução em benefício da massa insolvente*, Almedina, Coimbra, 2008.

– *Novo Regime do Arrendamento Comercial*, 3ª ed., Almedina, Coimbra, 2011.

– *Manual da Locação Financeira*, 2ª ed., Almedina, Coimbra, 2011.

Mota, Joana Quinteira – «As marcas não tradicionais, um novo paradigma no Direito da Propriedade Industrial. A jurisprudência recente: O caso Christian Loubotin vs Yves Saint Laurent», *Actualidad Jurídica*, Uría Menéndez, nº 34, 2013, pp. 140-145.

Namorado, Rui – *Os princípios cooperativos*, Fora do Texto, Coimbra, 1995.

– *Introdução ao Direito Cooperativo. Para uma expressão jurídica da cooperatividade*, Almedina, Coimbra, 2000.

– *Horizonte Cooperativo. Política e Projecto*, Almedina, Coimbra, 2001.

Noronha, André Navarro de – *As cartas de conforto*, Coimbra Editora, 2005.

Nunes, Fernando Conceição – «Recepção de Depósitos e/ou Outros Fundos Reembolsáveis», AA.VV, *Direito Bancário*. Actas do Congresso Comemorativo do 150º aniversário do Banco de Portugal, Supl. da RFDUL, Coimbra Editora, Coimbra, 1997, pp. 43-65.

– «O porta-moedas electrónico», AA.VV., *Estudos de Direito Bancário*, FDUL / / Coimbra Editora, Coimbra, 1999, pp. 213-240.

– «Depósito e Conta», AA.VV., *Estudos em Homenagem ao Prof. Doutor Inocêncio Galvão Telles*, vol. II – Direito Bancário, Almedina, Coimbra, 2002, pp. 67-88.

Olavo, Carlos – *O contrato de «franchising»*, sep. de *Novas Perspectivas do Direito Comercial*, Almedina, Coimbra, 1988.

Olavo, Fernando – *Abertura de crédito documentário*, ed. autor, Lisboa, 1952.

– *Desconto Bancário*, ed. autor, Lisboa, 1955.

– *A empresa e o estabelecimento comercial*, Lisboa, 1963.

– *O nome comercial e o artigo 8º da convenção da União de Paris*, sep. da *CJ*, t. V, 1984, pp. 19-22.

Oliveira, Fernando Baptista de – *O conceito de consumidor. Perspectivas nacional e comunitária,* Almedina, Coimbra, 2009.

Oliveira, Madalena Perestrelo de – «O Processo Especial de Revitalização: o novo CIRE», *RDES,* ano IV, nº 3, 2012, pp. 707-726.

Pais, Sofia Oliveira – «O controlo das concentrações de empresas na Lei nº 18/2003», AA.VV., *Concorrência – Estudos,* coord. de António Goucha Soares e de Maria Manuel Leitão Marques, Almedina, Coimbra, 2006, pp. 71-101.

Patrício, José Simões – *Direito do Crédito. Introdução,* Lex, Lisboa, **1994**.

– *A operação bancária de depósito*, Elcla, Porto, 1994.

– *Direito Bancário Privado*, Quid Juris, Lisboa, 2004.

Patrício, Manuela – *Direito do Turismo e Alojamento Turístico,* Almedina, Coimbra, 2016.

Pego, José Paulo Fernandes Mariano – *O Controlo dos Oligopólios pelo Direito Comunitário da Concorrência. A posição dominante colectiva*, Almedina, Coimbra, 2007.

Pereira, Alexandre Libório Dias – *Comércio electrónico na sociedade da informação: da segurança técnica à confiança jurídica*, Almedina, Coimbra, 1999.

– «Princípios do comércio electrónico», AA.VV., IDET, Miscelâneas nº 3, Almedina, Coimbra, 2004 (pp. 75-112).

Pereira, Carlos Frederico Gonçalves – «Cartões de crédito», *ROA,* ano 52, II, 1992, pp. 355-416.

Pereira, Joana Lopes – Pereira, «Abuso de direito e venda de bens alheios no Direito Português», *RDC*, ano II, nº 3, 2017, pp. 729-779.

Pinheiro, Luís de Lima – «O Regulamento comunitário sobre insolvência – Uma introdução», AA.VV., *Nos 20 anos do Código das Sociedades Comerciais. Homenagem aos Profs. Doutores A. Ferrer Correia, Orlando de Carvalho e Vasco Lobo Xavier*, vol. III – *Vária*, Coimbra Editora, 2007, pp. 153-198.

Pinto, Fernando A. Ferreira – *Contratos de Distribuição. Da tutela do distribuidor integrado em face da cessação do vínculo*, Universidade Católica Editora, Lisboa, 2013.

Pinto, Paulo Mota – «Contratos de *swap* de taxas de juro, jogo e aposta e alteração das circunstâncias que fundaram a decisão de contratar», *RLJ*, ano 143º, nº 3987 (pp. 391-413), e ano 144º, nº 3988 (pp. 14-56), 2014.

Pires, José Maria – *Elucidário de Direito Bancário*, Coimbra Editora, 2002.

Pizarro, Sebastião Nóbrega – *Comércio Electrónico. Contratos Electrónicos e Informáticos*, Almedina, Coimbra, 2005.

Proença, Alfredo – *Transporte de mercadorias por estrada*, Almedina, Coimbra, 1998.

Ramalho, Maria do Rosário Palma – *Grupos Empresariais e Societários. Incidências laborais*, Almedina, Coimbra, 2008.

Ramos, Maria Elisabete Gomes – «Contrato de seguro – perspetivas da experiência portuguesa», AA.VV., *Questões de Direito Comercial no Brasil e em Portugal*, coord. Fábio Ulhoa Coelho e Maria de Fátima Ribeiro, Saraiva, São Paulo, 2014, pp. 257-294.

– vd. AA.VV., *Manual de Introdução ao Direito*, 2ª ed., 2017.

RANGEL, RUI – *Espaços comerciais. Natureza e regime jurídico dos contratos de utilização*, Cosmos, Lisboa, 1998.

REGO, MARGARIDA LIMA – *Contrato de Seguro e Terceiros. Estudo de Direito Civil*, Wolters Kluwer / Coimbra Editora, Coimbra, 2010.

RIBEIRO, JOSÉ ANTÓNIO PINTO / RUI PINTO DUARTE – *Dos Agrupamentos Complementares de Empresas*, Cadernos de Ciência e Técnica Fiscal nº 118, Lisboa, 1980.

RIBEIRO, MARIA DE FÁTIMA – *O contrato de franquia (franchising)*, Almedina, Coimbra, 2001.

– «O Contrato de Franquia (*franchising*)», *DJ*, vol. XIX, T. I, 2005, pp. 77-127.

– «Os títulos de crédito em Portugal», AA.VV., *Questões de Direito Comercial no Brasil e em Portugal*, coord. Fábio Ulhoa Coelho e Maria de Fátima Ribeiro, Saraiva, São Paulo, 2014, pp. 431-466.

– «O contrato de mediação e o direito do mediador à remuneração», *RDCom*, nº 1, 2017 (www.revistadedireitocomercial.com, 2017-07-13), pp. 219-256.

ROCHA, FRANCISCO COSTEIRA DA – *O contrato de transporte de mercadorias*, Almedina, Coimbra, 2000.

ROCHA, MANUEL DURÃES – «Marcas sensoriais», *AB Instantia*, Almedina / Abreu Advogados, Ano V, nº 7, 2017, pp. 113-117.

RODRIGUES, NUNO MADEIRA – *Das Letras: Aval e Protesto*, Almedina, Coimbra, 2002.

SANTOS, HUGO MOREDO – «SGPS: Gestão de participações sociais como forma indirecta de exercício de actividades económicas», AA.VV., *Direito dos Valores Mobiliários*, vol. VIII, Coimbra Editora, 2008, pp. 357-445 (existe sep.).

SANTOS, LUÍS MÁXIMO DOS – «Regulação e Supervisão Bancária», AA.VV., *Regulação em Portugal: Novos Tempos, Novo Modelo?*, Almedina, Coimbra, 2009, pp. 39-126.

SANTOS, MÁRIO COUTINHO DOS – *O Dinheiro*, Fundação Francisco Manuel dos Santos, Lisboa, 2015.

SEGORBE, BEATRIZ – «A transferência bancária, a moeda escritural e a figura da delegação», *RB*, 52, 2001, pp. 79-125.

SENDIN, PAULO MELERO – *Letra de Câmbio – L.U. de Genebra*, vols. I (*Circulação cambiária*) e II (*Obrigações e garantias cambiárias*), Universidade Católica Portuguesa, Almedina, Coimbra, 1980, 1982.

– *Artigo 230, Código Comercial e Teoria Jurídica da Empresa Mercantil*, sep. do número especial do *BFDC – Estudos em Homenagem ao Prof. Doutor António de Arruda Ferrer Correia – 1984*, Coimbra, 1989.

– «Sistemas de direito comercial a partir do séc. XIX», *DJ*, vol. XII, t. 1, 1998, pp. 145-208.

SERENS, MANUEL COUCEIRO NOGUEIRA – *A Monopolização da Concorrência e a (Re-) Emergência da Tutela da Marca*, Almedina, Coimbra, 2007.

– *Das obrigações de não concorrência na negociação definitiva da empresa*, Almedina, Coimbra, 2017.

SERRA, ADRIANO PAES DA SILVA VAZ – «Títulos de Crédito», *BMJ* 60 (pp. 3-353) e 61 (pp. 5-354), 1956.

SERRA, CATARINA – *O Regime Português da Insolvência. Uma Introdução*, 5ª ed., Almedina, Coimbra, 2012.

– *A Falência no Quadro da Tutela Jurisdicional dos Direitos de Crédito. O problema da natureza do processo de liquidação aplicável à insolvência no Direito Português*, Coimbra Editora, 2009.

– *O Processo Especial de Revitalização na Jurisprudência. Questões jurisprudenciais com relevo dogmático*, 2ª ed., Almedina, Coimbra, 2017.

– *Regime Extrajudicial de Recuperação de Empresas – Análise (e) Crítica*, Almedina, Coimbra, 2018.

—/ JOSÉ GONÇALVES MACHADO – «Para uma harmonização mínima do Direito da Insolvência – Primeira abordagem à proposta de Diretiva de 22/11/2016, com especial atenção ao seu impacto no Direito das Sociedades Comerciais», DSR, ano 9, vol. 17, 2017, pp. 135-175.

SILVA, FÁTIMA REIS – *Processo Especial de Revitalização. Notas Práticas e Jurisprudência Recente*, Porto Editora, Porto, 2014.

SILVA, GERMANO MARQUES DA – *Regime Jurídico-Penal dos Cheques sem Provisão*, Principia, Lisboa, 1997.

SILVA, ISABEL MARQUES DA – «Os acordos de distribuição e o Direito da concorrência», *DJ*, vol. X, 1996, t. 2, pp. 167-235 (existe separata).

SILVA, JOÃO CALVÃO DA – *Estudos de Direito Comercial (Pareceres)*, Almedina, Coimbra, 1996 (cit. *Estudos de Direito Comercial*, 1996).

– «Locação Financeira e Garantia Bancária», *Estudos de Direito Comercial (Pareceres)*, Almedina, Coimbra, 1996, pp. 5-48.

– «Associação em participação», *Estudos de Direito Comercial (Pareceres)*, Almedina, Coimbra, 1996, pp. 79-93.

– «Compra e venda de empresas», *Estudos de Direito Comercial (Pareceres)*, Almedina, Coimbra, 1996, pp. 137-163.

– «A empresa como objecto de tráfico jurídico», *Estudos de Direito Comercial (Pareceres)*, Almedina, Coimbra, 1996, pp. 165-197.

– «Garantias acessórias e garantias autónomas», *Estudos de Direito Comercial (Pareceres)*, Almedina, Coimbra, 1996, pp. 327-368.

– «Concessão comercial e direito da concorrência», *Estudos Jurídicos (Pareceres)*, Almedina, Coimbra, 2001.

– «*Swap* de taxa de juro: sua legalidade e autonomia e inaplicabilidade da excepção do jogo e aposta», anot. ao AcRelLisboa de 21 de março de 2013 (Proc. nº 2587/10.0 TVLSB.L1-6), *RLJ*, ano 142º, nº 3979, 2013 (pp. 238-269, anotação a pp. 253-269).

– «Serviços de pagamento e responsabilidade civil», AA.VV., *Estudos em Homenagem a Rui Machete*, Almedina, Coimbra, 2015, pp. 339-376.

SILVA, NUNO ESPINOSA GOMES DA – «Recusa de aceitação de cheques», *CJ*, t. IV, 1986.

SILVEIRA, PEDRO MALTA DA – *A empresa nos centros comerciais e a pluralidade de estabelecimentos. Os centros comerciais como realidade juridicamente relevante*, Almedina, Coimbra, 1999.

Simões, M. Barata – *Franchising (franquia, inovação e crescimento)*, Texto Editora, Lisboa, 1991.

Soares, Quirino – «Contratos bancários», *SI*, t. LII, nº 295, 2003, pp. 109-128.

Sousa, Simão Mendes de – *Contrato de SWAP de taxa de juro: dever de informação e efeitos da violação do dever*, AAFDL, Lisboa, 2017.

Trigo, Maria da Graça – «Responsabilidade civil do transportador aéreo», *Direito e Justiça*, vol. XII, T. 2, 1998, pp. 71-94

Valles, Edgar – *Consórcio, ACE e outras figuras*, Almedina, Coimbra, 2007.

Varela, João de Matos Antunes – «Depósito bancário. (Depósito a prazo em regime de solidariedade – Levantamento antecipado por um contitular)», *RB*, nº 21, 1992, pp. 41-75.

– *Centros Comerciais (Shopping Centers). Natureza jurídica dos contratos de instalação dos lojistas*, Coimbra Editora, Coimbra, 1995.

Vasconcelos, Joana – «Cartões de crédito», *RDES*, XXXIV, nº 4, 1992 (pp. 305-347), e XXXV, nºs 1-2-3-4, 1993 (pp.71-182).

– «O contrato de emissão de cartão de crédito», AA.VV., *Estudos dedicados ao Prof. Doutor Mário Júlio de Almeida Costa*, Universidade Católica Editora, Lisboa, 2002, pp. 723-752.

– «Sobre a repartição entre titular e emitente do risco de utilização abusiva do cartão de crédito no Direito português», AA.VV., *Estudos em Homenagem ao Prof. Doutor Inocêncio Galvão Telles*, vol. II – Direito Bancário, Almedina, Coimbra, 2002, pp. 487-517.

Vasconcelos, Luís Miguel D.P. Pestana de – *O contrato de franquia (franchising)*, Almedina, Coimbra, 2000.

– *A Cessão de Créditos em Garantia e a Insolvência. Em particular da Posição do Cessionário na Insolvência do Cedente*, Coimbra Editora, 2007.

– *Recuperação de empresas: o processo especial de revitalização*, Almedina, Coimbra, 2017.

Vasconcelos, Paulo Alves de Sousa de – *O Contrato de Consórcio* no âmbito dos contratos de cooperação entre empresas, Coimbra Editora, Coimbra, 1999.

Vasconcelos, Pedro Pais de A declaração cambiária como negócio jurídico unilateral e a teoria da emissão», *SI*, t. XXXV, 1986, pp. 316-332.

– «As obrigações no financiamento da empresa», AA.VV., *Problemas do Direito das Sociedades*, Almedina, Coimbra, 2002, pp. 321-329

– «Direito Comercial – necessidade e utilidade de uma revista», *RDCom*, nº 1, 2017 (www.revistadedireitocomercial.com, 2017-03-01), pp. 1-32.

Vasconcelos, Pedro Leitão Pais de – *A Preposição*, Almedina, Coimbra, 2017.

Vasques, José – *Novo Regime Jurídico da Mediação de Seguros*, Almedina, Coimbra, 2006.

Velozo, José António – «"Electronic Banking"»: uma introdução ao EFTS», *SI*, t. XXXVI, 1987, pp. 77-155.

– «Regulamentação dos sistemas de pagamentos: aspectos gerais», *RB*, 36, 1995, pp. 83-125.

Ventura, Raúl – *Associação à quota*, C.E.F. da DGCI, Lisboa, 1968.

– *Associação em Participação* (Anteprojecto e Notas justificativas). *Associação à quota* (Anteprojecto), Lisboa, 1970, sep. BMJ, nº 189.
– «Primeiras notas sobre o contrato de consórcio», *ROA*, ano 41, III, 1981, pp. 609-690.

Vicente, Dário Moura – *Da arbitragem comercial internacional. Direito aplicável ao mérito da causa*, Coimbra Editora, 1990.
– *A Tutela Internacional da Propriedade Intelectual*, Almedina, Coimbra, 2008.

Vicente, Marta de Sousa Nunes – *A quebra da legalidade material na actividade normativa de regulação económica*, Coimbra Editora, Coimbra, 2012.

Vieira, José Alberto Coelho – *O contrato de concessão comercial*, AAFDL, Lisboa, 1991.

Vilaça, José Luís Cruz – *A empresa cooperativa*, sep. do Boletim de Ciências Económicas, vols. XI, XII, XIII e XIV, Coimbra, 1969.

Vilar, Emílio Rui – «Fundações – Legitimidade, responsabilidade e (auto-) regulação», AA.VV., *Nos 20 anos do Código das Sociedades Comerciais. Homenagem aos Profs. Doutores A. Ferrer Correia, Orlando de Carvalho e Vasco Lobo Xavier*, vol. II – *Vária*, Coimbra Editora, Coimbra, 2007, pp. 535-550.

Xavier, Rita Lobo – *Sucessão familiar na empresa: a empresa familiar como objeto da sucessão* mortis causa, Universidade Católica Editora, Porto, 2017.

V) Artigos Jurídicos

Cunha, Paulo Olavo – «Comércio – DIR», AAVV, *Enciclopédia Verbo*, Edição Século XXI, Verbo, Lisboa / São Paulo, 1998, vol. 7, cols. 551-552.

Fernandes, António Monteiro – «A empresa – Perspectiva jurídica», *in Enciclopédia PÓLIS*, vol. 2, Verbo, Lisboa/ São Paulo, 1984, cols. 928-934.

Xavier, V.G. Lobo – «Estabelecimento Comercial», *in PÓLIS*, vol. 2, Verbo, Lisboa/ / São Paulo, 1984, cols. 1121-1126.

Direito Civil, Processo Civil e outros Ramos

VI) Obras gerais (incluindo Manuais) e Monografias

AA.VV. – *Manual de Introdução ao Direito. Saber Direito para entender o Mercado* (por Maria Manuel Leitão Marques, Maria Elisabete Ramos, Catarina Frade e João Pedroso), 2ª ed., Almedina, Coimbra, 2017 (cit. AA.VV., *Manual de Introdução ao Direito*, 2ª ed., 2017).

Almeida, Carlos Ferreira de – *Contratos I – Conceito. Fontes. Formação*, 6ª ed., Almedina, Coimbra, 2017.
– *Contratos II. Conteúdo. Contratos de troca*, 4ª ed., Almedina, Coimbra, 2016.
– *Contratos III. Contratos de liberalidade, de cooperação e de risco*, Almedina, Coimbra, 2ª ed., 2013.

ALVES, HUGO RAMOS – *Do Penhor*, Almedina, Coimbra, 2010.

AMADO, JOÃO LEAL – «Transmissão da empresa e contrato de trabalho: algumas notas sobre o regime jurídico do direito de oposição», *RLJ*, ano 147º, nos 4010, 2018, pp. 290-300.

AMARAL, DIOGO FREITAS DO – *Manual de Introdução ao Direito*, Almedina, Coimbra, 2004.

ASCENSÃO, JOSÉ DE OLIVEIRA – *O Direito. Introdução e Teoria Geral*, 13ª ed., Almedina, Coimbra, 2005.

BAPTISTA, CRISTINA PAULA CASAL – *As Fundações no Direito Português*, 2ª ed., Almedina, Coimbra, 2016.

CORDEIRO, ANTÓNIO MENEZES – *Tratado de Direito Civil, I – Introdução. Fontes do Direito. Interpretação da Lei. Aplicação das Leis no Tempo. Doutrina Geral*, 4ª ed., Almedina, Coimbra, 2012 (cit. MENEZES CORDEIRO, *Tratado de Direito Civil I*, 4ª ed., 2012).

– *Tratado de Direito Civil, II – Parte Geral, Negócio Jurídico*, 4ª ed. (com a colab. de A. Barreto Menezes Cordeiro), Almedina, Coimbra, 2014.

– *Tratado de Direito Civil, IV – Parte Geral. Pessoas*, 4ª ed. (com a colab. de A. Barreto Menezes Cordeiro), Almedina, Coimbra, 2017.

– *Tratado de Direito Civil, X – Direito das Obrigações. Garantias* (com a colab. de A. Barreto Menezes), Almedina, Coimbra, 2015.

COSTA, MÁRIO JÚLIO DE ALMEIDA – *Síntese do regime jurídico vigente das cláusulas contratuais gerais*, 2ª ed., Universidade Católica Editora, Lisboa, 2000.

– *Direito das Obrigações*, 12ª ed., Almedina, Coimbra, 2009.

CRISTAS, MARIA DE ASSUNÇÃO OLIVEIRA – *Transmissão contratual do direito de crédito. Do carácter real do direito de crédito*, Almedina, Coimbra, 2005.

CUNHA, PAULO – *Lições de Processo Civil e Comercial* (ao 3º ano da FDUL, pelos alunos Afonso N. de Quina Ribeiro e Francisco R. de Almeida Eusébio), 1935/36.

CUNHA, PAULO OLAVO – *Venda de bens alheios*, sep. da *ROA*, ano 47, 1987 (pp. 419-472).

CURA, ANTÓNIO ALBERTO VIEIRA – *Curso de Organização Judiciária*, 2ª ed., Coimbra Editora, Coimbra, 2014.

FARINHO, DOMINGOS, SOARES – *Fundações e Interesse Público. Direito Administrativo Fundacional – enquadramento dogmático*, Almedina, Coimbra, 2014.

FERNANDES, ANTÓNIO MONTEIRO – *Direito do Trabalho*, 18ª ed., Almedina, Coimbra, 2017.

FERNANDES, LUÍS CARVALHO – *Teoria Geral do Direito Civil I – Introdução. Pressupostos da relação jurídica*, 6ª ed., Universidade Católica Editora, Lisboa, 2012.

– *Teoria Geral do Direito Civil II – Fontes, Conteúdo e Garantia da Relação Jurídica*, 5ª ed., Universidade Católica Editora, Lisboa, 2010.

FRADA, MANUEL A. CARNEIRO DA – *Teoria de confiança e responsabilidade civil*, Almedina, Coimbra, 2004.

MACHADO, JOÃO BAPTISTA – *Introdução ao Direito e ao Discurso Legitimador*, Almedina, Coimbra, 1983.

MARTINEZ, PEDRO ROMANO – *Direito do Trabalho*, 5ª ed., Almedina, Coimbra, 2010.

MENDES, JOÃO DE CASTRO – *Introdução ao Estudo do Direito*, Danúbio, Lisboa, 1984.

Pires, Catarina Monteiro – *Alienação em Garantia*, Almedina, Coimbra, 2010.
Ribeiro, Joaquim de Sousa – *Cláusulas Contratuais Gerais e o Paradigma do Contrato*, sep. do vol. XXXV do Supl. ao BFDUL, Coimbra, 1990.
Sá, Almeno de – *Cláusulas Contratuais Gerais e Directiva sobre Cláusulas Abusivas*, 2ª ed., Almedina, Coimbra, 2000.
Serens, Manuel Nogueira – «Em tema de fundações», *RLJ*, ano 143º, nºs 3985 (pp. 222-252) e 3986 (pp. 306-347), 2014.
Silva, Ana Paula Costa e – *A Reforma da Acção Executiva*, Coimbra Editora, Coimbra, 2003.
Sousa, Miguel Teixeira de – *A reforma da acção executiva*, Lex, Lisboa, 2004.
Vilar, Emílio Rui – «Fundações – Legitimidade, responsabilidade e (auto-) regulação», AA.VV., *Nos 20 anos do Código das Sociedades Comerciais. Homenagem aos Profs. Doutores A. Ferrer Correia, Orlando de Carvalho e Vasco Lobo Xavier*, vol. II – *Vária*, Coimbra Editora, Coimbra, 2007 (pp. 535-550).
Xavier, Bernardo da Gama Lobo – *Manual de Direito do Trabalho*, 3ª ed. (com a colab. de P. Furtado Martins, A. Nunes de Carvalho, Joana Vasconcelos e Tatiana Guerra de Almeida), Rei dos Livros, Lisboa, 2018.

VII) Comentários e Recolhas de Jurisprudência

Antunes, Ana Filipa Morais – *Comentário à Lei das Cláusulas Contratuais Gerais*, Coimbra Editora, Coimbra, 2013.
Antunes, Henrique Sousa – *Comentário aos artigos 185º a 194º do Código Civil: Fundações*, Universidade Católica Editora, Lisboa, 2014 (publ. anteriormente em AA.VV., *Comentário ao Código Civil: Parte Geral*, Universidade Católica Editora, Lisboa, 2014, pp. 404-438).
Barros, João Miguel – *Sistema Judiciário Anotado*, 2ª ed., AAFDL, Lisboa, 2017.
Barros, José Manuel de Araújo – *Cláusulas Contratuais Gerais. DL Nº 446/85 – Anotado. Recolha Jurisprudencial*, Wolters Kluwer/Coimbra Editora, Coimbra, 2010.
Prata, Ana – *Contratos de Adesão e Cláusulas Contratuais Gerais. Anotação ao Decreto-Lei nº 446/85, de 25 de Outubro*, Almedina, Coimbra, 2010.

BIBLIOGRAFIA
RELATIVA A ORDENAMENTOS JURÍDICOS ESTRANGEIROS[839]

ALEMANHA

BITTER, GEORG / FLORIAN SCHUMACHER – *Handelsrecht mit UN-Kaufrecht*, 3ª ed., Franz Vahlen, München, 2018.

BROX, HANS / MARTIN HENSSLER – *Handelsrecht, mit Grundzügen des Wertpapierrechts*, 22ª ed., C. H. Beck, München, 2016.

CANARIS, CLAUS-WILHELM – *Handelsrecht*, 24ª ed., C. H. Beck, München, 2006.

CLAUSSEN, CARSTEN PETER – *Bank und Börsenrecht*, 5ª ed., C.H. Beck, München, 2014.

HUECK, ALFRED / CLAUS-WILHELM CANARIS – *Recht der Wertpapiere*, 12ª ed., C. H. Beck, München, 1986.

JACOBI, ERNST – *Recht der Wertpapiere, in* AA.VV., *Ehrenbergs Handbuch*, vol. 4, Leipzig, 1917.

– *Wechsel- und Scheckrecht unter Berücksichtigung des ausländischen Rechts*, Walter de Gruyter, Berlin, 1955.

JUNG, PETER – *Handelsrecht*, 11ª ed., C.H. Beck, München, 2016.

KLUZINGER, EUGEN – *Grundzüge des Handelsrecht*, 14ª ed., Franz Vahlen, München, 2011.

LETTL, TOBIAS – *Handelsrecht*, 4ª ed., C. H. Bech, München, 2018.

KÜBLER/ASSMANN – *Gesellschaftsrecht*, 6ª ed., C. F. Müller, Heidelberg, 2006 (existe trad. espanhola, de 2001, da 5ª ed., 1998, apenas por KÜBLER).

KÜMPEL, SIEGFRIED – *Bank- und Kapitalmarktrecht*, 3ª ed., Dr. Otto Schmidt, Köln, 2004.

RAISER, THOMAS / RÜDIGER WEIL – *Recht der Kapitalgesellschaften*, 6ª ed., Vahlen, München, 2015.

TEGEN, THOMAS / ADOLF REUL / ANDREAS HEIDINGER / JENS TERSTEEGEN – *Unternehmensrecht. Handelsrecht, Gesellschaftsrech, Umwandlungsrecht*, Franz Vahlen, München, 2009.

WEBER, BEATRIX – *Recht des Zahlungsverkehrs*, 4ª ed., Erich Schmidt, Berlin, 2004.

WELLER, MARC-PHILIPPE / JENS PRÜTTING – *Handels- und Gesellschaftsrecht*, 9ª ed., Vahlen, München, 2016.

WESEL, *Geschichte des Rechts in Europa. Von den Griechen bis zum Vertrag von Lissabon*, C.H.Beck, München, 2010.

BRASIL

ALVES, JOSÉ CARLOS MOREIRA – «A unificação do Direito privado brasileiro», *RDC*, ano 0, 2015, pp. 9-22.

[839] Limitamo-nos a listar os autores estrangeiros citados, enquadrando-os pela respetiva nacionalidade.

COELHO, FÁBIO ULHOA – *Manual de Direito Comercial. Direito de Empresa*, 26ª ed., Saraiva, São Paulo, 2014.

MALCHER, RENAN – «A alienação fiduciária em garantia no Direito brasileiro: as posições assumidas pelo proprietário fiduciário na Lei 11.101/05 (Lei de Recuperação e Falências)», *RDS*, Ano X, Nº 1, 2018, pp. 135-178.

RIZZARDO, ARNALDO – *Contratos de Crédito Bancário*, 5ª ed., Revista dos Tribunais, São Paulo, 2000.

TOMAZETTE, MARLON – *Curso de Direito Empresarial, vol. 1 – Teoria Geral e Direito Societário*, 6ª ed., Atlas, S. Paulo, 2014.

ESPANHA

AA.VV. – *Contratos Mercantiles*, dirigido por J. MARIA DE LA CUESTA RUTE e coordenado por E. VALPUESTA GASTAMINZA, 2 tomos, Bosch, Barcelona, 2001.

ALONSO SOTO, RICARDO – «Globalización y Derecho Comercial», AAVV, *Internacionalização do Direito no Novo Século*, org. por Jorge de Figueiredo Dias, Universidade de Coimbra, Coimbra Editora, 2009, pp. 145-161.

BROSETA PONT, MANUEL / FERNANDO MARTÍNEZ SANZ – *Manual de Derecho Mercantil*, vol. I, 23ª ed., Tecnos, Madrid, 2016.

– *Manual de Derecho Mercantil*, vol. II, 13ª ed., Tecnos, Madrid, 2006.

GARRIGUES, JOAQUIN – *Contratos Bancários*, ed. autor, Madrid, 1958.

PETIT, CARLOS – *Historia del Derecho Mercantil*, Marcial Pons, Madrid, 2016.

SÁNCHEZ CALERO, FERNANDO / JUAN SÁNCHEZ CALERO GUILARTE – *Instituciones de Derecho Mercantil I*, 21ª ed., Thomson/Aranzadi, Navarra, 2016.

– *Instituciones de Derecho Mercantil II*, 29ª ed., Thomson/Aranzadi, Navarra, 2006.

SÁNCHEZ GOMEZ, AMELIA – *El sistema de tarjeta de crédito*, Comares, Granada, 2006.

URÍA, RODRIGO / AURELIO MENÉNDEZ – *Curso de Derecho Mercantil I*, 2ª ed., Civitas, Madrid, 2006.

VICENT CHULIÀ, FRANCISCO – *Introducción al Derecho Mercantil*, vol. II, 23ª ed., Tirant lo Blanch, Valência, 2012.

FRANÇA

HOUIN / PÉDAMON – *Droit Commercial – Actes de commerce et commerçants. Activité commerciale et concurrence*, 7ª ed., Dalloz, Paris, 1980.

KASSIS, ANTOINE – *Théorie Générale des usages du commerce*, LGDJ, Paris, 1984.

LEGEAIS, DOMINIQUE – *Droit Commercial et des affaires*, 23ª ed., Sirey, Paris, 2016.

RIPERT, GEORGES / RENÉ ROBLOT – vd. VOGEL.

VOGEL, LOUIS – *Traité de droit des affaires* (Tratado Ripert/Roblot), t. 1, *Du droit commercial au droit économique*, 20ª ed., LGDJ, Paris, 2016.

ITÁLIA

AA.VV., *Manuale di Diritto Commerciale*, 13ª ed., org. por VINCENZO BUONOCORE, G. Giappichelli, Torino, 2016.

ASCARELLI, TULLIO – *Lezioni di Diritto Commmerciale – Introduzione*, Milano, 1955.

DI AMATO, ASTOLFO – «I titoli di credito», in AA.VV., *Trattato di Diritto Privato* (dir. por Pietro RESCIGNO), vol. 13 – *Obbligazioni e contratti*, t. V, UTET, Torino, 1985 (reimp. 1986) (pp. 435-494).

FERRI, GIUSEPPE – *Le società*, 3ª ed., UTET, Torino, 1987.

– *Diritto Commerciale*, 15ª ed. (a cargo de G. Angelici e G.B. Ferri), UTET, Milanofiori Assago, 2016.

GALGANO, FRANCESCO – *História do Direito Comercial*, tradução da edição italiana de 1980, Signo, Lisboa, s/d.

– «As novas exigências da grande empresa no dealbar do século XXI», AAVV, *Nos 20 anos do Código das Sociedades Comerciais. Homenagem aos Profs. Doutores A. Ferrer Correia, Orlando de Carvalho e Vasco Lobo Xavier*, vol. I – *Congresso Empresas e Sociedades*, Coimbra Editora, 2007.

MARTORANO, FEDERICO – *Titoli di credito, titoli non dematerializzatti*, 4ª ed., *Trattado di Diritto Civile e Commerciale,* dir. por Antonio Cicu, Francesco Messineo e Luigi Mengoni, actual. por Piero Schlesinger, Giuffrè, Milano, 2002.

REINO UNIDO E ESTADOS UNIDOS

AA.VV., *Research Handbook on the History of Corporate and Company Law*, edit. por Harwell Wells, Edward Elgar, Cheltenham UK/Northampton, MA, USA, 2018.

DUNFEE, THOMAS W. / FRANK F. GIBSON / JOHN D. BLACKBURN / DOUGLAS WHITMAN / / F. WILLIAM MCCARTY / BARTLEY A. BRENNAN, *Modern Business Law*, 2ª ed., Random House, New York, 1984.

GOODE, ROY – *Goode on Commercial Law*, 5ª ed., edit. e rev. por Ewan McKendrick, Penguin Books, UK, 2016.

ÍNDICE DE JURISPRUDÊNCIA

I) Tribunal Constitucional

II) Supremo Tribunal de Justiça

III) Tribunal da Relação

ÍNDICE

CAPÍTULO III
Sujeitos do Direito Comercial e do Mercado

CAPÍTULO IV
Contratos comerciais

CAPÍTULO V
Instrumentos comerciais e financeiros